JN123985

# 二二八事件の真相と移行期正義

陳儀深・薛化元 編
財団法人二二八事件紀念基金会 著

風媒社

# 日本語版序

財団法人二二八事件紀念基金会のここ二年間の主要業務の一つが、「二二八事件に対する移行期における正義（以下、移行期正義）の報告」に関わる研究である。この業務は、もとより政府の移行期正義政策を実現する一部であるが、二二八事件紀念基金会の法定職責でもある。「二二八事件処理及賠償条例」の第三－一条規定、「二二八事件の真相の調査、史料の収集および研究」、「関連責任の帰属先の明確化」に基づいており、基金会は二二八事件の真相と事件の責任帰属先の研究を継続して行っている。そのため、「移行期正義促進条例（促進轉型正義條例）」の立法作業が完了する前に、国家人権博物館（準備所）と内務部の経費支援を受けて、基金会は「二二八事件の真相と移行期正義」研究グループを組織し始めた。研究グループは陳儀深（国史館館長）が主幹、私が協同主幹に就いた。参加した研究者・専門家は以下の通りである。黎中光（国史館主任秘書）、何義麟（台北教育大学台湾文化研究所教授）、許文堂（中央研究院近代史研究所副研究員）、蘇瑤崇（静宜大学通識教育中心教授）、劉恆妏（台湾師範大学公民教育與活動領導学系副教授）、林正慧（中央研究院台灣史研究所助研究員）、歐素瑛（国史館修纂処纂修）、呉俊瑩（国史館修纂処協修）。また、中央研究院台湾史研究所の許雪姫所長、台北教育大学台湾文化研究所の李筱峰名誉教授を顧問として招き、原稿の審査にあたった（後に国史館修纂処侯坤宏処長が審査作業に加わった）。

「二二八事件の真相と移行期正義」計画の実施期間、基金会は関心ある人たちから繰り返し尋ねられた。「これで二二八事件の移行期正義は完了できたのでしょうか。」答えは非常に明瞭だと考えている。「もちろん、そうではありません。」前述のように、二二八事件紀念基金会にとって、真相の調査を行うことや移行期正義の業務推進は、法定の任務の一つである。この二年間の政治的史料の再発見作業では、少なくない二二八関連の史料を見つけ出した。近い将来、政府と国民の継続的な努力を通じて、さらに多くの史料と公文書が見つかるはずである。これらの新しい史料と公文書は、むろん、新たに再整理される必要がある。したがって、『二二八事件の真相と移行期正義に関する報告書』の完成または出版は、二二八事件に関する移行期正義の段階的な任務の完成に過ぎない。将来的には、この基礎の上に、どのようにして二二八移行期正義を継続推進するのかが、基金会、そして政府の関連部門が追うべき責務である。

一方、移行期正義業務の推進は、過去の歴史を引き継ぐためだけではなく、われわれ台湾の人々の未来のためでもある。この点で、「二二八事件の真相と移行期正義」研究の推進は、自由、民主主義、人権の価値を深めることであり、この価値は、今日、まさに台湾のソフトパワーを強化する重要な方向の一つである。過去の歴史の再検討に加え、国民が歴史の教訓を読み取って、自由、民主主義、人権の価値を共に守り、二二八事件のような国家の公権力による不当な人権侵害事件が発生しないようにし、また自由、民主主義、人権の価値の交代を回避するように喚起することでもある。これは国民の努力によってはじめて達成できるものである。本書の日本語版の出版が、人権と歴史に関心のある日本の人々が台湾の二二八事件を理解し、そして自由、民主主義、人権の普遍的価値の実現のために、一緒に努力されるように期待するものです。

研究活動全体の展開に関しては、一九九二年の行政院『「二二八事件」研究報告』と二〇〇六年の本基金會による『二二八事件責任帰属研究報告』を基礎として、研究グループのメンバーが、新たに発見した公文書や史料に基づいて、また過去においては時間や環境の要因で取り扱わなかった部分も章をさいて執筆した。現段階での研究成果は、二〇一八年一一月の「二二八事件の真相と移行期正義の研究フォーラム」（二二八事件真相與轉型正義研究論壇）と、二〇一九年七月の「台湾二二八事件の真相と移行期正義の国際シンポジウム」（台灣二二八事件真相與轉型正義國際研討會）で、先後して発表した。本書日本語版は、「二二八事件の真相と移行期正義の研究フォーラム」で発表された論文が審査に送られ修正を加えて完成したものである。

最後に、本日本語版の出版は愛知大学の黄英哲先生の仲介を受けた。また、日本語訳は政治大学の前田直樹先生のコーディネートしたチームと本基金会の葉宗鑫氏が進めた。風媒社は本書の日本での出版と普及を担っていただいた。彼らの支援は本書の円滑な出版の重要な手助けであり、彼らと出版に関わった人たちに感謝するものです。

財団法人二二八事件紀念基金会董事長　薛化元

# 目次

序　薛化元著／前田直樹訳……3
序論　より多くの真相を、より多くの移行期正義を　陳儀深著／前田直樹訳……9
第一章　二二八事件の原因についての論述
——一九四七年の政府と民間における叙述の比較　陳儀深著／彦坂はるの訳……19
第二章　第二次世界大戦後の台湾の国際的地位および二二八事件前後における国際社会の視点——英米両国の公文書と世論を中心に　許文堂著／竹茂敦訳……53
第三章　二二八事件における軍事的展開と鎮圧　蘇瑤崇著／山藤夏郎訳……96
第四章　二二八事件における県市長とその役割　歐素瑛著／山藤夏郎訳……164

**第五章**　二二八事件における情報機関とその役割　林正慧著／杉森藍訳……232
**第六章**　二二八事件のマスコミ業界への衝撃　何義麟著／竹茂敦訳……347
**第七章**　二二八事件をめぐる「正義と和解の追求」
——名誉回復運動の歴史的考察（一九八七年—一九九七年）　薛化元著／前田直樹訳……379
**第八章**　歴代総統の二二八事件に対する移行期正義としての貢献
（一九九八年—二〇一九年）　呉俊瑩著／嶋田聡訳……419
参考文献　493
索引　537

一九四七年 台湾行政区

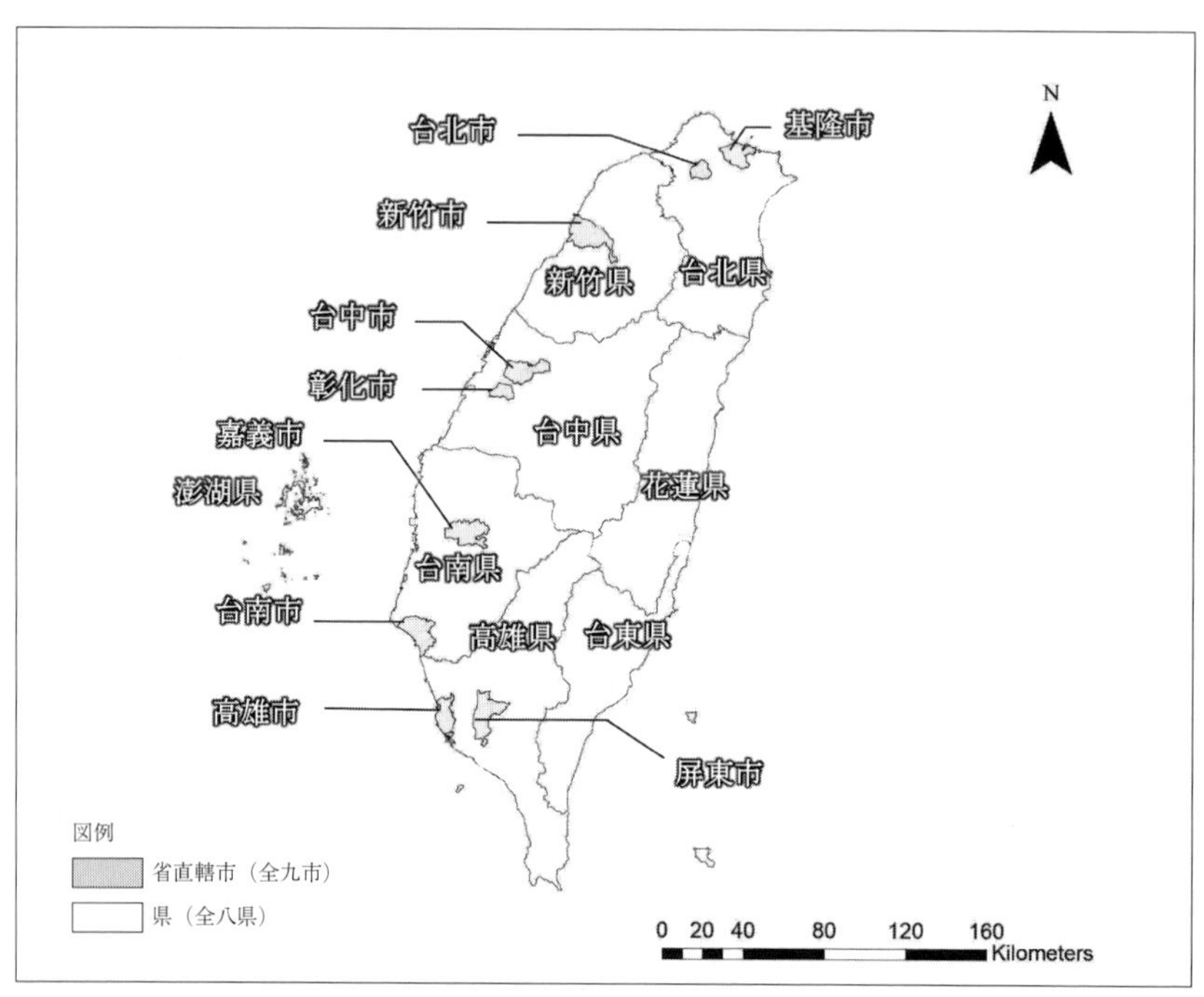

台北市
基隆市
N
新竹市
新竹県
台北県
台中市
彰化市
嘉義市
台中県
澎湖県
花蓮県
台南県
台南市
高雄県
台東県
高雄市
屏東市
図例
省直轄市（全九市）
県（全八県）
0 20 40 80 120 160
Kilometers

# 序論 より多くの真相を、より多くの移行期正義を

陳儀深（前田直樹 訳）

## 一、「二二八事件の真相と移行期正義（二二八事件真相與轉型正義）」研究計画の起源

蔡英文総統は、二〇一八年二月二八日に行われた〔二二八事件〕中央紀念式典で次のように述べた。「台湾版の移行期における正義（以下、移行期正義）の真相調査は、国際基準を満たす必要があります。」「この報告では、専門の書籍または章をもって二二八事件の真相と責任の帰属先を明確に述べるように希望します。」一九九〇年代、我が国政府は「二二八事件処理及補償条例」（一九九五年）と「戒厳時期における不当な叛乱及び共産党スパイ判決補償条例」（一九九八年）をそれぞれ制定し二二八と白色テロの人権侵害行為の主体は同じく中国国民党（政府）であり、両者の期間と事件の性質は異なるため、「台湾版の移行期正義」報告は二つでも一つでもよい。しかし、二二八事件は単なる一つの「事件」ではなく、台湾が半世紀にわたる日本統治の後で中国国民党（以下、国民党）統治の時代に入った「悲劇の始まり」（*A Tragic Begining*、馬若孟や賴澤涵らの二二八事件研究書の英語版書名）に関係している。戦後の国民党の台湾統治の正統性と台湾人の国民的アイデンティティの問題を含み、さらに現在の時代からは遠く離れているため、多くの歴史的な霧を明らかにすることで、いかに移行期正義をおこなうのかを議論することができる。したがって、財団法人二二八事件紀念基金会が二〇一八年四月から本計画、「二二八事件の真相と移行期正義（二二八事件真相與轉型正義）」研究の推進を開始し、書籍の形で「より多くの真相」と「より

多くの移行期正義」の目標を達成するように希望している。

李登輝総統時代の一九九一年一月、行政院は「研究二二八事件小組〔二二八事件研究タスク・グループ〕」を設立し、報告書の作成について諮問、協調し、報告に対する助言を行った。メンバーは陳重光、葉明勳、李雲漢、遲景德、張玉法、何景賢、陳三井、賴澤涵の八人で、陳重光と葉明勳が召集人、賴澤涵が総主筆となった。研究小組の下には、工作小組〔ワーキング・チーム〕が設けられ、関連情報の収集と調査、研究報告書の作成を担当した。メンバーは、黃富三、吳文星、黃秀政、許雪姬、賴澤涵の五人であった。もともとは一年間の予定だったが、資料の入手に問題があって遅れたものの、実際には約九か月で報告書は完成した。行政院は一九九二年二月二二日に公表し、執筆者は新資料を参考して修正や補足を行った後、『二二八事件」研究報告』(台北：時報文化出版公司、一九九四年)として出版した。本書は公式報告書の性質を持っており、口述資料や新たに入手した公文書を利用できており、ある程度の貢献をなし得たが、しかし、各地の実情をカバーするために、情報は百科事典のように累積されており、また当時の当局の立場に限られたために責任問題を見直すことができなかったのが残念である。

陳水扁総統の時代、二〇〇二年に陳錦煌が二二八事件紀念基金会の董事長に就き、基金会は二〇〇三年九月の董事会で「二二八事件真相研究小組」の設立を承認した。執行長である李旺台が提案した名簿には、張炎憲、黃秀政、薛化元、陳儀深の四名の学者董事、二人の犠牲者とその家族の代表である鍾逸人、李榮昌、そして執行長の李旺台の七人が入っており、国史館館長の張炎憲を召集人に一致して押した(張炎憲はもとと二二八研究の先達である)。また執筆陣を強化するために、李筱峰、陳翠蓮、何義麟(三人の歴史学者)と陳志龍、黃茂榮(二人の法学者)に呼びかけて加わった。編集方針は以下の通りである。(一)二二八事件での中央および地方政府の意思決定と執行を明らかにすること。(二)歴史的、政治的、法的責任に関する議論。(三)鍵を握る人物の役割の分析。研究結果は、『二二八事件責任帰属研究報告』(台北：財団法人二二八事件紀念基金会、二〇〇六年)として出版された。

この本は、蔣介石が最大の責任を、陳儀、柯遠芬、彭孟緝ら軍政関係者が二次的な責任を負うべきであり、憲兵第四団長の張慕陶、基隆要塞司令の史宏熹、再編第二十一師団長の三人が「鎮圧行動の共犯」であると確認した。この他、情報治安特務、半山、社会団体やメディア関係者、情報提供者、密告者、虚偽の告訴者の責任についても個別に議論した。これまでのところ、二二八事件紀念基金会が行った「補償の正義」に加え、公式(一九九二年)または半公式(二〇〇六年)に出版された研究報告が歴史の明確化と真相の発掘に対する、いわゆる「歴史の正義」は一定程度までなされた。

しかし、二〇〇六年当時には当時の背景と条件があり、今日(二〇一九年)、『二二八事件責任帰属研究報告』をもともとの執筆者が自身で増補する意義は大きくなく、そのままの形で参考とするのがよいであろう。政府当局の関連史料と民間の研究成果は既に豊富であり、比較的若手の優秀な研究者も輩出しており、集結して、今日豊富な二二八史料を運用すれば、現段階での研究結果を提示できる。これが本書企画出版の主な理由である。

次に、今日の背景と条件は過去といかなる相違があるのか？　蔡英文総統の執政下、同時に与党民進党も議会多数となり、蔡総統の五大マニフェストの一つである「移行期正義」はより好ましい実践の条件がある。実際に「不当な党財産の回収」の方面は先に立法化され、行政院は専門機関を設立し、既に一定の成果を得ている。二〇一七年一二月、立法院は、「政治史料(政府機関、政党、これらに附属する組織や国民党党営機構の保管する二二八事件、動員戡乱体制、戒厳体制に関係する档案や各種記録及び文書を指す)の開放」、「権威主義的シンボルの削除と不正な遺構の保存」、「不公正司法を回復し、真相を回復し、和解を促進する」等の目標を明確に掲げた「移行期正義促進条例(促進轉型正義條例)」を可決した。また、移行期正義促進委員会(促進轉型正義委員會。以下、促転会)は二年以内に行政院長へ総括報告を行って解散しなければならず、二二八の「真相調査」と「移行期正義」に関する部分を、もし促転会に担当させるのなら、時間と人的資源が限られており行き届いたことができない恐れがある。「政府全体」については、移行期正義の実践主体には文化部、教育部、内政部等の関連機関が含まれるべきであり、二二八事件紀念基金会は現段階での真相調査と関連する責任の明確化の法的な責務を負っており、「二二八事件の真相と移行期正義」の集団的研究を主導して推進している。同時に、成果は促転会に提供され、移行期正義に関する総括報告の参考になる。

本研究は、一九九二年と二〇〇六年の二つの報告を基礎に、ここ数年で新たに発見された史料、口述史料、関連する研究成果を補足し、また「促転条例」の立法精神を汲んで、一方で二二八の真相をより明確にし、他方で政府の移行期正義の実践に対して微力をつくしたいと希望する。以下、各論文のポイントを説明する。

## 二、二二八事件の原因を説き起こすこと

一九四七年に二二八事件が発生する前、国民党政府の統治下の台湾では、員林事件や迎諧事件のような衝突があり不安定であった。二二八事件の原因に関して、台湾省行政長官の陳儀、台湾省党部主任の李翼中、そして情報治安担当者は、最初に蒋介石へどのように報告したであろうか。南京の国民政府主席は、三月一〇日の公開講話で事件に対する基本的な態度を定めた。これら公式の説明では、「悪党集団による扇動」、台湾籍日本兵とチンピラの暴動への参加、日本の奴隷化教育を受けた残党、さらには台湾の独立あるいは台湾人による台湾統治の偏狭な考えによって引き起こされた暴動に他ならなかった。二二八事件処理委員会（以下、処理委員会）の台湾人指導者は、二二八事件は腐敗した政治に対する人々の不満が爆発した改革要求の行動であると考えていた。京滬、平津、東北地区の台湾人団体も、「陳儀政府の失政」と「官吏の腐敗」が事件の主因であると考えていた。

本論文の著者である陳儀深博士は、一九九一年の民間のシンポジウムで二二八事件の原因に関する論文を発表したことがあり、「悪党集団の扇動」との公式説明、また処理委員会の度を越えた要求が蒋介石の派兵となったとの説明に反論をした。しかし、一九九二年に行政院の「研究報告」が提出され、その後当局の史料が続々と発表され、さらに二〇一七年に国史館が出版した『二二八事件档案彙編（二三）』で陳儀が蒋介石にあてた「寅冬亥親電」（寅冬亥親電報）が初めて世間に公開され、南京政府は、三月三日、陳儀から台湾情勢は深刻で「良質の歩兵」を台湾へ迅速に派遣して「悪党集団を一掃」しなければならないとの電報を受け取ったことが明らかになった。つまり、史料の公開後、同じ問題についての検討に対して異なる説明の仕方がある。初期の金堯如、呉

克泰らの説明に基づけば、二二八事件の最中に中国共産党の台湾秘密工作員は一〇〇人に満たず、事件を扇動し主導することはできなかった。現在では、二二八と中国共産党秘密工作員との関係は、豊富な史料に基づいて執筆された研究論文があり、ほぼ同様の結論を裏付けることになる。

## 三、二二八事件を理解するに必要な「国際視角」

戦後台湾の国際的な地位は、戦争後期のカイロ会議(の武断的)宣言によって制限を受け、中国軍はアメリカの協力のもとで台湾を占領・接収した。まもなくしてアメリカは、南京は大使館と台北は領事館との形式でもって中国政府が台湾を領有している現実を尊重した。しかし、戦後の植民地領土の帰属問題には一定の規範があり、一九五一年にサンフランシスコで締結された日本国との平和条約(以下、サンフランシスコ講和条約)に基づくとすれば、それ以前は、占領は主権の領有と等しくはない。したがって、国際法上の「軍事占領」には規範があり、一九四五年から一九四七年までの台湾の国民党政府はいかにして違反したのか。また、一九四七年の二二八事件の虐殺行為の他にも、国民党政府が一方的に台湾人の国籍を決定しイギリス等の外国の反応を招いたこととその意義を含め、究明する必要がある。この方面の課題は、外交史を専門とする中央研究院近代史研究所の研究者、許文堂博士が執筆を担当した。

## 四、二二八事件中の軍事的展開と鎮圧

二二八事件は国民に対して国家の暴力が押しつけられたことによって引き起こされた悲劇であると考えており、いわゆる国家の暴力であっても、その中心は軍隊と憲兵隊によって行われた加害行為だと考えている。論文は、静宜大学の蘇瑤崇教授によって執筆された。蘇教授は、一九九二年に行政院が発行した『「二二八事件」研究報告』とは異なる視点を示した。蘇教授は台湾警備総司令部の史料に基づいて、事件の発生前に台湾には一万五千名から二万人前後の兵力があり(「五千人あまり」ではない)、この人数の兵力で処理委員会と台湾全土の組織されていない抗議活動の民衆を十分鎮圧できるはずであり、「兵力不足」という問題はなかったと考えている。次に、蘇教授は、三月九日に「増援軍」が上陸する前に、高雄要

塞司令彭孟緝が三月六日に「急襲鎮圧」を開始し、また三月八日には基隆と台北でも「急襲鎮圧」を展開したこと、これらはすべて行政長官陳儀の指揮系統下での鎮圧であったと考えている。三月九日に中央からの援軍が到着して以降、その主要な任務は桃園以南、嘉義以北であり、そしてその後の「綏靖」〔鎮撫平定〕、「清郷」〔捜索、逮捕等を徹底して行うこと〕があった。以上の発見と注意喚起は、我々が今日関心を寄せている責任の帰属問題を明瞭にするものである。

また、本論文は軍人の行動は法律と命令の範囲内で行われるべきであって、法律と命令を無視して超越する行為は犯罪であることを指摘している。二二八事件において、軍隊・憲兵隊の鎮圧過程は「違法な職権乱用」と「空白授権と無法状態」に満ちており、その後も無秩序な将兵は責任追及を受けなかっただけでなく、奨励され昇進することとなった。陳儀、柯遠芬、張慕陶、彭孟緝、史宏熹ら軍隊・憲兵隊の指導者は責任追及を受けるべきであり、最高指導者の蒋介石も不正行為の隠匿と犯罪奨励の責を負うべきである。

## 五、事件中の県市長とその役割

国史館の歐素瑛纂修は「二二八事件中における県市長とその役割」を執筆した。台湾人指導者は事件中に処理委員会を組織し、三月七日に提出した「三十二条処理大綱」の中で「県市長は今年六月までに民選を実施する」と要求した。一部の県市の処理委員会は、陳儀の指示に従って、三人の県市長候補者を推薦して行政長官に選定を委ねた。各県市の処理委員会と県市長との間にはある種の対応、または緊張関係が見られる。このような文脈のもとで本論文は、事件中の各県市の首長と処理委員会との関係を、「処理委員会による維持」、「地元駐留軍との連携」、「処理委員会との協力」、「処理委員会への対抗」の四パターンに分類した。これらのうち、台南県長の袁國欽は事件中に逃走し、県政は「処理委員会による維持」となったが、その後も彼は県長の座を維持できた。新竹市長郭紹宗と嘉義市長孫志俊は、事件中、「処理委員会への対抗」パターンであったが、その後に自ら辞職を申し立てて即時の許可を得たが、それぞれの賞罰についてはかなり不明で曖昧であった。この種の現象は、県市レベル「の地方自治体」が当時の台湾統治構造において重要でなかったことを示すのかもしれないが、我々が今日責任追及する主な対象ではない。

## 六、事件中の情報治安機関

本論文は、中央研究院台湾史研究所の林正慧博士が執筆した。本論文は、近年見つけられた公式史料を大量に引用して、過去に比較的馴染みのなかった情報統治機関の二二八事件における役割を分析している。当時、南京政府が認めていた情報治安機関は三つあった。国民政府軍事委員会調査統計局（以下、軍統局）が改組された国防部保密局（以下、保密局）、中国国民党中央執行委員会調査統計局（以下、中統局）、そして憲兵司令部である。そのうち軍統局が最も早く来台し、第二次世界大戦後期に警備総司令部調査室の下に設置された。保密局台湾分局として縮小編成されたのが一九四六年七月で、業務は情報通信であって、林頂立が分局長に就いた。台湾におけるネットワークが緻密であるため、著者は情報収集の深さと範囲が他の期間に勝っていたと考えている。著者は、中統局は事件の期間中は「役立たず」で、所属していた台湾調査室は調査上の職権も欠いており、地元の憲兵隊と協力しなければならなかったと考えている。これに比して、憲兵隊系統は、情報収集と高度な能力を兼ね備えており、所属している「特高組」は、もともと特殊任務の執行権限を賦与されていた。「三月一一日以降、台湾治安は憲兵が担当するのを理由に、憲兵と所属特高組、および台湾站人員により結成された別働隊、あるいは台湾站外延組織である警備総部第二処は、二二八事件期間に私裁、暗殺、私刑を執行する主要な役割を担ったのである。」

## 七、マスコミ業界の受難

二二八事件の反抗当初、学生や海外から戻ってきた（銃の扱い方を知っている）元日本兵が第一線での犠牲者となり、状況が少し落ち着いた後の報復、虐殺はさらなる悲劇的なものとなった。二二八事件によってもたらされた傷は各界にも及び、法曹界（呉鴻麒、李瑞漢兄弟など）とマスコミ業界（阮朝日、呉金錬、王添灯など）での日常業務や事件後の被害から、「報復、パージ」の痕跡がはっきり見られる。本論文は、マスコミ業界が受けた衝撃を集中して論説しており、国立台北教育大学の何義麟教授によって執筆された。一九四七年三月一三日、警備総司令部は、『人民導報』、『民報』、『大明報』の主要新聞社三社を閉鎖するとの命令を下した。理由は、反動思想、無責任な報道、政府への中傷、暴動扇動を主導したとのことであった。また、何教授は事件期間中に報道各社一六社が閉鎖、停刊させられ、あるいは発行を継続したものの、発行人や記者が逮捕されたり、さらには殺害されたりした状況を表として作成し、報道界が受けた被害状況を明確なものにした。さらに、本論文では、二二八事件の衝撃後の「報道業界の変化と党営メディアの拡大」と「報道と言論の自由を統制する法律」についての分析を行い、二二八事件とその後の白色テロの統治方式に「相通じるものがある」との理解に役立つと思われる。

## 八、戒厳解除後の二二八名誉回復運動

台湾の二二八事件の名誉回復は、民間の社会運動による「タブーへの挑戦」として展開され、台湾社会の自由化、民主化に伴う外在的条件によって当局の反応を得て、ようやく一九九〇年代に立法により政府が出資して成立した基金会が補償をすすめることになった。一九八七年の「二二八和平日促進会」の設立（戒厳令が解除されたのと同じ年である）、一九八八年に台湾省文献委員会が各地に人員を派遣して行った二二八事件の口述歴史と現地調査が行われ、一九八九年八月一九日に初めての二二八紀念碑が民間の手によって嘉義市に建てられた。これらのことを顧みると、この時間的な流れには時代の雰囲気の変化を見てとることができ、またそれが一九九〇年の李登輝時代の到来へとゆっくりとつながっている。この期間、昔日の加害者としての国民党政府は、いかにして、民間からの、そして民進党からの移行期正義を求める圧力に対応したのか。この台湾の経験は、ドイツや南アフリカの経験の模範のようなものではないかもしれないが、記録するに値する価値がある。

本論文は、国立政治大学台湾史研究所教授であり、財団法人二二八事件紀念基金会董事長である薛化元教授の執筆である。

## 九、戒厳解除後歴代総統の二二八移行期正義への態度

この部分は国史館の呉俊瑩氏が執筆した。「先進」国

の移行期正義を行った経験には、加害者への処置、被害者への補償、歴史的記憶の保存などがある。しかし、台湾の民主化は革命的な劇的変化を経験しなかったために、一九九〇年代の政治的移行の過程は同時に移行期正義の課題を行うものでもあった。ちょうど国民党主席、つまり李登輝総統の政権下で、「加害者への処置」の部分が最も困難で最も成果のないものであった。この段階で、いかにして真相を明らかにし、史料を開放し、法律を成立させ、基金会を立ち上げ、補償作業をすすめるのかについて、民間と政府との間で、野党と与党との間で、衝突と協議が繰り返され、ようやく台湾の移行期正義の処理モデルが確立された。本論文もこの部分に力を注いでいる。その後の陳水扁総統（二〇〇〇年―二〇〇八年）は、さらなる史料調査を行い、『二二八事件責任帰属研究報告』を出版した。そして、軍隊の五つの心得、「主義、領袖、国家、責任、栄誉」から「主義、領袖」を削除した。しかし、最も大きな権威主義の象徴である「中正紀念堂」の改名には挫折した。馬英九総統（二〇〇八年―二〇一六年）は、二人の前任総統の政策を一部継続したが、「中正紀念堂」へと名を戻し、そして彭孟緝の虐殺行為を弁護した黄彰健を顕彰したことで、後退する行為だと批判された。

## 結語

本書論文の執筆者すべてがプロの歴史家であり、現段階での二二八事件研究の学術的成果としては、その材料と方法は許雪姫教授編著の『七十年後的回顧：紀念二二八事件七十週年學術論文集』とかなり似たものではあるが（実際に五人の著者が重複している）、しかし本書は移行期正義に対する関心と追求の目的を含んでいることを予めご説明しておきたい。

二二八事件は国家暴力による「虐殺」（massacre、短期間での大量、残酷な方法による殺戮）の特徴を持ち、また一九四九年以降の「白色テロ政治事件」のように本来残されるべき裁判資料がないために、二二八の正確な死傷者数を計算するのは簡単ではなく、しばしば疑問や議論の対象とされる。我々はまず、当時の中国語・外国語メディアの報道、政府史料に現れた断片的な数字、民間団体の説明などの資料を整理すべきであり、さらに近年研究者が提出した外省人を含む全体的な被害者数字、全てを客観的に認定する必要がある。これが「死傷者数」問題に対すべき態度である。この方面の研究は今もなお進行中であり、現時点では本書にいれることはできない。

注意すべきは、一九九〇年代に始まった名誉回復と補償の業務は、結果から見れば、その対象は主に「本省人」であるが、一九四七年に事件が発生した時、すなわち三月二一日に当局が公布施行した「台湾省行政庁官公署および所属各機関の公務員、教員の二二八事件による死傷損失を補償する弁法」のいわゆる公教人員〔公務員、教員〕は、当時では主に「外省人」を指していた。

一九四七年の事件後、当局が「二二八に参加したこと」を理由に追捕を続け事例は枚挙にいとまがない。二二八事件の期間中、中国共産党地下組織はもとより条件不足で役割は限られていたが、事件後の民衆の怨嗟と失望は台湾における地下組織の発展を加速させた。一九四九年に戒厳令が再び布告され、特に「中央政府の台湾移転」後、国共内戦の失敗体験によって統治当局は弓の音にすら驚く鳥のようになり、特務による高圧的な統治を強化して、冤罪・誤審が頻繁となり人権侵害案は書き尽くせないほど多くなった。この方面、つまり二二八事件と白色テロ事件との結合は、研究に値する課題であり、次の段階として公表する研究テーマとなる。

一九四七年の二二八事件が第二次世界大戦終了後、二年経たずに発生したことは、要するに台湾と「祖国」と称する中国との衝突の結果であるといえる。一九四九年に中国は赤化して、中華民国は台湾において「占領から亡命」へと転じ、また三八年間に達する戒厳統治を開始して、その期間中に無数の白色テロ事件を起こした。戒厳解除後の民主化を元に台湾で生まれた民主進歩党はすでに強くなり、「銜命」〔歴史の使命を受けるの意〕を持って権威主義時代の国家暴力、不公正不正義を処理しているが、台湾の今日の政治的現実は、中国国民党が依然として強大な力を持っている〔野党となっても再び与党となる可能性がある〕。政府は立法を通じて移行期正義の実践をすすめていて、一定の結果があるものの、妥協、縮小、遅延の現象もはっきりと見える。現在、「戒厳時期における不当な叛乱及び共産党スパイ判決補償条例」、「移行期正義促進条例」、「国家人権博物館組織法」、そして「政治档案条例」などの枠組みのもとで、いかにして未完成の道を完走するのか、なお多くの試練があると思われる。

# 第一章

# 二二八事件の原因についての論述
## ──一九四七年の政府と民間における叙述の比較*

陳 儀深（彦坂はるの 訳）

## 一、はじめに

人類社会で発生する重大な衝突において、その原因、経過、結果を明らかにし、関係者の担った役割、その功績と過誤を探ることが、歴史研究者の嗜好であり責任である。しかし、一九四七年に台湾で起こった「二二八事件」は政治的にセンシティブな問題に波及するため、これまで「沈黙の四〇年」として禁忌と内なる痛みの代名詞とされ、公に学術的な研究を行うことはほとんどできなかった。戒厳令の解かれた前後、社会運動者の影響により、[1]台湾社会では徐々に公の場で二二八事件について話し合うことができるようになった。しかし、その「原因」については、政府の官僚の発言においても異なる主張が見られた。例えば、一九八八年に行政院長俞國華は、二二八事件は「中国共産党が偶然起こった事件を利用してことを大きくしたものだった」と述べ、一九八九年に国防部長鄭為元は、謝雪紅など三〇名の共産党員が「裏で計画し、操っていた首謀者」であったと述べている。一九八九年に内政部長許水徳は「二二八事件」について、もしすべてが台湾共産党のせいであるとするなら、それは明らかに言い過ぎであり、主因は当時のカルチャーギャップだろうと述べている。[2]筆者には、事件の原因に関する叙述が一致しない理由の一端は資料や研究の不足であり、また一端は原因の叙述が事件の位置付けや責任の追及に繋がってしまうというデリケートさであると思われる。本稿は、事実が歪められることのないよう、二二八事件の原因に関する様々な叙述のうち、特に一九四七年の政府と民間の叙述を対照し、事件の経過と結果に焦点を当てて、その実態を明らかにし、考察したものである。

概して言えば、政府側の叙述がいかに事実と乖離しているかということから、政府がその責任から逃れようとしており、反省の色が見られないことがわかる。そして、そのために武力による制圧を行わざるを得なくなったという悲劇の原因が見て取れる。

## 二、二二八事件の三段階

説話形式を有効に利用し、「社会行動」の鍵となる要素に確実に辿り着くことができれば、時代区分(Periodization)は説明においてその力を発揮する。アメリカの研究者であるR・H・マイヤーズ(Ramon H. Myers)は二二八事件を取り上げた際に、事件を五つの段階に分けた。(一)一九四五年一〇月から一九四六年五月、台湾人の不満がすでに顕著に見られた。(二)一九四六年五月から一九四七年二月二七日、緊迫した状況が続き、緊張は高まり続けた。(三)二月二八日から三月一〇日、台湾中の各大都市で暴力事件が勃発、大陸から派遣された軍隊が制圧行動を開始した。(四)三月一一日から五月一五日、制圧による恐怖統治が行われた。(五)五月一五日から一九四九年末、怒りは鎮静化され、外省人政権によって収拾される。[3] 上述の第一、第二段階は、明らかに事件の背景であり、事件そのものではない。第三段階の区分からも「処理委員会」の役割が見出せず、「援軍」が台湾に上陸した時期とも一致しない。以上の理由から、本稿はこの区分方法を用いないこととする。

このほかに、狭義の見方を用いて、二二八事件を二二八暴動として扱い、その期間を二月二七日から三月一〇日までとする考え方もある。[4] しかし、この区分にもまた顕著な欠点がある。まず、三月一〇日以後も「暴乱」が完全にはなくならなかったという点である。少なくとも台中の「二七部隊」は三月一二日にやっと埔里へ撤退したことから、戦闘が続いていたことがわかる。[5] さらに、台湾人にとっての二二八事件には後期の鎮圧と虐殺が含まれて然るべきであり、それこそが事件の肝要である。本稿が「二二八事件」という名詞を採用するのは、民間に広く定着しているほか、台湾人の主体的な「革命」、「蜂起」、「謀反」の側面と価値が色濃く見出せ、単なる不満の露呈としての「暴動」、「民衆による反乱」の意味合いがごく薄いためである。[6]

筆者は二二八事件には三つの段階があると考えている。まず、一九四七年二月二七日の晩、台北市で闇タバコの取り締まりと傷害事件が起き、民衆の積年の恨みが刺激された。二日目には更に多くの民衆が抗議と請願のため集まったが、軍警の機銃掃射に遭い、いよいよ暴動が広まっていった。次いで、一方では民衆を代表して紳士階層によって組織された「処理委員会」が政治的交渉を始め、一方では各地の民間勢力が銃器により武装し、「武力」によって政治改革の要求を通そうとした。これに対し、陳儀政府は表面的には妥協し譲歩を行ったが、裏では国民政府に援軍を要請していた（後述）。ここまでが第二段階である。第三段階では、福建からの憲兵が三月八日の晩に基隆に到着し、三月九日には劉雨卿の陸軍再編第二十一師団が続き、国民政府はおぞましい鎮圧と虐殺を行った。これは五月一六日に魏道明が台湾省政府主席に就任し、戒厳令の解除が公布されるまで続いた。陳儀が三月九日に再度戒厳令を発布し、三月一〇日に処理委員会を解散させたという時間的な流れからすると、援軍の上陸は重要なポイントである。では、なぜ五月一六日を事件の区切りとするべきか。それは、魏道明が台湾省政府主席に就任して戒厳令が解かれた際に、拘留中の被疑者の処置について「軍人でない者で、すでに判決の下った者に関しては、原判決を取り消し、司法機関において再度審判を行う」という規定があったためである。獄中の一部の者はこれを聞いて、「これで我々は死なずにすむ」と胸をなでおろしたという。[7] このほか、わずかにでも影響力を持つ人々は粛清行為を恐れて次々と身を隠しており、魏道明が台湾に渡ってからやっと故郷に帰る気になったという。[8]

二二八事件をこのように「三段階」に分けて理解することは、「事件の原因のありか」を明らかにする上で有用である。我々が問題とするのは、なぜ二月二七日の夕バコ売りの瑣末な事件がごくわずかの間に台湾全土を巻き込む動乱になったのかという暴動の原因だろうか。或いは、陳儀政府（と国民政府）が事件の収拾後も虐殺を続けた原因だろうか。前者に答えると、暴動の原因には陳儀の失政が関係しており、日本統治下の五〇年が生み出したカルチャーギャップ、戦後の台湾の社会経済の問題などが複合的に作用し、部族紛争と政府と民間の衝突が入り混じった形で爆発した。これは明らかに後者、すなわち虐殺の原因の回答には流用することができない。つまり、これらの二つについては、細心の注意をもって比較を行いつつ、各々の問題にあたる必要があるのである。事件の叙述と理解のため、本稿の基本的な概念を以下の図1に整理した。

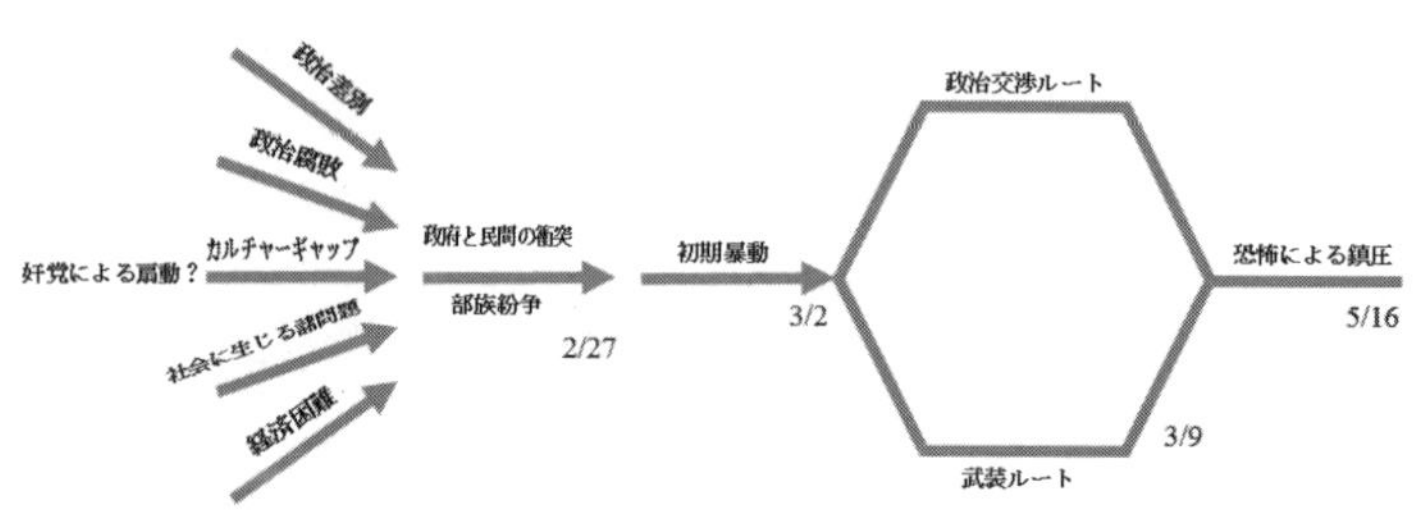


図一-一　二二八事件の原因についての論述

## 三、陳儀ほか台湾省軍政特務首長による「暴動の原因」についての叙述

### (一) 奸党匪徒、御用紳士の機に乗じた扇動

陳儀は台湾省最高軍政首長であり、事件の勃発後すぐに蒋介石に報告を行うことは非常に重要であった。一九四七年三月一日に蒋介石に二二八事件の状況について電報を打ち、「専売局が闇タバコを禁止して取り締まっているが、これを利用し、奸党匪徒〔中国共産党及びその関係者〕や日本から強制送還された台僑が現地のヤクザと手を組み、機に乗じて暴動を起こした。……本部は治安維持のため、本日より台北市における臨時戒厳を宣告す

図一-二　台湾省行政長官陳儀

出典：ウィキペディア・パブリックドメイン、https://upload.wikimedia.org/wikipedia/commons/4/44/Chen_Yi.jpg、アクセス日：二〇二〇年一月一〇日。

図一-三　寅冬亥親電
出典：薛月順編『二二八事件檔案彙編（廿三）』、二三一－二三二頁。

る」と報告している。[9] 国史館によって二〇一七年に出版された『二二八事件檔案彙編』によると、陳儀が国民政府主席蒋介石に宛てた「寅冬亥親電（寅冬亥親電報）」の内容は以下のようなものである。

> 今回の事件は一般人による暴行ではない。海南島から戻った奸匪による御用紳士やヤクザなどの利用、そして台湾人の自治という排外的観念によって起きたものである。一方では恐怖を生み出し、もう一方では秩序を乱している。目下の情勢を見るに、こちらには十分な兵力がないため、完全な収束は難しい。……ここに電報にて迅速に優等な歩兵を一旅団工面するよう総長にお願い申し上げる。少なくとも一団を台湾によこし奸匪を粛清することで、閣下の南方の統治の憂苦を和らげるものである。[10]

次に、台湾省党部主委の李翼中は三月七日に南京へ飛び、午後六時に蒋介石に謁見した。陳儀直筆の書簡を蒋介石に渡したほか、「なぜ数日のうちに民衆の蜂起は台湾全土に広まったのか」という質問に対し、以下のように答えている。

> ことはヤクザによって始まり、日本の徴兵に応じ、近頃台湾に戻り始めた青年らがこれに共鳴したものである。聞くところによると、これらの青年の多くは共産党から秘密訓練を受け、さらにすることもなく職もないのだという。ヤクザは二つに大別でき、日本人によって緑島に収容され、この程釈放された者と、対岸経営で福州や厦門などの地に派遣され、近頃台湾に戻った者たちである。これらの者は各地に散り散りになったが、台北の動乱を聞き、偶然集結したものと見られ、秘密裏の計画や連絡があったわけではない。共産党の台湾における潜伏活動が最近顕著になってきたことを考えても、機に乗じた扇動の阻止は保証できない。[11]

李翼中は、潜伏中の台湾共産党によってヤクザが扇動されたのだろうという原因に帰結しているが、「保証できない」という発言も決定的でない印象を受ける。また、当時の警総参謀長の柯遠芬も三月一二日に国防部長白崇禧への報告で、「奸党」が事件の主な原因となることは十分に考えられるとし、「(一) 奸党の陰謀による扇動。(二) 台湾に潜行している日本支持者による扇動。(三) 日本時代の御用紳士が機に乗じて権力を取り戻して利益を得ようとした。(四) ヤクザや浮浪者などが混乱に乗じて窃盗を働こうとした。(五) 内地[日本]から強制送還された浮浪者や兵士が本件を口実に報復を図った(日本が投降した時に国内の同胞によって侮辱を受けたため)。……など、種々の原因によって起こったものである。現在可能な対処は暴徒の駆逐により民の安全を確保することであり、民衆のために努力し、政治的な譲歩を積極的に行うことである。より多くの民衆の満足を得れば、事件の平定は難しくないだろう」と述べている。[12]

### (二) 台湾籍日本兵と強制送還された浮浪者

警備総部調査室は、国軍増援部隊が到着し、状況が徐々に安定してきた頃に、「台灣『二二八』暴動概述」と「台灣暴動經過撮要」を南京の言普誠氏(仮名)に向けて作成している。その中で「二月二八日の暴動は平定されたが、未だ浮浪者やならず者、台湾籍日本兵は望んでリーダーとなって暴徒を率いている。奸党たる中国民主同盟は左寄りの政治団体を利用し、広く扇動を行い、事態をますます大きくしている」と述べている。[13] また、「(一)文化団体や事業機関に潜り込んでいる台湾省の奸偽や中国民主同盟員が日増しに増えている……(二)海外から強制送還されたヤクザ、浮浪者、日本軍に服役した台湾人兵士の技術要員は十に九が失業し政府を恨んでいる……」とある。[14] ここでも奸党や奸偽に言及しているものの、浮浪者やヤクザ、海外から戻った台湾籍日本兵の存在が強調されている。

次に、保密局台湾站站長である林頂立は張秉承の仮名で四月に「台湾二二八事件報告書」を南京に提出し、二二八事件の遠因と近因について長文をしたためている。遠因は、一．潜伏していた奸偽の復活、二．御用紳士の扇動による反乱、三．台湾に戻った浮浪者や退役軍人の思想の変化、四．モンロー主義による教唆（台湾人による自治、高度自治などの主張）、五．日本の奴隷化教育の残した弊害、六．戦後の経済問題による触発である。近因は、一．汚職根絶の未達成、二．食糧危機の影響、三．経済風潮による触発、四．特殊階級の私怨による悪行（日本の所有していた家屋の競売によって本来利益を得るはずだった者たちの反発や妨害）、五．非合法分子の結託による動乱（政府の恩赦によって解放された数千人のうち、多くを占めたごろつきやヤクザなど）である。[15] これは広い見方での原因の検討であると言え、経済、社会、文化のすべての面が挙げられている。この報告内容は、台湾省行政長官公署（以下、行政長官公署）編集発行の「台湾省『二・二八』事件調査報告紀要」で挙げられている遠因、近因と多くが重複している。おそらく行政長官公署が林頂立の報告を参考にしたのだと考えられ、興味深いのは林頂立の報告のうち、行政長官公署にとって不利な内容（汚職など）は、削除や変更がなされていることである。

## (三)「難治の民」台湾人

事件の勃発から一週間が経った当時、李翼中は蒋介石と事件について話し合うことのできた数少ない重要人物の一人であり、台湾人に対して僻見を持っていた。事件後、李翼中が初めて蒋介石に会ったのは三月七日であるが、以下のように述べている。

台湾人は政治に関して未だ学んだことがなく、我々の統治管理を理解せず、中国の現状をよくわかっていない。その性質は躁急で、自治を急ぎ過ぎている。……台湾人は日本人の統治を長く受け、日本人はその言語、文字、風俗習慣を変えた。難治の民と呼ばれる台湾人について、日本はその統治において功績を残したと豪語し、その成果は朝鮮とは比べられないと言っている。……中国の道義である君子から民族の義を学ばず、始終利益のみを追求し、ほかのことは顧みない。台湾が故国の元へ戻った後、我々は台湾人が日本人に搾取され、抑圧されてきたと声を上げている。しかし、台湾人はその利欲、贅沢を望む心から行動し、政治は台湾自身が舵を取った方が抑圧がないと考え、台湾省の自治の道、台湾人による政治という考えを強く持っている。……台湾の処置について意見を求められても、愚者も千慮に一得有りとお答えすることはできない。台湾人は自らの意見に固執し、道理にかなっていないことを顧みないだけでなく、実に愚かである。我々の平定は始まったばかりで、権威は確立されておらず、未だ信用を得ていない。要求に随順すれば弊害が残り、抗えば取り込むのが困難になる。暫定的な対処として、彼らが現在騒ぎ立てている政治や経済、権利などを与え、一時の得失に拘らないこととする。治安や交通、教育は任せるわけにはいかない。……大部分の台湾人が自身を日本人だと思い込み、漢民族だと思っていない。学校教育を中国の現状に即して行うだけでなく、有効な方法で対処し、民族道徳の陶冶を行い、その気質を変え、青年に再度教育を行わないことには、危機は想像に難くない。[16]

李翼中は事件の原因から台湾人の民族性に言及し、台湾人を「難治の民」と称した上、利益のみを追求し、ほかのことは顧みない、固執、愚か、そして「権威が確立されていない」などと評価したが、こうした表現は多かれ少なかれ蔣介石に影響を与えたものと見られる。蔣介石の三月七日の日記に、「台湾省党部李主任を自宅に呼んで詳しい報告を受け、後始末の方法を考えた」という記述があるほか、「陳殿は予防策も講じず、正しい報告もしていない。事態が大事になってから救援を求めてきた。嘆かわしい。陸海軍を特別に台湾に派遣したとき、共産党ゲリラ組織の問題は深刻ではなかったか、その後本気を出してきたのか。力のない兵しか派遣できないのは不安だ。後始末の方法はまだ決まっていない。今は懐柔あるのみだ。このような中国の元に戻ったばかりの台湾人の状況は、日本人による奴隷化によって祖国を忘れたため引き起こされたのだろう。権力でもって敬服させるほかなく、徳をもって懐柔することはできないだろう」と記されていることからもわかる。[17] 軍を派遣する決定の心理的背景に、台湾に対して難治の民、権威を敬わず恩恵を感じないという認識があったのなら、実に糜爛の結果が予見できるというものである。

実際には、日本の統治を半世紀受けた台湾は、実業計画、人民の素養においても中国の大部分の省より遥かに良かった。[18] 監察委員丘念台はこれらの落差を描写し、遠慮なく「私はこれまで見えない災いの兆しについて切々と訴えてきたではないか。近代化した人民を見なかったことにして、中国の遅れた政治を行い、中国とはすでに長く隔絶している台湾人が五〇年触れていなかった文化と風俗に接すれば、噛み合わず困惑することが多いのも当然である」と述べている。[19] 台湾では戒厳令が解かれた後、歴史の口述が多く行われ、一九四五年、戦後に台湾に渡った中国の「兵隊乞食」や、[20] 中国人が秩序を乱す様子など、彼らの悪習が語られた。台湾人からしてみれば、果たしてどちらが難治の民であろうか。全く逆の評価が下されるであろう。ここで、少なくともお互いに「目障り」であったという点で、確かにカルチャーギャップが存在するのである。

## 四、南京政府の「暴動の原因」に関する叙述

### (一) 蒋介石によって公表され通説となった事件の原因

二月二七日の晩に闇タバコ売りの事件が起こり、二八日には暴動に拡大した。この暴動が共産党の扇動によるものだという政府の最も早い公的な指摘は、国民政府主席の蒋介石によるもので、三月一〇日午前に行われた「中央政府国父紀念週」発表においてであった。そこで事件について報告があり、「かつて日本に徴兵され南洋一帯の作戦に参加した台湾人の一部は共産党員であり、今回の専売局による販売の取り締まりに乗じて扇動を図り、暴動を起こし、政治改革の要求を提出した」と述べられ

た。[21] 陳儀から蒋介石への「寅冬亥親電」でも「海南島から戻った奸匪が御用紳士やヤクザを利用した」といった叙述が見られ、このような言い方は陳儀の影響を受けたものであると十分に考えられる。各種報告は共産党の介入について、南洋帰りの台湾籍日本兵だけでなく、このほかに旧台湾共産党と戦後、徐々に潜り込んだ中国共産党を挙げている。陳儀は三月六日の蒋介石に宛てた書簡で「内地の奸党、また台湾に忍び込んできた者たちの目的は、常に機会を伺い、武器を奪い、秩序を乱し、反乱を起こすことである」と述べている。[22] 保密局台湾站站長である林頂立の報告はより詳細で、「長く潜伏していた共産党分子が復活し、活動を続け、中国共産党と連絡を取っている。奸党の首謀者である謝雪紅、楊克煌、楊逵、李喬松、林兌、侯北海などは台中組織人民協会に身を置き、王萬得、潘欽信、盧新發、陳崑崙、王添灯などが元台湾民衆党リーダーの蔣渭川、張邦傑などと、後に台湾政治建設協会と改名することになる台湾民衆協会を立ち上げた。二つの会は遥か南北に屹立し、呼応しながら、一方では元幹部を集めて組織を強化し、一方では新たな民衆を引き入れて力をつけていった。また、国内では台湾に入ってくる奸偽が日に日に増えており、台湾省工作指導委員会、台湾省工作団、中共東南区第七連絡站、閩台政訓組、台湾共産主義青少年団などの組織を装って潜伏活動を行っていることを突き止めた。奸党の勢力は徐々に増し、有事の際には機に乗じようと、密かに機会を待っていたのである」と述べている。[23]

「共産党の介入」は、すぐに南京政府の主張する通説となり、国防部長白崇禧は三月一七日に台湾を「慰問」に訪れたとき、「今回の事件に関係のある者については、暴動の扇動を行い、反乱を企てた共産党分子を罰するほかは、寛大に処理し免責とする」、三月二〇日にまた「二二八事件は、共産党と少数の本省の暴徒が国軍の不在をいいことに扇動を行い、勃発したものである」と述べている。[24] 実のところ、世間一般の出来事から言えば、二二八事件の発生において、計画性や組織性は見られなかった。縦の命令もなければ、横の連絡もなく、「度を越した憤怒が生み出した自発的、そして突発的な事件にほかならない」[25]。当時、街頭での活動に参加した呉克泰は「これは完全に国民党の悪政によって引き起こされたもので、いかなる個人も組織も二時間というわずかな時間内にあれほど多くの民衆を動員することはできなかっただろう。国民党は『奸党と野心を持った過激分子の計画した組織的な扇動によるものだ』と言っているが、これは完全に鎮圧のための言い訳だ」と述べている。[26]

実のところ、蒋介石の持っていた情報網は広く、「通説」以外に「異説」もあった。国民政府参軍処軍務局の参謀である陳延績は、二二八事件期間に台湾で行った調査を「二二八事件之検討」にまとめているが、その中で「事件が起こる前に左党〔共産党ないし左翼〕による計画的な暴乱はなかった。……事件の経過を総観すると、台湾省政府に対する世論の不満、当時の不適切な処置、また紳士階層による助長が事件拡大の原因の真実である。陰謀を企てる者や左党の画策というのは、どちらも事件を誇張するために後から加えられたレトリックであろう」と述べている。[27] この報告は研究者に「台湾が興って以来、蒋介石に送られた最も事件の実情に近い政府による報告」[28]と見なされていた。しかし、蒋介石の元々の人柄、時代環境、情報体制の制約によって、二二八事件は「奸党匪徒の扇動」によって起こったものとされた。[29] これは誤判であるが、軍の派遣もすでに決定されていた。当時の台湾では鎮静のための粛清行動が行われていたが、事件の責任追及や賞罰、情状酌量の余地については、遺憾にも蒋介石個人の問題が制度の持つべき合理性を押し潰していると筆者は考える。事件の処置からは一貫して調停や補償を図ろうとする蒋介石の努力が見られない。

## （二）陳儀寄りになった白崇禧の見地

二二八事件の発生後、陳儀は蒋介石に二度電報を打ち、三月六日に文書でその経過、原因の分析について詳細に報告し、処置において適切と思われる姿勢とその方法を提案した。その中で「必要あれば、閣下が台湾に派遣する高官と協同でことにあたっても良いが、台湾を中華民国のものとする計画を維持していくためには、早急に力のある軍隊を台湾に派遣しなければならない。高官を派遣するとしたら、軍隊の到着後でなければ、効力を発しないであろう」と述べている。[30] このことからわかるのは、陳儀にとっては「力のある軍隊」がまず優先され、高官を派遣するとしても、「軍隊の台湾到着」がまず必須であると見なしていることである。これは国防最高委員会が台湾について検討した結果である高官を慰問に向かわせるべきだという進言の意向とは異なる。[31]しかし、結局のところ、蔣介石は国防部部長の白崇禧を台湾慰問に向かわせることにした。

白崇禧は三月一七日に台湾に飛んだが、三月一二日に陳儀、柯遠芬の書簡を受け取り、その二通は蔣介石の「目に触れる」ことになった。柯遠芬は「奸偽の陰謀は完全に暴かれた」と述べ、陳儀の報告は「二一師団一四六旅団の四三六、四三八の両団と憲兵二営がそれぞれ台湾に到着し、台北と基隆はすでに鎮静化されたが、台中、嘉義、台東各県市ではまだ騒ぎが続いている。……これより、徐々に南に向かわせる予定である。一四五旅団の到着後、台湾全土の動乱は静まるだろう」と述べている。[32]一方で白崇禧は何孝元司長と張亮祖秘書を派遣し、三月一一日に二人は台湾に飛んだが、陳儀は詳細な報告はすでに済んだと言い、何、張の二人は三月一二日には「元の飛行機で南京に戻った」。[33]このことから白崇禧が国防部長として、できる限り状況を把握しようとしていたことがわかる。また、三月一三日に蔣介石へ宛てた書簡において「台湾政策の処理に関する提言」をいくつかしたため、朱一民の省主席就任内定のほか、警備総司令の職については福建籍の国防部史料局局長の呉石中に任せてはどうかという進言を記した。[34]その後、三月一六日に「国防部布告」において、彼が台湾に慰問に赴き、同時にこの事件について「調査によって実情を明らかにし、適切な処置を行う」ことが表明された。中央の四項の基本原則には、台湾地方政治制度の調整、人事調整、経済政策、台湾地方秩序の回復などが含まれていた。[35]台湾地方秩序

**図一-四　国防部部長白崇禧が台湾を慰問に訪れる**

出典：ウィキペディア・パブリックドメイン、https://upload.wikimedia.org/wikipedia/commons/thumb/a/af/Minister1.jpg/800px-Minister1.jpg、アクセス日：二〇二〇年一月一〇日。

の回復について、ある項目には事件に参与した者や関係者について「暴動を煽った共産党員以外は、寛大に処理し一律免責とする」とあったが、実際の経過は全くこの通りではなかった。

白崇禧が台湾に渡って一週間が経ち（三月二二日）、蒋介石に向けて台湾の事件の遠因と近因を分析した長文の「電報」を献上した。その中で「今回の台湾での事件の遠因として、台湾の青年は日本によって五〇年余り視野の狭い偏った教育を受け、国家観念や民族意識が薄弱であることが挙げられる。近因としては、抗日戦争の勝利後、中国共産党は言論の自由という虚言の下、本党と政府軍隊を故意に貶め、台湾省で一般的に新聞が報じる世論も同じく不正確であった。長く準備をしてきた台湾人の政治野心家は、機に乗じて人民を操ろうと、行動の機会を伺ってきた。そして、先の台湾専売局のタバコ売りの事件を機会として行動を起こした。少数の共産党員や日本の投降後に海南島から強制送還された台湾籍退役軍人、地方のゴロツキは、これらの扇動を望む反逆者と結託した。そして、台湾省の青年や学生がむやみに盲従し、省県市の様々な層で民意機関の参議員もまた言われるがままに付き従って同調したことが、反乱の拡大につながり、全面的な暴動に発展した」と指摘した。そして暴動者の企みについて「南京で現状に不満を持っていると聞いたが、それだけでなく、関係書類によって……政権の奪取を望んでいることに疑いの余地はない」と述べている。そのため、前倒しで行うことが予定されていた県市長選挙についても「状況をよく判断した上で処理する」べきであり、専売と貿易局の制度を今後どのように改善していくかについても「実情を調査した後で、審査の上、決定する」とし、今後の台湾統治の方針について「南京で考えた案は修正の必要がある」と述べた。[36]

三月二三日に白崇禧は蒋介石に再度報告を行い、「今回の台湾における事件は単純なものではなく、共産党の暴徒が扇動を行い民衆を操ったことで、事件の規模が拡大し、被害は甚大なものとなった。……台湾の処置に関する決定は慰問の業務をすべて済ませてからが適当であると報告致す。最近、国内の台湾籍各団体人民代表が社会の風潮に乗って、種々の要求を提出していると新聞が報道しているが、後の困難を増やさないためにも、簡単に承諾しないようお願い申し上げる」と述べている。[37] 蒋介石はこの電報の裏に直筆で「慰問の業務を終え、報告が済んでから処置を定めるように。現時点では、いかなる承諾もしていない。陳長官の調査と処罰の案について却下した。気に留めないように」と書いている。ここで白崇禧の言及した台湾籍団体人民代表とは、台湾省政治建設協会上海支部代表の張邦傑、台湾重建協会上海支部代表の楊肇嘉、旅滬台湾同郷代表の李偉光などを指し、これらの者は三月一九日に連名で「台湾の危機を救うための于右任への電報」を打った。惨劇の発端は、闇タバコ売りの逮捕と殺人であるものの、根本的な原因は台湾の行政制度の特殊化、陳長官の民意を顧みず専売統制政策を行ったことにあるとして、救済の方法には「陳儀と軍警察の実際の責任者の懲戒処分」、「台湾においてのみ行われている専売と省営貿易の取りやめ」などが含まれていた[38]。当時、これらの声はそれなりに重圧となり、実際に三月二二日に国民党六届三中全会が行われた際にも陳儀の懲戒処分が決議されるに至ったが、すぐに蒋介石に却下された。

白崇禧は台湾を慰問し、ついに陳儀と同じく第一線に立った。南京に戻った後の報告では、再度、断定的に「これらの少数の反逆派の野心は、現状に対する不満などではあり得ず、政府の転覆と政権の奪還を企むものである」と述べている[39]。国防最高委員会常務会議の記録によれば、中央紀念週が迫る中、白崇禧の報告を聞いた呉鐵城は常務会議で、白崇禧は台湾の事件の原因を「一つには共産党である。もう一つには、アメリカが台湾を欲しているということがある。台湾人はアメリカと結託しているのだ」と結論づけたが、これを「どこでこのようなことが起こっているというのだろうか」と批評している。朱家驊も「台湾の問題への対応に関して、皆が台湾人が奴隷化教育を受けて日本やアメリカに傾いていると考えていたが、それは間違っており、全くあり得ない。台湾の問題は決して、共産党、そして日本人やアメリカ人によって起こされたものではない」と述べた。では、台湾の問題はどのようにして「起こされた」というのだろうか。会議参加者の多くが、陳儀の失政が招いたものであると考えていた。懲戒処分を受けて然るべき陳儀について、鄒魯は同会議で「我々は陳長官のやり方に全く意見はない。もし我々の誰一人として厳格な策を講じなければ、国家民族が侮辱を受ける恐れがあり、台湾は誰のものかという問題に発展しただろう。党内では、免職の上、司法機関に引き渡して調査、処罰を行うという案がすでに通過している。国防会もまた是非を明らかにすべきである。我々は皆、国家民族のために意見しているのであり、個人に相対しているのでない」と述べている。[40]陳儀本人も当然ながら極力自己弁護に走り、四月一一日に蒋介石に宛てた電報において「各部隊は政府機関や要塞を攻撃してきた暴徒の迎撃を行ったが、そのほかに罪なき命の殺戮は全くなかった」と述べている。蒋介石の幕僚は下に注をつけ「以前、台湾建設協会の張邦傑などが報告した台湾警備総部が一万人以上もの人民を逮捕し殺害した件について、命を受けて調査を行ったところ、上記の陳儀の叙述の通りであり、白部長が南京に戻った後に行った報告とも一致する」と続けている。[41]検挙された者が罪逃れの言葉に調査の結果や証拠を挙げるのはいかがなものであろうか。このほか、白崇禧が台湾の事件を政府転覆や政権奪取の厳重なレベルに位置付けたことが、陳儀の罪逃れに一役買ったのは言うまでもない。

白崇禧が台湾を慰問に訪れる前に暫定的に定めていた台湾統治の方針は、台湾に来て一週間で蒋介石に「修正の必要あり」と提言することになる。民衆による県市長の選出を前倒しで行うこと、専売や貿易局の制度の改正などについて、いずれも決断できずにいたことからも、白崇禧の見地が陳儀に近づいたのは明らかであるが、これはなぜだろうか。情報治安機関の報告は「陳長官は白部長に取り繕ったような態度をとっている。中央による事件の処置の原則が気に入らないようだ。白部長の行動に制限をかけ、謁見する者は皆厳重な監視を受けている。……陳長官は游彌堅、劉啓光などに連名で中央にこのまま自身を残すよう働きかけをさせているが、威信は失われ、民の心を掴むのは難しい」と残している。[42]言い換えれば、台湾は陳儀の勢力圏であり、陳儀の政治の手腕と敏活の前で、白崇禧はその影響を受けざるをえなかった。ましてや白崇禧が陳儀の後ろ盾が蒋介石であることに気づいた後、どのような立場を選んだかは想像に難くない。

### (三)監察委員による異論

二二八事件の発生後、監察委員の何漢文は三月四日に監察院長である于右任に向けて以下のように書いている。本件の「死者は三、四千名」、「新しく奪還した地域に重大な悪影響を与えただけでなく、国際的なイメージが悪化した。……責任に関して、監察を司る本院によって徹底的に調査する必要がある。監察院の委員を派遣して調査できないだろうか。謹んで検討を祈る」[43]。これを受けて于右任はすぐに閩台監察使の楊亮功に電報を打ち、「直ちに台湾に赴き調査と処罰を行うように。また、随時綿密な報告を望む」と伝えた。楊亮功は三月七日に二名の調査員と共に台北に向かった。何漢文もさらに「何委員を追加して派遣する。台湾に向かい調査と処罰を行うように」という訓令を受けて、三月二一日に秘書一名と台湾に向かった。楊亮功は三月八日に基隆港に到着し、四月一一日に台湾を離れるまで計三四日間台湾に滞在した。各地へ調査に赴き、事件を「全面的かつ深く理解」するということであった。そして、四月二九日に魏道明の台湾省政府主席就任が行政院院会で通過するまでを記録した「二二八事変奉命査弁之経過」[44]という長文を残した。これは現在でもなお参考に値する史料である。

楊亮功は台湾に長くは留まらなかった。三月一〇日に于右任に電報を打ち、「今回の事件の発端は闇タバコの販売であったが、それがこのように長く続いて、一触即発の状態になっている。……初めは政治改革の要求だけだったが、各地で反乱が続き、倉庫は占拠され、武器が略奪されている。共産党が扇動を行なっているのは間違いない。議員代表などは制御力を失い、騒ぎは台湾全土に広まった」と述べている[45]。同月一二日にまた「今回の事件は、政治への不満と排外思想という二つの心理が招いたものであり、共産党がそれに乗じて扇動を行い、流血沙汰を経て憎悪はさらに深まり、収束は容易ではない」と述べている[46]。

四月一六日に楊亮功と何漢文は二二八事件についての調査報告を完成させ、各県市の詳しい状況のほか、今回の事件を構成する遠因と近因を十の要素にまとめた。台湾人の祖国に対する観念の錯誤、日本人の残した弊害、物価上昇と失業増加の影響、政府による不適切な統治政策、一部の公務員による汚職や怠慢と能力不足の影響、誤った世論の影響、政治的野心を持つ者の扇動、共産党の扇動、治安維持や防衛のための軍事力の不足、ラジオ放送が暴徒によって占拠された影響である。報告はこのほかに事件を三段階に分けて考えている。第一段階では、まずヤクザが参加し、事態を悪化させた。第二段階の主導者は各地の政治野心家であり、各地の処理委員会を脅迫した。第三段階では台湾全土にことが及び、すでに事件において指揮を執る主導者は存在せず、「共産党員は少数で、また形勢を意のままに動かす力もなかった」と述べている。この報告の最後では、今後の中央の台湾統治の方針について進言がなされており、すでに台湾を「圧政」をもって植民地視することは不可能で、高度な自治あるいは独立もまた不可能とし、考えうる唯一の解決策は「一方では台湾に民主主義の道を順調に歩ませ、一方では完全な祖国との一元化を図り、中央への反抗を増長させないようにする」ことだと述べている。[47]

**図一-五　閩台監察使楊亮功**

出典：ウィキペディア・パブリックドメイン、https://upload.wikimedia.org/wikipedia/commons/6/65/Yang_Liang-kung.png、アクセス日：二〇二〇年一月一〇日。

楊亮功と何漢文の調査報告は、国民政府の失政についてもいくらか批評を行っている。「台湾人は長官公署を新総督府と呼び、国内のほかの省とは異なる形式に不満を持っている」、また「経済統制も台湾人に不快感を抱かせている」、「不幸にも中国から台湾に赴任している者のうち、少数が害を及ぼしている。分別のない官吏、能力不足、汚職などが台湾人に反感を抱かせ、尊崇は失われ、何かことが起これば、容易く反動を生んでしまう」と忌憚なく述べている。しかし、一方では日本統治が台湾人に「奴隷化」を施し「腐敗」させたことも強調している。台湾人は祖国を理解せず、共産党が機会に乗じて武装暴動を煽り、政権奪取を目論んでいるという点などは、陳儀、白崇禧などの軍政特務首長の叙述に非常に近い。比べると、もう一人の「半山（台湾籍で日本統治時代は中国大陸に在住し、戦後台湾に戻った者）」である監察委員丘念台の検討の方向は明らかに趣を異にしている。

二二八事件の発生から一週間が経って（三月六日）、監察委員として丘念台は于右任に報告を行い、「見えない災いの兆しについて度重ねて語ってきたが、近代化した人民を見なかったことにして、中国の遅れた政治を行い、中国とはすでに長く隔絶している台湾人が五〇年触れていなかった文化と風俗に接すれば、噛み合わず困惑することが多いのも当然である。早急に党国元老を派遣して人民への慰藉救済の協力を求める。民意に耳を傾け、寛大な処置をし、政府と国民の決裂を防ぐために禍根を断ってほしい」と述べている[48]。三月一一日に于右任に再度「陳長官、李主委にはまだ打つ手がある。台湾に災いが長く潜んでおり、去年の冬には南京でこれを防ぐべきだと声を上げた。現在、広東・福建においてもそう考えている。民主による統治を行い、予定より早く憲法を試し、台湾人の人材を登用すれば、台湾を治めることができる。今回の立監参憲院会の台湾人枠は少なく、今後、改定を行う際は是非台湾の人材を登用してほしい[49]」と述べた電報を送った。

当時、丘念台は広東の梅県におり、共に台湾へ赴いてほしいという国防部長白崇禧からの要請の電報をすぐに受け取った。丘念台は三月二五日に汕頭から船で台湾に向かい、二七日の明け方に基隆に到着した。彼は自身の目的を白崇禧が中央の「徳による慰撫の宣言」を伝えるのを助け、外部の行政長官公署に対する「誤解と嫉妬」について地方の有力者に説明し、それらを緩和させ、彼らが陳儀と白崇禧に対して発言するのを助け、「議論をもって問題の円満解決」を図ることだと述べていた。しかし、実際には丘念台は林茂生、陳炘、宋斐如などについて「死体すら見つからない。罪名は終始不明」と述べており、これは納得できるものではない。そのため、行政長官公署が台湾人に連名で陳儀の省主席続投を援護する電報を中央に送らせようとしたとき、丘念台は婉曲的に拒絶したという。四月二日に「慰問」の任務を終えた白崇禧が南京に戻る際、同じ飛行機に乗った丘念台が「事件後、台湾省軍政長官をその功罪に基づき交代させるべきだ。もしも賞して昇進させるのであれば、台湾人の不快感を招かないように台湾以外の地で昇進させるべきだ」と進言した[50]。周知の通り、こうした進言は一切採用されなかった。

丘念台は監察委員の職責に基づき、四月一一日に于右任に事件の報告、進言書、意見書を提出した。その中で二二八事件の近因について「不良官吏」、「不適切な政治」と述べ、政治への不満が本件の主な原因であり、共産党、日本人、ヤクザ、敗走兵による画策ではないと述べている。三月八日以後の「軍と警察による広範囲にわたる虐殺」の惨状を描写し、武力による鎮圧は役に立たず、法による懲罰でなければ人民を従わせることができないと考え、今後は民権を実現し、垣根を取り払うべきであるなどと述べている。[51] こうした意見は当時の年代や環境を鑑みると稀有なものであるが、これらの文言や見解こそが後世に残された重要な証拠なのである。

五月二五日、台湾省党部執行委員（兼監査委員）であった丘念台は、国民党内のルートを使い国民党中央組織部部長の陳立夫に、さらに陳立夫から蒋介石の手に渡った書簡で「今回の二二八事件の真の原因について、先にあったのは政治腐敗や産業破壊の問題であり、後に軍隊、警察、憲兵の特務が権威と武力を濫用したことで事件が拡大したのである」、そして「二二八事件以来、表面的には台湾人が外省人を殴り殺していると広めているが、実際には惨殺された台湾人は数千にとどまらず、特に著名な紳士階級の逮捕と処刑は百を下らない。この権威と勢力の前に台湾人は沈黙して恨みを飲み、訴えることもできない」と指摘し、最後に「本年三月以前に台湾省駐在に派遣された軍警憲の特務首脳を半月以内にすべて中国本土に異動させるべきだ。主導者が変わった方が徹底しており、台湾人もこうした主導者の顔を見て心を痛めることはなく、平定や和睦が為しやすい。そうでなければ、台湾の将来は想像ができない」と提言した。[52] 一二月三一日にはさらに台湾省党部主任委員の身分で蒋介石に「今春の二二八事件の原因は、まず政府職員と警察がみだりに殺人に至り、そして民衆の殴打による殺人が行われた。軍と警察は法律を捻じ曲げ、権威を振りかざし過度な惨殺を行い、暴をもって暴に易う結果になった」と述べ、「目下、二二八事件に関わった者で、判決が下り、執行が行われていない者の逮捕は禁止されている。そうした者の数は二、三百名を下らないが、各県は中央の寛大に処理するという命を無視して、捜索を止めようとしない。あるいはヤクザ、共産党員という名目に変えることで逮捕している。軍憲特務にあらざる行いである。この件にかこつけて強制服従を行わせている者までいる。この事件を利用して違法行為、怠慢を働く政府高官と軍、警察の上官に関しては、国民党政府に上下くまなく処罰してもらいたい。罰を受けた者はまだ一人も聞いていないが、そのため台湾人が内心で不平を感じている。中央の監察の上、適宜赦免を行うべきである」とも述べている。[53] 時はすでに一九四七年の年末で、上記の通り、二二八事件はまだ終わっていなかった。そして、政府高官や軍と警察の者を「異動」または「処罰」するという提言が蒋介石に採用されることは全くなかった。

## 五、民間による叙述

二二八事件の原因は、先述の通り政府当局によって通説が定められてしまったが、実際に被害を被った台湾人もまた主体的な観点を持っていた。当時の民間による二二八事件の原因の叙述においては、各団体の公的な場の叙述が高い代表性を持っていると考えられる。台湾本土の団体が声を上げていただけでなく、中国在住の台湾人団体も事件について幾度も申し立てを行なっており、現在入手可能な史料から、京滬、平津、東北在住の台湾人団体が事件において多くの支援行動を行っていたことがわかる。[54] 台湾本土においては、台北の処理委員会が最も代表的である。台湾全土の各地の処理委員会が台北の委員会の指揮下にあったため、処理委員会は一つの大きな団体として扱うことができる。[55] 以下では、二つの台湾人団体の叙述を民間の意見の代表と見なして進めることとする。

### （一）旅京滬、平津、東北台湾人団体による申し立て

京滬在住の台湾人団体は事件の発生後、三月五日には「台湾『二二八事件』連合後援会」を立ち上げた。ここには、台湾省政治建設協会上海支部（張邦傑代表）、閩台建設協進会上海支部（張錫鈞代表）、台湾重建協会上海支部（楊肇嘉代表）、旅滬台湾同郷会（李偉光代表）、上海台湾同郷会（江濃代表）、台湾革新協会（王麗明代表）の六団体が参加している。[56] 事件について、連合は『為「二・二八」惨案告全國同胞書』を発表し、同文は修正を加え、[57] 三月一〇日に後援会名義で、国民党中央党部に送られた。そこで、二二八事件の原因は以下のように述べられている。

政府は日本の台湾統治の方法を援用し、台湾省行政長官公署組織概要を発布し、行政、財政、立法、軍事の重大な権利を長官の一身に集中させ、新しい植

民地総督の様相を作り上げた。そのため、台湾人は中央が台湾を差別するつもりだと誤認せざるをえず、さらに、陳長官の就任以来、その特殊な地位における権利の乱用は、台湾人の最低限の生存権すら許さないという状況を生んだ。その台湾省党部の虐政のうち、顕著なものを挙げると、（一）台湾の司法に干渉し、台湾法院は長官の同意なしには汚職を検挙できない、（二）金融秩序を乱した。国家銀行の台湾における開業の拒否。貨幣の過度な発行、為替相場をみだりに定め、為替の独占によって、通貨膨張と金融恐慌を引き起こした、（三）日用必需品（タバコ、酒、マッチなど）の専売によって台湾人に通常の税収のほか不条理な負担を課した、（四）貿易局と二十二の企業を後援者によって独占し、人民の生計を剥奪し、台湾のすべての貿易を統制、（五）特殊法令によって人民の経営や商売、旅行の自由を禁じ、みだりに拘束された人民は数千、大直労働営ほか各地に監禁、（六）印刷を統制し、台湾人の言論と文化が損なわれた、（七）政府関係者が台湾銀行、専売局、貿易会社などの機関を利用し不正を働き私腹を肥やすのをかばい、汚職が横行し、贅沢と貪欲を極めた。台湾の統治が始まって十六カ月以降生産は停止し、商業は破産に追い込まれ、物価は急騰した。台湾の米の生産地では、米の値段が省内で最も高くなり、国民生活の苦は極限に達し、怨恨溢れ、危機は至る所に隠れている。……この惨劇の発端は「非専売」タバコ売りを専売局軍警が取り締まり、違法な逮捕と殺人に至ったことにあるが、根本的な原因は台湾の行政制度の特殊化にあり、陳長官が民意を顧みず、専売統制政策を行ったことにある。[58]

ここから、京滬六団体が二二八事件の原因について、主な原因は行政長官公署の制度下において行われた中国大陸と比べて差別的な統治（専売制度、独立貨幣、貿易の統制、特殊法令、言論と文化の損失）、そして陳儀の職権乱用と官僚の汚職腐敗であると考えていたことがわかる。そして、事件直後には明確に陳儀政府に矛先を向けている。この信念は続き、三月二一日にも「早急に陳儀を最高指導者の座から下ろす」ことを第一に、「逮捕した被疑者の早急な釈放」、「台湾省の貪官汚吏の粛清」

などを国民党三中全会に請願した。[59] 四月一二日、後援会は「台湾大惨殺案報告書」を公表した。平津、東北台湾人団体はやや遅れて三月一一日になって各新聞社に「告全国同胞書」を送った。しかし、現存するのは三月一二日に公表された「為台灣二・二八大慘案敬告全国同胞書」[60]である。ここには、台湾省旅平同郷会、長春台湾省同郷会、台湾省旅青同郷会、天津市台湾同郷会、瀋陽台湾省同郷会、台湾省旅平同学会の署名があり、以下のような指摘が見られる。

台湾人の暴動の対象は貪官汚吏であり、外省人を恨んでいるわけではない！

光復後一年の間に政治経済は完全に破綻した。それが今回の事件の隠れた原因のすべてである。政治の独占、社会の闇、賄賂や不止は後を絶たず、台湾人の傷ついた心を刺激した！特に台湾人は「奉公守法〔国家を重んじ法を守る〕」の民であり、反抗に至ったのは、日本の残した総督式統治制度、すなわち長官公署制を継続し、極力個人的に親戚を登用し、台湾省の人物を排除しているからである。政治だけでなく、経済においても日本人よりひどい貿易独占を行った。貿易局を設立し、専売制を続けた。工場が閉鎖された結果、八十万人の失業した台湾人は生計を立てる手段がなく、米所の台湾が食糧不足に陥り、物価は上昇し、民は生活することすらままならず、あらゆるところに娼婦が立つ。教育面では、国民義務教育制を廃止し、あまたの学齢児童の学びが失われた。台湾人の五一年にわたる抗日の戦いに変わる結果がこれで、このまま永遠に続くのだろうか。今回の惨状が台湾全土の村落にまで拡大したのは、台湾省によるすべての悪政の清算を求めるものであり、台湾人の積年の憤懣が爆発したためである！[61]

平津、東北台湾人団体は京滬在住台湾人団体と同じく陳儀政府の職権乱用、汚職腐敗が事件の主な原因であると見なしていた。また、それ以外に事件において人民の攻撃対象となったのは、「貪官汚吏」であり、「外省人」ではないと強調している。三月一五日になると、台湾省旅平同郷会と台湾省旅平同学会がさらに当局に電報を打ち、陳儀を最高指導者の座から下ろし、台湾人を釈放し、寛大に処理することを求めた。[62]

以上のことから、当時の中国大陸在住の台湾人団体が、二二八事件の発生の原因について、具体的な見解を持っていたことがわかる。「陳儀政府の失政」が主な原因であり、多くの台湾人が、中国政府がやってきて一年余りの苦難に憤りを感じ、統治権が日本から中華民国に移る際に台湾人の抱いていた大きな期待が潰えたことが表されている。これらの団体は台湾で活動していたわけではないが、彼らの観察と訴えは、台湾本土の想いに適ったものであったと考えられる。

### (二) 台湾省二二八事件処理委員会の対応の概要

処理委員会の対応については、三月六日常務委員王添灯が暫定的な「二二八事件の概要」を処理委員会内で宣布し、三月七日午後三時三〇分に会議で通過された。国内外のメディアにも宣布した。三二カ条の対応の概要のほか、追って一〇カ条が通過され、概要は二二八事件の原因について以下のように述べている。

闇タバコの取り締まりが射殺に至ったことは導火線に過ぎない。今回の事件は、一年余りの政治腐敗に対する台湾中の人民の不満が同時に爆発したものと言って間違いない。

光復後一年余り、政治において、陳長官は公開演説でどのように人民のために奉仕し、どうすれば国民が安定した生活を送れるかと綺麗ごとを並べ立ててきたが、実際には、あらゆるところで、大小の貪官汚吏が、お互いに敵の産業を奪い合い、捻じ曲げた法律や武力をもって人民を痛めつけている。人権は保証されておらず、言論と出版の自由は失われ、財政は破綻し、物価は高騰を続けている。炭鉱は閉鎖され、農村は日一日と衰退していき、失業者が群れをなしている。生活を営むことができないものに勝算はなく、人民はその苦に堪え兼ねても、心中の怒りを言葉にすることができなかった。専売局の貪官汚吏の暴行によって、台湾の人民の不満が同時に爆発したのである。以上の点から、事件は腐敗政治に端を発しているのは明らかである。専売局員の違法行為によるものでもなく、州境の観念によって発生したのでもない。故に、本件については、台湾政府がすべての責任を負うべきである。[63]

台湾本土のエリートによって組織された処理委員会の台湾社会に対する観察は奥深く、人権、経済、社会、政治のすべてに言及している。処理委員会が事件の主な原因は、陳儀の政府の職権乱用、政治腐敗にあると考えていたことがよくわかる。これらは中国大陸在住の台湾人団体の挙げた原因と一致するが、そのほかに、平津、東北の台湾人団体と同じく、省籍矛盾はこの事件の原因にはあたらないことを特に指摘している。

中国大陸在住の台湾人団体と台湾本土の処理委員会の叙述を総合すると、当時の台湾人の二二八事件の原因に対する見方を理解することができる。どの叙述も示し合せることなく陳儀政府を咎めている。また、処理委員会に比べ、中国大陸に在住する台湾人団体は陳儀政府の制限を受けていなかったため、陳儀を最高指導者の座から下ろすという主張をしかと述べている。そして、とりわけ「省籍」が事件の原因ではないと強調している点であるが、台湾の民間は一方的に事件の原因を述べて申し立てをしているのではなく、政府の叙述内容に応じて意見を述べている。このことから、事件の期間中、民間と政府が発言権を奪い合っていたことがわかる。これも当時の国際情勢の影響であり、中華民国は台湾の管理を任されたに過ぎず、台湾に主権がなかったわけではないのである。二二八事件の国際的な認知は台湾の将来の発展の鍵であり、このことから台湾の民間が主体性のある観点を持つことは理解でき、当然であるとも言える。

## 六、原因と責任の関係（まとめを兼ねて）

国民党政府の二二八事件の記録としては、三月一〇日の蒋介石の演説、（態度が変わった後の）陳儀の放送、白崇禧の事件中の多くの言説や放送、四月七日の中央紀念週の報告、監査委員である楊亮功と何漢文による「二二八事件」調査報告などが残っている。しかし、楊と何の調査報告がその意味をやや誠実に検討しているほかは、いずれにおいても、労を厭わず事件発生の原因について十分に語ったものはない。彼らがしたためているのは学術論文ではないのだから、「原因」について多くを語る必要はないということだろうか。これらをよく読んでみると、原因と責任が密接に関係しているためだということとがわかる。

事件中に投獄された鍾逸人は、彼ら（国民政府）は終始、二七部隊と謝雪紅を一体と見ていたが、実際には、陳儀一派の利益のためには、このような説明や対応を取るしかなく、二二八事件の発生は「中国共産党が背後で操って起きたことで、陳儀の失政とは無関係である。謝雪紅はかつて正規の共産党員だったので、二二八事件は共産党の扇動で、謝雪紅の蜂起によるものだ」とされた。鍾逸人は親友の言葉で「忽然と悟った」そうだが、「今では台湾を遠く離れ、逮捕できない彼女（彼）らに、機を見て全責任をなすりつけてしまえばよかったのだろう。……そうすれば私の案件ももう少し単純なものとして、早くに処理されたかもしれない」と述べている。[64] 蒋介石が二二八事件を共産党の扇動に帰結させたのは、当時の脈絡からすると妥当なことで、いくらでも例が出てくる。例えば、一九四七年二月に上海では金の販売による金融恐慌が起こり、人々は怯えていたが、この時も国民党当局は共産党による撹乱であり、上海と北平での黄金の売買によるものであるとした。また南京中央日報で火災が発生し、損失額が六億円以上に達した時も、国民党はその清算を共産党にさせようとした。こうした「各地に罪あり、罪は共産党にあり」という考え方[65]は当時の一種の「流行」であった。

本稿は二二八事件と共産党員が全く関係がないとは考えていない。しかし、彼らの介入方法、時期、程度、結果はいずれも二二八事件を「画策し、主体となった」という罪を負うにも、名誉を受けるにも不十分なのである。事実、日本統治時代の台湾の思想界はすでに十分に多元的かつ活発であり、台湾共産党もこうした中で生まれ、成長していった。日本当局の検挙と粛清を経て、戦後の台湾社会に蘇ったことから、依然として影響力があったものと思われるが、「完全な政党」ではなかった。今日では記録や史料が揃ったことで、戦後の中国共産党「地下党」の起源とその影響力に関しては「一九四七年の二二八事件の発生前には、省工委員会は台湾全土において……所属している党員は七〇名余りしかいなかった」、「省工委員会が二二八事件に与えた影響は限定的だが、二二八事件の発生は省工委員会の台湾での発展における転機となった」というのが学界の定説である。[66] どちらにせよ、共産党員は第二段階において、計画を立て、あるいは実際にある程度の介入を行ったが、これを第一段階（暴動）の原因と一緒にして考えることはできない。また、国民政府の失政の責任を押し付けることもできない。ましてや第三段階の過度な逮捕や殺害の釈明に用いることなどできないのである。[67]

次に、政府にしろ民間にしろ、「カルチャーギャップ」を二二八事件の原因として叙述している点である。例えば、（白崇禧などの）国民党当局はことあるごとに日本の五一年にわたる台湾統治による「奴隷化」や「毒化」、祖国への理解不足などを挙げ、国民政府の「失政」の責任を全面的に押し付けている。陳儀は台湾を離れる前日の晩の「離別の辞」で、台湾人に国語国文の学習に一層力を入れ、祖国を理解し優良な文化を育んでほしいと述べ、そうすれば「密接な団結力を育むことができるだけでなく、少数野心分子の邪念を取り除くことができる」などと述べている。[69] それに対して、なぜ一九世紀末の日本政府による台湾統治の初期にはこのような「カルチャーギャップ」を感じなかったのだろうか。日本政府の態度は全く異なり、民政長官の後藤新平は「本島は狭く小さいが、言語の種類は多く、お互いに意思疎通ができない。その慣習や制度も多くが異なるため、これらのやり方や農業や商業の複雑な慣例について調査を行わず、軽率に内地の法律学者の主張するところを実施するのは、いかにことを軽んじており不適切であるか」、「台湾統治の将来においては、現任の総督は地籍、戸籍の制定だけでは絶対に足りず、さらに一歩進めて、現在の制度を明らかにし、最善かつ妥当な法律制度を確立させる」と述べている。[69] 彼らが取るものも取り敢えず「臨時台湾旧慣調査会」と「台湾艦首研究会」を立ち上げ、ことを進めたのも、こうした考えに基づいてのことであった。

そのため、戦後の中国軍の不完全さ、規律の乱れ、官吏の汚職と非効率なやり方が台湾人を失望させ、それが嘲笑の域に達したのも自然なことであった。半世紀の日本統治によって台湾人が「日本人になる」ということはなかったが、日本人は確かに戦後の国民党員とは比べものにならない「基準」を提供した。[70] 中国民族主義者には台湾人の上述の心情というのは理解しがたく、狭小化、歪みをもって、植民地や半植民地における「知識階級の買弁」の考え方を生んだ。その考えについて、「植民者の目には、知識階級の買弁は自身の社会や文化を卑しめ、敵視しているように映る。祖国が遅れているのを恨み、祖国と繋がる臍の緒を切り落としたがっている。植民者のイメージに沿って自分を変えることで、快適さと自由を求めている」[71]という記述がある。筆者としては、これは自身の「祖国」信仰を受け止めるよう他者に強制する考え方から生まれる推論である。台湾を一植民地とするかどうか、そして誰の統治を受けるかを決めるのではなく、どのように統治すべきかを決めることこそが重要であり、その点においては、戦後の台湾における陳儀政府は植民地政治と批評されるだろう。[72]

本稿は「カルチャーギャップ」が二二八事件における「暴動」の原因の一つであると考えている。思い上がって自惚れた国民政府官僚の目から見ても、失意と怨念を抱く台湾人から見ても、その一因が文化における「差異」であったことは認めざるを得ない。しかし、中立的な意味を持つ「差異」だけでは動乱を引き起こすには至らない。政治差別と社会経済の諸問題の助長があってはじめて、カルチャーギャップは部族紛争となり、同時に部族紛争と政府と民間の衝突は複雑に絡み合ったものとなった。これが二二八事件の真相である。

しかし、社会経済の問題や政治差別を語る際に、「陳儀の台湾統治における失政」という言葉をもってその実情を曖昧にしておくわけにはいかない。なぜなら台湾の統治が始まった際の組織構造においては、陳儀と政治や経済の特殊化は無関係ではないものの、蔣介石の審査と許可を得なければならなかったからである。[73]さらに戦後、従来の生産や事業が回復していない状況の台湾で、南京「当局は鶏を殺して卵を取っているようなもので、目先の利益しか顧みず、様々な名目と方法で略奪を行っている。そのような状況に対応するのは複雑かつ困難であった」という証言が残っている。[74]つまり、陳儀の背後に、彼と密接な関係にあった蔣介石が存在したことは無視できないのである。

最後に、二二八事件の三段階の恐怖鎮圧について、「軍事大虐殺の後、党、政、軍、憲、警が連合で行った大規模な逮捕に、秘密裏に行われた殺害を加えると、殺された人民の数は千を下らない」[75]。当時「台湾旅京滬七団体」は、虐殺の罪を負うべき責任者は台湾行政長官兼警備総司令陳儀、その次に警備司令部参謀柯遠芬、基隆要塞司令史宏熹、高雄要塞司令彭孟緝などであると考えていた。

その中でも恐怖鎮圧、殺害数が最も多かったのが、陳儀の個人部隊である特務大隊、別動総隊、駐防基隆・高雄の両要塞部隊、逮捕者が最も多かったのが憲兵第四団(連隊)であった。[76]研究者の中には、これらの殺戮は、最高統帥であった蒋介石と台湾行政長官陳儀の意図に反するものであり、部下による命令違反の結果だと考えている者もいるが、[77]その点は以下の三点によって反駁できる。第一に、部下の命令違反であるならば、なぜ事件後に戦闘や逮捕を行なった機関、そして軍憲警の者が処分されたという話を全く聞かないのであろうか。反対に、陳儀は憲兵第四団団長の張慕陶に対し「反乱の鎮圧に並外れた力を発揮し、大きな功績を二度納めたことを称える」と残しているほか、[78]「彭孟緝中将を台湾警備司令に昇任させる」など、功績と褒賞の記録しか見られない。[79]第二に、陳儀がすべての行動や状況を把握していたわけではなかったにしろ、三月一〇日に蒋介石が公の場で述べた「日本に徴兵されて南洋における作戦に参加した台湾人の一部は共産党員である」というのは、陳儀が三月初旬に提供した情報である。[80]三中全会での劉文島による批評を持ち出すと「もし陳儀が彼の行政上の措置が民を傷つけたことを知らなかったというのであれば、彼は無知にほかならない。もし知っていて改めることがなかったのであれば、それは業務怠慢であり、罷免されるべきだった」。[81]このほか、警備総部に務めていた者は、逮捕者のうち幾人かの著名人が行方不明になっていることについて、「台湾行政長官兼警備総司令の陳儀が『秘密裏に殺害し、暗中で葬ったのだ」と述べている。[82]第三に、二月二八日の午後からの(三月一日まで続いた)戒厳も、三月九月からの(五月一五日の晩まで続いた)戒厳のいずれも国民政府によって宣告されたものではなく、現地の最高司令によって宣告された「臨時戒厳」であった。国民政府が一九三四年に公布施行した戒厳法の規定によると、「臨時戒厳」の宣告において、現地の最高司令は国民政府の法に基づく追認を必要とし、国民政府立法院における議決の後に「本法に基づき戒厳の宣告」することになっていたが、これらの「手続き」が行われた証拠は残されておらず、陳儀と蒋介石の間で頻繁に交わされていた電報の記録しか残っていない。その中で、蒋介石は三月一三日に陳儀に電報で「軍、政府の者に報復を厳しく禁じるよう陳殿に頼む。従わない者は命令違反の罪に問う」

と述べている。[83] ほかの多くの電報が公開される前は、この一枚の命令だけが蔣介石を責任逃れさせせない証拠のすべてであった。[84] 三月二二日に国民党三中全会の表決で陳儀の免職と懲罰が決まった後、蔣介石は二四日に公の場でまたしても（王世杰、宋子文と）陳儀の弁護を行い、彼（ら）は「業務を全う」しており、懲戒の理由が見当たらないと述べた。[85] なぜ蔣介石はこれほどまでに陳儀を気に入っていたのであろうか。一つには、陳儀は台湾を任せられてから、二二八事件の期間においても、常に蔣介石の指示に従っていたということが挙げられる。

一九四七年五月一〇日、陳儀は台湾を離れ南京に向かった。獄中の呉新栄はこの知らせを聞き、「陳儀が飛行機で台湾を離れた。皆、感慨は全く無いだろうが、少なくとも今回の事件で流された血は悪徳政治家陳儀の失脚に一役買った」と述べているが、[86] 意に反して陳儀はこれをもって零落することはなく、一九四八年の夏には蔣介石によって浙江省首席に任命された。では、二二八事件において流された血は無駄だったのだろうか。筆者は、一人二人の責任の追及、受難者の誤判と冤罪の是正や名誉回復の観点から判断すべきではないと考える。美麗島（フォルモサ）と呼ばれる台湾は、すでに内部で民主主義による法治と社会的な公平を実現し、対外的にも国際的な素養を身につけている。その我々が総合的に判断するべきであろう。さもなければ、将来似たような悲劇が再び起こらないとも保証できないのである。

## 注

＊筆者は二七年前に「論台灣二二八事件的原因」を執筆した。陳琰玉・胡慧玲編『二二八學術研討會論文集』台北市：二二八民間研究小組、台美文化交流基金會、現代學術研究基金會、一九九二年、二七―七五頁。後に出版された記録や史料を参考に、内容に大幅な変更を加え現在の形に至ったが、一部重なる部分がある。

1　最も顕著なのは一九八七年に陳永興医師が発足した「二二八和平日促進会」が種々の活動を行なったことである。二二八和平日促進會編『走出二二八的陰影：二二八和平日促進運動實錄（一九八七―一九九〇）』台北市：二二八和平日促進會、一九九一年。

2　ほかにも、李登輝、李煥、邱創煥、蕭天讚が公の場で二二八事件について見解を述べている。楊家宜編「『二二八』的官方説法」『中國論壇』第三一巻第五期、一九九一年、四五―五六頁。

3　Ramon H. Myers、夏榮和・陳俐甫訳「二二八事件―怨懟、社會緊張與社會暴力」、陳俐甫編著『禁忌、原罪、悲劇―新生代看二二八事件』新北市：稻鄉出版社、一九九〇年、一三九―一五一頁。

4　劉勝驥「共黨分子在二二八事件前後的活動」、馬起華編『二二八研究』台北市：中華民國公共秩序研究會、一九八七年、八五頁。

5　古瑞雲（周明）『台中的風雷』台北市：人間出版社、一九九〇年、六三頁。

6　近年、アメリカで二二八事件に関する専門書が出版された。その中で、国民党も台湾独立運動側どちらも「事件」という言葉を好んで使うが、これは意図があってのことだという。国民党の意図は本件の重要性を軽減し分離意識を四散することで、台湾独立運動側の意図は当時の国民党が出兵による鎮圧を行わざるをえなかった反乱や暴力行為のイメージを軽減することだという。筆者は中国語の「事件」にはこのような効用はないと考えるが、おそらく外国人の憶測によるものであろう。Lai Tse-han, Ramon H. Myers, and Wei Wou, *A Tragic Beginning: The Taiwan Uprising of February 28, 1947*, Stanford, California: Stanford University Press, 1991, pp.7-8。

7　鍾逸人『辛酸六十年：二二八事件二七部隊隊長鍾逸人回憶錄』台北市：自由時代出版社、一九八八年、六三二頁。

8　林衡道「二二八事變的回憶」、中央研究院近代史研究所編『口述歷史第三期』台北市：中央研究院近代史研究所、一九九一年、二三二頁。

9　侯坤宏編『二二八事件檔案彙編（十七）』台北市：國史館、二〇〇八年、一一一頁。

10　薛月順編『二二八事件檔案彙編（廿三）』台北市：國史館、二〇一七年、一三一―一三三頁。國民政府軍務局が電報を受け取ったのは一九四七年三月三日一九時である。

11　李翼中による『帽簷述事』の「台灣二二八事件日錄」より。中央研究院近代史研究所編『二二八事件資料選輯（二）』台北市：中央研究院近代史研究所、一九九二年、三八二頁。

12　同右書、一五一―一五二頁。

13　台灣省警備總司令部調查室「台灣『二二八』暴動概述」、簡笙簧主編、侯坤宏・許進發編『二二八事件檔案彙編（一）』台北市：國史館、二〇〇二年、七一頁。

14　台灣省警備總司令部調查室「台灣暴動經過撮要」、『二二八事件檔案彙編（一）』台北市：國史館、二〇〇二年、七六―七七頁。

15　簡笙簧主編、侯坤宏・許進發編『二二八事件檔案彙編（十六）』

台北：國史館、二〇〇四年、二（導言）頁、六一―一五頁。
16　李翼中による『帽簷述事』の「台灣二二八事件日錄」より、『二二八事件資料選輯（二）』、三八三―三八四頁。
17　「蔣介石日記」、一九四七年三月七日（金）、アメリカスタンフォード大学フーヴァー研究所アーカイブ。
18　デニー・ロイ（Denny Roy）、何振盛・杜嘉芬訳『台灣政治史』台北市：台灣商務印書館、二〇〇四年、七〇頁。
19　「丘念台關於處理『二・二八』事件善後致于右任電」『南京第二歴史檔案館藏：台灣「二・二八」事件檔案史料（下卷）』台北市：人間出版社、一九九二年、七六〇頁。
20　龍應台『大江大海一九四九』台北市：天下雜誌公司、二〇一一年、二二八頁。
21　「蔣主席在中樞國父紀念週關於台灣事件報告詞」、行政長官公署初編『台灣省二二八暴動事件紀要』、一九四七年三月三〇日、附錄（一）之（二）。
22　中央研究院近代史研究所編『二二八事件資料選輯（二）』、七四―七六頁。
23　簡笙簧主編、侯坤宏・許進發編『二二八事件檔案彙編（十六）』、二（導言）頁、六一―一五頁。
24　「白部長蒞台後對全省廣播詞」、「白部長對台北市各機關人員訓詞」、鄧孔昭編『二二八事件資料集』台北市：稻鄉出版社、一九九一年、三四七―三五〇頁。
25　吳濁流「無花果（有關二二八部分）」、韋名編『台灣的二二八事件』香港：七〇年代雜誌社、一九七五年、七六頁。
26　吳克泰「紀念台灣人民『二二八』起義40週年」、台灣民主自治同盟編『歷史的見證』北京市：台灣民主自治同盟、一九八七年、四〇頁。

27　「俞濟時呈蔣主席三十六年四月十八日簽呈」『二二八事件檔案彙編（十七）』、四三七頁。
28　蘇聖雄『奸黨煽惑―蔣中正對二二八事件的態度及處置』台北市：花木蘭文化出版社、二〇一三年、八七頁。
29　同右書、八六頁。
30　「陳儀呈蔣主席三月六日函」、『二二八事件資料選輯（二）』、七一―八〇頁。
31　「王寵惠呈蔣委員長三月八日呈」、『二二八事件資料選輯（二）』、一〇〇頁。
32　「白崇禧呈蔣主席三月十一日呈」と付録、『二二八事件資料選輯（二）』、一四八―一五五頁。
33　「陳儀呈蔣主席三月文電」、『二二八事件資料選輯（二）』、一五九頁。
34　「白崇禧呈蔣主席三月十三日呈」、『二二八事件資料選輯（二）』、一六〇―一六二頁。
35　「國防部佈告」、『二二八事件資料選輯（二）』、一八五―一八九頁。
36　「白崇禧呈蔣主席三月養電」、『二二八事件資料選輯（二）』、二一四―二一八頁。
37　「白崇禧呈蔣主席三月廿三日電」、『二二八事件資料選輯（二）』、二二九頁。
38　「台灣二二八慘案聯合後援會為挽救台灣危局致于右任電」、『南京第二歴史檔案館藏：台灣二二八事件檔案史料（下卷）』、七九三―七九五頁。
39　「國防部部長白崇禧呈蔣中正「宣慰台灣同胞報告書」（三六・〇四・〇六）」、『二二八事件檔案彙編（廿三）總統府檔案』、一一四―一二〇頁。「（白崇禧）報告事變起因及善後措施―一九四七年四月七日上午九時於中樞紀念週」鄧孔昭編『二二八事件資料集』台北市：稻鄉出版社、一九九一年（原由廈門大学台湾研究所於一九八一年一〇月出版）、三六三—三六六頁。

40 『國防最高委員會第二二六次常務會議紀錄』一九四七年四月七日、台北市：中研院近史所檔案館所藏、所藏番号二二八G：一一一。

41 「陳儀呈蔣主席四月真電」、『二二八事件資料選輯（二）』、二三四頁。

42 「葉秀峯呈蔣主席三月廿六、七日情報」、『二二八事件資料選輯（二）』、二三〇頁。

43 「監察委員何漢文簽呈」、『南京第二歴史檔案館藏：台灣「二・二八」事件檔案史料（下卷）』、七五三頁。

44 「『二二八』事變奉命查辦之經過」、收於蔣永敬等合著『楊亮功先生年譜』台北市：聯經出版公司、三四〇—三七六頁。

45 「楊亮功報告事件情形致于右任密電（一九四七年三月一〇日電）」、『南京第二歴史檔案館藏：台灣「二・二八」事件檔案史料（上卷）』、一八五—一八六頁。

46 「楊亮功報告事件情形致于右任密電（一九四七年三月一二日電）」、『南京第二歴史檔案館藏：台灣「二・二八」事件檔案史料（上卷）』、一八六頁。

47 「于右任呈蔣主席四月二十四日呈（第七九號之附件）」、『二二八事件資料選輯（二）』、二六三—三二八頁。

48 「丘念台關於處理『二・二八』事件善後致于右任電」、『南京第二歴史檔案館藏：台灣「二・二八」事件檔案史料（下卷）』、七六〇頁。

49 「一九四七三月十一日電」、『南京第二歴史檔案館藏：台灣「二・二八」事件檔案史料（下卷）』、一八六頁。

50 丘念台『嶺海微飆』台北市：海峽學術出版社、二〇〇二年、二七七頁。

51 「丘念台關於妥處『二・二八』事件善後事宜之報告、建議書及意見書」、『南京第二歴史檔案館藏：台灣「二・二八」事件檔案史料（下卷）』、八〇一—八〇九頁。

52 「丘念台呈『請速調回台變時軍警憲特首腦以安輯台民』意見書（三六・〇五・二五）」、何鳳嬌編『二二八事件檔案彙編（廿四）總統府檔案』台北市：國史館、二〇一七年、一八七—一八八頁。

53 「台灣省黨部主任委員丘念台呈蔣中正請速審結或特赦二二八事件人犯以收民心以遏禍亂（三六・一二・三一）」、『二二八事件檔案彙編（廿四）總統府檔案』、三一八—三二〇頁。

54 許雪姬「戰後京滬、平津、東北等地台灣人團體的成立及在二二八事件中的對台聲援」、許雪姬主編『七十年後的回顧：紀念二二八事件七十週年學術論文集』台北市：中央研究院台灣史研究所、二〇一七年、一三三—一三五頁。

55 侯坤宏「重探『二二八事件處理委員會』的角色」『臺灣史研究』第二一期四卷、二〇一四年一二月、四二頁。

56 陳興唐主編、戚如高・馬振犢編集、萬仁元校正『南京第二歴史檔案館藏：臺灣「二・二八」事件檔案史料（下卷）』、七六五頁。

57 同右書、七五四—七五五頁。

58 簡月順編『二二八事件檔案彙編（廿三）』、五三—五五頁。

59 「台灣六團體　要求撤換陳儀」『評論日報』一九四七年三月二二日、許雪姬主編『二二八事件期間上海、南京、台灣報紙資料選集（下）』台北市：中央研究院台灣史研究所、二〇一六年、四七七頁。

60 許雪姬「戰後京滬、平津、東北等地台灣人團體的成立及在二二八事件中的對台聲援」、『七十年後的回顧』、一二五—一二六頁。

61　台灣省旅平同鄉會・天津市台灣同鄉會・台灣省旅平同學會編印、許毓良校正・注訳『台灣二・二八大慘案』台北市：前衛出版社、二〇一六年、七三—七四頁。
62　何鳳嬌編『二二八事件檔案彙編（廿四）』、九七—九八頁。
63　鄧孔昭編『二二八事件資料集』、二七一—二七二頁。「處委會闡明事件真相　向中外廣播處理大綱　除改革政治外別無他求　建議案本日可正式提出」『臺灣新生報』一九四七年三月八日、林元輝編集・注釈『二二八事件臺灣本地新聞史料彙編（第一冊）』台北市：財團法人二二八事件紀念基金會、二〇〇九年、一一二—一二〇頁。
64　鍾逸人『辛酸六十年：二二八事件二七部隊隊長鍾逸人回憶錄』、六二三頁、六二五頁。
65　社論「奇妙的邏輯」『華商報』一九四七年三月一七日。
66　詳しくは林正慧「二二八事件中的中共『台灣省工作委員會』」、『七十年後的回顧：紀念二二八事件七十週年學術論文集』、一四五—二三八頁。このほか、一九四六年春に上海から台湾を訪れ、二年間資料の収集にあたった江慕雲も一人の新聞記者としての客観的な報道を残し、共産党勢力は事件の中期に介入を行ったが大きな影響はなかったと述べている。江慕雲『為台灣說話』上海市：三五記者聯誼會、一九四八年、一一二頁。
67　楊逵は「赤旗だからどうだというのだ。一般の盗人と一緒にして語ることができようか」と述べている。鍾逸人『辛酸六十年：二二八事件二七部隊隊長鍾逸人回憶錄』、五九六頁。
68　『台灣新生報』一九四七年五月六日。
69　後藤新平「經營台灣必須調查舊慣制度的意見」、台灣慣習研究會原著、台灣省文獻委員會編集、翻訳『台灣慣習記事　第一卷（上）』台中市：台灣省文獻委員會、一九八四年、一五四—一五七頁。
70　Douglas Mendel, *the Politics of Formosan Nationalism*, Berkeley and Los Angeles: University of California Press, 1970, p40.
71　陳映真「為了民族的和平與團結—寫在「二二八事件：台中風雷」特集卷首」『人間』十八卷、一九八七年四月、六五頁。
72　吳世昌は「中国は植民地をそれまで持たなかったが、ことさらに国家を失って五〇年の台湾によって植民を味わった」と述べている。吳世昌「論台灣的動亂」『觀察』二卷四期、一九四七年三月二二日、九頁。
73　丁果著、陳俐甫・夏榮和訳「台灣『二二八』事件之一考察—以陳儀與台灣行政長官公署為中心」『台灣風物』第四一卷一期、一九九一年三月、一〇九頁、一一〇頁、一二四頁。
74　これは周一鶚が陳儀の感慨の思いを引用したものである。周一鶚「陳儀在台灣」『陳儀生平及被害內幕』北京市：中國文史出版社、一九八七年、一〇七頁。
75　何漢文「台灣二二八事件見聞紀略」、『二二八事件資料集』、一八四頁。
76　「台灣旅京滬團體關於台灣事件報告書」、『二二八事件資料集』、三二六頁。
77　Lai Tse-han, Ramon H. Myers, and Wei Wou, *A Tragic Beginning: The Taiwan Uprising of February 28, 1947*, Stanford, California: Stanford University Press, 1991, p.149, p.164.
78　旅平同鄉會ほか「二二八大慘案日誌」、『二二八事件資料集』、二五四頁。
79　『台灣新生報』一九四七年五月五日、第四版。
80　Lai Tse-han, Ramon H. Myers, and Wei Wou. op. cit., p. 142. のほか注10の「寅冬亥親電」を参照のこと。

81 『華商報』一九四七年三月二三日。「合衆社南京二三日電」の情報に基づく。

82 蒲人「一場歴史噩夢的回想—台灣『二二八』事件身歴記」、閩台通訊社編『二二八事件真相』台北、一九八五年、三四四頁。

83 この電報に手書きされた内容は注目に値する。元々書かれていた「……を厳しく禁止すべきである」という記述は塗りつぶされ、「……を厳しく禁じるよう陳殿に頼む」と書き換えられており、蒋介石が陳儀の苦心を慮っていることがわかる。陳儀の返信は当然のごとく「謹んで命に従い、毅然かつ慎重な態度で遂行にあたる」であった。電報は「蒋主席致陳儀三月元電」より、中央研究院近代史研究所編『二二八事件資料選輯（二）』、一六三—一六四頁。

84 軍閥解体後の中国では「電報文学」なるものが流行した。定例記録として、あるいは当時の重要人物の道徳性を伝えるために、官僚の印象的な訓示が記録された。二二八事件の研究においては政府側の資料としてしか使われなかった。元来の性質に欠陥があるため、その叙述から理解できることには限界がある。「澄清二二八—關於馬若孟（R. H. Myers）論文的幾點澄清」、『禁忌、原罪、悲劇—新生代看二二八事件』、八六頁。

85 『華商報』一九四七年三月二五日。根拠となるのは「美聯社南京二四日電」である。三月二二日の中全会で予定されていた内容とは別に、陳儀の免職と懲罰が提案され通過した。その晩、蒋介石は勵志社で各委員に食事を振る舞い、宴会の楽しげな雰囲気の中で、すでに「各方面の高官の責任はすべてこの年寄りが背負った」と述べた。その翌日、全国に報じられた中央社の南京電において、三中全会で臨時に通過された提案の内容を明らかにしようとする者はいなかった。詳しくは宋中堂「三中全會中的幾門大砲」『新聞天地』二三巻、一九四七年五月、一四頁。

86 吳新榮『吳新榮回憶錄』台北市：前衛出版社、一九八九年、二四九頁。

# 第二章

# 第二次世界大戦後の台湾の国際的地位および二二八事件前後における国際社会の視点

## ——英米両国の公文書と世論を中心に

許 文堂（竹茂敦 訳）

### 一、はじめに

一九四七年の二二八事件に関する学術研究ではすでに多く成果が挙げられており、新たに発見された公文書も少なくないものの、第二次世界大戦後の台湾の法的地位、そして二二八事件発生前後の国際社会の視点という二つの視角からの議論は比較的少ない。本稿では、米国と英国の公文書・新聞を基に、戦後、連合国が蒋介石に台湾・澎湖諸島の占領・接収を任せたことについて、米国の対台湾政策の変化と、台湾の法的地位に対する連合国各国の立場という視角から検討する。

米英両政府の公文書は、両政府が、中国占領軍当局の管理・施政が腐敗していると見なしていたこと、また、二二八事件が発生した後の残酷な鎮圧が、国際法・戦争法における軍事占領の規定に違反していたと見なしていたことを指し示すとともに、こうした事柄が台湾・澎湖諸島を国際連合の信託統治下に置くとの議論に影響を与えたことも指し示している。この種の世論が反映された米英の主要紙も、中国の統治のひどさと虐殺を非難していた。これらのことは、後に対日講和が議論された際、台湾・澎湖諸島の主権が中国に返還されなかった一因となった。

## 二、第二次世界大戦後の台湾における降伏受け入れ・接収・占領

一つの戦争の終わりとは、けっして停戦の日を指して言うのではなく、降伏受け入れ、接収、占領という過程を経て、さらに戦争当事者たちが平和条約を締結して、ようやく戦争状態の終結を成し遂げたと言えるのである。

一九四五年七月一六日、米国、英国、ソ連はポツダムにて会談し、米国の大統領ハリー・S・トルーマン（Harry S. Truman）は日本降伏の条件を求めたが、当時のソ連はまだ対日宣戦布告をしていなかったため、同月二六日のポツダム宣言発表時は、米国、英国、中国三カ国の名義となった。[1] 宣言の内容は全一三か条で、その第八条は「カイロ宣言ノ条項ハ履行セラルヘク又日本国ハ主権ハ本州、北海道、九州及四国並ニ吾等ノ決定スル諸小島ニ局限セラルヘシ」[2]としていた。

米国は八月六日に広島に、九日には長崎にそれぞれ原子爆弾を投下し、日本政府は一〇日、連合国に対して降伏についての照会を行った。一四日、日本は無条件降伏の受諾を連合国へ通知した。一五日、天皇の「玉音放送」が終戦の詔書を発表し、第二次世界大戦は一段落を告げた。米国のトルーマン大統領は連合軍最高司令官ダグラス・マッカーサー（Douglas MacArthur）元帥にGeneral Order No.1 を発令したが、同命令は「中国（満洲ヲ除ク）、ソ連、台湾及北緯十六度以北ノ仏領印度支那ニ在ル日本国ノ先任指揮官並ニ一切ノ陸上、海上、航空及補助部隊ハ蔣介石総帥ニ降伏スベシ」[3]と規定しており、マッカーサー元帥はこれに基づいて一般命令第一号[4]を発布し、これが蔣介石の中国戦区における降伏受け容れの根拠となった。

軍事委員会委員長の蔣介石は八月一八日、電報で一五名の降伏受け入れ区代表[5]を指名するとともに、中国戦区の受降伏受け入れ代表として陸軍総司令の何應欽を任命し、これらの代表が「（一）本委員長命令を承け、中国戦区内の全敵軍の投降に関して処理する。（二）各戦区・各方面軍を指導して、区域分けして期限を設けて一切の敵軍投降受け入れの実施を処理する。（三）本委員長の意向を承けて、中国戦区内の敵軍最高指揮官に対して一切の命令を公布する」[6]とした。

八月二一日、何應欽は、日本軍支那派遣軍の最高指揮官である岡村寧次に対して送った「中字第一号備忘録」で以下のように説明していた。

「一、わたくしは中国戦区中国陸軍総司令の地位を以て、中国戦区最高統帥特級上将である蒋中正の命令を奉じ、中華民国（遼寧、吉林、黒竜江の三省を除く）、台湾および越南の北緯十六度以北の地区内における、日本の高級指揮官およびすべての陸海空軍とその補助部隊の投降を受け入れる。二、日本の駐華最高指揮官岡村寧次将軍は、本備忘録を受け取った時点より、本総司令の一切の規定を直ちに執行するものとし、台湾および越南の北緯十六度以北の地区内にある日本軍もまた同じくこの規定に従うものとし、また岡村寧次将軍はその日本軍の投降を責任をもって指揮するものとする」[7]

この他に蒋介石が八月二三日に発した「中令一亨代電」は以下のように述べていた。

「米軍総司令部が送付してきたマックロウ将軍（General MacLoue）の日本軍降伏書草案および第一号総命令〔General Order No.1〕〔※本稿における〔　〕は訳注を示すものとする〕は、統合参謀部の批准を経たものだが（同草案と米側が提示している修正すべき点を付記するので、修正を対照されたい。この他に米側の八月二一日の第七一〇―七号備忘録およびその付属文書を添付する）、日本と連合国が署名するまでは、この草案は暫定的な性質のものと見なすべきであり、今後修正されることもあるだろう」[8]

以上の状況は、降伏受け入れの権力と降伏受け入れ文書の文字が、まずは連合国軍最高司令官総司令部（GHQ）の審査を経て、以後は幾重の審査を経て形成されたことを説明しており、そしてこれらの文書は命令権の源が「（上位権者から命令権を）取り次がれて（下位権者が）受ける」ことだったことをはっきりと示しており、占領計画もまず米軍参謀本部がまず審査・許可した後に、中国軍側へ引き渡され執行されていたのであった。当時、米国が台湾に駐留させていた「アメリカ軍連絡部」（U.S. Liaison Group）は、隊長はセシル・J・グリッドリー（Cecil J. Gridley）大佐が務め、構成員は当初三四名だった。[9] これは米軍が編成する基礎的な独立組織としてはかなりの規模だったと言えよう。彼らの任務は、戦後の状況を調査して、降伏受け入れ、接収、占領の任務を平和的に達成できるようにすることだった。

占領執行を分業していく上で、中国と米国の連合参謀会議の中で、前進指揮所は中・米両国によって構成することが明確に言及されていて、柯遠芬参謀長が「我が部が日本側に出す命令は、まず米国側と議論・研究した後に、命令の性質に基づいて我が方または米国が命令を起草する」ことを提起したところ、これに対して米国側のレジナルド・L・ハット（Reginald L. Hatt）中佐の回答は、「日本に対する各種命令の起草は、貴部の責任の下で行われるべきではあるが、命令公布の前に米国側へ通知がなされ、米国は十分な研究や議論の時間を持てることを希望する」[10]というものだった。このやり取りから、主要な占領業務は中国側の責任の下で執り行われるものの、事前に米国側に通知がなされ、米国は政策の公布・執行に対して異議を提出する権利を有していたということが分かる。

一九四五年九月二日、東京湾において米国の戦艦ミズーリ号（USS Missouri BB-六三）の艦上で日本降伏受け入れ式典が執り行われた。注目すべきは、日本の降伏文書の第一、二、六といった条項の内容である。

第一条は「下名ハ茲ニ合衆国、中華民国及グレート・ブリテン国ノ政府ノ首班カ千九百四十五年七月二十六日ポツダムニ於テ発シ、後ニソヴィエト社会主義共和国聯邦カ参加シタル宣言ノ条項ヲ、日本帝国政府及日本帝国大本営ノ命ニ依リ代表シテ之ヲ受諾ス。右四国ハ以下之ヲ聯合国ト称ス」としており、日本が降伏する対象が米国、中国、英国、ソ連などの連合国であることがはっきりと述べられていた。

第二条は「下名ハ茲ニ日本帝国大本営並ニ何レノ位置ニ在ルヲ問ハス一切ノ日本国軍隊及日本国ノ支配下ニ在ル地帯ノ一切ノ聯合国ニ対スル無条件降伏ヲ布告ス」としており、無条件降伏であることが明確にされていた。

第六条は「下名ハ茲ニポツダム宣言ノ条項ヲ誠実ニ履行スルコト並ニ右宣言ヲ実施スルタメ聯合国最高司令官又ハ其ノ他特定ノ聯合国代表者カ要求スルコトアルヘキ一切ノ命令ヲ発シ且斯ル一切ノ措置ヲ執ルコトヲ天皇、日本国政府及其ノ後継者ノ為ニ約ス」としており、降伏対象の代表が明確にされていた。

第八条では、「連合国最高司令官」「合衆国代表」「中華民国代表」「連合王国代表」「ソヴィエト社会主義共和国連邦代表」「オーストラリア連邦代表」「カナダ代表」「フランス代表」「オランダ代表」「ニュージーランド代表」の署名者が書き連ねられていた[11]。

中国戦区の降伏受け入れ式典は九月九日午前九時に南京で挙行された。日本軍の降伏代表は、支那派遣軍最高指揮官の岡村寧次大将、総参謀長の小林浅三郎・陸軍中将、総参謀副長の今井武夫・陸軍少将、参謀の小笠原清・陸軍中佐、支那方面艦隊司令長官の福田良三・海軍中将、台湾軍参謀長の諫山春樹・陸軍中将、南方軍第三八軍参謀長の三沢昌雄・陸軍大佐の七名だった。式典会場では中国、米国、英国、ソ連の四同盟国の国旗が掲げられていた[12]。

日本の降伏文書は、日本帝国政府および日本帝国大本営は連合国最高司令官に対して無条件降伏するとし、連合国最高司令官の一般命令第一号は、中華民国（東三省を除く）、台湾および仏領インドシナの北緯一六度以北地区における日本のすべての陸・海・空軍および補助部隊は蒋介石委員長に降伏するとしており、これらの文書は命令が連合国軍最高司令官に起源することを再び述べていた[13]。

また、「吾等、上述の区域内のすべての陸・海・空軍および補助部隊の指揮官は、率いる部隊が蒋委員長に無条件降伏することを希望する」としており、中国戦区最高指揮官へ降伏することを示していた。

さらには、中国戦区最高指揮官が指名した陸軍総司令の何應欽、および同じく蒋が指名した全一六区各地の降伏受け入れ責任者へ投降することを示していた。こうした手続きは、連合国軍最高司令官からまずは各戦区最高指揮官へ、さらには戦区最高指揮官から各地区の責任者へと、階層的に命令の権限を与えていくことをはっきりと示していた。

一九四五年一〇月二五日午前一〇時に、台北公会堂で挙行された「中国戦区」「台湾省」降伏受け入れ式典において、台湾行政長官の陳儀将軍は次のように宣言した。「台湾の日本軍はすでに中華民国三十四年（一九四五年）九月九日に南京で降伏し、本官は、何（應欽）中国陸軍総司令が奉じた蒋（介石）中国戦区最高司令官の命令を、取り次がれて奉じ、台湾の降伏受け入れの責任者となり、ここに第一号命令を安藤利吉・日本台湾総督兼第十方面軍司令官に交じ、ただちに執り行われることを希望する」[14]。陳儀は言い終えた後、「署部字第一号命令」および受領証を参謀長に渡し、続いて参謀長がそれを安藤利吉に引き渡すと、安藤は受領証に署名し、その受領証を日本側代表の諫山春樹・台湾軍参謀長が陳長官に呈して、長官は受領証に誤りのないことを確認した後、日本側代表に退席を命じ、彼らは先導官の案内で退場した。ここで触れておかなければならないのは、台北公会堂の式典会場としてのしつらえである。他の国際的な降伏受け入れ式典と同様に、中国、米国、英国、ソ連の各同盟国国旗が掲げられており(フランスの国旗はない)、また、式典観覧用の貴賓席は主として米国と英国の代表のために用意されており、これらは中国が連合国同盟軍を代表して台湾に対する降伏受け入れ、接収、占領を行っていることを非常にはっきりと示していた[15]。

一〇月二五日、陳儀は台北の放送局でラジオを通じて次のような発表を行った。

「今日より、台湾と澎湖諸島は、正式に中国の領土へ再び入り、一切の土地、人民、行政事務はすでに中華民国国民政府の主権の下に置かれ、この歴史的な意義を有する事実を、私は中国全体の同胞に報告するとともに、全世界へと周知する」[16]

「祖国の懐に戻った」、「中国国籍を回復した」、このような言い方はすべて国際法に反した表現だった。主権は占領行為によって移転するのではなく[17]、また占領地域の住民の国籍も選択権があるべきである。正式な条約が締結される以前は、敵国の領域内にある敵国の不動産は、占領国は利用することはできても、没収あるいは譲渡することはできない[18]。事実、来台し降伏を受諾した陳儀行政長官が発布し、一〇月二五日の降伏受け入れ式典中に安藤利吉に直接手渡された行政長官公署警備総司令部の「署部字第一号命令」は、「台湾・澎湖諸島地区の日本陸海、空軍およびその補助部隊の投降を受け入れ、かつ台湾、澎湖諸島の領土、人民、治権、軍政施設および資産を全権統一的に接収する」としており、ここにある「治権」は「主権」を指していたのではなく、軍事・政治的な管理を指していただけだった。

## 三、戦後初期における米国の対台湾政策

一九四五年一一月一六日、米国務省の中国課長エベ

レット・ドラムライト（Everett Drumright）のメモランダムは、ソ連がポツダム会議でもカイロ会議の決議に同意したことから、米国側もカイロ会議の決議の制約に応じてもよいのではないか、そして満洲および台湾・澎湖を含めた地域は中華民国に引き渡されると見なしているとしていた。[19] また一九四六年三月一一日に国務・陸軍・海軍調整極東小委員会（the State-War-Navy Coordinating Subcommittee for the Far East）が中国戦区の米国最高司令官アルバート・C・ウェデマイヤー（Albert Coady Wedemeyer）へ送付した回答では、台湾の主権に関するメモランダムとして、「カイロ宣言」は台湾は中華民国に返還されるべきだと規定していること（一.a）、また国務省は、中華民国政府が「カイロ宣言」を根拠に台湾を獲得したとしていることと、政府権力を執行していることともに中国・日本両政府代表間で協議を行っていることとに基づいて、台湾はすでに中華民国へ返還されたが、ただしこの移転は最終的には適当な条約によって確定されるべきであると考えていること（一.c）が記載されていた。またこの回答では、同小委員会は、中国が在台日本人の資産および台湾住民の国籍をどのように処理するかという政治的問題については、通常の外交交渉を通じて処理するのがもっともよいと考えていることも記されていた。[20]

一九四七年一月一〇日、米国のラルフ・J・ブレーク（Ralph Joseph Blake）駐台北領事は、ジョン・L・スチュアート（John Leighton Stuart）駐華大使に対して、台湾では現在、米ソ間でまもなく大きな戦争が起き、すると米国は台湾で大規模な軍事行動を展開して、台湾を軍事基地化するとの流言が飛び交っていること、さらには、蔣介石が昨年一〇月に密かに台湾に赴き、マッカーサーと協議して、台湾と引き換えに、共産党に対抗するために必要な援助を米国から獲得したというひどく誇張された噂話さえあることを報告した。この報告では、「渋谷事件」によって、台湾人の間で反米意識が発生していること、同事件に加わった台湾人への批判が出ていることも言及されていた。[21]

この「渋谷事件」には、同事件の発生前に外交によって処理できずにいた、台湾住民の国籍処理問題が深く関わっていた。降伏後の日本では、生活物資の不足により闇市が賑わい、一部の華僑、台湾人もこれに関わっていた。大きな利益を得られたことから、東京、大阪、神戸では華僑が経営する店が二〇〇〇軒あまりあったとの説も華僑の間であった。日本に居住していた中国僑民が戦争に勝った連合国民扱いになると、治外法権を享受できるようになるだけでなく、連合国軍と同じ割り当ての生活物資を獲得でき、資産税・臨時税の徴収免除もあった。台湾人は連合国民扱いではなかったものの、華僑が食料の特別配給や免税権を得ると、台僑もまた同様の待遇を獲得し、さらには台僑の中でも華僑を自認する者は日本の法令を遵守せず、華僑・台僑と日本の警察・商人との間でしばしば衝突が発生していた。

ある台僑が松田組から新橋駅前の土地を賃借して露店を経営していたが、一九四六年三月に松田組がこの台僑に貸していた土地の返還を求め、両者は何度か交渉を行い、時には殴り合いになって紛糾したこともあった。七月一九日午前、松田組が台僑を襲撃するとの噂が伝わって、六〇〇人あまりの華僑・台僑が集まって対抗策を議論していたところ、成立したばかりの中国駐日代表団が僑務処委員の林定平を派遣して制止した。散会後、一部の華僑・台僑は四両のトラックに分乗して帰宅しようとしていたところ、途中の渋谷警察署の前で多数の警官・民間人と遭遇して往く手を阻まれ、しばらくして銃撃が発生し、ついには衝突となり、華僑・台僑側は死者五名・負傷者一八名が出る惨事となったうえに、四三名が逮捕された。[22]

中国駐日代表団団長の朱世明は、この事件が発生した主な原因として、台僑の平素の行為に常軌を逸していたところがあったことや、台僑が自分たちがもはや連合国民の待遇を享受できると思い違いをしたことがあったとした。[23]駐日代表団は華僑総会の高玉樹、曾慶典らを上海に送還したが、これは米軍が「好ましからざる華僑」を送還することで秩序を維持しようとしていたことと歩調を合わせたのであった。[24]中国外交部は駐日代表団に対して、GHQと交渉して日本側に以下の点を要求するよう指示した。(一)渋谷警察署長と発砲した警官の罷免、厳重な処分、警察総監の罷免、(二)事件に対する日本政府の謝罪表明、(三)死亡した華僑への補償として、一人あたり三〇万円(当時の二万米ドルに相当)、医療費および慰問金、(四)身体障害になった華僑に対して、その程度に応じた生涯損失への賠償、(五)新橋の華僑の露店が松田組の破壊行為により被った損失への賠償、（六）闇市の徹底的な取り締まり、その過程には人種や国籍に対する差別を禁止すべき（七）同様の事件を今後二度と発生させないことへの保証。[25] 外交部は同時に連合国側へ備忘録を送付するとともに裁判への参加を求めたが、裁判参加が実現しただけでその他の要求を認めさせることはできなかった。中国各界の民心が激高する中で、蔣介石は外交部に徹底的な調査を行うよう命令を下した。[26]

裁判は占領軍第八軍事法廷で一九四六年一〇月一日に開廷され、中国側は裁判官の裘劭恒を派遣して裁判に参加させた。[27] 一二月一一日、判決が下され、二名は無罪となり、一名が懲役三年、三五名が懲役二年、五名が執行猶予六カ月となった。また、懲役二年・三年の判決を受けた者については、中国に送還されれば執行停止になるとされた。[28] これらの判決が出た後、中国側は何度かにわたってGHQに対して再審を求めるとともに、たびたび日本人警官の厳罰処分も要求したが、一九四七年一月末に軍事法廷は三名の日本人警官に対して無罪判決を出した。[29] 同年五月、渋谷事件の有罪判決を受けた者たちは「橘丸」に乗船して台湾へ帰ったが、この時の台湾は二二八事件後に実施された「清郷」（捜索、逮捕等を徹底して行うこと）の恐怖に満ちていた時期であり、このため渋谷事件は人々の記憶からすぐに忘れ去られたのであった。

一九四六年一月一二日、国民政府行政院は、「台湾人民は一九四五年一〇月二五日より、一律に中華民国国籍を回復した」[30] との訓令を公布した。また行政院は同年六月二二日に「在外台僑国籍処理辦法」を公布したが、同辦法の第一条は「台僑は民国三四年（一九四五年）一〇月二五日に中華民国国籍を回復したものとし、外交部は各在外公館に打電し、その駐在国政府に対してこれを承知おき願うとともに、各属領地当局への取り次ぎを要請する」[31] としていた。中国政府は一方的に台僑の国籍問題を処理し、台湾の住民には一通の命令書によって通告し、在外の台湾人については同法第三条の「中国国籍の回復を望まない者は、民国三五年（一九四六年）一二月三一日までに、我が国の大使館、公使館、領事館あるいは駐外代表に声明を提出しなければならない」[32] との規定に基づくとした。しかし、中国政府のこの行為は国際的な承認を得たものではなかった。渋谷事件の後、台湾人の国籍および司法管轄の問題に関しては、中国側は何度かにわたってGHQに対して、一九四五年一〇月二五日に台湾人は中国国籍を回復したとし、彼らを連合国民と見なすべきだとする意見を伝えていた。[33]これ対してGHQは「国籍変更に関して決定する権限を有しておらず、国務省に請訓中」[34]としながらも、管理の都合上、在日の台湾籍民で華僑登録を行った者については、早期帰国を促進するために、連合国民と見なしてもよいとの見解を示した。中国駐日代表団はこれを受けて台湾人の華僑登録を推し進めはじめ、期限を一九四六年一二月末とした。駐日代表団の説明が「すでに復籍するとともに、本団が証明書を発給した台民は、とくに司法および納税義務の面において、連合国人民と同等の待遇を受けるものとし、台民の在日資産を調査して巨額に上り、もし日本人と同様の納税義務を負わなければならないとすれば、その資産の大部分はすぐさま烏有に帰するであろう」というものだったことから、約一万八〇〇〇人が登録して「華僑」となった。[35]しかし、GHQは軍事上必要な措置との理由で、在日台僑は日本の警察および司法の管轄下にあると考えていた。[36]

米国務省は在日台僑の法的地位や、彼らを連合国民と見なして、日本の警察管轄や刑事事件における日本の司法管轄の適用除外を享受させることなど関連する問題について、次のような見解を示した。「連合国民が日本の警察および司法の管轄の下にないことは、占領機構の業務および占領人員の保護にとって都合がよいことから採用された方策である。米国国民および大多数のその他連合国民で占領任務に携わらない者はすでに離日しており、もし大量の一般人に日本の管轄権の適用を除外する特権を与えるのであれば、その特権はそもそも彼らのために設けたものではなく、秩序の維持と法律の執行にとっての利便性はない」。また、台僑の国籍認定については、「彼らは戦争期間中においては敵国の国民だったのであり、合法的手続きによって個別に国籍を離脱した者を除いては、日本の法律に基づいて、依然として日本国籍を保有している」としていた。[37]

英国外務省の回答は、「英国政府はこれまで通り一九四三年一二月一日のカイロ宣言に基づくべきだと考えている。同盟国の同宣言の内容は、それ事体によって台湾の主権を日本から中国に移譲させることはできず、日本との平和条約の締結、あるいはその他の正式な外交的手続きを経た後に可能となるのである。このことから、台湾はすでに中国政府の統治下にあるものの、英国政府は遺憾ながら、台湾の住民がすでに中国国籍を回復したということには同意しかねる」[38]というものであった。英国は、対日条約が台湾の主権の帰属を決定するまでは、台湾人の国籍は定まらず、依然として日本国籍に属していると考えていたのである。

米国国務省からの回答は吟味すべき価値のあるもので、以下のようなものだった。約二万人の台湾籍民は日本の法律に基づいて依然として日本国籍を保有している。法的見地から言えば、台湾の主権はいまだなお正式には移譲されておらず、適当な時期に条約について協議し、その条約によって移譲の実施が見込まれる場合は、台湾居住民の国籍について適切な変更を行う条項を加えるべきである。ただし、現時点では、同条約の規定が、台湾における所在地をすでに放棄して他の場所に定住している台湾後裔の人々が保有する国籍を変更するとは、当然断言できない。また、この回答の最後では、在日台僑の大多数は中国国籍や身分証明書を所有していないことを指摘していた。[39]

台僑の「復籍」が米英両国政府によって拒否され、中国外交部は、台僑の国籍を回復させる時期の法的見地について、英米の主張は一致しており、彼らと論争すべきではなく、自分たちの見地を保留すべきだと考えるようになった。[40]外交部も法的根拠に欠けていることを自覚しており、問題を一時棚上げするしかなかったのである。

一九四五年四月下旬に、中央設計局の陳儀が取り仕切っていた「台湾調査委員会」が外交部に対して土地、人民、財産の処理方法に関して照会した際、外交部次長の呉國禎の回答は以下のようなものだった。

「中日関係における台湾は、前回の欧州戦争時の仏独におけるアルザス・ロレーヌとまったく同様であり、こうしたことからヴェルサイユ条約中における、アルザス・ロレーヌ地域内の一切の問題についてのフランスの処理に関する規定は、我が国が台湾の各問題を処理するのにも参考にできるものと思われる」

「重ねて調査したところ、中日間の馬関条約の第五款が次のように規定していた。『本約批准交換の後、二年内に限り、中国が譲与した地方の人民で譲与地方外への転居を希望する者が、保有する財産を自由に換金して、譲与地方外へ退去することを、日本は許可するものとする。ただし、期限を過ぎた後、転居していない者は、斟酌して日本臣民とみなすものとする』。この規定も参考にすることができよう」[41]

大清帝国と日本帝国が締結した下関条約（馬関条約）第五条の国籍選択権は、普仏戦争後の一八七一年五月一〇日に締結されたフランクフルト講和条約（Treaty of Frankfurt）の第二条が、割譲地に定住するフランス国籍民が一八七二年一〇月一日以前は国籍を自由に選択・保留できるとしていたことを参酌していたものと思われる。[42]ヴェルサイユ条約（Treaty of Versailles）は、第一次世界大戦後、戦争に勝利した協商国と敗れた同盟国との間で結ばれた講和条約であり、一九一八年一一月一一日に協商国と同盟国が停戦を宣言し、パリ講和会議での協議を経て、一九一九年六月二八日にヴェルサイユ宮殿で署名された条約で、一九二〇年一月二〇日に正式に発効した。フランスは、同条約の第三部第五節第五三条の付属書でアルザス・ロレーヌ両地方の住民に条約発効前に選択権を付与していた。[43]一九四五年の時点で、少なくとも国民政府外交部は、国際法の規範に基づけば、条約を経ずに一方的に領土と国籍を移譲することはできないということをはっきりと理解していたのである。

しかしながら、一九四六年三月一八日、台湾省行政長官公署が直情径行に「台湾省各県市戸口清査実施細則」を定めて、同年四月から六月末にかけて戸口検査を実施した。続いて、九月一三日には「台湾省各県市辦理戸籍登記実施程序」を制定し、一〇月一日から初の戸籍設置・登録が行われ、警察が各戸を回って登録し、一二月末に完了した。戸籍設置では一人が一枚の戸籍カードに登録される方式が採られ、翌年二月に戸籍台帳が発行され、五月から一二月末にかけての期間に国民身分証が初めて発給された（同身分証の発給は一八歳以上の国民を対象とした）。[44]日本統治時代の台湾には綿密な戸籍制度があったことから、占領当局は徹底した身元調査と台帳への登録という手法によって、台湾の住民を一律的に「中華民国国民」の中へ組み込んだのだった。

## 四、連合国の台湾の地位に対する立場

二二八事件の発生後、三月一日に米国駐華大使館のウィリアム・W・バターワース（William Walton Butterworth）参事官が、台湾の混乱状況についてのブレーク駐台北総領事の報告を国務省に転送した。ブレークは職員を緊急避難させる必要があるだろうとしていた[45]。三日、ブレークはスティルウェル大使に「領事館は、所属員総計八〇七名から成る一四一団体の代表が署名した、ジョージ・C・マーシャル・ジュニア（George Catlett Marshall, Jr）将軍への請願書を受け取った。同請願書は、短期間のうちに政府を改組すべきであり、国際連合がこの地に対して干渉することには正当性があり、国際連合が管理する臨時政府が中国との政治的・経済的な関係を数年間にわたって断ち切れば、フォルモサ〔台湾の別称〕は独立することができる、との考えである」と報告した[46]。

じつは、台北領事館は三日午前一〇時の第三四号電で次のような意見を提出していた。中国政府による近い将来における悲惨な虐殺を防ぐための適切で実行可能な唯一の方法は、米国が、自身の力に基づくかあるいは国連を代表して、ただちに関与することであると領事館は考えている。米国の高い名声は、台湾人に、米国の直接関与と、米国が南京で自分たちの意見を代弁してくれることとを強く期待させている。日本は法律上では今でも台湾に対する主権を有しているため、台湾人は米国の台湾に対する干渉は国連の正当性と合致するものと信じている。国連の組織と中国の代表が参加する臨時政府であれば中国は安心できるし、責任感のある、台湾人比率の高い中国の管理当局が成立すれば、台湾は再び中国へ戻るだろう。台湾人は、国連で責任を担っているのは米国であり、米国は普段から民主政治の養成の場が欲しいと表明し、また米国は台湾人が台湾政府を組織することや中央政府の中で台湾を代表することを期待している、と考えている。このような台湾人の期待が叶えられなければ、おそらく台湾で内戦が勃発するだろう。台北領事館はこのような意見を提出していたのだが、この電報は、スチュアート大使が三日間放置したため、国務省に送付されたのは三月六日の夜だった[47]。

三月六日、スチュアート大使は、台北領事館に対して公的・私的を問わず台湾情勢への介入を禁止したことを

国務省に報告した。[48]スチュアートは同日、蔣介石に面会して、ブレーク総領事が米国人を離台させるための飛行機派遣を求めてきたことに触れつつ、台湾情勢の深刻さを示した。[49]スチュアートは駐台北領事に、状況次第で撤退を決定するとしつつも、米国公館人員が台北の任命された当局（the constituted authority）として適切な保護を提供しなくてはならないと訓令した。[50]一方の蔣介石は日記で次のように痛罵していた。「米国人員は落ち着きがなく軽薄で、うまく反動派を利用して、中国の困難と恥辱を増やし、悲痛の極みだ」。[51]蔣は七日には台湾行政長官の陳儀に対して、次のような電報を送りもした。「米大使館が台湾領事から受けた電報では、今後、台湾の状況はさらに悪化するものと思われるとして、即刻飛行機を台湾に派遣し、米国人を離台させるよう求めてきたという。米大使はこの情報を余に告知し、飛行機の派遣を引き延ばす一方で、返電で領事の見解を問い合わせているという。また、台湾建設促進会が取り次いできた、外国の領事館からの電報は、台湾へ派兵すべきではない、そのようなことをすれば情勢はさらにひどくなると言っている。これはきっと反動分子が外国領事館で作り出したテロが変化したものだろうが、最近の情勢はどのようになっているのか、ただちに折り返し報告せよ」。[52]蔣は状況を検討しなかったばかりか、「米国人員は落ち着きがなく軽薄」「反動分子が外国領事館で作り出したテロ」などと非難しており、これらは蔣の面目を失するものと言えよう。

三月五日、蔣介石は陳儀に対して、「乱を取り鎮める」ために台湾に「歩兵一団と憲兵一営」を派遣したことを、また七日には「第二十一師司令部直属部隊と第一団（連隊）」を派遣したことをそれぞれ打電した。[53]八日には李翼中と劉雨卿を台湾に派遣し、陳儀に「会って詳しく話す」と伝えた。[54]九日には、今度は「宣慰」（政治的行為として行われた慰問のこと）のために国防部長の白崇禧を派遣し、その一方で陳儀に対して「米領事とは、確実な連携に務めて、悪感情を生じさせないようにせよ」と下命しており、このことから蔣が米国の印象を極めて重視していたことが分かる。

三月二七日夜、蔣介石はスティルウェル大使と会い、米ドル建て公債と短期国庫券の発行について相談したが、スティルウェル大使はその実現可能性に疑問を呈した。[55]

スティルウェルは台湾における清廉な政府の再建について言及して、台湾を特別経済区とし、多数の米国技術顧問を雇用することによって台湾の経済的資源の開発に協力することを提案し、これらは台湾の人々から協力を得られるだろうし、台湾の輸出の利益が将来における米国の借款の償還や保証に役立てられるだろうとした。会談後、スティルウェルはマーシャル国務長官に対して、蒋が特別経済区の提案に賛同を示すとともに、具体案を立案するよう米側に要請してきたとの報告を行った。しかし、蒋は翌日の日記に「彼は台湾と瓊州の経済をとくに重視している。余に米国人を顧問として招聘させ、台湾の混乱に乗じて不当な利益を得ようとしているのだ」[56]と記していた。また、ディーン・アチソン（Dean Acheson）国務次官は経済開発や顧問派遣の資金について見積もることが必要だと考えていた。アチソンは、台湾経済の発展に対して援助を与えることは合理的だと考えられるとしつつも、合理的な裏付けのない資金貸付や技術顧問の派遣についてはその実行性に懐疑的な態度を示した。[57]この時アチソンたちはさしあたり米国政府内部で実行可能性を検討するとの決定を行ったのだが、これは米国が台湾を中国支配下から独立させるという考え方の始まりと言えよう。

一九四八年四月二日、米議会は中華民国に四億六三〇〇万ドルを援助することを決定したが、そのうち三億三八〇〇万ドルは食料、肥料、原料および経済建設計画への援助だった。[58]蒋介石は、米国が軍事用途にはわずか一億二五〇〇万ドルしか認めなかったことが非常に不満で、上院外交委員会の援華決議は「措辞が劣悪でマーシャルの指図に違いなく、彼の魔力の大きさにはなはだしく驚駭した」と痛罵しつつ、「（米国もまた）下人が不正に操ることから免れられない」と嘆いた。[59]しかしながら、四月五日、蒋はトルーマン大統領が援華法案（China Aid Act of 1949）に署名したことに謝意を示す電報を送り、「同法案が実施されることに対して、敝国は閣下および貴政府の密接な協力に誠意を尽くしたい」[60]と表明したのであった。

## 五、国際社会の二二八事件に対する見方

### （一）米国

蒋介石が陳儀からの電報で「二二八事件」を知ったの

は三月一日のことだった。これに対して、米国の在台北領事館は毎日数回の報告を南京の米国大使館に送っていたため、米国側は台湾の状況をおおむね明確に把握していた。四月一日、スティルウェル大使はマーシャル国務長官へ対して、「逮捕が続いており、銃声は途絶えず、基隆港ではあいかわらず新たな死体が引き上げられている」、「陳儀長官は米国メディアと会見した際、王添灯氏が射殺されたのは拘束を拒否したためだったと述べた」[61]と血なまぐさい虐殺が依然として続いていることや、中国が統治している台湾の状況に対して国際的に疑いの目が向けられ始めているとして、連合国救済復興機関（UNRRA）台北支部の医師が、米国が台湾を中国に引き渡したのは間違いだったとする報告書を提出したことを報告した[62]。

四月一八日、スティルウェル大使は蔣介石に、ジョージ・カー（George Kerr）駐台北副領事が執筆した「台湾情勢についてのメモランダム」（Memorandum on the situation in Taiwan）の中国語訳と英語版を手渡した。この「メモランダム」は、事件発生の背景や状況改善のための建言を提示するとともに、「不完全な改革やその場しのぎは、政府の腐敗、低能率と専制に対する台湾人の抗議をさらに大きなものとするだろう。台湾がかつて高いレベルにあった政治的な忠誠心や経済的生産力を回復させるためには迅速かつ根本的な改革が必要である」と強調していた。蔣は自らメモランダムの中国語訳に目を通すことを示した[63]。

米国が関心を寄せるなかで、蔣介石は陳儀支持という当初の立場を変化させ、四月二二日に前駐米大使の魏道明を台湾省主席に任命し、カーの「メモランダム」の提言に基づいて、各種の改革を推し進め始めた。米国の注文に応えたと言ってよいだろう[64]。

五月半ばにカー駐台北副領事はワシントンに召還され、同月二六日にジョン・C・ヴィンセント（John C. Vincent）国務省極東局長へ二二八事件についてのメモランダムを提出した。同メモランダムは、陳儀は一切の責任を中央政府と米国に押し付けようとしていると指摘するとともに、台湾を国連あるいは米国の信託統治とすることを提案し、さもなければ台湾は間違いなく共産党の手中に落ちるだろうとしていた[65]。またカーは、台湾に対する米国の援助と投資を立法によって規範化するか、あるいは、台湾を一時的に国際的な統治下に置いて法的地位を留保することで、将来の中国において自由を再建させる安定的な立脚地とすることを提言してもいた。このカーの報告書は、六月九日、アーサー・R・リングウォルト（Arthur R. Ringwalt）国務省極東局中国部長からマーシャル国務長官へ提出された。[66]

七月八日、スティルウェルは、依然として多数の台湾籍の人々が行方不明になっているが、とくに中部ではその多くは軍人が拉致して身代金を要求しているとする台北領事館の報告を国務省に転送した。[67] 七月一一日、トルーマン大統領は実情調査（Fact-finding tour）のためにウェデマイヤー将軍を特使として中国に派遣した。ウェデマイヤーは八月一一日から一九日まで台湾に滞在し、新任省長の魏道明と会談した。[68] 一九日には、蔣介石とウェデマイヤーは六時間に及ぶ会談を行い、中国情勢について広く意見交換した。[69] 米国は「まずは私を交替させることが目当てであり、それから中国を支配するという目的を達成しようとしている」と判断した蔣は、米国の「すべてを監督し内政に干渉するような条件」は絶対に受け入れることはできない、「米国が友邦として平等に遇してくれることを強く望んでいる」とするウェデマイヤーへの伝言をスティルウェルに託した。ウェデマイヤーは中国を離れる八月二二日に声明を発表し、中国政府に対して多くの批判を浴びせたことから、蔣介石は「堅忍しつつ努力して向上を目指すのみ」「徹底的な改革を行う」としつつも、憤懣やるかたなかったのである。[70] 蔣は八月三〇日、「先週の反省録」に「じつにはなはだしく屈辱的な週であり、この稀に見る大辱をどうすれば雪ぐことができるのか分からない」[71]と記した。一方のウェデマイヤーは帰米後にトルーマンとマーシャルへ提出した報告で、台湾人は米国の信託統治を好意的に見ているとの見解を示していた。

一一月に入っても台湾の状況は悪化の一途をたどり、蔣介石は台湾人の不満を懸念するようになり、スティルウェルの提案を受け入れる方向へと傾いていった。一一月一七日、スティルウェルは国務長官に対して、台湾の行政管理は極めてずさんで、有能な指導者の下で台湾人が不満を煽られて革命活動が組織されれば、自治獲得という目標は達成されるであろう。蔣委員長はこのような状況を察知し、米中両国がある種の方式で台湾を数年間共同で管理すること、重点は経済復興に置くことを原則的に心の底から支持するようになったと報告した[72]。

一二月七日、ジェームズ・ピルチャー（James Pilcher）駐上海領事が国務省に対して、一一月二七日の『新民晩報』、『セントルイス・ポスト』（The St. Louis Post）などが、米国は台湾を信託統治するつもりだと報道していると報告した。『新民晩報』は、米国人経営の『マニラ・バルティン』（Manila Bulletin）が台湾を信託統治すべきだと公然と唱えていることを引き合いに出しつつ、たとえ「カイロ宣言」、「ポツダム宣言」や「ヤルタ会談」が台湾の帰属を定めているとしても、対日条約が締結されるまでは台湾の帰属は正式には定まっていない、と主張していた。また同紙は、米国は「大西洋憲章」に依拠して台湾で人民自決を実施するつもりであり、台湾は現在マッカーサーの支配下にあり、もし台湾人が中国を離脱して米国の信託統治下に置かれたいと考えるのであれば請願書を提出できるし、米国は台湾の住民を信託統治することや、工業発展による台湾経済の再建することを支援でき、さらには、米国の信託統治下では二二八事件に巻き添えになった人々の自由を回復できる、とも主張していた[73]。

『ニューヨーク・タイムズ』（New York Times）は、一九四七年三月八日に掲載した二二八事件に関する記事で、ヘンリー・リーバーマン（Henry Lieberman）記者が、事件発生の原因は深刻な腐敗、行政の無能、急速な貧困にあること、また、外国人記者による現地取材が乏しいために政府筋の情報に頼らざるを得ないものの、南京政府の中央宣伝部が主張する五〇〇名という死傷者数については、領事館の推計はこれをはるかに上回っていることを指摘した[74]。三月一〇日には同じリーバーマン記者が、南京発のニュースは、台湾で戒厳令が敷かれたことを報じる一方で、二二八事件処理委員会（以下、処理委員会）が全局を掌握し、一五日に大会が開催される予定とも報じているとして、中国の情報の混乱ぶりを伝えた[75]。同紙はまた、中央宣伝部部長の彭學沛が三月一二日に台湾の混乱はすでに落ち着いたと宣言したものの、外国人記者が取材のために台湾入りすることへの協力は拒んだことを報じた[76]。三月下旬に一組の外国人グループが台湾から上海に引き上げてくると、同紙は彼らへの取材によって、二二八事件を鎮圧するために台湾入りした部隊が到着から三日間、無差別殺戮・略奪を行い、死者は一万人を超え、とりわけ高雄と屏東では社会的エリートに対する虐殺がひどかったとの情報を得て、こうした証言は外国大使館からの報告とも一致するものだと報じた。この記事では、台湾人は国連の関与や、GHQの法的統治下に置かれることを求めているとの指摘がなされていた。[77]

四月五日にはアメリカ人記者のジョン・H・パウエル(John William Powell)の台湾取材記事が『チャイナ・ウィークリー・レビュー』(China Weekly Review)[78]に掲載された。同記事は、二二八事件における陳儀のデモ群衆への対応はまるで数世紀前の出来事のようだと評した(ちなみに、同日付の『ニューヨーク・タイムズ』は、陳儀は南京の援軍が台湾に到着するまで時間稼ぎをしたにすぎなかったとした)[79]。パウエルの記事は、台湾島内の秩序は人民によって維持されていたとするとともに、三月八日昼に張慕陶が処理委員会に対して、中央が台湾に派兵することは絶対にないと保証したにもかかわらず、その日の午後には部隊が基隆港に着き、夜には台北に到着し、大量虐殺(blood bath)が行われたことを、陳儀のペテンだとした。同記事の最後でパウエルは、台湾の人民は国連の信託統治を要求しており、もっともよいのは米国の信託統治だとの考えを強調していた。[80]

『ワシントン・ポスト』(The Washington Post)は直截に社説で中国軍が台湾で虐殺(Massacre)を行っていると指摘した。同紙は早くも一九四六年三月に、台湾での中国人の行為は、彼らが非難しているロシア人の行為と同じであり、兵士が街頭で略奪し、愚かで貪欲で無能な統治が物価を高騰させ、米の価格は一〇倍以上になったと報道していた。[81]同紙は一九四七年三月四日には、上海で台湾から来た人々を取材して、ひどい統治こそが台湾での暴動や国連に対する信託統治要求の背景だとの声を伝えた。[82]三月三一日には、一部の若者が去勢されたり、耳や鼻を削がれたりしたうえで殺されたり、中国軍の軍人がどこでも気ままに発砲して人を殺したりと、台湾では想像できないほど残酷な刑が行われていると報道した。[83]同紙は四月四日には、中国の統治は日本に比べると非常に劣悪かつ残酷であることを再び強調し、将来、平和条約を議定する際に、台湾を日本に返還することや国連に引き渡すことを考慮すべきだとした。[84]この時期の米国の主要紙はこぞって、国民政府が改革を実行しないうちに援助を与えることには反対だと主張していた。[85]

## (二) 英国

英国が淡水に領事館を再開設したのは一九四六年一二月末のことで、英国の台湾に対する関心は主として経済・貿易分野にあった。例えば、前述の在外台湾籍民の国籍問題については、英国外務省は駐英大使の鄭天錫に対して、国際法に基づけば中国は台湾・澎湖の主権をいまだ擁しておらず、日本との講和条約が締結された後に確立することができるとしつつも、中国が台湾・澎湖に対して行政管理を行うことは妨げない、と回答した。[86]

一九四七年二月一二日、英国駐淡水副領事のG・M・ティングル(G.M. Tingle)が南京大使館に送った台湾情勢に関する最初の報告は、台湾人は中央政府に対してある種の幻滅と不満の感情を有しており、むしろ日本統治時代の美しき昔日を懐かしんでいる、というものだった。ティングル副領事は三月一日から一五日まで事件の経過を報告し、これらの情報はラルフ・S・スティーブンソン(Sir Ralph Skrine-Stevenson)駐華大使によってロンドンの外務省へ取り次がれた。[87] 三月一日、ティングルは二月二七日のタバコ取締をきっかけとした衝突と、翌日の台湾省専売局へのデモ、行政長官公署前での機銃掃射を報告した。[88] 三月三日、淡水領事館は、UNRRAの医師が行政長官公署前での機銃掃射で少なくとも二四名の死者が現場で発生したと述べていることを、南京大使館へ報告した。また同報告は、中央政府の台湾への再度の兵員増派は回避すべきだとするとともに、台湾人は外国が自分たちの自治獲得を支援してくれることを期待していると強調していた。さらに、暴動では排外的な行為はなく、外国人の生命や財産も被害がなかったこともあわせて報告していた。[89] 三月六日に淡水領事館が送った電報では、二二八事件は政府当局に対する長期の不満が爆発したものであることを証拠立てていた。また、この電報でティングル副領事は、台湾を中国から分離することが最適な解決策だとの考えを提示するとともに、日本との条約が締結されるまでに台湾人に公民投票を挙行させれば、中国からの分離が圧倒的な賛成を得ることが見込まれ、その前に国連の信託統治にすべきだとしていた。[90] 三月六日、スティーブンソン大使は英外務省に送った電文で、日本の降伏以来、フォルモサ人が排外的な行動はとっていないことを指摘した。[91] 同じ日に淡水領事は、嘉義で若者と軍の衝突があり、若者側が若干の武器を獲得し、政府への対抗手段を強化したとの報告を南京大使館に送った。[92] 三月七日、領事は、処理委員会が提出した「十大要求」について報告するとともに、陳儀が放送で、改革の受け入れに同意し、七月に投票によって県・市長を選出するとしたことを伝えた。[93] 三月八日の報告は、中国軍が七日夜に基隆に到着し発砲があったこと、高雄の状況は不明であることとともに、台湾人はこの軍隊の来着が今後の中央政府の処理態度の表れであることを知り、「三十二条要求」の最後の交渉を推し進めていることを指し示していた。[94] なお、この報告には「三十二条要求」の英文訳が添付されていた。

三月一〇日の第一九号電では、八日深夜から一〇日午後までの概況が次のように報告されていた。基隆にいたジャーディン・マセソン商会の英国人商人の話として、八日午後二時から歩兵銃、機関銃、自動射撃武器の射撃が二時間続き、目的は現地住民を威嚇することにあった。午後五時になると、福州からやってきた「海平」号に乗っていた二〇〇〇名の憲兵が上陸し、[95] そのうち二〇〇名は基隆に留まったが、この他は九日午前九時、トラックに分乗して台北に向かった。八日夜の九時四五分頃、台北市内の三カ所で猛烈な銃撃が発生し、約一時間続いた。中国人の説明では、彼らはフォルモサ人に攻撃されたとのことだった。[96] ボルトン（Bolton）という英国人の話として、基隆河橋（明治橋）近くで米国の副領事と食事をしていたところ、ここが銃撃が発生した地域の一カ所となったため、彼はジープに飛び乗ってそこから北にあるUNRRA職員の家に行ったが、その途中で車両には銃弾が三回当たった。翌日早朝、日が昇るとともに銃声が絶え間なく響くようになり、午前一〇時まで続いた。ボルトンが会社に行く途中、通りには人の気配はまったくなく、銃を持った兵士による検問が何度もあった。兵の乱射はまさしく恐怖で、これは兵士はどのような通りでも盲撃ちし、誰に命中しているのかも気にしないからで、そのような兵士たちに反抗する者はいなかった。ボルトンともう一人のジャーディン・マセソン商会の英国人職員は基隆に向かったが、彼らはおそらく前日の銃撃後で最初に基隆に入った外国人だと思われるが、道には人っ子一人なくまさにゴーストタウンだった。ボルトンが中国人税関職員から聞いた話では、さらに二個師団(division)の兵士が五隻の船に分乗して基隆に到着するとのことだった。[97] ボルトンは九日昼に台北に戻ったが、米国領事館に向かう途中、何度も銃を持った兵士に阻まれ、銃を胸に突き付けられたことさえあった。米国大使館では、南京の米国大使館から来た武官のドー大佐(Colonel Daw)に会ったが、大佐は外交部のメッセンジャーに同行して状況を観察しにきたようだった。一〇日午前、新たな部隊が基隆から鉄道で台北に到着し、半日後には台北を完全に制圧した。午後四時半に、ボルトンは以上のような情報を淡水領事館に持ち込んだのだった。ティングル副領事も台北入りしてUNRRAで聞き込みを行い、いくつかの不幸な情報を得た。台北では少なくともすでに二〇〇人が殺されたとのことだった。あるカナダ人の話では、ある台湾人が馬偕医院の近くで兵士に呼び止められ、銃剣で三度刺されて殺されたとのことだった。また彼は、現在、台北の住民は恐怖のどん底にあるが、これは陳儀長官が言っていた三月一〇日の協議で成果が出たことが原因なのかもしれない、とも語っていた。[98]

三月一一日、南京の英国大使館は、台湾の自治や軍事管制の撤廃といった処理委員会の要求について再度外務省に報告するとともに、淡水領事館の安全は懸念していないとの考えを示した。[99] しかし、同じ日にティングル淡水副領事が所用で台北に行ったところ、市内は軍によっていくつかの地区に分けられて軍人が管理しており、店は閉まっていて人の影はなかった。この時の報告では、学校は閉鎖され、何人かの若者が逮捕され、街頭で処刑されたとの噂さえあることが示されていた。[100]

三月一五日の領事の報告では、台北市だけで少なくとも八〇〇人、最大で一〇〇〇人が殺されたこと、大部分は銃殺だったが、街頭で首を切られた者もいたことが示された。また同報告では、逮捕された著名人として、王添灯、林茂生、宋斐如などの名が挙げられていた。副領事は、陳儀長官は処理委員会が「三十二条要求」を提出する前にすでに蒋介石からの派兵援助を獲得していたと考えていて、その根拠として蒋の三月一〇日の「国父紀念週」会合での談話を挙げた。[101]

三月二四日、スティーブンソン大使がアーネスト・ベヴィン(Ernest Bevin)外相に一通の報告書を再び転送した。二二八事件発生前の二月一二日にティングルが提出していた「フォルモサの状況」(Condition in Formosa)で、台湾の人口、物産、農業・鉱業、行政上の各種問題事項を分析したうえで、「今日のフォルモサの最良の解決策は、同地を中国の統治から移出させることである」、「対日条約を締結する前に全住民による投票を実施すれば、おそらく圧倒的な賛成を獲得し、台湾を中国の支配から離脱させることが可能だと思われる」[102]と結論付けていた。スティーブンソン大使は同じく二四日に外務省へ提出した報告で、二二八事件は中国行政当局の腐敗に対するものであり、排外的な行動はなく、中国政府が主張するような共産党による扇動の形跡はまったく認められないこと、台湾人は感心させられるほどの高度な自制力を顕現させており、これに比べると、中国の士卒は完全に理知を失って、まったく道理のない非常に野蛮な行為を行っていることを指摘した。[103]

この後、英国外務省は台湾を中国に引き渡さないことを主張するようになるのだが、以上のような大使館・領事館の報告における分析が相当な影響を及ぼしたものと思われる。

英国の新聞の二二八事件に対する報道を見てみよう。三月一〇日の『タイムズ』(The Times)[104]は、ごく簡潔な報道で、同紙の特派員記者がワシントン発の報道の「フォルモサでの暴動」(Riots in Formosa)を転用して、台湾での中国政府の統治が困難に直面していることを述べるとともに、援軍が上海から台湾へ向かった、台湾人の団体が台湾の自治を要求したという南京からのニュースを伝えたというものだった。[105]別の主要紙である『マンチェスター・ガーディアン』(The Manchester Guardian)[106]は、「フォルモサ:蒋が調査を命令、暴動は継続」(FORMOSA : CHIANG ORDERS INQUIRY, Riots Continuing)と題した記事で、ロイターの南京発のニュースを転用して、蒋介石がこの日、調査のために白崇禧を派遣すると発表したことや、中国政府が援軍派遣は秩序回復のためであり、混乱は台湾籍の元日本軍や共産党が引き起こしていると説明していることを伝えた。この他には、ある中国語新聞が報じた裏付けの取れていない情報として、台湾人が銃、機関銃、迫撃砲で役所を攻撃し、台北の大部分を制圧し、高度な自治と清廉な行政機関とを要求していることや、上海の六つの台湾人団体が陳儀長官の処罰を求めていることを紹介した。また同紙は別の「台湾人の台湾」(Taiwan for the Taiwanese) という記事で、六〇〇万の台湾人は大部分が漢人であり、中国への復帰を歓迎しているものの、五〇年間の日本の統治を経て「独立意識」(sense of independence) が生まれたこと、中国の台湾統治は様々な失敗を犯し、中国人役人の汚職・腐敗が台湾人を欺いたことや、日本の統治は厳格だったものの効率的で、中国の大半の省より台湾の生活レベルがよかったことが、台湾人の失望を引き起こし、これが憤りへと変化して、自治の要求が生まれたことを指摘した。一九四七年四月九日の『タイムズ』は「フォルモサ暴動の原因」(Causes of Riots In Formosa) と題する記事で、中国軍は台湾での案件を寛大に処理することを求められて、一般人の死傷者が一八六〇人だったのに対して、軍のそれは四四〇人だったとする白崇禧の言葉を紹介した。

中国国民党(以下、国民党)政府からすれば、「二二八事件」とは国家の名義によって地方の反乱を平定したことを意味した。台湾における役人の質や行政能力を反省することはなかったし、それどころか、台湾は長年にわたって祖国から離れていたために、住民は日本の奴隷化教育の影響が深刻だった、奸匪の扇動があったなどとの理由を掲げて虐殺を正当化しさえした。しかしながら、国際的な視点から言えば、これは戦争法に違反した鎮圧であり、人道に対する罪 (Crimes against humanity) であった。一九〇七年の「ハーグ陸戦協定」(Convention Respecting The Laws and Customs of War on Land, Hague IV) では、第四六条が個人財産の没収を、第四七条が占領軍の略奪をそれぞれ禁止することを規定しており、また第五五条は敵国領土の占領について、敵国の公共建物、不動産、森林、農場に対してのみ管理および収益の権利を規定しており、家畜と農産物は保護しなくてはならず、また収益の原則に基づいて適当に管理しなくてはならなかった。[107]

一九四七年に引き起こされた「二二八事件」とその後の大虐殺[108]とは、不当な軍事的占領・接収だったことの証拠であり、善良管理責任を尽くしていなかったことや戦争法に違反していたことといった要素は戦後における連合国の領土問題処理に影響を及ぼしたのであった。

## 六、連合国の処理と台湾人自決

アメリカ統合参謀本部（ＪＣＳ）にとって、一九四五年秋から一九四八年秋までの時期には、いわゆる「台湾問題」というものは存在していなかった。その主な理由として、米国政府は以下のように考えていたことが挙げられよう。第一に、国民党は最終的には適当な条約によってその所有権を確定させる必要があるとしつつも、蒋介石政府の台湾獲得は正当な根拠があるとしていた。第二に、台湾は沖縄、フィリピンに隣接するとともに、日本とマラヤを結ぶ海路の中に位置し、もし友好的な勢力が台湾を支配下におけば、この地域の列島の防衛力を損なうことはないだろうとしていた。

一九四八年一一月初頭、中国共産党は中国大陸で急速に勢力を拡大し、台湾がその手に落ちるのも時間の問題となった。米国の国家安全保障会議は台湾の戦略的重要性の研究に着手し、同月五日、共産党の台湾獲得が米国の安全保障にどのような影響を及ぼすのかについて意見を提出するようＪＣＳに対して命じた。ＪＣＳは同月二四日、極めて大きな不利益を被るとの回答を国家軍政省に提出したが、その理由として、台湾の陥落は、日本からマラヤまでの海路が敵の管理下に置かれるという状況を、さらには敵に琉球やフィリピンに対する非望を抱かせる状況を作り出すということ、加えて、台湾は日本にとって食料および原料の重要な供給源であり、台湾の資源の喪失は、米国にとっての、戦争状況下における日本の価値の減損につながることを挙げていた。この回答から、ＪＣＳが、米国は外交および経済的な手段によって、引き続き友好的な勢力に台湾を保有させるべきだと考えていたことが分かる。[109]

一九四八年一一月二三日、蒋介石は、現有の基盤は放棄して新規まき直しを講じることを考え始めて、蒋経国に「もし民族を復興させたければ、革命の旗を振り直して、現有の基盤を放棄して、単純な環境を別に選んで、範囲を狭めて根本的な改造を行って、新規まき直しを講じなければ、うまくいかない」[110]との考えを語った。蒋にとっての最良の選択とは、おのずと米国からの援助により獲得した兵器をため込んでいる台湾で再起を図り、この地に反共の基地を築くということになるが、懸念は台湾に対する主権が国際法の観点から議論になっていることであった。折しも同じ一一月二三日に、ロバート・A・ラヴェット（Robert A. Lovett）国務次官はクレンツ（Kenneth C. Krentz）駐台北総領事へ送った電報で、中国の瓦解が対日講和会議で台湾の法的地位を処理する前となった場合、米国の国益を守りかつ台湾住民の福利と期待を考慮したうえでの実行可能な案として、台湾で信託統治を主張する分離政権（separate regime）を支持する方向で国務省が動いていることを通告したのだった。[111]

また、マッカーサーと会談した米国のフレイザー（Fayette J. Flezer）駐フィリピン参事が一九四八年一二月七日に提出した報告書では、国務省は蒋介石の下野後に魏道明か孫立人に台湾の自治を宣言させることを検討していること、マッカーサーは非友好的な勢力（ソ連を指す）の台湾への進出を許せば極東の防衛線の崩壊を招くとの考えを持っていることが言及されていた。[112]

一九四九年一月の下野前の蒋介石が、台湾が正式にはまだ中国の領土になっていないということを明確に認識していたことは、「台湾省主席」兼台湾省警備総司令の陳誠への電文の中で「台湾は対日条約が締結されるまでは、たんに我が国の信託統治地域的な性質に過ぎず、剿共の最後の砦や、民族復興の基地であるとどうして明言することができようか」[113]との考えを示していることから明らかである。しかし、同月二〇日に蒋が下野を宣言すると、大量の部隊が台湾へ逐電してきて、現地の政府を支配下に置いた。二月一〇日、JCSが国家軍政省に送付した「台湾の戦略的重要性」と題したメモランダムでは、上述の立場が重ねて表明されていたものの、米国の軍事力をより重要な他の地域への備えとする必要がある場合、台湾防衛のコミットメントを適切に実行できるとは思えないとの考えが強調されていた。以後、JCSが提示したこの方向性が米国の基本政策となっていくのである。アチソン国務長官もJCSが提示したこの原則に同意したが、これは、どのような形であれ米軍を台湾に展開すれば、国内を団結させる材料として中国共産党政権に利用されてしまうと考えていたからだった。またアチソンは、米国は経済協力局（ECA）と援華計画（China Aid programs）を目くらましとすべきだとの意見を提出していた。とはいえ、国務省もJCSもこの時点では台湾での軍事行動を依然として排除してはいなかった。一九四九年三月三日、アチソンは国家安全保障会議に対して警戒のシグナルを提出したが、彼の考えは、台湾を独立させるかあるいは国連の信託統治として、米国は他の国連メンバー国と共同で台湾に少数の部隊を配置するというものだった。四月二日、ルイス・A・ジョンソン（Louis A. Johnson）国防長官は国家安全保障会議に、台湾の戦略的重要性は米国が軍事力を展開させるほどではないとしつつも、もし台湾に戦争が波及する場合は、軍事力を展開することもまた賢明であろうとするJCSの見解を伝えた。

六月には、GHQが、米国政府が中国共産党政府を承認し、台湾も共産党の手に落ちた場合、米国の極東における戦略的な防衛ラインに影響が出てしまうことを懸念して、台湾を国連の信託統治とすべきだと考えているとの報道があり、一五日、駐日軍事代表の朱世明が「GHQは台湾の軍事情勢に対して非常に懸念しており、また台湾を我が国から移管して、連合国または国連が暫定的に統治することを提案しようと考えている」と報告してきた。蒋介石はすでに下野していたが、台湾を「信託統治の地」から「領土」へと変化させることを企図して、国連が台湾を信託統治することには強く反対する姿勢を示し、マッカーサーに対して以下の四点を訴えるように朱へ指示した。（一）台湾の信託統治は、中国政府および蒋自身は受け入れられない、（二）台湾は短期間で中国の反共勢力とすることができる、（三）もし米国が中共を承認しても、毛澤東をチトー（ヨシップ・ブロズ・チトー）にすることは絶対に不可能であり、また中共の行動が規範的なものになることもない。一九四五年に米国はロンドンのポーランド亡命政府を見捨てた結果、ポーランドの反共勢力は壊滅してしまったが、依然として広大な根拠地を有している中国政府を、ポーランド政府のようにしてしまうべきではない、（四）米国は中国の反共に協力すべきであり、また中国に台湾を確保させて、これを新たな政治的な希望とするべきである。[114] 六月一八日には、蒋介石は以下のように記した。「最近、いわゆる『台湾地位問題』や『（台湾を）引き渡して、国連が信託統治する』との噂話がある。英米は、台湾を私が守ることができず、共匪に奪われてソ連の勢力範囲に入ってしまい、南太平洋の防衛ラインに穴があいてしまうことを怖れ、私に米国へ引き渡させようと画策しており、英国は背後でこれを慫慂しており、これによって自らの香港支配を間接的に強化しようとしている。この問題は、もっとも懸念すべきものだ。ゆえに、余が必ず台湾を死守し、領土を確保し、我が国民の天職を尽くして、国連に引き渡すことはけっしてないということを、米国に対して強く表明すべきであり、彼の国がもし我が国を助けて共同防衛したいというのであれば、拒絶することはない」[115]。半年前の蔣介石は、自らの役割は命令を受けて占領・接収を実施するにすぎないということを明確に自覚していたし、対日条約の成立前に、台湾・澎湖に対する主権を擁することなどできようはずもないというのに、蔣の態度は大きく変化し、占有を強行しようというものになったのである。七月八日には、東京の朱世明が蔣介石にマッカーサーとの会談内容を報告し、マッカーサーが中国支援と反共の態度を強く主張したことを明らかにした[116]。

七月二四日、宋子文行政院長も胡適に対して、中共や、米国政府が合法的な勢力だと認めていない勢力が台湾に侵入することを米国は許容しないと声明してくれれば台湾の防衛の助けとなると、オスカー・C・バジャー（Oscar Ch. Badger II）西太平洋艦隊司令やマッカーサーに説いてまわることを要請した[117]。

しかし、軍部の意見を国務省は受け入れず、八月五日、トルーマン政府はいわゆる「中国白書」（United States Relations with China: with Special Reference to the Period 1944-1949）[118]を発表し、これは国民党政府にとっては致死的なダメージを及ぼすことになった。同白書で米国政府は、その失敗の責任は国民党政府が負うべきだと直截的に指摘するとともに、国民党政府の腐敗と無能のせいで米国が援助した四〇億ドルが浪費されたとし、中国はもはや救いようがなく、まもなく共産党の手に落ちるだろうと断言していた。また同白書の発表により、米国からの支援の可能性が断ち切られたことは疑いないものとなり、国民党の各派閥や軍幹部の〝蔣介石離れ〟を一層加速させた。第六章の第一一節では以下のように記されている。

「フォルモサは非常に優れた環境を有しており、日本が同島の豊富な天然資源を生産建設に利用していたし、また同島の生活水準は中国大陸のどこよりも高く、同島は優良な工業条件を有し、食料もまた自給できたうえで余裕があった。台湾民族が異民族の支配を受けたのは五〇年に達し、このため中国の解放を歓迎した。日本占領期中、人々の最大の希望は再び祖国へ戻ることであった。国民政府はこの絶好の機会を利用することをおろそかにし、長年にわたって委員長に付き従ってきた陳儀を派遣して台湾省の行政長官とした。陳氏はその数年前に奇妙な状況の下で福建省主席を辞任していた。新行政長官は多数の随員を伴って着任し、台湾に対する効果的な搾取を実行した。この他に、台湾の人々は重要な政府の業務に参与することを許されず、再び戦争の勝者の支配を感じさせられたのであった。

台湾の経済は日ごとに悪化し、また大陸よりやってきた役人の行政は低劣だった。人々の憎しみが一九四七年二月二八日の反乱を引き起こしたのである。その後数日で政府は武力によって反乱を鎮圧したが、死傷者は数千人を数えた。秩序は回復されたものの、中国を憎悪する気持ちは強まったのであった」[119]

また、中国を視察したウェデマイヤーは一九四七年八月一二日に国務長官に行った報告で、以下のように述べていた。

「その島における我々の経験はもっとも啓発的なものである。陳儀前行政長官の行政は、島民を中国の中央政府から遠ざけてしまった。多くの人々は、日本専制政の状態の方がより好ましいと感じる。公正かつ有能な行政を行う能力があることを、中国民および世界に広く示す好機を中央政府は失したのである。彼らはその失敗を、中共や、あるいは不純分子の活動に帰することはできない。台湾の人々は、日本の隷属下から救われることを心から熱心に期待していた。しかしながら、陳儀と彼の部下たちは、幸福な、そして従順な住民に対して、彼らの政体を冷酷、腐敗、貪欲に押し付けたのであった。軍隊は征服者のごとく振舞った。秘密警察は勝手気ままに脅しをかけるとともに、中央政府の官吏が搾取するのを容易にした…。台湾島は、石炭、米、砂糖、セメント、果物および茶の生産力が非常に高い。水力および火力発電も豊富である。日本人は、遠隔地でさえも効果的に電力化し、また優れた鉄道や幹線道路を設けた。住民の八〇%は読み書きができるし、それは中国本土における一般的な状態とまさに対照的である。フォルモサ人たちは、米国の保護と国連の信託統治を受け入れようという兆候を示していた。彼らは中央政府が、崩壊しそうで腐敗している南京の機構を支えるために、自分たちの島を搾り取ろうと考えていることを恐れており、私は彼らの心配は十分根拠のあることだと考えている」[120]

八月四日、アチソンは国家安全保障会議に対して、経済的・外交的手段では台湾が中共の手に落ちることを防ぐのはもはや不可能であるとの意見を提示した。同月一七日には共産党軍が南下して福州まで到達し、広州の米国領事館には撤収命令が出された。

一九四九年九月二七日、中国駐国連代表（国連大使）の蔣廷黻は、ソ連が中ソ友好同盟条約および国際連合憲章に違反して中共の反乱を支援しているとして、国連に正式に告発した。二九日には、中国のこの提訴は議事日程に入れられた。一〇月一日、中国共産党が北京で中華人民共和国政府を成立させると、翌日にはソ連がこれを承認し、他の共産国も次々とこれに続いた。米中央情報局（ＣＩＡ）は一〇月一九日、もし米国が台湾進駐を決断しなければ、毛澤東政府は一九五〇年中に台湾を奪取するだろうとの予測を提出した。[121]一二月にはＪ・ロートン・コリンズ（Joseph Lawton Collins）将軍の主導でＪＣＳは台湾の状況を再評価した。一二月二三日、ＪＣＳはジョンソン国防長官へ提出したメモランダムで、国民党政府に対して、「適度」、「方向性が明確」、「有効な監督」な軍事援助を提供すること、また、蔣介石の台湾防衛に必要な軍備についてマッカーサーに検討させて、国民党政府への援助計画の参考とすることを提案した。同月二九日に開催された国家安全保障会議で、ＪＣＳのこの提案について議論がなされた。ＪＣＳは、台湾はまもなく陥落するだろうとのＣＩＡの予測について同意しないと表明したものの、会議は結局、軍事介入は、台湾を守ることはできても、米国の名声や極東における全体的な布局を大きく傷つける懸念があるとして、台湾への軍事援助は実施しないとのアチソンの意見が採り入れられたのだった。[122]

一九五〇年三月、蔣介石は「復行視事」を宣言して、総統へ復職した。六月一五日、駐日代表団の何世禮は、彼の在米時代の教官であり、この時マッカーサーの情報副参謀長を務めていたチャールズ・ウィロビー（Charles Willoughby）を通して、マッカーサーに対して「委員長（＝

蒋介石〕は自分が危機的な状況に直面していることを理解しており、様々な分野で米国の指揮を喜んで受け入れるつもりであり、マッカーサー元帥がその重責を引き受けてくれることを願っており（中略）閣下の指導および指揮をぜひ賜りたく存じます」[123]と伝えた。これは、すべての指揮権を差し出し、台湾を米国の管理下に引き渡すことに、蒋が同意したようなものだった。同月二五日、朝鮮半島で戦争が勃発し、トルーマン大統領は台湾海峡の中立化を宣言し、蒋介石の危機を救ったのであった。

一九四七年三月一九日に米国が作成した「対日条約草案」の領土条項では、「日本は台湾島および、彭佳嶼〔Agincourt; Hokasho〕、棉花嶼〔Menkasho〕、緑島〔Kashoto〕、蘭嶼〔Kotosho〕、小蘭嶼〔Shokotosho〕、七星岩〔Shichiseigan〕、小琉球〔Ryukyusho〕および澎湖諸島〔Pescardores Islands〕などを含む、その近隣の島嶼〔adjacent islands〕を割譲し、すべての主権を中国へ与える」[124]（第一章第二条）と規定していた。この草案は、主要な連合国政府（英国、オーストラリア、フィリピン、インド、スリランカおよび中華民国）および日本との折衝を経た後、一九五一年九月八日にいわゆるサンフランシスコ講和条約として締結されるのだが、同講和条約中の台湾と澎湖諸島の主権に関する規定は「日本国は、台湾及び澎湖諸島に対するすべての権利、権原及び請求権を放棄する〔Japan renounces all right, title and claim to Formosa and the Pescadores〕」（第二条b項）というものだった。

一九五二年二月二七日、日本全権代表の河田烈が台北に到着し、中華民国全権代表の葉公超外交部長との間で条約締結交渉が行われ、一八回の会談を経て、日本との条約が四月二八日にようやく署名された（サンフランシスコ講和条約発効の七時間前のことだった）[125]。この「日本国と中華民国との間の平和条約」（日華平和条約）は全一四条からなるが、この他に「議定書」、「交換公文」、「同意記録」がある。「議定書」は「この条約の不可分の一部とされている。日華平和条約では台湾の主権について言及がなく、第二条で「日本国は、千九百五十一年九月八日にアメリカ合衆国のサン・フランシスコ市で署名された日本国との平和条約（以下、サン・フランシスコ条約。）第二条に基づき、台湾及び澎湖諸島並びに新南群島及び西沙群島に対するすべての権利、権原及び請求権を放棄したことが承認される」と規定されたが、これはサンフランシスコ講和条約における「放棄」が重ねて表明されただけであった。

一九五二年七月に葉公超が立法院に提出した日本との平和条約に関する補足説明は、第二項目で「サンフランシスコ講和条約の規定に阻まれたために、日本の放棄を規定したことを除き、我が国への返還を明確には規定していない。ただし、該当する各領土はもともと我が国に属していたのであり、現在は我が国が統治してもおり、また中日平和条約では日本がサンフランシスコ講和条約に基づいて放棄することを再度承認しており、これらのことから事実上すでに我が国に帰属している」としていた。葉のこの説明は、前段は正確だが、後段は統治の事実を述べているだけである。「事実上（de facto）属している」とは、法的（de jure）には属していないということである。また、同補足説明の第一〇項目では「サンフランシスコ講和条約および中日平和条約がともに台湾、澎湖の帰属を明確に定めていないため、法的には、この事項の補足的な規定の必要がある」としていた。[126]

同年七月二三日の米国在台北大使館の報告によれば、葉公超は立法院での報告で「微妙な国際情勢によって台湾と澎湖諸島は我々に属しておらず、目下の環境では、日本は台湾を我々に引き渡す権利はなく、もし日本側が喜んで引き渡そうとしても、我々もその引き渡しを受け入れようがないのである」[127]と指摘していた。また、日本の吉田茂首相は「この条約は、台湾及び澎湖島を現に支配している国民政府との間の条約であり、将来は全面的な条約を結びたいけれど、調印された条約としては、国民政府を全中国の代表政権として承認したものではなかった。これらの点については、条約案審議の衆参両院でも、私は機会ある毎にこれを明かにした」[128]と明確に述べていた。

これらのことから、二二八事件後、米英などの国々が、台湾を引き渡して中国の支配下に置くことに対して懸念を抱いたために、台湾に対する主権が留保され、将来、国連あるいは台湾人民が決定するという一種の民族自決の方式が採られたということが言えるのである。

**注**

1 ソ連も八月八日の対日宣戦布告後に「ポツダム宣言」の署名国となった。

2 "The terms of the Cairo Declaration shall be carried out and Japanese sovereignty shall be limited to the islands of Honshu, Hokkaido, Kyushu, Shikoku and such minor islands as we determine"

3 United States Department of State, *Foreign Relations of the United States*［以下、FRUSと略記］, 1945, Volume VII, Washington, D.C. :United States Government Printing Office, 1969, pp.530-531. "Instruments for the Surrender of Japan" General Order no.1, (a. The senior Japanese commanders and all ground, sea, air and auxiliary forces within China(excluding Manchuria), Formosa and French Indo-China north of 16 north latitude shall surrender to Generalissimo Chiang Kai-shek.)

4 トルーマンがマッカーサーに発令したGeneral Order No.1と、マッカーサーが発布した一般命令第一号はおおむね同じ内容である。

5 注目すべきは、八月二六日になって、一六番目の降伏受け入れ区として台湾が加えられたことであろう。

6 「委員長未嘯亥令一亨電」、中國陸軍總司令部編『中國戰區中國陸軍總司令部處理日本投降文件彙編（上卷）』南京市：中國陸軍總司令部、一九四五年、二〇―二二頁。

7 「中字第一号備忘録」、『中國戰區中國陸軍總司令部處理日本投降文件彙編（上卷）』、三七―三八頁。

8 「申令一亨代電」、『中國戰區中國陸軍總司令部處理日本投降文件彙編（上卷）』、二四頁。

9 副隊長兼参謀長はペッグ大佐（Col. Loren D. Pegg）で、その下にG1～G5の五つの部門があり、G1は人事・総務、G2は情報（責任者はR・L・ハット（Reginald L. Hatt）大佐）、G3は作戦（同L・C・ケイブ（Leslie C. Cave）中佐）、G4は後勤（同C・W・ケニヨン（Chas W. Kenyon）中佐）、G5は政策（同W・K・エバンス（W. K. Evans）中佐）をそれぞれ管轄した。詳しくは、蘇瑤崇「論戰後（一九四五―一九四七）中美共同軍事佔領台灣的事實與問題」『台灣史研究』第二三巻第三期、二〇一六年九月、八五―一二四頁を参照。

10 蘇瑤崇「論戰後（一九四五―一九四七）中美共同軍事佔領台灣的事實問題」、八五―一二四頁、「第四次中美參謀聯合會報紀錄」「台灣警備總部中美參謀會報紀錄」『國防部史政編譯局』台北市：檔案管理局所蔵、所蔵番号：B5018230601/0034/003.7/4010/1/001、および「第十七次中美參謀聯合會報紀錄」「台灣警備總部中美參謀會報紀錄」、『國防部史政編譯局』台北市：檔案管理局所蔵、所蔵番号：B5018230601/0034/003.7/4010/1/011。

11 「日本受降書全文」『中央日報』一九四五年九月三日二面。『中國戰區中國陸軍總司令部處理日本投降文彙編（上卷）』一〇四―一〇五頁。署名者は、連合国最高司令官はマッカーサー大将、アメリカ合衆国代表はニミッツ海軍元帥、中華民国代表は徐永昌将軍だった。

12 「日本軍投降簽字儀式全部經過」『中央日報』一九四五年九月一〇日南京副刊。『中國戰區中國陸軍總司令部處理日本投降文件彙編（上卷）』、一一三―一一五頁。

13 「日本降書」、「日本投降文獻專輯」『國防部史政編譯局』台北市：檔案管理局所蔵、所蔵番号：B5018230601/0034/1865/6010/001/001。※著者が引用している中華民国政府保存の「日本降書」（中国語）は、日本政府の「日本降伏文書」（日本語）とは内容

が一部異なっている。（訳者）

14 『台湾新生報』一九四五年一〇月二六日、第二版。

15 一九四五年九月九日の南京での降伏受け入れ式典の後、領域外の台湾とベトナムで行われた他は、中国国内では降伏受け入れ式典は開かれなかった。

16 「台灣省行政長官兼警備總司令正式宣佈台灣日軍投降廣播詞」、秦孝儀主編『光復台灣之籌劃與受降接收』台北市：中國國民黨中央委員會黨史委員會、一九九〇年、二〇一頁。

17 彭明敏『平時戰時國際公法』台北市：清水商行印刷、著者発行、一九五九年、五八頁、五二五頁。前述したように、階層的に命令の授権がなされていくのであって、占領によってその地域を一方的に中国の領土に組み込むことはけっしてできない。さもなければ、当時の中国戦区は北緯一六度以北の仏領インドシナの接収も担当していたし、またソ連は満洲と北朝鮮を含む接収区を担当していたにもかかわらず、なぜ両国とも一方的に「正式に領土に入った」と宣言しなかったのであろうか？このことから、陳儀や中国政府の一方的な宣言がおのずと無効だということが分かる。

18 一九〇七年の「ハーグ陸戦条約」（「陸戦ノ法規慣例ニ関スル条約」「ハーグ第四条約」とも呼ばれる。英語名称は、Convention Respecting The Laws and Customs of War on Land, Hague IV）の第五五条は敵国領域の占領について規定しており、敵国の公共建築物、不動産、森林、農場については管理者および用益権者であるにすぎず、これらの財産の基本を保護し、用益権の法則によって適当な管理を行うべきと定めている（Art. 55. The occupying State shall be regarded only as administrator and usufructuary of public buildings, real estate, forests, and agricultural estates belonging to the hostile State, and situated in the occupied country. It must safeguard the capital of these properties, and administer them in accordance with the rules of usufruct <http://avalon.law.yale.edu/20th_century/hague04.asp#art55>（アクセス日：二〇一九年一一月九日）。

19 “Memorandum by the Chief of the Division of Chinese Affairs (Drumright)”, FRUS, 1945, Volume VII, pp.629-634. “It thus appears that we are bound under the terms of the Cairo Declaration to see to it that Manchuria and the other areas mentioned therein are restored to the Republic of China.”

20 FRUS, 1946, Volume VIII,Washington, D.C. :U.S. Government Printing Office, 1971, pp.175-176.

21 “Reports on the situation in Formosa (Taiwan), particularly respecting Formosan dissatisfaction with administrative policies of the Chinese government”, FRUS, 1947, Volume VII, Washington, D.C. :U.S. Government Printing Office, 1972, pp. 423-426.

22 「電呈澀谷事件詳情」擬挨總部調查完竣判明事實後另擬見辦法」「澀谷事件」『國史館』新北市：檔案管理局所藏、所蔵番号：A202000000A/0035/172-1/1076/1/009。沈覲鼎「對日往事追憶（二七）」『傳記文學』第二七巻第六期、七八―八〇頁。

23 中国政府自身が思い違いをして台湾人の中国籍への転籍を宣言しただけでなく、台湾人もまた自らが戦勝国国民になったと思い違いをしていたのである。一九四五年一一月一日に出されたGHQの命令は、台湾人、朝鮮人を「解放人民」とする一方で、必要な場合には「敵国民」として扱うことができるとしていた（“Basic Initial Post-Surrender Directive to Supreme Commander for the Allied Powers for the Occupation and Control of Japan”日本外務省政務局特別資料課『日本占領重要文書第一巻』東京：日本図書センター、一九五〇年、一二九—一三二頁）。また、駐日代表団の眼には、台湾人は「彼らは日本帝国主義の教育を受けるようになって久しく、習性不良者が非常に多い」、「日本人から怨みを買って、ＧＨＱからは悪く見られており、しばしばいざこざの発端となる」、「日本の降伏後、日本に留まる華僑が勝手に組織した団体は一〇〇以上あり、その大部分は好ましくない組織であり、ひどい場合は集団で物資を強奪し、武器を携帯して至るところで面倒を引き起こす」と映っていた。（「呈復關於留日華僑管理問題及處理澀谷事件與高玉樹曾慶典各案經過」、「日本華僑司法管轄案」『外交部』新北市：檔案管理局所蔵、所蔵番号：A303000000B/0035/062.9/0001）。

24 「日本華僑司法管轄案」『外交部』新北市：檔案管理局所蔵、所蔵番号：A303000000B/0035/062.9/0001。「呈復關於留日華僑管理問題及處理澀谷事件與高玉樹曾慶典各案經過」では高玉樹について「いわゆる中国復興開発公司と中日貿易協議会を組織して、中国政府の代表を自称し、さらには報道記事を公表して肩書を偽称するとともにその企てに加わり、国家の令誉に損害を与え、詐欺によって財物を搾り取ろうと目論んだのであり、確かな証拠があり、自供してもおり、すでに本国に送還し法に基づき処罰した」としている。また、曾慶典についても、代表団関係者を自称し、「文書を偽造し、日本政府から野菜、果物などの配給物を不正に受領して、闇市に転売したことは、証拠によって明らかであり、自供もしており、このため送還し厳罰に処して悪事をまねる者の戒めとする」としている。駐日軍事代表団官員に対する台僑の不満については、林忠勝・呉君瑩『高玉樹回憶録』台北市：前衛出版社、二〇〇七年、二九—四〇頁。林歳徳『私の抗日天命—ある台湾人の記録』東京：社会評論社、一九九四年、一三八—一三九頁を参照。

25 「澀谷案擬即向總部提出要求命令日本政府履行『澀谷警察署長及開槍警察應予革職嚴加處分警察總監應予革職』等」「澀谷事件」『國史館』新北市：檔案管理局所蔵、所蔵番号：A202000000A/0035/172-1/1076/1/014。

26 一九四六年一二月一五日の「國民政府代電侍宙第八〇七九號」には、「もし今後、ことが大きくなると、僑民は代表団の無能をひどく恨み、そして祖国に対して失望を抱くだろう」とある。「日本華僑司法管轄案」『外交部』新北市：檔案管理局蔵、所蔵番号：A303000000B/0035/062.9/0001。

27 「函復關於我國駐日代表團擬派裘劭恒充中美混合法庭推事本部應予同意」「澀谷事件」『國史館』新北市：檔案管理局所蔵、所蔵番号：A202000000A/0035/172-1/1076/1/022。

28 「為附上澀谷事件被告台僑名單乙紙」「澀谷事件」『國史館』新北市：檔案管理局所蔵、所蔵番号：A202000000A/ 0035/172-1/1076/1/084。

29 「美第八軍法庭竟於二十四日下午宣判日警三人均無罪釋放現應如何繼續交涉」「澀谷事件」『國史館』新北市：檔案管理局所蔵、所蔵番号：A202000000A/0035/172-1/1076/1/074。

30 「原有我國國籍之台灣人民自三十四年十月二十五日起一律恢復國籍」「台灣人民恢復國籍」『外交部』新北市：檔案管理局所蔵、所蔵番号：A303000000B/0034/612.12/1/1 /001。

31 「在外台僑國籍問題」『國史館』新北市：檔案管理局所蔵、所蔵番号：A202000000A/0034/172-1/0855，五三—五四頁。

32 「在外台僑國籍問題」『國史館』檔案管理局、所蔵番号：A202000000A/0034/172-1/0855，五三—五四頁。

33　中國駐日軍事代表團「呈復關於留日華僑管理問題及處理澀谷事件與高玉樹曾慶典各案經過」「日本華僑司法管轄案」『外交部』檔案管理局、所蔵番号：A303000000B/0035/062.9/0001。
34　中國駐日軍事代表團「呈復關於留日華僑管理問題及處理澀谷事件與高玉樹曾慶典各案經過」「日本華僑司法管轄案」『外交部』檔案管理局、所蔵番号：A303000000B/0035/062.9/0001。
35　「駐日代表團關於台僑恢復國籍事擬具與美方交涉辦法」「在外台僑國籍問題」『國史館』新北市：檔案管理局所蔵、所蔵番号：A202000000A/0034/172-1/0855/1/075。
36　「關於台僑恢復國籍問題美方意見」「在外台僑國籍問題」『國史館』新北市：檔案管理局所蔵、所蔵番号：A202000000A/C034/172-1/0855/1/080。
37　「關於台僑恢復國籍事美國國務院致駐美大使館備忘錄及譯文」「在外台僑國籍問題」『國史館』新北市：檔案管理局所蔵、所蔵番号：A202000000A/0034/172-1/0855/1/070。
38　「關於恢復台灣人民中國國籍事英國政府歉難同意」「在外台僑國籍問題」『國史館』新北市：檔案管理局所蔵、所蔵番号：A2 0200000A/0034/172-1/0855/1/052。メモランダムの原文は以下の通りである。"His Majesty's Government in the United Kingdom continue to adhere the Cairo Declaration of the 1st December, 1943, regarding the restoration to China of the island of Formosa. This Declaration of Allied purpose however could not of itself transfer sovereignty over Formosa from Japan to China, which must await the conclusion of a peace treaty with Japan or the execution of some other formal diplomatic instrument"（同一四二頁）
39　ＧＨＱは一九四七年四月二日に「外国人入国および登録法」の指令を出し、五月二日、日本は敕令第二〇七号によって「外国人登録令」を公布した。同法第一一条の規定によれば、台湾人と朝鮮人は登録が必要な外国人だった。
40　「關於台僑恢復國籍之美方意見」「在外台僑國籍問題」『國史館』新北市：檔案管理局所蔵、所蔵番号：A202000000A /0034/172-1/0855/1/071。
41　「關於旅日華僑之地位問題」「有關台灣問題各項情報及參考資料」『外交部』新北市：檔案管理局所蔵、所蔵番号：A303000000B/0035/019.2/012/1/006。
42　ART. 2. - Les sujets français, originaires des territoires cédés, domiciliés actuellement sur ce territoire, qui entendront conserver la nationalité française, jouiront, jusqu'au 1er octobre 1872, et moyennant une déclaration préalable faite à l'autorité compétente, de la faculté de transporter leur domicile en France et de s'y fixer, sans que ce droit puisse être altéré par les lois sur le service militaire, auquel cas la qualité de citoyen français leur sera maintenue.
43　Partie III, Section V. Alsace-Lorraine, Art.53, Annexe. art.2, Dans l'année qui suivra la mise en vigueur du présent traité, pourront réclamer la nationalité française les personnes appartenant à l'une des catégories suivantes :1° Toute personne non réintégrée aux termes du paragraphe 1, et qui a, parmi ses ascendants, un Français ou une Française ayant perdu la nationalité française dans les conditions prévues audit paragraphe; 2° Tout étranger, non ressortissant d'un État allemand, qui a acquis l'indigénat alsacien-lorrain avant le 3 août 1914; 3° Tout Allemand domicilié en Alsace-Lorraine, s'il y est domicilié depuis une date antérieure au 15 juillet 1870, ou si un de ses ascendants était à cette date domicilié en Alsace-Lorraine; 4° Tout Allemand né ou domicilié en Alsace-Lorraine, qui a servi dans les rangs des

armées alliées ou associées pendant la guerre actuelle, ainsi que ses descendants; 5° Toute personne née en Alsace-Lorraine avant le 10 mai 1871 de parents étrangers, ainsi que ses descendants; 6° Le conjoint de toute personne soit réintégrée en vertu du paragraphe 1er, soit réclamant et obtenant la nationalité française aux termes des dispositions précédentes. Le représentant légal du mineur exerce au nom de ce mineur le droit de réclamer la nationalité française et, si ce droit n'a pas été exercé, le mineur pourra réclamer la nationalité française dans l'année qui suivra sa majorité. La réclamation de nationalité pourra faire l'objet d'une décision individuelle de refus de l'autorité française, sauf dans le cas du numéro 6° du présent paragraphe.

44　台灣省行政長官公署民政處編『台灣戸政』台北市：台灣省行政長官公署民政處、一九四六年、一〇五―一一七頁。

45　FRUS, 1947. The Far East: China (1947) Reports on the situation in Formosa (Taiwan), pp.426-428.

46　FRUS, 1947. The Far East: China (1947) Reports on the situation in Formosa (Taiwan), pp.429-430.

47　FRUS, 1947. The Far East: China (1947)Reports on the situation in Formosa (Taiwan), pp.433.

48　FRUS, 1947. The Far East: China (1947)Reports on the situation in Formosa (Taiwan), p.431.

49　FRUS, 1947. The Far East: China (1947) Reports on the situation in Formosa (Taiwan), p.434.

50　FRUS, 1947. The Far East: China (1947)Reports on the situation in Formosa (Taiwan), p.435.

51　王正華編註『蔣中正總統檔案：事略稿本（六九）』台北市：國史館、二〇一三年、四〇頁。

52　呂芳上主編『蔣中正先生年譜長編（第八冊）』台北市：國史館・國立中正紀念堂管理處・財團法人中正文教基金會、二〇一五年、六二四―六二五頁（一九四七年三月七日）。

53　『蔣中正先生年譜長編（第八冊）』、六二五頁（一九四七年三月七日）。

54　『蔣中正先生年譜長編（第八冊）』、六二六頁（一九四七年三月八日）。

55　『蔣中正總統檔案：事略稿本（六九）』、一八五頁。なお、米ドル建て公債と短期国庫券は合計四億ドルだった。

56　『蔣中正先生年譜長篇（第八冊）』、六四一頁（一九四七年三月二八日）。

57　FRUS, 1947. The Far East: China (1947)Reports on the situation in Formosa(Taiwan), p.443.

58　呂芳上主編『蔣中正先生年譜長篇（第九冊）』台北市：國史館・國立中正紀念堂管理處・財團法人中正文教基金會、二〇一五年、六三頁（一九四八年四月五日）。

59　『蒋中正先生年譜長編（第九冊）』、五八―五九頁（一九四八年三月二九日）。

60　『蔣中正先生年譜長編（第九冊）』、六三頁（一九四八年四月五日）。

61　FRUS, 1947. The Far East: China (1947)Reports on the situation in Formosa (Taiwan), pp.442-443.

62　FRUS, 1947. The Far East: China (1947)Reports on the situation in Formosa (Taiwan), p.444.

63　FRUS, 1947. The Far East: China (1947) Reports on the situation in Formosa (Taiwan), pp.450-451.

64　FRUS, 1947. The Far East: China (1947) Reports on the situation in

Formosa (Taiwan), pp.464-466.

65 "Probability of penetration communist in Formosa", Kerr to Vincent, 26th March 1947.

66 FRUS, 1947. The Far East: China (1947)Reports on the situation in Formosa (Taiwan), pp.466-467.

67 FRUS, 1947. The Far East: China(1947) Reports on the situation in Formosa (Taiwan), pp.467-468.

68 "Wedemeyer Confers in Formosa," *New York Times*, 1947.08.13.

69 『蔣中正先生年譜長篇（第八冊）』、七三五頁（一九四七年八月一九日）。

70 『蔣中正先生年譜長編（第八冊）』、七三六頁（一九四七年八月二〇日および二一日）。

71 『蔣中正先生年譜長編（第八冊）』、七四一頁（一九四七年八月三〇日）。

72 FRUS, 1947. The Far East: China(1947)Reports on the situation in Formosa (Taiwan), p.470.

73 FRUS, 1947. The Far East: China(1947)Reports on the situation in Formosa (Taiwan), pp.471-474.

74 "NANKING WORRIED BY WIDE DISORDER", *New York Times*, 1947.03.08.

75 "FORMOSAN REBELS SET UP ASSEMBLY", *New York Times*, 1947.03.11.

76 "FORMOSA REPORTED CALM", *New York Times*, 1947.03.13.

77 "FORMOSA KILLINGS ARE PUT AT 10,000", *New York Times*, 1947.03.29.

78 The China Weekly Reviewは一九一七年六月九日に上海で創刊。創刊時は創刊者のトーマス・ミラード（Thomas Millard）の姓からとったMillard's Review of the Far Eastだった。一九年からはジョン・ベンジャミン・パウエル（John Benjamin Powell）が主筆兼発行人となり、一九二三年にはThe China Weekly Reviewに改称したが、中国語誌名は『密勒氏評論報』が使われ続けた。一九四一年に太平洋戦争が勃発すると、『密勒氏評論報』は日本軍によって停刊。パウエルも逮捕され、酷刑によって両足が不自由になり、四三年に捕虜交換で帰米し、四七年に死去した。『密勒氏評論報』は四五年一〇月二〇日に復刊され、息子のジョン・ウィリアム・パウエル（John William Powell）が引き継いだ。中華人民共和国成立後は、中国で発行される唯一の米国メディアであったが、五〇年には月刊となり、一九五三年六月を最後に停刊となり、パウエルも帰国した。Shen Fuyuan, "*John William Powell and "The China Weekly Review": An analysis of his reporting and his McCarthy era ordeal*", Graduate Student Theses, dissertations, & Professional Papers Graduate School, The University of Montana, 1993. John B. Powell, My twenty-five years in China, New York : Macmillan, 1945, p.436.

79 "STORY OF REPRESSION IN FORMOSA DETAILED", *New York Times*,1947.04.05.

80 "Good Government Common Sense Needed In Administering Taiwan", *The China Weekly Review*, 1947.04.05.

81 "Formosan Scandal", *The Washington Post*, 1946.03.29.

82 "Formosa Riots Are Reported More Acute", *The Washington Post*, 1947.03.05.

83 "Youth Emasculation, Cutting of Ears and Nose", *The Washington Post*, 1947.03.31.

84 "Formosan Scandal", *The Washington Post*, 4th 1947.04.04..

85 Stueck, W. W. (1984), *The Wedemeyer mission:American politics and foreign policy during the cold war, Athens,* Georgia: University of Georgia Press, 1984, p.18.

86 "Foreign Office SWI to Mr. Cheng Tien-His" (F17758/2027/23), 31th Dec. 1946, Foreign Office(FO)371/63425. "……the Chinese Authorities are not subject to any disabilities in their administration of Formosa be the fact that a formal transfer of sovereignty has not yet taken place" 鄭天錫（一八八四—一九七〇）は、広東省香山出身、一九一六年に英ロンドン大学で法学博士号を取得、常設国際司法裁判所判事（一九三六—一九四五）、駐英大使（一九四六—一九五〇年）などを歴任。

87 "Sir R. Stevenson to Foreign Office", 7th Mar 1947, Foreign Office(FO)371/ 63425, pp.224-226.

88 "British Consulate Tamsui, Formosa to Nanking", 1st Mar 1947, Foreign Office(FO), Taiwan Political and Economic Reports,1861-1960, pp.245-246.

89 "British Consulate Tamsui, Formosa to Nanking", 3rd Mar 1947, *Taiwan Political and Economic Reports, 1861-1960*, pp.247-249. 多くの証言によれば、この時の現場では二—四人の死者が出ていた。詳しくは、頼澤涵・黄富三・黄秀政・吳文星・許雪姬『「二二八事件」研究報告』台北：時報文化、一九九四年、五二—五三頁を参照。

90 *Taiwan Political and Economic Reports,1861-1960*, pp.233-239. "Conditions in Formosa, Sir R. Skrine-Stevens to Mr. Bevin, Received 24th Mar 1947" (F 4030/2443/10), Foreign Office (FO) 371/ 63425.

91 "General distribution from Nanking to Foreign Office", 6th Mar 1947. *Taiwan Political and Economic Reports,1861-1960*, op. cit., p.240.

92 "British Consulate Tamsui, Formosa to Nanking", no.14, 6th Mar 1947, *Taiwan Political and Economic Reports,1861-1960*, pp.250-251.

93 "British Consulate Tamsui, Formosa to Nanking", no.15, 6th Mar 1947, *Taiwan Political and Economic Reports,1861-1960*., pp.252-254.

94 "British Consulate Tamsui, Formosa to Nanking", no.16, 8th Mar 1947, *Taiwan Political and Economic Reports,1861-1960*, pp.255-256.

95 おそらくは、福州より来た憲兵の第四団第三営と第二一団第一営、および閩台監察使の楊亮功の一行のことだと思われる。

96 整編第二一師副官処長の何聘儒によれば、「暴徒」が攻撃したのは、円山の海軍辦事処台北分処、台湾供応局倉庫、警備総司令部、陸軍医院、長官公署、台湾銀行だったという。

97 上海より来た整編第二一師第四三八団は、三月九日に基隆に到着した。彼らが分乗してきた「五隻」は、太康艦だけ判明している。

98 "British Consulate Tamsui, Formosa to Nanking", no.19, 10th Mar 1947, *Taiwan Political and Economic Reports,1861-1960*, op. cit., pp.259-261.

99 "General distribution from Nanking to Foreign Office", 11th Mar 1947. *Taiwan Political and Economic Reports,1861-1960*, p.241.

100 "British Consulate Tamsui, Formosa to Nanking", no.20, 11th Mar 1947, *Taiwan Political and Economic Reports,1861-1960*, p.262.

101 "British Consulate Tamsui, Formosa to Nanking", no.21, 15th Mar 1947, *Taiwan Political and Economic Reports,1861-1960*, pp.263-264.

102 "Condition in Formosa", *Taiwan Political and Economic Reports*,1861-1960, pp.233-239.

103 "The Disorders in Formosa", 9th Apr 1947, *Taiwan Political and Economic Reports,1861-1960*, p.243.

104 The Timesは一七八五年に創刊され、八八年に現在の紙名に改称された、英国全土で発行されている日刊新聞で、世界の政治、経済、文化に対して影響力を有している。

105 "Sir Stevenson to Foreign Office", 24th Mar 1947, received 9th Apr, PRO, Foreign Office(FO)371/63425-XC7219.（新聞の切り抜き）

106 The Manchester Guardianは一八二一年創刊で、総編集部がマンチェスターにあったことにちなんで名付けられ、七二年以後は全国紙となった。一九五九年にThe Guardianへ改称し、六四年には総編集部がロンドンに移った。

107 "Annex to the Convention Regulations Respecting the Laws and Customs of War on Land", Lillian Goldman Law Library, <http://avalon.law.yale. edu/20th_century/hague04.asp#art55>（二〇一九年一一月九日アクセス）

108 蒋は表面的には「寛大な処理」を指示していたが、三月一八日、台湾で「宣慰」を推し進めていた白崇禧に、「残匪の粛清」命令を出した（『蒋中正總統檔案：事略稿本（六九）』、一一七頁）。

109 (Korean War)The Korean Conflict. The Knotty Problem of Formosa(US policy toward Formosa from 1945-50; question of defense of Formosa against ChiCom attack; deployment of 7th Fleet to "neutralize" Formosa; military and economic aid to the Chiang Kai-shek regime; US rejection of Chiang's offer of troops for Korea; MacArthur's letter to the VFW re Formosa). Section VI, Vol. IV, Chapter IV, Capt. Wilber W. Hoare, Jr., USAR. Aug. 1953. 27 p. TOP SECRET. SANITIZED copy. Released Mar. 4, 1977. Agenda. DEPARTMENT OF DEFENSE. TOP SECRET. Date Declassified: Mar 04, 1977. Sanitized. Incomplete. 53 page(s). U.S. DECLASSIFIED DOCUMENTS ONLINE, <http://galenet.galegroup.com/servlet/DDRS?vrsn=1.0&tx2=MacArthur&locID=twn-sc183&sl3=KE&srchtp=adv&bl1=AND&c=21&ste=23&sl2=KE&tx1=Formosa&n=10&sortType=RevChron&sl1=KE&docNum=CK2349371770&bl2=AND>（アクセス日：二〇一九年一一月九日）

110 『蒋中正先生年譜長篇（第九冊）』、一九一―一九二頁（一九四八年一一月二三日）。蒋は次のように記している。「状況の劣悪さはすでに極まっており、この種のショックを受ける時はいつでもあると言え、余もまたしばしば生きるよりも死んだほうがましだとの感情が芽生えることがある。唯一、革命の責任と国家・人民の前途に思いが及び、諸悪の共匪に対しては私の領導・奮闘なくして復興の道もまたなく、再度見てみれば、我が国家、社会、民族の危機を転じて安定させることが必ずできると深く信じている。ただ、政府、軍隊と党員のまとまりのなさ、怠惰、身勝手さ、および社会・人心の堕落により、既存の基盤を放棄して、新規まき直しを図ることなしには、成功を期することは難しい」

111 FRUS, 1948. The Far East: China (1948), V.7, Political and military situation in China, p.604.

112 FRUS, 1949. The Far East: China (1974), Policy of the United States toward Formosa (Taiwan): concern of the United States regarding possible conquest by Chinese communists, p.263.

113 薛月順編『陳誠先生回憶錄：建設台灣（下）』台北市：國史館、二〇〇五年、四八九頁。

114 郭廷以編『中華民國史事日誌（第四冊）』台北市：中央研究院近代史研究所、一九八五年、八七九頁。秦孝儀主編『總統蔣公

大事長編初稿（巻七）下冊』台北市：中國國民黨黨史委員會、一九七八年、三〇九—三一〇頁。蔣の朱世明への指示の要点は以下の通り。「（一）台湾の連合国への引き渡しあるいは国連による一時的管理の提案は、実際上として中国政府にとって絶対に受け入れられない方法である。このような方法は中国国民の心理に反するし、とりわけ、カイロ会議以来の、台湾・澎湖返還を勝ち取るための、中正自らの一貫した努力と立場に根本的に反するからである。（二）台湾には今のところ共産党の勢力が浸透しておらず、また、地理的に、今後の「政治的防疫」工作も比較的徹底できそうなことから、台湾は短期間内に中国の反共勢力にとって新たな政治的希望となる可能性が高い。（三）米国政府がたとえ単独で実際の利害を考慮したとしても、「中共政権」を承認することはけっしてできない。「中共」を承認しても、「中共」をチトー化させることはけっしてできないし、「中共」の行動を制限することもできないからである。米国は一九四五年にロンドンのポーランド合法政府を見捨て、ソ連が作り出して支配していたポーランド政府を承認した結果、ポーランド共産党政権を強化し、ポーランドの反共勢力は壊滅してしまったが、このことを戒めとすべきであり、中国政府は本土でも島嶼でも広大な根拠地を有しており、「中共」に対する持久戦を徹底的に行い、ロンドンのポーランド政府のような亡命政府になることはけっしてないと、余はあえて断言する。（四）以上の考えに基づき、余および中国政府は、マッカーサー元帥が東アジアの同盟国の統帥者の立場およびその赤禍と東アジアの前途の関係とに基づくことを深く望むとともに、次の二つのことを強く主張する。（甲）米国政府は「中共政権」の承認をけっして考えるべきではなく、また、国際社会を指導する地位と力量に基づいて、他国が承認を行うことを防ぐべきである。（乙）米国政府は、中国の反共勢力への支援と、我が政府が台湾を確保し、これを新たな政治的希望にできるようにするための支援とに対して、積極的な態度を取るべきである」

115 秦孝儀主編『總統蔣公大事長編初稿（巻七）下冊』、三〇九頁。蔣経国も同じ六月一八日の日記にこのことを記して、父の蔣介石が「極めて憂慮している」としている。また二〇日には、駐日軍事代表団団長へマッカーサーと話し合うことを指示したと記している（蔣經國先生全集編輯委員会編『蔣經國先生全集（第一冊）』台北市：行政院新聞局、一九九一年、四四六—四四七頁）。

116 秦孝儀主編『總統蔣公大事長編初稿（巻七）下冊』、三二四—三二五頁。朱世明は以下のように報告している。「（一）マッカーサー元帥は、中国政府はけっして本土を諦めてはならず、また、台湾を確保して、最後まで共産党と戦うべきであると表明した。我が政府の海空軍の主力を台湾に集中させることについて同意を示すとともに、匪地域の港の封鎖にも賛同を示した。（二）マッカーサー元帥は、米国は「中共政権」を承認することはないと考えている。また、米国が「中共」をチトーにすることを企図している件については、不可能だと判断している。（三）台湾の主権問題に関しては、台湾が中国に属することはもはや問題なく、彼自身もそのように主張している。（四）米国政府が中国の反共を支援する件については、マッカーサー元帥は米国の状況が現在変化しており、将来的には米国の支援は時間の問題にすぎないと考えており、彼個人は立場の関係で、中国の問題に対して多くの意見を公に発表することはできないが、ただし、去年議会から自分の意見を表明するよう求められた時のように、機会があれば、中国への支援を強く主張する」。

117 「對美關係（五）」『蔣中正總統文物』國史館所蔵、所蔵番号:002-090103-00006-001。

118 Department of State, *United States Relations with China---with Special Reference to the Period 1944-1949* (*The China White Paper, August 1949)* Department of State Publication 3573, Far Eastern Series 30. reprinted by Stanford University Press, California, 1967.

119 Ch.6. Ambassadorship of John Leighton Stuart, XI. Formosa, *The China White Paper, August 1949,* pp.307-308.

120 General Wedemeyer reported to the Secretary of State on August 17, 1947, *The China White Paper, August 1949,* pp.309-310.

121 (Korean War)The Korean Conflict. The Knotty Problem of Formosa (US policy toward Formosa from 1945-50; question of defense of Formosa against ChiCom attack; deployment of 7th Fleet to "neutralize" Formosa; military and economic aid to the Chiang Kai-shek regime; US rejection of Chiang's offer of troops for Korea; MacArthur's letter to the VFW re Formosa). Section VI, The Joint Chiefs of Staff and National Policy, Vol. IV The Korean Conflict, Chapter IV, Capt. Wilber W. Hoare, Jr., USAR. Aug. 1953. 27 p. TOP SECRET. Sanitized copy. Released Mar. 4, 1977. Agenda. Department of Defense. TOP SECRET. Sanitized. 53 page(s) incomplete. U.S. DECLASSIFIED DOCUMENTS ONLINE, <http://galenet.galegroup.com/servlet/DDRS?vrsn=1.0&tx2=MacArthur&locID=twnsc183&sl3=KE&srchtp=adv&bl1=AND&c=21&ste=23&sl2=KE&tx1=Formosa&n=10&sortType=RevChron&sl1=KE&docNum=CK2349371770&bl2=AND>（二〇一九年一一月九日アクセス）

122 (Korean War) The Korean Conflict. The Knotty Problem of Formosa (US policy toward Formosa from 1945-50; question of defense of Formosa against ChiCom attack; deployment of 7th Fleet to "neutralize" Formosa; military and economic aid to the Chiang Kai-shek regime; US rejection of Chiang's offer of troops for Korea; MacArthur's letter to the VFW re Formosa). Section VI, Vol. IV, Chapter IV, Capt. Wilber W. Hoare, Jr., USAR. Aug. 1953. 27 p. TOP SECRET. SANITIZED copy. Released Mar. 4, 1977. Agenda. DEPARTMENT OF DEFENSE. TOP SECRET. Date Declassified: Mar 04, 1977. Sanitized. Incomplete. 53 page(s). U.S. DECLASSIFIED DOCUMENTS ONLINE, <http://galenet.galegroup.com/servlet/DDRS?vrsn=1.0&tx2=MacArthur&locID=twnsc183&sl3=KE&srchtp=adv&bl1=AND&c=21&ste=23&sl2=KE&tx1=Formosa&n=10&sortType=RevChron&sl1=KE&docNum=CK2349371770&bl2=AND>（アクセス日:二〇一九年一一月九日）

123 Michael D. Pearlman, *Truman & MacArthur : policy, politics, and the hunger for honor and renown*, Bloomington : Indiana University Press, 2008, p.52.

124 "Memorandum by the Director of the Policy Planning Staff (Kennan), Washington, October 14, 1947", FRUS, 1947, Volume VI,Washington, D.C. :U.S. Government Printing Office, 1972, pp.537-539.

125 中華民國外交問題研究會編『中華民國對日和約』台北市：中國國民黨黨史委員會、一九九五年。

126 「葉部長向立法院提出『中日和平條約』案之補充説明」、中華民國外交問題研究會編『中華民國對日和約』、三四六―三五三頁。

127 譚慎格（John J. Tracik, Jr.）「台灣的地位未定」『自由時報』二〇〇七年一一月二〇日。筆者はFRUS, 1952-1954, Volume XIV (Washington, D.C. :U.S. Government Printing Office, 1985) および駐華大使だったK・L・ランキンの回顧録（Karl L. Rankin, *China*

*Assignment*, Seattle: University of Washington Press, 1964）を調べたが見当たらなかった。この一文は、一九七一年七月一三日に法律顧問のR・スター（Robert Starr）が国務省に提出した「台湾の法的地位についてのメモランダム」（*Memorandum on Legal Status of Taiwan*）中の"The delicate international situation makes it that [Taiwan does] not belong to us. Under present circumstances, Japan has no right to transfer [Taiwan] to us; nor can we accept such a transfer from Japan even if she so wishes"<http://chinasupport.blogspot.com/2007/03/official-us-state-department-memorandum.html>（アクセス日：二〇一九年一一月九日）を参考にした。

128 吉田茂『回想十年（第三巻）』東京：新潮社、一九五七年、七六頁。

第三章

# 二二八事件における軍事的展開と鎮圧

蘇 瑤崇（山藤夏郎 訳）

## 一、前言

二二八事件においては、政治腐敗がもたらした間接的な加害もあったが、それに比して最も直接的な加害行為であった〔と言える〕のは、軍隊と憲兵の鎮圧によって民衆が惨殺されたことである。しかもこの加害の過程においては、軍隊と憲兵は「法的拘束を受けない」軍事状態下で展開されたのだが、これこそが人々の死傷という悲劇が途切れることなく続くことになった最も主要な原因であった〔と言える〕のである。鎮圧が避けられるものであったのかどうか、あるいは、罪のない人々が惨殺されるという悲劇が避けられるものであったのかどうか、事件全体の罪とはどのようなものであったのか、これらの問題は、移行期正義において最も強く問い糺さなければならない大きな課題となるだろう。

これまで鎮圧を発動した当事者は、政治的責任と大量無差別殺人の責任から逃れるために、意図的に歴史の歪曲や事実の捏造を行い、さらにそれらを「受動説」へと発展させていった。そこでよく為された鎮圧の釈明というのは、当時の兵力は大きく不足した情況にあったため、陳儀は当初は鎮圧するつもりはなかったものの、二二八事件処理委員会（以下、処理委員会）の要求が高まっていったことから、やむを得ず、遂には受動的な「鎮圧」を招くに至った、というものである。同時に高雄のような都市では、「暴徒が市政府を占拠した」という説がでっち上げられたことで鎮圧が誘発されることとなったが、このような、兵力不足、出兵要請、受動的鎮圧といった用語で語られる説明こそが、これまでの政府が二二八事件を釈明する上で依拠してきた基本的枠組みであった。

しかし、実際のところを言えば、一九四七年五月に、柯遠芬が、早くも三月二日の段階で、陳儀によって中央に出兵要請が出されていた、という証言を行っていた〔ことが確かめられる〕のだが、[1]その一方で柯は、事後、一九八九年に『台湾二二八事件の真相』〔『台湾二二八事件真相』〕を著述した際には、むしろこの部分の内容を削除しつつ、[2]「いつ出兵要請が出されたのか」を曖昧にし、不確定な説ともしていた。〔そのような状況の中〕、その後二〇一七年に「寅冬〔三月二日〕亥の電文」〔「寅冬亥親電」〕が発見されたことで、改めて出兵要請の適切な日時が証明されることとなったのである。その中には次のような言及が見られる。

……目下の情勢においては、相当の兵力がなければ、今回の件を徹底的に平定することはおそらく難しいでしょう。現在、台湾で使える兵力は、わずかに憲兵の二個大隊〔憲兵連隊の第三大隊がまだ福建にあり、現在なんとか来台を調整しているところです〕及び一個の特務大隊だけであり、第二十一師団のうちで〔台湾に〕やって来る〔ことができる〕のは、一個の独立連隊、工兵大隊だけで、その能力も著しく劣るものです〔「第二十一師団」とは、後述する「再編第二十一師団」のこと〔訳注〕〕。このように、あれこれと策略をめぐらしつつ民衆を利用するような、手段を選ばない賊徒に対して、貧弱な対応しかできないことの難しさを痛感しております。[3]

このような、「憲兵大隊、特務大隊と一個の独立連隊、工兵大隊」しかなく、兵力が貧弱であったという語り口は、柯遠芬、[4]彭孟緝[5]などの要人の記述の中にも見られるものであったが、こうして、当時の兵力が五、六千人のみであったという説や、陳儀が受動的に鎮圧を行ったという説が形成されたのである。

かつての戒厳令時代では史料が非公開であったので、当時の要人の説明は、往々にして「事実」であると誤認されてきた。だが、近年、資料が公開されるに及ぶと、それまで外部からは窺い知ることが容易ではなかったような軍事資料も公開されるようになり、その内容の中には、当時の正確な兵力状況や軍事的展開などの情報が含まれるだけでなく、毎日の軍事電報のやり取りから、それらの軍事活動の〔詳細な〕実態を窺わせるものも確かめられるのである。そしてこれらのファイルの記録と当時の要人の回想録の内容とを対比すれば、両者の間に大きな事実の齟齬を見出すことができるのである。

これまで国民党政府は、陳儀・柯遠芬・彭孟緝などによる事実歪曲の説明に基づき、鎮圧受動説や正当性の根拠を組み立ててきた。しかし一次史料を一瞥して察せられるのは、当時の兵力が所謂「貧弱」などではなかったということ、そして鎮圧もまた消極的・受動的などではなく、軍事的配備展開を経たのちに周到に行動されたものであった、ということである。〔そして〕さらに重要なのは、それらの説の背後には「人道に反する罪」の問題が今なお意図的に隠されているということである。

歴史的事実を探求するにあたっては、一次史料である記録に依拠すべきであって、事後の回想録といった二次史料に依拠すべきではないのはもちろんであるが、移行期正義を論ずるにあたっては、なおのこと真正なる事実に基づくべきであり、歪曲された説によるべきではないはずだ。本稿は、陳儀政府の実際の兵力数から論を起こし、さらに二月二八日より台湾が「軍事状態」に突入してから五月一五日に至るまで、どのような軍事的展開が為されたか、鎮圧、綏靖〔鎮撫平定（訳注）〕、清郷〔捜索、逮捕等を徹底して行うこと〕などを含む何段階かの発展経過とその内実について検討していく。[6] これらの軍事状態の内容については、これまで見落とされてきたり、さらには誤解されてきたものもあるのだが、その中で、軍事的鎮圧下における軍人の違法行為や残虐な心理状態がいかなるものであったのか、という問題こそが、本稿が論ずるところの移行期正義における核心的な焦点となるはずだ。

## 二、二二八鎮圧前夜の兵力

前述の陳儀「寅冬（三月二日）亥電文」〔「寅冬亥親電」〕では、三月二日に中央政府に対して電報を発し、軍の台湾への即時派兵、鎮圧の要請に言及していることが確認される。この新史料は、陳儀の出兵要請が、当初から「能動的」であって「受動的」ではなかったということを証明しているのだが、「寅冬亥電文」の中で陳儀は「台湾で使える兵力は、わずかに憲兵の二個大隊及び一個の特務大隊だけであり、第二十一師団のうちで〔台湾に〕やって来る〔ことができる〕のは、一個の独立連隊、工兵大隊だけ」でしかない、と強調している。[7]このような「本省の兵力は貧弱である」という説明は、その後、「兵力は五千人余りであった」という説へと変化していくこととなるのだが、陳儀のこの電文を仔細に観察してみると、要塞司令部にまだ兵力が保持されていたことに対して、彼が意図的に言及を避けていたことが明らかとなる。もし憲兵の兵力に、さらに要塞の兵力を加えたならば、明らかに当時の兵力は決して「五千人余り」などではなかったし、それのみか、陳儀はわざわざ「独立連隊、工兵大隊はその能力が著しく劣る」とまで言っているのだが、実際には、何軍章の独立連隊は第二十一師団の中でも相当な戦力を有する部隊であり、[8]嘉義の水上飛行場を長期にわたって守り通りした羅迪光指揮下の部隊は、独立連隊に属する一大隊であったのである。

当時の国民政府が台湾に駐屯していた兵力とはいったいどれくらいであったのか。これまで往々にして部隊番号の名称変更に惑わされ、実際の人数を具体的に把握することはかなわなかった。また二次史料によって、当時の兵力はわずかに五千人余りであったという説も真実として受けとめられてきた。しかし、近年、資料の公開が進められてきたことで、一次史料である当時の軍の人数に関わる報告書によって実際の駐屯兵力の変化を明確にすることができるようになったのでる。そこで以下にまず、戦後から二二八事件の期間に至るまでの駐台部隊の移動と変化の状況を簡単に説明しておきたい。

一九四五年、台湾接収に来た国民政府軍は第七十軍（将兵合計一六〇九九人）[9]と第六十二軍（将兵合計二万七〇八人）[10]、その他、憲兵第四大隊（将兵合計一〇二三人）[11]と行政長官公署直属の特務大隊（将兵合計一二〇二人）[12]、総計約四万五千人余りであった。その他にも台湾接収のためにやって来た海軍・空軍と、倉庫守備のための聯合勤務総司令部（以下、聯勤）の兵力もあった。[13]

一九四六年四月になると、占領接収が一段落を告げたことで、前述の来台兵力は再編が行われることとなった。最初に特務連隊は特務大隊に再編され、七月以後には、第六十二軍と第七十軍が再編されて第六十二師団と第七十師団となった。そして、次々と命を受けて内地へ配置換えとなり、国共内戦に参じたが、これは単なる部隊任務の異動に過ぎず、第六十二師団と第七十師団が担当していた後方防衛任務は、実際には、中国から派兵された再編第二十一師団に引き継がれることとなった。また、それのみならず、一九四六年六月には、基隆・高雄・澎湖の三箇所の要塞司令部の編成が始まり、七月には正式に創設に至っている。[14] 三箇所の要塞の兵力は、その一部は第七十軍と第六十二軍を再編したもので、それが台湾の主要な軍事力となっていた。[15] 基本的に、基隆要塞は北部の軍事防衛任務、高雄要塞は南部の軍事防衛任務、澎湖要塞は澎湖の軍事防衛任務をそれぞれ担当していた。一九四七年初頭に第七十師団の全てが転出して以後、台湾には兵力が入ってくるという状況だけで、転出するような状況は起こらなかった。〔その上で〕一九四六年後半から一九四七年前半にかけての兵力の変化の状況を簡単に説明しておくと以下のようになる。

一九四六年の「台湾省警備総司令部及び駐台各軍事機関部隊十一月分人馬統計表」によると、この時の台湾省警備総司令部（以下、警備総司令部、あるいは警備総部）の所管する部隊は、合計すると総司令部（各部合計一四九五人）、再編第七十師団（一万三〇〇八人）、憲兵第四連隊（第四団）（一個大隊を欠き、総勢一七五二人）、輜汽第二十一連隊（二個大隊を欠き、総勢一五三八人）、そして基隆要塞司令部（三〇四六人）、高雄要塞司令部（三三一〇人）、馬公要塞司令部（二〇五一人）があり、さらには師管区司令部・供応局などのその他の部署（合計一六一四人）、そして海軍・空軍司令部（人数報告なし）など、上述の総計は、三万一八七四人を数える。[16] なおこの一一月当時の兵力には、再編された第二十一師団は含まれていない。

年末の「台湾省警備総司令部及び駐台各軍事機関部隊十二月分人馬統計表」になると、この時の台湾省警備総司令部の所管する部隊は、合計すると総司令部（各部合計一四八〇人）、再編第二十一師団（二万二七八三人）、憲兵第四連隊（一個大隊を欠き、総勢一六二四人）、輜汽第二十一連隊（二個大隊を欠き、総勢一五四五人）、そして基隆要塞司令部（三〇一八人）、高雄要塞司令部（三三四六人）[17]、馬公要塞司令部（現有人数の報告なし）、そしてさらに師管区司令部・供応局二個大隊、海軍・空軍司令部

〔合計八三二一人〕、また再編後の第七十師団〔一万二八一〇人〕を加えて、合計五万四九二七人を数える。[18] なおこの数字には馬公要塞の人数は含まれていない。

一九四七年二月六日の軍事施設会議の場で当時の基隆要塞が提出した報告書によると、将校五三九人、兵士二六一八人であったが、高雄要塞が提出した報告書では、将校三四九人〔兵士人数を欠く〕、馬公要塞の提出した報告書では、将兵二一〇〇人がいたという。[19] 上述の数字から推測するならば、一九四七年二月当時の台湾の三箇所の要塞の兵力は、凡そ八一〇〇人近くであったと思われる。

一九四七年三月一六日には、警備総司令部が第一処〔部署名〔訳注〕〕の再編の計画書を出しているが、三箇所の要塞は、もともと合計一万六六五三人の将兵から編成されていた。ただし、この時の実際の兵力は、将兵合計七五二八人で、そのうち基隆要塞司令部〔二八七四人〕、高雄要塞司令部〔二七九三人〕、馬公要塞司令部〔一八六一人〕であった。[20]

前述のように、一九四六年年末の在台駐屯軍の名目上の総数は五万四九二七人であったが、一九四七年のはじめに、第七十師団が転出していった後は、名目上の総数は四万二千人余りとなっていたはずである。[21] ただし、「十二月分人馬統計表」は、澎湖要塞の兵力の数字を計上しておらず、もし澎湖の兵力をさらに付け加えたならば、およそ四万四千人余り〔の計算〕となる。ここから、一九四五年に占領接収した当初と、一九四七年はじめに「計画した」駐台兵力との二つを相互に比較してみると、これまで認められていたような大幅な減少という問題は決して起こっていない〔ことがわかる〕。

ただし、一九四七年はじめに再編第二十一師団の中で、何軍章の率いる増強独立連隊〔連隊本部と三個大隊、そして一個工兵大隊を含む〕のみが、台湾へ派兵され、残りの第一四五旅団と第一四六旅団は依然として江蘇省北部に駐留したままであった。したがって、この時の兵力から、第一四五旅団と第一四六旅団の人数を差し引いて数えなければならないのだが、警備総司令部の資料によると、何軍章の独立連隊は合計三二四四人の編制となっており、実際の人数も三一二七人であることから、[22] 一個の要塞以上の兵力に相当していた〔ことがわかる〕。

しかし、一九四七年五月に台湾省警備総司令部が編纂刊行した「台湾省「二二八」事変記事」と前述の資料との間には少し食い違いがある。その中の三箇所の要塞の実際の兵力は将兵を合計して七五二八人で、〔確かに〕両者の記録は一致している。[23]しかし、総司令部は特務大隊を含めて合計一三五七人、憲兵は一六八一人などで、前述した一二月分資料では特務大隊が合計一四八〇人、憲兵が一六二四人などとなっており、やや齟齬があるが、これらは統計上の誤差であると見てよい。

「台湾省「二二八」事変記事」にもとづき、当時の軍人の総数二万六八五〇人のうち、戦闘に使用可能とされた三箇所の要塞の総兵力は七五二八人、さらに警備総司令部の特務大隊（六二七人）[24]、憲兵第四連隊総勢一六二四人、及び何軍章の独立連隊三一二七人を加えると、戦闘力を有すると見なされる兵力総数は、一万三千人に近づくことになる。ただし、実際には、総司令部によって「戦力がない」とされた輜汽第二十一連隊、供応局や海・空軍なども実際には、すべて十分な武器火力を有して自らの駐屯地を防衛し、また総司令部の任務を支援していたのであって、特に輜汽第二十一連隊はさらに台北戒厳地区の戦闘兵力にも列せられており、[25]嫌疑者の逮捕や移送を行っていたことが確かめられる。その他にも後述のように、各地の倉庫も供応局によって自主防衛されており、もしそれらをすべて「戦力がない」と見なすとすれば、それは必ずしも事実とは言えないだろう。〔そこで〕これらの部隊の人数を含めて考慮すれば、戦闘兵力は少なくとも一万五千人から二万人ほどになるはずで、これこそが二二八事件鎮圧当時の兵力に最も近い数字であったと見られるのである。

一九四七年二月当時のこれらの兵力の分布は、簡単に言えば、特務大隊、憲兵第四連隊と輜汽第二十一連隊が主に台北地区に駐屯してその防衛任務にあたっており、[26]基隆要塞が主に基隆地区と新竹地区（現在の桃園・苗栗を含む）の担当を兼任し、何軍章連隊が主に、台中・嘉義・鳳山及び屏東などの地区での駐屯・防衛任務を担当し、[27]そして高雄要塞が主に高雄・台南地区を担当していた。[28]

前述の事実から言えるのは、陳儀が、当時の国民党政府の有する、戦闘力のある駐台軍の人数をわずか「五千人余り」に過ぎないと意図的に誤認させようとしていた、ということである。しかし前述のように、これは事実ではなく、一万数千人以上というのが実際の客観的事実であった。しかし、この一万五千人に近いという兵力数は、「多い」と言うべきか、それとも「少ない」と言うべきか。実はこれは主観的な認識に属する問題であり、人によってその見方は異なるものだが、もしその兵力を用いる対象、目的や方法を考慮するならば、〔その数字も〕比較的に客観的な基準と見なせるものとなる。もし陳儀・彭孟緝の相手が「日本軍」であったならば、あるいは大規模に組織された、武器を手にした民衆であったならば、これらの兵力は確かに不十分であったかもしれない。しかし、もし相手がただの「処理委員会」、あるいはデモをするただの民衆、あるいはただの無辜の市民であったとするならば、さらには、国防長官・白崇禧が言うところの「台湾の暴徒はきわめて少数、奸賊はいまのところ二千人ほど、各所に散らばっている」[29]といったものであったとするならば、この一万数千の兵力というのも、これらのちっぽけな抵抗勢力に対処するには明らかに十分すぎるほどであったであろう。

後述するように、彭孟緝の高雄鎮圧であれ、史宏熹の基隆鎮圧であれ、あるいは張慕陶の台北鎮圧であれ、いずれもが駐屯軍のもともと多くいた場所で起こったものであり、夥しい死者もすべて一般の市民のものであった。中部や東部といった駐屯軍の少ないところではかえって鎮圧は起こらなかったのであり、しかも、彭孟緝・史宏熹の鎮圧は、わずかにその駐屯軍数百名の兵力だけを使ったものであり、そもそも中央から来た援軍が使われたわけではなかったのである。これらの事実は、陳儀が「鎮圧したのか否か」という問題が、実は「兵力不足」の説と何の関係もないことを説明している。

しかし、なぜ陳儀はわざわざ兵力不足の問題を誇張したのだろうか。このことは明らかにその「鎮圧の企て」と密接に関係していた。「兵力不足」というのは、実はただの陳儀の「言い訳」に過ぎず、決して「客観的な事実」などではなかった。たとえ〔鎮圧軍が〕「草木皆兵」〔戦々恐々として疑心暗鬼になる（訳注）〕という心理状態であったのだとしても、「兵力不足」を言い訳にすることで、陳儀は事件の原因をこの点に帰することができただけでなく、失政の責任を転嫁、回避することができた。そして、最も重要なのは鎮圧に関わる「空白授権」を得て自らの意図的な報復を合理化し、「鎮圧」を制限を受けないものとしたことであり、これこそが陳儀の〔企ての〕

最も主要な目的であったのだ。陳儀が自発的に鎮圧を企てたことは、その軍事的展開とその経過からさらに明確にすることができるのだが、以下に、その内容を具体的に説明していくこととする。

## 三、「軍事状態」から「開戦準備状態」に至るまでの軍事的展開

二二八事件の勃発当初、陳儀はただちに、そして積極的に軍事的展開と鎮圧を執り行っているが、準備には一定の時間と過程が必要であった。ただしその過程についてはこれまで見落とされてきた事実も少なくないのだが、陳儀による軍事的展開の過程は、彼と各要塞司令との間でやり取りされた軍事電報の中に、はっきりと記録されている。[30] そして、その初期は「軍事状態」から「開戦準備状態」への展開過程と見ることができる。

### (一) 事件初期の台北地区における拡大経過

二月二八日の事件発生後、行政長官公署が抗議の民衆に向けて発砲したことによって、民衆の強烈な反発が引き起こされ、外省人の役人が殴打されるといった事件が広がりを見せ始めることとなった。そして当日午後三時には警備総司令部が戒厳令を宣布し、また武装した軍隊と警察とを派遣して市街地区を警邏させるとともに、発砲・掃射を行っている。台北にあっては、兵士が至るところで鎮圧行動を取るとともに、その日、陳儀はまた基隆要塞に対して二個中隊を台北に派兵するように命じ、憲兵第四連隊の張慕陶の指揮のもとに台北の治安維持を試みている。[31] 加えて、陳儀は台北鎮圧のため、その日の晩のうちに、鳳山に駐屯する独立連隊に打電し、一個大隊の兵力を北上させ、支援するよう命じ、同時に「あわせて中央に打電して部隊の増援を請い、万一に備える」[32]こととしている。しかし、三月一日に南部支援部隊は確かに北上してきたものの、新竹に着いたところで民衆の阻止に遭い、台北へ行って鎮圧に協力するという〔所期の〕目的は果たせなかった。[33]

三月一日、台北市参議会は代表を招集して「闇タバコ殺傷事件調査委員会」〔「緝煙血案調査委員会」〕を組織し、戒厳令の解除や、民衆の釈放、軍と警察による発砲の禁止、官民による処理委員会の組織を要求している。それに対して陳儀はこれらの要求を承諾しただけでなく、「二

二八事件処理委員会」を組織するよう命じ、さらに午後八時には戒厳令の解除と、補償・見舞金の処理を行うよう命令を下している。

しかし、三日二日、上海の『新民晩報』が一面で、「台北の民衆暴動、死傷者約三、四千人」という目を引くような特ダネの見出しを掲げて台湾の二二八事件を報道し、その翌日には、中国の主要各紙が、次から次へと類似の報道を繰り広げるに至った。この時、事件はまだ南部には広がっていなかったが、上海ではこのように非常に誇張された虚偽の報道が為され、中国の主要都市にまで広く伝わっていたのである。このような意図的に作られた「虚偽の報道（フェイクニュース）」は、明らかに全面的な鎮圧のために準備された「政治宣伝（プロパガンダ）」[34]であったが、それだけではなく、さらに民間組織に対しても計画的な分断工作が行われており[35]、それらは一種の「政治的な配備展開」（と言えるもの）であった。陳儀が「寅冬（三月二日）亥の親電」で「目下の情勢においては、相当の兵力がなければ、今回の件を徹底的に平定することはおそらく難しい」と言っているのもこれと呼応していたのである。

三月三日、台北地区は次第に平静を取り戻し、陳儀は命令を発して「市街地区の秩序は徐々に安定を取り戻しつつあり、明日（四日）から交通機関の営業を平常通りに戻すこと」とし、また「戦列の部隊は本日（三日）の午後六時から、すべて駐屯兵舎に留まり、当面の間、市街の秩序維持の任務を停止する」[36]と述べている。しかしこれは実は台湾人の要求をただ適当にあしらっただけに過ぎず、その裏では軍事的展開はまったく休まずに進められていたのである。この時、むしろ憲兵第四連隊の張慕陶を台北地区の戒厳司令に内定し、軍・憲兵・警察そして海軍などの関連部門を統一して指揮するよう取り図らっている。[37]

事件当初、陳儀はただちに台北地区の鎮圧を進めていたのだが、武装した軍と警察は、市街区の警邏を行うだけでなく、無差別に発砲・掃射を行い、多くの民衆を死に至らしめている。外国人の目撃証言によると、その時ただちに二〇人余りが殺され、鎮圧兵士には「引き金を引く快感」[38]があったとも形容されている。当時の処理委員会の調査記録によると、二月二八日から三月三日の間に市街地区の掃射によって死亡した台湾人は二三人、そのうちの四人は、二月二八日に死亡しており（うち一人は基隆にて死亡）、うち二人は、行政長官公署前にて死亡、三月一日に死亡したものは一一人、三月二日に死亡したものは二人、三月三日に死亡したものは二人、日付不詳のものが四人であった。[39]

上述の死亡事例の中では、路上で死亡した民衆がいただけでなく、さらには自宅の中で死亡したものも多数おり、とりわけ三月一日が最も苛烈で、明らかにこれは軍事的鎮圧〔と言えるもの〕であった。しかし、このような動きはかえってその他の地区の民衆の大規模な抗議行動をさらに激しく引き起こし、また陳儀に「目下の情勢においては、相当の兵力がなければ、今回の件を徹底的に平定することはおそらく難しい」[40]と認識させるまでに至ったのである。その結果全面的な軍事的展開が進められることとなり、より強烈な、そして全台湾的な性質の軍事的行動が準備されることとなったのである。

### （二）基隆地区の軍事的展開

三月三日以後、陳儀は、台北地区においては表向きを取り繕うような、杜撰な政策を執り行っていたのだが、反対にその他の地区では積極的に軍事的展開を進めていた。そこでまず基隆での展開過程について述べると、二月二八日以後、陳儀はただちに「相次いで全台湾に台北戒厳区、基隆戒厳区、新竹防衛区、台中防衛区、南部防衛区を定め」、積極的に軍事的展開を実施し、事変に対処している。[41] 各区の展開状況を示すと以下の通りになる。

二月二八日当日夜、陳儀はただちに基隆要塞の司令・史宏熹を、基隆臨時戒厳司令に任じるとともに、三月一日朝、基隆に戒厳令を宣布し、直ちに「平常状態」から「軍事状態」[42]へと〔警戒レベルを〕引き上げている。そして鳳山の援軍の北上が阻まれたのを受けて、三月二日に「寅冬（三月二日）亥の親電」を発して中央に出兵を要請し、同時にまた「寅冬（三月二日）酉の総戦電」を基隆要塞にも発している。史宏熹が陳儀に返信した「寅支（三月三日）午の参戦電」の中ではこう言及されている、

> 即刻、台北警備本部・陳兼任総司令、六二二六密。寅冬（三月二日）酉の電文、拝誦いたしました。命に従ってすでに軍を展開し、暴徒の粛清を進めているところであります。……[43]

この電文からわかるのは、陳儀の「寅冬（三月二日）総戦電」が要求した「積極的な軍の展開」というのが、つまりは「暴徒の粛清」という準備工作のことであり、史宏熹はすでにその準備を終えたと回答している、ということである。基隆要塞が担当する区域の状況については、「台湾二二八事変基隆区綏靖報告書」の中で次のように記されている、

三月三日、陳兼任総司令の寅冬（三月二日）酉総戦一の電令、〔確かに〕拝誦いたしました。新たに規定を定め、基隆瑞芳から鉄道路線沿いに、汐止・抄襲街・万里庄・金包里の境界線（線上も含む）の以北・以東に至るまでを基隆警戒区とし、本部によってその警戒を担当することといたします。[44]

これらの区域とは主に汐止以北・以東の鉄道沿線であったが、三月五日になると、陳儀は再び「寅微（三月五日）申の総戦電」をもって要塞に〔次のような〕命令を下している、

即刻、基隆要塞・史司令、六二二六密。報告によると暴徒及び不良分子は日ごとに活動を激しくし、不法なことを企むような行動があるという。基隆の防衛任務が適切に整えられることを願っているが、特に基隆港の埠頭に対しては、必要に際して全力で制御しなければならず、内陸との交通を確保することが不可欠である。兼任総司令・陳〇、寅微（三月五日）申の戦総一。[45]

陳儀はこの時すでに中央に出兵の要請を出していたが、軍隊が間もなく派遣されることを知っていたからこそ、中央軍の基隆への順調な上陸を確保するために、史宏熹に確実に「全力で基隆港を制御し、内陸との交通を確保する」ことを要求していたのである。またさらには、兵器庫の安全を確保することも求めており、[46] 間もなくやって来る軍事行動を待っていたのは明らかであった。

### (三) 南部地区（嘉義・台南・高雄・屏東）の配備展開

三月一日に陳儀は史宏熹を基隆の臨時戒厳司令に任じ

ているが、それと同時に高雄要塞司令の彭孟緝に対して嘉義以南の南部の治安を担当するよう命じている。彭孟緝の「復寅東（三月一日）巳の総戦電」に次のようにある、

急電、台北警備総部・陳兼任総司令、六二二六密。寅東（三月一日）巳総戦一の電文、拝誦いたしました。もちろん命令に従って処理いたします。（一）すでに当該警戒計画を立案し、各部隊及び憲兵・警察並びに関連機関に対して命に服するよう伝える手はずを整えております。別件として報告書を上申し閣下の批准を請う所存でございます。（二）嘉義はその以南地区を含め、目下のところなお平静を保っております。以上謹んで拝復いたします。高雄要塞司令・彭孟緝拝（寅東〔三月一日〕巳の電文とは、当該員〔＝彭孟緝〕を、嘉義を含む以南地区の治安指揮の担当に命じたもの）[47]（末尾の括弧書きは、事後、原文に書き加えられたものであると見られる。以下同〔訳注〕）

陳儀の「寅東（三月一日）巳の電文」の原文はまだ見つかっていないが、鳳山駐屯独立連隊の報告によると、その内容の一部は、独立連隊を含めた南部兵力に対して「高雄要塞司令部の指揮下に帰属し、兵力を増強して行動指針に合わせる」[48]ことを命じたものであったらしく、ここから推測するに、三月一日から始まった、陳儀による地方の治安指揮権の要塞司令部への移転は、その指揮区域内の軍・憲兵・警察及びその他の関連機関に及んでいたことになる。

三月二日午後、数十人の民衆が嘉義駅と噴水池の間に集まり、スローガンを叫びながら外省人を殴打しようとしたため、市長・孫志俊は憲兵・警察に弾圧の要請を出した。しかし、憲兵・警察の到着を待たずして、市長の官邸が民衆に取り囲まれることとなった。これを「三二事件」[49]と言う。嘉義では騒乱が始まったものの、台南以南では依然として混乱の形跡は見られなかった。しかし、前述のように、陳儀は早くから事変は必ず台湾全域に拡大するはずだと考え、軍事力に憑んで鎮圧しなければ収拾させることはできないと考えていた。

三月二日の夜、高雄要塞の彭孟緝も陳儀の「積極的な軍の展開」という「寅冬（三月二日）の電文」を受け取っている。この電文に対して、翌日、彭孟緝は「寅江（三

月三日）申の電文」にて陳儀に返信し、嘉義・台南・高雄の治安状況について次のように述べている、

急電、台北警備総部、寅冬（三月二日）総戦一及び、寅江（三月三日）辰の総戦一の二通の電文、いずれも拝誦いたしました。六二二六密。（一）嘉義の治安については、すでに当該市長に打電し、付近の憲兵・警察と協力し、適切に警戒することと致しました。目下、嘉義への電話回線が断線しているため、情況は不明です。（二）台南市の治安については、すでに本部駐防部隊に対し、確実に憲兵・警察と協力して治安維持にあたるよう指示を出してあります。今しがた台南から受けた電話報告では、台南市長は憲兵隊の駐屯地に移動しましたが、すぐに市民に取り囲まれ、閉じ込められてしまったとのことです。本部と憲兵とが力を尽くして保護するとともに、なんとか〔暴徒の〕排除を試みているところです。台南の公務員及び商業者が、数箇所で市民に殴打されましたが、死傷者の状況は不明です。（三）高雄市の警戒体制はすでに適切に展開されており、鳳山・岡山・屏東・東港などにある武器弾薬庫もそれぞれすでに隊を派遣して守備しております。（四）高雄以南はまだ平穏無事を保っています。小職・彭孟緝 拝。寅江中参悃印。（寅冬の電文（三月二日）は、台北の情況を知らせるとともに、注意して防備にあたるよう命じたもの）[50]

陳儀は「寅冬（三月二日）総戦の電文」を出すだけではなく、さらに「寅江（三月三日）辰の総戦電文」を出し、再三にわたって「積極的な展開」を要求している。この二通の電文の原文はまだ見つかっていないが、上述の彭孟緝の返信電文から推測されるのは、秩序と治安の維持を要求する以外にも、武器庫の保護を強化することを要求していたということである。

彭孟緝は、「高雄以南はまだ平穏無事を保っています」と報告しているが、しかし陳儀は依然として安心することはなく、三月三日に再び、「寅江（三月三日）戌の電文」を彭孟緝に宛てて出し、「報告に拠ると、暴徒（奸賊）の中には、台南へ逃亡中の騒乱勢力があるという。当該司令は所要の兵力を率いて台南に赴くべし。適切に注意して防備にあたり、治安を保つことが不可欠である」と注

意を喚起している。この機密電文は同時に台南市長へも発給されており、彭孟緝が派遣した兵力が台南の防備・治安を担当する旨を通知するものであった。[51]「寅江（三月三日）申の電文」は、陳儀の「警備強化」要求の不断の催促に対して、彭孟緝が陳儀の指示に従って「しっかりと準備している」ことを報告するものであった。

三月四日、陳儀は、嘉義の暴動の報告を受けるや、南部の状況に対してさらに不安を覚えることとなった。そこで彼はもう一度彭に対して「寅支（三月四日）辰の総戦一」の電文を出し、こう指示している、

> 即刻、高雄彭司令、（六二二六）密、機密情報。嘉義で江（三）日にまた暴動が勃発した。どうにか沈静化を図り、秩序を回復してもらいたい。また何とかしてすみやかに政治的な方法によって解決を図られたい。奸徒に乗ぜられて、大規模な民衆蜂起へと発展しないようにしなければならない。それゆえ、目下のところは民衆を指導することに注力すべし。民衆によって民衆に打ち克ってこそ、はじめて効果があるのだ。その他の南部はなんとか防備を図ってもらいたい。そうして〔事態を〕拡大させないようにすることが不可欠である。陳〇、寅支（三月四日）辰の総戦（一）。[52]

電文中、陳儀は彭孟緝に対し、嘉義事件について「どうにか沈静化を図る」よう要求するだけでなく、さらに「何とかしてすみやかに政治的な方法によって解決を図られたい。奸徒に乗ぜられて、大規模な民衆蜂起へと発展しないように」すべきであると要求している。いわゆる「政治的な方法」という言葉は、後述する資料の中に何度も出てくるが、それが実は「軍事的な鎮圧」と関連するものであることは、さらに後で議論することとしたい。

前述のように、三月二日に陳儀が中央に対して出兵を要請したのは、軍の勢力強化こそが、「人民蜂起の拡大」を避けるために必要な手段であると考えていたからであった。このような考えは、彭孟緝に与えた「寅支（三月四日）辰の総戦電文」の中にも現れている。その中には以下のような指摘がある、

> 打電。即刻、高雄要塞司令、六二二六密、機密。報

告によると、嘉義の第十九武器庫が暴徒に奪われたという。奸徒がこの武器で武力を組織することを深く恐れる。ただちに有力な部隊を派遣して嘉義市に進駐されたい。暴徒に対して奪い取った武器を差し出すよう厳しく命じる必要がある。陳〇、寅支（三月四日）巳総戦（一）。[53]

「ただちに有力な部隊を派遣して嘉義市に進駐されたい。暴徒に対して奪い取った武器を差し出すよう厳しく命じる必要がある」というところからわかるのは、陳儀の命令というのが、即座に嘉義に対して必要な行動を取ることを彭孟緝に命じたものであった、ということである。

陳儀の再三の督促に対し、三月四日、彭孟緝は「寅支（三月四日）未の電文」を返信し、すでに準備が整っており、いつでも行動を取ることができると報告している。その内容は以下の通りである、

特急、陳兼任総司令。寅江（三月三日）中参の電文、すでにお手元にあるものと存じます。（一）高雄の警戒配備が完了して以後、高雄市長及び市参議会が言うには、高雄市街区は平穏を保っており、軍隊も関与する必要はなく、警備部参謀長が軍隊はすべて兵舎へ帰るようにアナウンスしたとのことですが、そこで私は密かに機関職員を保護する準備を整え、安全を図るよう命じておきました。（二）江西（三日夕方）、高雄市街区の暴徒が発砲騒動を起こし、憲兵隊を包囲しましたが、本部が応援に駆けつけて四散させました。支丑（四日三時）、再び本部の市街区前金（地名（訳注））に駐屯する第一中隊、及び本部官舎が包囲されましたが、すでに厳戒態勢で警備を整えており、暴徒は目的を達しないまま退いていきました。支辰（四日九時）、暴徒が本部の哨兵処（見張り所）に集まっていましたが、数名を捕らえ、拳銃一丁を持っていたので、ただちに厳しく取り調べたところです。（三）暴徒の騒動時、台湾省専売局の局長及び台湾銀行曾支店長が路上で殴打され重傷を負ったものの、本部の武装部隊を通じて救出され、病院で治療中です。（四）台南の情況については、騒乱はただちに好転いたしました。（五）高雄市街区の情況については、今

なお騒動が続いており、小職は政治的な方法で対処することに決めました。市政府・市参議会と合同で秩序を安定させ、善後策を講じているところです。（六）本部で収容している内地人は、約三百人ほどとなっております。小職、彭孟緝、寅支（三月四日）未参悃印。（寅江（三月三日）申の電文は、台南各地の治安状況を報告したもの）。[54]

ここからわかるのは、高雄市長及び市参議会が「高雄市街区は平穏を保っており、軍隊も関与する必要はなく」と称していたこと、しかも「台南の情況については、騒乱はただちに好転」したと言うものの、彭孟緝は、高雄市街区では今なお騒動が続いていると見なしており、「政治的な方法で対処することに決め」たということである。「政治的な方法による解決」に関しては行政院の報告書の中で次のように指摘されている。すなわち、陳儀政府による動乱情勢への対応には二つの段階があり、第一に、分化（敵勢力を内部分裂させること（訳注））と浸透（内部へと徐々に侵入すること（訳注））、第二に、期待される成果に達しない場合には、武力をもって鎮圧することであった。[55] もし後述する高雄の軍事的鎮圧の過程と照らし合わせてみるならば、ここで彭孟緝の言う「政治的な方法」というのが、二つの戦略、すなわち分化・浸透と軍事的鎮圧とを一体両面で同時に進めることであった[56]ということがわかる。

同三月四日、陳儀は「寅支（三月四日）申の戦一電文」を出し、彭孟緝に特命を与えて南部防衛司令に任じている。その内容は次の通りである、

（一）ここに急変した戦況に対処するため、当該員を派遣して南部の防衛司令とする。（二）当該防衛区域は台南・高雄・嘉義・屏東の各県市（を含む）。（三）当該区域内のすべての軍・警察・憲兵機関は、全て当該員の指揮に帰属すること。以上の三項目は、関連機関ごとに遵守し、さらに速やかに軍を展開の上、あわせて随時文書にて報告することとする。[57]

この「寅支（三月四日）申の戦電文」からわかる「状態」とは、すでにただ「治安を守る」だけではなく、「開戦準備状態」へとレベルが引き上げられているということ

である。彭孟緝を南部防衛司令に任命し、南部のあらゆる軍・憲兵・警察各機関を指揮して「急変した戦況」に対処するよう命じているのだが、この「急変した戦況」とは、明らかに「外敵の侵入」を指すものではなく、ほどなくして起こるであろう台湾人の「鎮圧」という「軍事作戦」のことであった。

同日、陳儀は再び「寅豪（三月四日）酉の総戦一電文」を出し、彭孟緝に対して厳重な警戒命令を下しているのだが、その語気はさらに厳しいものとなっている。その内容は以下の通りである、

即刻、高雄彭司令、六二二六密。（一）報告によると南部の倉庫の損失は極めて大きく、台南三分子（地名、以下同（訳注））・鳳山・五塊厝及び拷潭の各武器庫の兵力を増強されたい。くれぐれも失ってはならない。（二）当該区域の海陸空軍の各武器庫の兵は、必要とあらば倉庫とともに存亡を決せよ。さもなくば軍法に基づき処分を行う。遵守されたい。兼総司令・陳〇、寅豪（三月四日）（酉）総戦一。[58]

各武器庫の防衛は、軍事的展開の重要な一環であった。陳儀は彭孟緝に全責任を委ね、各武器軍の守備兵には「倉庫とともに存亡を決せよ。さもなくば軍法に基づき処分を行う」と命じるなど、事態が逼迫していたのは明らかであった。彭孟緝を南部防衛司令に任命したことで、陳儀は南部の軍の配備展開を完了させ、あとは鎮圧が勃発するのを待つのみとなっていたのである。

### （四）新竹（桃園・新竹・苗栗）及びその他の地区（台中（台中・彰化・南投・雲林）と東部）の配備展開

二月二八日の警備総司令部による戒厳令宣布後、一日の騒動は、桃園・新竹などの地区にまで広がり始めていた。そのため陳儀はほどなくして警備総司令部第一処の処長・蘇紹文に桃園臨時防衛司令部を設立するよう命じた。[59]陳儀の「寅虞（三月七日）戦総一電文」の中でこう述べられている――「……（二）憲兵第四連隊・張連隊長宛て。蘇紹文処長に率いられ、桃園に向かった憲兵一小隊は、ただちに台北へと帰還し、所定の軍編成に帰属すること。蘇処長に別に打電の上、着実に命令を遵守実行すること。兼総司令・陳〇、寅虞（三月七日）戦総

一」[60]。桃園の臨時防衛司令は、特派された蘇紹文がこれを兼任していた。

三月四日に蘇紹文は新竹に到着し、桃園を含めた新竹防衛司令部を設立している。もともと新竹地区に駐屯していた基隆要塞第三総台軍に、新竹地区（桃園・新竹・苗栗）の軍・憲兵・警察などを統括し、新たな防衛司令指揮の管轄下へと統一的に帰属を改めたものである。蘇紹文が統轄する軍・憲兵・警察の合計は、約一〇五〇人であった[61]。

三月五日になると、陳儀は、新竹駐屯の再編第二十一師団独立連隊第二大隊の二四二名を台北駐屯へと異動させている[62]。前述のように、三月七日にはさらに桃園駐屯の憲兵一小隊を台北へと呼び戻しているが、これらの異動は、軍事的展開の目的でなされたものであり、明らかに陳儀は、中央軍が派遣されてくること、そして台湾人を鎮圧するという「急変した戦況」がまもなく勃発することを知っており、それは台北の戦力を増強するために動かされた軍事的展開の一環であったのである。

台中（中・彰・投・雲）地区の展開に関しては、陳儀はすでに中将・黄國書を台中防衛司令に派遣していたが、台中地区に要塞はなく、ゆえに大規模な駐屯兵も配備されてはいなかった。台中は軍事的にはそれほど重要性のある地域ではなかったが、その兵力は、武器庫や空港を防衛する兵力、そして地元の警察だけであったと推測される。そこで台中防衛司令の黄國書は、ただ「宣撫〔民衆をなだめること（訳注）〕の方式を取る」のみであった。〔その後〕中央の再編第二十一師団の到着後は、劉雨卿が黄國書を引き継ぎ、そのまま綏靖作戦の段階に入った[63]。

次いで東部地区（花蓮・台東）であるが、当地区は人口が少ない上に、駐屯軍はさらに少なく、比較的に重要性の低い場所に属していたため、警備総司令部の展開計画の中にはそもそも組み込まれてはいなかった。中央から再編第二十一師団が台湾へ派遣されて来るまでは、もともと当該師団に帰属していた何軍章によって東部の綏靖・清郷〔作戦〕が実施されていた[64]。最後に澎湖だが、澎湖は離島に位置し、要塞駐屯軍はあったものの、その人口はきわめて少なく、事件の期間は特に騒乱は起こらなかった[65]。そのため防衛司令区も設立されなかった。

### (五) 小結

上述の陳儀による軍事的展開の状況については、以下の各点にまとめることができる。第一に、陳儀は、台北の騒乱が勃発した後、三月一日以後に、地方の治安指揮権に関して、基隆・南部・新竹などの地区において、もともと地方首長や警察が持っていた職権を、当該地区の要塞及び地区司令の指揮へと引き渡しているが、これはもとの文官統治の「平時状態」から、軍事統治の「軍事状態」へと〔治安レベルを〕引き上げたことを意味する。第二に、遅くとも三月四日までには、重要地区の軍事的展開〔の管轄主体〕は次々に防衛司令部へと改められていったが、これは「軍事状態」からさらに、「急変した戦況」に対処するための「開戦準備状態」へと引き上げられたことを意味し、明らかに陳儀の軍事的展開は少しも中断することなく続けられていたことがわかる。第三に、これらの軍事的展開は、陳儀の「相当の兵力がなければ、今回の件を徹底的に平定することはおそらく難しい」という鎮圧の思考を反映したものであり、それは「寅冬亥親電」中に示されている、中央に出兵を要請し、鎮圧の準備を進めていた、という事実とも符節を合わせるものであった。第四に、これらの事実はすべて積極的に進められたものであり、「受動鎮圧説」として知られるものは、決して事実ではないということである。第五に、このような「軍事状態」から「開戦準備状態」への変化は、実は警備総司令部の内部の動きであって、〔民衆に向けて〕公告されたものではなく、指揮官と政府関係者以外、一般の台湾人には知らされてはいなかったということである。陳儀政府が「市街区の秩序は徐々に安定を取り戻しつつあり、明日〔四日〕から交通機関の営業を平常通りに戻す」と公告していることと照らし合わせてみるならば、このような「外弛内張」〔表面的には平穏であるが、実際は緊迫している（訳注）〕という状態は、かえって台湾人に「全面的な鎮圧」がまもなくやって来るという予感を鈍らせることとなったのである。以下では、さらに「開戦準備状態」下で発動された「鎮圧」〔の詳細〕について説明を行うこととする。

## 四、全面的鎮圧とその後の軍事的展開

陳儀が中央に出兵を要請し、軍事的展開を整える中で、その次の段階〔として実行されたの〕がすなわち軍事的鎮

圧であった。だが、「鎮圧」とはいったいいつ始まったものであったのか。現在のところ一般的には、三月八日に中央軍が台湾に上陸してから、北部から南部へと順次鎮圧が展開された、と誤解されている。[66]しかし、もし「鎮圧」の定義が不特定の市民に対する武力行使、或いはそれによる抑圧や、政治的服従という目的を遂げることを意味するものであるのだとすれば、前述のように、実は事件の始めから陳儀はすぐさま台北地区の武力鎮圧を企てていたのである。その後、新竹・嘉義・屏東などの各地でも憲兵が発砲して民衆を銃殺するという事件が発生しているが、これらの「鎮圧」の特徴は、いずれも臨時的、局所的で、「散発的な鎮圧」と言うべきものであった。しかし、〔全面的な鎮圧という〕まさにその目的を遂げていないということから言えば、だからこそ出兵の要請と軍の展開とが必要だったのであり、実際に大規模な全面的鎮圧が展開されたのである。「台湾省警備総司令部綏靖計画」の「方針」の中では次のように述べられている――「第二十一師団の到着を待ちながら、前もって基隆・台北・新竹の防衛任務を強固にしておき、順次中南部に鎮撫作戦を展開し、秩序を回復することとする。四月中旬までにこの任務を完了する予定である」[67]。陳儀政府の元々の計画は、中央の援軍が到着した後に、北から南にかけて一つ一つ抵抗勢力を掃討することであったが、実際の軍事的展開は、むしろこの「方針」とは異なるものであった、ということは押さえておく必要がある。

次に、これまでよく「鎮圧」という語で、二二八事件における当局の軍事行動が説明されてきたが、この他に「綏靖（すいせい）」という語で後期の軍事行動が説明されることもある。しかし、もし陳儀政府の軍事行動を細分化してみるならば、「段階」と「本質」の上での違いに気づかされる。そして、それによって使用される「語句」もまた異なってくるのだが、三月一一日に中央の再編第二十一師団が到着した後、その中央軍は逃亡中の抵抗勢力の掃討という軍事行動に協力しており、それらは常に「綏靖（すいせい）」の語で称されてきた。そして三月二一日以後、連座法によって、狙い撃ちした人間を恣意的に逮捕していったことは、通常「清郷（せいごう）」と称されている。ただし、前述の「散発的な鎮圧」とは異なり、三月六日から一〇日間の軍事行動は、全面的な、また無警告・無差別の殺戮であった。それは民衆に極大の恐怖をもたらしたというその特徴から言えば、性質上「綏靖」「清郷」とは全く異なるものであり、「鎮圧」という語がその意義を最も正しく捉えていると言える。そこで、「鎮圧」と「綏靖」・「清郷」とを根本的に区分した上で、それぞれを異なる軍事行動の段階に位置づけておくこととする。

## (一) 全面的な鎮圧は高雄から始まった

陳儀の元の計画は、全面的な軍事行動であり、中央軍の到着を待ってそれを展開することであったが、予想外であったのは、高雄ではむしろ三月六日に前倒しして展開されたことである。[68] しかし、高雄の鎮圧については、彭孟緝が「台湾省二二八事件回想録」において意図的に事実を捻じ曲げ、後世の人々の誤解を誘っていることから、関連事実をここで改めてはっきりさせておく必要がある。

三日夜八時頃、高雄で、民衆が市警局局長・童葆昭と専売分局長・宓如卓などの人物を殴打し、市警局の自動車を焼き払って憲兵隊を包囲するといった事件が起こり、市街区の雰囲気は緊張状態へと転じた。[69] 前述の彭孟緝の「寅支(三月四日)未電」の中でもこのことが報告されているが、「高雄市街区の情況については、今なお騒動が続いており、小職は政治的な方法で対処することに決めました。市政府・市参議会と合同で秩序を安定させ、善後策を講じているところです」と述べられている。翌(五)日、彼はまた「寅微(三月五日)戌参電」で陳儀に対して、その後の経過を次のように報告している、

急電、台北・陳兼任総司令、六二二六密、寅支(三月四日)の電文につきましては、既に正式に進上いたしました。(一)事変は日増しに拡大しており、なんと公選された代表が憲兵隊のところまでやって来て武器を引き渡すよう威嚇してきたのですが、許隊長が拒絶いたしました。支(四日)夜、当該隊が包囲攻撃を受け、夜間には思うようにはいきませんでしたが、明け方には包囲を突破し本部に集結することができました。(二)この間、政府は黄市長と台湾省籍の官僚を除き、すでに暴徒の手に落ちてしまっております。(三)小職は現在、壽山・崗山・岨(按ずるに亀か)山・丰山(按ずるに半屏山か)などの市街地区の要所、及び

それぞれの重要な倉庫の保守を試みているところでありります。良民と暴徒とを区別し、撲滅するのは困難であるため、速やかに有効な解決方法を謀っていただきたく存じます。（四）今日、黄市長と何とか面談することができました。政治的方法による問題の解決を共に謀りました。以上の点につきご指示の電文を頂戴したく存じます。小職、彭孟緝　寅微戌参印。

（警備総部により三月七日に訳出、三月七日一〇時三〇分に進上閲覧。書面により「断固として処置せよ。儀。三、七」と指示）。[70]

これらの電文の報告の中には幾つかポイントとなるところがある。三日に「高雄市街区で騒乱が始まり、憲兵隊が包囲され」、四日には「高雄市街区は今なお騒乱が続いている」、「市役所市参議会と合同で処理する」、「憲兵隊が武器を引き渡すよう脅迫され、当該隊が包囲攻撃を受けた」、「良民と暴徒を区別して撲滅するのは困難である」、「政治的方法で決する」〔など〕とある。上述のポイントの中で、「憲兵隊事件」がその中の焦点となるのだが、その事件の真相はいかなるものであったのか。電文はしばしば「政治的方法」の意義に言及するがそれはいったい何を意味するものであったのか。「良民と暴徒とを区別して撲滅するのは困難である」という事実はまたいかなるものであったのか。これらの問題について、「憲兵隊事件」を手がかりに徹底的な究明を試みてみたい。

彭孟緝は「なんと公選された代表が憲兵隊のところまでやって来て武器を引き渡すよう威嚇してきたのですが、許隊長が拒絶いたしました。支（四日）夜、当該隊が包囲攻撃を受け、夜間には思うようにはいきませんでした」と言っているが、それはつまり四日に高雄市街区（現在の塩埕区）において、「公選された代表」が憲兵隊に銃を引き渡すよう脅し、当該隊を攻撃した、という事件が起こったことを指している。しかし、民間資料によると、情況はむしろそれとは大きく異なるものであったことがわかる。『国声報』の三月五日の「号外」で、「憲兵隊が機銃掃射の準備をするも、派遣された三代表と折衝、軍・警察は撤退し、兵舎へと帰還することを決定」という見出しの記事が報道されているが、その中では具体的に以下のように述べられている、

［本紙報道］四日午前十時頃、及び同日二時頃、何度も銃声があり、市民に死傷者が出た。他方で憲兵隊は機関銃を準備し全市街区に照準を合わせている。ゆえに高雄市内の情勢は緊迫の観が漂っている。本市市民代表大会が開かれ、席上で事態の収拾について の根本的な対策を立てることとなり、市民代表大会は黄仲圖・陳啓川・林建論の三名を代表として高雄要塞本部に派遣して折衝を行うこととなった。そこで三代表は午後二時頃、自動車で高雄要塞を訪れ、要塞司令部で、要塞・憲兵の両代表と膝を交えて談判を行った。その結果として次のような対策が取られることが決定された。

一、軍・警察は即時撤退し兵舎へ帰還すること（ただし、武装解除はしない）

二、民衆は冷静になって再び事を起こしてはならない。

［続報］高雄市内の厳重な情勢の中、ちょうどアメリカから本市に来ていた連合国救済復興機関（ＵＮＲＲＡ）の職員（その名は逸す）が、四日単独で高雄憲兵分隊を訪れ、今回の事件に関し、発砲して民衆を威嚇することをやめ、平和的な方法で事態の収拾をはかるよう責任者に要望を伝えた。また転じて本市連絡本部を訪問し、民衆が軽挙に走ることのないよう民衆の代表に要望することにもなった。その一言一言は、心の底から出てきたもので大いに好感がもてるものであったという。[71]

この報道からわかるのは、三日と四日に軍人が市民に向けて発砲し、死傷者が出た件[72]で、全市の情勢が緊迫していたということである。軍民対立の問題を解決するため、市民代表は会議を開き、市長・議長などに対して、軍の側と解決方法を協議することを要望したが、彭孟緝の「寅支（三月四日）未電」の中に見られる、「市政府・市参議会と合同で秩序を安定させ、善後策を処理しているところ」という文言は、すなわちこのことを指したものであると見られる。

「号外」の報道の中で言及されている民間の要望というのは、「軍・警察は即時撤退し兵舎へ帰還すること、ただし、武装解除はしない」ということで、この点は、彭孟緝がいう「武装解除するように脅す」というのとは全く異なっているが、民間の要求は実現しなかったらしく、そのために市政府と軍の交渉以外に、市長の黄仲圖は救済復興機関の職員にも交渉の協力を頼んでいるのである。

このことについては連合国救済復興機関の職員、シャックルトン（A. J. Shackleton）〔漢字名：薛禮同〕の報告書の中で明らかにされている〔なお、シャックルトンの出身はアメリカではなく、ニュージーランド〔訳注〕〕。そのあらましは以下の通りである――三日早朝、機関銃を携帯した約三〇人の兵士が市街地区へ行進する騒々しい声で〔シャックルトンは〕目が覚めた。夜には銃声が聞こえ、そして群衆が外省人を殴ろうとホテルへと向かったが、この時には外省人はもうみんな逃げたあとだった。百ヤード先の警察局の前で、物を焼き払っている光景を見た。[73] 四日には、憲兵が建物の最上階に機関銃を設置し、市街地区全域を見渡しており、情況は緊迫していた。シャックルトンは市長の黄仲圖の要請を受け、軍へ出向いて「停戦」（cease fire）の交渉を行った。交渉場所は、市政府の斜め向かいの憲兵隊（the Chinese Military Head quarter）であった。その時、建物の屋上にはライフル銃と機関銃を手にした厳重装備の兵士が多くいた。[74] シャックルトンが到着する前に、二人の台湾人が前後して憲兵隊に赴いて説得を試みたが、一人目は負傷させられ、二人目は殺害された。シャックルトンが市役所から数百ヤード先の憲兵隊へと出向いた時、兵士に銃で照準を合わされた。会談の時、双方の感情は非常に緊迫しており、しかも言語の問題によって、そのプロセスは順調にはいかなかった。この時、突然、外からライフル銃と機関銃の銃声がひとしきり鳴り響き、中の人はあわてて身を隠した。静かになってから、シャックルトンは大胆にも外に出ていって事の次第を調べたが、民衆が憲兵隊への攻撃を企てたといういかなる痕跡も目にすることはなかった。逆に目にしたのは、太ももに被弾した一人の台湾人女子であった。そしてこの銃撃事件のため、会談は中止となった。[75]

シャックルトンの報告書の中で言及されている、軍人による二度の発砲死傷事件というのは、まさに前述の『国声報』「号外」における「〔四日〕午前十時頃、及び同日二時頃、何度も銃声があり、市民に死傷者が出た」という記事と符節を合わせている。シャックルトンが経験したのは、「二時頃」に起こった銃声の方である。しかしながら、彭孟緝が言うところの「銃を引き渡すよう脅されたが、許隊長が拒絶した」という事実はなく、民間と彭孟緝の間の説明には、大きな矛盾があることがわかる。

シャックルトンの会談の結果からはっきりするのは、憲兵隊事件が実際には未解決のまま棚上げにされたということである。また、「寅微（三月五日）戌参電」が言うところの「当該隊が包囲攻撃を受けたが、夜間には思うようにはいきませんでした」というのが、もし事実であったとするならば、『国声報』が伝える「軍・警は即時撤退し兵舎へ帰還する」という決定は実現されず、憲兵は依然として隊の建物の中に駐留したままであったということになる。翌（五）日、軍人が市民を銃殺するという事件が相次いで発生し、台湾電力電務組の組長・駱好清が出勤途中、要塞の兵士に鼓山路の路上で銃殺された。[76] 二二八事件において、神経が高ぶり軽々しく発砲して殺人を犯す軍人がいたことは、〔確かに〕軍民の対立・衝突の大きな要因となっていたが、そればかりか、〔むしろ〕軍自体が市民の生命・安全の最大の脅威となっていたのである。そのため市長は再び要塞司令部に出向いて解決方法を協議したのだが、「寅微（三月五日）戌参電」の中で言及される「今（五）日、黄市長と何とかして面談し、政治的方法でこのことを解決すべく協議した」というのは、このことと関連していると見られる。

前述、憲兵隊が発砲し市民を死傷させたことで、市長の黄仲圖、副議長の林建論などの人物が要塞司令部に出向き、平和的に解決すべく協議を行うことになったのだが、このことについて、彭孟緝は回想録の中で次のように記述している、

> 三月五日午後二時、暴徒、凃光明・范滄榕・曾豊明などが、凃光明をリーダーとして、高雄市長の黄仲圖、議長の彭清靠、副議長の林建論、電力会社社長の李佛續などを脅迫し、私と「平和的な方法」を協議するために、ともに壽山司令部にやってきた。彼らの要求は、私に無条件に駐屯兵を撤退させること、地域の治安と社会秩序を所謂「学生軍」によって担わせることであった。でたらめな言葉、身の程知らずの態度。
>
> 私は彼らと協議することがいかなる結果ももたら

しはしないことをはっきりとわかっていた。しかし、私はちょうど密かに力を尽くして〔鎮圧作戦の〕準備を進めているところであったので、七日の夜明けに全面的な行動を開始することに決め、また機密を守るためにわざと弱々しく見せたり、いいかげんに議論を引き延ばしたりして、彼らの出した要求が考慮に値するものであることを示唆しつつ、彼らには戻ってもう一度皆の意見を求め、さらに具体的で実行可能な適切な方法を協議してくるよう要求し、次の〔六〕日に、もう一度司令部に来ていっしょに協議することを約束した。彼らのあのような国家を眼中に入れないような、出鱈目かつ理不尽な、違法な要求を耳にした後で、私は、武力を用いなければ〔もはや〕叛乱を平定することはできない、という信念をますます強くすることとなった。そこで所謂平和的な代表はその場を離れていき、さらにその夜のうちに綿密に行動計画を策定し、翌日、参謀長に命じて各部隊を率いて地形の偵察に向かわせた。[77]

上述の内容から明らかなのは、彭孟緝が三月「四日、五日、そして六日」などの異なる日付のうちに、協議した人物や事実を一緒くたにして重複させ、「五日」一日のうちに起きた事件として再編集したことで、関連事実の真相がわからなくなってしまったということである。前述の「寅支（三月四日）未電」や『国声報』の「号外」、シャックルトンの報告書などの資料と照らし合わせてみると、これは「四日」の協議であり、さらに「寅微（三月五日）戌参電」は「五日」の黄仲圖との協議、そして最後の涂光明・范滄榕・曾豐明・李佛續などは「六日」の協議であった。これはもともと異なる三日間の出来事であったのだが、彭孟緝はむしろそれらを同じ日に起こった出来事として〔再〕編集したのである。もしこれが単なる記憶違いの類いではなかったのだとすれば、あきらかに意図的に事実をミスリードしていたことになる。

　もし回想録の中の、これらの度重なる協議の事実を区別してみるならば、四日の協議で結果が出ず、その上、五日に駱好清が銃殺されたことで、黄仲圖がもう一度壽山の要塞に交渉にやって来たことがはっきりする。しかし、この日に彭孟緝は既に「全面的な行動」の準備を「綿密に策定」していた。そして黄仲圖がやって来たその機会を利用して、彭孟緝は逆に市長に対し、「皆の意見を求め、さらに具体的で実行可能な適切な方法を協議してくる」ことを要求し、「次の（六）日にもう一度司令部に来ていっしょに協議することを約束した」のである。明らかに、次の（六）日に市民代表が要塞司令部に協議に出向いたのは、彭孟緝が「約束した」からであった。しかし、これは一つの罠であり、彭孟緝はとっくに「武力を使って叛乱を平定することを固く決めていた」のである。

「その夜のうちに綿密に行動計画を策定し」たということに対応して言えば、同（五）日、彭孟緝はまた錢参謀を派遣して、要塞本部と協議の上で対応の方針を定めている。[78] しかし、事実上、彭孟緝は「協議に頼っていてはかえって事を仕損じることにもなりかねない」[79] ということをさらに強調してもいたのである。ここからわかるのは、ポイントは始めから協議にはなかったということであり、これは落とし穴（＝罠）であって、単に敵をおびき寄せるための手段でしかなかったということである。彭孟緝の本来の意図や目的は、終始、鎮圧にあったのである。同（五）日の夜、彭孟緝は再度前述の「寅微（三月五日）戌参電」を出し、「良民と暴徒とを区別して撲滅するのは困難である」ということを理由に、陳儀に対して「有効な解決」方法の指示を仰いでいる。それは、武力による鎮圧という抜き差しならない状態が間もなくやって来ること、そして、行きがかり上、もはやそうせざるを得ないことを暗示するものであった。

三月六日、彭孟緝との「約束」の下、市民代表は、まもなく事件に平和の光が差し込むことを信じて、市政府の協議に出向いた。それから市長の黄仲圖、議長の彭清靠は、林界・涂光明・范滄榕・曾豊明・李佛續などの代表を率いて壽山に登り、彭孟緝とともに「解決方法」に関する協議を行っている。しかし、彭孟緝は逆にこの機会を利用して、「暗殺者がいる」ことを口実に、既定の計画に従って、壽山の要塞から軍隊を派遣し、一挙に市街区を鎮圧したのである。その中で、特に市政府で会談を行っていた市民代表は、最も残酷な目に遭って殺戮されることになったのである。[80]

彭孟緝は「寅魚（三月六日）電」において、陳儀に対し、鎮圧の経過を次のように報告している、急電。台北・陳警備総司令、六二二六密。（一）高雄の暴徒が平民を銃殺し、機関を占領いたしました、憲兵・警察は職権を行使できず、次から次へと撤退し、本部に入ってきております。小職は、もともと閣下の指示により、不本意ながら譲歩してぐっと我慢して処理してまいりました。本（七）日朝、当該の暴徒の首領が黄市長などを脅迫し、何と小職に対しても鳳山倉庫と武器庫の接収を提示し、同じように武装解除するよう要求すると同時に、なんと銃で暗殺を図ろうと企ててきたのです。小職は、臨機応変に不測の事態を防ぐため、断固たる処置を取らざるを得ませんでした。本（六）日午後二時、市街区域の各要所、例えば市政府・憲兵隊・駅を取り戻し、そして緊急に戒厳令を宣言いたしました。（二）高雄市街区は制御できており、市街区は黄市長に担当させております。憲兵や警察は、小職を通じて整理補充し、すでに元通り、防衛を開始し、任務を遂行しております。商工業者の首脳幹部もすでに復帰し、業務を処理しています。（三）この度の戦役を計上すると、首謀者八名、共謀者百数名を捕縛、重機銃一丁、歩兵銃十三丁、軍刀二本を捕獲いたしました。本部の死傷将兵は十五名です。そして市街区は原状を回復しました。（四）暴徒には全く厳密な組織というものがなく、ひとたび接触しただけで、ただちに崩れ去りました。慎重に調べてみると、今回の事変は完全に扇動から始まったもので、実際の暴徒の実力は、きわめて薄弱です。しかし、地区が広範囲に及ぶため、政府や良民への危害は甚大で、駐屯兵力の増強なくしては、鎮圧の成功も得難いように思われます。中央に打電し、迅速に精鋭部隊の増援を派遣するよう尋ねていただきたく存じます。そうすれば必ずや迎え撃つことができるでしょう。いたずらに協議に頼っていては、かえって事を仕損じることにもなりかねません。（六）小職はすでに鈞命に従い、台湾南部の防衛司令の職に就任しております。どうかご裁可いただきたくお願い申し上げます。小職 彭孟緝、寅魚（三月六日）印。[81]

この電報の中には、何点か明らかにしておかなければならない点がある。まず、彭孟緝は「小職は、もともと閣下の指示により、不本意ながら譲歩してぐっと我慢して処理してまいりました」と言っているが、従前の陳儀が出した各電文からわかるのは、陳儀が彭孟緝に対して「政治的に解決する」ことを要求していたということ、また「防衛司令」に任じて「急変した戦況に対処する」ことや、「ただちに有力な部隊を派遣して進駐し、暴徒に対して奪い取った武器を差し出すよう厳しく命じる」といった強力な行動を取ることを要求していたということであり、六日当日には、さらに彭に対して「特に注意して鳳山の武器庫を守る」[82]ことを要求しているのだが、それらの中には「我慢して処理する」ようなことは一つも見当たらないのである。その次に、電文の中で「暴徒の首領が、黄市長を脅迫」したというのは、さらに事実をひっくり返したものである。市政府が開いた市民代表の会議は、彭孟緝の「約束」に応じて為されたものであったのだが、彭孟緝は、逆に事実をあべこべに捻じ曲げて、これを「暴徒が脅迫した」と言っているのである。

鎮圧行為全体の中では、市政府が最も主要な〔攻略〕目標であったが、そこでの死者はとりわけ凄惨であった。「張秉承より言普誠に上申された、嘉義・高雄・鳳山・屏東等の暴動情況（一九四七・三・二四）に関する代電式報告書」〔代電とは、電報の代用となる略式公文（訳注）〕〔「張秉承上言普誠代電呈報嘉義高雄鳳山屏東等地暴動情況（一九四七・三・二四）」〕の中で次のように言及されている、

……（高雄で）国軍によって掃討された死者数の記録については、当市市政府の中で五十人余り、市政府の入口で七十人余り、駅で七十人余りのほか、三塊厝で百人余り、その他の各地で数十人。……その場で逮捕された暴徒は六百人余りであった。[83]

市政府の死者は市民代表が中心であったが、ここからわかるのは、彭孟緝は会議を利用して罠を仕掛けることで「一網打尽にする」という目的を遂げ、さらに機に乗じて全高雄市を鎮圧したということである。国防部保密局が、鎮圧した市街区の死傷者の状況を報告しているが、市政府における死傷者の深刻さのほかにも、さらに多くの市民が自宅や路上で死亡しており、その中には市政府内で死亡した省籍不明の公務員一二人も含まれているが、女性や子ども、路上の乞食であっても運良く難を逃れるのは難しかった。[84]いわゆる「良民と暴徒を区別して撲

滅するのは困難である」というのは、結果的に、彭孟緝による市街地区に対する無差別殺戮を意味するものとなったのである。しかしながら、黄彰健教授は、逆に彭孟緝の大量殺戮・無差別殺戮の事実をかばうために、意図的に彼が「良民と暴徒を区別した」[85]と言っているのだが、これほど白黒を転倒させたひどい説はないだろう。

「寅魚（三月六日）電」の中で、彭孟緝はまた「暴徒には全く厳密な組織というものがなく、ひとたび接触しただけで、ただちに崩れ去った」と言っているが、鎮圧の過程から知られるのは、彭の要塞本部は抵抗には遭っていなかったものの、彼は丸腰の市民を虐殺したという事実を取り繕うため、むしろ「本部の死傷士官、十五名」と報告していることである。実際には「台湾南部防衛司令部各部門の事変による将兵死傷表」（「台湾南部防衛司令部各単位因事変官兵傷亡表」）において、事件を前後する期間全体の南部防衛司令部の全ての死傷者の状況は、「死者総計十二名、負傷者総計二十六名」で、その中には、通訊聯少尉と憲兵隊将校の死者二例が含まれているが、彼らは鎮圧作戦の中で死亡したわけではなかった。[86]にもかかわらず、彭は「寅哿（三月二〇日）電」の中で「計、負傷将校〈七〉、兵士〈三十六〉、戦死将校〈三〉、兵士〈十一〉。行方不明将校〈一〉、兵士〈七〉」[87]と水増しして報告しているのである。また自分の回想録の中ではさらに事実を改めて「戦闘終結後、部隊の死傷者をまとめると、副中隊長二名、兵士三十四名であった。その中の多くは、市政府を不法占拠した暴徒が屋上に設置した四丁の重機関銃で射殺されたものである」[88]と言っているのだが、彭孟緝の言う自軍が攻撃を受けた状況と死傷者の数字は自己矛盾しており、実際上、信ずるに足るものではない。

電文の報告の中で、「市政府・憲兵隊・駅を取り戻し」と言っているが、これらの場所は事実上そもそも占領されてはいなかったし、とりわけ「憲兵隊」などはそうであった。前述の各資料の中に見られるように、まさに憲兵隊事件が解決していなかったからこそ、四日、五日、六日と相次いで協議が行われたのであり、憲兵隊はそもそも占領などされていなかったのである。[89]彭孟緝の「市政府・憲兵隊・駅」が占領されたというのは、実際のところ、軍事情勢に関する虚偽報告であった。

しかし、鎮圧の過程で、彭孟緝は逆に「守備大隊の陳國儒部隊は、高雄市政府及び憲兵隊の本部に向かって攻撃前進せよ」と命令し、「……四時間の戦闘が経過した後、駅・市政府及び憲兵隊本部は、すべて相前後して取り戻した」[90]と言っている。十分に想像されるのは、要塞部隊が進攻する中にあって、そのまま「憲兵隊本部」にいた武装憲兵が自主的に防衛し、反撃を加えたという状況である。もし「市政府、憲兵隊を」「取り戻す」過程で、本当に将兵が死傷したという事実が発生したのだとするならば、これは決して市政府の機関銃によるものではなく[91]、自軍と憲兵隊とが相互に撃ち合い、味方同士で殺し合った結果であった可能性さえあるのだ。

その他、「二二八事変における反乱の平定」に記載される三月三日の状況及びその処置について言えば、そこには憲兵隊に関して次のような記述がある〔ことも確かめられる〕、

憲兵隊は千人余りの暴徒によって二百メートル先で包囲された。そこで憲兵隊の隊長は指示を仰ぎ、「もし暴徒が本部に突進してきたときには、射撃を開始し自衛することに決した」。迅速に部隊を集めて四列縦隊を作るよう命じ、空中に向かって発砲しながら、壽山方面に向かって突進して包囲網を突破し、幸いに成功した。[92]

しかしこの「三日の撤退」の記述は、その時間にせよ、事実にせよ、民間記録との間だけではなく、彭孟緝の電報の内容とも矛盾している。シャックルトンが記したように、三日の朝には機関銃を携帯した兵士が市街地区に入り、防衛を強化したのであって撤退したのではなく、三日の夕方にはさらに外省人を殴打する事件も発生している。前掲『国声報』の「号外」などで述べられていたように、三月四日には憲兵隊が発砲して市民を死傷させるという事件が発生しているのだが、一連の協議が行われたのはその後であって、その時には「包囲」も撤退も起こってはいなかった。「寅微（三月五日）戌参電」の中で「四日に武装解除を拒絶し、夜間には思いのままにならず」と記されている点についても、四日に「包囲を突破」したわけではなかった。

その次に、実際の地理から見てみても、もし本当に「二百メートル先で包囲された」のだとすれば、憲兵隊は市政府の斜め向かいに位置していたことになる。となると、

「二百メートル先の暴徒」というのは、愛河の対岸にあるか、或いは他の通りの中にあることになり、そもそも「包囲」を構成することはできないはずであるし、もちろん「包囲網を突破する」必要もないことになる。[93] 明らかに「壽山方面に向かって……包囲網を突破し、幸いに成功した」というのは「憲兵隊が占領された」という説に辻褄を合わせるために捏造されたものであり、事実とは言えないのである。

彭孟緝は七日の「寅虞（三月七日）電」の報告において、高雄の鎮圧のその後の状況について次のように報告している、

> 急電、陳兼任総司令、六二二六密、寅魚（三月六日）の電文につきましては、既に正式に進上いたしました。（一）高雄の変乱は平定し、ただいま善後策の処理をしているところで、もう間もなくしたら厳戒を緩めるつもりでおります。（二）鳳山もすでに屈服しましたが、屏東はまだ動乱が続いていると聞いております。高雄の黄県長が今日の正午に本部にやって来たので、政治的方法によって処理するように直接頼んでおきました。もし高雄の教訓を鑑とすることができれば、無事をご報告することができるでしょう。詳細な情報は継続して上申いたします。小職 彭孟緝 拝、寅虞（三月七日）密蒖印。[94]

文中の「高雄の黄県長」とは「黄達平」を指す。[95] 彭孟緝は再度「政治的方法によって処理する」ことを強調し、「もし高雄の教訓を鑑とすることができれば、無事をご報告することができる」と言っているのだが、ここで、高雄の教訓という「政治的方法」で処理せよと言うのは、「軍事的鎮圧」を手助けするための罠を仕掛けよ、ということを別の言葉で言い換えたものに過ぎない。

この時、陳儀はもう一つ、聯勤供応局・李進徳の「寅虞（三月七日）午参電」の報告に接している。それは六日の鎮圧と先日の多くの倉庫の衝突状況に関するものであった。[96] ただし、彭孟緝の鎮圧は、間違いなく、武器庫が強奪されるかもしれないという、陳儀の最も心配していた不安・焦りを解くものであった。そのため、前述の彭の「寅微（三月五日）戌参電」に対して、陳儀は七日に受け取ったあとに、ただちに「断固たる処置」の指

示を出し、その後で、もう一度「寅虞（三月七日）亥総戦電」を出し、彭孟緝を褒め、励ましているのである。その内容は以下の通りである、

> 打電。即刻、高雄彭司令、寅魚の電文、確かに拝受した。六二二六密、機密。貴官の処置は適切であり、本当によくやってくれた。死傷した将兵については、優先的に医療補償を与えることとされたい。また積極的に奸賊分子を捜査逮捕し、あわせて何連隊に命じて迅速に屏東を取り戻されたい。また貴司令部は迅速に台南・嘉義へ増援を送り（嘉義駐屯軍は現在飛行場にて苦戦しており、急ぎ救援に向かわねばならない）、南部を強化すること。暴動を企てるようなことがあれば、ただちに、まず首謀者を死刑に処し、次いでその他のものの処罰に及ぶこと。立案の処理方法は非常に適切であり、（関連諸事についても）ただちに鋭意準備中である。その旨特に返信する。陳〇、寅虞（三月七日）亥総戦（一）。[97]

「貴官の処置は適切であり、本当によくやってくれた」という記述からわかるのは、陳儀が彭孟緝の鎮圧行動に対して大いに賛同していたということである。そして称賛・激励するというだけでなく、彼はさらに彭孟緝に対して勝利に乗じて躊躇なく追撃し、台南・嘉義に増援を派遣して南部の守りを強化することを求めている。その上で、さらに「捕虜は人質とすべし。もし再び暴動を企てるようなことがあれば、ただちに、まず首謀者を死刑に処し、次いでその他のものの処罰に及ぶこと」という指示を出している。陳儀にとって、南部防衛司令は戦局構成の中の一つでしかなかったが、高雄の鎮圧は初めての目に見える勝利であった。それに引き続き、「南部防衛司令」彭孟緝に一連の南部鎮圧作戦を展開するよう命じているのだが、紙幅の都合上、後続の鎮圧過程の詳細については、省略することとする。[98]そして、南部の鎮圧の後すぐさま北部の鎮圧が展開されるのである。

高雄の鎮圧について、彭孟緝は回想録の中で、陳儀が当初、次のような厳しい返電を送ってきたと言っている――「今回の不幸な事件については、政治的な方法に従って解決しなければならない。聞くところに拠ると高雄では連日さまざまな事件が起こっているという。特に憂う

ところである。急電が到着したらただちに撤兵し、兵舎へ帰還の上、治安を回復し、規律を遵守せよ。謝東閔代表が到着したら、善後策を協議されたい。さもなくば当該員が本事件の騒動を引き起こした責任を負わなければならない」[99]。しかし、この点は意図的に歪曲されたものであり、事実と矛盾している〔と見られる〕。そのため、この電文の内容についてはさらに明確に検証しておく必要がある。

この「陳儀の電文」は彭孟緝が偽造したものである。以下に、その理由を挙げて説明しておきたい。第一に、この「陳儀の電文」は、彭孟緝の回想録の中にのみ見えるものであり、一次資料とは言えないということ。また、その他のファイルの中に、この「電文」の存在と呼応し、〔その実在を〕証明することができるようなものも存在しない。歴史学の方法論から言えば、これは事後的に偽造された「二次資料」であって、証拠能力についても信憑性があるとは言えない。第二に、この虚構電文と前述のファイルの中の彭孟緝の「寅魚（三月六日）電」の内容とを比較対照すれば、両者の違いはきわめて大きく、回想録の中のこの電文が信ずるに値しないものであることが明らかとなる。第三に、回想録によると、「寅魚（三月六日）電」で高雄鎮圧の報告を行った後、真夜中に陳儀から「撤兵し、兵舎に帰還せよ」という電文を受け取ったという。しかし、実際には、前述の通り、彭孟緝が「寅微（三月五日）戌参電」で「良民と暴徒とを区別し、撲滅するのは困難である」という問題を報告した際、当該電文は「警備総部により三月七日に訳出、三月七日一〇時三〇分に進上閲覧。書面により「断固として処置せよ」と指示」とある。この後（七日）になって、陳儀はようやく彭の「寅魚（三月六日）電」で高雄鎮圧の報告を受けているのである。それからその夜のうちに陳儀は直ちに「本当によくやってくれた」という「寅虞（三月七日）亥総戦電」を彭孟緝に出している。〔その上で〕これらの電報を受け取った時間と、訳出した時間とを並べてみると、彭孟緝が言うところの「六日の夜中に陳儀が「撤兵し、兵舎へ帰還せよ」という電報を出した」という一件はありえないことになる。第四に、回想録によると、七日四時の陳儀への電報で「虞（三月七日）電、拝誦いたしました。もちろん命に従います。政治的な方法で事件の解決を図ることができない以上、軍事作戦への移行については一日たりともゆっくりと待ってなどいられないでしょう……」[100]と進上したとある。ここで言及される「虞（三月七日）電」は、陳儀が彭孟緝に「撤兵し、兵舎へ帰還せよ」と命令したとされる電報であるが、実際には陳儀の「虞（三月七日）電」の内容はむしろ「本当によくやってくれた」というもので、「撤兵し、兵舎へ帰還せよ」というものではなかった。第五に、偽造電文の中で「（六日夜）謝東閔代表を派遣すること」に言及しているが、実際に謝東閔の高雄派遣は、七日の夜に決定したもので[101]、六日の夜ではない。これは陳儀が「本当によくやってくれた」という電報を出した後のことである。第六に、彭孟緝はまた、八日に屏東・旗山を取り戻した時にはまだ勝利を知らせる電報は出しておらず、この時にはじめて警備総部からの「本当によくやってくれた」という電文を受け取ったと言っている。[102]しかし、前述のように、実際には陳儀は早くも七日夜には「本当によくやってくれた」という「寅虞（三月七日）亥総戦電」を出している。七日の朝に陳儀が「断固たる処置」を文書で指示したことと、夜に「本当によくやってくれた」という電文を出したことは、一連なりになっているのである。しかし、事実を歪曲するために、彭孟緝は、故意に七日の陳儀の「本当によくやってくれた」という電文を、八日に出されたものとして改竄したのである。

ファイルの電文と対照させてみれば、彭孟緝の回想録の中には事実と食い違うところが多く含まれていることに気づかされる。紙幅の関係からその一一を挙げることはできないが、歴史学の「考証」的な角度から言えば、回想録の「電文」と事実との間には矛盾があり、彭孟緝の意図的な歪曲はまさに突出したものであると言える。

彭孟緝の目的は、陳儀の「軟弱さ」や「優柔不断さ」というイメージを造形しつつ、自らの「将、外に在りては、君命を受けず」（『普書』帝紀一「将在軍、君令有所不受」など見られる一種の慣用表現（訳注））、「独り其の是なるを行う」（他人の意見を考慮に入れず、ただ自分の考えのままに行動すること（訳注））という専断的な犯罪行為を合理化・英雄化すること、そしてさらに国民党政府による、「鎮圧」は「受動的」であった、とする説と辻褄を合わせることにあった。[103]「鎮圧」は事前に命令を受けたものではなかったが、「急変した戦況」の発生に対処すること自体、そもそも陳儀が彭孟緝を防衛司令に任命した目的であったし、彭孟緝の「鎮圧」は、陳儀の南部地区に対する不安・焦りを解決するものでもあった。そのため、事後ただちに承認・肯定され、陳儀は彭孟緝の「鎮圧」に対していかなる躊躇いも揺らぎも示さなかったのである。

上述の高雄の鎮圧は、決して偶発的なものでも突発的なものでもなく、彭孟緝の「綿密な計画」の下で為されたものであった。事前の計画や経路の現地調査を含め、会議を開いて壽山で協議するよう代表を誘い出すという罠を仕掛けたり、「軍事情勢の虚偽報告」を行いつつ、そもそも占拠すらされていなかった「市政府、憲兵隊、駅」にわざわざ進攻したりもした。そして「良民と暴徒とを区別し、撲滅するのが困難である」ことを理由にエリート粛清という鎮圧を行ったことをごまかしたのである。そして無差別殺戮はさらに公務員や市民へと拡大し、多数の市民が道端やさらには自宅の中でも殺され[104]、また自軍の軍人が互いに銃口を向けて発砲し合い、多数の死傷者を出すまでにもなったのである。この他にも、逮捕された被疑者に対する虐待も行われ、例えば、弁護士・王清佐は家の中で逮捕されたが、木の上に吊るし上げられ、鉄条網で両手を後ろ手に縛られて、それによって両手のひらが壊死するといった事例もあった[105]。さらに重要なのは、高雄の鎮圧は、上位機関の命令によるものでも、法的根拠の下に為されたものでも全くなく、彭孟緝個人の恣意に任せて為されたものであったということである。これは一種の厳重な越権行為、権力濫用、違法行為であり、そこに正当性と言うべきものは全くなかった。

国内法か、戦争法（戦時国際法）かを問わず、彭孟緝の鎮圧はもはや、一人の地区防衛司令の職務において執行可能な権限の範囲を大幅に超過し、「人道に反する大量虐殺」という犯罪行為に属するものであった。これは人々に激しい怒りを覚えさせる犯罪行為であったが、未だに国民党政府の制止も制裁も受けていないというばかりでなく、彭孟緝はかえって表彰と抜擢とを常に享受してきたのである。これこそが二二八事件における最も不公不義のところに他ならない。そして、その後の基隆と台北地区の鎮圧においても、同じように、彭孟緝による違法な権力濫用的な犯罪行為と同様の行為が繰り返されるのを目の当たりにすることになるのである。

## （二）北部地区（基隆・台北）の鎮圧

「台湾省警備総司令部綏靖計画」の中で、陳儀のもともとの計画は、「第二十一師団の到着を待ちつつ、前もって基隆・台北・新竹の防衛任務を固め、中南部へ向かって順次綏靖作戦を展開する」というものであった。しかし、高雄が鎮圧されると、台北方面への圧力も大いに軽減されることになった。そのため、再編第二十一師団が到着する前に、鎮圧の主導権を掌握するため、陳儀は、三月八日から全台湾で鎮圧を開始したのである。例えば、屏東・台南・嘉義といった南部地区は、前述のように、高雄の鎮圧に引き続き、彭孟緝によって展開された。北部方面では、台北鎮圧の主力は、憲兵第四連隊の張慕陶が担当し、基隆・宜蘭などの鎮圧は、基隆要塞司令の史宏熹が担当した。

まずは、基隆の鎮圧について、三月八日の「台湾二二八事変基隆地区綏靖報告書」の内容から指摘しておく。

> 三月八日……この日、憲兵第二十一連隊の一大隊が基隆に到着し、一中隊を本部の指揮に帰属させるようにとの指示を受け、それによって本地区の防衛任務はさらに強固なものとなった。午後十一時、陳総司令の寅齊（三月八日）申総戦一の電文の命令を受けた。[106]

この報告書によると、中央憲兵の一大隊が三月八日に基隆に到着した後、その日の夜一一時に命令を受け、鎮圧を開始したという。しかし、実際に憲兵が基隆に到着したのは、実は夜間であり[107]、一中隊を要塞の指揮に帰属させたのは九日以後で[108]、基隆市街区の鎮圧はむしろこれより早かったのである。

基隆市長・石延漢の「寅灰（三月一〇日）電」において指摘されているところによると、

> 長官公署閣下、寅佳（三月九日）の機密電報、拝誦いたしました。一七八八密。当市は庚（八）日の午後二時、暴徒十人余りによって要塞司令部が攻撃を受けましたが、すでに鎮圧し、あわせて直ちに警戒を開始いたしました。それ以後、現在に至るまで、当市は平穏無事で、市政府及び附属機関は平常通り執務しております。[109]

八日午後二時に基隆の鎮圧が始まったと指摘されているが、この時、中央憲兵の一大隊はまだ到着していない。その他、鎮圧後から「現在（一〇日）に至るまで」基隆は常に「平穏無事」であったとされているのだが、史宏熹の「寅佳（三月九日）丑電」の中では、逆に次のように述べられている。

即刻、台北公署・陳長官、六二二六密。基隆の暴徒が虞（七）日の夜、本部を奇襲し、哨兵一名が重傷を負いましたこと、すでに寅齊（三月八日）の電文でご報告申し上げました。齊の午後二時、暴徒は大勢の人を集め、さらに本司令部に奇襲を仕掛けて、衛門に迫り、機関銃や手榴弾を用いて砲撃・威嚇してから四散し、本部の哨兵が負傷いたしましたが、このように何度も攻撃を繰り返してきたことで、必然的に将兵の怒りを昂ぶらせることになり、よからぬ結果を醸成することとなってしまいました。もしさらに戦乱が激しく起こるようなことがあれば、基隆の全区域が塗炭の苦しみを被ることになるでしょう。ただし、本部がその責任の一切を負うのは難しいかと存じます。どうか処理委員会にお伝えいただき、また暴徒にもはっきりと知らせていただきたく存じます。小職・史宏熹、寅佳（三月九日）丑参戦印。[110]

この中の「このように何度も攻撃を繰り返してきたことで、必然的に将兵の怒りを昂ぶらせることになり、よからぬ結果を醸成することとなってしまいました。もし今後もさらに戦乱が激しく起こるようなことがあれば、基隆の全区域が塗炭の苦しみを被ることになるでしょう。ただし、本部がその責任の一切を負うのは難しいかと存じます」という文意は、八日当時に基隆要塞が再三にわたってじっと耐え忍びながら、未だ出兵・鎮圧を行っていなかったかのような誤解を与えかねない。史宏熹と石延漢の報告には内容が合致しないところがあるのだが、外国人の目撃証言によると、基隆の鎮圧の様子は、「三月八日午後、基隆の外国商人は埠頭から機関銃の銃声が聞こえてきてびっくり仰天した。銃声はだんだんこちらに向かって響き渡るようになり、すぐに街路沿いに市街区へ進入してきた」[111]というものであった。イギリス領事館の職員は、「三月八日午後二時から、国民党軍がライフル銃と自動小銃で無差別に掃射し、二時間もそれが続いた」[112]と指摘しているが、これは石延漢が言っていることと合致している。

この他、陳儀が史宏熹に出した「寅齊（三月八日）総戦電」では次のように述べられている、

即刻、基隆要塞・史司令、六二二六密、極秘機密。調査に拠ると、近頃、北部の暴徒と奸賊が合流し、その活動は日に日に激しさを増しているという。早く処置しなければ、必ずや後顧の憂いとなるであろう。基隆地区方面については、適切に軍を布置されたい。基隆区間の鉄道は必要とあらば破壊し、港の埠頭はさらに全力で制御しなければならない。兼総司令・陳〇、寅齊（三月八日）申総戦（一）[113]。

陳儀の中の時刻（午後五、六時）の電文は、史宏熹に対して、「基隆区の方面に適切に軍を布置」し、中央軍が上陸する際の障礙を排除することを命じたものである。しかし、史宏熹は早くも午後二時には基隆を鎮圧しており、当日の深夜に中央軍が上陸する上で行動の障礙となるものは、すでに前もって排除していたのである[114]。史宏熹の「佳（九）電」では、自ら鎮圧を拡大させたことについて、意図的に「もしさらに戦乱が激しく起こるようなことがあれば、……本部がその責任の一切を負うのは難しい」と釈明している。これは命令を受けないまま、自らの判断で市街区の鎮圧を行ったことについて、責任を逃れる余地を残しておくためであったと考えられる。

中央軍の上陸を援護するための鎮圧はさらに数日間続いたが、「基隆市「二二八」事変の日誌」の中では、次のように言及されている、

（三月十日）本日、国軍が上陸した。奸徒が上陸を邪魔し、抵抗するのを防ぐため、発砲して鎮圧した。全市で死者数十人を数え、前後数日の死者は百人余りを数えた[115]。

上述のように、中央軍の上陸を援護するために数日続いた鎮圧の中で、基隆市民に対する無差別の虐殺が実行され、数日間ではやくも百人余りの数にも達していた。

それだけではなく、「基隆市「二二八」事変の日誌」で

はさらにこう述べられている、

> 暴徒を逮捕する機関、警察・憲兵・供応局・司令部などでは、半殺し、秘密裏の私刑（「密裁」）、拘禁などが等しからず起こったので、それによって一般民衆は恐れ慄いて逃げ出していった。[116]

各機関が逮捕者の中から恣意的に「半殺し、秘密裏の私刑」などを行うことができたという記述から、基隆の軍・憲兵の鎮圧や逮捕が、全く法的拘束を受けるものではなかったことが窺われる。

同様に、中央が派遣した憲兵の一大隊がまだ基隆に到着していないうちに、陳儀は事前に台北地区でも鎮圧を展開している。「陳儀より蒋主席に上申せる三月佳（九日）電」の中で、彼はこう報告している、

> （前略）（一）齊（八日）夜十時以降、暴徒が台北円山町の一帯を襲撃、一時間の激戦のすえ撃退いたしました。（二）本公署及び総司令部も奇襲されましたが、反撃して撃退いたしました。市内街路は、どこも騒乱が起きております。（三）憲兵の第二十一連隊・第四連隊の各々一大隊がすでに齊（八日）の夜、基隆に上陸しております。今日の明け方、第五中隊が台北に進駐し、残りは基隆に留まっております。謹んで命を拝聴いたします。小職・陳儀、寅佳（三月九日）午署機印。[117]

台北の鎮圧は、八日の夜に始まったが、陳儀の報告書では「十時以降」とある。外国人の目撃証言はおよそ「夕食後」[118]となっているが、いずれにせよ、明らかに中央の支援した憲兵隊がまだ上陸する前のことであり、陳儀は先を争って鎮圧し、情勢を掌握しようとしていたのである。

台北で鎮圧が始まってから、同時に陳儀は正式に基隆の史宏熹に対して全面的な鎮圧を展開するよう命令を下している。陳儀の「寅齊（三月八日）（二四）時総戦電」では次のように述べられている、

> 打電。即刻、基隆要塞・史司令、六二二六密。今晩（一一）時、暴徒が本部の周囲を襲撃してきた。撃退した

が、計画性のある行動のようであり、明け方に動きがあると判断した。憲兵に伝令されたい。ただちに徒歩で台北に向かって捜索しつつ速やかに台北市街に進入し、明け方までには旭町の総本部に到着されたい。異常事態に遭遇した場合は、ただちに内外から挟み撃ちにし、暴徒を壊滅しなければならない。兼総司令陳〇、寅齊（三月八日）（二四）時総戦。[119]

これは陳儀が鎮圧の命令を下したものと見ることができるが、史宏熹の率いる部隊と陳儀の兵力によって、「内外から挟み撃ちにし」て台北を鎮圧したことで、八日の夜から九日の早朝にかけて、台北地区は「銃声が絶えない」恐怖の世界に陥ったのであった。[120]

台北では夜通し、恐怖の鎮圧が続き、九日朝になってようやく陳儀は戒厳令を出した。その命令の内容は以下の通りである、

調査によると、奸徒はここ数日、さらにまた憚ること無く攪乱し、遂には暴動を企て、その反乱の目的を遂げようとしている。ここに本省の治安を強固にするため、本（九）日六時から、台北・基隆において戒厳を実施することとする。……[121]

前述の「台湾省警備総司令部綏靖計画」の「指導要領」の中には次のようにある、

上陸部隊の行動の安全と秘密を守るため、九日の明け方、南部の奸賊が台北に侵入するという行動があることをもって、全省に臨時の戒厳令と交通管制の実施を宣布する予定である。[122]

ここから知られるのは、警備総司令部がもともと計画していたのは、「南部の奸賊が台北に侵入する」ことを口実として、全省に戒厳令を宣布し、さらに鎮圧することであったが、しかし、実際には「九日の明け方」を待たずして、高雄・基隆、そして台北などでは早くから鎮圧が展開されており、その後しばらく経ってから初めて戒厳令が宣布されたのである。このような「先に殺戮を実行しておいてから、その後に戒厳令を敷く」という形式で行われた鎮圧は、非武装の市民に対する殺害を最大

規模で成し遂げるものであったが、同時に当局の残酷な本質をはっきりと露出させるものでもあった。

その後、陳儀は再び「寅青（三月九日）午総戦（一）電」を史宏熹に出している。その内容は以下の通りである、

> 打電。即刻、基隆史司令、寅佳（三月九日）丑参戦、寅齊（八）参戦電、いずれも受領した。六二二六密。即刻。自主的に暴徒・奸賊を捜査逮捕し、法律に従って処罰されたい。そして常に武装して警邏し、鎮圧の上、善良な市民への慰撫・宣伝を強化されたい。早期に秩序を回復することが肝要である。陳○、寅青（三月九日）午総戦（一）。[123]

「武装して警邏し、鎮圧」せよ、というのは、たとえそれが戒厳令を発布したからなのだとしても、街頭では依然として銃声が響くような状況が続いていた、ということである。とりわけ台湾〔本省〕人の〔多く〕居住する万華区のような密集したところでは、一晩中銃声がやむことはなかった。[124]『文匯報』三月一三日の「各地の情報」の「台湾の動乱」という文章では、九日と一〇日、国民党政府が軍に報復的な鎮圧を実行させていたその情況が以下のように記載されている。

> ……九日、十日の両日、〔台湾は〕本省の民衆にとって恐怖の世界へと一変した。当局は公然と憚ること無く人を捕らえ、その指導者たちを一斉に逮捕した。軍の中には、上海を出発する際に、台湾で外省人がすでにどれだけ殺されたとか、甚だしきに至っては皆殺しにされたなどという知らせを耳にしたものさえおり、そのため彼らはいっそう「殺意」を奮い立たせて銃を発砲し、「格殺無論」〔犯罪者をその場で殺害しても罪に問われないこと。切り捨て御免（訳注）〕を為し、得意満面にして異国を征服するかのようでさえあった。そのため善良な本省の人々の中には無実のまま殺害されたものも多くいた。十一日から、当局は軍が勝手に発砲することを禁じ、また口実を設けて良民を検問・侮辱したり、或いは機に乗じて強姦・略奪したりしてはならないという指示も出されたが、その中にあっても、われわれは、九日・十日の両日に彼らの天下がどれほど「自由」であったのかについ

て容易に窺い知ることができる。……[125]

前述の「基隆市「二二八」事変の日誌」の記載は、この報道の内容を裏付けるものであるが、ここで指摘されている、九日と一〇日における国民党軍の鎮圧の残虐さや凶暴さは、前述の当局の「外省人虐殺の虚偽情報」の扇動を受けたものであり、台湾人に対して行われた報復的な虐殺であったのである。

### (三) その他の地区（新竹・澎湖・中部と花蓮・台東地区）

高雄・基隆と台北地区の市街地区における全面的な鎮圧とは異なり、新竹・中部や花蓮・台東などのその他の地区では、「市街区の鎮圧」の段階を省いて直接「綏靖」の段階に入っていたと見ることができる。それはこれらの地区の中には大規模な駐屯軍が置かれていない地区もあったからだが、さらに重要な要因としては、軍事指揮官の中に、軍隊の行為を「制限」し、むやみに不必要な鎮圧行動を取らないよう努めたものがいた、という点を指摘することができる。中でも新竹と澎湖〔の事例〕については特筆しておかなければならない。まずは新竹地区〔の例〕から説明しておきたい。

三月二日に新竹で、外省人を殴打する事件が発生したが、この時新竹に駐屯する第四連隊の憲兵がただちに市街区に赴き、発砲・鎮圧を行っており、それによって市民に十人余りの死傷者が出ている。[126]その結果三月四日、蘇紹文が新竹に赴任し、新竹防衛司令部が設置され、軍・憲兵・警察を一元的に指揮することとなった。六日には、新竹防衛司令部がただちに公告を発布し、民衆の騒乱行為を強く規制したほか、さらに重要な点としては、同時に軍隊の行為にも規制を加えた、という事実である。その公告の内容とは以下の通りである、

(甲) 軍隊の側の遵守すべき事項

(一) 人民に左記列挙の行動が見られない場合、軍隊は自己裁量で発砲してはならない。違反者は死刑に処す。

(一) 民衆の中で武器を携帯しているもの。

(二) 軍・憲兵・警察の武器を強奪する行為。

(三) 部隊の軍事行動を故意に阻止或いは妨害するもの。

（四）防備地帯の警戒線などの軍用倉庫に侵入する行為。
（五）放火・略奪・傷害、或いは、軍政及び公共機関に侵入する行為。
（二）軍隊は軍政及び公共機関、交通の要衝の警戒を担当するほかは、すべて兵舎或いは臨時兵舎に帰還すること。
（三）憲兵・警察、及び公務により外出しなければならない将兵を除き、軍人の外出はすべて禁止する。[127]

蘇紹文が軍の行動を強く規制したことによって、新竹市街区は平静を取り戻し、再び衝突事件が起こることはなかった。

これと類似した内容は、陳儀の公告の中にも見出すことができるのだが、二二八事件において、軍隊が自己裁量で発砲し、市民を死傷させたことこそが軍民の衝突を招き、混乱をもたらした最も主要な要因であったことは注意しておかなければならない。当時の各地の処理委員会は、軍民間の衝突を解決することが第一であり、そのためには軍人が自己裁量で発砲できないよう規制する必要があり、また地域の秩序は処理委員会に任されるべきである、と考えていた。しかし、処理委員会のこのような主張は、前述の「軍事長官が軍・憲兵・警察を指揮し、治安を担当する」という軍事状態の原則と衝突するだけでなく、後日さらに「国家に反逆し、政権を奪い取ろうとした」として指弾されることにもなった。蘇紹文の布告の重点は、単に民衆の関連行為を禁止しただけではなく[128]、それ以上に重要なのは、軍人の自己裁量の発砲行為を規制するために、「違反者を死刑に処す」としたことであったが、これ以後、新竹地区では市街地区でさらに大きな衝突や鎮圧が起こることはなかったのである。蘇紹文の軍隊に対するコントロールが徹底していたことや、みだりに揉め事を起こさなかったこと、これこそが新竹地区で民衆の虐殺という悲劇が引き起こされなかった最も主要な要因であったと見られるのである。

だが、揉め事が起こるのを避け、鎮圧を行わないという蘇紹文の態度は、かえってその不始末を咎められる結果となった。中央の軍が上陸し、「綏靖」任務の執行を始めた際に、彼はただちに「新竹防衛司令」の職位を解かれただけでなく、さらには「反乱を制圧しようとする政府に協力せず、ついには、台湾籍のため、むやみに台湾人の肩を持った」として告発され、あやうくそのために罪に問われるところであった。[129]

澎湖でも似たような情況が起こった。事件の期間、澎湖要塞司令の史文桂は、「兵士が揉め事を起こすのを恐れて外出を厳禁とした」[130]が、「白崇禧より蒋介石宛ての四月十七日の上申書」〔「白崇禧四月十七日上蒋介石簽呈」〕の中でも「馬公要塞司令・史文桂は、まず警察を武装解除し、事件へ発展するのを未然に防いだ」[131]と述べられている。これに関連した点は、許雪姫教授などの「許整景氏インタビュー記録」の中にも見出すことができる。そのあらましは以下の通りである――「二二八事件の期間、許整景氏はまず銃を回収することで問題が起きないようにすることを提案した。その他、廟の縁日の関係で、頭巾を被っているものが数十人、馬公に参拝しようとしたのだが、軍人は疑心暗鬼になって、草木が敵に見えるほど恐れ慄くような心理状態に陥っており、これを澎湖要塞に進攻しようとする暴徒であると見なし、出兵・鎮圧の準備を始めた。しかし、許整景氏がこの事情をよく理解し、またきちんと説明したので、このような不必要な緊張状態は解かれることになった。陳儀はもともと史文桂に台湾本島に出兵するように要求していたのだが、許整景氏の説得もあり、天候がよくないことを口実として、最終的には台湾本島に派兵することはなかった」[132]。だが、史文桂もまたこれによってあやうく「任務放棄」の責任を追及されるところであった。[133]

二二八事件の期間、台湾は誇張された虚偽の噂で満ち溢れており、民衆に直接的に対峙することとなった国民党軍人の心理状態もまた、「風声鶴唳、草木皆兵」〔ちょっとしたことにもおののき、疑心暗鬼になってびくびくすること（訳注）〕というものであったと言える。この状況下で、彼らは、「民衆の出現」を「大規模な暴徒の攻撃」という幻影へと、常に、そして無制限に膨張させてしまっていたのかもしれない。例えば彭孟緝が「南進する同志が編成することができる軍隊は、既に十数万人にのぼる」[134]と言っているのも、あるいは前述の高雄憲兵隊や澎湖の事例も、その顕著な一例であった。しかし、もし軍の司令官が自らの手でしっかりと調査究明を行っていれば、また冷静に対処してさえいれば、これらの問題はすべて、事実上、コントロール可能な範疇にあったのである。澎湖の史文桂や新竹の蘇紹文は、そのような自制とコントロールの下で、澎湖と新竹で不必要な虐殺の悲劇を回避することができたのである。反対に、彭孟緝の過剰な権力濫用の下で、また自己裁量で揉め事を拡大させたことで、高雄の虐殺は最も悲惨な結果を招くこととなったのである。

最後に台中と東部地区についてであるが、前述のように、これらの地区には、事実上、大軍は駐屯していなかった。黄國書が派遣され、台中の防衛司令となったが、指揮可能な兵力は、ただ中小隊と現地の警察だけであり、そのため「当該司令は、宣撫の方法を取った」のである。東部の花蓮・台東には「防衛司令」さえおらず、これらの地区では、無差別殺戮のような全面的な鎮圧は起こらなかった。

上述のこれらの事実が意味しているのは、もし地区の指揮官が権力を濫用したとすれば、兵力が多い地区であればあるほど、発生した鎮圧の程度が激しくなっていったということである。この点から言えば、鎮圧とは「兵力が足りているかいないか」の問題ではなく、法的拘束の問題であることが知られるのである。当該地区の指揮官が、法律と良心を超越し、規律を無視して「独り其の是（ぜ）なるを行う」ことが可能であるかのように自認した時、市民の虐殺という悲劇は、いよいよ深刻なものとなっていったのである。

### （四）「綏靖」から「清郷」への段階

前述の陳儀の指揮による鎮圧により、高雄、基隆、そして台北の情勢は掌握されたが、その後、三月九日、陸続と上陸した中央の援軍、再編第二十一師団が、一一日以後に、逃亡中の各地の残存抵抗勢力の粛清に投入され、二二八事件は新たな「綏靖段階」に入ることとなった。

その中には新たに上陸した陸軍の再編第二十一師団第一四六旅団が含まれ、新竹綏靖区の接収管理が〔同部隊により〕行われている。主な任務は、「桃園以南から嘉義地区に至るまでの逃亡中の抵抗勢力を掃討すること」[135]と、そして新たに上陸した第四三六連隊の一個大隊を嘉義に空輸し、「嘉義飛行場の孤立無援の軍の包囲を解くことで、軍事行動の必要に対処すること」[136]であった。第一四五旅団の第四三四連隊が台中から嘉義地区の綏靖を担当し[137]、南部の飛行場、倉庫や鉄道などは、第一四五旅団の第四三四連隊が担当することとなった。[138] その他、花蓮・台東の「綏靖」については、再編第二十一師団のうちの、もともと鳳山に駐屯していた何軍章の独立連隊によって行われた。

「綏靖」の期間には、中央の再編第二十一師団と小規模の抵抗勢力との間で多くの戦闘が行われたことを確認することができるが、その中で、第四三四連隊が樟湖で抵抗勢力と戦い、四、五〇人を射殺、五人を捕虜にしている。[139] そして第一四六旅団第四三六連隊は山岳地区で戦ったが、第一四六旅団第四三六連隊の戦闘記録[140]に基づき、その情況を簡単に述べると以下のようになる。㈠、三月一四日、一二時から六時まで、二百人余りの抵抗勢力と斗六にて遭遇、激戦のすえ、二名を捕虜とし、六〇名余りを射殺。㈡、三月一六日、牛椆欄〔地名（訳注）〕で包囲され、戦闘。[141] その後、同日に敗走させた抵抗勢力が埔里・日月潭及び魚池などの地に転戦。報告によると、四百人余りの抵抗勢力と遭遇、その過程で当軍の戦死兵三名、負傷兵四名〔が出たが、逆に〕、一〇名余りを射殺、三〇名余りを負傷させた。㈢、同三月一六日、日月潭発電所における戦闘。報告によると、埔里からやって来た抵抗勢力三百人余りと遭遇。結果は当軍の戦死兵三名、負傷兵三名、ただし民間に死傷者はなし。㈣、三月一六日、小梅で抵抗勢力二百人余りと激戦。結果は一〇名余りを射殺。㈤、三月一五日、桃園大渓付近の員樹林における戦闘。これは当該地区の抵抗勢力を殲滅するために為された出動攻撃であった。結果は五〇名余りを射殺、二〇名余りを負傷させ、四名を捕虜とした。㈥、三月一八日、小梅付近で抵抗勢力百人余りとの遭遇戦。結果は当軍の第七中隊・中隊長が負傷、及び負傷兵一名、ただし捕虜一二名、射殺六〇名余り。㈦、三月一七日及び一八日、新竹以西の楊寨虎仔山付近で抵抗勢力と思しきものを掃討。戦闘状況には至らなかったが、思いがけず賊徒の被疑者一二名を逮捕、憲兵隊に処理を任せた。㈧、三月二〇日、小梅における追撃戦。これは一昨日の小梅の戦闘の継続で、残存勢力を追撃したものだが、武器を捕獲したほかには、いかなる死傷報告もなし。㈨、三月二七日、新竹内湾付近に抵抗勢力と思しきものが一〇名余りいたため、出動し殲滅した。しかし、実際上は何ら戦果はなし。

上述の第四三六連隊の報告では、綏靖殲滅の結果、「一五〇名余り」を殺害、「一四名」を捕虜とし、「三六名」を負傷させている。一方、軍の側は、六名死亡、七名負傷のみであったという。[142] しかし、第四三六連隊の報告の内容は、むしろ相当に誇張された、虚偽であったと見ることができる。三月一六日の埔里・日月潭などの戦闘を例に言えば、その当時、「二七部隊」の指揮をとって戦っていた黄金島氏の回想によると、当時、牛椆欄の戦場にいた二七部隊は三〇数人だけで、彼が包囲を突破したその後に再び増援を連れて戻ってきた数を仮に加えたとしても、総計は四〇数人を越えない。にもかかわらずむしろ誇張されて四百人以上と報告されているのである。日月潭の戦闘でも、抵抗勢力は百人ぐらいの人数しかいなかったが、逆に誇張されて三百人余りと報告されている。[143] 報告書は相手の人数を誇張するだけでなく、同時に戦果も誇張している。前述の黄金島氏の回想と同じく、当時の戦死者は四名だけであったとされるが、軍の側はむしろ一〇名余りを射殺したと誇張している。この問題から知られるのは、軍の報告の内容が、いったいどれだけ信用に値するものであったのか、そしてどの部分が誇張されたものであったのかということであり、これらは歴史の議論の中で慎重・周到に見分けておかなければならないポイントとなるだろう。

この他には、上述の戦闘の報告から窺われるのは、官民両者の間の実力が非常にかけ離れたものであったにもかかわらず、国民党軍の「草木皆兵」（疑心暗鬼になってびくびくする）というような心理的陰影の下で、常に相手の人数を拡大視していたということであり、この状況下において、当局の軍隊が往々にして不必要な、そして過激な行動を取っていたということである。前述の新竹以西の楊寨虎仔山の行動は、この種の心理的影響下で風や雲を掴むような拠り所のないものであったと言えるが、この点も二二八事件における悲劇が持続的に拡大した一因となったのである。

台湾省警備総司令部の「綏靖計画」にはこうある——「三月二十日になり、全省でようやく秩序が完全に回復され、綏靖工作は手始めの一段落を告げた」[144]。これは三月二〇日の「小梅」地区の小規模な遭遇戦後に、再び軍事的戦闘行為が起こらなかったことを意味する。

この後、警備総司令部は同計画の「綏靖工作の展開（三月二十四日から三十日まで）」の中でさらに次のように述

べている、

三月二十日以後に再編第二十一師団全軍が到着した。本部は徹底的に奸賊を粛清するため、それらの潜伏、逃亡中の者に対する警備を実行した。そこで配備を調整し、地区ごとに清郷を実施し、そして散り散りになっていた賊徒を追撃掃討した。全省を台北・基隆・新竹・中部・南部・東部・馬公の七つの綏靖区に分け、それぞれ当該地区の最高軍事機関の主官を司令とし、任務遂行の専権を与えた。綏靖計画に合わせて、清郷計画及び自新辦法〔自首更生法〕と諜報作戦の展開〔計画〕とを頒布した。本部は、さらに相前後して綏靖・武器・宣撫の各監督指導組を派遣し、それによって審査・監督指導の助けとした。五月十五日、綏靖工作は順調に完了した。[145]

警備総司令部は改めて綏靖区に軍を展開するとともに、人員配置の調整を行っている。新竹地区〔桃園・新竹・苗栗〕の司令は、第一四六旅団の旅団長・岳星明の担当へと改められ、中部地区〔台中・彰化・南投及び嘉義〕の司令は再編第二十一師団の師団長・劉雨卿の担当、東部地区〔花蓮・台東〕の司令は独立連隊の連隊長・何軍章の担当とし、残りの司令はもとのままとした。[146] 三月二〇日以後、軍事行動は再び起こらなかったが、三月二四日以後、警備総司令部は「自新辦法」〔自首更生法〕を通して民衆に進んで自首を促し、そして「諜報展開」における民間スパイの通報密告を通して、逮捕と監視を行った。これは別のかたちでの「綏靖段階」に入ったことを表している。前述の「武力綏靖」と区別をつけるため、本稿では以後の段階を「清郷」と称することとする。

「清郷」段階の特色は、一斉逮捕・摘発にあるが、逮捕それ自体は、その実、「鎮圧」の段階から既に行われており、その後も常に継続されていた。例えば、陳儀が史宏熹に宛てて出した「寅灰〔三月一〇日〕辰総戦電」には、次のようにある、

打電。即刻、基隆・史司令、六二二六密、極秘機密。当該地区の奸徒粛清作戦は、灰亥より開始すべし。およそ主謀者や暴徒の首領に属するものは、すべて逮捕されたい。そして、三日以内に作戦を完了せよ。経

緯・結果を文書にて報告すること。陳〇、寅灰（三月一〇日）辰総戦（一）。（陳儀は、三月九日に「補、先に発す」と署名している）[147]

北部だけがこのようであったわけではなく、前述のように、高雄の彭孟緝によって逮捕された人数は六百人以上に達し、全台湾の首位に位置している。鎮圧期間に逮捕された社会的エリートは、往々にして裁判を受けることなく、ただちに殺害されたり、或いは非人道的な扱いを受けたりしていた。しかし、「清郷」段階の逮捕者は、必ず高等裁判所に送って裁判を受けなければならないとされており、軍事裁判にはかけないこととするという命令が公式に出されていた。これが両者の間の最大の違いであった。

中央研究院台湾史研究所が出版した『保密局台湾站二二八史料彙編』において、警備総司令部が言うところの「諜報展開」の下で、民間スパイの捜査・通報を通した「清郷」が具体的にどのように行われたのかを確認することができる。しかし、その中に見られる、手当り次第の通報、誣告、私怨を雑えた密告の事例は、実に枚挙に遑がなく、最も代表的なのがすなわち、「張七郎密裁」事件[148]であった。前述のように、清郷の段階では、いかなる逮捕者であっても必ず高等裁判所に送って裁判を受けなければならないとされ、軍事裁判にはかけないとする公的な命令がすでに下されていた。しかし、張七郎は軍に逮捕された後、高等裁判所に送られて審理されることはなく、かえって「密裁」（＝私的制裁）によってそのまま殺害されたのである。このことは、国民党の軍人が法律や命令の超越という違法行為・紀律紊乱行為を行っていたことをさらに明確に浮かび上がらせるものであった。「清郷」段階の内容については、すでに行政院版の報告など、多くの卓越した論文があるが、ここでは紙幅の都合上、省略することとする。

最後に、国民党政府は、国内外に向けて改革の意思を表明するため、「行政長官公署」の「占領軍政」を、文人の取り仕切る「民政統治」へと変更しているが、五月一五日には新任の文人省主席、魏道明が台湾に赴任し、職務に就いている。そしてこれと同時に戒厳令と、関連軍事管制措置とが解除され、二月二八日以来引き上げられていた「軍事」段階は終わりを告げることとなった。

## 五、結論

前述の二二八事件の軍事的発展経過をまとめると、以下の略図で示すことができる。

上述の軍事過程から知られるのは、陳儀は始めから積極的に「出兵要請」を出し、「鎮圧」のための軍事的展開を行っていたということ、そしてその鎮圧とは決して「受動的なやり方」ではなかったということである。「受動説」は、単なる陳儀の口実でしかなく、決して事実ではなかった。

しかし、中央の援軍の到着以後の軍事行動は、すなわち「鎮圧」と同じものであったと言えるのかどうか。たとえ状況が切羽詰まったものであったのだとしても、もし当時の国民党の軍人が（蘇紹文、史文桂のように）自ら自制的に軍を指揮することができていたのであれば、また紀律を保ち、命令と「法規」の拘束を受け入れ、胸中に「良心」と「法律」の存在を保持し、同時に台湾人を保護されるべき市民と見なし、「敵」ではないと見なしていたのであれば、歴史はいまごろ異なる方向へと進んでいたのかもしれない。陳儀や司令が取るべきであったのは、優位な軍事力で一斉逮捕を行い、所謂反政府勢力に対してしかるべき審判を与えることであって、有罪か無罪かを問わず、まず「鎮圧」を行い、殺害や処刑をした後で、続けて裁判をするということではなかった。真

図三－一　二二八事件の軍事的発展経過

| | |
|---|---|
| **軍事状態**<br>2/28、3/1 | 地方司令が軍・憲兵・警察を指揮し、治安を担当する |
| **開戦準備状態**<br>3/4 | 防衛司令に昇格させ、「急変した戦況」に対処する準備を整える |
| **鎮圧開始** | 3/6－高雄　3/8－基隆・台北<br>3/9－戒厳令発布 |
| **綏靖時期**<br>3/11 ～ 3/20 | 再編第二十一師団が桃園以南に四散している抵抗勢力の掃討を実施 |
| **清郷時期**<br>3/24 ～ 5/15 | 連座法による一斉逮捕が始まる |

＊本文引用の資料に基づき、筆者によって作成

に前者のようであれば、歴史的な冤罪による死者の魂は、もしかすると最も少ないところにまで減らすことができたのかもしれないが、事実はむしろこれとはちょうど正反対の方へと拡大していったのである。

彭孟緝は「一網打尽にする」という目的を達成するため、市民代表の会議に罠を仕掛け、陳儀の命令を待たずして、ただちに「独り其の是なるを行う」がごとく、鎮圧を展開した。禍いは市街地区全体の無辜の市民にまで及び、この鎮圧は三月八日まで継続された。そして基隆・台北もこれに続き、同じように無辜の市民に禍いを及ぼすような鎮圧が展開された。これらはすべて陳儀の指揮系統下で実行された鎮圧であった。陳儀から彭孟緝に至る人間の胸中にあったのは、すべて先に鎮圧・虐殺をしてからその後で逮捕するというもので、彼らの報復の思惑は、人としての良心や法的拘束を遥かに上回るものであった。歴史の悲劇は実際にこのような人物の恣意の下にもたらされたものであったのである。

九日に中央の援軍が到着した後、その任務は、桃園以南、嘉義以北、および東部地域の逃亡中の抵抗勢力を掃討するというものであったが、実はこれは〔もはや〕もう一つの新たな軍事段階と言えるものであった。二一日になると、軍事的武力行動は一段落するが、軍事部門の主導した「清郷」による逮捕は、依然として積極的に行われており、単に軍法会議を一般的な司法裁判に改めるよう通達されただけであった。しかし、「密裁」〔裁判によらない私的制裁〕などのように、軍人が違法に権力を濫用するということも依然として行われていたのである。

「兵とは不祥の器なり」と言われるように、軍隊とは本より国家が人を殺害する装置であり、それゆえ問題の要点は決して「軍隊が人を殺すことそれ自体や、どれだけ人を殺したか」にあるのでなく、軍隊の使用がその必要性や正当性を持っていたのかどうか、そして「法」や「令」に遵う規範と合致していたかどうかにある。命令を下すものは全て、必ずこれらのしかるべき政治的或いは法的責任を負わなければならず、軍隊は絶対に個人の道具であってはならない。まさに人命に関わるものであるがゆえに、さらに国家の厳密な権限の下でしか軍隊は出動できないものとされなければならない。軍事行動は必ず命令や法律の範囲内において初めて執行が認められるものでなくてはならず、命令や法律を越える行為はすなわち犯罪であり、ただそれが守られていればこそ、収拾のつかない悲劇を引き起こすような事態には至らないのである。これは現代文明国家の基本である。

しかし、上述の鎮圧の過程においては出鱈目なことに、明確な政府の命令が確かめられないまま、まさに「権限がない」のに、また「空白授権」や「違法な権力濫用」の下で、直接的に人々の生命に害を加えるような行為が作り出されることになったのである。本より犯罪に属する「違法な権力濫用」は、むしろ「将、外に在りては、君命の受けざる所あり」という前近代的・非文明的な文化的思惟によって美化・英雄化・正当化されてきたのだが、二二八の鎮圧は、軍隊の行為を厳正に規制すべきという文明国家の基本原則に完全に背馳しているというばかりでなく、その結果はむしろ逆に「違法な権力濫用」が深刻であればあるほど、顕彰・称揚を受けるというものであった。これこそが二二八事件の最も出鱈目なところであったのである。

蒋介石の派兵について言えば、彼は「鎮圧」の通達を出してはいないし、指揮官としてなすべき何らかの「具体的な処置」について、いかなる明言もしていない。しかし、結局のところは、地区の指揮官に、それぞれ自分の正しいと思うやり方そのままに鎮圧を実行させ、事態をまるごと放任していたのである。たとえ命令の根拠がなかったとしても法律の拘束を与えず、他方でいかなる結果に対してもすべて事後承認を与え、甚だしきに至っては、鎮圧の程度に準じて褒賞さえ与え、その理由や必要性、正当性を検討することもなかった。ことの本質について言えば、これは「空白授権」に他ならず、いかなる結果であれ、すべて彼の「授権」の下で為されたものであったのである。

その中で最も顕著であったのは、彭孟緝の高雄の鎮圧であり、これは上位者の命令によるものではなく、容疑者の逮捕や処刑でさえ法的根拠はなかったのだが、それにもかかわらず、これらのすべてに事後承認が与えられたのである。その他にも、例えば史宏熹、張慕陶などの鎮圧についても同様であった。違法な裁判を禁止する通達が出された後でさえ、依然として「密裁」事件が起こっていた。報復を禁止する命令が出されていたにもかかわらず、それはわずかに形式的規制にとどまるだけでしかなかった。略奪といった明らかな違法行為を行った幾人かの兵士が処罰されたのを例外として、将校の違法行為はすべて追及されることはなかった。それどころか、「法の歪曲、紀律の紊乱」が深刻であればあるほど、将校の受ける褒賞は大きくなっていったのである。「法の歪曲」が最も深刻であったのは彭孟緝で、蒋介石に抜擢されて警備司令などの要職につき、勲章を授与される[149]という破格の待遇であった。前述の軍人の違法行為、紀律紊乱行為は全て蒋介石より与えられた権限であったが、その点、この政府ほど、一つの良心もなく、良し悪しの区別も正義も持ち合わせていないような政府はなかった、ということははっきりとしている。

　これらの「法の歪曲、紀律の紊乱」という犯罪行為は、一方では、国民党政府が台湾人を敵国の人民と見なし、軍人の報復や殺害を放任したということを意味しているのだが、もう一方で、蒋介石と国民党軍の「空白授権」の文化をもはっきりと示しており、これは〔事後に〕責任を負わないように具体的な命令を出さず、その後で、結果論によって賞罰の基準を定めるということであり、鎮圧が残酷であればあるほど却って高く顕彰されるという出鱈目な結果を作り出したのである。これらの出鱈目こそが二二八の悲劇を無限に拡大させ、また長引かせてきた最も主要な根源であったのである。

　移行期正義の目的は、基本的人権という普遍的価値を強化し保障するため、将来にわたって政府による人権の侵害を予防することにある。二二八事件における最大の問題は、蒋介石と国民党政府が、軍人の「違法な権限の濫用」や、人民の殺害という犯罪行為を、黙認し、擁護し、奨励してきたということである。もし将来の政府の人権侵害を予防しようとするならば、まず初めにこれらの「違法な権限の濫用」という犯罪行為をただちに追及しなければならない。

　これまでの学界では、多く「派兵の決定」という観点から「蒋介石が最大の責任を負うべきである」[150]とされてきたが、もしそれがただの「責任の論究」にとどまるだけであれば不十分であるだろう。「法の歪曲、紀律の紊乱」という犯罪の事実こそが、移行期正義において、より具体的に指摘され、追及されなければならない点なのである。単に彭孟緝のような人間の行為が犯罪であるというだけでなく、最高位の指導者である蒋介石が、彼を擁護、奨励したことまでを含めて犯罪行為なのである。

これらはいずれも責任ある現代文明国家において許されるべきことではない。そのため、移行期正義の第一歩は、これらの犯罪の事実を明らかにし、それをはっきりと宣告しつつ、糾弾することであり、そうすることで初めて将来的に起こりうる、政府による人権の侵害を予防することができるのである。紙幅に限りがあるため、鎮圧の過程における多くの人権侵害の具体的事実についてはその一一を挙げて論じることはできなかった。この点は、将来的な、移行期正義をめぐる研究において、さらに継続して探究していくべき課題となるだろう。

〔付記〕本稿を成すにあたっては中央研究院台湾史研究所より、客員研究員の身分と史料閲覧の機会を与えていただいた。感謝申し上げたい。

**注**

1　賴澤涵・黃富三・黃秀政・吳文星・許雪姫『「二二八事件」研究報告』台北市：時報文化出版公司、一九九四年、二〇三頁。

2　柯遠芬が新たに撰述した「台灣二二八事變之真像」においては、関連する出兵要請の叙述を見つけることはできない。柯遠芬「台灣二二八事變之真像」、中央研究院近代史研究所編『二二八事件資料選輯（一）』台北市：中央研究院近代史研究所、一九九二年、一—三六頁、参照。

3　当該資料は、二〇一七年に新たに発見されたもので、三月二日に陳儀が電報を発して中央政府に対して即時の台湾派兵、鎮圧を要請していたことを証明するものである。薛月順等編『二二八事件檔案彙編（廿三）』台北市：國史館、二〇一七年、二三一—二三二頁に収録。

4　柯遠芬「台灣二二八事變之真像」、一三頁。

5　彭孟緝「台灣省二二八事件回憶錄」、『二二八事件資料選輯（一）』、五五頁、九八頁。

6　五月一六日の戒厳令解除より、綏靖区〔戦乱が収まらず平定が待たれる地区（訳注）〕は警備区へと改められ、関連する軍事統制は解除された。「台湾警備総司令部命令（五月一六日）」を参照されたい。「二二八事件原因及初期狀況」『軍管區司令部』新北市：檔案管理局所蔵、所蔵番号：A305550000C=0036=9999=9=1=042=0001。

7　薛月順等編『二二八事件檔案彙編（廿三）』、二三二頁。

8　「拂塵專案訪問王潔将軍談話紀要」「拂塵專案附件」『國家安全局』新北市：檔案管理局所蔵、所蔵番号：0072=340.2=5502.3=1=001=0003、参照。インタビューの中で、「この一個連隊は補充連隊と名づけられたが、実際には戦闘連隊であった。一個大隊で各倉庫を守備していたが、残りの二個大隊と直属部隊はいずれも連隊によって集中的に統制されており、戦闘力は極めて大きかった。彼らは鎮圧において大いに力を発揮してくれた」と述べられている。

9　「陸軍第七十軍獨立營以上兵力駐地表」「台灣警備總部兵力駐地報告」『國防部史政編譯局』新北市：檔案管理局所蔵、所蔵番号：B5018230601=0034=543.4=4010=2=006=0002。

10　「陸軍第六十二軍卅五年四月份營以上官姓名兵力駐地任務表」「台灣警備總部兵力駐地報告」『國防部史政編譯局』新北市：檔案管理局所蔵、所蔵番号：B5018230601=0034=543.4=4010=1=099=0000397820002。

11　「憲兵第四團三十四年十一月下旬駐台兵力駐地任務一覧表」「台灣警備總部兵力駐地報告」『國防部史政編譯局』新北市：檔案管理局所蔵、所蔵番号：B5018230601=0034=543.4=4010=1=044=0000397270001。

12　「警備總司令部特務團駐地任務一覧表」「台灣警備總部兵力駐地報告」『國防部史政編譯局』新北市：檔案管理局所蔵、所蔵番号：B5018230601=0034=543.4=4010=1=003=0000396860001。

13　楊護源「戰後高雄要塞的建置與改制（1946-1950）」『檔案半年刊』第一五巻第一期、二〇一六年六月、四六—五七頁。

14　「為隨電附發要塞守備部隊編制表由」「要塞編制案」『國防部史政編譯局』新北市：檔案管理局所蔵、所蔵番号：B5018230601=0035=581.26=1040=virtual002=virtual001=031。「為隨電檢附要塞守備部隊編制表由」「要塞編制案」『國防部史政編譯局』新北市：檔案管理局所蔵、所蔵番号：B5018230601=0035=581.26=1040=virtual002=virtual001=0003。「為核定基隆要塞砲台編組及編制表希知照由」「要塞編制案」『國防部史政編譯局』新北市：檔案管理局所蔵、所蔵番号：B5018230601=0035=581.26=4410=1=001=00042282002。

15 楊護源『光復與佔領：國民政府對台灣的軍事接收』台北市：獨立作家出版社、二〇一六年、二二〇頁。

16「台灣省警備總司令部暨駐台各軍事機關部隊十一月份人馬統計表」「台灣警備總部兵力駐地報告」『國防部史政編譯局』新北市：檔案管理局所蔵、所蔵番号：B5018230601=0034=543.4=4010=3=040=00039884002。

17 楊護源「戰後高雄要塞的建置與改制（1946-1950）」、四八頁に「一九四六年末の高雄要塞の軍事官兵は二九二一人」であったと述べられているが、これは一九五一年の「高雄要塞沿革表」に基づくもので、既に二次資料となっており、檔案局収蔵の一次資料に拠らなければならない。この他、氏の著作の中には（五〇頁）、「国防部が台湾の要塞の人員編制を縮小再編成するよう命じ、一九四七年にはさらに『要塞編併充實辦法』を発布し要塞人員を縮小することとしたが」、「陳儀は三月三〇日に打電して縮小再編成をとどまるよう要請した」といった言及もある。実際には、国防部の命令は三月一五日に台湾に届けられており、一六日には再編を開始するよう要請があった（ことがわかっている）。翌日、参謀が対策を建議し、陳儀はただちに「現有の人数を考慮して別に再編の方法を定めよ」という指示を出している。これがすなわち「二月份官兵人數及編併後編餘人數列表」中の、三月一六日における現有の三個要塞総兵力数と再編後の人数データの根拠となっている。

18「台灣省警備總司令部暨駐台各軍事機關部隊十二月份人馬統計表」「台灣警備總部兵力駐地報告」『國防部史政編譯局』新北市：檔案管理局所蔵、所蔵番号：B5018230601=0034=543.4=4010=3=047=00039891002。

19『台灣省軍事設施會議經過紀要』「台灣省軍事設施會議案」『國防部史政編譯局』新北市：檔案管理局所蔵、所蔵番号：B5018230601=0036=003.8=4010.2=2=001=0018及びB5018230601=0036=003.8=4010.2=2=001=0019。

20「二月份官兵人數及編併後編餘人數列表」「要塞編制案」『國防部史政編譯局』新北市：檔案管理局所蔵、所蔵番号：B5018230601=0035=581.26=1040=virtual001=virtual001=0099。

21「台灣省警備總司令部暨駐台各軍事機關部隊十二月份人馬統計表」「台灣警備總部兵力駐地報告」『國防部史政編譯局』檔案管理局所蔵、所蔵番号：B5018230601=0034=543.4=4010=3=047=00039891002。

22 台灣省警備總司令部編「台灣省『二二八』事變記事」、台灣省文獻委員會編『二二八事件文獻續錄』南投市：台灣省文獻委員會、一九九二年、三九五頁。

23 同右書、三九六頁。

24 ここではわずかに警備総司令部が戦力と認めた特務大隊のみを計算に入れた。

25 台灣省警備總司令部編「台灣省總司令部於二二八事變中駐軍圖」「台灣省『二二八』事變記事」、『二二八事件文獻續錄』、四一五―四一六頁。

26「台灣省警備總司令部指揮部隊機關名稱駐地任務一覽表」（一九四七年二月二八日）「台灣警備總部兵力駐地報告」『國防部史政編譯局』新北市：檔案管理局所蔵、所蔵番号：B5018230601=0034=543.4=4010=2=043=0002。

27「陸軍整編第二十一師駐台兵力部隊駐地表」（一九四七年二月一三日）「台灣警備總部兵力駐地報告」『國防部史政編譯局』新

北市：檔案管理局所藏、所蔵番号：B5018230601=0034=543.4=4010=3=044=00003988002。

28 「高雄要塞司令部直屬部隊主官駐屯地半月報告表」（一九四七年二月一五日）「台灣警備總部兵力駐地報告」『國防部史政編譯局』新北市：檔案管理局所藏、所蔵番号：B5018230601=0034=543.4=4010=3=026=00003987000002。

29 「白崇禧呈蒋主席三月筱電」、中央研究院近代史研究所編『二二八事件資料選輯（二）』台北市：中央研究院近代史研究所、一九九二年、一九四頁。

30 軍事電報は通常「韻目代日」（作詩の押韻の韻目によって日付を示す方式〔訳注〕）の「月、日、時」をもって電文の名称としている。例えば「寅冬亥電」はすなわち、「三月二日、亥の刻」の電文であるというようにである。〔本稿では〕読者が一々「韻目代日」を調べる煩雑さを避けるため、本文中に引用した電文の中に数字を示し、その日時を表すこととした。また、「総戦電」は、総司令陳儀が出した電文、「参戦電」は、参謀の部下、例えば、彭孟緝などが出した電文〔の意〕である。その他、軍電報告は誇張が多く含まれているが、本文〔の主旨〕と関わりがあるものでない限り、主題から逸脱するのを避けるため、これらの誇張の問題については、特に論及しなかった。

31 賴澤涵・黃富三・黃秀政・吳文星・許雪姫『「二二八事件」研究報告』、五五頁。台灣省警備總司令部戒嚴令總戰字第二五八六號」（一九四七年二月二八日）「二二八事件其他」『軍管區司令部』新北市：檔案管理局所藏、所蔵番号：A305550000C=0036=9999=9=1=023=0001。

32 台灣省警備總司令部編「台灣省『二二八』事變記事」、四一四頁。

33 「陸軍整編第二十一師對台灣事變戡亂概要」、『二二八事件資料選輯（二）』、一八八―一八九頁。

34 蘇瑤崇「謊言建構下二二八事件鎮壓之正當性：從『大溪中學女教員案』論起」『台灣史研究』第二一巻第三期、二〇一四年九月、一〇九―一三六頁。

35 賴澤涵・黃富三・黃秀政・吳文星・許雪姫、『「二二八事件」研究報告』、五八―六〇頁。

36 「台灣省警備總司令部命令」（一九四七年三月三日）「二二八事件其他」『軍管區司令部』新北市：檔案管理局所藏、所蔵番号：A305550000C=0036=9999=9=1=031=000323740001。

37 台灣省警備總司令部編「台灣省總司令部於二二八事變中駐軍圖」「台灣省『二二八』事變記事」、『二二八事件文獻續錄』、四一五―四一六頁。

38 「電報十三號」、台灣省文獻委員會編『二二八事件文獻補錄』南投市：台灣省文獻委員會、一九九四年、五〇九頁。

39 「二二八事件處理委員會檔案有關台胞死傷之案」「二二八事件其他」『軍管區司令部』新北市：檔案管理局所藏、所蔵番号：A305550000C=0036=9999=9=1=003=000323460001。

40 陳儀「寅冬（三月二日）亥親電」、『二二八事件檔案彙編（廿三）』、二三二頁。

41 台灣省警備總司令部編「台灣省總司令部於二二八事變中駐軍圖」「台灣省『二二八』事變記事」、『二二八事件文獻續錄』、四一四頁。

42 「史宏熹寅冬（三月二日）電」「二二八事件綏靖執行及處理報告之一」『軍管區司令部』新北市：檔案管理局所藏、所蔵番号：A305550000C=0036=9999=4=1=007=000031990001。中央研究院近代史研究所編『二二八事件資料選輯（三）』、一一七頁。「台灣二二八事變基隆區綏靖報告書」「二二八事件綏靖執行及處理報告之一」『軍管區司令部』新北市：檔案管理局所蔵、所蔵番号：A305550000C=0036=9999=4=2=018=0000320650002。中央研究院近代史研究所編『二二八事件資料選輯（三）』、三五二頁。

43　史宏熹「寅支（三月三日）午參戰電」「二二八事件綏靖執行及處理報告之一」『軍管區司令部』新北市：檔案管理局所蔵、所蔵番号：A305550000C=0036=9999=4=1=051=0000320340001。中央研究院近代史研究所編『二二八事件資料選輯（三）』、一一二頁。

44　「台灣二二八事變基隆區綏靖報告書」「二二八事件綏靖執行及處理報告之一」『軍管區司令部』新北市：檔案管理局所蔵、所蔵番号：A305550000C=0036=9999=4=2=018=0000320650004。

45　陳儀「寅微（三月五日）申總戰電」「二二八事件綏靖執行及處理報告之一」『軍管區司令部』新北市：檔案管理局所蔵、所蔵番号：A305550000C=0036=9999=4=1=010=0000319930003。「台灣二二八事變基隆區綏靖報告書」「二二八事件綏靖執行及處理報告之一」『軍管區司令部』新北市：檔案管理局所蔵、所蔵番号：A305550000C=0036=9999=4=2=018=0000320650009。

46　陳儀「寅魚（三月六日）申戰總一電」に「急電、基隆要塞史司令、六二二六密。基隆十四埠頭の武器庫は、特に注意して保護されたい。兼総司令陳〇、寅魚（三月六日）申戰總一」と言及されている。「二二八事件綏靖執行及處理報告之一」『軍管區司令部』新北市：檔案管理局所蔵、所蔵番号：A305550000C=0036=9999=4=1=011=0000319940003、参照。

47　彭孟緝「復寅東（三月一日）巳總戰電」「二二八事件綏靖執行及處理報告之一」『軍管區司令部』新北市：檔案管理局所蔵、所蔵番号：A305550000C=0036=9999=4=1=026=0000320090001。

48　「陸軍整編第二十一師對台灣事變戡亂概要」、『二二八事件資料選輯（一）』、一八九頁。

49　「嘉義報告」「二二八事件綏靖執行及處理報告之一」『軍管區司令部』新北市：檔案管理局所蔵、所蔵番号：A305550000C=0036=9999=4=3=003=0000320680005。

50　彭孟緝「寅江（三月三日）申電」「二二八事件綏靖執行及處理報告之一」『軍管區司令部』新北市：檔案管理局所蔵、所蔵番号：A305550000C=0036=9999=4=2=012=0000320590001。中央研究院近代史研究所編『二二八事件資料選輯（三）』、一四七頁。

51　陳儀「寅江（三月三日）戌電」「二二八事件綏靖執行及處理報告之一」『軍管區司令部』新北市：檔案管理局所蔵、所蔵番号：A305550000C=0036=9999=4=1=043=0000320260003。中央研究院近代史研究所編『二二八事件資料選輯（三）』、一六九―一七〇頁。

52　陳儀「寅支（三月四日）辰總戰一」「二二八事件綏靖執行及處理報告之一」『軍管區司令部』新北市：檔案管理局所蔵、所蔵番号：A305550000C=0036=9999=4=2=002=0000320490003。中央研究院近代史研究所編『二二八事件資料選輯（三）』、二三一―二三二頁。本件の署名欄に、三月三日「先に発す」とあり、陳儀は三月四日に再び「補」として署名している。

53　陳儀「寅支（三月四日）巳總戰電」「二二八事件綏靖執行及處理報告之一」『軍管區司令部』新北市：檔案管理局所蔵、所蔵番号：A305550000C=0036=9999=4=1=014=0000319970001。中央研究院近代史研究所編『二二八事件資料選輯（三）』、一一五頁。

54　彭孟緝「寅支（三月四日）未電」「二二八事件綏靖執行及處理報告之一」『軍管區司令部』新北市：檔案管理局所蔵、所蔵番号：A305550000C=0036=9999=4=1=022=0000320050002、また中央研究院近代史研究所編『二二八事件資料選輯（三）』、一三五―

一三六頁。

55　頼澤涵・黄富三・黄秀政・呉文星・許雪姫『「二二八事件」研究報告』、二〇三頁。

56　一九八四年、蔡蘭枝（台湾警備総司令部調査室高雄黏報組組長）は、「二二八事変高雄地区平乱追憶」を撰述しているが、その内容は人事関係・時間・場所などを問わず、事実と齟齬するところが甚だ多く、信頼性がきわめて低い。しかし、その中には逆に非常に示唆に富んだ記述、すなわち「分化・滲透という政治的手法」の思想を反映した記述なども見られ、参考となる。要点としては、涂光明が要塞を火攻めにすることを計画したが、そこで蔡蘭枝は、詳しい内情を監視したり調査したりしやすいように、運用員〔軍統局が非公式に使っていた諜報員を「運用員」と称する（訳注）〕の林権敏を派遣し、涂光明の活動に参画させている。そして涂に対して計画を延期するよう何とか説得を図ったり、さらに自ら要塞に出向いて、彭孟緝に対して投降を呼びかけてみてはどうかと勧誘したという。これこそが涂が談判のために要塞に出向くことになったその理由に他ならない。侯坤宏・許進發編『二二八事件檔案彙編（十六）』台北市：國史館、２００４年、二四七—二五五頁、参照。

57　陳儀「寅支（三月四日）申戰一電」（「台灣省南部防衛司令部緊急佈告」所収）「二二八事件政府處理態度」『軍管區司令部』新北市：檔案管理局所蔵、所蔵番号：A305550000C=0036=9999=2=1=001=0000319370003。中央研究院近代史研究所編『二二八事件資料選輯（一）』、二九七頁。

58　陳儀「寅豪（三月四日）西總戰一電」「二二八事件綏靖執行及處理報告之一」『軍管區司令部』新北市：檔案管理局所蔵、所蔵番号：A305550000C=0036=9999=4=2=001=0000320480003。中央研究院近代史研究所編『二二八事件資料選輯（三）』、一三〇頁。

59　最も早く桃園臨時防衛司令部に言及しているのは、「軍法処三月三日通報戦一字第四十二号」であるが、ここから三月三日以前に臨時防衛司令部が既に設置されていたことが推察される。「通報」「二二八事件其他」『軍管區司令部』新北市：檔案管理局所蔵、所蔵番号：A305550000C=0036=9999=9=1=024=000032670001、参照。

60　陳儀「寅虞（三月七日）戰總一電」「二二八事件綏靖執行及處理報告之一」『軍管區司令部』新北市：檔案管理局所蔵、所蔵番号：A305550000C=0036=9999=4=5=010=0000320830001。

61　そのうち警察は約五〇人であった。「二二八事件新竹市事變經過及處理情形報告書」「二二八事件綏靖執行及處理報告之一」『軍管區司令部』新北市：檔案管理局所蔵、所蔵番号：A305550000C=0036=9999=4=1=047=0000320300007、参照。

62　「二二八事件新竹市事變經過及處理情形報告書」「二二八事件綏靖執行及處理報告之一」『軍管區司令部』檔案管理局所蔵、所蔵番号：A305550000C=0036=9999=4=1=047=0000320300007。

63　台灣省警備總司令部編「台灣省總司令部於二二八事變中駐軍圖」「台灣省『二二八』事變記事」、『二二八事件文獻續錄』、四一四—四一七頁。

64　同右註。

65　二二八事件期間の澎湖の情勢については、許雪姫・方惠芳インタビュー、許雪姫記録「許整景先生訪問記錄」、中央研究院近代史研究所編『口述歴史（第三期）』台北市：中央研究院近代史研究所、一九九二年、二九五—三一〇頁を参照されたい。

66　例えば、台北二二八紀念館のウェブサイトでは鎮圧について次のように記述されている、「三月八日午後、南京から派遣されてきた軍隊が基隆港に到着し、上陸するやただちに北から南へと虐殺と鎮圧を行い、台湾社会はこれによって巨大なパニック状態へと陥った。引き続き、「清郷」という鎮圧行動が行われ、台湾全土で殺戮が行われた。無実の台湾人民が無差別に虐殺され、死亡者数は一万人から二万人にも達した。これがすなわち台湾の歴史上、「二二八事件」と呼ばれているもののことである」。これは三月八日に鎮圧が開始されたとしつつ、中央軍を鎮圧の主力と見なすものである。台北二二八紀念館のウェブサイト、https://228memorialmuseum.gov.taipei/cp.aspx?n= 5FD2DBAFF988BC0B、参照。二〇一八年六月二〇日アクセス。

67　台灣省警備總司令部編「台灣省總司令部於二二八事變中駐軍圖」「台灣省『二二八』事變記事」、『二二八事件文献續錄』、四一七頁。

68　賴澤涵・黃富三・黃秀政・吳文星・許雪姫『「二二八事件」研究報告』、二二九—二三〇頁。

69　同右書、一一五—一一六頁。

70　彭孟緝「寅微（五）戌參電」「二二八事件綏靖執行及處理報告之一」『軍管區司令部』新北市：檔案管理局所蔵、所蔵番号：A305550000C=0036=9999=4=2=011=0000320580001。中央研究院近代史研究所編『二二八事件資料選輯（四）』台北市：中央研究院近代史研究所、一九九三年、五二一—五二二頁。

71　「號外：憲兵隊按排機銃掃射 派遣三代表接洽 決定軍警撤退歸投營房」『國聲報』一九四七年三月五日、許雪姫主編『二二八事件期間上海、南京、台灣報紙資料選集』台北市：中央研究院台灣史研究所、二〇一六年、一〇〇頁。また原文は、国立台中教育大学のウェブサイト：http://ip194097.ntcu.edu.tw/course/TOStou/ 19470305-koksiampo.asp にて確認。二〇一九年四月二二日アクセス。

72　当時の『国声報』の報道に拠ると、三月三日の夜、小銃や機銃の銃声が響きわたり、市民に負傷者が出たという。そして三月四日午前一〇時頃、壽山の機銃が、鹽埕町方面に向けて発砲され、また市民に向けて手榴弾を投げた軍人もおり、一人が死亡、七人が負傷した。またこれによる市民の重軽傷者は合計二〇人にのぼり、「市民は誰もが速やかに円満解決され、安心して生活ができることを望んでいる」と強調されている。同右書、一〇二—一〇四頁、参照。

73　上述の文章によると、シャックルトンが目撃したのは、三日夜の市街地区塩埕区の暴動である。このことから、彼が滞在していたホテルというのは、七賢路の壽星戲院附近に位置するものであったと推測される。

74　すなわち当時の憲兵隊〔本部〕の最上階であるが、その場所は、高雄市の中正五路と大公路のインターチェンジに位置している。すなわち、市政府の斜め向かいにある旧「高雄州商工奨励会館」で、その後、「陸軍服務社」に改められた。三階建てだが、五階建ての高さの中央塔もあった。ただし、現在、その建物は既に取り壊されて公園になっている。

75　蘇瑤崇主編『聯合國善後救濟總署在台活動資料集（Collected Documents of the United Nations Relief and Rehabilitation Administration in Taiwan）』台北市：台北二二八紀念館、二〇〇六年、三二三頁。

76　侯坤宏・許進發編『二二八事件檔案彙編（二）』台北市：國史館、二〇〇二年、五二頁。許雪姫・方惠芳インタビュー、吳美慧・丘慧君・曾金蘭・林世青・蔡説麗記録『高雄市二二八相關人物訪問紀錄（上）』台北市：中央研究院近代史研究所、一九九五年、

二九頁

77　彭孟緝「台灣省二二八事件回憶錄」、六六頁。

78　「海軍第三基地司令部處理台灣事變經過詳情報告書」「二二八事件綏靖執行及處理報告之二」『軍管區司令部』新北市：檔案管理局所蔵、所蔵番号：A305550000C=0036=9999=4=2=015=0000320620008。中央研究院近代史研究所編『二二八事件資料選輯（三）』、二六三頁。

79　彭孟緝「寅魚（三月六日）電」「二二八事件綏靖執行及處理報告之一」『軍管區司令部』新北市：檔案管理局所蔵、所蔵番号：A305550000C=0036=9999=4=1=063=0000320460002、また中央研究院近代史研究所編『二二八事件資料選輯（三）』、二二六―二二七頁。

80　当日の会議と高雄の鎮圧の詳細な状況については、許雪姫の編纂した『續修高雄市志（巻八）社會志二二八事件篇』高雄市：高雄市文獻委員會、一九九五年、四三―四九頁を参照されたい。許雪姫・方恵芳インタビュー、呉美慧・丘慧君・曾金蘭・林世青・蔡説麗記録『高雄市二二八相關人物訪問紀録（上）』、二一九―三三頁。

81　彭孟緝「寅魚（三月六日）電」「二二八事件綏靖執行及處理報告之一」『軍管區司令部』檔案管理局所蔵、所蔵番号：A305550000C=0036=9999=4=1=063=0000320460002、また近史所編、『二二八事件資料選輯（三）』、二二六―二二七頁、参照。

82　陳儀「寅魚（三月六日）申總戰電」。原文は、「即刻、高雄要塞彭司令、密。鳳山の武器庫は特に注意して保護されたい。兼総司令陳○、寅（魚）（三月六日）總戰（一）。既に何連隊長には打電した」とある。「二二八事件綏靖執行及處理報告之一」『軍管區司令部』新北市：檔案管理局所蔵、所蔵番号：A305550000C=0036=9999=4=1=011=0000319940003参照、中央研究院近代史研究所編『二二八事件資料選輯（三）』、一一二頁。

83　「張秉承上言普誠代電呈報嘉義高雄鳳山屏東等地暴動情況」（一九四七年三月二四日）、侯坤宏・許進發編『二二八事件檔案彙編（二）』、七頁。

84　「張秉承呈報二二八事件高雄市官民傷亡情形」、侯坤宏・許進發編『二二八事件檔案彙編（二）』、四一―六二頁。

85　黃彰健『二二八事件真相考證稿』台北市：中央研究院・聯經出版事業股份有限公司、二〇〇七年、二二頁、六四頁。

86　侯坤宏・許進發編『二二八事件檔案彙編（二）』、六三―六六頁。

87　彭孟緝「寅哿（三月二〇日）電」「二二八事件綏靖執行及處理報告之一」『軍管區司令部』新北市：檔案管理局所蔵、所蔵番号：A305550000C/0036/9999/4/2/005。

88　彭孟緝「台灣省二二八事件回憶錄」、『二二八事件資料選輯（一）』、六四―七一頁。

89　陳浴沂氏のインタビューの中で「二つのルートから市政府に向かって進攻があったが、一つは陸橋からやって来て、もう一つは憲兵隊〔方面〕からやって来た」と述べられている。彼のインタビューの中には、憲兵隊が「占領」されたと〔いう記述〕は見当らない。許雪姫・方恵芳インタビュー、呉美慧・丘慧君・曾金蘭・林世青・蔡説麗記録『高雄市二二八相關人物訪問紀録（上）』、一九六頁、参照。

90　彭孟緝「台灣省二二八事件回憶錄」、六八―六九頁。

91　謝有用氏のインタビューによると、当時の市政府には、一挺の対空機関砲があったが、砲弾はなかったし、民衆が使用することもできなかったという。許雪姫・方恵芳インタビュー、呉美慧・丘慧君・曾金蘭・林世青・蔡説麗記録『高雄市二二八相

闕人物訪問紀錄（上）』、一五〇頁、参照。

92　中央研究院近代史研究所編『二二八事件資料選輯（一）』、一二九頁。

93　野戦であれば、「二百メートル先の包囲」は可能であるかもしれないが、都市の中で「二百メートルの範囲内」というのは、実際には少なくとも町の一区画以上の間隔であり、その中には多くの建造物があることから、これらの建造物の間にあって後方に進行し包囲したなど、明らかに常軌を逸した、現実的思考を欠いた想像に過ぎない。

94　彭孟緝「寅虞（三月七日）電」「二二八事件綏靖執行及處理報告之一」『軍管區司令部』新北市：檔案管理局所蔵、所蔵番号：A305500 0C=0036=9999=4=2=011=0000320580001。中央研究院近代史研究所編『二二八事件資料選輯（三）』、二四六頁。

95　彭孟緝「台灣省二二八事件回憶錄」、六四頁。

96　聯勤供応局李進徳「寅虞（三月七日）午参電」。全文は以下の通り――「警備兼総司令陳閣下。本局〔供応局〕の駐鳳山五塊厝倉庫各機関より、寅（三月）魚（三月六日）、魚（六日）午（時）、魚（六日）未（時）に、代わる代わる電報があり、次のように報告がありました、（一）高雄の衝突はますます激しく、微（五日）の夜七時から十二時まで、ライフル銃や手榴弾の音が鳴り止まず、戦闘はいまなお継続中です。（二）鳳山街に現れた旧日本軍の軍服を着た賊軍によって交通〔機関〕が奪取されました。（三）高雄第五十九兵糧庫が攻め落とされ、兵は既に憲兵隊及び要塞司令部に撤退いたしました。（四）屏東第五十九兵糧分庫が、支（四日）正午頃、暴徒数百人に攻撃占領されました。庫兵三名と監兵四名が行方不明となっております。（五）高雄前鎮倉庫が、統制の取れていない民衆により包囲攻撃を受けました。兵は微（五日）戌に包囲を突破し、五塊厝に到着しました。監兵一名が行方不明となっております。（六）独立連隊の駐屯兵力が、ちょうど高雄の救援に向かっていますが、もしひとたび失敗するようなことがあれば、五塊厝の兵力が弱まってきていることから、さらに守るのは難しくなるでしょう。以上、謹んで打電いたしましたこと、ご検討の上、どうか〔関係部署に〕お伝えいただき、速やかに五塊厝及び拷潭・湾子頭などの倉庫への支援を行っていただきますよう切にお願い申し上げます。小職 李進徳 寅虞（三月七日）午参」。「二二八事件綏靖執行及處理報告之一」『軍管區司令部』新北市：檔案管理局所蔵、所蔵番号：A30550000C=0036=9999=4=1=062=0000320450001。中央研究院近代史研究所編『二二八事件資料選輯（三）』、二二五頁、参照。

97　陳儀「寅虞（三月七日）亥總戰電」「二二八事件綏靖執行及處理報告之一」『軍管區司令部』新北市：檔案管理局所蔵、所蔵番号：A30550000C=0036=9999=4=1=062=0000320450003。中央研究院近代史研究所編『二二八事件資料選輯（三）』、二二八―二二九頁。

98　ただちに展開された南部の鎮圧は、彭孟緝の〔幾つかの〕電文から窺い知ることができる。例えば、彭孟緝の「寅佳（三月九日）参電」では以下のように記述されている、「即刻、陳兼総司令、六二二六密。（一）屏東は既に寅齊（三月八日）午に奪還いたしました。（二）捕虜八名、及び軽機関銃八挺。（三）市長は既に公務に復帰しており、善後策を処理中です。（四）将兵に死傷者はなく、士気もきわめて盛んです。（五）ただちに守備隊を台南に派遣するとともに、第二十一師団の何連隊を別に嘉義へと進攻させますが、全て上陸用舟艇によって海路から輸送します。朝七時には出動が可能です。どうか迅速に嘉義の敵情及び我が軍の状況を詳しくお知らせいただきたく存じます。兼台湾南部防衛司令彭孟緝 寅佳（三月九日）参印」。「二二八事件綏靖執行及處理報告之一」『軍管區司令部』新北市：檔案管理局所蔵、所蔵番号：A305550000C=0036=9999=4=1=060=000320430001、及び中央研究院近代史研究所編『二二八事件資料選輯（三）』、一二二頁。「寅青（三月九日）午電」では以下のように記述されている、「即刻、台北陳兼総司令、六二二六密。（一）屏東については、既に何連隊から増強中隊を増援として派遣いたしました。（二）ただちに増強大隊を選抜し、まずは台南に派遣してこれを攻略した後、続けて嘉義に増援を送るつもりでおります。どうか嘉義の守備軍に〔それまで〕死守せよと打電していただきたく存じます。またあわせて嘉義の情況を詳しくお知らせいただければ幸いです。（三）海軍の上陸用舟艇を利用して海上から輸送するつもりです。兼台湾南部防衛司令彭孟緝拝、寅青（三月九日）午印」。「二二八事件綏靖執行及處理報告之一」『軍管區司令部』新北市：檔案管理局所蔵、所蔵番号：A305550000C=0036=9999=4=1=013=0000319960001、及び中央研究院近代史研究所編『二二八事件資料選輯（三）』、一二四頁。「陳儀寅青（三月九日）亥総戦電」では以下のように記述されている、「打電。即刻、高雄彭司令、寅青午の電文、〔確かに〕拝受した。六二二六密。もし輸送に使える十分な車輌があるならば、まず台南を攻略し、続けて嘉義に増援を送るのがよいだろう。そのまま情況に応じて処置されたい。北部でもまた既に主体的に、綏靖〔作戦〕を始めたところである。陳○寅青（三月九日）亥総戦（一）」。「二二八事件綏靖執行及處理報告之一」『軍管區司令部』新北市：檔案管理局所蔵、所蔵番号：A305550000C=0036=9999=4=1=041=0000320240001、及び中央研究院近代史研究所編『二二八事件資料選輯（三）』、一六七頁。「寅寒（三月一四日）午電」には以下のように記述されている、「特急、台北陳兼総司令、六二二六密。台湾南部における小職の綏靖区内の各県市の要所、すなわち高雄左営・鳳山・屏東・恆春・岡山・台南・新営・嘉義は、いずれも既に小職が陸続と部隊を派遣し、掃討平定をはたしております。ただいま既に拠点内の綏靖作戦に取り掛かっておりまして、徐々に北に向かって〔その範囲を〕広げているところです。後続部隊の到着を待ってから、徹底的に奸賊の粛清作戦を実行していきます。〔それでは〕僅かにお報せのみにて、ご検討よろしくお願い申し上げます。彭孟緝寅寒（三月一四日）午参印」。「二二八事件綏靖執行及處理報告之一」『軍管區司令部』新北市：檔案管理局所蔵、所蔵番号：A305550000C=0036=9999=4=1=023=000320060001、及び中央研究院近代史研究所編『二二八事件資料選輯（三）』、一三七頁。

99 彭孟緝「台灣省二二八事件回憶錄」、六四―七一頁。

100 同右書、七三頁。

101 「據傳高雄軍民衝突謝東閔奉派前往解決」『台灣新生報』一九四七年三月九日。

102 彭孟緝「台灣省二二八事件回憶錄」、七五頁。

103 例えば、彭孟緝が陳儀について描写する文章の中には、次のような一段がある、「最も合点がいかないのは、陳長官が〔ラジオ〕放送で、政治的解決を無理強いし、軍隊に即日兵舎に帰るよう命じたことである。〔私はそれを聞いて〕是非がごちゃまぜになって混乱し、もはや〔それ以上、放送を〕聞くことはできなかった。私はその時こう判断した、（一）陳長官は既に〔正しさを見極める思考の〕自由を失ってしまったのだ」と。彭孟緝「台灣省二二八事件回憶錄」、七七頁、参照。明らかに陳儀は電報で彭孟緝と連絡を取り合って、関連する軍の配備展開の指揮を取っていたし、彼を南部防衛司令に任命したりしていた。両者の間で連絡が途絶えたことは決してなかったのだが、上述の文章は、逆に陳儀がまるで音信不通にでもなったかのように書かれている。彭孟緝の回想録がまったくの出鱈目ばかりであることは明らかである。

104 許雪姫「高雄二二八事件真相再探」、高雄市文獻委員會編『紀念二二八事件60週年學術研討會論文集』高雄市：高雄市文獻委員會、二〇〇七年、一七三—二一八頁。

105 許雪姫・方恵芳インタビュー、呉美慧・丘慧君・曾金蘭・林世青・蔡説麗記録『高雄市二二八相關人物訪問紀錄（中）』、三〇頁。「高雄市事變各區死傷調查表」、『二二八事件檔案彙編（二）』、四一—四三頁。

106 「台灣二二八事變基隆區綏靖報告書」「二二八事件綏靖執行及處理報告之一」『軍管區司令部』新北市：檔案管理局所蔵、所蔵番号：A305550000C=0036=999=4=2=018=0000320650010。

107 陳儀が蒋介石に上呈した「三月庚（八日）電」、「三月佳（九日）電」（『大渓檔案』第一七号、八六頁）、侯坤宏編『二二八事件檔案彙編（十七）』台北市：國史館、二〇〇八年、一七五頁、一九五頁。

108 「台灣二二八事變基隆區綏靖報告書」「二二八事件綏靖執行及處理報告之一」『軍管區司令部』新北市：檔案管理局所蔵、所蔵番号：A305550000C=0036=999=4=2=018=0000320650010。

109 石延漢「寅灰（三月一〇日）電」「二二八事件綏靖執行及處理報告之一」『軍管區司令部』新北市：檔案管理局所蔵、所蔵番号：A305550000C=0036=999=4=1=055=0000320380001。

110 史宏熹「寅佳（三月九日）丑電」「二二八事件綏靖執行及處理報告之一」『軍管區司令部』新北市：檔案管理局所蔵、所蔵番号：A305550000C=0036=999=4=1=053=0000320360001。

111 George H. Kerr, Formosa Betrayed,London:Eyre & Spottiswoode, 1966, p.291.

112 「電報第十九号」、『二二八事件文獻補錄』、五三九頁、五四二頁。

113 陳儀「寅齊（八）申總戰電」「二二八事件綏靖執行及處理報告之一」『軍管區司令部』新北市：檔案管理局所蔵、所蔵番号：A305550000C=0036=999=4=1=004=0000319870003。中央研究院近代史研究所編『二二八事件資料選輯（三）』、一一三頁。

114 陳儀が蒋介石に上申した三月庚電。その内容は以下の通りである——「（前略）（三）基隆の港湾は、昨晩に小職が既に基隆要塞司令の管轄に帰属するよう段取りをつけておきました。今日（八日）昼までに暴徒十人余りが突入してくることがありましたが、既に逮捕拘束しており、現在は秩序は良好となっております。今晩の憲兵の上陸も問題はないでしょう。（四）本日は台北の秩序は依然として良好で、処理委員会の内部では既に衝突が発生しており、まさに分裂が起こっているところです。劉師団長の二十一師団一連隊が台北に到着するのを待って、ただちに奸賊暴徒の排除に着手するつもりでおります。決して〔その対処を〕遅らせて〔勢力を〕強大にさせるようなことを許したりは致しません」、侯坤宏編『二二八事件檔案彙編（十七）』、一七五頁。

115 「基隆市『二二八』事變日誌」、侯坤宏・許進發編『二二八事件檔案彙編（二）』、一六五頁。

116 同右書、一五八頁。

117 侯坤宏編『二二八事件檔案彙編（十七）』、一九五頁。

118 George H. Kerr, Formosa Betrayed, p.292.

119 陳儀「寅齊（三月八日）（二四）時總戰電」「二二八事件綏靖執行及處理報告之二」『軍管區司令部』新北市：檔案管理局所蔵、所蔵番号：A305550000C=0036=9999=4=1=038=0000320210003。中央研究院近代史研究所編『二二八事件資料選輯（三）』、一六一—一六二頁。

120 George H. Kerr, Formosa Betrayed, p.292.

121 「台灣省警備總司令部戒嚴命令」「二二八事件其他」『軍管區司令部』新北市：檔案管理局所蔵、所蔵番号：A305550000C=0036=9999=9=1=035=0000323780001。

122 台灣省警備總司令部編「台灣省『二二八』事變記事」、二二頁。

123 陳儀「寅青（三月九日）午總戰（一）電」「二二八事件綏靖執行及處理報告之二」『軍管區司令部』檔案管理局所蔵、所蔵番号：A305550000C=0036=9999=4=1=037=0000320200001、及び中央研究院近代史研究所編『二二八事件資料選輯（三）』、一六〇頁。

124 George H. Kerr, Formosa Betrayed, p.293.

125 一九四七年三月二三日の『文匯報』「各地の情報」における「台湾の動乱」の文章の一節の標題にこうある——「軍隊、上海・福州から台湾へ到着、機関銃の銃声やライフル銃の銃声にまじって照明弾の火の手があちこちであがり、恐怖の世界となる」。「台灣的動亂」『文匯報』一九四七年三月二三日、第六版。

126 「二二八事件新竹市事變經過及處理情形報告書」「二二八事件綏靖執行及處理報告之二」『軍管區司令部』檔案管理局所蔵、所蔵番号：A305550000C=0036=9999=4=1=047=0000320300008。

127 「新竹防衛司令部佈告」「二二八事件綏靖執行及處理報告之二」『軍管區司令部』新北市：檔案管理局所蔵、所蔵番号：A305550000C=0036=9999=4=1=047=0000320300008。

128 『「二二八事件」研究報告』では、「民衆の関連行為を禁止した」ことが新竹地区の動乱を回避した主因であったと強調されているが（二一七頁）、むしろ軍隊の行動を規制したことが、動乱回避の主因であったと言うべきであるだろう。賴澤涵・黃富三・黃秀政・吳文星・許雪姬『「二二八事件」研究報告』、二一七頁、参照。

129 許雪姬主編『保密局台灣站二二八史料彙編（三）』台北市：中央研究院台灣史研究所、二〇一六年、三〇四—三〇七頁。

130 「報澎湖響應二二八事件經過情形由」、『二二八事件檔案彙編（二）』、一六五頁。

131 「白崇禧四月十七日簽呈」、『二二八事件檔案彙編（二）』、二五二頁。

132 「許整景先生訪問記錄」、二九五—三一〇頁。

133 「白崇禧四月十七日簽呈」、二五二頁。

134 彭孟緝「台灣省二二八事件回憶錄」、六四—六五頁。ただし、当時の高雄市民〔の人口〕が一五万人に過ぎなかったことと照らし合わせてみると、彭孟緝が疑心暗鬼になって恐れおののいていたのは明らかである。三月五日付『國聲報』、参照、許雪姬主編『二二八事件期間上海・南京・台灣報紙資料選集』、一〇一頁。

135 「陸軍整編二十一師第一四六旅台灣省新竹綏靖區見司令部綏靖報」「二二八事件綏靖執行及處理報告之二」『軍管區司令部』新北市：檔案管理局所蔵、所蔵番号：A305550000C=0036=9999=4=4=002=0000320730003を参考にした。

136 台灣省警備總司令部編「台灣省『二二八』事變記事」、四一七頁。

137 「四三四團綏靖工作概略」「二二八事件綏靖執行及處理報告之二」『軍管區司令部』新北市：檔案管理局所蔵、所蔵番号：A30

555000C=0036=9999=4=3=004=0000320690002。

138 「陸軍整編第二十一師對台灣事變戡亂概要」『二二八事件資料選輯（二）』、二一二頁。

139 同右註。

140 「陸軍整編第一四六旅剿匪戰鬥經過概況及匪我傷亡俘獲損耗報告表」「二二八事件綏靖執行及處理報告之一」『軍管區司令部』新北市：檔案管理局所蔵、所蔵番号：A305550000C=0036=9999=4=3=001=0000320660003。

141 三月一六日の埔里の戦役は、一般に「烏牛欄」の戦いと称される。ただし、その付近に「牛相觸」という地名があることから、これが文献名称の「牛椆欄」の由来となったのだと思われる。「烏牛欄戰役：四〇人對七〇〇人、以寡擊眾的藝術」「關鍵評論」、https://www.thenewslens.com/feature/27cohort/62374、アクセス日：二〇一八年一二月二七日。

142 「陸軍整編二十一師第一四六旅第四三六團參加台中嘉義剿匪經過」「二二八事件綏靖執行及處理報告之一」『軍管區司令部』新北市：檔案管理局所蔵、所蔵番号：A305550000C=0036=9999=4=4=002=0000320730009を参考にした。

143 「烏牛欄戰役：四〇人對七〇〇人、以寡擊眾的藝術」「關鍵評論」、https://www.thenewslens.com/feature/27cohort /62374、アクセス日：二〇一八年一二月二七日。

144 台灣省警備總司令部編「台灣省『二二八』事變記事」、四一七頁。

145 同右書、四二二頁。

146 同右書、四二三―四二五頁。

147 陳儀「寅灰（三月一〇日）辰總戰電」「二二八事件綏靖執行及處理報告之一」『軍管區司令部』新北市：檔案管理局所蔵、所蔵番号：A305550000C=0036=9999=4=1=052=0000320350001。中央研究院近代史研究所編『二二八事件資料選輯（三）』、一一三頁。

148 「許靖東致電丁立仁報告張七郎父子三人遭密裁（民國三六年六月六日收）」、許雪姫主編『保密局台灣站二二八史料彙編（三）』、一二八―一二九頁。

149 許雪姫編撰『續修高雄市志（卷八）社會志二二八事件篇』、五七頁。

150 陳儀深「南京決策階層的責任」、張炎憲・黃秀政・陳儀深・陳翠蓮・李筱峰・何義麟・陳志龍・黃茂榮『二二八事件責任歸屬研究報告』台北市：財團法人二二八事件紀念基金會、二〇〇六年、一四五―一六九頁。

# 第四章

# 二二八事件における県市長とその役割

歐 素瑛（山藤夏郎 訳）

## 一、前言

一九四五年八月一五日、日本の敗戦投降によって、国民政府はすぐさま台湾省行政長官公署（以下、行政長官公署）を設置、台湾の接収と再建事業を〔同機関に〕担当させることとした。[1] 接収当初は、日本統治時代の行政区分が継続的に使用されたが、〔やがて〕五州・三庁・一一州庁直轄市〔という日本時代の区分〕は八県・九市に改められ、それとともに、各所に州庁接管委員会が設置され、各種の接収管理業務については〔同委員会が〕担当することとなった。次いで一九四六年一月には、各県市政府が設立されるとともに首長が任命され、順次、各地方の行政業務が〔首長の下で〕推し進められていくこととなった。これら県市長には福建省出身者が多くを占めていたが、中には、行政長官・陳儀の下でかつて幕僚を務めていたものや、日本への留学経験者、〔また〕中国国民党（以下、国民党）の党政訓練班・台湾行政幹部訓練班で訓練を受けた経験のあるもの、さらには県市首長を務めたことがあるものなどが少なからずいたが、その学歴や経歴から言えば、いずれも当代に傑出した人材と言えるものばかりであった。しかし、接収後、一年半もたたずして、闇タバコの捜査をきっかけとして二二八事件が勃発した。事件の間、各県市長の対応・処置の仕方は一通りではなく、積極的に折衝・協調を図ったものもいれば、軍事的な鎮圧に訴えたものもおり、二二八事件処理委員会〔以下、処理委員会〕に協力したものもいれば、対立したものもいた。さらには山間地区や管轄域内の軍事機関へ退避したものもおり、その結果、各地の受けた傷の状況にも大きな隔たりが生まれることとなった。事件後、県市長の中には自ら辞職を申し出たものや留任したもの、別のポストに転任したものもいたが、その人事は事件後再び大きく変動することとなった。このように人事問題が地方行政の推進に実際に大きな影響を与えることになったという事実は、われわれにとってさらなる探究を要する〔重要な〕検討課題となるだろう。

当時、一七名の県市長が就任していた地方行政であったが、往々にして人的資源や物資が不足し、〔行政〕計画も緻密さに欠けるものであったため、〔行政運営は〕遅々として軌道に乗ることはなかった。その中で、官吏の汚職やその無能さは最も民衆に憎まれるところとなっていたが、〔それゆえ〕何度も行政長官公署に対して「台湾省県市長の民選」、「汚職官吏の粛清」などの政治改革の要求が出されることとなった。そして一九四七年二月、二二八事件の勃発に及ぶと、抗議の民衆が「汚職官吏を打倒せよ」、「外省人を打倒せよ」などのスローガンを大声で叫びながら、激しい言葉で〔政府を〕攻撃する事態に至ったのだが、このことから見ても行政長官公署や県市長の〔それまでの〕施政や行動が広く民衆の賛同を得たものでなかったのは明らかであった。三月六日、行政長官・陳儀は、事件に際し、台湾の民衆に向けた第三回ラジオ放送の中で、こう言っている――「県市長は、七月一日に民選されます。……県市長が民選されるまでは、現在の県市長の中で現地の人々から不適任であると見なされたものは、私が免職させることができます。〔また〕別に各地の県市参議会から三名の候補者を推挙し、私が選定した一名に県市長を担当させるとともに、民選のための準備作業を行わせます。そして、もし人々が現職の県市長が適任だと思えば、そのまま任務を執行してもらいます」[2]。三月七日、処理委員会は「三十二条処理大綱」を提出し、「県市長は本年六月までに民選を実施すること」という要求を出したが、ここにおいて一部の県市処理委員会は、行政長官の指示通り、三名の県市長の候補者を選出し、行政長官による選定を行っている。しかし、三月八日に国府軍が基隆より上陸すると、三月一〇日には処理委員会は非合法組織と認定され、推挙された県市長の候補者も大部分がこれによって罪に問われることとなり、甚だしきに至っては死刑に処せられるものさえいた。人々に不適任だと見なされた県市長にしても、事件後にもとの職位に戻され、まるで事件の影響がほとんどないかのようで〔さえ〕あったが、その事実は二二八事件に対する政府当局の態度から見ても明らかであった。

これまでの二二八事件研究においては、事件の第一線に位置していた地方行政首長についてや、事件前後の彼らの行動や対応についてはあまり論じられてこなかったが、それだけにこの点はさらなる分析が待たれるところとなっている。本稿では、この県市長の動向という点を核心的課題として、各県市長が二二八事件の勃発の際に、民衆の抗議をどのように取り扱ったのか、そして事件の間、どのような対応・措置を執り行ったのか、さらに事件後自らをどう処遇したのかについて検討していく。それによって戦後初期台湾の各県市首長が二二八事件の中で果たした役割や対応について、よりいっそう適切かつ緻密に理解することができるようになるはずだ。

## 二、二二八事件以前の県市長

一九四五年一〇月二五日、中国戦区台湾省降伏式典の後、行政長官公署は、地方行政各級の行政処理と、県市政府の設立計画の立案のため、一一月七日に「台湾省州庁接管委員会組織通則」[3]を公布している。そして八日から各地方機関、すなわち、台北・新竹・台中・台南・高雄の五州、および台東・花蓮港・澎湖の三庁の接収管理が開始され、八つの州庁接管委員会が組織された。その主任委員は、それぞれ台北州は連震東、新竹州は郭紹宗、台中州は劉存忠、台南州は韓聯和、高雄州は謝東閔、台東庁は謝真、花蓮港庁は張文成、澎湖庁は陳松堅であったが[4]、行政長官公署と台湾省接収委員会の指揮監督を受け[5]、各種の接収管理業務が執り行われることとなった[6]。そして一九四六年一月までの間に、各州庁の接収管理業務が相次いで完了すると、接管委員会はただちに解散となり[7]、各級地方政府が同時に、また正式に設立されることとなった。

一九四六年一月に各県市政府が設立されると、行政長官・陳儀はすぐさま各県市長の候補者を選定・派遣した。その中には、台北市長の黄朝琴、高雄市長の連謀[8]、台中市長の黄克立[9]、台南市長の韓聯和[10]、基隆市長の石延漢[11]、新竹市長の郭紹宗、嘉義市長の陳東生[12]、彰化市長の王一麐、屏東市長の龔履端[13]、台北県長の陸桂祥、新竹県長の劉啓光、台中県長の劉存忠[14]、台南県長の袁國欽、高雄県長の謝東閔、花蓮県長の張文成、台東県長の謝真、澎湖県長の傅緯武[15]が含まれていたが、もともと州庁接管委員会であった八名の主任委員の中では、連震東・陳松堅を除き、残りの六名全てが正式に県市長に任じられることとなった。この継続性の高さは、県市の政務を推進する上ではきわめて有益であった。

「台湾省直轄市組織暫定施行規程」〔「台湾省省轄市組織暫行規程」〕の規定によると、市政府は一名の市長を置き、全ての市の業務をまとめて管理し、所属機関及び職員を指揮監督することとされている。また、「台湾省県政府組織規程」〔「臺灣省縣政府組織規程」〕の規定によると、県は地方自治体の単位とし、県政府は中央政府及び省の法令に抵触しない範囲で、県令を発布することができるとされ、また県政府には一名の県長が置かれ、以下の職掌を担当することとされた。（一）行政長官公署の監督を受け、県の全ての自治業務をまとめて管理すること。（二）県の予算支出関連業務の執行。（三）県参議会、県政会議の議決を経るべき案件の提出。（四）財産及び建造物の管理、〔また〕管理機構が設けられている場合にはその業務の監督。（五）会計関連命令の発布、及び会計関連業務の監督。（六）法令及び県参議会の議決に従い、使用料・手数料・県税及び労役・現物を徴収すること。（七）行政長官公署の指揮を受け、中央政府及び省に委任された業務を執行すること。（八）その他、法令に従い、県長の職権に属する業務を執行すること[16]、である。同時に行政院によって頒布された「県長及び地方行政長官軍法兼務暫定施行規則」〔「縣長及地方行政長官兼理軍法暫行辦法」〕の規定によると、県長及び地方行政長官は軍法業務を兼務することとなっていたが、一九四七年五月になって兼務は解除された[17]。また県市長は行政、司法の二権を兼備していたが、台湾では日本統治時代より早くから完全な司法裁判制度が整備されていたため、接収後の司法案件についても一律、裁判所で審理されることとなった。

各県市政府の設立後ほどなくして、県市長の人事には異動があった。黄朝琴が一九四六年二月一八日に台北市長の職を辞し、游彌堅がその後任となったのをはじめ、[18]同年一〇月に謝東閔が省民政処副処長の職に転任となり、黄達平が後任の高雄県長に就任している。[19]その他にも、例えば台中県長の後任に宋増榘が、[20]嘉義市長の後任に孫志俊が、[21]新竹県長の後任に朱文伯が、[22]台南市長の後任に卓高煊が、[23]高雄市長の後任に黄仲圖が就任し、[24]異動の人数は全体の四割にも達した。異動の理由としては、別に新たなポストを得たからというものもいれば〔例えば、台北市長の黄朝琴、新竹県長の劉啓光、高雄県長の謝東閔、台南市長の韓聯和、高雄市長の連謀〕、[25]自ら辞職を申し出たものもいたが〔例えば、嘉義市長の陳東生〕、[26]さらには汚職不正事件で失職した、というものもいた〔例えば、台中県長の劉存忠〕。[27]短期間の内に県市長がたびたび変わるというのは、社会的イメージや政務の推進上において、いずれもマイナスの影響があった。〔なお〕一九四七年、二二八事件が勃発するまでの各県市の首長〔リスト〕は表四−一のようになる。

**表四−一　二二八事件以前の各県市長の学歴・経歴一覧表**

| 県・市 | 氏名 | 本籍地 | 学歴 | 経歴 | 就任時期 |
|---|---|---|---|---|---|
| 台北県 | 陸桂祥 | 江蘇松江 | 北京交通大学無線電信科、北京大学文学院中文系卒業 | 国民政府交通部電政司科長、交通部電信機械製造廠長、交通部国際電信局長、浙江省政府視察兼省主席辦公室秘書、浙江省黄巖県長、上虞県長、紹興県長、福建省政府委員兼建設庁長などの職を歴任。 | 一九四六年二月一六日、台北県長に就任。 |
| 新竹県 | 朱文伯 | 江蘇泰興 | 〔上海〕大夏大学、〔日本〕陸軍士官学校卒業 | 軍政部兵工署科員、陸軍砲兵学校教官、福建省保安処保衛科編練股長、第一科長、第五連隊長、軍管区司令部少将参謀長、軍政部海永泉師管区司令、福建省保安処副処長などの職を歴任。一九四六年二月、台湾省警備総司令部少将高級参謀に転任。 | 一九四七年一月一日、新竹県長に就任。 |

| 台中県 | 宋増榘 | 湖南湘潭 | 〔日本〕九州帝国大学農学部農学科卒業 | 国民政府農礦部視察員、中央陸軍軍官学校教官、山東省政府農礦庁視導員、実業庁視察員、建設庁技士、福建省農林改良総場技師、福建省政府技術員、農民教育師資訓練所長、浦城県長、農業改進処長、農業建設協会理事長などの職を歴任。 | 一九四七年一月一日、台中県長に就任。 |
|---|---|---|---|---|---|
| 台南県 | 袁國欽 | 福建上杭 | 〔日本〕中央大学法科卒業、中国国民党中央訓練団党政班修了 | 福建上杭県党務指導員、福建晋江県党部執行委員、福建省立晋江郷村師範教員、北平外交研究会専任編輯、福建省公務人員訓練所教師兼班主任、福建省民政庁第三科長、地方行政幹部訓練団班主任、長楽県長、教育庁第二科長、邵武県長、省政府參事などの職を歴任。一九四五年に来台後、まず台湾省行政長官公署民政処科長に就任。 | 一九四六年一月、台南県長に就任。 |
| 高雄県 | 黃達平 | 福建南安 | 広西大学林学系、〔日本〕陸軍士官学校卒業 | 福建省軍管区参謀、第二十八集団軍総部参謀、陸軍第八十師主教育、作戰情報主任などの職を歴任。一九四五年一〇月、陸軍第二十八軍附員に任じられた際に、命を受けて来台。同年一一月、台湾省行政長官公署農政設計参議に転任。 | 一九四六年一〇月一日、高雄県県長に就任。 |
| 台東県 | 謝真 | 福建龍巌 | 〔福建〕私立黎明高級中学普通科卒業 | 福建省同安県第七区署区長、南安県第三区署、第一区署区長、羅源県長、連江県長などの職を歴任。 | 一九四五年一二月、台東県長に就任。 |
| 花蓮県 | 張文成 | 福建龍巌 | 上海法政大学卒業 | 一九四五年一二月に来台後、花蓮港庁接管委員会主任委員に就任。 | 一九四六年一月、花蓮県長に就任。 |
| 澎湖県 | 傅緯武 | 福建上杭 | 上海大学社会系卒業、中国国民党中央訓練団党政班修了 | 東路討賊軍第一軍特務特派員辦事処幹事、軍餉督辦公署科員、国民革命軍第十七軍特務団書記、立法院副院長林子超随行書記、国民政府文官処科員、文書局第三科長などの職を歴任。 | 一九四六年一月二二日、澎湖県長に就任。 |

| 台北市 | 游彌堅 | 台湾台北 | 〔日本〕日本大学経済系卒業 | 中央陸軍軍官学校少校政治教官、財政部税警総団処長、台湾設計委員会委員、財政部台湾区財政金融特派員などの職を歴任。 | 一九四六年三月一日、台北市長に就任。 |
|---|---|---|---|---|---|
| 基隆市 | 石延漢 | 安徽績溪 | 〔日本〕東京帝国大学卒業 | 中央研究院気象研究所副研究員、福建省政府参議、建設庁技正、気象局長、建設庁主任秘書などの職を歴任。 | 一九四五年一一月、基隆市長兼台湾省気象局長に就任。 |
| 新竹市 | 郭紹宗 | 河南開封 | 〔日本〕東京工業学校卒業 | 陸軍少将。一九四五年一〇月に来台、新竹州接管委員会主任委員に就任。また一一月八日、新竹州接管委員会を設立、一一月一七日、新竹市政府の設立後、新竹州接管委員会主任委員と市長を兼任。 | 一九四六年一月、新竹市長に就任。 |
| 台中市 | 黄克立 | 福建晋江 | 厦門大学経済系卒業<br>中国国民党中央訓練団党政班修了 | 福建省長汀県府科長、福建第四行政専員公署科長、福建直接税局晋江分局長、福州市税務局長、福建泉州直接税局長、福建同安県長などの職を歴任。 | 一九四六年一月二一日、台中市長に就任。 |
| 彰化市 | 王一麐 | 江蘇阜寧 | 江蘇省立教育学院卒業、中国国民党中央訓練団党政班、台湾行政幹部訓練班民政組修了 | 高考普通行政に合格。浙江紹興県府秘書、教育科長、紹興南池区署区長、四川省成都県長、中央政治学校卒業生指導部第四組長、中央訓練団台湾行政幹部訓練班研究部研究員などの職を歴任。一九四五年一二月に来台、新竹州接管委員会委員に就任。 | 一九四六年一月、彰化市長に就任。 |
| 嘉義市 | 孫志俊 | 江蘇青浦 | 復旦大学商科卒業、中国国民党中央訓練団党政班修了 | 中法東方銀公司・滬行経理〔＝上海支店支店長〕、江蘇省農民銀行・分行経理〔＝支店長〕、軍政部兵工署軍械司股長、兵工研究委員、軍械司科長などの職を歴任。来台後、まず嘉義市政府主任秘書に就任。 | 一九四七年一月一日、嘉義市長に就任。 |
| 台南市 | 卓高煊 | 福建閩侯 | 〔上海〕震旦大学卒業、中国国民党中央訓練団党政班修了 | 福建省南平・晋江・徳化・仙遊県長などの職を歴任。一九四六年八月一五日、台湾省行政長官公署民政処視察〔員〕代理となる。 | 一九四六年八月二六日、台南市長に就任。 |

| 高雄市 | 黄仲圖 | 台湾台中 | 〔日本〕東洋大学倫理学教育学科卒業 | 中華書局編輯、浙江省民教館分部主任、抗敵後援会宣伝工作団長、抗日自衛団政訓主任、軍事委員会政治部巡視員、浙江大学講師、軍訓部軍官外語班教官、陸軍大学教官、第八戦区幹訓団政治教官などの職を歴任。 | 一九四六年五月、高雄市長に就任。 |
|---|---|---|---|---|---|
| 屏東市 | 龔履端 | 福建南平 | 暨南大学教育系卒業、中国国民党中央訓練団党政班修了 | 暨南大学助教、江西省政府秘書処秘書、江西省保安司令部秘書、中正大学秘書、江西省政府主席熊式輝辦公室秘書、福建省臨時参議会第二回参議員、中央設計局第三科科長、交通部駅運総管理処組長、中央設計局人事室主任などの職を歴任。 | 一九四六年一月、屏東市長に就任。 |

資料出典：「人事登記巻」『軍事委員會委員長侍從室檔案』國史館藏。「縣市長任免」「各機關主管接篆視事」『台灣省行政長官公署檔案』國史館台灣文獻館藏。台灣省行政長官公署人事室編『台灣省各機關職員錄』台北市：台灣省行政長官公署人事室、一九四六年七月、二八七−三一八頁。

表四−一からわかるように、二二八事件以前に県市長に就任した一七名には、概ね以下のような特徴があった。第一に、各県市長は、游彌堅・黄仲圖の二名が中国での活動経験を有する台湾人、つまり、いわゆる「半山」〔台湾省籍の人のうち、戦前に中国大陸に渡り、戦後に台湾に戻ってきた人（訳注）〕であった以外は、みな外省人〔台湾省以外の省籍の出身者〕であり、その比率は八八％にも達していた。そのうち、福建省籍が八人で最も多く、およそ四七％を占めていたが、それは福建が言語・風土・民情の各方面において台湾と近く、福建人を各県市の政務に当てることで、人民の苦しみを汲み取りやすくなる〔という狙いがあった〕からだ〔と思われる〕。第二に、各県市長の学歴において、日本留学の経験を有する者が八名おり、かつて五一年にわたって日本に植民地統治された台湾の社会を理解する上で〔その経験は〕非常に有益であったし、また政務を推進する上でも助けになった〔と思われる〕。第三に、各県市長は、かつて福建省政府に奉職していたものが多数を占めており、もともと福建省の主席であっ

た陳儀が台湾省の行政長官に転任したことで、任官者もまた、陳儀の以前の部下が多数を占めることとなった。つまり、彼らはその過去の福建統治の経験を生かして台湾にやってきたのである。第四に、各県市長は国民党籍者が多数を占めており、しかも多くは国民党中央訓練団党政班で訓練を受けたもので、党政治については、いずれもみな豊富な経歴を持っていた。第五に、各県市長の中で、かつて県市長を務めた経験があるものが七名で、およそ全体の四一％を占めている。県市の政務に対しても熟知していたことから、短期間で県市政を軌道に乗せることができたと思われる。第六に、各県市長は、大部分が就任してからそれほど長い時間が経っておらず、一九四五年の年末に着任したものや、一九四七年一月になってようやく着任したものもおり、県市政に及ぼしうる影響というのは限定的であった〔と見られる〕。

全体的に言えば、二二八事件の勃発以前から、台湾で県市長を務めていた一七名は、省籍や学歴・経歴を見ただけでも、いずれも当代随一と呼べるほどの人材であり、日本の植民地統治から離脱したばかりの、諸問題の山積する台湾にあって、力を発揮できる面々であったと見られる。しかし、台湾人の彼らへの期待が高すぎたためか、或いは、頻繁な人事異動で具体的な業績があげられなかったためか、施政は必ずしも理想的なものではなく、また、少なからずの県市長が汚職事件に身を落としたことで、民衆は彼らに強い不満を覚え、さらにその低評価の対象は、長官公署や外省人一般にまで拡大することにもなったのである。そこに台湾人の「半山」に対する心象も加わり、二二八事件を誘発する重要な要因の一つが形作られることとなったのである。

## 三、二二八事件中の県市長

一九四七年二月二七日夜、台湾省専売局（以下、専売局）の捜査員及び警察が、台北市延平北路付近で、闇タバコの捜査を行っていたところ、闇業者の林江邁との間で揉め事になり、捜査員が銃で林江邁を負傷させることになった。それが民衆の不満を誘発することとなり、慌てた捜査員・傅學通が誤って市民の陳文溪を銃撃し、その傷がもとで〔陳を〕死亡させるという事態に至った。それによって民衆感情がいっそう昂ぶる結果となり、捜査員のトラックが叩き壊されたほか、警察局・憲兵隊が包囲され、民衆の中からは、凶行に及んだ犯人をただちに処罰せよ、という声が上がってくることとなった。しかし満足の行く回答が得られない状況下で、人々は群れをなしたままその場を離れることなく、翌日には台北市でストライキや授業ボイコットが行われ、各機関の職員が次から次へと逃げ出して身を隠し、全市の業務は形だけの麻痺状態に陥ることになった。群衆はまず、延平北路の警察局の一帯に集まり、事件に関与した職員の処罰を要求した。続けて専売局購買部・貿易局の新台公司、正華旅社などの国営機関を包囲・攻撃し、酒・タバコ、各種商品、トラックなどを道路の中央に積み上げ、火を放ってそれらを焼き払った[28]。午後一時頃、群衆が行政長官公署へと抗議に出向いたが、広場の前で遭遇した兵士に機関銃で掃射され、多くの死傷者が出るに及ぶと、混乱はますます収拾がつかなくなっていった[29]。激昂した群衆はその後すぐ台湾ラジオ放送局に侵入してこれを占拠し、その上で全省に向けて放送を行い、台北市の抗争に対する支援と動員を各地の人々へと呼びかけた。事件はここから拡大し、わずかな火が広野を焼き払うような大火となっていったのである[30]。

二二八事件の勃発後、〔その勢いは〕台湾各県市にすばやく広がっていった。その中で、台北市と隣接する台北県、基隆市、新竹県では、二月二八日にすぐさま抗争事件が勃発している。三月二日には、新竹市、台中県、台中市、彰化市、台南県、嘉義市、台東県で、三月三日には台南市、高雄県、高雄市で、そして三月四日には、屏東市、花蓮市で、相次いで抗争事件が勃発した。そして政府の官吏、軍隊・警察などは多く職務を放棄して逃亡し、各県市政府あるいは国営機関は職権を行使することができなくなっていた。ただ処理委員会の各県市の分会〔＝支部〕に頼ることで〔なんとか〕社会秩序の維持に協力していたに過ぎなかった。その期間、各県市長は真っ先に攻撃を受け、事件の拡大に直面することになったが、逃げて身を隠すものや、間に立って折衝を試みるもの、軍隊・憲兵・警察を派遣して鎮圧するものや、処理委員会に協力するもの、或いは激しく抵抗するものなど、対処・処罰の方法は決して一律ではなかった。以下に対処方法ごとに分けて述べると、次のようになる。

## （二）処理委員会によって秩序が維持されたケース

### 一．台北市長・游彌堅

台北市は二二八事件勃発の地として、その受けた衝撃も甚大なものであったが、事件の間、各界より組織された処理委員会が、主に行政長官・陳儀と諸問題の折衝に当たった。三月一日、台北市参議会は「闇タバコ殺傷事件調査委員会」〔「緝煙血案調査委員会」〕の設置を決議したが、続く二日には「二二八事件処理委員会」へと改組されている。台北市長・游彌堅は、当日午後、行政長官公署の官僚であった周一鶚、胡福相、趙連芳、包可永、任顯群などと共に、処理委員会主催の会議に出席したが、会議中、処理委員会の組織を拡大し、商業組合、労働組合、学生、民衆、台湾省政治建設協会など、各方面から選出された代表を加えることや、省参議員、国民大会〔＝当時の中華民国における国権の最高機関〕代表を入れることが決議された。[31] 三日午後、台北市の治安回復のため、処理委員会は、台北市臨時治安委員会を組織したが、処理委員会委員でもあり、また治安組〔＝治安担当チーム〕の組長（チームリーダー）を兼務していた黄朝生をその幹事とした。さらにその重要責任者や委員会参加者としては、市長の游彌堅、市警察局長の陳松堅、そして陳春金、黃火定、陳海沙、陳屋、林水田、周百鍊、許徳輝、劉明、学生代表一〇名余りが含まれていた。そして忠義服務隊を治安維持の執行機関とし、総隊長に許徳輝、隊員に延平学院・台北商職・開南商工・台北工職などの〔各〕学校の学生が任じられ、治安維持を担当することが決議された。[32] 游市長は忠義服務隊設立の一件を民衆に向けてラジオ放送を行うよう蔣渭川に求め、午後六時、蔣渭川は約束どおり放送を行った。[33] 五日、行政長官公署は民政処長・周一鶚、台北市長・游彌堅などを病院各所に向かわせ、事件で殴打負傷させられた者への慰問を行った。[34] 七日、処理委員会は「三十二条処理大綱」の議案を通過させ、その後の処理委員会でさらに十箇条を追加して「四十二箇条の要求」としたが、当案は陳儀によって否決された。九日、国府軍が台北に進駐すると、一〇日には、台湾省警備総司令部（以下、警備総部）によって再び台北市に戒厳令が宣布されたが、行政長官公署は処理委員会を非合法組織であるとして解散を命じる旨を布告している。[35] その後まもなくして「綏靖（すいせい）」〔＝鎮撫平定〕、「清郷（せいごう）」〔＝捜索、逮捕等を徹底して行うこと〕が行われ、事件はすみやかに幕を下ろすこととなった。

## 二・台北県長・陸桂祥

二二八事件勃発後の二月二八日午後、抗議の民衆が板橋駅に集まって群れをなし、列車内や駅にいた外省人を殴打するという事件が起こった。当日、県長、警察局長及び各課の管轄責任者は、そのまま県政府で陣頭指揮をとり、地域の有力者に連絡を取って地域〔の治安〕を守りつつ、青年への呼びかけを行って説得を試みるという計画を立てた。三月一日、群衆が県政府に突入、職員を殴打し、さらに一部の民衆が供応局板橋倉庫、空軍兵站宜蘭倉庫に攻め入った。そして羅東、蘇澳、宜蘭などの軍と警察機関の武器などを捜査押収するに至り[36]、情勢は混乱を極めることとなった。四日、処理委員会の淡水分会が設立され、学生の武器・銃器は没収されることになった。五日には、処理委員会宜蘭分会が設立され、郭章垣がその主任委員に推挙されているが、六日には、板橋鎮民代表〔鎮は行政単位（訳注）〕、里長、青年代表、学生代表、地域の有力者など約二百人余りが、中山堂にて会議を開き、処理委員会板橋鎮分会の設立と[37]、王以文・游石虎の正・副主任委員への任命が決議された。〔そして〕七日には、処理委員会台北県分会が設立された。これらの期間、主に各地区の処理委員会分会の協力の下、よく秩序が保たれたが、陸県長は表立ってこれを取り仕切ることはなく、〔その間の〕足取りもよくわかっていない。治安情報機関の指摘によると、陸県長以下、県政府の公務員の多くは、まとめて林本源〔人名ではなく、台湾五大家族の一つに数えられる板橋林家の屋号（訳注）〕の邸宅内へと避難し、江子翠地区の民衆によって保護されていたという[38]。しかし、三月九日に国民政府軍事委員会調査統計局（以下、軍統局）台湾站の站長であった林頂立が警備総部の参謀長・柯遠芬に上申した機密報告によると、林家では林宗賢に林家の財産を保護させつつ、郷里の者二名を雇って林家花園〔林家の邸宅〕の安全〔管理〕に当たらせ、さらに付近のごろつき六〇名余りを集め、〔彼らを〕林家花園の内に公然と受け入れていた、という。ここから推察するに、陸県長が林家の邸宅内に身を隠すことは不可能だったのではないかと思われる[39]。

三月八日、国府軍の到着後、県政府はただちに軍と協力して住民各戸を調べ上げ、抵抗する民衆を逮捕している。そしてなんとかして民衆の食糧を調達し、〔それによって〕治安の回復を図ろうともしている。一三日から、陸県長は民政・警察両局長を伴い、要衝となる各区署の郷・鎮を巡視し、処理すべき要項を指示した後、各区署の郷・鎮長を全て慰問に向かわせている。四月一日には県政会議が開かれ、各区署の報告を聴取しつつ善後策を図るとともに、住民各戸の調査、連座法の実施、武器の没収、厳正な懲罰褒賞の実施、税収の回復、教育の改善などに着手し、全区域の秩序は次第に回復を見せるようになっていった。[40]

## 三．台中市長・黃克立

二二八事件の勃発後、台中市参議会はただちに、三月一日、当議会〔の場〕を借りて緊急会議を開いている。〔そして〕台北事件の呼びかけに応じてこれを支持すること、県市長の民選を要求すること、さらに林連宗を派遣・北上させて事件の真相を調査させることが決議された。二日午前には、民衆が台中劇場に集結して市民大会を開き、謝雪紅を主席に推挙している。次いで、学生代表、青年代表、海外から帰国した台湾人の代表が相次いで登壇・演説し、時の政治に対する非難の声を上げているが、さらに、グループごとに分かれてデモ行進を行い、その中の一つのグループは警察局に直行して武装解除を求め、別のグループは専売局の分局に出向き、倉庫の在庫品を全て運び出してこれを焼き払っている。また、専売局台中分局の局長・趙誠、台中裁判所の所長・池滮、検察長・陳亟哉の宿舎などもまた、民衆に取り囲まれ、家財道具の全てが叩き壊されている。前台中県長であった劉存忠は任期中のたびたびの汚職により、元より民衆の怒りの標的となっていたが、その宿舎もまた民衆に包囲されることとなった。劉前県長とその家族が邸内から発砲し、一人の学生が負傷したことで、群衆の感情をますます昂ぶらせる結果となり、宿舎がガソリンで焼き払われそうになるという事態に及んだ。その後、謝雪紅が危険を犯して邸内に入り、彼らを連れ出して消防隊の方へと送り届けた上で、門を閉じ、放火の件について調査の上、処分しようとしたが、その途中、予想外なことに、民衆に殴られて重傷を負い、衣類や所持品などが全て焼き捨てられてしまった。午後、民衆は供応局の倉庫と第八部隊を包囲攻撃し、夜まで何度も武装解除を迫った。三日午後、民衆は第三十六部隊を包囲攻撃し、いったん苦戦に陥ったものの、その後、員林・彰化・埔里・豊原などからの増援部隊及び原住民部隊が駆けつけたことで、四日の朝方には、ついに攻め落とすに至った。台中付近の外省人は全て集められて保護され、市内の治安は青年・学生によって共同で維持されることになった。八日、市参議員と地域の士紳〔＝地域社会の有力者〕などが共同で台中地区時局処理委員会（以下、台中処委会）を組織し、主席の洪元煌、執行委員の黄朝清・賴通堯・林糊・洪元煌・謝雪紅・呉振武・林兊・荘垂勝・林連宗・林獻堂など一五名が、グループに分かれて仕事に取り掛かり、〔それ以降〕秩序は良好に保たれた。[41]

その間、黄市長は、二月二八日、彰化銀行の設立大会と第一回理事会に参加しているが、会の後、省財政処の処長・嚴家淦、課長の劉長寧らとともに日月潭に遊行に出かけている。〔しかし〕嚴・劉両名が遊行を終えていざ台北に戻ろうとすると、鉄道がすでに通行不能になっており、黄市長はそこで嚴家淦ら一行とともに、霧峰の林家に出向いて助けを求めている。その時、林獻堂は不在であったが、その夫人が受け入れてくれたという。しかし家中の使用人が「阿山」〔＝外省人に対する蔑称〕が林家にいると外部に漏らしたため、霧峰付近のごろつきや群衆約二千人余りがこれを取り囲み、「阿山」を差し出すよう要求し、嚴処長らが乗ってきた乗用車を叩き、転倒させたりした。黄市長らはその状況を見て、林家の手引きで裏山へと逃げ出したが、その日の夜、医師の陳茂堤のところへと助けを求めるも拒まれ、やむをえず物乞いに身をやつして山間へと逃げるほかなかった。三月五日、寒さのため下山し、台中市に戻る途中、学生の警邏隊に捕まり、民衆旅社〔旅館〕に送致・拘留されていた。[42] 六日、警防団副団長の林克縄が、林獻堂のところを訪れ、黄市長が後ろの建物に隠し持っていたという三丁のピストルを差し出してきた。そこで林獻堂は、ほっと胸をなでおろした。一〇日、台中処委会が開かれ、そこで林獻堂が、能力のある人物を市長に選出し、警察・消防隊・自衛隊などの指揮権を与えれば治安を確保することができる、と提言した。委員の賛同を得た後に、ただちに荘垂勝に市長に就任するよう勧告したが、荘は躊躇して即決せず、次回の台中処委会までに、林獻堂が市長の選挙を行うことを各委員に告げ、一同賛成し〔散会し」た。一三日午後二時に、各界より人を招集し、選挙を行うことを決議したが、一一日、台中市参議会が、黄市長に先頭に立って治安維持にあたるよう要請することを決議したものの、これに対して、林獻堂はそれまでの態度を変え、市中にこの大役を担える人材がいないことから、再び黄市長を任用するのもやむ無しとした。[43] 一三日、国府軍がやって来て、黄市長が〔引き続き市長の〕任に就いた。そして林獻堂・黄朝清・林金標などとともに駅に赴き、国府軍を出迎えると、地域の秩序も次第に回復を見せることとなった。

## 四．台中県長・宋増榘

台中県長の宋増榘は、一九四七年一月に着任したが、二ヶ月も経たないうちに事件が勃発し、二月二八日には、行政長官・陳儀から警備命令の緊急電報を受けている。そこで深夜に地域の有力者を集めて会談し、人々に落ち着いて、奸徒に利用されないよう喧伝することとし、同時に電話で各区署、警察局に警備を厳しくするよう通知を出している。三月二日、台中・彰化で既に衝突事件が発生しているとの知らせを受け、県内の情勢も次第に不穏になっていった。〔そこで〕宋県長はただちに県警察局長・呂之亮、員林鎮長・張清柳、鎮民代表会主席・詹國と対策を協議したが、午後には、県長の官舎で騒乱が起こり、市街地の秩序も次第に乱れていった。そこでさらに地域の士紳の要請に応じて、警察局に、銃器・公共物を員林鎮長の張清柳に引き渡すよう命じ、それを地域の士紳と共同で管理することとし、〔さらに〕県政府〔の職務〕は県建設局長・張水蒼に任せることとした。その後、ただちに外省籍の職員を率いて員林から七里〔＝約三・五キロメートル〕ほどの瓦窯厝に避難した。同時に、本省籍の各主管と密かに連絡を取りながら、県参議会に対して、行政長官のラジオ放送の件を知らせ、期日が来たら県長の候補者三名を選出し、〔行政長官の〕承認を仰いだ上で選定することとなった、という旨の通知を出している。[44] その間、員林鎮長の張清柳や県警察局督察長の黄瑞文などが、県長や警察局長以下の外省人をいかに保護するかに関する協議を行っている。三日、員林鎮役場は緊急に地域の有力者を集めて処理委員会を組織し、鎮長の張清柳、前副鎮長の林朝業を正・副主任委員に共同で推挙するとともに、自衛隊を設立し、治安を維持することした。七日、員林鎮役場は、各機関の首長・里長・鎮民代表の会議を開いている。八日、張清柳や鎮民の張清泉らは、宋県長以下の官僚や、外省籍の有力者が県政府に戻ってくるのを出迎えている。宋県長は、それまでに地域で臨時に組織された治安維持のための保安隊、警備隊、青年隊、自衛隊などを〔まとめて〕改組して義務警察隊とし、警察とともに共同で治安維持を請け負わせた。そして宋県長が大隊長を兼務し、警察局長の呂之亮が大隊副官を兼務することとなった。[45]

## 五．台南県長・袁國欽

二二八事件勃発後、県長の袁國欽はただちに電話で各区署に対し、適切かつ慎重に対処するよう〔指示を〕伝えている。そして三月二日から立て続けに、民衆による斗六・虎尾・東石区署の包囲騒乱事件が起こったが、県長はただちに地域の士紳を県政府の会議に招集し、対策の協議を行ったものの、具体的な結論は得られなかった。三日午前、北門区・曾文区の両区で事故が起こり、さらに、民衆が県政府を攻撃するという風聞が伝えられたことによって、県長は各課の局長会議を招集し、自身がしばらく呉鳳郷まで避難することや、職務は台湾籍の財政課長・高錦徳に代行させること、そして自衛の維持を地域の有力者に依頼することを取り決めた。[46] 四日午前、県建設局長・荘維藩、教育課長・胡丙申、総務課人事係長・葉都、事務係長・林石柱、総務課職員・高金江、鄭克堂、人事係職員・梁耀鐘、民政局行政課長・王連芳、社会課長・呉仁地、社会課職員・許秋田、建設局商工金融課長・簡溪圳、農林水産課技師・蔡功名、陳先進、周慶章、林華昌、葉耀炫、蔡明知、呉永遠、邱徳雄、李双瑞、郭登基、蔡石埤、郭水木、耕地課技師・郭格春、建設局技師・荘天進、そして『興台日報』社長の沈瑞慶などが、民衆数百人を集めて県政府の大講堂（セレモニーホール）で会議を開き、県長袁國欽を罷免し、荘維藩・胡丙申・簡溪圳の三名を選出して県の政務を代行することを決議した。[47] 七日午前、人事係長の葉都が民衆を率いてデモを行い、県長以下の外省人の打倒、汚職官吏の打倒、不良政府の打倒などのスローガンを叫び、県政府倉庫内の自動車二台、一四八疋の布などの物資を押収した。[48]

三月八日午後には、県参議会議長の陳華宗が、県政府大講堂の場を借りて処理委員会台南分会を設立している。

そして陳華宗自身が主任委員に、陳端明・沈長雨・楊瑞雲が委員に推挙され、参加した民衆は約二千人[49]、袁県長以下四七名の官吏を罷免することや、省処理委員会に提出した三十二箇条の要求に加えて、汚職官吏粛清委員会の増設、本省の法律政令の一元化、そして普通選挙や改組などの十箇条を建議すること、そして先日選出された荘維藩・胡丙申・簡溪圳ら三名の県長職務の代行を省に上申し、承認を要請することを決議している[50]。一〇日、高雄要塞司令・彭孟緝が台南へと軍を派遣、進軍させたが、袁県長は一二日になっても、依然として県政府に戻って政務を執り行うことはできなかった。そして一三日までに、県政府は執務を回復したが、県政府の多くの部局責任者が「台湾二二八台湾民衆叛乱〔事件〕台南地区叛逆者名簿」〔「台湾二二八台民叛乱台南区叛逆名冊」〕の中に入れられ、免職させられた[51]。呉鳳郷の原住民については、袁県長保護の功績によって、県長から公式な慰労〔の褒賞〕が与えられている[52]。

## (二) 処理委員会に協力したケース

### 一．彰化市長・王一麐

二二八事件の発生後、三月一日午後、彰化駅で、抗議の民衆が兵士を殴打し、警察局を包囲、武装解除を要求するという事件が起こった。二日午後、市参議会は会議を開き、台北市の民衆の要求を支持することを決議しているが、その日、群衆が王市長の官舎にどっと現れ、市長を取り囲みながら市参議会の会場まで赴き、地域の士紳、国民大会代表、省参議員や市参議員などによって、緊急連合会議が開かれ、対処方法に関する協議が行われた。そこで王市長は民衆の提示した要求を受け入れることに同意し、さらに全ての武器を倉庫に納めること、その倉庫の鍵は市参議員の呂世明が保管すること、市街地区の治安は警察と学生が共同で維持することが決議された。それと同時に、王市長は、市民の数が多く、リーダーが不在であることを理由に、代表を推挙して委員会を組織することや、各県市の例に倣って処理委員会を組織することを提案している。三日午前、彰化市各界によって彰化市善後処理委員会が設立され、呉蘅秋がその主任委員となった。メンバーは、王市長を含め、警察局長・王厚才及び市参議員の李君曜、頼通堯などであったが、そこで群衆が投げかけた問題点について一つずつ解決していった。しかしその時、突然台中からトラック二台がやって来て、銃で呂世明を脅し、警察局に保管されていた銃・弾薬の大部分を強奪していった。四日、王市長は終日、処理委員会とともに事後処理を行っていたが、〔一方で〕群衆は依然として〔その場を〕離れることを了承しなかった。五日、群衆が、市長の善後処理委員会への参加を望まないとしたことから、市長は市政府の執務に戻ることとなった。六日、処理委員会は、行政などの八部門を設置することや、行政長官公署への連絡は王市長が担当することを決議している。一〇日には、市参議会連合地方団体代表が会議を開き、市長に対する信任・推戴を全会一致で表明している。[53] 一一日、処理委員会は解散となり、王市長が処理中の業務は、市参議会に移管し、引き続き処理されることとなった。その時、それ以前に銃を保持していた幾人かが難を避けて八卦山に入っていったが、王市長より派遣された者の忠告によって、一二日に下山、自首している。一三日には、市政府の布告によって民心も安定し、各機関・学校は通常通りの運行に戻ることとなった。[54]

## 二. 高雄市長・黄仲圖

二二八事件発生後の三月三日、台北・台南などの各地から高雄市にやって来た学生や群衆などが、高雄中学に集まり、その大本営〔＝活動拠点〕となった。彼らは夜間に散らばっては軍・警察機関に攻撃を仕掛け、武器を接収するなど、軍民の衝突が絶え間なく続いた。四日の朝になると、警察局の電話網の多くが切断され、警察官の武器も多くが強奪された。台湾籍の警察官の中には抗争に加わった者も少数おり、それによって事態はますます拡大していくこととなった。黄市長は混乱を防ぐため、部下に対して冷静に対処し、できるだけ軍民の衝突を避けるよう命じている。そして食糧を廉価販売して人民の生活を安定させると同時に、各界の有力者を招集して対策を協議し、計画を立てている。そこで治安・食糧・交通・連絡・宣伝・救護などの各項目ごとに業務を行うことが取り決められ、また市民に法規を遵守するよう通告が出された。五日、市参議会は台北市の例に倣って処理委員会高雄分会を組織し、議長の彭清靠、副議長の林建論をそれぞれ正・副主任委員の兼任とすることとしたが、市政府のほうはすでに職務を遂行することができなくなっており、突発的な事態への対処も困難になっていた。[55]この時、高雄要塞司令の彭孟緝が市街地区に向かって砲撃するといった示威行為をおこない、さらに駐屯地から軍を派遣し、銃で民衆を掃射し動乱の制圧を実行した。午後、黄市長は、彭清靠、凃光明、范滄榕、曾豊明などと共に高雄要塞司令部に出向いて談判を行い、要塞司令部から守備兵を撤退させることや、地区の治安を学生によって維持・担当させることを要求した。彭司令はひそかに準備を進めるため、わざと要望を適当に受け流して答えを引き延ばし、同時に要求が考慮に値するものであることを示しつつ、彼らにいったん帰ってからもう一度みなの意見を求め、具体的に実行可能な方法を検討してくるよう要求し、翌日もう一度協議しなおすことを約束した。六日午前、黄市長は再び彭清靠、李佛續、林界、曾豊明、凃光明、范滄榕など七名と共に高雄要塞司令部のある壽山にのぼり、彭司令と談判を行った。その要望は、彭司令が高雄市の治安に口出しするには及ばないこと、そして軍隊は駐屯地区に撤退すること、射撃の禁止や道路・橋梁の封鎖の停止であったが、彭司令からきっぱりと拒絶された。そして、凃光明が銃を抜いて彭を撃とうとしたという理由で、談判の代表者たちは取り押さえられた。[56]彭孟緝の主観的な認定によって、この事件は、共産党のスパイによる叛乱の陰謀とされ、軍の派兵・鎮圧が決定されることとなった。だが、実際には談判の約束は、単なる引き伸ばし作戦に過ぎなかった。談判代表を拘留しつつ、当日の昼ごろには、兵を三方に分けて山を下り、鎮圧作戦を展開している。その中で速やかに市街地区や駅を制圧しているが、その時の市政府内では、無警告のまま銃殺され、命を落としたものが多くおり、おびただしい数の死傷者が出た。[57]七日午後、談判代表の黄市長、彭議長、李佛續、林界は釈放されたが、残り数名はみな不慮の死を遂げることとなった。その後八日から、市内は安定に向かい、まもなく善後処理業務が展開されることとなった。

　事件中、黄市長は積極的に間に立って仲裁を試みたが、〔それでも〕やはり彭孟緝による軍の市街地区への派兵・鎮圧や、それによって多くの死傷者が出るという事態を阻止することはできなかった。これによって彭は「高雄の虐殺者」の悪名を受けることとなったのだが、事件が終息した後、国防部長・白崇禧は、彭孟緝に対して国府軍が到着する前から率先して軍事的鎮圧を始めたことを高く評価し、蒋介石に表彰を上申するとともに、台湾全省警備司令への昇任を推薦している。

## 三．台東県長・謝真

二二八事件勃発後、台東地区では三月二日より、台北からの呼びかけに応じるものが現れるようになった。三日午前、県長の謝真は特に地域の有力者を集めて会談を行い、皆がデマを軽々しく信用せず、揉め事を拡大させないよう望んでいること、そして、いかなる問題も政治的に解決できることを伝えた。しかしこの時、民衆が県政府内に攻め込んできたため、県長と外省籍の官僚は、慌てふためきながら初鹿部落の卑南族の頭目・馬智禮のもとへと逃げ出し、その庇護を求めることとなった。民衆は食糧倉庫や県長の宿舎を包囲し、四日には、情勢はさらに混迷を深め、民衆によって憲兵隊、警察局、測候所、そして駅が攻撃を受け、武器が押収された。またその日、台東県時局処理委員会（以下、台東処委会）が設立され、南志信・馬智禮が、正・副主任委員に推挙されている。〔台東処委会は〕謝県長などの外省籍官僚を保護したほか、原住民の部落にあって、外部の情報に煽動されることのないよう、また政府に協力して地域の秩序を安定させるよう、呼びかけを行った。その夜、馬智禮は、謝県長ら外省籍の官僚やその家族二百人近くを初鹿の裏山へと送り届け、そして卑南族青年隊を派遣して山の前面を守らせ、布農族の青年に裏山を守らせるなど、周到に警戒し県長らの安全を護った。[58] 五日、謝県長は、卑南郷において、原住民の頭目に対して、惑わされることなく、政府に協力して秩序を維持すべき旨を忠告し、それと同時に花蓮に人を遣わして、県長の張文成と連絡を取っている。六日午後には、県長は、各郷鎮長に書簡を出し、秩序を維持して奸徒の活動を防止するよう要請を出している。なお、この日台東処委会は、処理委員会台東県分会へ改称することを決議している。七日午前、処理委員会は代表を台東のラジオ放送局に派遣し、何度も県長の謝真、議長の陳振宗に対して呼びかけを行い、県政府に戻って、民選された県長が誕生するまでの間、政務を取り仕切るよう訴えた。八日、処理委員会は、議決案を通過させ、謝県長に留任を要請、また代表を派遣して山地まで県長と議長を迎えに行き、県政府に戻ってくるよう要請を出した。しかし、謝県長は、全ての武器をもとに戻すことが不可欠であると返答し、九日、処理委員会は代表を県長・議長のいる延平上里の山地に派遣し、両人に帰ってきて民心を安定させるよう再び要請した。一〇日、謝県長は卑南郷に設置した臨時執務室にあったが、人心を安定させるため、しばしの時間、県政府に戻っている。一一日、国民大会代表の鄭品聡などが卑南郷までやって来て県長と面会し、台東の善後処理の件について議論を交わした。一二日、武器の全てが続々ともとに戻されると、午後には、県長が卑南郷から車を走らせ、県政府の広場へとやって来て民衆大会で演説を行った。一三日には、県政府は正式に政務を再開し、一四日昼ごろには、馬智禮に伴われて謝県長・陳議長が県政府に戻ってきた。県長は台東ラジオ放送局で全県に向けて放送を行い、全県が通常の状態に回復したことを宣言した。一五日には、県政府の職員が、平常通り政務を執り行えるようになった[59]。

事件の間、謝県長は、処理委員会と意思の疎通を保ち、互いに自制しつつ地域の秩序を維持していたが、事件が終息した後、わざわざ「道義岸然」〔道義の厳粛たるさま（訳注）〕という扁額を馬智禮に贈呈し、感謝の意を示している。三月二五日、国防部長・白崇禧が台湾に到着、宣慰〔＝政治的行為として行われる慰問〕を行うなかで、台北賓館〔＝中華民国の迎賓館〕で南志信、馬智禮などの原住民代表と接見し、いっそうの慰労の意を伝えたが、二六日にも、白部長は放送を通じて、再三にわたって原住民を慰撫する旨を宣言している[60]。

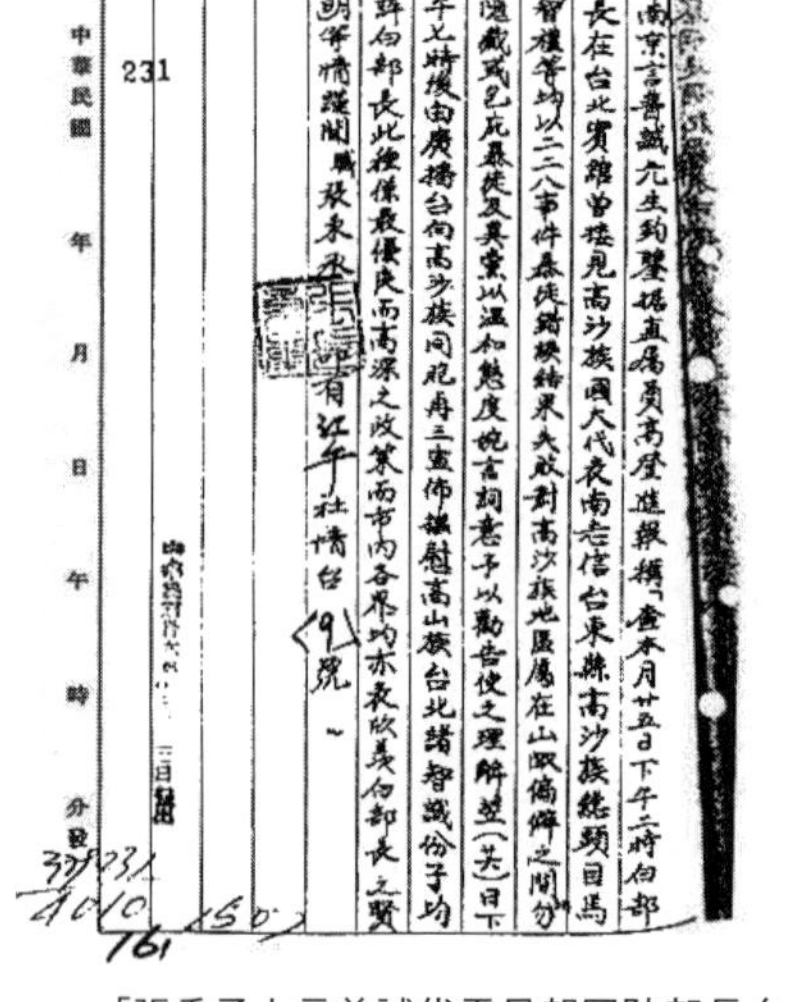
代電
字第　號
中華民國　年　月　日　午　時　分發
231
南京言普誠先生鈞鑒據直屬員高登進報稱「查本月廿五日下午二時白部
長在台北賓館曾接見高沙族國大代表南志信台東縣高沙族總頭目馬
智禮等均以二二八事件暴徒踏毀結果失敗對高沙族地區屬在山取偏僻之間分
隱藏武器乞嚴暴徒及其黨以溫和態度婉言詢意予以勸告使之理解並(宥)日下
午七時後由廣播台向高沙族同胞再三宣佈撫慰高山族台北諸智識份子均
詳白部長此種保最優良而高深之政策而市內各界均亦表欣羨白部長之賢
明等情謹聞職張秉承有江午社情台〈9〉號

図四−一一　「張秉承上言普誠代電呈報国防部長白崇禧接見南志信等高砂族代表」
出典：侯坤宏・許進發編『二二八事件檔案彙編（二）』、二四八頁。

## （三）処理委員会と対立したケース

### 一・新竹市長・郭紹宗

二二八事件発生後、三月一日には桃園、中壢、新竹、竹東の一帯にまで動乱は拡大し、新竹市城隍廟付近で軍人や外省籍の公務員などが殴打されるという事件が起こった。市長の郭紹宗は、台北市から新竹市への呼びかけに呼応した市民がいるとの報告を受け、市参議員、区長などを招集して対策を協議し、流血の惨劇を招かないよう、市参議員や区長などを通して民衆に自制を呼びかけることを決議した。二日午前、民衆が城隍廟の前に集まり、抗議行動を展開したが、外省人の殴打、貨物の焼却、裁判所・市政府などの諸機関や公務員宿舎などへの侵入などが起こり、情勢は混乱に陥った。郭市長はこれを伝え聞き、警察局に命じて警官を派遣し、憲兵部隊と共同で出動して鎮圧を図るとともに、外省人の生命と財産の保護を試みている。午後、市政府は各機関の外省人職員とその家族に市の警察局に集まるよう通知を出したが、その後、人数があまりにも多かったため、一部の外省人とその家族を宿泊所、気象台、湖畔旅社などに分けて送り届け、保護することとなった。〔その中で〕憲兵・警察と民衆とが互いに銃で撃ち合い、少なからず死傷者が出ている。市街地区の騒動が不穏化すると、市参議会は情況を見ながら、前面に出て調停を図り、三たび警察局に赴き、市長や警察局長などに対して要望を提出している。〔その結果〕官民双方が妥協し、憲兵・警察は警邏の際に武器を携帯しないこと、そして民衆も再び争乱を起こさないことが取り決められた。[61] その後、市政府の各機関及び外省籍の職員四百人以上が警察局にまとまって避難することとなった。

新竹市参議会は、台北の情勢拡大に鑑み、三月二日に各界の有力者を新竹中学に集めて処理委員会新竹分会を設立し、張式穀・何乾欽をそれぞれ正・副主任委員に推挙した。そこで民衆は気勢を上げ、汚職官吏が食糧を貯め込んでいるために民間が食糧不足に陥っていること、それこそが人々の恨みの主たる原因なのだと訴え、市長に何とかして食糧不足を解消し、失業者には適当な職を与えるよう要求している。新竹処理委員会は、代表を派遣して台北処理委員会に参加することを決定し、さらに市長に対して、銃を発砲した者を厳罰に処すこと、そして駐屯軍を市街地区から撤退させること、という二つの要求を出した。しかし、郭市長はぐずぐずと回答を引き伸ばし、具体的な行動を示さなかった。四日、処理委員会は会議を開き、学生・教員によって治安隊を組織して秩序を維持することを取り決めたが、市長はむしろ市内の三民主義青年団（以下、三青団）に命じて別に治安隊を組織させた。五日、処理委員会は再び会議を開き、十項目からなる要望書を作成し、翌日台北の会議に赴いた際に提出することとした。六日の夜、処理委員会は市内の食糧不足問題を解決するため、代表を中南部に派遣し、米とサツマイモを調達することとした。七日、処理委員会は、台北の処理委員会が「三十二条処理大綱」を会議で承認したと伝え聞き、そこで蘇紹文司令と郭紹宗市長に対して、市政府の執政に処理委員会を加えること、推挙した数名が市長に協力して政令を広く実行すること、市政府は即日より平常通り政務を執り行うこと、といった要求を提示した。〔しかし〕郭市長はこれを許可せず、かえって一〇日には、職員に対して武装して執務するよう命令を下し、処理委員会と激しく対立することとなった。一二日、処理委員会はもともと〔この日に〕市長民選大会を挙行することを予定していたが、陳儀が一〇日に処理委員会を非合法組織であると宣布したことで、取り消しとなった。新竹防衛司令部もまた集会を禁止する命令を下し、そこで臨時参議会が改めて開かれ、市政府の主任秘書である陳貞彬が推挙されて市長に就任することとなった。それと同時に新竹市処理委員会と治安隊は解散の運びとなり、一三日、国府軍が新竹市に到着し、事件は終息を告げることとなった。[62]

## 二 嘉義市長・孫志俊

二二八事件勃発後、三月二日午前、民衆が警察局を取り囲み、市長官邸などを焼き払うという事件が起こった。市長の孫志俊は情勢の悪化を見て、主任秘書の周國驥などを引き連れて裏門から塀を乗り越えて逃げ出し、憲兵隊へと身を避けようとしたが、民衆が差し迫ってきたところで、幸いにも市参議員の林文樹、林抱の協力を得て、なんとか憲兵隊まで無事たどり着くことができた。午後には、駐屯軍と電話で連絡を取りながら、市参議会議長の鍾家成に先頭に立って秩序を維持するよう要請を出している。三日、処理委員会嘉義市分会が設立され、三青団嘉義分団主任の陳復志がその主任委員に就任した。市参議員代表が憲兵隊に赴き、孫市長と平和的な解決方法について協議を行ったが、双方の見解は大きく異なり、合意には達しなかった。時に東門町に駐屯していた陸軍再編第二十一師団の第一大隊長・羅迪光が孫市長の求めに応じて市街地区に入って鎮圧を展開し、その日の夜に市政府は接収されることとなった。四日、憲兵隊が陳復志からの電話を受け、学生三千名が当該隊の本部に攻撃を仕掛けてくるとの情報を聞き、ただちに隊の外省籍の公務員・教員を空港まで護送することとなった[63]。憲兵隊長の李士榮、そして孫市長と羅大隊長は、嘉義中学のある山仔頂まで退き、羅大隊長が一度、市街地区を砲撃して多くの市民を死傷させるに至ったが、処理委員会による呼びかけの放送によって停戦となった。その後、羅大隊長は紅毛埤のそばに駐屯する空軍の第十九武器庫まで退いているが、孫市長及び憲兵隊長の李士榮は、避難していた外省籍の公務員・教員を引き連れ、水上飛行場へと撤退している[64]。六日、行政長官公署が陳漢平少将を嘉義に派遣して〔両者の〕調停を試みたが、地域の士紳・劉傳能の主導のもと、孫市長は処理委員会と協議することを受諾する旨の返答を出した。〔その結果〕処理委員会は、空港の水道・電気の供給を再開することに同意し、〔その代わり〕劉傳能によって二〇袋の白米、野菜、豚肉が空港に送り届けられた。しかし、処理委員会は、守備軍と警察の武装解除を条件に出していたものの、孫市長によって拒絶されてしまう。そこで民兵隊が包囲攻撃することになり[65]、双方が戦いながら同時に会談を行うという状況となった。七日、羅大隊長やその他の軍・警察は、紅毛埤から空港に退いたが、民兵隊が引き続きこれに攻撃を加えた。八日、孫市長が劉傳能とともに市街地に入り、処理委員会の陳復志などと協議したが、やはり成果は出なかった。九日、孫市長は協議が実現しなかったことから、再び空港へと引き返したが、それと同時に、嘉義女子中学校長の杜宇飛に要請し、台北に赴いて陳儀に謁見し、嘉義市の事変の発生経過について直接説明するよう求めている。一一日、処理委員会は八人の代表を空港に派遣し、市長と協議したが、国府軍の再編第二十一師団の援軍が到着したことで、代表の陳復志、陳澄波、潘木枝、柯麟、盧鈵欽、林文樹、邱鴛鴦らが取り押さえられ、その後、林文樹、邱鴛鴦を除き、残りはみな銃殺された[66]。

孫市長は管轄内に駐屯軍があったことで、終始、処理委員会と対立することとなった。また駐屯軍に市街地区に入って鎮圧するよう求めるなど[67]、ついには嘉義市に激しい衝突を勃発させる事態をも招いた。それは、その他の県市と比較してもとりわけひどいものであったが、まさに彼が事件後に出した『三二事件報告書』の中で述べているように、「その間の戦争の激しさと、公務員・教員の被害の大きさは、全省一と言うべきものであった」[68]。三月一二日午後、羅大隊長は部隊を率いて市街地区に攻め入り、武器の押収と、住民各戸の取り調べを開始している。一三日には、国府軍が市街地区に進駐し、孫市長もまた市政府に戻り、局面は定まったが、それに続き、軍・憲兵・警察と市参議会・区里隣長の会議で、武器の押収、住民各戸の取り調べなどの方法が決定された。そして各県市に命じて、嘉義までやってきて抗争活動に参加したものは、必ず一七日までに武器を放棄し、嘉義市を離れなければならないとしたが、一八日以後、陳復志など二〇人が公開銃殺刑に処された[69]。

## 三．屏東市長・龔履端

二二八事件勃発後の三月一日夜、龔市長は行政長官公署から警備を厳しくするようにとの電報を受けたが、二日午前には、高雄要塞司令部に赴き彭司令に面会するとともに、会議に出席して対処法の協議を行ったる。そして午後に屏東に戻り、ただちに軍・警察・憲兵の担当者を集め、治安維持や突発的事態への対処法を取り決め、また警察局長の徐箕に対して、在庫の武器・弾薬を隠すよう通告を出した。夜間には、市政府の幹部職員を集め、警備の要点を指示し、冷静さを保ちながら人心を安定させるよう頼んでいる。三日午前、鳳山に赴き、高雄県長の黄達平を訪ねて情報交換を行い、警備の方法について議論を重ねたが、突然、台南・高雄などの地で不穏な情勢となっているとの情報が耳に入り、屏東にも深刻な脅威が及ぶのではないかとの思いから、すぐさま屏東に戻った。午後には、各機関の首長を集めて会議を開き、緊急事態への対応措置について共同で討議している。その日の夜、省参議員の陳文石、市参議会副議長の葉秋木などが市長官邸を訪れ、地域の士紳を集めて対策を協議することとなった[70]。四日朝、駅付近で立て続けに外省人に対する殴打事件が発生し、市内の情況は少しずつ混迷へと向かっていった。一〇時には、省参議員の陳文石が、自ら開いた会議の散会後、同市参議員の顔石吉、陳春萍、邱家康、林朝宗、鄭燈蓮、そして市消防隊副隊長の陳根深などを伴って龔市長のもとを訪れ、警察局の武器を倉庫に収めることや、市参議会から派遣された人間と共同でそれを監視することを求め、さらに駐屯軍・憲兵に対して武装解除を勧告することを要求している。しかし、龔市長はいずれも承諾しなかった。その場にいた人々は、市長から改めて返答をもらうため、帰って副議長の葉秋木と相談することとし、その場を離れた。その時わずかに通訳の莊迎だけがそのまま市政府内に残ることとなった。この時、市政府の前は群衆で溢れかえっており、警察が何度もやって来て、群衆が銃を奪おうとしているとの報告もあり、情勢は緊迫していった。それと同時に、『中華日報』記者の林晉卿や鄭元宵などが警察局に突入し、市長がすでに武装解除の許可を出したと偽って警察に銃弾を差し出すよう要求した。それから警察と住民との衝突が勃発し、局面は大いに混乱することとなった。さらに市政府に突入する民衆も現れ、莊迎の思惑に歩調を合わせて龔市長を脅迫したりもした[71]。市長はそこで市政府の幹部職員を引き連れて、警察の保護の下、何重もの包囲を突破し、憲兵隊本部へと退避したが、市政府と警察局はついに群衆に占拠されることとなった。午後、処理委員会屏東分会が設立され、葉秋木と三青団籌備処主任の黃聯登がそれぞれ正・副主任委員に推挙されている。午後六時、処理委員会代表の葉秋木、黃聯登、陳飛高、簡清榆の四名が憲兵隊本部に足を運んで龔市長と会見し、市内の秩序がもはや安定しつつあることから、憲兵の発砲を禁止するよう要請したが、会談は成果なく終わり、葉秋木は拘留された。他方、議長の張吉甫と省参議員の陳文石に打電し、先頭に立って大局を維持するよう要請するとともに、各機関の外省籍の公務員及びその家族を何とか憲兵隊本部に収容して安全をはかるよう求めている。〔なお〕この日、市長は行政長官公署と省警務処に電報を上申し、処理方針に関する指示を仰いでいる[72]。

三月五日午前九時、民衆は何度か憲兵隊に猛攻を仕掛け、一一時には、処理委員会代表の顔石吉、陳春萍、陳崑崙などが龔市長に会いに行き、台南市のように民間に武器を接収管理させれば治安を維持できる、と市長に要望を伝えたが、やはり拒否された。午後、処理委員会代表の黄聯登が再び市長に面会を求め、憲兵隊を市街地区から遠く離れた空港まで後退させるよう求めたが、拒否された。夜八時、龔市長は、民衆がすでに屏東中学・屏東農校までやって来て銃器を手にしていること、さらに原住民数百人を煽動して、憲兵隊に火攻めを仕掛ける準備をしているとの情報を、簡清榆から得て、情勢はいよいよ深刻さを増していった。そこで空港へと退避することとなり、葉秋木が臨時市長に選出された。六日、外部の情況が比較的はっきりしてくると、龔市長は行政長官の陳儀、高雄要塞司令の彭孟緝に宛ててそれぞれ電報を打ち、対応法について指示を求めている。午後、処理委員会代表の黄聯登、劉敏先などが市長に報告にやって来て、市政府の執務回復を要望したが、市長は外部の状況をはっきりさせるため、民政課長の魏耀沌を遣わして視察に向かわせている。七日、再び行政長官の陳儀に電報を打った上で、必要な〔軍事〕配備を行ったが、夜、龔市長は黄聯登からの電報を受け、議長の張吉甫、省参議員の陳文石に対して、明朝、市政府に戻って諸事を取り仕切るので迎えに来るようにと告げている。八日午前、張吉甫、陳文石は市長に会いに行ったが、龔市長はまだ行政長官の指示が得られていないという理由から、空港より出るのを拒んだ。午後、国府再編第二十一師団何軍章連隊の劉和嘯大隊長が部隊を率いて屏東に入り、龔市長の命を奉じ、手分けをして勾留されている外省人を捜索しながら前進した。その後、市街地区に入り、囚われていた外省人二五名を釈放している。九日、龔市長は市政府に戻って政務を執り行い、再び行政長官の陳儀に電報を打っている。また憲兵隊も容疑者の逮捕を始め、まず荘迎、葉秋木が逮捕され、それぞれ一一、一二日に銃殺された[73]。一二日、張吉甫、簡清榆、孔徳興及び陳文石、曾原禄らが龔市長の命を受けて、地域の秩序回復に協力することとなり、一三日から、住民各戸の取り調べや武器の没収が始まり、事件は終息を迎えることとなった。

### (四) 地域の駐屯軍と協調したケース

#### 一・基隆市長・石延漢

基隆市は台北市と隣り合わせていることから、二二八事件の勃発後ただちにその余波を受けた。二月二八日夕方には、情報はすでに基隆まで伝わって来ており、市長の石延漢は即刻、各機関首長、市参議員及び警察局員を集めて緊急会議を開き、万一基隆に騒動が波及してきた場合に備え、いかにしてそれを防止するかという問題について協議を行っている。会議の後、民政課長の葉慈福[74]が、市参議会議長の黄樹水や参議員などと共に手分けして各区署に赴き、区長に責任をもって民衆を導き、動乱が起こるのを防ぐよう命じた。その日の夜、市内では外省人が殴られたり、政府機関が攻撃されて武器などが押収されるといった抗議行動が発生し、情勢は緊迫の度を深めていった。三月一日午前、全市に戒厳令が宣布され、基隆要塞司令部は九時に各機関首長、区長、参議員などを招集して会議を開き、史宏熹司令がその場で戒厳令の内容を布告し、政府の厳正なる決意と、寛大な平和的方法で処理する旨が表明された。午後、市参議会が臨時大会を挙行し、副議長の楊元丁の主宰のもと非常に気勢の上がった発言もあがり、陳儀の施政を激しく非難するとともに、政治・経済改革案などが提出された。しかし、埠頭の一帯で銃声が上がるや、情勢は一気に緊迫の度を深めていった。二日、台北で戒厳令が解除された後にも再び流血事件が発生したと伝えられ、深刻な情勢が依然として続き、そのため、戒厳状態もそのまま維持された。三日、台北で戒厳令が解除されたことから、基隆でも市参議会の要請に応じて、午前から戒厳令が解除された。しかしながら、要地では依然としてパトロールが続けられ、防衛措置も取られていた。一方では行政長官公署の指示通りに処理委員会基隆分会が設立され、市内の十六の民間団体によって共同で組織され、黄樹水・楊元丁が正・副主任委員に推挙された。[75]四日、秩序が回復しつつある中、商店の多くはすでに通常通り営業を開始し、市政府も通常通り政務を執り行っていたが、処理委員会は積極的に業務を展開し、市政府は省の農林処に働きかけて、小麦粉五千袋をあてがうことで人々の食生活に援助の手を差し伸べることとなった。五日、処理委員会は治安維持隊の設立を要求すると同時に、軍・憲兵・警察が外出の際に銃器を携帯できないようにすることを求めた。六日午後、青年・学生および台湾籍の公務員が、中央劇場で開かれた大会の場を借りて、青年同盟を設立した。七日夜、群衆が港務局・市政府の占領を企てたが、守備の哨兵が威嚇発砲して鎮圧したことで、ほどなくして平定された[76]。その間、市長・石延漢は、秩序の維持を基隆要塞司令部および処理委員会に頼った以外は、執務を継続し、職務を離れることはなかった。また、市参議員の黄樹水、汪榮振、紀秋水、葉松濤の懸命な支持や、市政府との緊密な連携もあり、市の秩序は全般的に良好な状態が続いた[77]。

00221

基隆市「二二八」事変日誌

二月二十八日　星期五

台北專賣局緝烟肇禍因而引起騷動之消息於午後傳來基隆，方據傳基隆有一隊憲兵馳援台北，擬乘租用之卡車，該車台籍司機竟抗不開車，並故將機件弄壞，最後係由憲兵自行駕駛北上。石市長當即邀集本市若干機關首長參議員及[illegible]人員開緊急會議，商討為台北之騷動波及基隆應如何防止問題。會後並由華民政科長會同黃議長及議員等分赴各區公所，責成各區長勸導民衆防範動亂。

P8

図四−二　「基隆市「二二八」事変日誌」
出典：侯坤宏・許進發編『二二八事件檔案彙編(二)』、一四九頁。

三月八日午後、群衆の中から、要塞司令部へ襲撃を試みる者が現れ、銃声が一〇分余りも鳴り響くこととなったが、それも鎮圧され、少しずつ平静を取り戻していった。夜間には、国府軍が基隆に上陸し、九日の夜明け前には、警備総部参謀長の柯遠芬が放送を通じて、台北・基隆で当日の明け方六時から、一律に戒厳令を敷くことを宣言した。ただし、学校・工場・商店はそれぞれ通常通りに授業・操業・営業を行うこととした。午後、国府軍が陸続と到着し、いずれも順調に上陸すると、台北各地へと進軍していった。一〇日、全市は引き続き警戒態勢を取っていたが、基隆要塞司令部は各機関を招集して綏靖会議を開き、民衆に対して自主的に銃弾を政府に差し出すよう勧告することや、今後は報復行動を取ることは許さず、さもなくば連座法に従って取り調べの上処罰することを決議している。市政府もまた各区長を招集して会議を行い、地域の末端組織を強化することや、政令の広報などの業務を強化することを決定した[78]。一一日から、秩序も安定し、商店はどこも相次いで開業するようになり、市政府でも執務が再開されることとなった[79]。

## 二・新竹県長・朱文伯

新竹県長の朱文伯は、一九四七年一月に県長に就任したが、それから二ヶ月も経たないうちに、二二八事件が勃発した。そして朱文伯が二月二八日午後に公務で台北市に向かっていたところ、その乗車中、民生路の交差点に差し掛かった際に、民衆に車を遮られ、殴られて重傷を負った。幸いに一人の台湾籍の男子・呉森潭に助けられ、その友人林水火の家まで運ばれて難を逃れ〔ることができ〕た。三月一日、呉森潭が引き続き朱県長を避難させるために迪化街の家まで連れて行くと、四日には、さらに林水火が北投に開設した華泉旅社へと移った。五日、〔朱県長は〕林水火の運転する車に乗って省教育処に赴き、新竹県政府の職員と面会し、また行政長官公署へ足を運んで行政長官の陳儀に謁見した。[80] 事件の間、朱県長はつねに台北市内に滞在し、新竹に帰ることはなかったが、県政府を離れていたその期間、県内は平穏というわけではなかった。三月一日朝、台北から桃園へ向かう列車に乗車していた青年学生三〇人余りが、現地の民衆と一緒になって、外省人を殴打し、さらに駅に集まって、桃園を通過しようとする乗客〔の行く手を〕を阻んだ。この日の夜、抗議の民衆が、県政府、警察局及び職員宿舎を取り囲んで攻撃し、外省人を殴って、その住宅や衣類家具を叩き壊したりした。四日、行政長官公署は警備総部第一処の処長蘇紹文を派遣して新竹県防衛司令と新竹県長代理を兼務させ、[81] ただちに戒厳令を宣布した。七日、処理委員会新竹分会が設立され、黄運金・朱盛淇がそれぞれ正・副主任委員に任じられ、秩序の維持に力を尽くすこととなった。八日、秩序は正常に戻り、県参議会議長の黄運金が県民を代表して台北に赴き、朱県長を慰問するとともに、早期に県に帰って善後処理に取り掛かることを要望したが、拒否された。[82] 一三日午後までに、国府再編第二十一師団が新竹に到着し、一五日には清郷活動が展開された。憲兵・警察方面では、四月下旬から清郷活動の強化が始まり、五月一日には容疑者一三人が逮捕されている。清郷は六月初めまで続き、そこでようやく一段落を告げることとなった。[83]

## 三．台南市長・卓高煊

二二八事件勃発後、三月二日夜、抗議の民衆が三ヶ所の派出所へと突撃し、これを占拠して銃器を押収するという事件があった。市長の卓高煊は主任秘書の王維梁、警察局長の陳懐譲、市参議会議長の黄百祿、三青団台南分団主任の荘孟侯、省参議員の韓石泉、高雄要塞司令部駐台南第三総台部台長の項克恭、同部参謀主任の李蘊石、空軍地勤〔＝地上勤務〕中隊長の陳金水、そして各機関・学校の首長などを市長官舎に集めて対応策を協議し、協力して関連事態に取り組むこととなった。三日の明け方、市参議会は、卓市長の要請に応じて、各参議員及び民間団体を集めて台北事件や治安問題について議論したが、卓市長と警察局長、憲兵大隊長の廖駿業もこれに参加し、臨時治安協力委員会を設立して、卓市長、黄百禄を主任委員に推挙することが決議された。その日の午前六時、警察局の銃器が奪われたとの情報が伝えられ、そこで卓市長は市政府各部門に対して、重要書類、手形証書などを整理の上、適切に梱包し、緊急時に安全な場所に移し替えることができるよう指示を出している。八時、市政府は国父紀念週間の行事を催し、市長は、同僚に対して落ち着いて突発事態に対処するよう述べ、注意事項に関する指示を出している。九時、再び項総台長、廖大隊長、陳警察局長に要請して、市政府にて引き続き対応方法の協議を行い、事態が悪化した際には外省人をまとめて保護することなどが決定された。その後、情勢がますます混迷を深めていくと、卓市長は遂に外省人に国民道場、高雄要塞司令部第三総台部に集まるよう命じ、重要書類などについては人を派遣して憲兵隊に送付し、市政府の公共物については、台湾籍の職員を指定してそれらを保管させた。そして警察局長に対して、督察長〔＝警部〕と武装警官を市政府に派遣し、防衛に当たるよう命じた。市長などはただちに憲兵大隊本部に赴き、引き続き市参議会と党派の有力者との接触を維持しながら、難局の好転を図った。四日、卓高煊は高雄要塞司令部第三総台部に退避し[84]、五日午前には、電話で韓石泉、黄百禄、荘孟侯、憲兵大隊の廖大隊長、警察局の陳局長を第三総台部に集めて協議を行い、項総台長と卓高煊の主導の下で、拡大させない、血を流さない、現有の行政機構を否認しない、政治問題は政治的方法によって解決する、という四大処理原則を決定した。そして午後、市民に向けた放送で秩序の回復を呼びかけた後、自ら市政府に赴いて巡視し、台湾籍の職員に、順番に公共物を保管する方法を指示してから、再び国民道場に戻った。その夜、処理委員会台南市分会が設立され、韓石泉が主任委員に、黄百禄、荘孟侯が副主任委員に選出された[85]。六日、卓市長は主任秘書・王維梁を市政府に派遣し、重要な公務に当たらせるとともに、各方面とも連絡を取っていたが、〔この頃には〕市街地区の情況もようやく安定に向かっていった。七日、韓石泉と黄百祿、侯全成、廖大隊長、陳局長などが、第三総台部に行って市街地区の食糧不足について報告し、市長に市政府に戻って食糧問題を解決するよう要望した。卓高煊はそこで午後に主任秘書、陳局長と韓石泉、黄百祿、侯全成などを連れて市政府に戻り、食糧問題の会議を開き、処理委員会の名義で金融界に対して二千万元の借款を申し入れ、市政府の担保で食糧を調達して食糧不足を解決することを決定した。[86]

三月八日、市参議会の要請によって卓市長は通常通り公務を執り行ったが、依然として前面に立とうとはしなかった。各機関ではすでに僅かな職員が次々と公務に戻ってきていたが、午後には市政府の一部の職員も職務に復し、各学校・商店はどこも通常通りに授業・営業を再開している。[87] 九日午後、行政長官公署の命を奉じて、処理委員会台南市分会は全会一致で卓高煊の留任否決案を通過させ、また投票によって黄百祿、侯全成、湯徳章の三名を市長候補者に選出した。[88] 一〇日、行政長官の陳儀が戒厳令を宣布するとともに、処理委員会を取り消したが、その後、一一日には、高雄要塞司令の彭孟緝が上校〔=軍の階級。大佐に相当〕参謀の楊俊を派遣して、軍を率いて台南市に進駐させ、戒厳を実施している。〔この時〕人民保障委員会主任委員の湯徳章が逮捕・銃殺され、台南工学院の教師・学生、そして市民など二百人余りが逮捕された。そして一方卓市長はこれによって政務の執行を再開した。[89] 一四日、台南防衛司令部は全市の中等以上の学校の校長を集めて会議を開き、〔そこで〕卓市長より次のような訓辞が出された。すなわち、武器を所持している学生はみな速やかに憲兵・警察に報告の上、指揮本部に差し出すこと、そして一七日までに学校に戻って授業を受けること、さもなくば退学処分とする、というものであった。[90]

## 四．高雄県長・黄達平

二二八事件発生後、三月三日には既に騒動は南部にまで拡大し、県長の黄達平は事件の拡大波及を未然に防ぐため、ただちに警察局長・陳友欽に次のような指示を与えている。すなわち、警戒配備を整え、警察力の一部を臨機応変に使えるよう制御すること、警察局の刑事によって一部の力のある民衆を抑えつつ、外からやって来る群衆に対処すること、地域の有力者を集めて大義を諭すこと、警察局から山地郷〔＝地方行政の単位〕の頭目に連絡し、原住民が山を下りて抗議活動に参加するのを未然に防ぐこと、各区に通達して相互に緊密に連絡を取り合いながら落ち着いて準備を整えること、民衆に冷静になるよう通告することである。そして駐屯軍にも連絡を取り、情況の報告を行った。夜八時、警察局長の陳友欽は、高雄市街地区ですでに抗議行動が発生しており、遠くから銃声もまばらに聞こえていると黄県長に状況を報告している。また地域の有力者三〇人余りも相前後して県長宿舎にやって来て、県長にしばらく県政府から離れるように勧めたが、県長はいずれも遠回しに断った。黄達平は軍人の出身で、軍政の要職を歴任しており、また鳳山には全台湾最大の武器弾薬庫があったことで、情勢を制御することができるという自信があったようである。加えて、警察局長の陳友欽は「半山」であったので、さらに警察とも協力の余地があった。一一時、黄県長は、警察局を守備していた外省籍の警察官を予備に回し、その任務を台湾籍の警官に担当させることとした。

三月四日午前、黄達平は通常通り県政府に足を運び公務を執り行ったが、地域の有力者が再びやって来て彼にしばらく避難するよう求めた。だが、県長は離れることを承諾しなかったばかりでなく、さらに中山堂で開かれていた青年大会に自ら参加して演説を行った。そこで述べたのは、当県でもし政治問題があれば、意見を出して委員あるいは代表を選出し、派遣してもらいたいということ、そして県長の職務権限内で能力のあるものはすべて受け入れ、あらゆることは全て政治的な方法で円満に処理しなければならない、ということであった。話が終わると、ただちに委員を選出して処理に当たらせるとし、また青年を派遣して治安維持に協力し、警察局長の指揮下に置くこととした。群衆は、誤解が生まれないように、県長に対して速やかに部隊へ連絡するように求め、そこで県長は鳳山の兵舎に赴き、駐屯軍独立連隊の戴副連隊長と協議し、駐屯軍は全て兵舎へ撤退することを要求した。一方で民衆の方も騒乱を起こしてはならないとし、軍民の双方の見解の相違が調停されたことで、以降県内で重大な動乱が起こることはなかった。六日、鳳山鎮内の秩序は完全に回復されたが、高雄市の局面はまだ解決されておらず、いまだ大きな脅威に晒されていた。午後には高雄に人を派遣し、要塞司令の彭孟緝と市長の黄仲圖に連絡を取っている。七日の午後三時、省参議員の郭國基が高雄市民を代表してやって来て、黄県長に対して、高雄要塞司令部に行って彭司令に面会し、軍事行動の停止を要求するのに付き添ってもらいたいと要請した。四時、黄県長は鳳山に戻ってきて巡視を行い、そして集まった民衆約三千人と対話の場を持った。八日には、県政府は通常通りの政務に戻った[91]。

## 五．花蓮県長・張文成

二二八事件勃発後の三月二日午後、県長の張文成はただちに地域の有力者や機関首長を集めて地域の秩序を安定させる方法について協議を行い、各里長・代表に冷静な態度を取るよう要請している。三日午後、県長は三青団幹事の馬有岳、書記の郭穆堂、憲兵隊中隊長の王輝、党務指導員の李蔚臣、県参議会副議長の馬鶴天などを県長室に集め、いかにして事件の波及を防ぐか、などについて議論を交わした。馬有岳・郭穆堂は、青年たちがかなり憤慨しており、三青団団員会議を開いて、その感情を落ち着かせたいと言ったが、県長の同意は得られなかった。どういうわけか三青団はそのまま四日午前に団員大会を開き、そこで午後に市民大会を開くことを決定するとともに、馬有岳が県政府に赴いて、憲兵・警察を寄越して干渉することのないように要求することになった。午後、花蓮市民は花崗山で市民大会を開き、馬有岳を主席に推挙し、また地方処理委員会を組織した。それから馬有岳から、台湾自治の実施、政府が食糧を運搬して食糧不足を救済すること、汚職官吏を速やかに故郷の出身省に送還すること、軍・憲兵・警察の武器の使用を禁止すること、関税を撤廃すること、公路局の花蘇〔花蓮—宜蘭県蘇澳鎮〕公路の貨客運賃通行料を引き下げること、という六つの条件[92]が出されたが、これらの要求によって、県長からは「暴徒」、「叛乱」と見なされ、憲兵隊の派遣・鎮圧を準備させることになった[93]。その夜、張県長と外省人官僚の一部が花蓮の兵営に宿泊し、警察局に命じて倉庫内の銃器を全て兵舎内に移送させている。

三月五日午前、地方処理委員会は再び市民大会を開き、三青団、学生、陸海空軍、そして消防隊、警察などで共同で治安維持を担当することなど、十二箇条の提案を決議した。張県長は事態が拡大したことで、治安維持と外省人の安全確保のため、憲兵隊に赴き、王中隊長の同意を求めて、各機関と県政府内の外省人職員に米崙山の兵舎へ移るよう通知を出している。午後、処理委員会主任委員の馬有岳・鄭根井・黄生財などが兵営にやって来て、午前の会議の決議について説明し、県長に承認を求めるとともに、それをラジオで放送することを要請した。[94]六日、張県長は人を各郷に遣わして、原住民に対して、利用されてはならない、同調してはならない、と〔いう主旨の〕遊説〔を〕させている。海外帰りの台湾人代表である王明進、李炎、鄭財旺などが、処理委員会を代表して兵営に赴き、憲兵・警察の武器を接収することを要求したが、張県長に拒絶されて帰ってきた。同日、処理委員会は改組し、馬有岳をそのまま主任委員としつつ、副主任委員を増設して、鄭根井、鄭東辛、許聰敏の三名をこれに任じた。そしてその下に、総務、宣伝、交通、会計、治安、募金、食糧、調査、交渉などの九部署を設置した。七日午前、馬有岳・鄭根井・王明進などが再び花蓮の兵営に視察に赴き、王中隊長に対して、〔兵舎より〕外出し、青年たち向けて訓話を施すよう求めたが、王中隊長に承諾の意思はあったものの、そこに悪意があることを恐れた張文成によって阻止された。夕方、王明進、許錫謙、李炎などが兵営にやって来て、軍・警察の武装を解除するよう求めたが、再び張文成に拒否された。[95]八日、処理委員会は馬有岳の主宰で会議を開き、会の名称を処理委員会花蓮分会に改めるとともに、政務組を増設して、鄭根井など三名を政務委員に推挙することを決議した。九日、処理委員会は馬有岳の主宰で会議を開き、行政長官の陳儀の指示に従って、張七郎、馬有岳、頼耿松ら三名を県長候補者に推挙したが、花蓮地方裁判所に推挙された頼耿松は、陳儀に電報を打って県長候補者を辞退する意思を伝えている。[96]事実上、三名の県長候補者のうち、馬有岳が積極的に事件に参与したのを除き、頼耿松、張七郎の二人はいずれもこれに関わっておらず、処理委員会にも参加してはいなかった。しかし、事件後、この三名はいずれも罪に問われ、張七郎父子三人に至っては、このために命を落としてさえいる。一〇日、国府軍が台北に到着し、行政長官の陳儀によって各県市の処理委員会の即時解散が〔ラジオ〕放送で告げられると、処理委員会花蓮分会はただちに緊急会議を開き、当分会の解散を決議した。一一日、張県長は市民に対して、放送で安居楽業〔＝安らかに暮らし楽しく働くこと〕を呼びかけつつ、憲兵を派遣して市内の秩序を維持すべく取り図らっている。〔その結果〕各機関はいずれも通常通り公務を執り行い、各学校・工場はいずれも通常通り授業・操業をおこなうこととなった。一七日、国府軍が花蓮に到着すると、地域の秩序はどこも回復することとなった。[97]

## 六．澎湖県長・傅緯武

澎湖は、海洋の孤島で交通が不便〔な土地〕であったため、二二八事件勃発後も、台北の情況ははっきりとは伝わって来ず、住民は強い不安を感じていた。三月一日、県政府は関連部署〔の責任者〕を集めて突発的事態に対処するための緊急会議を開き、突発事態処理小組(チーム)を組織した。六日、県参議会は台北事件の呼びかけに応えて、処理委員会澎湖分会を設立し、許整景を主任委員兼治安組の組長に推挙することとなった。それとともに王財清・趙文邦などによって青年自治同盟が組織され、地域の治安維持を受け持つこととなった。その間、台北から伝えられる毎日の〔ラジオ〕放送によって、民衆は非常にざわめき立っていたが、県長の傅緯武は、海外帰りの台湾青年数百人が警察局への攻撃と武器の押収を企てているとの情報に触れ、深夜に警察局のすべての銃弾を取り上げさせた。〔その後〕県長はまったく普段と同様に県政府に登庁して公務を執り行っていたが、県政府では、一部の台湾籍職員が公務に来なかったり、外省籍の職員がパニックになったため、ただちに彼らを一箇所に集めて不測の事態を防ぐこととなった。七日、澎湖で会議が開かれ、選挙によって許整景が県長候補者に選出された。八日夜、哨兵が、紀淑という一人の女性に向けて銃を発砲して負傷させるという事件が起こった。その夫は澎湖水産学校の教員の許普であったが、〔この事件は〕民衆の激憤を引き起こした。しかし馬公要塞司令部の史文桂司令が自ら負傷者の慰問に訪れ、大金を補償して心を落ち着かせたことで、情勢は緩和の方向に転じた。史司令はさらに兵士が揉め事を起こすのを恐れて、外出を厳禁としたが、一方では部隊を派遣して警邏させつつ、警察局と倉庫の武器を収納して群衆に強奪されるのを防いだ。馬公要塞司令部の台湾籍の将兵についても別に集中的に管理したので、一〇日まで引き続き騒乱は起こらなかった。[98]

事件の初め、行政長官の陳儀は史文桂に打電し、二個大隊を救援として台湾本島へ派兵することを求めたが、傅県長、県参議員の許整景などが力を尽くして反対したため取りやめとなった。県長と要塞司令が不測の事態を未然に防いだのは、妥当な処置であった〔と言える〕が、そのおかげで澎湖は台湾全土で唯一深刻な衝突の起こらない地区となった。一一日、処理委員会の取り消しが宣布され、青年自治同盟もまたこれに従って解散となり、各機関はいずれも公務に復することとなった。一七日、国防部長・白崇禧が台湾に視察にやって来て、「馬公要塞司令史文桂はまず警察に武装解除させたことで、不測の事態を未然に防いだ」という理由により、史文桂の顕彰案を上申している。しかし、蔣介石の侍従室幕僚はそこに意見を注記し、史文桂が陳儀からの台湾本島への派兵命令に従わなかったことを取り上げ、「台湾事変に対して何の貢献もなく、しかも時機を待っているばかりで任務に取り掛かろうとしなかったものを顕彰すべきではないというものもいる」として、褒賞を受けることはできなかった。一方当局は、最終的に澎湖が事変の際に大事を起こさなかったということで、澎湖の民衆に対しては報奨金を授与し、奨励の意を示している。[99]

以上を整理するならば、二二八事件が勃発するや、行政長官の陳儀はただちに各県市長に対して厳正に警備を行うよう電報を打っていたのだが、大多数の県市長は、あらかじめ警備体制を取っていたものの、その対応・処置の態度は一律ではなく、地域に与えた衝撃の度合いもまた一様ではなかった。第一に、各県市長には軍事指揮権がなく、さらに警察には台湾籍のものが多数を占めていたため、山間地区や管轄域内の軍事機関に退避したものもおり、〔そのような県市長は〕自身の身の安全に心配がなくなったところで、再び処理委員会と協力して事に当たり、少しずつ地域の秩序の安定を図るというやり方を取っていた。第二に、各県市長の中には、処理委員会と協力して、積極的に交渉・調整を図り、民衆感情の安定を試みるものもいた。例えば、彰化市長の王一麐、高雄市長の黄仲圖、高雄県長の黄達平などは、抗争を激化させなかっただけでなく、地域の秩序もまた速やかに安定した状態に戻している。第三に、基隆、高雄、馬公の三つの要塞司令部は、基隆、高雄、澎湖の三県市に所在していたが、その状況は全く同じというわけではなかった。その中で、基隆市長の石延漢は、基隆要塞司令部による軍事的鎮圧という状況を作り出し、高雄市長の黄仲圖は、積極的に高雄要塞司令部と処理委員会の間に立って協力したものの失敗に終わり、澎湖県長の傅緯武は、馬公要塞司令の史文桂とともに不測の事態を未然に防ぎ、その妥当な処置によって、澎湖は台湾全土で唯一の深刻な衝突の起こらない地区となった。第四に、一部の県市長は管轄内に軍事機関があったことで、処理委員会と激しく対立する態度を取ったが、なかには、軍に派兵と鎮圧の要請を出したものもおり、例えば、新竹市長の郭紹宗、嘉義市長の孫志俊、屏東市長の龔履端などは、民衆の死傷者が少なからず出るような事態をもたらし、民衆の心の中に癒しがたい傷痕を残すという〔深刻な〕事態を招いた。第五に、一部の比較的力のある県市首長の中には、事件の期間、或いは国府軍の到着後ただちに、地域の士紳を銃殺したり、逮捕したりしたものもいた。例えば屏東県議会副議長の葉秋木、台南市処理委員会治安組組長の湯徳章、嘉義県の陳復志、陳澄波、潘木枝、柯麟、そして基隆市参議会副議長の楊元丁など〔の処遇〕はいずれも、県長・市長〔がどのような対応をしたのかということ〕と大いに関係があったのである。

## 四、二二八事件後の県市長

一九四七年三月九日から、国府軍が相前後して各県市に進駐し、順に各地の処理委員会は解散することとなり、秩序は次第に回復を見せるようになっていった。全機関が通常通りに業務を再開し、集められていた外省籍の公務員も自由を取り戻した。台東県の各界は行政長官公署に打電し、県長の謝真を引き止めて帰任を促し、台中市各界も行政長官公署に打電し、市長の黄克立を引き止め、新竹市参議会は陳長官に打電して敬意を表しつつ、県長の朱文伯〔の職を〕を引き継ぐべく人を台北に迎えに遣っている。澎湖県参議会もまた陳長官に打電して敬意を表しつつ、当県の状況を報告しているが、各県市からはいずれも秩序の回復が報告され、〔この時には〕すべては旧観に復していた。一七日、国防部長の白崇禧が宣撫のために来台し、基隆・高雄・屏東・台南・台中・彰化・新竹・桃園などを視察している。また、二二八事件に対する中央の処理基本原則が発表され、この事件に関わった者に対して「暴動を煽動した共産党員以外は、一律寛大に〔罪の〕追及を免除する」ことが発表されたほか、行政長官公署を改制して省政府とすることが宣布された。〔その際〕必要に応じて、庁・処〔という行政機関〕が多く設けられることとなったが、さらに各省の省政府と比較対照の上、台湾人を各庁・処・局の長官に起用することも許可された。〔また〕県長・市長の民選の問題に関しては、早めに実施することにも同意が与えられた。同日、行政長官の陳儀は蔣介石に上申し、二二八事件に対する責任を負う旨を表明し、台湾省行政長官兼警備総部総司令の職の辞任の許可を願い出ているが、蔣はこの時はまだ綏靖や善後処理を行わねばならないという理由からこれを慰留している。[100] 四月二二日に至り、行政院の第七八四回例会において、台湾の事変が既に平定されたということで、陳儀は責任をとって台湾省行政長官兼警備総部総司令の辞職を改めて申し出ている。そして行政長官公署制度の廃止とともに、各省制度との比較対照の上、省政府が設立されることとなり、魏道明が台湾省政府〔以下、省政府〕の委員兼主席に任命されることが決議された。[101]〔そして〕五月一一日、陳儀は、飛行機に搭乗して離台し、[102] その一年七ヶ月に及ぶ台湾統治の任を終えたのである。

二二八事件の後、五月一六日に行政長官公署が省政府へと改制される及び、その前後の期間、各県市長の人事においても再度異動が行われた。県市長を留任となったものもいれば、自ら辞職したものもおり、また別のポストに転任したものもいるなど、情況はそれぞれ異なっていたが、〔それらも〕事件の衝撃が決して小さくなかったことを〔端的に〕表している。分類すると、以下のようになる。

### （一）自ら辞職を申し出たケース

#### 一・台中市長・黄克立

二二八事件の期間、国民党の台中市党支部は、三月二八日に報告書を提出し、こう指摘している。市長の黄克立の挙動、すなわち「突発的事態への対応の不味さや、勝手に職務を離れたことで事態の拡大を招いたこと、そのような責任逃れの行動が、市民や群衆による譴責の声につながり、さらにはそのために暴徒も政府をより軽んずるようになった」と。[103] しかし、一方の黄市長は自分はきちんと職責は果たした、と自認していた――「今回の事変の前後では、秩序を維持するべく苦心してまいりましたが、すでに心身ともに疲れ果てております。しかし、事変以降、地域の情勢は複雑で、対処するのは絶対的に困難〔な状況〕になっております。どうか禍根を後の大局にまで引きずらないよう、私の辞職或いは転任を許されたく、謹んでお願い申し上げます」と言っている。そこで四月四日に、辞職或いは転任を申し出ると、行政長官の陳儀はただちにこれを許可し、四月五日には李薈を派遣して台中市長の代理に任じ、一一日には正式に就任の運びとなった。[104]

〔なお〕黄克立は辞職を申し出た際、依然として〔次のように〕自己弁護の言を繰り返していた。

本省のこの度の変乱は、もとより奸徒が機に乗じて裏で操っていたものですが、実は台湾人が妄想して政権を奪取しようとしたものに他なりません。村の婦人や幼子(おさなご)でも切に阿山を恨んでいることや、事態と進展の速さ、広がりから見てもそれは明らかです。今やその謀(はかりごと)は未遂に終わりましたが、党政や軍民間の軋轢という陋習を利用して、誹謗中傷し、ひびを入れ〔善後策をはかるものが少なく、わざわざ是非をあげつらうものが多いことは、はっきりと見て取れます〕、我々の力を相殺し、それによって生き残りを図りつつ、事件をもう一度起こそうと画策しているのです。このことは、その情況を自ら体験し、機微を洞察することのできるものでなくては、実際には理解し難いことでしょう。くれぐれもご注意くださいますよう中央にお伝え願います。

小職は、奸徒を粛清するよう命を受けましたが、警察の多くが台湾籍であるためにこれを利用できず、駐屯軍もまた協力が難しいようで、心と力とが一致せず、全く居ても立ってもいられませんでした。

小職は、命を受けて〔閣下に〕付き従い、もとより忠誠を尽くして参りましたし、まったく危機にあっても退く意など微塵も持ち合わせていませんでしたが、置かれている情況は〔きわめて〕困難であり、もはや〔うまく〕例えるべき言葉もございません。台湾のために、国家のために、絶対にこれ以上ことを長引かせ、時期を見誤ってはなりませんが、そのためにもどうか〔私の〕辞職もしくは転任をお認めくださいますようお願い申し上げます。以上申し述べたことは、いずれも嘘偽りない言葉でございます。どうぞご高配賜りますよう宜しくお願い申し上げます。あわせて謹んでご安寧をお祈り申し上げます。[105]

明らかに、黄克立は、二二八事件の進展の速さ〔の原因〕は、奸徒が機に乗じて手管を弄したことや、台湾人の外省人に対する恨みや不満によるもの、また軍や警察がその情況に協力できないでいることによるものであって、その処置が不適切だったわけではない、と認識していた。だが実際には、再編第二十一師団の中将・師団長の劉雨卿が、三月二四日、行政長官の陳儀に対して参機字第三八七五号の上申電報の中で、こう言っている〔ことも注意しておく必要がある〕。

　今回の台中の事変において、当市市長の黄克立は、事変の前には各方面からの情報を受け取ろうともせず、事変の時には勝手に職場を離れ、その場しのぎで難を逃れようとし、車に乗って霧峰に逃れ、その後は暴徒に膝を屈しました。警察局長・洪字民は、事変の際において、ただちに署内の全ての武器弾薬を収納し、引き続き無条件に賊徒方に屈服したのですが、すべての銃器銃弾を敵に引き渡すことで、個人の財産と行動の自由を引き替えにしたのです（洪字民は暴動の間も依然として自由に車に乗って活動していました）。〔のみならず〕暴徒がそれらの武器を利用して我が軍や倉庫を襲うことを可能にさせました。我が軍が台中に進駐した時には、彼らは慌てることなく暴徒に武器を返却させると主張し、情報を誇張して、我が軍が武器を引き渡した件については、いささかも責任を負いませんでした。さらに暴徒の首領である、林金標、徐灶生、黄朝清、林連城、何鑾旗などの行動を支持したのです。

　謝雪紅は有名な共産党員ですが、黄克立は、彼女を、未だ立案もされていない建国工業学校の校長に委任したり、公金を支給してホテルやレストランを経営させたりしており、共産党員の疑いのある者に内通し、その者〔たち〕をかばおうとしていたと言えなくもあ

> りません。小職が台中に着いた後に、公務員・教職員の各級の中に黄克立・洪字民の両名に対して憤怨の情を抱いていないものはいませんでした。謹んでここに電報を上申いたします。ご査収のほど、宜しくお願い申し上げます。[106]

これより分かるのは、黄克立の報告は、明らかに自分の罪から逃れるための言葉であって、しかも事件後ただちに辞職を申し出たのは、明らかに自分の身を速やかに困難な情況から遠ざけるため、自分自身の身を守ろうとしたためであった、ということである。そして、行政長官の陳儀は、黄克立の二二八事件の時の行動についても心でははっきりとわかっていたので、黄市長が辞職を願い出るや、ただちにこれを許可したのである。〔なお〕黄克立は、一九四七年四月一六日に行政長官公署の参議に転任している。[107]

### 二.新竹県長・朱文伯

二二八事件の期間、新竹県長の朱文伯は、台北市内に滞在したまま新竹に戻ることはなかった。事件後、三月一六日に行政長官の陳儀に辞表を提出しているのだが、その中でこう言っている、

> 昨日、閣下にお目にかかり、早期に県に戻り善後策を処理するようご指示をいただきました。もとより命に従って処理するつもりでしたが、各部所と連絡を取り合ったあと、帰宅すると体の調子が悪くなりました。伏して惟る(おもんみ)に、小職は、能力が劣るばかりか、さらに体もこのように衰え、このたびの叛乱に遭ってからは、実際、残された局面を収拾する力もなく、今の時点で桃園の秩序はいまだ回復に及んでいないと聞いております。憲兵もすでに撤退し、国軍にも自身の任務があることから、県政府がそれらの力を拝借するのも難しいことでしょう。小職は、殴打されながらも、残りの力で、ただ死のみは免れましたが、現実的に自身を奮い起こすべき勇気は残っておりません。どうか私の嘘偽りない気持ちをご推察いただき、現職を辞することをお許しいただきたく存じます。別に見識のある有能な人物を選定し、私の職を引き継いでいただいたほうが、公(おおやけ)〔国家〕にとっ

ても、私にとっても、都合がよいのではないかと存じます。その点の可否について、ご指示賜りますよう、謹んで陳儀行政長官に申し上げます。[108]

これに対して、陳儀はただちに「新竹県の県長・朱文伯は、いまだ負傷が癒えておらず、なお療養が必要であることから、申し出たところの県長職の辞職の件につき、これを許可することとする」[109]と指示を出している。なお朱文伯は、三月二四日に行政長官公署の参事に転任し、次いで四月三〇日には、行政長官公署の参議の鄒清之が派遣され、新竹県長となった。[110]また五月一六日、台湾省政府が設立された後、朱文伯は青年党から推薦されて省政府委員に就任した。[111]

### 三．新竹市長・郭紹宗

二二八事件の後、新竹市長・郭紹宗は省へ転任となり、その後任に新竹市政府の主任秘書・陳貞彬があてられ、一九四七年三月一八日に正式に就任となった。[112]実は、郭紹宗は一九四六年一月に新竹市長を引き継いだ後、ただちに汚職によって、新竹の地方裁判所の検察処検察官・王育霖により検挙・起訴されていたのだが、〔この時は〕役人同士のかばい合いによって、刑事責任には問われなかった。その後二二八事件の期間、郭市長と処理委員会は激しく対立し、全く民衆の要求を顧みることなく、処理の方法も論争を呼んだが、主任秘書の陳貞彬が、方言に精通していたことから、こまめに民衆と意思の疎通をはかることができ、民衆の心情とも大いに調和を保つことができた。そのため陳は事件の時に推挙されて市長に民選され、また事件後には、逮捕・処罰されなかったばかりか、むしろ新竹市長に任じられたのである。これは唯一の例外〔的な事例〕であると言える。[113]

### 四．嘉義市長・孫志俊

嘉義市長の孫志俊は、一九四七年六月一九日に辞職を願い出て許可され、後任に澎湖県長・傅緯武が代理にあてられたが、[114]赴任はしなかった。三月二二日に情報員の張秉承（按ずるに、林頂立か）によって提出された報告書では、孫市長の二二八事件における処置はすこぶる不適切であったと明示されている。報告書の指摘によると、嘉義の三二事件の発生は偶然によるものではなく、孫市長はこの事件に対して事前に警戒措置を取っていなかったばかりか、事後の措置もまた不適当であったとされている。事件発生間もなくの際、憲兵・警察は守備に出ていたが、市長は個人の所有物がことごとく焼き払われてしまったため、正常な精神状態を失い、時局の処置や全体的な対処計画についても、もはや手を付けることができなくなっていた。学生や抗議の民衆が、政府の制御能力の欠如を非難して騒ぎ立てれば立てるほど、そしてその騒ぎが大きくなればなるほど、人を殴打したり物を強奪したりするようなごろつきも増え、さらに流血事件も増加し、いよいよ事態は収拾できなくなっていった。市長は、情勢が過激化していくのを目の当たりにし、秘書と市政府の職員何名かを伴い、その日の夜のうちに憲兵隊へと逃げ込んでいる。警察局員は、市政府の職員でさえその大多数が散り散りに逃げ出していくのを目の当たりにしていたが、地元の警官や各派出所員が怯え出してしまい、その結果、軽機関銃一挺、ライフル、ピストル、数百本の長刀が奪われることとなった。外省人の警察官もみな活路を求めて右往左往することになり、〔一方〕民衆は、武器各種を捜索・獲得するや、大勢の人々を集めて国軍の駐屯地を包囲攻撃した。その場で国軍によって三名が銃殺されたために撤退したが、嘉義市は〔そのまま〕暗闇へと堕ちていくこととなった。「一般の公務員・教職員や市民は、市長の事前の措置が適切ではなく、事後もまた迅速に落ち着かせるものではなかったとして、きわめて多くの非難を寄せた」[115]という。嘉義の三二事件が拡大し、悪化し続けたのは、実際、孫志俊の不適当な措置によるところが大きかったが、孫志俊自身、明らかにこのことを承知しており、だからこそ事件後ただちに辞職を願い出たのであった。

## 五．台北県長・陸桂祥

台北県長の陸桂祥は、一九四七年五月二四日に辞職を願い出て許可され、改めて省政府の参議に招聘されている。〔その後〕一一月一九日に解任され、社会部台湾物品供銷処主任に任じられたが、さらにその後、中国に帰って上海市の食糧局長を務めた[116]。台北県長の職については、六月六日までに、少将・梅達夫が後任を引き継ぎ[117]、戸口捜査、武器の押収などの事後処理を引き続き行った。続く同年一二月には、台湾全省警備司令部に「台北県吏生者名簿」（「台北県自新人員名冊」）を電報で送っているが、それは、蔡萬吉・李錬輝など、盲従付和して二二八事件に加わるよう強要されたとされる六一名の更生者の名が列挙された名簿であった。またそれとは別に「手続未処理者名簿」も添付されており、黄金得など五四人の名がここに計上されている。[118]

## 六．基隆市長・石延漢

基隆市長の石延漢は、二二八事件の後、ただちに辞職を願い出て、中国へ帰り、浙江大学史地学科の教員となった。一九四七年六月一八日に、省主席の魏道明に対して、本職と兼職の辞職を願い出た際にこう言っている、

小職は、台湾省の光復後、来台し、民国三十四年〔西暦一九四五年〕十一月一日に台湾省の気象局局長に任命され、前総督府気象台を接収いたしました。同年同月六日には基隆市市長にも任命され、前基隆市役所を接収し、そのまま気象局局長も兼務いたしました。一年半が経ち、気象事業の仕組みを調整しながら、一方では戦時に爆撃に遭ってひどく破損した基隆市の再建業務の計画を立ててきました。幸いに当局の厳正な監督指導を受け、気象事業の規模を損なうことなく、既にほぼ完備し、戦時の爆撃で損なわれた七割以上の基隆市の政務も既に八割方は復興いたしました。ただ、ここ一年半の間、基隆と台北の間を駆けずり回り、双方の業務に気を配りながらも、荷の重さ〔原文は「汲短梗深」だが、「汲深梗短」の意か。井戸は深いが紐は短い。能力がその任に耐えきれない（訳注）〕をますます痛感し、このように省政府の設立という新たな計画が初めて公布されるに至りましては、どうか本職・兼職とも辞すること、お許し頂きたく存じます。いま少しの間、職務を休ませていただき、後日に閣下より新たな命が下されることがあれば、進んで召喚に応じ、犬馬の労を尽くします。どうか胸の内をご推察いただき、お許しを賜りますようお願い申し上げます。切にご裁可を待ちわびております。謹んで魏省主席に申し上げます。[119]

石延漢は、上申してから、その日のうちに基隆市長の兼職の免職が許可され、台湾省気象局長の専任へと改め

られた。基隆市長の職は、梁劼誠[120]がまず代理に任じられたが、六月二五日には、正式に就任の運びとなった。[121]

### （二）留任したケース

#### 一・台北市長・游彌堅

二二八事件において、台北市は主に処理委員会によって秩序が維持されたが、市長の游彌堅は、完全に行政長官公署の命令に従って事を処理していた。事件後、行政長官公署は綏靖・清郷〔作戦〕を展開したが、游市長はまた政府側に立って、陳儀政府による情勢の安定に協力しており、また連名で陳儀の慰留を呼びかけてもいた。そのため、事件後、そのまま市長の職に留任することとなった。五月一六日、行政長官公署が改制されて省政府になると、台北市長に留任するとともに、省政府委員にも招聘されたが、〔その任は〕一九五〇年二月に第一回民選台北市長となる呉三連に引き継がれるまで続いた。[122]その省民政庁の行った一九四七年度の県市長の業績評定において、游の等級は甲等級、一階級の昇格となり、評定として「守正不阿」〔正しきを守って阿（おもね）らず〕という標語を与えられている。当該年度に評定を受けた七名の県長・市長には、台南県長の袁國欽〔甲等級、一階級昇格〕、台中県長の宋増榘〔丙等級、免職〕、花蓮県長の張文成〔乙等級、昇格なし〕、台北市長の游彌堅〔甲等級、一階級昇格〕、台南市長の卓高煊〔乙等級、報奨金授与〕、屏東市長の龔履端〔甲等級、一階級昇格〕、彰化市長の王一麐〔乙等級、昇格なし〕がいたが、[123]その中で、游の成績は中の上に位置づけられるものであった。

#### 二・台中県長・宋増榘

二二八事件の後、各県市政府はただちに綏靖、清郷を展開した。一九四七年四月一日、再編第二十一師団司令部は台中県政府に打電し、迅速に綏靖を展開すること、そして実施状況を報告することを命じている。その日、台中県政府はただちに各区署長、郷鎮長、警察局長などを招集して会議を開き、綏靖の実施規則や宣慰監督指導の件を処理することを取り決めた。続いて四月三日から戸口捜査や切結〔十五戸をもって連座とする誓約書〔訳注〕〕の締結、武器軍用品の押収、そして嫌疑者逮捕などを行っている。そして宣慰組（チーム）を組織し、管轄内の各区に手分けして足を運び、宣慰を行うとともに、更生〔「自新」〕・自首の申し出などの業務を執り行った。五月三〇日までに清郷は終わったが、その他の任務はまだ完了しておらず、〔その後も〕県警察局に引き継がれて着実に実行された[124]。

四月五日、台中県政府は各区署・警察局・民政局に機密電報を打ち、三日ごとに武器軍用品の押収情況、容疑者の逮捕情況、そして国府軍の駐屯の動きについて、表にして報告するよう命じた。同時に当県の三二事件に参与した嫌疑で古鑑・張輝慶・劉金章を憲兵第三大隊に書類送致している。七日、台中県政府は南投区署に打電し、当該区の不良分子を内密に捜査し、嫌疑事案を列挙して報告するよう命じた。同日、再編第二十一師団司令部が、台中県政府に打電し、謝雪紅などが埔里山区で活動しているということ、そして彼らに注意警戒するよう通達を出したところ、県政府は、ただちに各区区長、警察局長に対して、各部署に注意警戒の命を出すよう通達した。八日、台中県政府は、各区郷鎮公所、警察局に打電し、清郷期間に暴徒が〔域内に〕逃げ込んでくるのを厳正に防止し、発覚すれば迅速に人を遣わして逮捕するよう命じた。九日、省民政処は機密電報を台中県政府に打ち、憲兵が容疑者の逮捕を執行する前に、〔誤解を招かないように〕県市長と協議して慎重に事に当たるよう命じた[125]。同日、省民政処は、再び台中県長の宋増榘に機密電報を打ち、当県の参議員、国民大会代表、省参議員が事件に加わった形跡がなかったかを調査報告するよう通達を出しているが、その後、県政府はただちに「当県参議員・国民大会代表・省参議員の事変参加者名簿」〔「本県参議員、国大代表、省参議員参加事変者名冊」〕一部を進上している。一〇日、再編第二十一師団司令部は、機密電報を台中県政府に打ち、蔡盛接の事件参加の情況を調査するよう要請した。一一日、再編第二十一師団司令部が台中県政府に打電し、県参議員の詹秋金、県宣導員の林耿璿の事件の参加状況を調査究明するよう命じたが、ほどなくして、県政府は、機密電報を返し、詹・林両名の事件の参加状況を報告している。一四日、台中団管区司令部は、台中県政府に台中県の詳細な地図四部を寄贈してもらいたいと書面で要請し、県政府はただちに電報で地図四部を送付している。一五日、再編第二十一師団司令部は台中県政府に立て続けに二通の電報を打ち、山地の作戦に注意すること、日本人が投降した際に、太魯閣山に青年特攻隊が隠れていたり、武器が残されていたりするような状況がなかったかどうか調査報告するよう命じた。県政府はただちに能高・新高・東勢区署、警察局、及び和平・信義・仁愛郷公所に通達し、奸徒が隠れて山地活動を行っていないかどうか注意するよう命じるとともに、機密電報を打って、日本人が投降した際、〔日本〕海軍の軍人が隠れていたり、飛行機や武器などが隠されたりしていなかったかどうか調査するよう命じた。[126]同日、台中県政府は「台中県各区警察検問歩哨暫定施行綱要」〔「台中県各区警察盤査哨暫行実施綱要」〕を取り決め、本省の戒厳期間においては、山岳地帯付近や港湾の埠頭、交通の要衝、国府軍の駐屯地ではない重要地点などに検問歩哨を設置し、県内の警察によって事を処理させるとともに、当地の駐屯軍と緊密に連携しなければならない、と定めた。[127]

四月一九日、及び二一日に、台中県政府は相次いで中部綏靖司令部に打電し、張元國、蔡鐵城の罪を審問し、刑罰を定めるよう要請するとともに、あわせて供述書や記録などを添付の上、送付した。[128]二二日、省警務処は、台中県政府に打電し、台北警察大隊警官の劉天沂が事件の期間に休暇をとって台中に帰郷していた際、事件に加わっていなかったかどうかを調査するよう命じた。その後、県政府はただちに刑事を調査に向かわせ、省警務処に返電し、劉天沂は事件に加わっていなかったと報告している。二三日、台中県政府は新高区警察局に機密電報を打ち、江特清、江東碧の供述の中に出てきた林阿喜・李詩方・蔡金虎などの人物を内偵捜査するよう命じたが、その後、新高区の調査結果がただちに機密電報で中部綏靖区第二指揮部に返電されている。二六日、再編第二十一師団は、台中県政府に対して二通の機密電報を立て続けに打ち、陳珠華、洪仁静の犯罪の証拠を収集し、司令部に身柄を護送の上、審理するよう要請し、また県立集集初級中学の校長・徐牧生が当校で公然と政府を誹謗し、政府と最後まで渡り合うよう青年たちをそそのかしていたという一件について調査究明を行うよう要請した。県政府はただちに関連資料と尋問記録などを添えて調査結果を機密電報で返している。二九日、台中県政府は、中部綏靖区司令部に打電し、張庚申の件を密告した。三〇日、台中県政府は、省警務処の要請に応じて、「台中県警察局及び所属各区〔当局〕によって逮捕された二二八事変暴動犯の名簿」〔「臺中縣警察局及所屬各區所已逮捕之二二八事變暴動人犯名籍冊」〕一部を電送した。そこには簡慶明・黃有福など一〇一名の名が上げられ、さらに氏名・年齢・本籍・逮捕時間・罪状と逮捕機関、そして処理状況などの詳細が列挙されている。[129] 同日、台中県政府は、中部綏靖司令部・台湾省警備司令部・省警務処に「台中県情報網組織実施方案」を電送し、警察局内に刑事股を設置の上、その下に調査組・聯絡組を設け、県長の指揮監督と警察局長の指導を受けて県内のあらゆる情報業務を執り行うよう定めている。そして各区の警察局内に設置された刑事組は、刑事股長の命令と、当該警察局長の監督指揮を受け、管轄下の各種情報業務を執り行うこととなった。捜査員の任務は、以下の情報を収集すること、すなわち、敵や傀儡政権や他党の活動、在留外国人や台湾省に帰郷してきた台湾同胞の動態、非合法組織や賊徒の行動及びその痕跡、社会一般の輿論と政府の措置に対する反感、ごろつきの分布、その他の社会治安を妨害する行為、そして上級機関或いは長官が臨時に指定した収拾すべき情報などであった。次いで、五月一日に省警務処に電送された「台中県密告箱設置実施簡則」では、鉄道や自動車道などの交通幹線の重要拠点や各区警察局の所在地に密告箱を設置することが定められたが、密告の範囲は、奸徒・暴徒やその他不良分子の活動の情報、汚職官吏の悪行〔に関する情報〕、政府に提供された意見、武器隠匿の情報、そしてその他の治安上の情報を含み、全ての密告文書は、それぞれの局（県）長に提出・審査され、局（県）長が調査すべき事案と判断した場合には、ただちに人員を派遣して徹底的に調査の上、報告書を提出することとされた。[130]

五月一日、高雄県政府は台中県政府に打電しているが、その中で旗山区からの機密電報により、呉鳳郷高山の原住民同胞が反乱の暴徒に煽動されて暴動を企てていることが明らかとなったため、所属部署に命じて厳正に警戒するように、と通告を出している。〔そして〕〔台中〕県政府は、新高・能高・東勢区署に機密電報を打ち、警備を強化し、厳しく予防警戒にあたるよう命じた。三日、台中県政府は行政長官公署に打電し、今回の事件の台中方面の暴徒の首領として、謝雪紅・楊克煌・林兌・鍾逸人・蔡鐵城など五名に懸賞金を掛けることを文書化したことや、ただちに県警察局大甲区の警察によって逮捕された蔡鐵城一名を法廷に送致したこと、そして審理を経て四月二三日に中部綏靖区司令部に護送の上、法の処罰を与えることとしたことについて、報告を行った。五日、再編第二十一師団が、機密電報を台中県政府に送り、田尾郷の郷長、協同組合〔「合作社」〕の組合長の一件を密告するとともに、既に審理・処罰のために司令部に送致された呉玉盞の竹山区での犯行について詳細を報告するよう命じたが、ほどなくして、県政府から調査結果が返電されている。同日、台中県政府は、中部綏靖区司令部に対して、二二八事件の嫌疑者である黄伯虎など一三名の送致書類を送っている。[131] 六日には、台中県警察局刑事股の一員である曾永銘が、台中県政府に調査員の林鎮民・呉朝乾、そして保安警察隊員の巫忠力の不法行為を報告しており、県政府はその調査結果を機密電報で憲兵隊に送った。また同日、省警務処は、機密電報を台中県政府に打ち、管轄部署に命じて謝雪紅を注意深く偵察させるとともに、厳しく警戒するよう命令を出しているが、県政府はただちに機密電報を打って各区署に厳戒に警戒し、随時報告するように命じた。五月中旬には、県政府は、各区署に対して事件において尽力した者の功績を速やかに調査し、該当者を中部綏靖区司令部に送って褒賞を申請するよう命じたが、他にも省警務処に打電し、当県大甲区警察局の警長・黄敏・鮑國器の行為が不適切であったこと、そして二二八事件に加わっていた、として懲戒処罰することを要請した。一四日、台中県政府は、二二八事件の嫌疑者・江秋樹の送致書類を中部綏靖区司令部に送致した。五月一六日、行政長官公署は省政府へと改制され、戒厳令の解除が宣布されたが、その日、台中県政府は、また省警務処に打電し、二二八事件に加わっていた者の中で比較的情状が軽く、〔周囲を〕感化し〔て更生へと導き〕うるものとして、林銀湘など三五名分の名簿と調査表各一部を送付している。[132]

このことからわかるように、二二八事件の後、宋県長は県内に情報網・密告箱を設け、全県の警察力を動員して情報収集や嫌疑者の逮捕を行い、上級機関及び各軍事機関に報告しつつ、事の処理にあたっていた。とりわけ四月には、ほぼ毎日、上級機関或いは軍事機関からの調査や証拠収集の要請が出されており、そのことを示す電文も多く残されているが、台中県政府は、そのいずれに対しても、できるだけ早く対処しており、またその処理状況を返電し、事件に加わった者や隠匿された軍事品を、処罰・処分するべく、それらを軍事機関に送致している。また各県市政府間でも互いに協力して重要容疑者などを厳しく取り締まっていた。その後、台中県政府は、依然として上層への報告を継続し、六月七日には、中部綏靖区司令部に二通の電報を立て続けに送っているが、一つは、二二八事件の容疑者・邱發南の送致書類であり、もう一つは、蔡光輝の案件の処理情況に関する返電であった。一四日、省警務処は台中県政府に打電し、管轄部署に命じて謝雪紅などを拘留し、取り調べて報告するよう命令を出している。一九日には、機密電報で、「台中県二二八事変暴動主犯指名手配名簿」〔「臺中縣二二八事變暴動首要人犯通緝名冊」〕を台湾全省警備司令部に送っている。そこには、詹明政・頼維烜など二一名が計上され、氏名・年齢・本籍・住所・職業と叛乱の事実、証拠が詳しく列挙されている。二四日、台湾高等裁判所検察処は台中県政府に文書を送付し、林糊の内乱の嫌疑について詳しく調査の上、返信するよう要請している。[133] およそここから明らかなのは、台湾省政府は確かに五月一六日に戒厳令解除を宣布し、清郷・綏靖を終えたのだが、関連する被疑者の逮捕や捜査・調査などについては、依然として続けられ、警戒配備もそれ以上緩めたりはしなかった、ということである。

なお宋増榘は、一九四八年一月二八日に省政府の専門委員に転任となり、屏東市長の龔履端がその後任を引き継いだ。[134]

### 三．彰化市長・王一麐

二二八事件の間、市長の王一麐は処理委員会と協力し、各方面とも積極的に協調を図っていた。事件後、市長職を留任となり、四月一日にはただちに綏靖を展開している。五月一六日までに更生〔「自新」〕したと見なされたものの数は、楊紹徳など七七人を数え、自首したものはいなかった。五月二一日、彰化市警察局は、市政府に「彰化市逮捕容疑者処理状況調査表」〔「彰化市逮捕人犯辦理情形調査表」〕を報告したが、そこには、許清水・陳可選など三八名の逮捕容疑者の関連資料や事件経過、処理状況などが列挙されている。六月三日、彰化市政府は、台湾全省警備司令部に返電し、当市の盲従付和した〔だけの〕者は既に台湾省中部綏靖区司令部において更生〔「自新」〕の手続きを取り、首謀者については発見されなかったと報告している。[135]省民政庁が行った一九四七年度の県長・市長の評定の中で、王市長の等級は乙等級、「昇格なし」と評価されている。評定の評語は「誠実真摯」[136]であった。なお王一麐は、一九四八年一月二八日に別の任用を待って免職となり、後任には、陳錫卿があてられた。[137]

## 四．台南市長・卓高煊

二二八事件の後、情報員の張秉承は、三月二四日に報告書を提出し、こう言っている――卓市長は「暴動が発生していないうちからすぐさま海軍兵舎に逃げ込み、県市参議員や暴徒に自由気ままに振る舞わせ、ほとんど職責を果たさなかった」[138]と。にもかかわらず、卓市長はそのまま市長に留任となった。省民政庁が行った一九四七年度の県長・市長の評定の中で、等級は、乙等級、昇格はできず、わずかに「報奨金」を与えられたのみであった。評定の評語は「不逾軌範」[139]〔規範を逾えず〕、当年度に評定を受けた七名の県長・市長の中では、成績は中等であった。一九五〇年に台湾では行政区画の再区分が実施されたが、その後も卓高煊は引き続き台南市長に任命され、一九五一年二月になってようやく市長職から下りることとなった。[140]

## 五．高雄市長・黄仲圖

二二八事件の後、情報員の余志光は、報告書を提出し、黄市長が「暴動」に加わったと指摘している。〔黄仲圖は〕「強い排外思想を持っており、秘密裏に台南師範学校の同窓会を組織し、また皇民奉公会からその主要幹部を任じるなど、日本人と結託していたことは確実であります。したがって、最初に教育科長に任命された王國安はすでに当局に罷免させられましたし、次に教育科長に任命された張振雄もまた「二二八」事変後に国軍に逮捕され、取り調べの上処罰されました。いずれも刑事事件となったものです。今回暴動に加わるに至っては、自ら部下に命じて武装解除させ、また収容犯を釈放し、そして市会議員・凃光明（その時すでに死刑に処されている）などを率いて要塞司令部に対して武器を引き渡して投降をするよう脅迫したりもしました。武装解除などの不法行為につきましては、省警備司令部第二処にも詳細な資料と証拠があります。黄仲圖の不法行為の証拠一式、計六件を本文に添付しておきます。謹んで閣下に検査を請うものであります」。[141]〔一方〕黄仲圖自身は、一九四七年九月六日に健康上の理由から高雄市長の職を辞する旨を願い出ており、その中でこう言っている、

小職、忝なくも力なく、高雄市政の職に就いてからは瞬く間に、はや一年余りが経ちました。その間、恐れ慎んで事に当たり、懈怠なく取り組んで参りましたが、恥ずかしくも功を成すことはかないませんでした。近ごろまた体が弱りつつあり、早く休養を取る必要が出てまいりました。どうか閣下のお許しを頂戴して職務を辞し、健康を取り戻させていただきたく存じます。そして再び恩に報いて力を尽くすことができれば、感激の至りと存じます。謹んで朱庁長に申し上げるとともに、魏主席にもこの旨お伝えいただけますようお願い申し上げます。[142]

〔結果〕九月八日に辞職を許され、九月一六日には離職となり、黄強がその後任を引き継ぐこととなった。[143]〔なお〕一九四九年、台湾大学外文学科の副教授に招聘され、一九五八年に教授に昇格し、一九七九年に定年退職している。[144]

### 六．屏東市長・龔履端

二二八事件の終息後、市長の龔履端はそのまま市長に留任となった。省民政庁が行った一九四七年度の県長・市長の評定では、等級は甲等級、一階級の昇格となり、評定の評語は「能励廉隅」[145]〔品行方正〕であった。当年度に評定を受けた七名の県長・市長の中で、成績は台南県長の袁國欽に次ぐもので、施政と品行、いずれにおいても評価の高かった、数少ない県市長の一人であったが、二二八事件中に処理委員会と激しく対立し、鎮圧という手段を採用したという事実は、明らかにこの評価にはマイナスの影響を与えてはいなかった。のみならず事件中の行為によって高い成績を与えられてさえいたのである。龔履端は、一九四八年四月二二日になって〔ようやく〕、台中県長に転任し、何舉帆がその後任として職を引き継いだ。〔その後〕一九四九年六月に免職となり、七月には台湾省立農学院の副教授に任じられている。〔また〕一九四五年六月には省政府の顧問に招聘された。[146]

## 七．高雄県長・黄達平

県長黄達平の二二八事件の際の処置は非常に適切で、県民からは称賛を受けたが、[147]履歴の上でも事件の対応に対して次のように記録されている。「県長の任期中、二二八事変においては地域の秩序の維持に功績あり。よって〔ここに〕褒賞の命を伝達する」[148]。一九四七年九月一九日には免職となり、他のポストの任用を待つこととなった。県長職の後任は、民政庁主任秘書の毛振寰がこれを引き継いだ。[149]

## 八．台南県長・袁國欽

二二八事件の後、情報員の張秉承は、三月二四日に報告書を提出し、その中でこう言っている。すなわち、袁県長は、台南市長の卓高煊と同様、「暴動が発生していないうちからすぐさま海軍兵舎に逃げ込み、県市参議員や暴徒に自由気ままに振る舞わせ、ほとんど職責を果たさなかった」[150]と。にもかかわらず、省民政庁が行った一九四七年度の県長・市長の評定において、等級は甲等級、評定を受けた七名の県長・市長の中で最も優れた成績であった。それによって一階級の昇格となり、評定の評語は「謹守縄墨」[151]〔謹んで墨縄を守る〕であった。明らかに袁県長は、二二八事件におけるその対処や処置によってマイナスの影響〔や評価〕を受けてはいなかった。袁國欽は、一九四八年二月になって、別のポストに任用され、県長職は免職となった。省教育庁の主任秘書、薛人仰が台南県県長の職を引き継いでいる。[152]

## 九．花蓮県長・張文成

県長の張文成は二二八事件後もそのまま県長に留任したが、一九四八年一月になって、事件があって告発され、免職となった。〔そして〕曹匯川がその後任代理として派遣された。[153]省民政庁が行った一九四七年度の県長・市長の評定において、等級は乙等級、「昇格なし」と評定されている。評定の標語は「勉耐労苦」[154]〔勉めて労苦に耐えた〕であった。当年度に評定を受けた七名の県長・市長の中では、後ろから二番目の成績であった。

## 一〇．台東県長・謝真

台東県は二二八事件の後、唯一銃殺刑に処せられた者の出なかった県であり、しかも〔事態は〕迅速に終息した。

政府の報告書では、台東県の死亡者は僅かに一名、重軽傷者は一八名、財務損失は約一七〇万元余りであった。謝真は事件後もそのまま留任となり、その年の九月一日になって別のポストに任用され、免職となった。後任として、省民政庁専門委員の黄式鴻が引き継ぎ[155]、九月一六日には中国に戻っている。

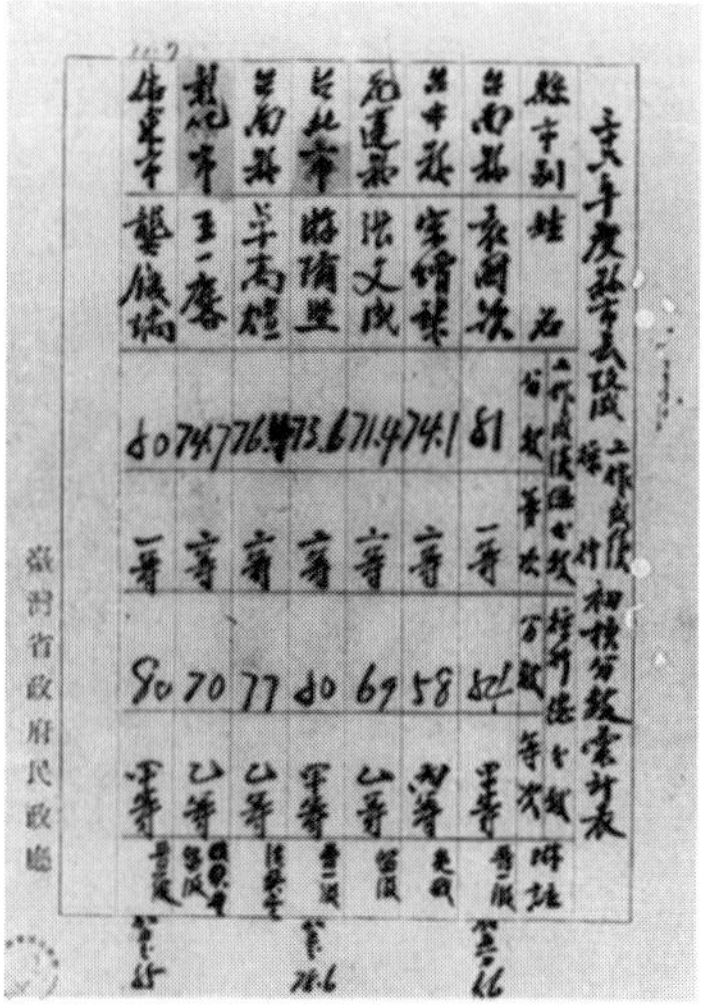

図四−三　「台灣省台南縣等縣市長36年度考績表」

出典:「台灣省台南縣等縣市長36年度考績表件送請核備案」(一九四八年一二月一四日)「縣市長考績案」『省級機關檔案』國史館台灣文獻館所蔵、所蔵番号：0040340003675011，スキャン番号：00403675011007，ファイル所管機関：國家發展委員會檔案管理局（ファイル番号：0037/0034/0068/0004/011、案件：為電送本省縣市長36年度考績表件等請核備由）。

## 一一・澎湖県長・傅緯武

澎湖県は全台湾で唯一、深刻な衝突が起こらなかった地区であった。一九四七年六月、県長・傅緯武は命を受けて嘉義市長に転任となり、別に徐升平が代理として澎湖県長に派遣された[156]。しかし、同年七月二日、省はもとの〔嘉義市長の〕任命を取り消し、宓汝卓に嘉義市長を引き継がせている[157]。〔一方〕傅は、一九五〇年二月に新竹県立大渓初級中学の校長を引き継いでいる[158]。

以上をまとめると、二二八事件後、一七名の県市長の中で懲罰を受けたものが一人もいなかったことがはっきりする。しかも留任したものが大部分を占めており、辞職者についてはその多くが一九四七年の三月、四月の間に辞職を願い出ている。自ら辞職を申し出たものもいれば、他のポストに転任となったもの、台湾を離れたものもいたが、その中で、自ら辞職を申し出たものは、大部分が自身の力だけでは職責を全うすることができず、民衆の要望に応えることが困難であるということがわかっていたのだと思われる。事件中に処理委員会と激しく対立し、軍の派兵を要請して鎮圧を行った県市長は、官民の感情の亀裂がもはや深刻な情況の中にあって、そのいずれもが留任とはならなかった。行政長官の陳儀でさえ各方面からの譴責の声が上がる中で、四月に悄然と離職している。五月一六日、行政長官公署が台湾省政府に改制され、初代の省主席に魏道明が任じられて台湾にやって来ると、ただちに戒厳令の解除が宣布され、清郷は終了となった。そして新聞・図書・郵便電報の検閲は停止され、交通通信の軍事管制も取り消しとなり、台湾元と法幣（ほうへい）［＝中華民国の発行した不換紙幣］の交換比率の調整などを足がかりとして、二二八事件後の台湾の政局の安定化が図られることとなった。[159] それと同時に、魏主席は「台湾のこれからの施政に対する考えとして、まず第一に社会の安定に注意を向ける所存である」[160]という姿勢を示しており、そのために県市長の人事についても、もはや変更を見ることはなく、地域の秩序も少しずつ安定していくこととなった。

## 五、結語

二二八事件は、戦後台湾史の展開に〔大きな〕影響を与えた重大な事件であり、政治の発展、社会文化、そして族群［＝エスニック・グループ］の関係など、各方面のいずれにおいても深刻な傷痕を残すこととなった。その導火線となったのは、そもそも台北の闇タバコ事件であった〔のは確かだ〕が、その最大の原因が、行政長官公署の一年来の失政が民衆の怨みを引き起こしたという事実にあったのは明らかであった。事件の際、民衆は声高に「汚職官吏を打倒せよ」、「外省人を打倒せよ」といったスローガンを叫び、官吏の汚職腐敗に対して最も強い憤懣を示していた。とりわけ、戦後の県長・市長の幾人かは、任期中の汚職によって絶えず汚職官吏の典型と見なされてきたし、民衆にとっては即刻打倒・攻撃しなければならない対象となっていた。民衆の怨みの深さは、まったく想像に難くないところであったが、事実、二二八事件の勃発と拡大の経過から見ても、民衆が政府当局をどのように見ていたのかは明らかであった。ただ、さらに言えば、事件は県市長の施政に対する一つのテストであったと見なすこともできる。事件中、一部の県市の処理委員会は、行政長官の陳儀の指示に応じて、三名の県長・市長の候補者を推挙の上、行政長官の選定へと〔段階を〕進めているが、なかには現職の県市長を支持して候補者を推挙しなかった県市もあった。〔このように〕各県市長の施政の満足度には大きな差があったのである。〔各県市の対応を〕ここに列挙すると表四―二のようになる。

次いで、事件の期間、県市長の中には、身を隠して逃亡したものもいれば、処理委員会と協力したり、或いは激しく対立したもの、あるいは管轄内の軍事機関に対して出兵・鎮圧の要請を出したものもいた。彼らの対応・処置の方法はそれぞれ異なっていたが、地域に与えた衝撃もまた大きく異なっていた。その中では、処理委員会〔の主導〕によって秩序を維持したケースと、地域の駐屯軍に協力したケースが大部分を占める中、山岳地帯や農村地帯に避難したり、管轄域内の軍事機関に退避したりして、身の安全を確保してから初めて処理委員会と意思の疎通を図り、協力を重ねながら少しずつ地域の秩序の安定化を図ろうとしたものもいた。また県市長の中には、所轄内に軍事機関があったことで処理委員会と激しく対立する態度を取ったものもいたが、甚だしきに至っては、軍を派遣して鎮圧を実行し、民衆から多くの死傷者を出して官民の感情的亀裂をもたらしたものもいた。ゆえにその多くは、事件後に辞職を願い出ることとなったのだが、行政長官の陳儀は、辞表を提出した県市長に対して、いずれもただちに申請通りに許可を与えており、慰留した案件は一件も見られなかった。ここから見ても彼の各県市長に対する態度は、とっくに彼の心のなかでは明確になっていたことが見てとれる。当然、軍事的・政治的権力を一身に集めた行政長官・陳儀は、失政や不適切な人事によって、社会に混乱をもたらしたことへの、より大きな責任を負わなければならない。確かに一九四七年四月に、行政長官と警備総部総司令の兼職を辞職することを願い出てはいるが、それにもかかわらず、行政長官から各県市長に至るまで、二二八事件の勃発と拡大の責任をとって処罰された者が一人もいなかった、ということがまさに政府当局のこの事件に対する〔基本的な〕態度〔がどのようなものであったのか〕を明らかにしているのである。

**表四―二　二二八事件前後の各県市長の対応一覧表**

| 県市別 | 氏名 | 事件期間の対応 | 推挙された県市長候補者 | 事件後の処置 |
|---|---|---|---|---|
| 台北県 | 陸桂祥 | 処理委員会による〔秩序〕維持 | ― | 辞職願い出 |
| 新竹県 | 朱文伯 | 地域の駐屯軍と協力 | ― | 辞職願い出 |
| 台中県 | 宋增榘 | 処理委員会による〔秩序〕維持 | ― | 留任 |
| 台南県 | 袁國欽 | 処理委員会による〔秩序〕維持 | 莊維藩、胡丙申、簡溪圳 | 留任 |
| 高雄県 | 黃達平 | 地域の駐屯軍と協力 | ― | 留任 |
| 臺東縣 | 謝真 | 処理委員会と協力 | ― | 留任 |
| 花蓮県 | 張文成 | 地域の駐屯軍と協力 | 張七郎、馬有岳、賴耿松 | 留任 |
| 澎湖県 | 傅緯武 | 地域の駐屯軍と協力 | 許整景 | 留任 |
| 台北市 | 游彌堅 | 処理委員会による〔秩序〕維持 | ― | 留任 |
| 基隆市 | 石延漢 | 地域の駐屯軍と協力 | ― | 辞職願い出 |
| 新竹市 | 郭紹宗 | 処理委員会と対立 | 陳貞彬 | 辞職願い出 |
| 台中市 | 黃克立 | 処理委員会による〔秩序〕維持 | 莊垂勝 | 辞職願い出 |
| 彰化市 | 王一麐 | 処理委員会と協力 | ― | 留任 |
| 嘉義市 | 孫志俊 | 処理委員会と対立 | ― | 辞職願い出 |
| 台南市 | 卓高煊 | 地域の駐屯軍と協力 | 黃百祿、侯全成、湯德章 | 留任 |
| 高雄市 | 黃仲圖 | 処理委員会と協力 | ― | 留任 |
| 屏東市 | 龔履端 | 処理委員会と対立 | 葉秋木 | 留任 |

（＊本表は、本文引用の資料に基づき、筆者が整理・作成したものである）

## 注

1 「公布『台灣省行政長官公署組織條例』」『台灣省行政長官公署公報』第一巻第一期（一九四五年一二月一日）、一―二頁。

2 「陳儀對台灣同胞第三次廣播詞」、陳興唐主編『台灣「二・二八」事件檔案史料（下巻）』台北市：人間出版社、一九九二年、六九二―六九三頁。

3 「公布『台灣省州廳接管委員會組織通則』」『台灣省行政長官公署公報』第一巻第四期、一九四五年一二月一二日、四―五頁。台灣省地方自治誌要編輯委員會編『台灣省地方自治誌要』台北市：台灣省地方自治誌要編輯委員會、一九六五年、三五二―三五三頁。

4 「各州接管委員會主任委員連震東等八員任用案」「州廳接管委員會人員任免」『行政長官公署檔案』南投市：國史館台灣文獻館所蔵、所蔵番号：00303231038068。

5 台湾省接収委員会は、一九四五年一一月一日に設立された。台湾省警備総司令部司令である陳儀と、参謀長の柯遠芬をそれぞれ正・副主任委員の兼任とし、以下の業務を執り行うこととされた。すなわち、接収法令の執行、接収手続き及び関連事項の協議・立案・査定、接収証書や差し押さえ封印紙の統一発行、接収書類の検査・報告、接収した建造物資の運輸・保管、接収した人員部隊の審査・矯正、そしてその他の接収関連の業務である。台灣省警備總司令部接收委員會編『台灣警備總司令部軍事接收總報告』台北市：台灣省警備總司令部接收委員會、一九四六年、一六―一七頁、参照。

6 台灣省行政長官公署民政處編『台灣民政（第1輯）』台北市：台灣省行政長官公署民政處、一九四六年、六一―六二頁。

7 「新竹州接管委員會結束日期」「各州廳接管會報告結束情形」『行政長官公署檔案』南投市：國史館台灣文獻館所蔵、所蔵番号：00302100026002。

8 「高雄市市長連謀派代案」「縣市長任免（七七〇）」『行政長官公署檔案』南投市：國史館台灣文獻館所蔵、所蔵番号：00303231013010。

9 「台中市市長黃克立派代案」「縣市長任免（七七〇）」『行政長官公署檔案』南投市：國史館台灣文獻館所蔵、所蔵番号：00303231013006。

10 「台南市市長韓聯和派令」「縣市長任免（七七〇）」『行政長官公署檔案』南投市：國史館台灣文獻館所蔵、所蔵番号：00303231013007。

11 「基隆市市長石延漢派代案」「縣市長任免（七七〇）」『行政長官公署檔案』南投市：國史館台灣文獻館所蔵、所蔵番号：00303231013008。

12 「嘉義市市長陳東生派代案」「縣市長任免（七七〇）」『行政長官公署檔案』南投市：國史館台灣文獻館所蔵、所蔵番号：00303231013015。

13 「屏東市市長龔履端派代案」「縣市長任免（七七〇）」『行政長官公署檔案』南投市：國史館台灣文獻館所蔵、所蔵番号：00303231013016。

14 劉存忠（一九〇六―一九九一）、遼寧鉄嶺の出身。黄埔軍校第四期政治科、北平新民大学経済系で学ぶ。国民革命軍総司令部侍従副官、〔国民政府軍事委員会〕委員長南昌行大隊科長、陸軍第七十五師団参謀長、駐閩綏靖主任、公署軍糧局長、軍委会高級参謀などの職を歴任。一九四五年来台、台中州接管委員会主任委員に就任、初代の台中市長及び台中県長となる。「劉存忠」「人事登記巻」『軍事委員會委員長侍從室』台北市：國史館所蔵、所蔵番号：129000119699A。「台中縣縣長劉存忠到職呈報案」「台中縣區人事任免」『行政長官公署檔案』南投市：國史館台灣文獻館所蔵、所蔵番号：00303231063003。

15 「台北等八縣縣長派任案」「縣市長任免（七七〇）」『行政長官公署檔案』南投市：國史館台灣文獻館所蔵、所蔵番号：00303231013001。「台灣省行政長官公署各處會室暨所屬機關各級主管人員一覧表（一九四六年一月一五日）」『台灣省行政長官公署公報』第二巻第四期、一九四六年一月二七日、八―一〇頁。

16 「省轄市組織暫行規程函送案」「各縣市府組織規程」『行政長官公署檔案』南投市：國史館台灣文獻館所蔵、所蔵番号：00301220002001。「縣府組織規程函送案」「各縣市府組織規程」『行政長官公署檔案』南投市：國史館台灣文獻館所蔵、所蔵番号：00301220002002。台灣省行政長官公署法制委員會編『台灣省單行法令彙編（第一輯）』台北市：台灣省行政長官公署法制委員會、一九四六年、二四五―二五七頁。

17 「縣長及地方行政長官兼理軍法業務結束辦法抄發案」「警察機關審理辦法」『行政長官公署檔案』南投市：國史館台灣文獻館所蔵、所蔵番号：00307250006001。

18 「調派特派員游彌堅代理台北市市長電報案」「縣市長任免（七七二）」『行政長官公署檔案』南投市：國史館台灣文獻館所蔵、所蔵番号：00303231013046。

19 「謝東閔黃達平高良佐等三員任免案」「縣市長任免（七七二）」『行政長官公署檔案』南投市：國史館台灣文獻館所蔵、所蔵番号：00303231013054。

20 「核定台中縣長宋增榘薪額案」「縣市長任免（三〇七二）」『行政長官公署檔案』南投市：國史館台灣文獻館所蔵、所蔵番号：00303231001351。

21 「嘉義市長孫志俊視事日期呈報案」「縣市長任免（三〇七二）」『行政長官公署檔案』南投市：國史館台灣文獻館所蔵、所蔵番号：00303231001347。

22 「新竹縣長劉啓光卸任通知」「縣市長任免（三〇七二）」『行政長官公署檔案』南投市：國史館台灣文獻館所蔵、所蔵番号：0030 3231001349。

23 「台南市市長任免案」「縣市長任免（七七二）」『行政長官公署檔案』南投市：國史館台灣文獻館所蔵、所蔵番号：00303231013051。

24 「高雄市市長連謀另有任用免職及派黃仲圖接充案」「縣市長任免（七七二）」『行政長官公署檔案』南投市：國史館台灣文獻館所蔵、所蔵番号：00303231013047。

25 「新竹縣長劉啓光請辭及派朱文伯接充案」「縣市長任免（七七三）」『行政長官公署檔案』南投市：國史館台灣文獻館所蔵、所蔵番号:00303231013060。「高雄縣縣長黃達平接事日期呈報案」「縣市長任免（七七二）」『行政長官公署檔案』南投市：國史館台灣文獻館所蔵、所蔵番号：00303231013057。

26 「嘉義市市長陳東生請辭及派孫志俊接充案」「縣市長任免（七七三）」『行政長官公署檔案』南投市：國史館台灣文獻館所蔵、所蔵番号：00303231013062。

27 「台中縣縣長劉存忠另有任用免職及派宋增榘接充案」「縣市長任免（七七三）」『行政長官公署檔案』南投市：國史館台灣文獻館所蔵、所蔵番号：00303231013061。

28 唐賢龍「台灣事變內幕記」、鄧孔昭編『二二八事件資料集』、台北市：稻鄉出版社、一九九一年、一〇八―一〇九頁。

29 賴澤涵・黃富三・黃秀政・吳文星・許雪姬『「二二八事件」研究報告』台北市：時報文化出版公司、一九九四年、五二頁。

30 戴國煇・葉芸芸『愛憎二二八』台北市：遠流出版公司、一九九二年、二〇五頁。

31 賴澤涵・黃富三・黃秀政・吳文星・許雪姫『「二二八事件」研究報告』、五八頁。戴國煇・葉芸芸『愛憎二二八』、二三六頁。

32 簡笙簧主編、侯坤宏・許進發編『二二八事件檔案彙編（一）』台北市：國史館、二〇〇二年、二〇七―二〇八頁。簡笙簧主編、侯坤宏・許進發編『二二八事件檔案彙編（二）』台北市：國史館、二〇〇二年、四五一―四五三頁。

33 賴澤涵・黃富三・黃秀政・吳文星・許雪姫『「二二八事件」研究報告』、六三頁。

34 「台灣省行政長官公署編制二二八事件各縣市暴動情形簡表」、陳興唐主編『台灣「二・二八」事件檔案史料（上卷）』台北市：人間出版社、一九九二年、二〇二―二〇四頁。

35 薛月順・曾品滄・許瑞浩主編『戰後台灣民主運動史料彙編（一）』台北市：國史館、二〇〇〇年、四〇―四三頁。

36 「台灣省行政長官公署編制二二八事件各縣市暴動情形簡表」、『台灣「二・二八」事件檔案史料（上卷）』、二一九―二二〇頁。

37 賴澤涵・黃富三・黃秀政・吳文星・許雪姫『「二二八事件」研究報告』、七二―七三頁。

38 「張秉承致電言普誠報告台民散發傳單打倒參政員林宗賢情形」『保密局台灣站二二八相關檔案』台北市：中央研究院台灣史研究所檔案館所藏、所蔵番号：A_01_0007-002。

39 中央研究院近代史研究所編『二二八事件資料選輯（一）』台北市：中央研究院近代史研究所、一九九二年、二七〇頁。

40 簡笙簧主編、歐素瑛・李文玉編『二二八事件檔案彙編（十一）』台北市：國史館、二〇〇二年、一二一―一二五頁。

41 「續報台南嘉義暴動情形」『保密局台灣站二二八相關檔案』中央研究院台灣史研究所檔案館所藏、所蔵番号：A_04_0002-004。

42 賴澤涵・黃富三・黃秀政・吳文星・許雪姫『「二二八事件」研究報告』、九一頁。中央研究院近代史研究所編『二二八事件資料選輯（二）』台北市：中央研究院近代史研究所、一九九二年、二八五―二八六頁。

43 林獻堂著、許雪姫主編『灌園先生日記（十九）』台北市：中央研究院台灣史研究所・近代史研究所、二〇一一年、一三九頁、一五〇頁。

44 賴澤涵・黃富三・黃秀政・吳文星・許雪姫『「二二八事件」研究報告』、九八頁。

45 「台中縣政府編本縣事件經過及處理意見書」、『台灣「二・二八」事件檔案史料（下卷）』、五七七―五八〇頁。

46 賴澤涵・黃富三・黃秀政・吳文星・許雪姫『「二二八事件」研究報告』、一一二頁。

47 「呈報新大隊暴動首要份子莊維藩等不法罪証由」『保密局台灣站二二八相關檔案』台北市：中央研究院台灣史研究所檔案館所藏、所蔵番号：A_02_0005-005。

48 同右史料。「續報台南縣暴首簡溪圳及其爪牙林植法等現有私藏武器由」『保密局台灣站二二八相關檔案』台北市：中央研究院台灣史研究所檔案館所藏、所蔵番号：A_02_0006-011 ~ 012。

49 「台南縣『二・二八』事件處理委員會發起人名冊壹份」『保密局台灣站二二八相關檔案』台北市：中央研究院台灣史研究所檔案館所藏、所蔵番号：A_02_0011-025 ~ 026。

50 「南縣開各代表大會、縣議員暨地方士紳熱烈討論建議有三十二條」『保密局台灣站二二八相關檔案』台北市：中央研究院台灣史研究所檔案館所藏、所蔵番号：A_02_0007-003。

51 「張秉承呈報『台灣二二八事變報告書』」、簡笙簧主編、侯坤宏・許進發編『二二八事件檔案彙編（十六）』台北市：國史館、二〇

○四年、一五二頁。

52 「北門區匪徒王土地之口供」『保密局台灣站二二八相關檔案』台北市：中央研究院台灣史研究所檔案館所蔵、所蔵番号：A_03_0012-017。

53 頼澤涵・黄富三・黄秀政・呉文星・許雪姫『「二二八事件」研究報告』、九七頁。

54 「彰化市三二事件經過報告書」、『台灣「二・二八」事件檔案史料（下巻）』、四三三―四三四頁。

55 「高雄市二二八事件報告書」、『台灣「二・二八」事件檔案史料（下巻）』、四八九―四九〇頁。

56 頼澤涵・黄富三・黄秀政・呉文星・許雪姫『「二二八事件」研究報告』、一一七頁。彭孟緝「台灣省二二八事件回憶録」、『二二八事件資料選輯（一）』、六六―六八頁。

57 「沈堅強上林頂立代電報告台灣二二八事件發生後各地情形」『保密局台灣站二二八相關檔案』台北市：中央研究院台灣史研究所檔案館所蔵、所蔵番号：A_01_0001-008。

58 頼澤涵・黄富三・黄秀政・呉文星・許雪姫『「二二八事件」研究報告』、一四八頁。

59 「台東縣事變經過報告」『二二八事件資料選輯（四）』台北市：中央研究院近代史研究所、一九九三年、九―三八頁。「台東事變報告書」、『台灣「二・二八」事件檔案史料（下巻）』、六三八―六四四頁。

60 「張秉承上言普誠代電呈報國防部長白崇禧接見南志信等高砂族代表」、『二二八事件檔案彙編（二）』、二四八頁。

61 「新竹市政府處理二二八事件有關報告」、『台灣「二・二八」事件檔案史料（上巻）』、三七〇―三七三頁、三七九頁。

62 頼澤涵・黄富三・黄秀政・呉文星・許雪姫『「二二八事件」研究報告』、七九―八一頁。

63 「續報嘉義市叛亂情形」『保密局台灣站二二八相關檔案』台北市：中央研究院台灣史研究所檔案館所蔵、所蔵番号：A_04_0003-003。

64 「嘉義市三二事件報告書」、『台灣「二・二八」事件檔案史料（下巻）』、四三七―四四〇頁。

65 「續報台南嘉義暴動情形」『保密局台灣站二二八相關檔案』台北市：中央研究院台灣史研究所檔案館所蔵、所蔵番号：A_04_0002-005。

66 頼澤涵・黄富三・黄秀政・呉文星・許雪姫『「二二八事件」研究報告』、一〇五―一〇九頁。

67 「報台南、嘉義等地暴動情形由」『保密局台灣站二二八相關檔案』台北市：中央研究院台灣史研究所檔案館所蔵、所蔵番号：A_04_0001-003。

68 「嘉義市三二事件報告書」、『台灣「二・二八」事件檔案史料（下巻）』、四三七頁。

69 「呈報陳總司令及柯參謀長國軍於三月十二日抵達市區維持治安後匪徒動態」『保密局台灣站二二八相關檔案』台北市：中央研究院台灣史研究所檔案館所蔵、所蔵番号：A_02_0007-009。

70 「屏東市市長龔履端報告屏東三四事變」、「台灣省屏東市三四事變記」、『台灣「二・二八」事件檔案史料（下巻）』、五六五―五六八、五六八―五七五頁。

71 「鄭元宵審訊筆錄」『保密局台灣站二二八相關檔案』台北市：中央研究院台灣史研究所檔案館所蔵、所蔵番号：A_05_0004-008。

72 「屏東市關於二二八事件的資料」、『台灣「二・二八」事件檔案史料（下巻）』、五五〇―五五四頁。

73 賴澤涵・黃富三・黃秀政・吳文星・許雪姫『「二二八事件」研究報告』、二二九頁、二三〇―二三一頁。

74 「基隆市政府民政科科長葉慈福改支薪案」「基隆市政府人員任免巻（八九〇）」『行政長官公署檔案』南投市：國史館台灣文獻館所蔵、所蔵番号：00303231026232。

75 「林風上柯復興代電報告基隆事件後情況及基隆處理委員會組織狀況」『保密局台灣站二二八相關檔案』台北市：中央研究院台灣史研究所檔案館所蔵、所蔵番号：A_01_0003-007。要塞司令部は、国防部に直属しており、人事や機密業務であったとしても、全てその指示を仰がねばならず、また地域の業務は管轄していなかった。台湾の要塞司令部は臨時的に台湾省警備総司令部に帰属していたので、陳儀は警備総司令の身分において、要塞司令部に対して作戦方面の指揮権を持っていた。

76 「基隆市『二二八』事變日誌」、『二二八事件檔案彙編（二）』、一四九―一五九頁。

77 「張秉承致電南京言普誠報告基隆市處置情形」『保密局台灣站二二八相關檔案』、台北市：中央研究院台灣史研究所檔案館所蔵、所蔵番号：A_01_0001-002。「林風上柯復興代電報告基隆二二八事件情況及處置情形」『保密局台灣站二二八相關檔案』台北市：中央研究院台灣史研究所檔案館所蔵、所蔵番号：A_01_0003-005。「張秉承上言普誠代電呈報基隆市處置暴動及善後處理建議事宜」、『二二八事件檔案彙編（二）』、一四六頁。

78 「台灣省行政長官公署編制二二八事件各縣市暴動情形簡表」、『台灣「二・二八」事件檔案史料（上巻）』、二一四―二一五頁。

79 賴澤涵・黃富三・黃秀政・吳文星・許雪姫、『「二二八事件」研究報告』、一四一頁。

80 朱文伯『七十回憶』台北市：民主潮社、一九七三年、一三一―一四三頁。

81 蘇紹文（一九〇三―一九九六）、字天行、新竹市出身。日本の陸軍砲工学校高等科を卒業。一九二四年、中国国民党に入党。中央軍校教官、中央航空学校高射砲班訓練員、陸軍砲兵学校教官、軍委会軍事交通研究所教官、軍政部兵工署軍械司股長、軍政部第二軍械総庫庫長、中央訓練団教育委員会教官などの職を歴任。一九四五年一〇月、台湾省警備総司令部少将副参謀長に就任。一九四七年一一月、新竹地区の第一回国大代表に当選。以後、台湾警備総司令部第四処処長、東南軍政長官公署監察処処長、国防部参事などの軍職を歴任、一九六二年一一月、台湾省政府委員に出向し、一九七二年七月に台湾省政府委員の任期中に退職した。「蘇紹文」『人事登記巻』『軍事委員會委員長侍從室』台北市：國史館所蔵、所蔵番号：129000101637A、参照。

82 朱文伯『朱文伯回憶録』台北市：民主潮社、一九八五年、一四一頁。

83 賴澤涵・黃富三・黃秀政・吳文星・許雪姫『「二二八事件」研究報告』、二一七―二一九頁。

84 「續報台南市叛亂經過情形」『保密局台灣站二二八相關檔案』台北市：中央研究院台灣史研究所檔案館所蔵、所蔵番号：A_03_0007-006。

85 「台南市韓石泉事變中動態」『保密局台灣站二二八相關檔案』台北市：中央研究院台灣史研究所檔案館所蔵、所蔵番号：A_02_0010-002。侯坤宏・許進發編『二二八事件檔案彙編（十六）』、三七〇頁。

86 「台南市政府等關於二二八事件的報告書」、『台灣「二・二八」事件檔案史料（下巻）』、四六一―四六六頁。

87 「報台南・嘉義等地暴動情形由」『保密局台灣站二二八相關檔案』

台北市：中央研究院台灣史研究所檔案館所蔵、所蔵番号：A_04_0001-015。

88 「報告」『保密局台灣站二二八相關檔案』台北市：中央研究院台灣史研究所檔案館所蔵、所蔵番号：A_03_0014-006。

89 「台南市韓石泉事變中動態」『保密局台灣站二二八相關檔案』台北市：中央研究院台灣史研究所檔案館所蔵、所蔵番号：A_02_0010-001。

90 「續報台南市叛亂經過情形」『保密局台灣站二二八相關檔案』台北市：中央研究院台灣史研究所檔案館所蔵、所蔵番号：A_03_0007-023。

91 「高雄縣處理『二・二八』事件及損失調査報告書」、『台灣「二・二八」事件檔案史料（下卷）』、五九五―五九七頁、賴澤涵・黄富三・黄秀政・吳文星・許雪姫『「二二八事件」研究報告』、一二五―一二六頁。

92 賴澤涵・黄富三・黄秀政・吳文星・許雪姫『「二二八事件」研究報告』、一四三頁。

93 「東部綏靖區花連縣通緝暴徒主犯名冊」、中央研究院近代史研究所編『二二八事件資料選輯（六）』台北市：中央研究院近代史研究所、一九九七年、二一八―二一九頁。

94 「林貴泰呈報二二八事件花連港地方處理委員會成立及活動情形」、『二二八事件檔案彙編（二）』、一三二―一三三頁。

95 「花連縣二二八事件報告書」、『台灣「二・二八」事件檔案史料（下卷）』、六〇三―六〇七頁。

96 「張秉承上言普誠代電呈報花連市暴動經過情形」、『二二八事件檔案彙編（二）』、一四〇頁。

97 勉之「花連紛擾紀實」、『二二八事件資料集』、二二五―二三一頁。

98 鄭哲夫「安静的澎湖」、『二二八事件資料集』、二三三―二三四頁。

99 「張秉承上言普誠代電呈報澎湖縣二二八事件発生経過及澎湖要塞處置情形」、『二二八事件檔案彙編（二）』、一六四―一六五頁。

100 中央研究院近代史研究所編『二二八事件資料選輯（二）』、一九三―一九七頁。

101 「台灣省行政長官公署撤銷及台灣省政府成立日期電告案」「省府成立日期」『省級機關檔案』南投市：國史館台灣文獻館所蔵、所蔵番号：0040110000006002。

102 『台灣新生報』一九四七年五月一一日、第二版。

103 「台中市政府等関于二二八事件的報告」、『台灣「二・二八」事件檔案史料（上卷）』、四一九頁。

104 「台中市長李薈接印視事日期呈報案」「縣市長任免（三〇七二）」『行政長官公署檔案』南投市：國史館台灣文獻館所蔵、所蔵番号：00303231001361。

105 「台中市長黄克立辭職獲准案」「縣市長任免（三〇七二）」『行政長官公署檔案』南投市：國史館台灣文獻館所蔵、所蔵番号：003 03231001360。

106 「台中市長黄克立辭職獲准案」「縣市長任免（三〇七二）」『行政長官公署檔案』國史館台灣文獻館所蔵、所蔵番号：00303231001360。

107 蕭富隆・鄒擅銘・蕭碧珍・劉政杰・邱欣怡・楊孟芳・王賛鑌編『台灣省行政長官公署職員輯録』南投市：國史館台灣文獻館、二〇〇五年、八四頁。

108 「新竹縣長朱文伯呈請辭職報告」「縣市長任免（三〇七二）」『行政長官公署檔案』南投市：國史館台灣文獻館所蔵、所蔵番号：00303231001358。

109 「新竹縣長鄒清之派任案（二）」「縣市長任免（三〇七二）」『行政長官公署檔案』南投市：國史館台灣文獻館所蔵、所蔵番号：00303231001356。

110 「新竹縣長鄒清之核定薪額案」「縣市長任免（三〇七二）」『行政長官公署檔案』南投市：國史館台灣文獻館所蔵、所蔵番号：0030 3231001364。

111 蕭富隆・鄒擅銘・蕭碧珍・劉政杰・邱欣怡・楊孟芳・王贇鑌編『台灣省行政長官公署職員輯錄』、四二—四三頁。

112 陳貞彬は、広東饒平の出身。中央政治学校高等科を卒業し、高等考試普通行政科に合格、中央訓練団台湾行政幹部訓練班を修了し、雲南高等法院書記、委員長侍従官上校処員、台湾省行政長官公署民政処専員、新竹市政府主任秘書、新竹市長などの職を歴任した。「新竹市長陳貞彬視事日期呈報案（二）」「縣市長任免（3072）」『行政長官公署檔案』南投市：國史館台灣文獻館所蔵、所蔵番号：00303231001353、参照。

113 「新竹市長陳貞彬薪額核定案」「縣市長任免（三〇七二）」『行政長官公署檔案』南投市：國史館台灣文獻館所蔵、所蔵番号：0030 3231001357。

114 「嘉義市市長孫志俊呈請辭職經予照准、遺缺調派澎湖縣長傅緯武代理、遞移澎湖縣長缺並經派徐升平代理」「謹報」「委員會議」『省府委員會議檔案』南投市：國史館台灣文獻館所蔵、所蔵番号：0050100060９。

115 「續報嘉義市叛亂情形」『保密局台灣站二二八相關檔案』台北市：中央研究院台灣史研究所檔案館所蔵、所蔵番号：A_04_0003-003。「張秉承上言普誠代電呈報嘉義三二事件經過」、『二二八事件檔案彙編（二）』、八—一二頁。

116 張炎憲・陳忠騰・高淑媛インタビュー「板橋王以文」、張炎憲・高淑媛インタビュー記録『混亂年代的台北縣參議會（一九四六—一九五〇）』台北市：台北縣立文化中心、一九九六年、八六頁。

117 「台北縣縣長陸桂祥請辭由梅達夫接任案」「各縣市長任免」『省級機關檔案』南投市：國史館台灣文獻館所蔵、所蔵番号：0040323100660001。梅達夫（一九〇〇—一九八〇）は、貴州江口の出身。保定陸軍軍官学校を卒業。一九四五年一〇月、国民政府の台湾接収に随行して来台し、台湾省行政長官公署参議に就任。一九四七年六月五日、台北県長を引き継ぐ。一九五一年、民選による初代台北県長に当選した。

118 歐素瑛・李文玉編『二二八事件檔案彙編（十一）』、六二六—六四一頁。

119 「台灣省氣象局局長兼基隆市市長石延漢免兼基隆市市長既派梁劼誠代理基隆市市長案」「縣市長任免」『省級機關檔案』南投市：國史館台灣文獻館所蔵、所蔵番号：0040322100582004。

120 「電為據情轉請核敘梁劼誠薪額井乞示遵由」「林管局人事任免」『省級機關檔案』南投市：國史館台灣文獻館所蔵、所蔵番号：0040323403088010。梁劼誠（一九〇一—〔?〕）は、河北省大城県の出身。直隷公立法政専門学校政治経済科を卒業し、また内政部県政人員訓練班にあってこれを修了、保定河北大学・河南村治学院・山東郷村建設研究院の教授を歴任、そして山東鄒平実験県、萊陽模範県の県長、及び行政院行政効率促進委員会調査専員、北平市社会局主任秘書、北平市党部委員、北平市地方自治人員訓練班教育長、北平市立救済院の院長、北平市参議員選挙事務所副主任、基隆市長、台湾省農林処林産管理局の局長などの職を務めた。

121 「台灣省氣象局局長兼基隆市市長石延漢免去兼職既派梁劼誠代基隆市市長案」「縣市長任免」『省級機關檔案』南投市：國史館

台灣文獻館所藏、所蔵番号：0040323100559002。「基隆市市長梁劼誠到職日期請備查案」「基隆市參議會人事」『省級機關檔案』南投市：國史館台灣文獻館蔵、所蔵番号：0040323100510002。

122 「台北市市長游彌堅暨吳三連交接案」「縣市長任免」『省級機關檔案』南投市：國史館台灣文獻館所蔵、所蔵番号：0040323109277001。

123 「台灣省台南縣等縣市長三六年度考績表件送請核備案」「縣市長考績案」『省級機關檔案』南投市：國史館台灣文獻館所蔵、所蔵番号：0040340003675011。

124 黃翔瑜編『二二八事件檔案彙編（廿二）』台北市：國史館、二〇一七年、三五一―三五四頁、五三一―五三七頁。

125 吳俊瑩編『二二八事件檔案彙編（廿）』台北市：國史館、二〇一七年、三四―三九頁、五五―五九頁。

126 林正慧編『二二八事件檔案彙編（十九）』台北市：國史館、二〇一七年、二六〇―三〇三頁。

127 吳俊瑩編『二二八事件檔案彙編（廿）』、四〇四―四〇九頁。

128 同右書、一〇三―一一四頁。

129 同右書、一二四―一三六頁。

130 林正慧編『二二八事件檔案彙編（十九）』、三〇六―三九五頁。

131 吳俊瑩編『二二八事件檔案彙編（廿）』、二一五―二二〇頁。

132 同右書、二二一―二四〇頁、二五〇―二五三頁、二七九―二八〇頁。

133 同右書、二九八―三〇三頁。

134 「台中縣縣長宋增榘另有任用、澎湖縣縣長徐升年、彰化市市長王一麐另候任用、仍經免職、並經令調屏東市市長龔履瑞代理台〔中〕珠縣縣長、令派何舉帆代理屏東市市長、杜振亞代理澎湖縣縣長：陳錫卿代理彰化市市長謹報請追任案」「委員會議」『省府委員會議檔案』南投市：國史館台灣文獻館所蔵、所蔵番号：00501004507。

135 歐素瑛編『二二八事件檔案彙編（廿二）』台北市：國史館、二〇一六年、一六二―一八九頁、二七一頁。

136 「台灣省台南縣等縣市長三六年度考績表件送請核備案」「縣市長考績案」『省級機關檔案』國史館台灣文獻館所蔵、所蔵番号：0040340003675011。

137 「台中縣縣長宋增榘等調派案」「縣市長人員任免」『省級機關檔案』南投市：國史館台灣文獻館所蔵、所蔵番号：0040323100583007。

138 「張秉承上言普誠代電呈報嘉義・高雄・鳳山・屏東等地暴動情況」、『二二八事件檔案彙編（二）』、六―七頁。

139 「台灣省台南縣等縣市長三六年度考績表件送請核備案」「縣市長考績案」『省級機關檔案』國史館台灣文獻館所蔵、所蔵番号：0040340003675011。

140 「卓高煊任命為台南市市長案」「縣市長人員任免」『省級機關檔案』南投市：國史館台灣文獻館所蔵、所蔵番号：04032310278004。「卓高煊卸職案」「縣市長移交」『省級機關檔案』南投市：國史館台灣文獻館所蔵、所蔵番号：0042940016151003。

141 「張秉承上言普誠代電報告高雄市長黃仲圖參與暴動」、『二二八事件檔案彙編（二）』、七三頁。

142 「高雄市市長黃仲圖・黃強任免通知書」「縣市長任免」『省級機關檔案』南投市：國史館台灣文獻館所蔵、所蔵番号：0040323100582012。

143 「高雄市市長黃仲圖請辞由黃強接任案」「各縣市長任免」『省級機關檔案』南投市：國史館台灣文獻館所蔵、所蔵番号：0040323100660003。

144 薛化元「黄仲圖」、張炎憲主編『二二八事件辭典』台北市：國史館・財團法人二二八事件紀念基金會、二〇〇八年、四八三頁。

145 「台灣省台南縣等縣市長三六年度考績表件送請核備案」「縣市長考績案」『省級機關檔案』國史館台灣文獻館所藏、所蔵番号：00403400003675011。

146 「澎湖縣縣長徐升平等任免通知案」「各縣市長任免」『省級機關檔案』南投市：國史館台灣文獻館所藏、所蔵番号：0040323100660012。「檢送省府龔履端任用審查表及資歷證件請查照辦理見復」「府處人員任用審查」『省級機關檔案』南投市：國史館台灣文獻館所藏、所蔵番号：0040333024995020。

147 「沈堅強上林頂立代電報告台灣二二八事件發生後各地情形」『保密局台灣站二二八相關檔案』台北市：中央研究院台灣史研究所檔案館所藏、所蔵番号：A_01_0001-006。

148 「台灣二二八台民叛亂高雄區叛亂名冊」、『二二八事件檔案彙編（十六）』、一五八—一七七頁。

149 「高雄縣縣長黃達平免職由毛振寰接任案」「各縣市長任免」『省級機關檔案』南投市：國史館台灣文獻館所藏、所蔵番号：0040323100660004。

150 「張秉承上言普誠代電呈報嘉義・高雄・鳳山・屏東等地暴動情況」、『二二八事件檔案彙編（二）』、六—七頁。

151 「台灣省台南縣等縣市長三六年度考績表件送請核備案」「縣市長考績案」『省級機關檔案』南投市：國史館台灣文獻館所藏、所蔵番号：00403400003675011。

152 「台南縣縣長袁國欽免職由薛人仰接任案」「各縣市長任免」『省級機關檔案』南投市：國史館台灣文獻館所藏、所蔵番号：0040323100660014。

153 「花連縣縣長張文成因案停職，遺缺並經令派曹匯川代理報請追認案」「委員會議」『省府委員會議檔案』南投市：國史館台灣文獻館所藏、所蔵番号：0050100003412。

154 「台灣省台南縣等縣市長三六年度考績表件送請核備案」「縣市長考績案」『省級機關檔案』國史館台灣文獻館所藏、所蔵番号：00403400003675011。

155 「謝真等任免通知書」「縣市長任免」『省級機關檔案』南投市：國史館台灣文獻館所藏、所蔵番号：0040323100582010。

156 「該市長辭職照准遺缺調派傅緯武代理」「縣市長任免」『省級機關檔案』南投市：國史館台灣文獻館所藏、所蔵番号：0040323100582001。徐升平は、山東省高密県の出身。青島海軍学校、青年幹部学校、党政訓練班、アメリカ・マイアミ駆潜学校を卒業、青島海軍学校教官、中国駐米艦隊指揮部参謀、中央訓練団団長室副官、中央訓練団訓育幹事、中央党部交際科長、中央調査統計局専員、中央党務工作人員従政資格甄審委員会専員兼秘書、西南沙群島接收委員、海軍訓練班班主任、澎湖馬公海軍巡防処処長などの職を歴任した。「台北縣縣長梅達夫接印視事日期呈報及嘉義市市長孫志俊等任免案」「縣市長任免」『省級機關檔案』南投市：國史館台灣文獻館所藏、所蔵番号：0040323100582021、参照。

157 「澎湖縣縣長傅緯武毋庸調派新職宓汝卓派代嘉義市市長案」「縣市長任免」『省級機關檔案』南投市：國史館台灣文獻館所藏、所蔵番号：0040323100559004。「傅緯武」「人事登記卷」『軍事委員會委員長侍従室』台北市：國史館所藏、所蔵番号：129000103496A、「台灣省政府令免人員一覽表」『台灣省政府公報』秋字第五期、一九四七年七月五日、七〇頁。

158 「傅緯武接任通知書」「各學校校長任免」『省級機關檔案』南投市：國史館台灣文獻館所藏、所蔵番号：0040323309972009。

159　「魏主席在台灣各界慶祝省政府成立大會致詞」『台灣省政府公報』夏字第四二期、一九四七年五月一九日、一八―一九頁。侯坤宏編『二二八事件檔案彙編（十七）』台北市：國史館、二〇〇八年、五一一頁。

160　魏道明「在安定中求繁榮」、台灣省政府新聞處編『魏主席言論集之一：在安定中求繁榮』台北市：台灣省政府新聞處、一九四七年、一頁。

第五章

# 二二八事件における情報機関とその役割

林　正慧（杉森　藍　訳）

## 一、はじめに

既存の二二八事件の関連研究において、情報機関の役割は非常に重視されており、その研究結果にはみるべきものがる。侯坤宏「情治単位在二二八事件中的角色」（二二八事件における情報機関の役割）は二二八事件期間における情報機関の機能、および情報人員から見た各地の二二八事件の分析を試みている。[1]『二二八事件責任帰属研究報告』では、ごろつきを利用し混乱を招き、士紳を利用し罪を着せ、危険な状況を誇張し軍隊に鎮圧を要請し、民衆を捕殺するのみならずブラックリストを作成するなど、情報機関の二二八事件に対する責任に言及している。[2]陳翠蓮「従新出土档案看保密局情治人員在二二八事件中的角色」（新たに公開された档案から保密局情報特務の役割を見る）では、档案から派閥争いの現象がみられると指摘している。主に中統局、三民主義青年団（以下、三青団）、中国青年党（以下、青年党）を対象としており、台湾站が報告した情報が中央政府に与えた影響には、台湾人民の多くが党に反して謀反を起していること、台湾人が奴隷化されているという印象を作り上げたこと、台湾人が国を裏切り独立を企てていると強調していることがあげられると指摘している。[3]陳翠蓮の新書『重構二二八』には、特務機関の二二八事件における役割について論じられており、保密局の各地二二八事件処理委員会（以下、処理委員会）への潜入状況、特務機構による情報の捏造、危険状況の誇張、二二八事件期間におけるテロ行動について詳細に述べられている。[4] 最近では呉俊瑩著「中統局台湾調統室與二二八」（中統局台湾調統室と二二八）の一文があげられる。豊富な档案資料を基に、中統局台調室の二二八事件における活動状況とその役割を考察している。[5] 本稿は先行研究に基づき、近年公開された情報機関の史料、および回憶紀録などの関連資料を参酌し、警備総部調査室、第二処（一九四七年五月に情報処と改称）と保密局との関係、憲兵特高組の役割などに焦点を当て、これまで明らかでなかった部分をなるべく補充あるいは明確にし、二二八事件における情報機関または情報機関人員の二二八事件における役割と行動の全体像をより明らかにする。

## 二、二二八事件における情報機関

中統、軍統は蔣介石政権の二大特務機関であったが、戦後、再編あるいは改組を余儀なくされた。軍統局の縮小は比較的早く完成し、二二八事件発生前年の一九四六年八月、国防部保密局に縮小されている。中統局の改組は比較的遅く、事件発生後党員通訊社に改組された。二二八事件発生当時、中国において既に発展を遂げていた情報機関には主に中統局、及び旧国民政府軍事委員会調査統計局（以下、軍統局あるいは軍統）が縮小改組した保密局があった。また、既存の档案を見ると、駐台憲兵団特高組も情報収集と追跡調査などの特務工作を担っている。

### （一）軍統局から保密局へ―警備総部調査室兼台湾站

保密局の前身は一九三八年、抗日戦争期に設立した「軍事委員会調査統計局」である。一九三一年蔣介石が戴笠に命じて特務処を設立し、一九三二年九月には、軍事委員会により調査統計局が設けられ、特務処の管轄となり調査統計局第二処と改名され、戴笠が処長を務めた。一九三八年八月、調査統計局第二処は軍統局に拡大され、今日の軍統局に至っている。軍委会の高級長官が局長を兼ねており、初代局長は賀耀祖、戴笠が副局長を務め、実質的な責任を負っていた。[6] 抗日戦争期、軍統局の勢力が拡大し、一九四二年よりアメリカ海軍情報部と共同で中米合作所を設立するだけではなく、アメリカ側の武装器材、経済および訓練面での援助も受けていた。更に財政庁緝私署、財政庁戦時貨運管理局、軍委会特検処、軍委会交通運輸統制局監察処および各部隊の調査室、諜報参謀等の組織を掌握していった。[7]最盛期に、内外勤の特務（武装特務部隊は含まない）は五万人ほどいた。さらに各地で組織運用されていた通訊員（警察内で外部との通信を担当する者、以下通訊員）には義務通訊員、運用通訊員、特約通訊員等も二万強おり、蔣介石最大の特務機関となった。[8]

一九四〇年、戴笠は日本が南洋に侵略するであろうと認め、台湾を重要基地とする必要があるとし、軍統局の台湾における組織配置の計画を始めている。一九四一年八月、軍統局は台湾直属組を設立、陳友欽を組長、王紹坤を書記とし、半年内に重慶から台湾入りすることを指示した。しかし、陳友欽が香港入りした際、太平洋戦争が勃発し香港が陥落したため再び福建龍渓に戻り、台湾入りは難しかったが、その後閩南站を合併している。[9]

一九四二年八月、軍統局は福州に「沿海工作区」を設立、その下に台湾組を設けている。また、香港、汕頭、広州、廈門、上海にもそれぞれ台湾小組を設け、台湾推進を画策した。同年、台湾革命党翁俊明を利用し、台湾直属組を設立、翁俊明が組長、黄昭明が翁を輔佐し、江西省泰和にて入台人員を訓練し、積極的に入台工作を手配した。[10]一九四四年に翁俊明が漳州で病死すると、軍統局は直属台湾組を陳達元の閩南站に合併し、黄昭明を華安の中米合作所第六訓練班教官へと転属させた。[11]

一九四四年連合軍の反撃に協力するため、上海を根拠地とし、戴笠は藍敏と黄光軍に命じ上海に上海連絡組を設立させ、台湾に対する組織配置の根拠地とし、放送局を設置した。[12]また、軍統局は一九四五年二月に台湾工作団を設立、福州を前進基地とし、劉啟光が該団の少将主任を担当した。「同志と連合軍の合作を率いて台湾を奪回する画策の命を受け」、当初は連合軍に協力するため台湾上陸を準備して台湾関連の情報工作及び宣伝センターを配置し、連合国と共同で台湾奪回の画策任務も担っていたが、計画が進まぬうちに日本は降伏したのである。[13]

一九四五年八月、日本が降伏した後、アメリカ軍は台湾キャンプ基地の連合軍捕虜を早急に帰国させるため、「中米特種技術合作所」（Sino-American Special Technical Cooperative Organization: SACO）（以下、中米合作所）に捕虜の移送を委託し、閩南站站長陳達元はこの任務を黄昭明に遂行させた。八月三〇日、黄昭明は中米合作所閩南区指揮部上校参謀としてアメリカ軍人員とともに厦門から乗船し、九月一日台湾基隆に到着した。連合軍捕虜移送の任務を果たした後、黄昭明は既に台湾に潜行していた藍敏と合流している。[14]黄昭明はおそらく葛超智の指摘通り、九月一日、第一陣連合軍人員とともに基隆に到着した二名の自称「上校」の中国人（「張上校」と「厦門来的黄市長」）の一人である。[15]張上校とは張士徳であり、黄市長は黄昭明のことであろう。葛超智は、かつて張、黄の二人は来台後、台湾の政治情勢調査に奔走していたと述べている。[16]二人は閩南站站長陳達元の指示を受け、先に来台し準備工作を行っていたのであろう。台湾の現状調査の外に、張士徳に命じて「台湾義勇軍」副隊長として陳逸松と接触し、「三民主義青年団台湾区団」の発足を要求している。[17]黄昭明は来台し組織配置を任されていたようである。[18]

一九四五年一一月、陳達元は閩南站站長の職務を辞し、台湾に赴き警備総部調査室主任となり、[19]台湾における軍統局の組織配置の計画を開始した。台湾に設置する組織は複雑で指揮しにくいことから、軍統局は一九四六年二月、台湾工作団人員を調査室に移動させ、担当を命じ、各直属組を調査室に調整させることにした。軍統局「民国卅五年度工作計画綱要」によると、この組織調整を経て、軍統局は台湾に調査室のみを設立したということがわかる。該調査室は軍統局時期の台湾站であったといえよう。台湾における組織工作発展のために、基隆、台北、新竹、台中、嘉義、高雄、花蓮港、台東、澎湖の九つの拠点に情報組を設立する予定であった。[20]

抗日戦争期、軍統局は軍事上、各戦区の軍隊活動に合わせ、各戦区の長官司令部に調査室を設置し、軍統局より人員を派遣して組織し、調査室の主任が軍統局站長を兼任した。これは軍統局が公職を運用し秘密組織の活動展開を掩護する一つの手法であり、公秘合併組織と呼ばれた。[21]戦後初期における軍統局台湾站の設置は、公秘合併組織の形態を採用していることが明らかである。警備総部調査室が台湾站を兼ね、調査室主任陳達元によってすべてが計画されている。一九四七年一月から一九四九年三月の間国防部保密局福建站站長を務めた王調勲は、在任期間中に福建省政府調査室主任（一九四六年一二月―一九四九年六月）も務めていることから、[22]陳達元が軍統局時期における初代台湾站站長であったといえる。

警備総部調査室は台北市福星街に位置し[23]、その業務は「社会調査、防諜」であった[24]。軍統局が保密局に改組される前、そして保密局台湾站が設置される以前、警備総部調査室は台湾における重要な情報蒐集機構の役割を果していた。

表一中の陳重乙は福建同安出身。上海大夏大学を卒業。一九三四年より軍委会第二処通訊員、編審、書記を歴任。一九三八年軍委会調統局閩南站書記、副督察に就任、一九四二年より福建省政府調査室視察、科長を務め、一九四五年より軍委会調統局第三十站組長を担当。一九四六年一月より一二月まで台湾省警備総部調査室秘書を兼任し、一九四七年一月より一九四八年一月に至るまで福建站站長を務めた[25]。したがって、二二八事件発生当時はすでに台湾にはいなかったことがわかる。

鄭琦は、福建林森出身。中央警官学校特警班第一期生で軍委会調統局科員、福州警察局特務組主任、福建省東警備総部隊

**表五—一　一九四六年台湾省警備総部調査室人員編制**

| 職名 | 軍階 | 姓名 | 本籍 | 就任年月 |
|---|---|---|---|---|
| 警備総部調査室主任 | 少将 | 陳達元 | 福建漳浦 | 一九四五／一一 |
| 秘書 | 上校 | 陳重乙 | 福建同安 | 一九四五／一一 |
| 第一科科長 | 上校 | 鄭琦 | 福建林森 | 一九四六／四 |
| 人事股股長 | 中佐 | 陳永福 | 福建同安 | 一九四五／一一 |
| 情報股股長 | 中佐 | 莊西 | 福建惠安 | 一九四六／五 |
| 偵訊股股長 | 少佐 | 陳昭然 | 福建惠安 | 一九四六／三 |
| 第二科科長 | 上校 | 胡寶三 | 福建龍渓 | 一九四五／一一 |
| 経理股股長 | 中佐 | 何孝德 | 福建漳浦 | 一九四五／一一 |
| 会計股股長 | 少佐 | 李耿光 | 湖南湘郷 | 一九四六／五 |
| 総務股股長 | 中佐 | 胡品三 | 福建龍渓 | 一九四五／一一 |
| 文書股股長 | 少佐 | 吳百城 | 福建廈門 | 一九四五／一二 |

出典：台灣省行政長官公署人事室編『台灣省各機關職員錄』、三三二—三三三頁。

部偵緝隊隊長、軍委会調統局股長を歴任した[26]。

荘西は、福建恵安出身。警備総部調査室に赴任する以前に、泉州日報社記者および副刊編輯（一九三三年三月～一九三四年二月）、泉州私立金青小学教導主任（一九三四年二月～一九三五年二月）、陸軍第八十師司令部及第一百軍司令部組員（一九三八年二月～一九三九年四月）、軍事委員会調査統計局組員、組長（一九四〇年五月～一九四六年五月）等を歴任した[27]。

陳昭然は、一九一八年生まれで、福建恵安出身。中央警官学校五期特警班を経て、軍委会調統局科員（一九四四年六月―一九四五年八月）を務めた[28]。

胡寶三は、福建龍渓出身。一九四五年一〇月戴笠の命を受け、台北で台湾省警備総司令部上校科長に就任した[29]。

この他、表一には記載されていないが、その他の文書から、戦後警備総部調査室在職者には以下の者がいたことが確かである。

許徳輝、号は万居。一九〇七年生まれ。『保密局服務証明書登記簿（三六―三九年）』の資料によると、福建恵安出身であり、かつて浯嶼に潜伏していた閩南站廈門預備組（「廈門第三組」とも呼ばれる）通訊員。日本降伏後に来台[30]。その後、警備総部調査室粛奸執行隊長を務めた。任期内にはごろつきの陳永良、陳再根、林秉足ら三〇名を受け入れて隊員とした。粛奸執行隊が撤回された後、許徳輝は台北市警察局偵緝隊に勤務したが、粛奸執行隊員も全員引き抜いている[31]。

陳榮貴、福建恵安出身。一九四四年五月中央警官学校特警班五期を卒業後、軍統局第三十站同中尉組員を務め、諜報工作を担当し、一九四五年一一月に任務を終了した。同月来台し、台湾省警備総部調査室で大尉科員を務め、諜報工作に従事した[32]。

陳明光、福建華安出身。一九四三より一九四四年の間、福建省華安県政府会計員、科員、股長等の職を歴任、一九四四より一九四六年の間、軍事委員会中米合作所第六特訓班組員を務めた。その後、来台し一九四六年九月より一九四七年一月まで台湾省警備総司令部調査室少尉分隊長を務めた。曽の履歴書には「勝利後、来台し反乱分子粛清の防諜工作遂行の命を受けた」、「追跡業務の遂行は、この一年間、新たな功績はないものの、上から頼まれた任務は全うできた」と記されている[33]。

林安然は、福建同安出身。一九四六年九月より一九四七年一月まで台湾省警備総司令部調査室第二科科員を務め、情報工作を担当した[34]。

黄堯山、かつて調査室諜報組組長を務めた。福建同安出身。特警班第四期、外交部外交人事訓練班を卒業。捜査官（査緝員）、主任教官、組長、翻訳等の職を歴任した[35]。

洪明山、かつて調査室諜報組組長を務めた。福建龍渓出身。中央軍官学校第十七期歩兵科、特警班第四期、石牌訓練班第十四期を卒業。組員、組長、副指揮官等の職を歴任した[36]。

また、呉天風（仮名）は一九四六年七月に来台、警備総部調査室に務めていたという[37]。

## （二）軍統局から保密局へ
### ——警備総部第二処

警備総部第二処の職務は「情報、宣伝」であり[38]、初代処長は林秀欒が務めた。『国防部情報局史要彙編』によると、一九四九年以前、台湾地区警備部第二処長は皆保密局から派遣されていたことがわかる[39]。一九四七年三月六日許徳輝が台湾站に報告した情報には、「建成町の高頭北が警備総部第二処林某の命を受けたと触れ回り、昨晩便衣隊員〔制服を着用していない隊員〕六〇名を組織し、皆武器を装備している」とある[40]。林某とは林秀欒のことであり、情報の内容から、林秀欒と保

**表五―二　一九四六年台湾省警備総部第二処人員編制**

| 役職名 | 階級 | 姓名 | 本籍 | 備考 |
|---|---|---|---|---|
| 第二処処長 | 少将 | 林秀欒 | 福建莆田 | |
| 参謀 | 少佐 | 謝繼藩 | 湖南醴陵 | |
| 課長 | 上校 | 蔣碩英 | 湖北応城 | 労動訓導営に移動 |
| 参謀 | 中佐 | 郭華榮 | 福建林森 | |
| 課長 | 中佐 | 張裕華 | 広東興寧 | |
| 参謀 | 中佐 | 呉雪堂 | 広東豊順 | 労動訓導営に移動 |
| 参謀 | 少佐 | 鍾強 | 台湾高雄 | |
| | | 王世鼐 | 福建仙遊 | |

出典：台灣省行政長官公署人事室編『台灣省各機關職員錄』、三二六―三二七頁。

密局台湾站は比較的関係が薄かったと推測することができよう。当時、保密局が第二処に派遣し、台湾站と密接に情報を共有していたのは、一九四六年の警備総部第二処の編制表には見られない副処長姚虎臣であったようだ。新出資料である保密局档案から、二二八事件発生期間において警備総部第二処副処長姚虎臣と保密局台湾站および保密局本部は、かなり密接に繋がっていたことがわかる。

姚虎臣、字は歩烈。広東増城出身。黄埔軍校六期歩科を卒業後、排（小隊）、連（中隊）、営長、総隊長、督察、站長、委員、副処長等の職を歴任した。[41] 姚虎臣に逮捕された歐陽可亮は姚のことを、「年齢はおよそ四十四、五歳で、胴長、威風堂々とした軍装が八〇キロ近いがっしりとした体を包み、その表情は鋭く力強い」、「彼（姚虎臣）はよく北投に遊びに行っていた。温泉に入る時でも銃を離すことはなく、いつも手に届くところに置いていたらしい。自分でも敵を作りすぎていたことがわかっていたのだろう」と詳細に述べている。[42]

国家発展委員会档案管理局（以下、档案管理局）所蔵の「台湾省警備司令部卅六年度工作報告書―第三篇情報」（台灣警備總部工作報告（三十六年））によると、警備総部において情報工作を担当しているのは第二処であり、一九四七年二月から六月の間に、課報組が六組設置されてい

**表五―三　台湾省警備総部第二処課報組分布表**

| 部門区分 | 組址 | 防御区域 | 備考 |
|---|---|---|---|
| 直属第一課報組 | 台北市 | 台北県市管轄区域 | |
| 直属第二課報組 | 台中市 | 台中県市管轄区域 | |
| 直属第三課報組 | 台南市 | 台南県市管轄 区域 | 配属二〇九分台一 |
| 直属第四課報組 | 高雄市 | 高雄県市管轄区域 | |
| 直属第五課報組 | 花蓮市 | 花蓮台東二県管轄区域 | |
| 直属第六課報組 | 新竹市 | 新竹県市および澎湖県管轄区域 | |

出典：「台灣省警備司令部卅六年度工作報告書―第三篇情報」「台灣警備總部工作報告（三十六年）」『國防部史政編譯局』新北市：檔案管理局所蔵、所蔵番号：B5018230601/0036/109.3/4010/002/002。

る（左表のとおり）。[43]

警備総部第二処は一九四七年二月より諜報組を配置しはじめたが、それは調査室の解散と関連がある。警備総部内における諜報組の編制は一九四五年一〇月より一九四七年一月三一日までは調査室の下に属していたが、[44]「台湾省警備総司令部重要人事異動表」によると、陳達元の調査室主任の職は、任期が一九四五年一一月一四日から一九四七年一月三一日までとなっており、[45]二月三日には台湾省行政長官公署（以下、行政長官公署）参事に転任している。[46]したがって、警備総部調査室の正式な編制は二二八事件発生前の一九四七年一月末には完了していることがわかる。一部の人事異動の状況から見ても、調査室解散後も、元編制人員の多くが第二処に転勤していることから、継続して情報関連工作に従事していたといえよう。元調査室勤務の陳榮貴は、一九四七年一月組織改組のため、台湾省警備総部第二処助理員を務め、一九四七年六月まで諜報工作に従事した。二二八事件の処理において功労があったため、国防部より褒賞を与えられたとその履歴書に明記されている。[47]また、陳明光の履歴資料にも、調査室に勤めていたが、一九四七年二月から一〇月まで台湾省警備総部第二処に移転し、少尉特務長を務めたとある。[48]さらに一九四八年の保密局から台湾站への代電（電報文形式の簡略な公文書、以下「代電」）には、警備部情報処はかつて謝雪紅案件のため、「当処科長鄭琦同志を台中に派遣し、反乱分子謝雪紅の兄謝某を調査せしむ」と記されている。[49]この鄭琦も前述の如く、警備総部調査室に勤務していた。

「二二八事件」期間、高雄市にて台湾警備総部調査室南部諜報組長を務めていた蔡蘭枝は、当時台湾省には四つの諜報組があり、それぞれ北、中、南、東部に設置され、この組織は名義上は台湾警備総部に属しているが、実際には前保密局の指揮監督を受けていたと述べている。[50]ただし、上述の「台湾省警備司令部卅六年度工作報告書―第三篇情報」を参照すると、蔡蘭枝の記憶にはおそらく間違いがあったといえる。当時の諜報組は警備総部第二処に属しており、かつ六つの諜報組が存在していた。高雄地区は警備総部第二処直属の第四諜報組だったのである。

二二八事件期間に警備総部第二処者に勤めていた者には、蔡蘭枝以外に、劉戈青の弟劉國平がいたことが現時点で確認できる。劉國平は一九四一年より一九四五年まで軍統局西北区通訊員を務め、軍統局解散後は、軍政部兵工署警衛稽査処大尉哨長を務めた。その後来台し、一九四六年五月より一九四七年二月まで台湾省警備総司令部警衛隊少佐隊長を、一九四七年二月より八月までは台湾省警備総司令部第二処少佐組員を務めた[51]。

また、謝永祝は花蓮地区諜報組組長を務めた。福建晋江出身で、特警班第五期を卒業したのち、科長、組長等の職を歴任した[52]。

警備総部調査室の解散は保密局台湾站の台湾配置の完成および調査室の段階的任務の完了と関係があろう。警備総部調査室および警備総部第二処はいずれも戦後初期において保密局が台湾に設置した外延機関であり、台湾站あるいは保密局と密接に繋がっていたのである。一九四七年五月、警備総司令部は台湾全省警備司令部に改編され、彭孟緝が司令に昇進した。第二処は情報処に改編され、一九四七年五月一〇日から一九四九年三月一日まで姚虎臣が処長を務めた[53]。

## (三)保密局——台湾站

抗日戦争終結後、憲政に対して特務機構存在への不満の世論が起こり、蔣介石は戴笠と葉秀峰に指示し、軍統局と中統局両局の業務内容と性質をそれぞれ正規機構に組み込んだ[54]。一九四六年六月軍事委員会は廃止され、行政院の下に国防部を設立したが、それに伴い軍統局は解散を余儀なくされた[55]。八月軍統局は保密局への改組の命を受け、国防部の管轄のもと、前軍統局局本部、各省省站、直属組、および全ての秘密活動従事者を保密局へ帰属させ、鄭介民が局長、毛人鳳が副局長を担当した。秘密活動を原則とし前軍統局のその他業務及び関連人員は他の機関に移転し、軍隊内の情報、諜報活動を行う人員は国防部第二庁(鄭介民が庁長を兼任)により移管され、公開行政機関の従業人員は内政部警察総署(署長唐縦)に配置された。交通警察業務は交通部交警第一総局の管轄下に置かれた[56]。

保密局は対外的には完全に秘密保護の措置を採り、所轄部署である省站は公に職権を行使してはならず、執務地点や活動方式など全て秘密にされた[57]。外勤站は各組指導のほかに、各地直属の通訊員を配置し、站が直接指導した。站直属の通訊員の多くは経験豊富であるか、組長クラス以上の職を担当したことのある者であった。秘密工作を担当する特務人員の多くは商売をするか自由業という形でその身分を隠しており[58]、正式な人員以外にも、義務人員と任用人員が存在した。義務人員と任用人員との違いは給料の有無である。任用人員は公の職業があれば、軍統局が給料支払いを差し止め義務人員としたが、組織の関係は変わらない[59]。

陳愷によると、陳は命を受け一九四六年四月台湾に渡り台湾站を組織し、同年七月に設立させ、人事配置は林頂立が站長を担任し、閩南站で工作していた毛簡が書記を担当、陳愷本人は人事配置と連絡工作を担当したと証言している[60]。

一九四六年七月、保密局台湾站が設立し、林頂立が站長を務めた。林は台湾雲林出身で、廈門鼓浪嶼英華書院を中退、後に福建省立漳州第三中学に移り、卒業後は日本へ渡った。後に中国に活動場所を移している。一九三七年以降軍統局と合作を開始し、ベトナム、サイゴン、廈門、汕頭において特務および諜報工作に従事した。一九四〇年軍統局は閩南站の下に廈門第二潜伏組（廈鼓特別組、台湾挺進組とも呼ばれる）を設け、林頂立が組長を担当し、漳州、廈門で活動し、興亜院に侵入し反諜工作に従事した。閩南站の敵対工作の中で最も優れた組であったといえる[61]。その後軍統局は保密局に改組され、台湾站站長を務めた。

毛簡は浙江江山出身。別名毛大可。軍統局主任秘書毛人鳳の弟で、漳州三青団秘密区隊編審、閩南站漳州組組長、閩南站書記等の職を務めた[62]。陳愷によれば、台湾站設立初期、毛簡は書記を務めている[63]。

陳愷は福建恵安出身。一九四二年七月、中央警官学校特警班第四期卒業。その後戴笠に追随し情報工作に従事した。命を受け暹邏専員公署に進駐し挺進隊隊長を担当し、抗日戦争勝利直前に中国に戻った後も軍事委員会に勤務。戦後台湾に渡り、「匪諜の偵査警備に全力を尽くした」。一九四五年六月より一九四六年七月まで陸軍総部調査室少佐参謀を担当し、その後台湾に渡り台湾站の設立に協力した[64]。

陳愷の証言によれば、許徳輝は台湾站の設立に力を入れていた。「基礎が全くないため、各方面の関係の樹立と運用は、早急かつ秘密裏にその情報網の配置を拡大しなければならない」ため、ことのほか困難を極めた。

許徳輝はその工作の推進発展のため既存の社会関係を運用し、各地で積極的かつ秘密裏に酒場、ダンスホール、茶室とよばれる売春宿等を経営している特種営業従事者を吸収、指導し連鎖的に発展させた。呉癸辛ら三六人を吸収し工作に協力させている。[65]許徳輝が元勤務していた台北市警察局を離れた後も、彼らは終始許に追随し、のちに「意気投合し、感情をコントロールできる」陳永良、陳再根、林秉足らを中心に、互正公司を設立した。[66]台湾站設立後、許徳輝は直属通訊員を担当し、偽名高登進として、報告した情報には多く「互字……号」の番号が用いられ、「台湾互正股份有限公司」(台湾互正株式会社)の便せんで情報内容を送っていたこともある。[67]以上のことから、互正公司は許徳輝の情報工作を隠匿するための表の姿であったといえよう。

台湾站の組織配置の状況については、陳愷の証言によれば、台湾站設置当初、その下に外勤拠点を多く設置していた。そのうち新竹以北、基隆、宜蘭等の地は台北に直属し、馬公、高雄、屏東、台東、花蓮、台南、台中等の地は、地区の状況によって、工作同志が一—二名ほど派遣され担当した。[68]また「軍統局改組保密局案」の「全国祕密単位佈置計画書」によると、一九四六年一〇月までの間、保密局台湾站はその下に三つの乙種組(高雄組、花蓮港組、澎湖組)を設けていたことがわかる。[69]乙種組の組織編制は「内勤設組長一、文書一、訳電一、交通一、勤工一、計官四名、兵一名、外勤通訊員五人から十人」であった。[70]二二八事件発生期間の史料によると、当時、台湾站所轄の通訊組には、既存の高雄組、花蓮港組、澎湖組の外、さらに台中組と台南組が追加されている。[71]

軍統局あるいは保密局の外勤組織は秘密性を保つため、一切の活動は秘密裏に行われ、隙間なく防備を固めた。[72]部外者に知られぬよう、保密局局本部と各站との往来にはすべて偽名が使われた。各站と各組および直属通訊員の往来にも偽名が用いられ、異なる部門には異なる偽名を用いた。しかも一定期間が過ぎると新しい偽名に変えている。[73]また、上部、下部、同等機関間で用いる偽名にも違いがあり、局本部と台湾站における公文書・代電の往復を例にとれば、保密局本部が使用していた偽名には許念篠、龍有浩、言普誠、武維揚、雷萬鈞、衛先生、丁先生、盛先生等があり、台湾站が使用していた偽名には有張華、張秉承、游平洋、王守正、郭治平、周鎮台等がある。[74]また、台湾站と各通訊組、通訊員の電報の往復において、台湾站が使用した偽名には戴光華、高宗、陳振邦、林振藩、柯復興、丁立仁、馬力行等がある。[75]また、台湾站と同等機関である警備総部第二処、刑事警察総隊劉戈青等に対して、台湾站は「趙尚志」と自称し、第二処或いは姚虎臣を「周敏生」とした。

保密局台湾站は二二八事件期間において大いに活躍した情報単位であり、その間台湾站が台湾で運用した通訊員或は運用人は少なくとも六、七十人に達し、その情報網は密であったといえる。台湾站組の各通訊員は多く偽名を用いていたため、素性がわかりにくい。档案管理局の国防部軍事情報局档案に『保密局服務証明書登記簿(三六―三九年)』(以下登記簿)があるが、[76]その一ページ目に「卅六年起自人考臨字三〇〇一号起編」が記載されており、一九五〇年より登録され、六九七一号まで記載されている。六一五八―六五一七の番号が飛んでいるもの、一部重複あるいは削除されている資料を除くと、一九四七年より一九五〇年間における保密局編制人員の姓名、年齢、本籍、職別、在職期間等の情報が計三六〇〇余り記載されており、戦後初期の保密局編制及び人員運用を理解するうえで非常に貴重な参考資料だといえる。上述の「登記簿」のうち、台湾籍と閩南籍に属する通訊員は、おそらく元台湾站のメンバーであろう。該登記簿における台湾籍者は、計二五名で、皆通訊員に属してい

**表五―四「保密局服務証明書登記簿(三六―三九年)」における台湾籍通訊員**

| 番号 | 姓名 | 年齢 | 本籍 | 配属先 | 職務 | 在職期間 |
|---|---|---|---|---|---|---|
| 一 | 李崑棟 | 二二 | 台湾台北 | 本局 | 通訊員 | 一九五〇・七・一―一九五〇・九・三 |
| 二 | 周石頭 | 二三 | 台湾台北 | 本局 | 通訊員 | 一九五〇・七・一―一九五〇・九・三〇 |
| 三 | 洪明輝 | 四〇 | 台湾台北 | 本局 | 通訊員 | 一九四九・六・一―一九五〇・九・三〇 |
| 四 | 翁連旺 | 二二 | 台湾台北 | 本局 | 直属通訊員 | 一九四八・三・一―一九五〇・三・三一 |
| 五 | 高方 | 二五 | 台湾台北 | 本局 | 通訊員 | 一九五〇・七・一―一九五〇・九・三〇 |
| 六 | 張佳和 | 二〇 | 台湾台北 | 本局 | 通訊員 | 一九四九・一二・一五―一九五〇・九・三〇 |

| | | | | | | |
|---|---|---|---|---|---|---|
| 七 | 張清杉 | 二三 | 台湾台北 | | 通訊員 | 一九四八・三・一—一九五〇・三・三一；一九五〇・五・一—一九五〇・九・三〇 |
| 八 | 張燦堂 | 三六 | 台湾台北 | 本局 | 通訊員 | 一九四九・八・一—一九五〇・九・三〇 |
| 九 | 陳火土 | 二〇 | 台湾台北 | 本局 | 直属通訊員 | 一九四九・七・一〇—一九五〇・九・三〇 |
| 一〇 | 陳成家 | 二六 | 台湾台北 | 本局 | 通訊員 | 一九五〇・七・一—一九五〇・九・三〇 |
| 一一 | 陳志為 | 三四 | 台湾台北 | 本局 | 通訊員 | 一九四九・八・一—一九五〇・一二・三一 |
| 一二 | 陳挾崧 | 三三 | 台湾台中 | 本局 | 通訊員 | 一九四九・一〇・一—一九五〇・九・三〇 |
| 一三 | 陳清池 | 四三 | 台湾新竹 | 本局 | 通訊員 | 一九四九・六・一—一九五〇・九・三〇 |
| 一四 | 陳運祥 | 二三 | 台湾基隆 | 本局 | 通訊員 | 一九五〇・七・一—一九五〇・九・三〇 |
| 一五 | 傅維熊 | 二三 | 台湾台北 | 本局 | 通訊員 | 一九五〇・七・一—一九五〇・九・三〇 |
| 一六 | 黄炳芝 | 三〇 | 台湾台南 | 本局 | 通訊員 | 一九四六・九・一—一九四八・八・三〇 |
| 一七 | 黄啟旺 | 二二 | 台湾台北 | 本局 | 通訊員 | 一九五〇・七・一—一九五〇・九・三〇 |
| 一八 | 黄朝君 | 四四 | 台湾台北 | 本局 | 通訊員 | 一九四九・八・一—一九五〇・九・三〇 |
| 一九 | 黄嘯雲 | 五一 | 台湾台中 | 本局 | 通訊員 | 一九四九・五・一—一九五〇・九・三〇 |
| 二〇 | 鄧建謨 | 二二 | 台湾台北 | 本局 | 通訊員 | 一九五〇・七・一—一九五〇・九・三〇 |
| 二一 | 鄭水源 | 二三 | 台湾台北 | 本局 | 通訊員 | 一九五〇・七・一—一九五〇・九・三〇 |
| 二二 | 鄭喜生 | 二三 | 台湾台北 | 本局 | 通訊員 | 一九五〇・七・一—一九五〇・九・三〇 |
| 二三 | 盧添智 | 三七 | 台湾台南 | 本局 | 通訊員 | 一九四六・一〇・一—一九四八・三・三〇；一九四九・八・一—一九五〇・九・三〇 |
| 二四 | 謝清海 | 三二 | 台湾台中 | 本局 | 通訊員 | 一九四六・九・一—一九四七・一一・三〇；一九四九・八・一—一九五〇・九・三〇 |
| 二五 | 魏傳旺 | 四一 | 台湾新竹 | 本局 | 通訊員 | 一九五〇・四・一—一九五〇・九・三〇 |

出典：「保密局服務証明書登記簿（三六―三九年）」『國防部軍事情報局』新北市：檔案管理局所蔵、所蔵番号：A305050000C/0036/0371.91/2629。

る。そのリストは以下の通りである。

二二八事件関連の研究において、保密局台湾站組の通訊員あるいは運用人は、多く偽名を使用しているため、その身元を明らかにすることは難しいが、谷正文の回想記述の中には台湾站メンバーが数多く見られる。黄昭明、林建魂、張清杉、陳阿土、翁連旺の外にも一九四九年における台湾站の高雄站站長は黄昭明、桃園は黄朝君、台中は林文凱であったことがうかがえる。[77]上記の表からは谷正文が言及した翁連旺、張清杉、黄朝君が台北人であったこと、翁連旺は直属通訊員であり、張清杉、黄朝君は通訊員であったことがわかる。

また、表中の黄嘯雲は本名黄仲甫。字は嘯雲。台湾台南出身。一九二六年より一九二九年まで漳廈抗日会幹事を務めた。履歴資料には、一九三八―一九四三年の間、廈門、汕頭、広東等の地で日本軍の軍事情報を収集し、駐香港責任者である胡西冷に提供していたとある。戦後帰台し、一九四七年六月より一九四八年四月まで新竹県政府額外秘書を務めた。一九四六年四月より一九四九年四月まで国防部保密局通訊員を担当、一九五〇年には台南組組長を務めた。[78]

一九四六年より既に就任していた盧添智、謝清海、魏傳旺ら表中のその他の台湾籍メンバーも二二八事件の期間において台湾站通訊員或いは運用人であったと考えられる。表中の保密局台湾籍通訊員のうち一体誰が二二八事件において情報偵査工作に従事したのかを解明するには、更に多くの新出資料が期待される。

閩南と台湾の多くの住民の方言は類似しているため、極めて多くの福建籍の通訊員が二二八事件期間に台湾站通訊員或は運用人を務めていたといえよう。前述の林頂立、許徳輝、陳愷、蔡蘭枝、胡寶三らが名を連ねており、保密局での履歴を残している。また、二二八事件期間における台湾站での情報工作者従事者には以下の者があげられる。

李良彬は福建廈門（鍾逸人によれば福州）出身。「登記簿」の記載によれば一九四六年一一月一日より一九四七年一〇月二〇日、一九四九年八月一日より一九四九年一一月三〇日、一九五〇年四月一日より一九五〇年九月三〇日の期間に保密局通訊員を務めた。[79]既存の史料によって二二八事件期間に台湾站台中組組長を担当していたことが明らかになっている。[80]鍾逸人は李を「軍統台中地区

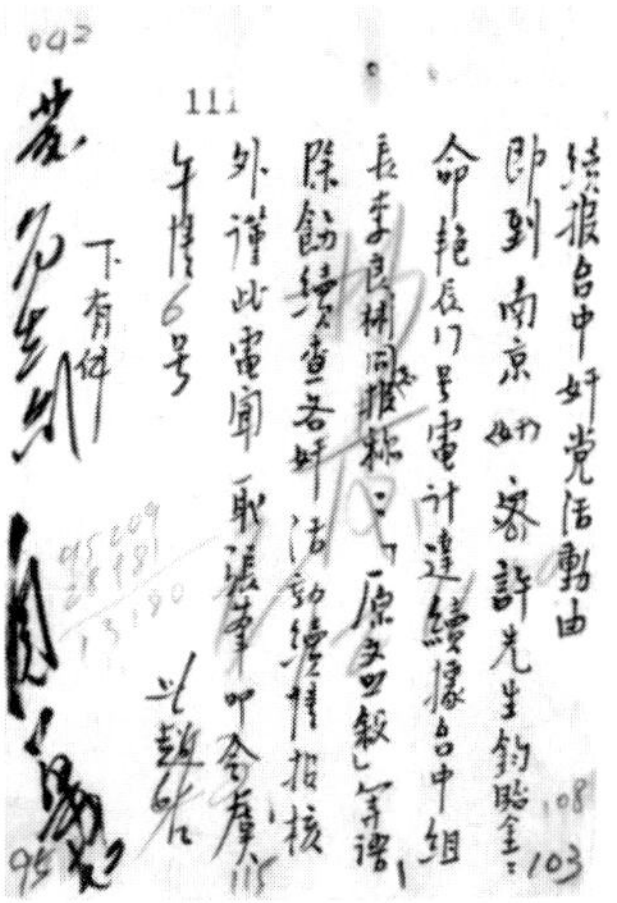

責任者」と呼んでいたが、[81] 保密局台湾站档案に見られる偽名王孝順のことである。

康玉湖は福建龍渓出身。「登記簿」には一九四七年一月一日より一九四八年三月三一日まで保密局通訊員を担当したと記載されている。[82] 国史館侍従室档案および台湾文献館『行政長官公署档案』によると、康玉湖は福建龍渓県保甲人員訓練所第一期、福建省県政人員訓練所区政班第六期、私立中華大学文学系、中央陸軍軍官学校歩兵科第十七期、中国国民党中央訓練団（以下、中訓団）台湾班を卒業。一九四四年一月軍委会弁公庁研究員を務め、一九四六年に台湾に渡り高雄県恒春区区署区長を担当した。[83] 二二八事件の期間も康玉湖は恒春区署区長を

図五–一　保密局台湾站台中組長李良彬

出典：「續報台中共黨活動」「謝雪紅」『國防部軍事情報局』新北市：檔案管理局所蔵、所蔵番号：A305050009/04601017/1/042。

務めていたが、同時に保密局通訊員も兼ねていた。一九四八年一月、台湾站が保密局に報告した情報によると、当時康玉湖は「義務通訊員」であり、報告の内容は「香港民主同盟派謝雪紅が帰台し行った活動」であった。[84]

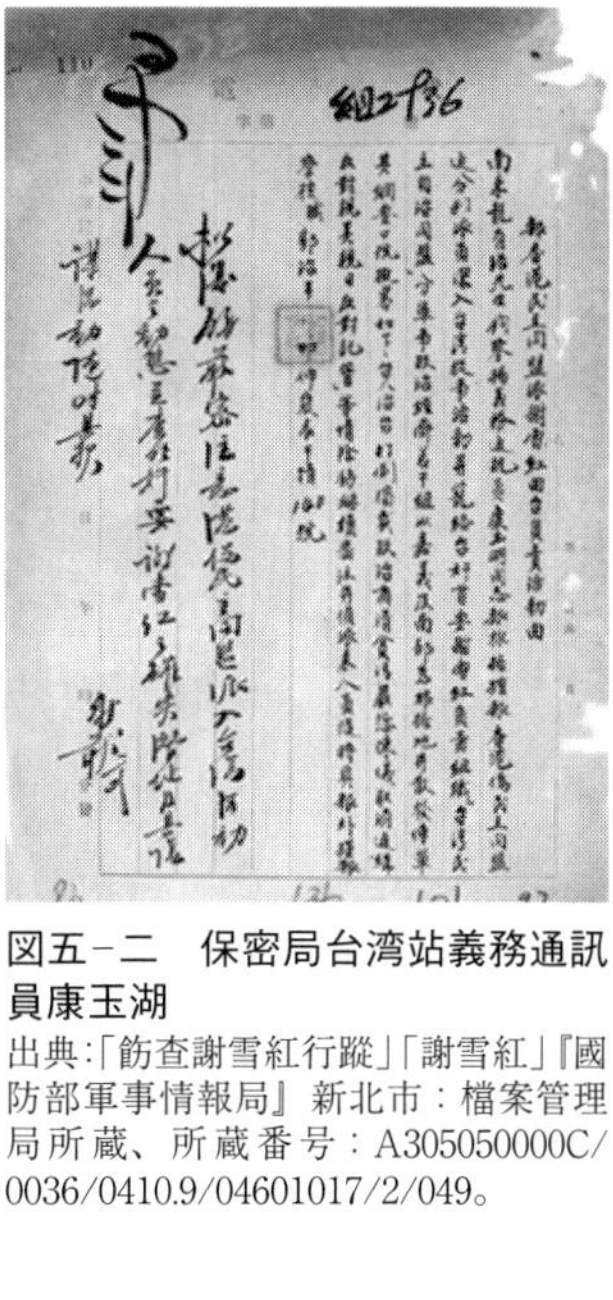

黄錦城は福建南安出身。「登記簿」には一九四六年九月一日より一九四七年五月三〇日、一九四九年八月一日より一九五〇年九月三〇日まで保密局通訊員を担当したと記載されている。[85] 保密局台湾站档案の林頂立の指示に「瑞超、錦城兄辦（瑞超、錦城が行う）」という記載がみられるが、[86] 錦城とは黄錦城のことであろう。一九四七年一一月に台湾站の保密局への報告によると、黄錦城は当時台北組副組長を担当していた。[87]

図五–二　保密局台湾站義務通訊員康玉湖

出典：「飭查謝雪紅行蹤」「謝雪紅」『國防部軍事情報局』新北市：檔案管理局所蔵、所蔵番号：A305050000C/0036/0410.9/04601017/2/049。

また、「登記簿」には記載されていないが、台湾站人員には鄭邦卿がいた。一九四七年三月六日高登進から柯復興に宛てられた「高頭北による便衣武装組織の件」には、黄朝君によると、「建成町の高頭北は警備総部第二処林某の命を受けたとし、昨晩便衣隊員六〇名を組織し、武器を装備している」と記されている。この情報に対し、台站担当者は、「林氏によると、第二処にはこの様な組織は存在しない。また高同志によれば高頭北は鄭邦卿の運用人員で、現在すでに別働隊で勤務している」としている。[88] 鄭邦卿（一九一一―一九九〇）は福建漳浦出身。字は俠力。戦後台湾に派遣され社会調査、情報工作を担当した。[89]

黄昭明は福建廈門出身。廈門集美師範学校卒業。中国国民党中央農民部福建省特派員を務め、後に軍統に投じ、香港区にて特務工作を担当した。戴笠は黄昭明が香港、広州、中山県等の地で台湾人、日本人と接触した経験を評価し、黄の渡台を望み、直属の台湾組設立を決定した。当時中国国民党台湾省党部主任籌備委員を務めていた翁俊明が組長を担当し、黄昭明は副組長を務め、台湾工作の画策を担った。黄昭明は該籌備処機要室の主任も兼任した。一九四四年に翁俊明が漳州で病死した後、軍統局は直属の台湾組を陳達元の閩南站に合併した。黄昭明は華安中美合作所第六訓練班教官となり、中美合作所教導第二営班本部代表も兼任した。[90] 黄は戦後軍統局の命を受け台湾に渡った第一陣であり、軍統局の台湾組織配置において重要な役割を果した。渡台後は主に高雄で勤務し、一九四六年台湾省行政長官公署農林処専員兼高雄弁事処主任を務めた。[91] 谷正文が一九四九年に渡台した際、黄昭明は高雄組組長であった。[92] 国史館档案からも、一九五〇年の時点で黄昭明は「高雄直属組組長」であったことがわかる。[93] 黄昭明は二二八事件の期間保密局台湾站組の人員であり、かつ高雄組組長（偽名謝愛吼）を務めていた可能性が高い。

### （四）中統局と台調室

一九二八年、国民党中央組織部内に党務調査科が設置され、党務の情報収集工作を専門に管理した。陳立夫が科長を担当したが、一九二九年、中国国民党中央倶楽部（以下、CC系、あるいはCC団）のメンバー徐恩曾によって引き継がれた。また、一九三二年に調査科の基礎の上に特工総部秘密組織が立ち上げられ、同年、蔣介石は陳立夫と戴笠の情報組織を合併し「国民政府軍事委員会調査統計局」とした。第一、二、三処は表向きは徐恩曾、戴笠、丁默邨らが担当したが、実際にはそれぞれ別に行っていた。一九三五年中央組織部党務調査科が調査処に格上げされ、公開組織となったが、秘密特工総部はなお続いた。一九三八年、武昌で中国国民党臨時全国代表大会が開かれ、前軍事委員会調査統計局第一処が中国国民党中央執行委員会調査統計局に改められ、その後中統局と略称された。前軍統局第二処は軍事委員会調査統計局に改組された。いわゆる軍統局である。中統局は中央秘書処に属し、党務統計および紀律案件調査工作を司り、中央秘書処処長の朱家驊が局長を兼任し、副局長徐恩曾が実際の責任を負った[94]。

一九四五年二月、葉秀峰によって中統局代局長が引き継がれた。引継ぎ当初、局本部には計四八八名、各省市路、各部門、民間団体内には、約一二、八〇〇余名いたという[95]。葉秀峰が引継いだ後、組織整備し、編制拡張を行い、元来の組を処に改めたが、重慶政治協商会議の後、蔣介石は世論の圧力に押され中統と軍統を撤回せざるを得ないという局面に立たされた。葉秀峰は命を受け中統組織を系統的に各行政部門に移行し、中統局はこれを以て弁事処の名だけを残し活動を続けることとなった[96]。一九四六年春、葉秀峰は北平、瀋陽、南京、上海、台北等の地に飛び活動した。同年四月、中統局本部が南京に移転を始め、八月に遷都完了を宣言した[97]。

中統局成立後、各省市路党部に元来設置されていた調査統計科は調査統計室（以下、調査統計室、あるいは調統室）に改められ、中統局地方部の下に置かれた。調査統計室の組織通則には「各省市路調査統計室に主任一名を置き、各党部主任委員の指導監督を受け調査統計事業をなす」と規定されており、この規定によれば、調統室主任は現地党部主任委員の命令に従わなければならなかった。しかし、通則には「前項調査統計室主任および工作人員はすべて、中央調査統計局によって直接任免する」とも規定されていた。中統局が地方調統室に対する絶対領導権を有しており、省党部主任委員は調査統計室主任を指導・監督する権力を有しているに過ぎなかったのである。各級調査統計室は名義上は同級党部内に属していたが、実際には二つの並行した機構であった。[98] すなわち、各省、特別市および鉄路党部内に設置されていた調査統計室は、そのすべての人事移動について中統局が直接任免および指揮をし、統計室の経費は規定によって各該党部総収入の十分之一であるとされ、不足分は凡て中統局から交付された。この経費は室主任一人に掌握され、各該党部主任委員には報告されなかったのである。[99]

趙毓麟によると、中統局職員は調査工作人員（調工）と呼ばれていた。中統で工作する者は、皆経歴書を書き、組織機密を守らなければならず、自ら辞表を出すことはできなかった。中統職員が外で行動する際は、調査証及び職員証を携帯しており、調査証には姓名、年齢、職別が明記されている外、「憲警機関に工作上の協力を求める」とも記載されていた。[100]

台湾では、一九四五年九月、中国国民党中常会において中央直属台湾党部の台湾省党部への改組が通過し、李翼中が主任委員、張兆煥が書記長を務め、委員は一一人とされた。一〇月一七日、李翼中は警備総部参謀長柯遠芬らに追随し基隆から上陸、張兆煥は新旧党員五十余名を率いて一一月二日台湾に到着した。一一月から執務を開始、各県市の党部組織も相次いで設立された。[101]

公の組織と人事以外にも、台湾省党部関連の組織には、中統局が台湾に設置した台調室があり、調査室主任は蘇泰楷であった。葉秀峰によると、蘇泰楷は一九四六年八月一八日に職を引継いでいる。[102] これ以前の台湾における中統局の組織配置がどうなっていたのかは、関連資料が確認できないため、まだ未解明であるが、およそ一九四六から一九四七年の間、中統局は多数の中堅幹部を台湾省に派遣し、地方機関の職務および党営事業工作を担当させたということがわかっている。一九四六年、中統局分子馮達は党営事業の映画会社部長を務め、中下級幹部洪令器ら多くが地方職務および経済事業工作に携わっていた。[103]

蘇泰楷は福建永定出身。国立曁南大学を卒業し、一九四六年台湾に渡り台調室主任を務めた際、『重建日報』社長も兼任した。[104] 台調室の台湾における組織系統と運営方式に関する資料には限りがあり、はっきりはしないが、林衡道によると、中統局台調室は省党部（南陽街）

三階に調査室一室を設け、さらに中山堂の旁にある虎標永安堂を隠れ蓑とし、調査工作を進めていたという。[105] 調査統計室は特務組織として、その核心工作は中統局の指導を受けていた。およそ同時期の江蘇省泰興県調査統計室を例にとれば、各区の組でそれぞれ工作討論会議、站務会議を開き、かつ各々の工作計画と方向性も有していた。台調室は情報組織に属してはいたが、秘密組織ではなく、調査統計室の組織通則規定によれば、「各省市路党部調査統計室は一切対外せず、各機関と交渉する場合は党部の名義で行うこと」と定められていた。ゆえに、上官から情報を得る際、省党部は文書を行政長官公署に発信し情報漏洩を厳密に防がなければならなかった。[106]

中統局と全国各省、市、路調査統計室はすべて完全に独立した通信システムを有しており、自己の放送局で通信でき、行政院交通部に管理されることはなかった。[107] 陳蔚の中統局上海区における情報報告の経験によれば、情報係は収集した情報を日報に編集し、少ないもので四、五件、多いもので十数件と日々南京に報告し、価値ある情報については、専報として南京に送ったとしている。[108] 中統局内にて各地情報の受信処理を担当していた趙毓麟は、第三処第七科では毎日党政経済情報を受信し、その量は膨大で、約一〇〇件以上あったが、大部分は各地調査統計室からのもので、そのほとんどが電報であり、局の訳電室（暗号解読室）によって各方言の電報暗号を訳した後に提出されたと述べている。[109] 既存の史料によると、二二八事件期間における台調室の情報は、多くが直接中統局に報告され、省党部を通していなかったようである。[110] 台調室の経費の支給方式からもその独立した運営ぶりがわかる。台調室の工作経費の一部は中統局から直接支払われており、史料には南京瞻園路一三二号中統局局本部の永利商行が、台湾銀行南京分行を通して「台北市第九号信箱」の蘇泰楷に振り込みをしているという記載も見られる。[111]

蘇泰楷が台調室を監督していた以外にも、史料によれば中統局の台湾における組織関係者には、蔡志昌の台中での活動とそれに関係する「十四大哥」が挙げられる。侍従室の資料によると、蔡志昌は彰化出身。上海同文書院法科を経て、「中統局専員、台湾民声日報副社長」等の職を務め、「すこぶる党に忠誠である」と評された。[112] 鍾逸人によれば、蔡志昌は台中一帯で「親分」と呼ばれ、省党部と特殊な関係があり、よく台中憲兵隊に出入りしていたようである。[113] 保密局台湾站の情報によると、蔡志昌は当時台中で「十四大哥」（自称ヤクザ及び忠義十人団）を指導していた。この「十四大哥」或いは「忠義十人団」のメンバーが一体誰であったのかは確かではないが、蔡志昌の関係者と指摘されたものには「曾度昇（中統局人員）、陳平闢（憲兵、自称前調査室陳達元の甥）、李來旺（憲兵）、連福生（中統局）、王賀宗（中統三興洋貨店店主、蔡党を経済支援した）、詹正光（中統局）、羅清枝（地方のごろつきの頭）、陳忠榮（憲兵、かつて偽港警庁長者つとめる）、徐成（ごろつき、民声報社長）、頼眼前（ごろつき）、林金藻（市党部指導員）、魏賢坤（ごろつき、国民新報社長）、施雲譲（市党部主任幹事）、陳紅毛（ごろつき）、陳三郎（ごろつき）、彭友（ごろつき）、駱清枝（ごろつき）、黄金算（ごろつき）、頼天慕（中統局）、傅天順（中統局）」らが挙げられる。[114] その外にも頼枝城、朱青雲、王水炎、林阿水、曾文安、黄勝雲らは「忠義調査員」であるといわれている。[115]

　上述の情報資料は鍾逸人の証言によっても証明されよう。「員林地区にいる中国帰りの「半山」詹正光は、台中「十四大哥組」の主要メンバーで、CC系国民党台湾省党部調査室主任蘇泰楷の台中地区の地下組織に属していた。」[116] また、陳平闢は台中「十四大哥」の一人で、戦後初期、熱心に中国国民党台湾省党部駐中部地区専員蔡志昌の工作に協力していたことにも言及している。[117] 陳平闢、李來旺は戦前上海、廈門等の地において日本軍地下工作人員を務め、戦後台中に戻り、銃を所持し傲慢に振舞っていたことから、当局に現地のごろつきとみなされた。警備総部の情報によれば、二人は「よく各機関の上官と酒場に出入りしていたが、特に憲兵隊と裁判所との付き合いが甚だ多かった」という。[118]

　さらに、一九四九年九月、盧阿春が台湾省参議会所に宛てた請願書から、一九四六年四月、陳瑞春、劉紀籌、陳啟生らの紹介で、台中県竹山区の地主蕭金堆より、田畑約一〇ヘクタールを時価で購入し、一年ほど耕したが、蕭金堆は今年に入ってから地価暴騰したため売却したことを後悔し、「ごろつきの蔡志昌、向佩章、陳逢甲ら猛者を糾合」して、一九四七年七月銃を持ち、暴力をもって田畑を蕭金堆に返せと脅迫してきたことがわかる。この案件では、蔡志昌の外、「国民党台湾省党部調統室駐台中専員」の陳南要にも言及しており、陳南要は何度も恫喝し、「おまえは私を告訴できないのだ。はっきりといっておくが、警備司令部警務処、各機関には皆私の友達がいる。今後また起訴などしたら打ち殺す。打ち殺したってかまわないのだ」と公言している。[119]

## （五）憲兵司令部――憲兵第四団と特高組

憲兵司令部は一九三二年南京に設立され、谷正倫が初代任司令を担当した。一九三三年九月公布の憲兵令によると、憲兵は軍事警察を司り、兼て行政警察、司法警察も司った。主に警衛安全、軍紀糾察、戦地勤務、衛戍の任務を担当し、抗日戦争期間、憲兵の勢力は迅速に拡張した。一九四五年九月、「南京市区憲兵司令部」が南京に設立され、総務、軍需、警務、軍医、軍械、政訓等六処が管轄下に置かれ、軍政部に属し、首都の治安維持を担当した。[120] 一九四六年五月五日、国民政府が南京への遷都を宣言すると、憲兵司令張鎮と司令部幕僚は政府機関に追随し重慶から南京に飛んだ。その後すぐ、軍事組織を改組し、憲兵司令部は行政院国防部に属した。この時、憲兵はその兵力を二七個憲兵団（憲兵連隊）、五個教導団、三個独立営（独立大隊）にまで拡大し、特務営、重兵器営、通訊営、騎兵連隊等の兵力は六五、〇〇〇人に達した。全国各大都市および交通上の重要拠点に分駐し、地方の平定、治安の任務を担った。[121]

戦後台湾は憲兵第四団（以下、憲四団）によって防備されたが、その主な要因として憲四団は元々福建に駐在しており、さらに憲四団の憲兵は皆閩南籍であることから、地理関係と憲兵の本籍とに鑑み、日中戦争終結前よりすでに手配されていた。一九四五年九月憲兵第四団は命を受け台湾に進駐し、一〇月五日から八日にかけて憲四団第五連何承先が先遣官兵一〇六名を率いて福州から乗船し台北に上陸した。一〇月二四日憲四団三〇〇余名の官兵が福州を出発し、海運で基隆に上陸した。翌日、憲四団は台湾に到着し憲九団と防務を引き継ぎ、団部を台北市太平町（涼州街）に設置し、第二営を福州に駐在させた。[122]

憲四団は一個大隊を台北市（営長劉秉彝）に、一個大隊を台南市（営長廖駿業）に駐在させ、九個連隊の兵力からなっていた。初期には日本憲兵の接収に関する事柄を担当、処理していたが、その後は台湾において主に縦

**表五—五　一九四六年憲兵第四団人員編制**

| 位置付け | 階級 | 姓名 | 本籍 | 任務地 |
|---|---|---|---|---|
| 団長 | 少将 | 張慕陶 | 湖北鄂城 | 延平路震和街 |
| 大隊長 | 中佐 | 廖駿業 | 湖南臨武 | 台南 |
| 連隊長 | 大尉 | 許業嵩 | 安徽含山 | 台南 |
| 連隊長 | 大尉 | 王輝 | 湖南臨湘 | 花蓮港 |
| 連隊長 | 大尉 | 錢瑾 | 湖南湘郷 | 高雄 |
| 大隊長 | 中佐 | 劉秉彝 | 湖南湘郷 | 台北 |
| 連隊長 | 大尉 | 何承先 | 福建林森 | 基隆 |
| 連隊長 | 大尉 | 于敦鯤 | 山東文登 | 台北 |
| 連隊長 | 大尉 | 譚済 | 湖南長沙 | 台北 |
| 連隊長 | 大尉 | 余弘華 | 安徽望江 | 新竹 |
| 連隊長 | 大尉 | 張慶平 | 山東泰安 | 台北 |
| 連隊長 | 大尉 | 丁佩欽 | 浙江義烏 | 台北 |

出典：台灣省行政長官公署人事室編『台灣省各機關職員錄』、三五五—三五六頁。

貫鉄道沿線の安全と秩序の維持に務め、各地警察に全力で協力し治安を守り、各市の憲兵隊勤務を強化した。軍事警察を監督し、司法および行政警察も同時に監督した。[123] 戦後初代憲四団団長は高維民であったが、一九四六年二月第十五団団長張慕陶と入れ替わり、張慕陶が台湾に渡って憲四団団長に就任した。[124]

注目すべきは、憲兵内に情報追跡に関連する組織が設置されたことである。国史館蔵『国民政府』档案によると、一九三五年四月、行政院長汪兆銘が国民政府に新たに提出した憲兵団編制表から、当時既に特高組が編制されており、憲兵団の編制内に属していたことがわかる。当時提出された特高組編制表からも、各特高組に官佐二名、兵士三三名の計三五名設置されていたことがうかがえる。[125]

「国府憲兵要史簡沿」には、憲兵司令部は設立後、日本憲兵「特別高等警察組」組織を参考にし、「特務教育班」（対外的には「特別研究班」）を設け、憲兵を訓練し情報工作の要員を養成したとある。その後、北平、南京の両地において「憲兵特警第一隊、憲兵特警第二隊」が設置され、政府の耳目となることを目標に、日本のスパイへの対処、反動分子

**表五—六　憲兵団特高組組織編制表**

| 役職 | 階級 | 定員 | 備考 |
|---|---|---|---|
| 組長 | 少佐（大尉） | 一 | |
| 副組長 | 中尉（少尉） | 一 | |
| 特務軍士 | 上士（中士、下士） | 三〇 | |
| 司書 | 上士 | 一 | |
| 看護兵 | 上等兵 | 一 | |
| 伝達兵 | 上等兵（一等兵） | 一 | 勤務を兼任 |

出典：「行政院長汪兆銘呈國民政府為新擬憲兵團人馬數目表憲兵團及憲兵訓練所附屬補充團團部編制表請鑒核備案」「憲兵組織法令案（二）」『國民政府』台北市：國史館藏所藏、所蔵典蔵号：001-012071-00158-005。

調査等の情報工作を実行した。一九三七年春、「特務教育班」第二期学員隊を開き、忠実で、熟練の現役憲兵軍官佐および兵士を学員生として選抜した。定員は各四〇名で、それぞれ特種勤務教育を教授し、卒業後には全国各地に設置された憲兵特警隊に配置された。一九四一年、憲兵特警隊はすでに一九個にまで発展し、憲兵司令部直属の特警隊とともに、「憲兵特高組」と改名され、編制を拡大させている。[126] 憲兵特高組は一九三五年既に正式に編制されたのか、あるいは一九四一年に特警隊改名の際にできたのか、確認はできない。しかし、一九四七年の二二八事件発生当時、憲兵団内には既に特高組の編制がなされていたことは間違いない。

特高組は憲兵団に属しているが、憲四団が編制表を提出する際、皆特高組員の定員数を注記するのみで、編制あるいは人員の詳細を明らかにはしなかった。例えば、「三十六年二月分兵力駐地任務一覧表」を提出した際には、表外に「特高組二十九名、政訓人員二十一名は未記入」と注記してあるのみであった。[127] 一九四七年三月に提出された「憲兵第四団駐地及人員武器一覧表」にも、表外に「特高組十九名未記入」と注記してある。[128] 憲兵特高組は各憲兵団に配属しているが、あらゆる訓練、人事、管理および工作は、すべて憲兵司令部警務処第四課（政治警察課）が担当していたのである。[129]

これまで情報機関あるいは特務行動といえば、中統局か軍統局のみが注目されていたが、憲兵系統内の情報任務も注目に値するといえよう。二二八事件の期間にお

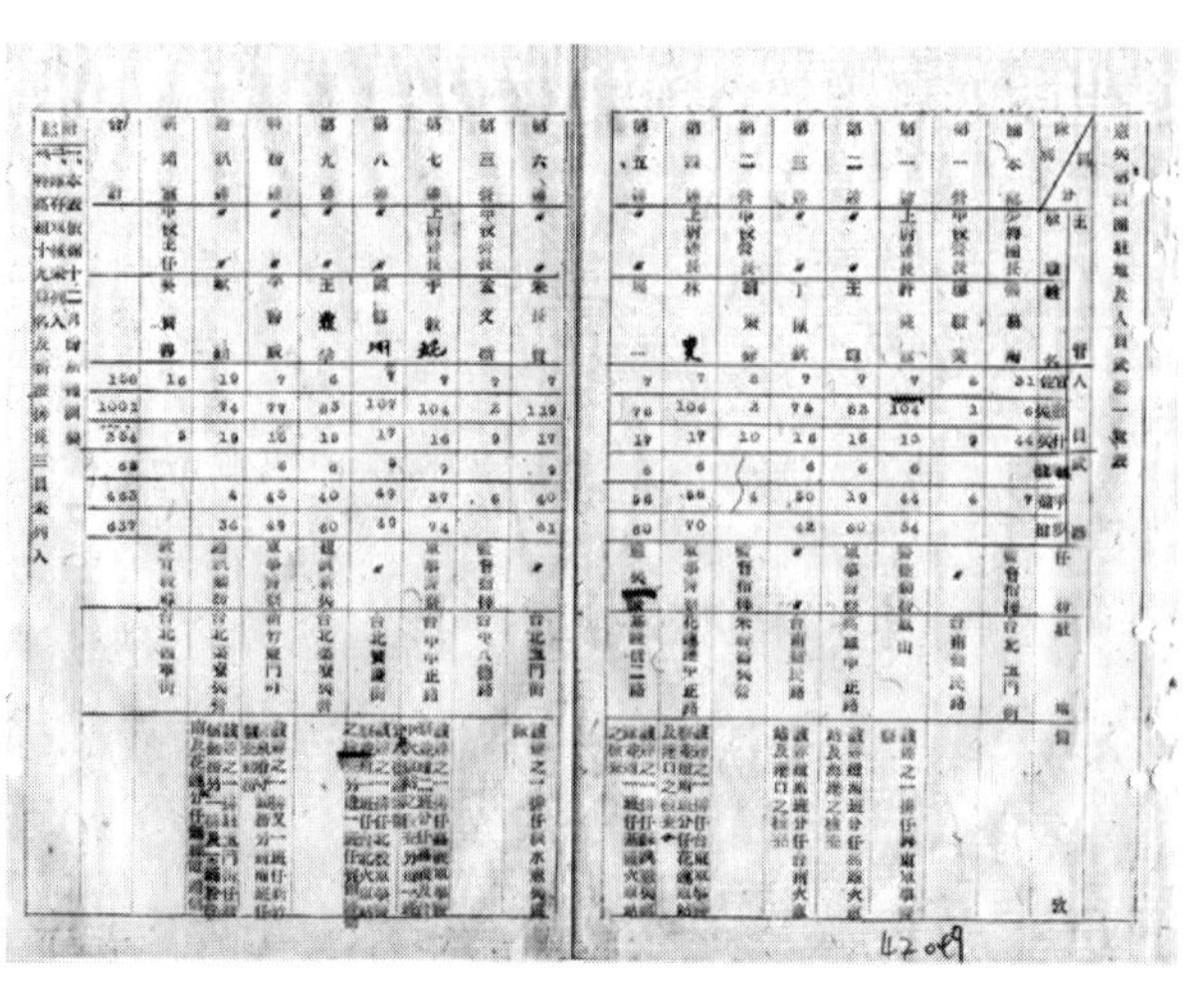

**図五-三　一九四七年憲兵第四団駐在地および人員武器一覧表**

出典：「台灣全省警備司令部卅六年度工作報告書」「台灣警備總部工作報告（三十六年）」『國防部史政編譯局』新北市：檔案管理局所蔵、所蔵番号：B5018230601/0036/109.3/4010/001/001。

いて、情報収集および捜査逮捕等の特務機能を充分に発揮していた。憲兵特高を務めた陳中堅は、抗戦時期において、軍事委員会、中国国民党、憲兵司令部は情報組織を設置していたが、当時はいわゆる「軍統局」、「中統局」、「憲統（憲兵特務）」があり、それぞれ活動していたと述べている。[130]

戦後憲兵第四団に配属され台湾へ渡った特高組は「憲兵特高第四組」であった。陳中堅によれば、当時の特高組組長は須少白であり、憲兵階級は少佐組長であった。戦後、陳儀と同機に乗り台湾に渡り、行政長官公署参議を表向きの役職としていた。中尉副組長は台湾籍の謝漢儒で、[131]その他の組員には葉國強、連××、李××、黄（王？）××らがいたが、多くは新聞記者や公会総幹事等が表向きの職業であった。[132]注意すべきは、国史館台湾文献館『行政長官公署』の史料に、須少白が公署参議を務めたという情報が見られないことである。また、一九四七年二月二三日、台湾から憲兵司令張鎮に宛てられた「奸偽潜伏台湾各機関活動」の情報によると、その情報源には「組長謝漢儒」と明記されている。[133]このことから、遅くとも一九四七年二月まで、謝漢儒が憲兵特高第四組の組長であったことがわかるが、須少白の特高組組長担当の有無、或いは特高組との関係については、さらに多くの資料による分析が期待される。

謝漢儒は福建南安出身。一九三六年集美中学を卒業。その後、故郷に帰り、暫時金淘初級職業学校校長を務めた。一九三八年、香港南華学院政治経済系に入学。その間、廈門の『廈門日報』および漳州の『復興日報』において執筆活動を行った。一九四二年二月、閩声通訊社副社長兼編集長を務め、一九四三年五月、第三戦区司令長官司令部上校参議を担当、一九四五年一月福建省救済委員会委員を務めた。同年末国民革命軍（以下、国軍）先遣部隊に追随し台湾に渡り視察したが、その時は憲兵特高第四組中尉副組長を兼任していた。一九四六年三月、民権通訊社を創設し、『民権通訊』を発行した。また、警備総部少将参議兼「台湾省交響楽団」団長蔡繼琨の援助の下、『経済日報』を創刊し、いずれも社長を務めた[134]。

南京瞻園路一二〇号に位置する憲警処は、憲兵特務活動の管轄部署であり、二二八事件の間、台湾銀行を通して、直接送金あるいは憲四団団長張慕陶から「台北寿町四段加藤商会楼上」の謝漢儒に送り届けている。その用途は不明であるが、二二八事件の前後、憲警処は頻繁に送金しており、その金額は少なくない[135]。上述の如く中統局が台湾省党部を通さず経費を直接蘇泰楷に送金していたのならば、台調室の独立性が明らかになり、謝漢儒の経費が張慕陶を介して送られていることからも、特高組と憲四団の隷属関係がうかがえる。

保密局台湾站档案によると、二二八事件後、黄朝君は民社党に潜入し情報を収集している。かつて『経済日報社』にて当時民社党台湾総支部籌備委員の謝漢儒と会談した際、黄朝君が謝漢儒に向って、「小生は委託を受け台北市支部の準備を担当しておりますが、万一迫害を受けた際には保護してください」と述べた際、謝は「あなたの工作については保障します。張憲兵団長および情報副処長は私と親交があり、二人とはよく話し合いの機会がありますので、御安心下さい。」と答えている[136]。このやりとりから謝漢儒と憲四団団長張慕陶らは事件後も密切な関係を保っていたことがわかる。

憲兵特高組は憲兵団内に属する特務組織であり、その行動は多く秘密裏に行われた。陳中堅によると、伝統的に機密部門であるだけでなく、対外的にも「高公館」と称し、工作同志もその身分を明らかにしてはならなかった。対外的に公文書を発行してはならず、上級および三軍部門との文書のやりとりには「偽の部署名」を以て公文書を作成し、官印も捺印されなかった。司法および軍法の案件を調査する際などには、憲兵司令部あるいは憲兵隊の名義で文書を作成したのである。[137]

## 三、二二八事件における情報員の役割

### （一）情報を伝達し、領袖の耳目とならん

現在公開されている史料によると、一九四五年九月から一九四七年に二二八事件が発生する前まで、国防部軍務局（以下、軍務局）を経て蒋介石に提出された情報には、保密局（軍統局時期を含む）七通、中統局六通、憲兵司令部一通、葉明勲一通、情報司一通である。一九四六年一月、中央通訊社所属の葉明勲から、陳儀就任後、台湾人が行政長官公署の措置に対する期待から失望に至るまでの状況について報告されているが、軍務局を通して「陳長官に注意を促すように」との回答を得ている。一九四六年四月、情報司はワシントンポストが台湾の現状について評論した情報資料を提供したが、軍務局は、「陳長官に徹底調査し厳密な報告を請う」と指示している。[138]

中央通訊社台北分社は南京中央の情報源として、既に多くの研究者に注目されているが、[139]葉明勲は戦後中央社の特派員として、台湾の行政長官公署前進指揮所が借用したアメリカ軍の専用機に乗り、重慶より上海を経由したのち台北に直航したと述べている。中央社台湾特派員としての任務は主として中国に台湾の情報を迅速に報道することであり、また日本同盟社を引き継ぐ任務も負っていた。中央社特派員弁事処は一九四六年二月一五日に中央通訊社台北分社に改設された。所在地は台北市西寧南路日本木材会館跡で、葉明勲が分社主任を務めた。発信のパイプラインについては、当時既に空軍総司令周至柔の支持を得ており、空軍の台北松山基地の放送局を通して、電信稿を空軍総司令部に送り、また空軍総司令部から中央社本社に送られ、翌日には電信稿が国内外の各新聞に掲載されるようになっていた。[140]この様に迅速な情報発信は、中央通訊社が台湾から発信したものであり、南京中央の重要な情報ラインの一つとなっていた。

上記のように二二八事件発生前に軍務局が統計した台湾関連情報量からみると、南京中央にとって、台湾の情報を獲得する重要な情報源はやはり軍統局（およびその後の保密局）と中統局が主であったことがわかる。

保密局台湾站は二二八事件発生前、既に台湾に厳密

な情報通信網を配置し、また離間の計を以て偵察を行った。許徳輝の報告によると、二二八事件発生前、台湾站は既に台湾省政治建設協会（以下、政治建設協会）に潜入して情報を収集していたことが明らかになっており、「台湾人の反動政治団体の協力者は、政治建設協会、憲政協会であり、特に政治建設協会のメンバーは最も複雑である」としている。台湾站はその内幕を探るために、直属通訊員許徳輝（偽名高登進）を政治建設協会の会員に登録させ、「当協会の平素における荒唐無稽な宣伝内容と違法行為を随時調査報告する」、「当協会による工場労働者のストライキ扇動、北京大学女子大学生沈崇事件による反米運動、渋谷事件のデモなどの陰謀は、全て我々台湾站が関係を利用して陳儀長官に、事前に抑制を請い、災いを未然に防いだ」としている。[141]

中統局台湾調査統計室は二二八事件発生前、党派の調査、台湾各級機構団体におけるその他の党派および左派分子の活動状況の調査を主に行っていた。葉秀峰は蘇泰楷は就任以来、「妨害活動の予防には平素から極めて努力している」と述べている。情報量に関しては、一九四六年三月七日の中統局「台湾人民暴動の経過及びその原因の分析」によると、「一年に六十五件報告を受けるが、関連内容を引き続き報告されるものは、二十二件に達し」、一九四六年一月一九日、二月一五日、四月二七日、九月五日、九月一三日、一二月一〇日、および一九四七年二月一五日にはすべて報告がある。報告された主な情報を挙げると以下の通りである。

一．台北気象局は反政府機関である。二．反政府組織が暴動を謀っている。三．青年団に反乱の疑いがある者が潜伏している。四．台中の反乱分子名簿。五．反乱分子が台中で仲間を引き入れている。六．反乱分子徐鐘が共産主義を宣伝し一味に引き入れている。七．台中政治建設協会は政府を攻撃している。八．反動民衆連盟分子王萬得、蔣渭川らが憲法宣伝と銘打って民衆を扇動している。九．大台湾主義者廖文奎兄弟は政府を攻撃している。一〇．反動分子容疑者が軍用品を盗み、暴動を企んでいる。一一．台中反乱分子謝雪紅が暴動を謀っている。一二．反乱の中心人物王添灯はしばしば政府を攻撃する言論を発表し、自由報を反動宣伝の道具としている。一三．台北反乱分子は学生の反米デモを画策している。一四．反動分子が様々な方法で資金を集め、密輸で利益を得、資金調達を企んでいる。その処理方法としては、すべて行政長官陳儀、台湾省党部主委李翼中、警備総司令部参謀長柯遠芬、憲四団団長張慕陶、警務処長胡福相らに秘密裏に報告されている。[142] 軍務局が各情報機関に対する二二八事件発生前の情報内容について分析を行い、陳儀就任以降、「陳長官に対する不満の情報」、「各情報機関より報告がある」などとあったため、各事項を陳儀に知らしめ、主なものに対して改善注意を命じたが、陳長官の回答からは、それを受け入れられないようであった」という。二二八事件発生の原因については、発生前は、「異党の暴乱の計画およびアメリカ、日本、ロシアなどが扇動する情報は皆無であった」とし、二二八事件を「陰謀分子および異党が事前に計画していたとするのは、すべて事後に後付けされた宣伝文句であったようである」としている。[143]

二二八事件発生後、台湾における情報機関の情報を南京中央に送った状況について、軍務局が下記の統計表を作成している。

軍務局は表の下に附記として「一．事件発生前報告なし。二．各機関は事前に預防の措置をとらず。」と説明を入れている。二二八事件の発生について、台湾における情報機関が事前に調査・把握していなかったことが明らかであろう。二二八事件期間における情報機関の情報提供の速度と内容については、軍務局が評しているが、まず速度面では、「迅速さから言えば、まず、憲兵および中統局の両機関が挙げられる。いずれも三月一日に情報が入ったが、保密局は三月三日まで報告はなかった」としている。次に内容については、「これも中統、憲兵の報告が比較的精確であるが、両機関は台南市以南各地の情況については、全く詳細な報告がない。保密局の報告は極めて詳細であるが、ただ時機を逸している」としている。[144]

**表五―七　台湾二二八事件後情報に関する統計および処理概要簡易表**

| 情報機関 | 呈上総数 | 閲覧 | 処理 | 保留 |
|---|---|---|---|---|
| 保密局 | 一八 | 五 | | 一三 |
| 中統局 | 一九 | 九 | 一 | 九 |
| 憲兵司令部 | 一六 | 六 | 一 | 九 |

出典：「軍務局統計台灣事件後有關情報及處理概要簡表」、薛月順編『二二八事件檔案彙編（廿三）：總統府檔案』、三七九頁。

情報提供から見れば、保密局は時機を逸した点では劣ったが、台湾においての発展が比較的早かったため、情報網が張り巡らされており、情報内容の質と量においては優れていたといえよう。中統局と憲兵司令部が台湾から得る情報は即時とも言え、三月一日に台湾の動態を南京中央に報告している。しかし、「両機関は台南市以南各地の情況については、全く詳細な報告がない」という点から、両組織は情報網配置の上で更なる強化が期待できることを間接的に露呈している。一九四七年三月一日から一三日までの、三大情報部門の上呈情報数および処理統計をみると、三部門で計五三件の情報を上呈している。軍務局は二〇件を報告、二件を処理、三一件が保留されており、報告と処理は半数にも及んでいない（四二％）。[145]

情報伝達からみると、三月一日に中統局より二通、憲兵司令部より一通の情報が軍務局に送られているが、蒋介石が目を通したものは中統局の一通だけである。保密局が最も早く蒋介石に呈上した二二八事件の情報は三月三日で、軍務局はこの情報に対して、「本件は二二八事件発生の経過について極めて精確に記述されているが、送付が遅かったため、報告していない」、同じく三日、中統局は軍務局に一通、憲兵司令部は二通呈上したが、蒋介石は中統局の情報のみに目を通している。その後保密局は三月八日に至ってはじめて情報を軍務局に報告している。三月五日から七日まで、中統局は八通呈上したが、四通が保留、四通が軍務局を通して報告されている。憲兵司令部は呈上五通、四通は軍務局を通して報告され、一通は保留となっている。三月八日より一三日の間、保密局は計一七通呈上し、六通を報告（そのうち二通は軍務局長が代理決裁）、一一通が保留されている。中統局は計七通呈上し、三通は軍務局を通して報告、四通が保留。憲兵司令部は計六通呈上し、三通が軍務局を通して報告され、三通が保留されている。以上のことから、保密局の二二八事件中における情報効果は、三月八日より後に発揮されたといえよう。

二二八事件発生後、中統局台調室主任蘇泰楷は所属部門を督促し、弁公室および放送局を保護した。「あらゆる工作人員は昼夜を問わず、交代で働く」とし、仕事に影響が出ないようにした。また、台湾省党部主任委員李翼中に対しても「特に注意し保護」した。そのため、二二八事件発生後、「各機関はすべて影響を受けているが、党部だけは正常に運営し」、かつ全台湾の電信交通が途絶えた際も、台調室は通信することができ、二二八事件の状況について報道している。[146] ゆえに、三月一日未明、中統局は台調室から緊急電文による二二八事件の報告を受けている。趙毓麟は、「二月二九日〔三月一日の誤〕未明、台湾調査統計室の緊急電報を受けた。その内容は台湾の武装蜂起についてであり、その後毎日二回緊急電文を受信したが、いずれの電文も二三千字に達した。当時私は中統局の名義で、代電で蒋介石に急報し」、「二月二九日〔三月一日の誤〕より三月一三日までの半月近く、台湾から受信した急電は十数回に達し、すべて即時に転送した」[147]と述べている。二二八事件期間に台調室が呈上した情報によって、台調室が設置した重点区域は台北、台中の二か所に集中していたことがわかる。呈上された情報は台北、台中の二か所が比較的詳しく、新竹、嘉義、花蓮等の地についても情勢進展の概略が説明されている。[148]

憲兵司令部が二二八事件期間に南京中央に呈上した情報は、憲兵第四団団長張慕陶と憲兵特高組組長謝漢儒の二つのルートからのものであった。憲兵司令部は三月二六日、二九日にそれぞれ三月二二、二八日台北から情報を発信しているが、情報源に「台北謝漢儒電」と明記されており、謝漢儒が台湾から発信した情報だとわかる。前者は「反乱首謀者蔣渭川、林日高、王萬徳らは山地に入り、反乱行動を継続している」であり、後者は台湾警備総部によって台湾省工作委員会に設置した台北永楽街の総機関が摘発され、「重要反乱分子林樑才らが逃走」、「三民主義青年団台湾区団部主任李友邦が家中に反乱主要分子を匿っていた」と呈上した。[149]

二二八事件期間における保密局台湾站の部分は、既存の史料によると、保密局が南京に情報を呈上したのは、最も早いもので三月二日の情報が確認できる。[150] しかし、蒋介石に呈上された台湾站による最初の情報は三月一二日謝愛吼が発した「高雄、台南、屏東各都市の暴動平定経過状況」であった。情報の呈上が明らかに時機を逸しているが、保密局台湾站档案から帰納すると、事件発生後、台湾站の情報送受信と方策決定には中断の状況がみられる。

情報の起草と方策決定からみると、台湾站が二月二八日に発信した情報は、三月一四、一五日に許可が下り、三月一五、一七日になってやっと発信されている。[151] また、情報送受信中断の状況は三つの側面から考察できる。一、台湾站送受信組と組員が発した情報は二月二七日の後一度途絶え、三月一〇日から情報が入っている。各組員の中で最も早い情報は沈堅強から林氏宛の「台南、高雄、屏東等地の駅状況の報告」であった。情報発信日は三月二日で、台湾站がいつこの情報を受信したのかは、档案には記載されていないが、三月二一日になってはじめて処理され、指示が書かれている。[152] 同様に、三月二日より八日の間、各組站に情報が寄せられたが、台湾站が受信したのは三月一〇日以後と遅かった。二、二二八事件発生後、台湾站から南京への情報のうち、最も早いものは三月一二日の「張秉承より南京言普誠宛ての台南嘉義等の地における暴動状況報告」である。[153] 三、台湾站の各組員に対する指示は、最も早いもので三月中旬になって初めて指示がでている。「柯復興より黄鋒宛ての反徒動態調査継続願」である。[154] 二二八事件発生後、保密局台湾站の情報伝達は明らかに時機を逸しており、即時に情報伝達するという効果を発揮できていなかったことがわかる。

情報が中断した原因は、おそらく站部放送局の破損と関係があろう。許徳輝によると、三月一日午後七時、太平町に位置する台湾站站部放送局は「暴徒」の侵入によって破壊されたという。許は情報を入手した後、林秉足、王振玉、莊傳生らを率いて車に乗り駆け付けたが、「混乱の中、送受信機各一台を奪い返したが、真空管などはすでに破壊されてしまった」。許は送受信機を台湾站站長林頂立に保管させた。[155] 陳愷の証言によれば、二二八事件後局本部は十分に台湾站を認め、「沈着に対処でき、態度もすばらしい。特に上級放送局と通信する際は中断することなく、即時に状況を報告している」とある。[156] すなわち陳愷の述べていることは事実ではなかろう。一九四七年三月一〇日保密局局長鄭介民より軍務局への報告によると、「劉戈青同志に放送設備を携帯させ台湾に派遣し、命令を伝達する」とし、また、「我が台湾放送局は本日も使用可能」だとしている。[157] この放送設備はおそらく台湾站部放送局が破損したことにより携帯していったものであろう。ゆえに、台湾站の情報送受信は三月八日後より漸次回復したのだといえよう。

上述の推測が成立すれば、軍務局は三月三日保密局から受けた「台北専売局闇タバコ捜査の際、タバコを販売していた林江邁が頭部を負傷し倒れたことから民衆の怒りを買い、全市に暴動が起こった」という情報源はどこだったのだろうか。本稿では警備総部調査室から発信されたのであろうと推測する。既存の档案に、警備総部調査室から保密局局本部に発信されたであろう電文が数件あるが、以下に示す。

前述の如く、陳達元の担当していた警備総部調査室は、政府の档案によると、一九四七年一月末に編制を終えているが、当調査室は、二二八事件期間も運営を続けていたようである。上述のように二二八事件の間にも情報を保密局に提供していた外、さらに多くの事例によって証左できよう。一、柯遠芬によると、二二八事件発生後、直ちに三情報部門上官を召集し商議を行ったが、台湾站林頂立、憲四団張慕陶の外、もう一人は「警備総部調査室」の陳達元であったという。[158]二、一九四七年三月一〇日保密局局長鄭介民より軍務局に情報を呈上した際、陳達元を「保

**表五―八　二二八事件期間警備総部調査室より保密局への情報リスト**

| 報告者 | 概況 | 報告時間 |
|---|---|---|
| 宋壚穀、林學哲、洪明山、郭南健、林安然、劉國平より毛人鳳 | 民国三六年三月五日台湾各地の暴徒活動状況を報告する。 | 〇三〇五 |
| 台湾葛滋韜 | 台湾共産党が機に乗じて暴動を操り、さらに最初に発動したごろつき等の過激分子が排斥されたことにより、憤慨と後悔の念にかられ既に動揺を呈している。 | 〇三〇九 |
| 台湾陳達元 | 台湾暴動の首謀者蔣渭川、王添灯が組織する自治青年同盟と民主連盟は内部分裂した。また、台北市における匪徒逃亡の状況は落ち着きをみせた。 | 〇三一一 |
| 姚虎臣（台湾省警備総司令部調査室代電）より南京言普誠へ | 台湾二二八暴動概述および暴動経過情報の要旨を二部送る。 | 〇三一九 |

出典：侯坤宏・許進發編『二二八事件檔案彙編（一）』、六三―六四頁、六八―六九頁、一八七―一九〇頁、一九四―一九七頁。

密局台湾の責任者」と呼んでいる。[159] 三、保密局台湾站档案に三月二〇日何孝徳より主任に宛てられた情報に、「呉振泰が台中より一通の情報を携えて来た。職員が開封したところ、偽名高民智からのものであった」という記載がみられる。[160] 何孝徳は前警備総部調査室経理股股長であり、「主任」とは陳達元のことであろう。四、偽名呉天風によると、呉は二二八事件期間警備総部調査室に勤めていたが、三月一日夜、台北市区はすでに「暴徒」に完全に占領され、政府によって制圧できるのは四地区のみを残すところとなったという。其の四地区とは行政長官公署(今行政院)、警備総司令部(上海路)、憲兵第四団団本部(現宝慶路遠東デパート)、警備総部調査室であった。その後調査室は「棍棒や鉄の棒を持った暴徒たちに囲まれ」、台湾ラジオ放送局を通して当室に放送し、三月九日に国軍が基隆から上陸するまで膠着状態が続いた。調査室が包囲されていた期間に、「暴徒が一度壁を越え本室に侵入してきたが、本室により撃退された」。[161] 五、一九四七年六月一一日保密局より台湾站への電文には、「二二八事件後、反乱分子暴徒の動態情報を台湾警備司令部に報告したのか。していないのであれば、当部調査室の周甯に送り、転送を請うべきである。迅速なる情況回復が重要だ」とある。[162] 六、一九四七年六月、保密局は言普誠の偽名で陳達元に代電し、台湾省府による台湾同胞暗殺に関する案件の究明を委託している。[163] 以上の多くの例証から、警備総部調査室は一九四七年一月末に正式に編制を終了し、陳達元は行政長官公署参事に転任、一部の人員も第二処に移転したが当調査室は依然として存在し、情報関連工作を執行していたと推測できよう。

## (二) 危機情報の誇大報告が対策決断に影響を及ぼす

南京中央に台湾出兵を決めさせたのは、主に陳儀からの要求だったということがわかっている。陳儀は一九四七年三月二日すでに電報を発信し「目下の情勢において、相当な兵力はなく、今回の事変は平定しがたいと思われる」、「陳総長に迅速に素行の良好な歩兵一旅を要請する。少なくとも先に一団を台湾に派遣し、反乱分子を粛清されたい」と兵を要請した。[164] 蔣介石は三月五日に兵の派遣を決定している。すなわち、二二八事件発生後、情報機関が南京中央に呈上した情報は、兵を台湾に派遣するか否かについてはすでに実際の影響はなかったが、各情報機関が呈上する情報の多くには誇大報告がみられる。

三月五、六日、憲兵司令より憲四団団長張慕陶に転送された情報によると、「今回の台湾の暴動は、その性質がすでに国を裏切り政権を奪取する段階に突入し、襲撃された外省人の死傷者は、総数八百人以上にも及んでいる。地方政府は完全に統御能力を失い、すべて民衆によって支配され、暴徒は軍隊動員・銃の所持を許さず、軍隊の武装解除に等しい。暴動は各所で倉庫を強襲し銃を奪い、軍人警察から武器を没収しており、その総数は四千以上にのぼる」、「陳長官はまだ事態の深刻さを理解していないようで、天下泰平を装っている」[165]と述べられている。

三月八日、蔣介石は鄭介民に指示し、劉戈青を台湾に派遣し、中央の命令を伝達させた。台湾到着当日（三月九日）劉戈青はすぐに南京に報告を入れた。台湾全域はほぼ「匪徒」に支配され、倉庫および軍人警察が没収された銃は一万丁以上、匪徒はすでに司令部を設立し一斉に指揮をとっている。各地武装「匪徒」は八日の晩より台北に向って攻撃を始め、何度も行政長官公署および警備司令部を包囲攻撃している。銃声は夜通し絶えず、電線も切られたと述べている。台北はすでに戦時状態に入り、政府の人員およびその家族が夜通し交替で守備した。情況は非常に緊迫し、情勢も深刻さを増して、即時陥落の恐れがあるとしているが、当日は国軍が台湾に到着する日であったため、報告の内容にはやや誇張がみられると言える。その後「現在台湾の情勢は日ごとに悪化している。短期間内に部隊を空路から迅速に派遣し、鎮圧を援護させるべきである」と回答を得ている。[166]

三月九日、葛滋韜は「台湾の状況は日ごとに悪化している。台湾共産党は機に乗じて成長し、共産党に署名参加した台湾大学生は三百名に達し、台湾各地の共産党総数はすでに三万余人にまで達している。台湾共産党が突然勢力を増し、暴動はすでに台湾共産党に操られている」と報告している。[167]しかしこの共産党による事件介入や暴動操作ありとするなどの誇張報告は、国共内戦に苦心している国民政府最高当局にとっては、明らかに深刻な誤報となり、二二八事件に対する政策決断を激しく左右した。[168]

三月一〇日、葉秀峰は台調室三月八日の至急電報を転送している。台湾民衆暴動事件は日ごとに深刻化している為、中央に対策措置を求める三項目を具申している。一、直ちに高官を派遣し二二八事件の名義にて調査・処分を行い、軍を率いて来台し鎮圧する。二、少なくとも二師団の部隊を派遣し、基隆、高雄、台南、台中、花蓮から同時に上陸させる。また、期を見て二個大隊を空から台北に投入し、迅速に省都を制圧する。三、軍隊到着前に、最も広範囲に渡る方法で二二八事件に対する中央の態度を表明する。また、「台湾市民の暴動事件を調査し、本局は続々と報告を呈上しているが、目下情勢は日ごとに深刻化している。迅速に有効な措置を取らなければ、結果は想像にたえない」述べている。[169]

以上のことから、台湾における情報員は当局を誤誘導したという疑いを免れない。呈上された情報を見ると、多くの暴動参加者は単なる政治改革要求にとどまらず、謀反、独立、奪権の重大陰謀の恐れありとし、外省同胞の死傷者数および暴動者参加者の人数も誇張されている。[170]台湾各情報機関から南京中央に呈上されたこれらの情報は、蒋介石にどのような影響を与えたのか、蒋介石日記から少し窺うことができる。三月一日、蒋は二二八事件の騒乱をはっきりと認識している。「台湾群衆はタバコ専売等反対のために生じた怨恨から在台内地各省同胞を殺害し、その暴動地域は次第に拡大してきている。軍隊の台湾配置も重要な原因の一つである。」三月六日には「台湾のことについては憂えてやまない」と表している。三月七日、「本日すべて台湾暴動」、また「陳公俠（陳儀）は事前に予防もせず、事実も報告しない。事態が収拾できなくなるに至って初めて救援を求めるとは、嘆かわしい。特別に陸海軍を台湾に派遣し兵力を増強しよう。今、共産組織はまだ侵入していないので、対処しやすいだろう。ただ精鋭を派遣できないため、甚だ心配だ。善後策は未決定であるため、現時点では懐柔のみである。暴動を起こした台湾人民は久しく日寇の奴化を受け、祖国を失ったため、威を畏れるのみで徳を敬わず」と述べている。三月八日の日記には「台湾暴動の形勢はすでに全台湾各都市に広がり、深刻極まりない。公俠は即時に報告できず、天下泰平を装い、収拾がつかなくなってから救援を求めるとは、実に無能である」「今週は台湾事変（二二八事件のこと、以下同じ）の処理が多く忙しい」と記されている。これ以降、日記には比較的台湾への記述が少なくなり、三月一五日に至り、再び「二二八事件は軍隊を派遣してから大部鎮まったが、まだ根本からは解決していない。新復の地と辺境の省は全て兵力によって維持するべきだ。」と記している。[171]

情報機関が危険な情勢を誇張した情報は、南京中央が兵を台湾に派遣して鎮圧するのに決定的な影響はなかったが、これらの情報は蒋介石をして二二八事件に対しては、兵を用いるしかないと深く信じさせたのである。ゆえに「暴動を起こした台湾人民は久しく日寇の奴化を受け、祖国を失ったため、威を畏れるのみで徳を敬わず」、「新復の地と辺境の省は全て兵力によって維持するべきだ。」と述べたのであろう。

三月八日国軍が台湾に到着し鎮圧を加えた後、台湾の情勢はやや鎮静化した。ゆえに、事件発生後に命を受け台湾視察に至った軍務局参謀陳廷縝は三月一四日、軍務局長俞濟時への電報に「台湾事変はすでに鎮圧した」、「機船あらば、南京に戻るつもりである」と報告している。[172] しかし、その後情報機関が南京中央に呈上した関連情報は、危険な情勢を誇張した内容であった。一九四七年四月一一日、保密局より中央に報告された情報には、謝雪紅と陳篡地らは台中、埔里、霧社一帯の山中に逃げ込み、「暴徒千名を有し、手榴弾約五万個、軽重機銃二十挺、歩兵銃および拳銃八百余丁を所持している」、「埔里では盛んに武装蜂起が起き、逃亡中の台湾人民約三万人以上が集まっている。国の食糧徴収令が急すぎる場合は、埔里地区において武装集結可能な人民は十万以上である」としている。[173] 軍務局はこの情報を受けた後、四月一六日、陸軍再編第二十一師団劉雨卿に「調査し返答せよ」と命じている。[174] 四月二一日、劉雨卿は参軍処軍務局局長俞濟時に、（一）謝雪紅はわずか三～五人のみと逃走しており、現在指名手配中である。（二）埔里の兵営は討伐済み、逃亡兵は多くない。（三）元の報告は皆精確ではないと報告している。[175]

一九四七年四月三〇日、軍務局は中統局局長葉秀峰が台調室に転送した「台湾において暴徒が第二次暴動を画策しているというデマが飛んでいる」という情報を受信し、[176] 保密局による再調査を決定している。[177] 一九四七年六月二〇日保密局から軍務局への回答は、「台湾二二八事件は白崇禧部長が宣慰（政治的行為として行われた慰問のこと）した後、地方秩序は回復した。四月二一日、白部長が南京に戻り復命した後、現地の軍事当局は暴動に参加し逮捕された者に対して、指示に従い法に基づいた尋問処理を行い、秘密裏に捕え殺害するという事実は無い。ただ、当時逮捕を免れた反動分子および台湾旅滬団体は、陳儀長官に対する恨みが深いため、デマを飛ばし、事実を撹乱している」、「戒厳令の下、反動分子の努力は徒労に終わり、社会秩序は安定した」とある。[178] 情報機関は二二八事件平定後も、しばしば危険状況報告に誇張がみられる。しかし軍務局は異なる情報機関に再調査を命じ、互いに証明させる方式で、情報の真実性を確認した。

### (三) 情報網の配置とリスト作成

当時の警備総部参謀長柯遠芬によると、駐台兵力は非常に薄弱で、二二八事件発生後、二月二八日および三月二日の二度にわたり警備総部調査室陳達元少将、憲兵第四団長張慕陶および「軍統局台北站」林頂立らの情報機関を召集し商議しており、あらゆる人材を動員し二二八事件の上層部を偵察すること、また厳密に監視することを指示している。さらに、これら諜報員の努力によって、おおよそ首謀者のリストを掌握し、随時二二八事件の発展を監視している。そのため二二八事件が最高潮に達し、政府が台湾全省の緊急状態への突入を宣言すると同時に、「一挙に首謀分子を逮捕」、「迅速に暴乱を平定」できたとしている。[179] 柯遠芬の事後の証言からも、当時召集した情報部門には中統局台調室は含まれていなかったことがわかる。しかし、その後、中統局はリストを作成し警備総部に送っている。三月一一日、台統室より中統局に呈上された情報によると、九、一〇両日に国軍が続々と到着した後、台統室は警備部に「この機に乗じて暴徒を消滅すべき」、「リストを警備部に送る」べきだと建議している。[180] 以上、柯遠芬が三大情報機関に命じて秘密調査した「主謀者リスト」、および調統室より警備総部に送られたリストは、陳儀が三月九・一〇日、集中的に逮捕殺害を行った際の目標となったと思われる(詳細は後述)。

前述の通り、保密局台湾站は二二八事件発生当初、放送局が破壊されたため、本来の情報報告機能が一時中断されたが、三月八日以降はしだいに回復した。保密局台湾站の史料によると、台湾站が局に呈上した情報は、三月中旬から四、五月に集中しており、六月以降は減少している。二二八事件中後期にも積極的に諜報員を配置し「反乱」の情報が収集された。五月一六日就任した台湾省主席によって戒厳解除の命令が下され、「清郷」（捜索、逮捕等を徹底して行うこと）が終了してからも諜報活動が行われていたことは明らかであろう。

台湾站によって張り巡らされた情報網は、各地に配置された通訊員や運用人の外、各通訊員や運用人が各自情報提供者を配置、あるいは個人の関係を利用し偵察監視の範囲を拡大した。王雲青への聞取り調査の資料によると、許徳輝が腹心とみなしていた林秉足らも保密局の情報提供者となり、地方の情報を提供していた。[181] 史料からも同様の事例がみられる。高雄組通訊員呉沂が報告した「屏東市萬丹区のごろつき陳先智らが武器を埋蔵し、反動を鼓舞し、第二次暴動を準備している」という情報は、「情報提供者によって、事実確認がとれた」と報告している。[182] また、直属通訊員董貫志の報告した「簡昆田、李淇が暴動に参与している」というのも、情報提供者からの情報である。[183] さらに、澎湖組通訊員林子評が四月九日、組長朱信士に呈上した報告には、「個人的な感情の運用を講じる」とあり、警局科員潘耕民は澎湖県府教育科長邱章鍮らを厳しく監視した。[184]

情報提供者の配置が密であったため、保密局所属の二組織の情報提供者が重複してしまうという状況まで発生している。しばしば蔣少華が黄媽典と共に「謀反」を企てていると密告した黄錫鏞などは、実際には「総部第三課報組運用」者であった。[185] 以上のことから黄媽典は殺害される前にすでに秘密裏に監視されており、監視を行っていた者には、親しい同志が少なくなかったということがうかがえる。警備総部第二処諜報組が二二八事件期間に使用した情報提供者は、上述の黄錫鏞以外に、『台中県政府档案』にみられる「台中県新高区集集鎮水裡坑新亜酒家店主」許諸立がいた。許諸立が二二八事件中に逮捕されたことから、警備総部駐台中諜報組は台中県政府に電報を送り、許諸立は当組「義務運用人員」であり、「今回台中の事変において、外省籍公務員は活動できない。工作維持のため、当員を集集鎮一帯に派遣し関連情報を収集させており、その成果は著しい」と報告している。[186] また、新高区署が台中県政府許諸立の案件を報告する際に、当区に黄明山という者がいるが、「普段は水裡坑におり、集集各地を往来している。自称総部諜報員で、藍衣社人員とも称しているが、陸海空軍は全て彼に調査密告を任せている」。しかし、彼は「虚勢を張り、ごろつき許諸立と結託し良民を威嚇して金品を要求している」とある。黄明山を調べてみると、黄は許諸立の「義務運用人員」であった。[187]警備総部第二処諜報組が使用する情報提供者の一人でもあったのだろう。

憲兵の配置については、二二八事件期間、中統局台調室と憲四団第三営は同様の人員を使い情報工作を進めていたようである。なかでも蔡志昌、陳平闢、李來旺は憲兵隊と往来があり、また台調室が指すところの「同志」でもあった。[188]保密局台湾站台中組が制作した台中十四大哥のリストに、陳平闢、李來旺には「憲兵」と註が加えられている。[189]さらに、台中地方法院判決書には、一九四七年四月に至り陳平闢は憲兵第四団第三営に通訊員の職務を解除されたとある。しかし、通訊員の職務を解除された後、同年五月、王慶一とともに憲兵隊と称し、二二八事件容疑者調査を口実に、朱啟全、江瑞庭から四万元と軍服用の生地一反を騙し取っている。恐喝された朱啟全らは、王慶一に憲兵隊に逮捕されるから、早く逃げるよう促された。陳平闢に頼み、憲兵隊の逮捕リストから除名してもらうのに、十万元必要だと言われたが、なんとか四万元に減額してもらい、軍服用の生地一反も陳平闢に送ったと証言している。[190]

このほか、史料によれば「憲兵特工」と記載されている者には陳忠榮がおり、「元偽満州国警察庁長、現憲兵特工、中統と結託している」とある。[191]また、『台中県政府档案』には、「員林鎮住民呉朝乾は特工と自称し、至るところで虚勢を張り詐欺を働いている」、各所で「自分は憲兵と密切に連絡をとっている。二二八事件暴動容疑者呉賜圭が拘置された際その長女に対し、自分は特務工作を担当しており、常時憲兵と連絡をとっている。お父さんのことは自分が当局に働きかけて釈放してもらうことができる」等と語っているとある。[192]

以上のように綿密な情報提供者配置は、情報機関が二二八事件が拡大していく過程の詳細を得る情報源であった。しかし、情報提供者の限られた視点ではその情報は主観的であることを免れず、時に情報提供者は特務の名義を利用して虚勢を張り、詐欺行為や私怨を晴らすという状況がみられた。

二二八事件期間の諜報員の情報資料調査時における心理については、保密局台湾站档案から窺うことができよう。多数の史料の内容から、台湾站組通訊員は事後追求をするため主に「謀反」の事実を収集していたといえる。ゆえに、「政府への反対、反乱への参加は厳しく追及するべき」[193]、「奴隷化残存勢力の如きは、制裁を加えなければ、日本の余毒を粛清しがたい」[194]、「不肖の息子は排除しなければならない」[195]、「暴徒に懲罰を与えなければ、戒めとならない」[196]、「この極悪非道なるものは、最小処分としても収容所に送り再教育すべきであり、罪に深く悔いさせるよう願う。これを軽く釈放するような処置は、日が経てばまた旧態に復す恐れがある」[197]、「国家人民に災いをもたらす輩は、逮捕し厳しく処罰しなければ、また地下に潜り込み、範囲は拡大し、逆効果となるだろう」[198]など、その多くは厳重に捜査すべきであると力説し、「徹底的に一掃する」という心理を表している。

清郷（捜索、逮捕等を徹底して行うこと）綏靖（鎮撫平定）の期間も、保密局台湾站は積極的に二二八事件の関連情報を調査している。三月三一日、台湾站は各組および各直属員に、「吾々の使命は悪事を暴くことにある。汚職を検挙し、各地区の粛清状況に注意すべきである。この状況をいたずらに庇護する者があれば、検挙すべきであり、その証拠を収集し、随時報告・処理されたい」と指示している。[199]四月一二日、保密局は再び台湾站に「潜伏している台湾省反乱分子を調査報告せよ」と命じている。[200]清郷綏靖の期間を通覧すると、台湾站は各組、直属員の調べた情報の少数を警備総部第二処姚虎臣あるいは警務処刑事室劉戈青に調査・処分を任せたほか、台湾站の提案、意見には「転報」、「彙案編報」、「彙冊報弁」、「摘要編報」、「登叛徒名冊」等が多くみられる。

これらの二二八事件期間に収集した情報は、一九四七年四月、台湾站より「台湾二二八事変報告書」にまとめられ、厚さ百ページ余りに達し、事件発生の遠因、近因、および各地の状況について詳述されている。[201]また、各通訊員、運用人は情報を収集すると同時に、通常各地の反乱嫌疑者リストを作成・報告している。站部はまず四月にこれらをまとめ「台湾二二八事変報告書」の付属書を作成し、台湾全土を台北、新竹、台中、台南、高雄、屏東、花蓮に分け、千名に近い「反逆」者をリストアップしている。その内訳は「反逆」の姓名、性別、年齢、本籍、前職、担当中の「逆職」、罪行、住所など詳細にわたっており、その調査項目の多さには、驚かされる。[202]

台湾から南京に送られた情報は、保密局本部が『台民暴行録』に編集することとなり、まず、各外勤部署が報告した資料を摘録し、さらに新聞記事も参酌した。その後、「資料に限りがあり、内容は具体性に欠ける」ため、台湾站に具体的な資料の収集を継続させ、編集している。[203] 保密局による『台民暴行実録』はのちに鄭介民より蒋介石に呈上された。[204] これは保密局が上層部に提出した二二八事件期間の成績表とも言えよう。しかし、これだけではなく、その後台湾站は再び当站の既存資料について、所属各組に命じ二二八事件期間調査報告に関するリストを集め、台北組副組長黄錦城に編集させた。一九四七年一一月には（一）処刑者および死亡者リスト（二）逃亡犯リスト（三）更生者リスト（四）過去の逮捕者、釈放者リスト（五）指名手配者リストの五種が完成している。[205] これは台湾站の二二八事件の調査に対する総括とも言えよう。これらの大量かつ、細大漏らすことなく完全に整理された「叛乱」リストは、その後も逮捕追跡調査継続の手がかりとなったとみられる。

## （四）反間による扇動

### 一．保密局台湾站

前述の如く、台湾站は二二八事件発生当初、情報受発信の連絡が中断する状況がみられたが、それと同時に、台湾站人員は主に二二八事件において施行された反間政策あるいは捜査、逮捕の権限を勝ち取ることに焦点をあて、積極的に活動した。

二二八事件発生直後の二月二八日午後、直属通訊員を務めていた（偽名高登進）許徳輝は毛簡を通して、「時局は非常に危険」、「我らは危難に立ち向かうべきである」、「挽回の機会をうかがう」よう指示している。許はこれを受け、ごろつき及び台湾省政治建設協会員との関係を普段から掌握していることを利用し、[206] 処理委員会内に潜入し反間工作を進めることにした。毛簡は「憲警維持治安に協力し宣撫工作を行うには、林站長より行政長官公署参議として長官に指示を仰ぎ、連携を図り誤解を生まないようにすべきである」と注意を促している。そこで、許徳輝は林頂立および毛簡と互正公司において協議し、林頂立から「長官公署には自分から連絡する。下層人員はおまえが掌握しろ」との指示を受けた。許徳輝は林秉足、荘傳生ら一三人を召集し、林頂立の住居にて緊急座談会を開き、荘傳生ら六名人を派遣し林頂立を護送し、まず行政長官陳儀の弟である陳公銓を訪問した。その後陳公銓を通し陳儀に謁見し、陳儀から直々に忠義服務隊を設立し、憲警の治安維持に協力するという許可をもらったのである[207]。

三月一日早朝、林頂立は許徳輝に命じ台北市各頭目を林頂立に住居に召集し待機させた。林は方策を指示し、その後林頂立の「台湾省行政長官公署参議」の名刺を持たせ、それぞれ「宣撫」させた。時は戒厳下であったため、台北各地は軍警によって警戒され、忠義服務隊隊員は工作を進めることは困難であったため、林頂立は三月二日陳儀に職員出入証二五〇号の付与の許可を願い、曾永富、李全、荘傳生ら三人には拳銃各一丁を支給し、台湾站站部人員を保護し、それぞれに「治安維持」を命じた。また、台北市警察局第一分局の階下を借り、忠義服務総隊部とした[208]。

三月二日夜、許徳輝は蔣渭川を訪問し、翌日の治安委員会で、許の治安組組長への推挙を請い蔣の指揮を受ける旨を伝えた[209]。処理委員会がまだ治安組および忠義服務隊の設立を決定する前、許徳輝はすでに台北市警察局第一分局階下を借り忠義服務総隊部とし、三月三日上午一〇時に執務を開始した。既存の乱編成された二二部隊を、正式に二二分隊とし再編成し、直轄総隊部は、各分隊を暫時隊員一〇名で編制し、ほかに、三〇名は終始許徳輝に追随させ、「吾々の工作宣誓に参加した」前執行隊隊員には特務隊を設けた。計二五〇名であった[210]。

三日午前、処理委員会の会議に、許徳輝は同隊員を率いて「参加し行動を監視した」[211]。そして会議において「全省の有志数十万人を喚起し、自衛隊を組織し治安を担当させる。覆車の戒めあるのみである。光復後の督察隊のように先に利用され、後にごろつきとして処理されるようなことがあってはならない」と述べている[212]。当日午後、処理委員会治安組は台北市警察局で台北市臨時治安委員会を開き、臨時治安委員会組織規約の制定が議決され、許徳輝は治安組組長に推挙された。また、忠義服務隊を設立し執行機関となすことも可決され、許が忠義服務隊隊長を兼任した[213]。会議の後、陳達元は台北市警察局義勇消防隊隊長黄添樑に忠義服務隊への参加を薦め、消防隊全隊員一五〇名に交替で夜間の警備を担当させ、各派出所に分駐させた[214]。この時点で、許徳輝が掌握する忠義服務隊隊員はすでに四〇〇名余りに達していた。

許徳輝の反間は処理委員会において、情報を収集するだけでなく、民衆を煽動し、その勢いを助長した。許は処理委員会において大声疾呼し、すでに当市のすべてのごろつきに連絡し治安を担当させた。「軍警が不法に銃を撃った場合、吾々は玉砕して犠牲となる」、「長官が空言をもって吾々を欺き、再び問題が発生した場合は、全省十数万のごろつきが、断固玉砕し、長官食言責任を問う」、「長官が不幸にも死亡した場合は、市民を後盾とされたい」と発言し、その場にいる民衆の心を刺激し、「許先生万歳」とまで言わせている。新聞記者は「喊声があがり、喝采が絶えない」、「満場鼎の沸くが如しであった」と報導している[215]。以上のことから、許徳輝は二二八事件において煽動に最大の力を注いだことがわかる。当時の大衆の理解では、許徳輝はごろつきのトップで、「一味徒党が多い」ということであった。唐賢龍は許の勢力について「王添灯にも劣らない」、「二二八事件の期間中、許の思想も極めて激烈であった」、「許は処理委員会の治安組組長を担当し、且つ忠義服務隊総隊長も兼任していたため、台北市においては勢力が大きく、その勢いは既に二二八事件前の台湾省警備総司令部柯参謀長にも勝る」と認めていたことがわかる[216]。しかし、実はすべて保密局台湾站の反間計画だということは知らなかったのである。

許徳輝の反間計画において、最も注目すべきは、忠義服務隊メンバーの学生を陥れたことであろう。忠義服務隊成立後、中山堂に集結させた学生隊を編入し、一見は共同治安維持にみえるが、その実は学生が警察から奪った武器を接収し、学生組織を分化したのであった[217]。また、学生を終日トラックに乗せ「パトロール」任務を担当させたのである[218]。忠義服務隊副総隊長廖徳雄は、許徳輝は当地のごろつきリーダーであり、忠義服務隊が設立された後、三月四日から行方をくらませ、陳儀が忠義服務隊のために振り込んだ三〇〇〇万元の経費を着服したと回想している。[219]

許は学生隊を配下に組み込むと同時に、三月五日、陳達元と林頂立の二人を通して、陳儀に学生は「一部優良者が抑制できる」者以外は、「既に反乱分子にそそのかされ、大義も理解せず、一般市民の財産を強奪し、公共物を焼き払うなどの悪事の限りを尽くしている。忠義服務隊と魚目混珠である。ゆえに、吾々の立場を利用して彼らの陰謀計画に潜入せん」と報告している。また、陳儀による武器配布の同意を得て、「これで太刀打ちできる、必要があれば制裁を加える」としている。そこで、三月六日午前、林頂立に日本製十四年式の拳銃一七丁を一般隊員に持たせ、「万一に備え、反動を極力抑える」[220]とある。三月八日、国軍上陸の前夜、許徳輝は政府に学生らが当日の夜、圓山国軍拠点を攻撃すると誣告したため、当隊所属の学生多数がその日の晩に捕縛され殺害された。[221]潘家澤、傅少墩ら学生が捕らえられ、処刑された者も少なくなかった。[222]

台湾站は一九四七年四月に「台湾二二八事変報告書」を制作し、二二八事件期間、許徳輝の反間行為は「台中、台南、高雄、花蓮各地で計画通り進められ、その効果は著しい」と報告している。[223]保密局台湾站档案からも、保密局台湾站組人員が社会組織の末端にまで配置され、事件の発展を即時に秘密調査できていたことがうかがえる。また、事件発生時は、それぞれ処理方法は異なるが、自ら解決を試みるか調査処理を転送する、或いは助長するなどし、いずれも情勢に影響を与えたことがうかがえよう。

台中組長李良彬（組名偽名王孝順）は事前に謝雪紅らを調査しており、三月二日午前、台中劇院で市民大会を開くという情報を得ていた。そこで、「空気を和ませるため、工作人員を派遣し台北二二八事件は円満に解決したと宣伝」することにした。また、台中市警察局にも協力し、同様にビラを印刷し、「台北二二八事件は円満に解決したと告げ、市民大会の開催を延期させ、寅の刻に人員を派遣し配布する」ことにし、もって「反政府組織による煽動の陰謀を打破」するとした。しかし、謝雪紅らは事前にこれらの情報を得ていたため、市民大会を流会させざるをえなかった。[224]

また、新竹の直属通訊員黄鋒表によると、桃園の「暴徒」は三月九日深夜、農業学校に押しかけ包囲襲撃を行い、銃を奪ったが、「当組団体工作同志は事前に暴徒の情報を得、即時に情報を駐軍に提供したため、事前に対策を講じられた」と述べている。[225]

さらに、台湾站情報員は情報を収集すると同時に、処理委員会に身を置きすべてを秘密裏に監視し、その情報を站部に伝えるなど、反間の計も行っている。基隆地区担当の通訊員林風より柯復興宛ての情報には、「柯様の密令および史司令の命を受け、組織組長を担当し監視する」とある。[226] 澎湖組長が四月六日調査した情報によると、処理委員会澎湖分会において、「最近最も目につく者」は、陳大欣（県救済院代表、該院事務員）がその内の一人であったという。陳大欣も澎湖組の運用人である。[227] その他、花蓮組は、「民心を勝ち取るため、施龍木同志を派遣し金獅団、青年団、治安隊に参加させたい」[228]としている。

## 二、警備総部第二処の反間工作

二二八事件期間に警備総部第二処高雄諜報組組長を務めていた蔡蘭枝によると、実際の身分が明かされていないため、凃光明と何度か接触し、表面上は凃と良好な関係を維持しており、凃に反抗行為をしないよう注意を促したが、「当時我々の社会的関係が足りなかったため、情報が民間に入りにくかった。また、光復初期、政府は台湾省同胞に対して軽率な制裁行動を採りたがらなかったため、凃某の秘密活動の状況については掌握しがたかった」[229]。と述べている。蔡は凃光明が要塞を攻撃するとの情報を得ると、保密局の指示を受け、抗戦期間北平に渡り、後に軍統局に吸収された台湾人林権民を動員し凃光明に、「暫時強硬な手段は避け、要塞と談判すべき」と説得させているが、その後連夜要塞司令彭孟緝に厳重に警備することを報告し、逮捕を計画した。ついに凃光明は彭孟緝に要塞にて射撃されるに至った。[230]

また、『国家安全局』「払塵専案附件」における「花東地区有関資料彙整報告」によると、この報告書は「蓮東組」がまとめたものであり、報告書には特別に「蓮東組は当時の第四諜報組」と注記されている。しかし、上述の一九四七年第二処諜報組編制からもわかるように、二二八事件発生当時、花蓮台東地区は第五諜報組に属するはずである。当資料からは、当諜報組の二二八事件期間における花蓮台東一帯の活動状況がうかがえる。報告書には、三月三日、花蓮・台東一帯の情況は次第に深刻さを増し、当諜報組は対策を講じ、所属各員に指示したと記載されている。その要点は、一、利用しているごろつきの首領と秘密裏に連絡を取り、彼らを策動し各反乱集団に反抗させる。二、虚勢を張り、反乱集団が軽率な行動を採れないようにする。三、地方で既に成立している矛盾関係を利用し、双方をそそのかし、その力を減少させる。四、心理作戦法を利用し、デマを流し、省民を相互に恐怖に陥れる。五、各種活動になるべく参加し、詳細に調査させる。であった。

報告書には当諜報組が二二八事件期間に行った調略工作についても詳細に列挙されている。花蓮では三月六日午後、「暴徒が白虎隊等十九隊を組織し、十二時に軍営を包囲し、憲兵の武器を没収し、外省人公務員を殺戮する」という密告を受け、即日当地下組織の金獅団呉豬ら三十余名を使い「軍営には大砲、機関銃などの火器があり、民衆が軽率な行動をとれば、全市が壊滅するだろう」というデマを流したため、「地方の善良な年長者たちはみな恐懼に堪えず、次々と青年たちに思いとどまるよう説得した」。また、金獅団と退役陸海軍人によって組織され、二二八事件中に活躍した白虎隊との既有の矛盾関係を利用し、「心理作戦方式を採り、当日互いに衝突させ」、ついには反対勢力が互いに消滅し合い、軽挙妄動できず「花蓮港は終始流血の惨劇を免れた」としている。台東では、当諜報組が三月二日に副組長を台東に派遣し、当地要員に情勢への対処を指導した。台東県参議会議長陳振宗らが情勢を主導する動きがみられたため、「関係を利用し青年を派遣し陳振宗に反対する画策を講じた」。三月五日の晩、青年が陳振宗の私宅を包囲したが、「陳は群衆の謀反を指導できなかった」。また、駐台東組員転令運用員鄭江水に密令し、当地の蕃民に日夜警戒させ、台東県長謝真の安全を確保した。

寝返り工作以外に、当諜報組は二二八事件期間に検挙に協力した「反政府組織」についても言及している。一、新港測候所長葉東杞より台東測候所長陳耀星宛ての秘密文書を入手したため、駐東組員に密かに命じ厳しく監視させた。また、関係を利用して調査し、その後、警察の立ち合いのもとに逮捕した。二、台湾省専売局（以下、専売局）酒工場職員陳如川が三月四日、秘密裏に代理共産党を組織し、党員百名余りを吸収し、拳銃、軍刀等の武器を配布したという情報を入手したため、ただちにこれを憲兵隊に密告し陳如川を拘束尋問した。三、関係を利用して、中国民主同盟の重要人物凌凍が花蓮で活動し、秘密裏に新生社を組織し、政府批判の過激な内容の刊行物を印刷したという情報を入手し、憲兵隊に密告し、拘束尋問した[231]。しかし、当報告書は二二八事件発生時から既に三十余年経っており、その内容と多くの事実は合致しない。陳振宗、王登科は測候所人員と秘密会議を開いておらず、しかも陳振宗を民衆側から政府側に転向させるというのはあまりにも芝居がかっている[232]。当報告は二二八事件後に資料をまとめて書かれたものであり、功績をたたえるきらいがあったといえよう。

### 三．中統局台調室

二二八事件発生後、台調室主任蘇泰楷は情報を中統局に発信すると同時に、穏健分子を吸収し、暴徒の勢力を分化した。また、疑いのある者を監視し、「反乱分子」の活動を防止した[233]。その要点は二つあげられよう。一つは客家語系の人々との良好な関係を通して、客家籍人士を抗争に参加させないようにしたことである。蘇泰楷は「二二八事件発生後、台湾省党部調統室の全工作同志は過去の抗戦における犠牲奮闘の精神で、当局に協力し、体を張って対処してきた。広東・客家系台湾人の協力者が最も多いことから、客家の指導者陳東龍に、客家の民衆には暴徒と合流しないよう注意を促し、我々の側に立って、調査工作に従事するよう忠告した。ゆえに今回の二二八事件において客家同胞は一人も参与していない。暴徒は客家人を気骨がないなどと揶揄したが、それにも動じなかった」と述べている。もう一つは、ごろつきを利用して反抗勢力を分化したことである。蘇泰楷は、二二八事件発生後、「関係同志を通してごろつきの指導者的地位にある王煥章、林嘉交、曹賜詩、黄成源、謝其成らを掌握し、暴動集団から脱退させた。ゆえに今回の二二八事件においてはごろつきの参加者も少数にとどまった。」と述べている[234]。

さらに、二二八事件発生後、調統室は三月三日に蔡志昌、陳平闞、李來旺らを即台中に戻し、黄國書に協力させ治安の回復および調査工作を展開した。三月四日の晩、蔡志昌が台中に到着した後、「中立的立場の人物および純粋な学生、消防隊等団体を集め」、「台中地区治安協助団」を組織し、台中地区の治安維持に協力させようと、当地の同志を介し現地の消防隊に武装させ、蔡志昌の自宅を拠点にするよう通知した。しかし、三月六日、謝雪紅が東勢隊と埔里隊を派遣し蔡宅を包囲、蔡志昌、陳平闢ら計五〇余人は捕らわれ刑務所に拘束された。[235]これを知った時の台中地方裁判長饒維岳は、「蔡専員は中央が台湾に派遣した工作人員であり、重大な使命を負っている。どうして見殺しにできようか」と、ついに策を講じて蔡志昌ら五〇余名を留置所から救い出している。[236]謝雪紅らの民兵勢力の存在は蔡志昌が計画していた「台中地区治安協助団」の中止を余儀なくさせた。そのため、台中市には忠義服務隊のように「治安維持」を掲げるものが欠けていたようだ。その実は公然と略奪し、秩序を破壊する特務とごろつきの混合勢力であったのであろう。[237]

注意すべきは、二二八事件期間における台中市党部の反間調査行動が、台中調統人員と関わっているのかどうかわからない点である。当時の台中市党務指導員林金藻の事後報告によると、台中は三二事件発生後、党務指導員林金藻、党部秘書施雲驤が、「危険であるとはわかっていたが、職責を全うし、引き下がらせず」、秘密裏に「忠実的同志」を指揮し潜伏及び活動させた。中でも施金涂、魏賢坤、徐成が最も努力していたと称えている。施金涂（文化図書公会理事、台中市第五一党部執行委員）は台中地区時局処理委員（以下、処委会）総務部工作にまぎれ込み、情報の収集を担当した。処委会の機密と動態、危険な言動および各計画は、すべて彼の手によって調査され、逐一報告し、反乱分子粛清の方策を献じている。魏賢坤（国民新報社社長、台湾日報台中市弁事処主任、台中市第九区分部宣伝委員）、徐成（民声報社社長、台中市第四区分部書記）は処委会内において調査および部委員への連絡を担当し、同時に「反政府組織の暴徒」の行動調査も請け負っていた。また、学生と忠実分子に連絡をとり、「反政府組織」をコントロールしようとした。とくに暴徒の力の分化、処委会目標の是正において効果が最も顕著であった。さらに、蔡志昌は幹部を糾合して「異党」をコントロールし、「反乱分子殲滅工作」に協力した。范来福（医師公会理事、台中市参議員）は異党をコントロールし、反乱分子殲滅に協力し、陳朝木（本部幹事）は本部機密公文書を保護し、忠実同志に連絡をとり、地下工作に協力した。[238]

### （五）対立者を攻撃し、同志を庇う

既存の史料の内容から、二二八事件期間中に、情報機関間が暗闘し、互いに排斥し合っていたことを明確に知ることができる。保密局は情報を使って対立者を攻撃し、派閥闘争を行った。主な対象は政敵のＣＣ団、国民党省党部、国民党に所属する三青団である。[239] 情報によると、三青団の担当者李友邦が台湾に到着し、台湾共産党の旧部を大々的に吸収し、二二八事における反乱の首謀者となった。[240] 三青団の団員の多くは共産党分子で、反乱の主犯であった。台湾青年団の失敗は、改革を急ぎ、共産党分子を一掃したことではなく、党国家の役に立たないのみならず、反乱分子の温床となってしまったのだということがわかる。[241] また、保密局台湾站組の人員は事件の責任を国民党省党部および党部と協力関係を持つ蔣渭川らに転嫁した。台湾省党内部では、林紫貴委員、台調室主任の蘇泰楷、新竹市党部指導員の彭徳らが巻き込まれ、[242] 党部主任委員の李翼中本人も、二二八事件後に「事件を扇動した」と非難された。これを機に騒ぎを起こす者は、もともと「普段陳儀の元を訪れることは少なかったが、この日を境に何度も彼を訪ねる者が現れ、それも数日続いたという噂が流れた」。[243]

台北と台中に配置された中統局台調室の工作人員は、二二八事件において繰り返し疑われ、逮捕拘禁された。三月一三日、台湾省行政長官公署は調統室主任の蘇泰楷が「職権を濫用し、法規に違犯する」行為を犯したとした。そしてこれに対し、法に基づき登録・承認されていない『重建日報』号外を使い、「反乱の言論を記載し、人々を扇動し、混乱を助長した」として逮捕した。それと同時に警備総司令部より国防部に伺いを立て、法に基づき処理するよう指示を受けた。[244] その後、閩台監察使楊亮功、憲兵団長張慕陶が陳儀に保釈を求め、三月一九日、台湾省党部書記長張兆煥が警備総部に蘇泰楷の保釈を命じた。拘留期間は一週間であった。[245]

台中市の情報機関では内紛劇が繰り広げられた。その内容は「調統室＋憲兵VS保密局＋市政府／警察局」の対立である。[246] 二二八事件勃発前より、双方はすでに一度対立していた。保密局台湾站台中組の情報によると、二月二六日晩の一二時、台中市長黄克立、警察局長洪字

民は警察を動員して蔡志昌率いる「十四大哥」を逮捕した。そのメンバーで噂を聞きつけ逮捕を免れた者は台北、新竹等に身を潜めたが、蔡志昌および憲兵隊長王守樸は逮捕行為を極力擁護し、「暴動も起こした」。蔡志昌らは饒維岳によって救出された後、警備総司令部が憲兵に「反乱者」を捜索する権限を与えたため、蔡志昌は憲兵との関係を利用し、報復の機会をうかがっていた。「警察局および我が工作人員を対象とし」、「台中組の運用人員詹木權ら二人」は言われもなく憲兵隊に拘禁された。そして、あらゆる手段で警察署長洪字民を陥れたのである。また、蔡志昌と王守樸は台中市長黃克立および警察局長洪字民を暗殺すると公然と言いふらしているという噂もあった。「この案件は共産党関連ではなく、中国中央特務機関内の、軍両統計局の意見不一致のため、警察局に逮捕を命じたのだと裁判所に訴えた。」、「本局の名のもとに宣揚するなど、卑劣なこと極まりない」[247]。

一方、憲四団駐台中憲兵第三営営長孟文楷が一九四七年三月三一日に憲四団団長張慕陶へ提出した報告書からも両者の対立がみられる。報告書の中で、孟文楷は台中市長黃克立が無断で職を離れ、警察局長洪字民は「生き長らえるために良心に背き、無条件で武器を手渡した」と指摘している[248]。派閥闘争劇は一九四七年八月まで続き、蔡志昌は「内乱罪」で拘禁された。当時同じく拘禁されていた鍾逸人によると、蔡志昌は当初孟文楷によって罠にかけられたと述べていたが、後に保密局人員李良彬が主導していたと述べたという[249]。

対立者を攻撃することに加えて、保密局台湾站档案および関連資料から、同志を庇う状況も見ることができる。通訊員張振聲は三月二一日および四月三日の報告において、『新生報』校正員劉振良の「行動が怪しく、神出鬼没であり、反政府活動の疑いがあるため、注意が必要」だとし[250]、『新生報』編輯者黃爾尊、祕書蔡雲程および劉振良の三名は「造反の疑いがある」と指摘している[251]。台湾站は四月初旬に直属通訊員董貫志に調査報告を命令した。しかし、董貫志は、当新聞社校正員劉振良は「純良で素朴な世間知らずであり、平素は外部の人間とのかかわりもなく、反乱分子である疑いはない」と報告している。当報社主任秘書蔡雲程は、「国民党の忠実な党員であり、三十一年重慶にて軍委会国際問題研究所上校科長を務め、反乱分子に対処する寝返り工作を統括し、三十三年命を受け香港に派遣され、敵後方の地下工作では功績を残した。平素より同志と接触し、党国に忠誠である。共産党分子と疑われたことは、実に恨みからくる虚偽の告発である」と述べている。[252]

また、二二八事件期間に反間工作のため処理委員会治安組組長兼忠義服務隊総隊長を担当した許徳輝は、三月一二日憲警に逮捕され、行政長官公署編輯発行の二二八事件報告書における反逆者リストに名を連ねている。しかし、陳達元、林頂立の二名を通して軍憲に釈明が加えられ、釈放された。[253]自己保全の外に、許徳輝が使用した林秉足らは、かつて二二八事件当初抗議デモを発動したが、自己保全を得るだけではなく、陳戊己らをも保護し、逮捕を避けることができたのである。[254]また、陳達元が匿った陳逸松と劉明については、陳は三月八日に祕密裏に劉明へ書簡を送り、難を避けるよう注意を促し、二人に身を隠すための住居まで提供している。[255]さらに、林頂立が陳海永を匿った例も挙げられる。台湾站は四月初、陳海永が陳篡地の陣営に参加したという情報を受信している。[256]斗六地区「首魁」と指摘された陳海永は、站長林頂立の同郷であったため、その保護を受けた。まず、林頂立が四月八日に「斗六にもどり寝返り工作を担当すること」を命じ、四月一八日に、陳海永が站に呈上した報告によると、陳海永の寝返り工作の成績は「成功といえる」とし、[257]この状況を保密局局本部に呈上し、「ゆえに今回の寝返り工作は頗る順調といえる。多くの者が武器を所持し帰党したのは初めてのことである」と述べている。[258]

これらの情報資料には、善か悪かという一定基準はないようであるが、情報人員の自己判定を詳細に観察すると、「関係さえあれば問題ない」という状況が随所に見受けられる。

## (六) 捜査から逮捕・処刑まで

二二八事件発生当時、憲兵特高組を除き、保密局台湾站と中統局調統室は捜査逮捕の権限と責任を与えられていなかったため、実際の行動能力あるいはそれに相当する編制もなかった。

例えば保密局台湾站の史料を見ると、台中組に呈上された「江海濤同志の報告によると、台中市警察局を通して、中部綏靖司令部に護送し陳寶堂を取り調べる」際について台湾站が示した回答意見は「王同志がいう警察局を通して犯人を護送するとのことだが、それは越権行為である。今後は勝手な行動をとってはならないとする」であった[259]。ゆえに、台中組の代電回答では明確に、「本報告の第二十一師団参謀処に報告し、王金生を逮捕し、また警察局を通して陳寶堂を護送するという二種の手続きは任務遂行における権限を逸脱しており、且つ身分と関係があるため、今後は先づ許可を得てから、工作することが重要である」と示されている[260]。また、一九四七年三月、台中組より台湾站へ呈上された報告によると、台中地区で二二八事件に参与した主要人物は巫永昌らであり、報告には「これらの人員を制裁すべきか否か、指示を請う。また、当組は非公開組織であり、本反乱分子殲滅工作を展開する際、その権限は軍憲に属しているため、連絡を取ることができない。閣下の站より憲四団長に非公式の書簡を送り、三営長との連絡を願いたく、反乱分子粛清への協力を請う」と記されている[261]。これらは二二八事件期間台湾站組は未だ捜査逮捕の権限を与えられていたかったことを示していると言えよう。

しかし、調統室が二二八事件期間、蘇泰楷、蔡志昌らが逮捕され、頻繁にたたかれた局面とは異なり、台湾站メンバーは積極的に反間計画を遂行し、さらに二二八事件における任務遂行とその許可を取り付けた。二月二八日より台湾站は陳儀に献策し、忠義服務隊反間処理委員会を組織した後、陳儀と柯遠芬に重用された。警備総部参謀長柯遠芬は二月二八日および三月二日、警備総部調査室陳達元、憲兵第四団長張慕陶、「軍統」林頂立を二度に渡って召集し、密偵に参与したものを監視させ、後日一挙に捕えられるようにした[262]。また、こうした情報員の努力があるからこそ、主謀者のリストをおおよそ把握することができ、随時事件の趨勢を監視できると考えたのであろう[263]。

三月三日、陳儀は義勇総隊の設置を許可し、林頂立が総隊長を務めた。柯遠芬は三月四日、林頂立を招集し組織の規則と任務について打ち合わせ、さらに装備と経費の支給を決済し、即設立を命じた[264]。三月四日の晩、柯遠芬は新荘倉庫守兵が「反乱分子」二名を捕獲し、その晩台湾大学および建国中学両所で集合し、暴動を謀る予定であったという情報を得た。柯遠芬はその後、義勇総隊総隊長林頂立および憲兵第四団団長張慕陶に知らせ、派遣を待つよう命じた。そして、三月五日、林頂立に便衣隊員を派遣し建国中学と台湾大学へ捜索を命じ、隊員を台湾大学付近に派遣し集合を計画している民衆を解散させた。[265]

また、許徳輝の反間報告書からも、二二八事件期間に忠義服務隊の組織計画の外、三月四日午後、処理委員会により軍憲の外出が制限されたことから、許徳輝は陳達元を通して高頭北ら十名を派遣し警備総司令部通訊連絡工作を担当する旨を柯遠芬に伝え、同意を求めたことがわかる。[266]また、注意すべきは、既存の史料から、許徳輝は忠義服務隊総隊長ではあったが、林頂立が実際の指揮者であったことである。一九四七年三月六日、林頂立は「台湾忠義服務総隊用箋」で報告書を書いている。文書番号は「忠字第四号」。参謀長柯遠芬に呈上してから兼総司令陳儀に転送されている。情報の内容は主に基隆および宜蘭、花蓮、台東等の事件における関連情報であった。[267]以上のように、台湾站は軍政当局の信任を得たことから、次第に捜査逮捕の資格を獲得したことがうかがえよう。多くの資料からもわかるように、林頂立と許徳輝が組織した「行動総隊」および「忠義服務隊」はその成立後、所属するごろつきが公然と略奪を働き、一般市民を脅し、徒党を組み、公務と偽り私腹をこやした。ひいては三月六日晩、林頂立は隊員に命じ台北市バスの

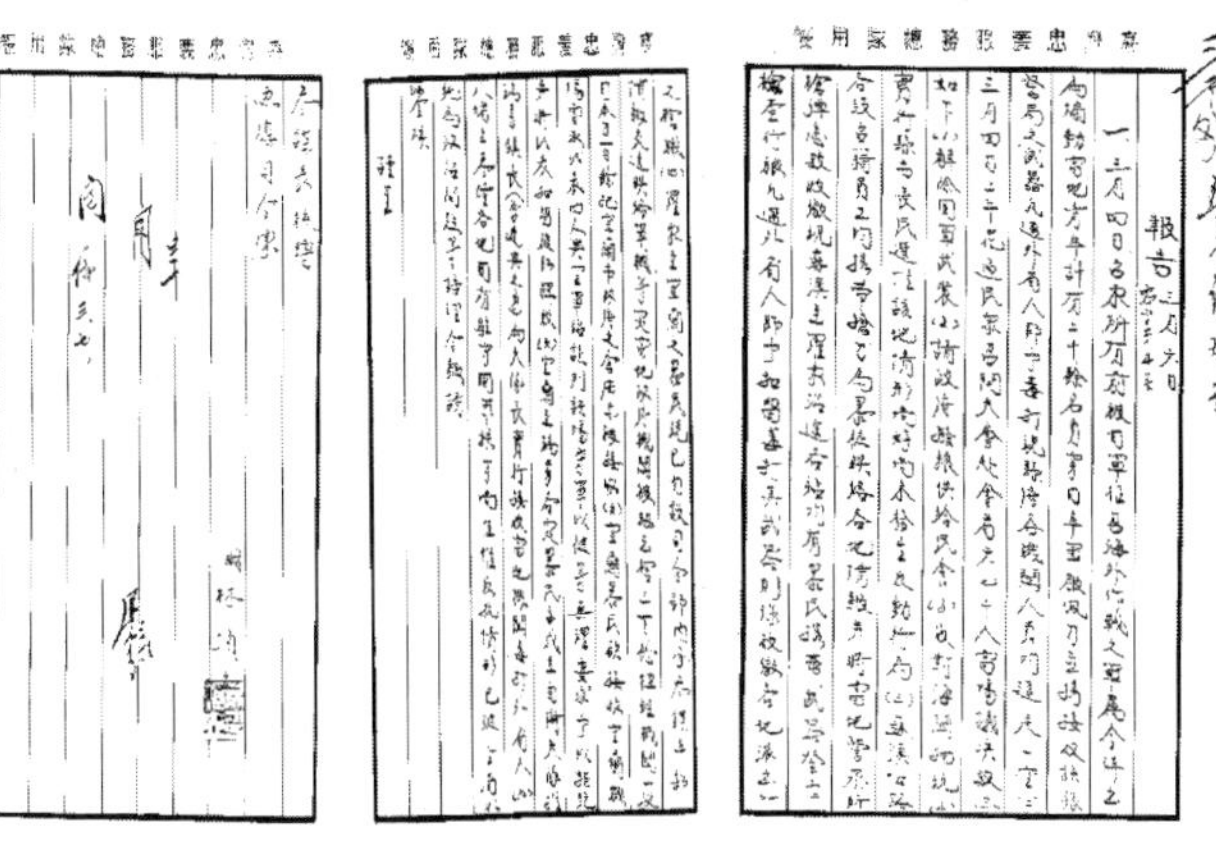

図五−四　林頂立が提出した「忠字第四號」

出典：「林頂立呈陳儀『台灣忠義服務總隊報告』（1947年3月6日）」、中央研究院近代史研究所編『二二八事件資料選輯（六）』所収、六七四―六七六頁。

車庫に侵入し放火しようとしたが、幸い守衛に発見され、応急措置がとられたため、大事には至らなかった。[268]

台湾省党部主任委員李翼中によれば、三月九日、国軍第二十一師団先遣部隊一団が基隆に到着し、台北へ出発する際、陳儀は全省戒厳を宣布した。南北の戒厳地区は台中を境とし、基隆要塞司令史宏熹が北部戒厳司令を、高雄要塞司令彭孟緝が南部戒厳司令を担当し、軍事配置は大方定まった。「二二八事件処理委員会」は解散され、特別に別働隊が設置された。林頂立が隊長を務め、劉明、李清波が補佐し、陳逸松が参謀長を務め、張克敏、高欽北、周達鵬は大隊長に就任した。[269] 同じく林頂立を長とする、柯遠芬がいうところの三月三日に成立した義勇総隊、および李翼中がいう三月九日に成立した別働隊に対して、戴國煇、葉芸芸は『愛憎二二八』のなかで、二者は「同一の組織であろう」としている。[270] この推論は非常に的を得ているといえよう。別働隊が三月九日に成立したのであれば、義勇総隊の基礎の上に拡張編制されたものであるはずで、且つ皆林頂立が主管している。保密局台湾站の史料によれば、そのメンバーの多くは台湾站人員である。

二二八事件期間、台湾站人員が別に設けた行動組織には、義勇総隊、別働隊、忠義服務隊等がみられた。中でも上述の通り、別働隊は義勇総隊を継承改編した組織であろう。なぜなら、三月九日以降、「義勇総隊」の文字は見られなくなったからである。一九四七年三月三〇日林頂立より警備総部司令部へ呈上した逮捕者リストの公文書には「別働隊司令部司令」が使われており、[271] 少なくとも三月末までは、別働隊司令部は警備総部に属し、且つ対外的に公文書を出すことのできる臨時編制であったことを表している。そのため、別働隊が保密局台湾站の二二八事件期間における捜査逮捕組織となったことにより、三月二四日、第二処に送られた台中区奸党叛徒リストに対して、台湾站の返答には、「別働隊に副本を送り憲兵に転送し追究すべき」と書かれているのである。[272] 台中組通訊員楊嘯は、時局が安定した後、「各資本がまた反乱分子の手に渡る」のを回避するために、早急に謝雪紅の経営する大華酒家と鹿鳴茶室を調べるよう建議した。時局が安定した後、「各資本がまた反乱分子の手に渡る」のを回避した。台湾站の三月二九日の回答意見は「別働隊に公文書を送り、警備部に転送し処理させる」

であった。[273]

また、忠義服務隊副隊長の廖徳雄は、三月九日から一一日の逮捕行動については、「ほとんど忠義服務隊の隊員が先頭に立ち逮捕におよんだ」と指摘している。[274]しかし、忠義服務隊が外部で捜査逮捕の行動に出られるのは三月一二日までであった。なぜなら、三月一二日、憲警六名が互正公司に赴き許徳輝の行方を査問し、後に毛簡より陳達元、林頂立に軍憲に説明を加えるよう願ったが、[275]その後「反逆リスト」に載せられているからである。そのため、再び「忠義服務隊」の名義で行動することはできなかった。しかし、保密局台湾站档案を見ると、三月一六日、通訊員林徳麟が台湾站に呈上した「趙阿寶による謝娥の家具および天府酒家焼き払いに関する事件」について、台湾站は三月一六日の回答で、趙阿寶を「反徒リストに入れ処罰する」[276]としたが、その後偽名高登進の許徳輝は「速やかに特務隊を派遣して犯人を逮捕し、後顧の憂いを断つべし」と建議している。[277]特務隊は前述の許徳輝に長年従って来た三〇名から編制されており、忠義服務隊付けとなっている。以上のように、忠義服務隊は三月一二日以降、外部で捜査逮捕行動は取れなかったが、元々忠義服務隊に付属していた特務隊は、秘密裏に行動任務を執行していたのである。

上述の忠義服務隊、別働隊等の組織はもともと台湾站を本来の通訊站として位置づけていなかった。台湾站の情報伝送内容からみると、さらに取り調べが必要な者に対して、保密局はその多くを姚虎臣らに引き渡して行うべきだと台湾站に指示している。一九四七年四月七日から六月九日の間、保密局より台湾站へ送られた計二〇通の電文中、一通は「陳達元に調査・処分させる」と指示し、一通は「劉戈青同志と秘密裏に協議」と指示、一通は「調査室周甯に」転送を指示している。その他の一七通は、すべて姚虎臣に送り、「長官部に逮捕許可を請う」、「警備部に報告し処理する」等と指示しているが、これは一考に値する。一、保密局は当時警備総部第二処を台湾站公開の掩護および協力機関だと認めており、「台湾站—第二処」のパイプを通せば、保密局あるいは台湾站は警備総部第二処を通して、直接陳儀の台湾における政策決定に影響を及ぼすことができた。二、調査室は表向きは撤廃されていたが、実際には運営が続いていた。保密局は「謝雪紅は台湾共産党秘密活動分子の首脳であり、陳達元同志に伝達しスパイ罪で逮捕し厳しく取り調べさせ、その状況を報告されたい」と指示している[278]。

台湾站の各組、員の情報報告に対する意見をみると、各組あるいは通訊員からの情報に対して、台湾站の処理方式は三つ挙げられる。一、直接局本部に転送、彙報を呈上する。二、報告者に引き続き調査を依頼する。三、警備総部第二処姚虎臣あるいは警務処刑事室劉戈青らに逮捕起訴を請うものであった。一九四七年三月二〇日から六月二四日までに、計一四件ある台湾站から各組、員の情報に対する意見のうち、二件は決定と同時に警備総部第二処姚虎臣、警刑室劉戈青および憲四団団長張慕陶に転送し取り調べ処理を行う内容で、三件は同時に警備総部第二処姚虎臣と警刑室劉戈青に転送、六件は警備総部第二処姚虎臣のみに、二件は警刑室劉戈青のみに送られ、一件は「張慕陶によって捜査」であった（附録表七）。台湾站の上述の政策決定は、一部分は保密局の指示であり、一部分は自主的な判断である。上述の保密局の指示をみると、台湾站の決定は多様化をみせている。姚虎臣に転送し処理させるケースが多いが、警刑室劉戈青および憲四団張慕陶という二つの選択肢もある。張慕陶との連絡はおそらく林頂立が参与した別働隊に基づき、張慕陶と同様に陳儀の処理緝捕工作の命を受けたものだと考えられる。劉戈青との連絡は、保密局が二二八事件期間の情勢に乗じて拡張したもう一つの外延機関である。

劉戈青は、国防部第二庁上校専員で、軍統局における任務経験豊富な特務人員である[279]。二二八事件発生後、命を受け台湾に渡った。放送設備の携帯、張學良の安否の確認および命を受け保密局台湾責任者陳達元と共に当局に協力し騒動を平定した外[280]、さらに注目すべきは、渡台後の劉戈青は、保密局の台湾省警務処内に外延組織を設けたことである。二二八事件発生後、大多数の台湾籍警察は自ら武器を差し押さえる者、武器を捨てる者、家に帰り傍観する者、抗争行動に参加する者までいた。そのため、二二八事件期間、台湾における警務人員は大きく調整せざるを得なくなった。三月八日、前省警務処長胡福相が「病気で辞職」したことから、台湾省警備総司令部副官処少将処長王民寧によって引き継がれた[281]。台湾到着後の劉戈青は、三月一四日、命を受け警務処副処長兼刑事室主任に就任し、前副処長揭錦標は病気のため警務処専員となった[282]。

鍾逸人によると、王民寧は警備総部において「ただの権勢のない副官処長」であり、胡福相を引き継いで警務処長に就任した主な要因は王氏が台湾籍であるためだった。「台湾人を騙すための配置だった。[283]」このような情勢のもと、劉戈青は警務処副処長兼刑事室主任を務め、台湾の警察界において、更に意のままに振舞えたといえる。劉戈青が警務処に入った後の一九四七年五月、警務処は台湾には既に刑警制度があった。しかし、「本省は過去に機構の設置があったが、市県に限られており、正常に運用できず、且つ力も分散し、その機能を失っていた」とし、警務処刑事室組織規程草案を作成している。[284]一九四七年八月より刑警組織の拡充を計画した。その主な内容は一、刑事室の強化、二、刑事警官大隊の増設（同年一一月設立）、三、県市警察局（所）刑事股から刑事科（課）への拡張、四、市警察分局および県之区警察所における刑事組の設置。であった。採用された刑事警察の多くは軍統局所属中美所特警班出身で、特務色を帯びていた。[285]

劉戈青は来台後まもなく、三月には台湾省行政長官公署警務処副処長兼刑事室主任に就任している。[286]これは保密局が二二八事件において勢力を拡大するコマであったとみることができよう。台湾にもう一つの公開掩護機関を設けたのである。そこで軍隊が台湾に到着し、局勢がやや安定した後、各組あるいは通訊員が情報を収集し、さらに捜査が必要であれば、警備総部姚虎臣に転送し処理するほか、警務処劉戈青に転送する場合もあった。

一九四七年一二月八日、保密局が「沈秩立」の偽名で、偽名「郭治平」の台湾站に代電し、「所属および機関同志に協力し合い、法院のスパイ処理に対する不正行為の証拠を聴取し報告すること」と指示した。この電文に対し、台湾の意見は「姚処長、林頂立と各同志に証拠調査を報告させよ」であった。[287]その後、台湾站は「各組属、林頂立、姚虎臣、劉戈青」に指示し、「台湾地方法院等の収賄の証拠となる電文の調査を請う」としている。[288]このことから、姚虎臣所属の警備総部第二処、および劉戈青所属の警務処刑事室と保密局との密切な関係がうかがえよう。また、台湾站は秘密通訊組織であり、警備総部第二処および警務処刑事室は公開の掩護機関であるという保密局の台湾における組織図が自然と浮かび上がるのである。

軍法処長徐世賢によると、二二八事件発生後、三月一五日に至るまでの期間内、台湾省は混乱状態に陥った。「奸党暴徒による仇討ち狙撃は抑制できず、外省人本省人を問わず、この期間内に死傷、失踪事件が相次いで発生した」。台北市衛生院は身元不明の遺体計四七人を埋めてあり、南港橋では八体の死体が発見された。その中には本省高等法院推事呉鴻麒、群衆の報復攻撃に遭った専売局煙酒公司委員林旭昇、二二八事件には無関係である医師鄭聡、干し豆腐屋の周淵過、および身元不明で引き取る者がおらず、本省人か外省人かもわからない者も含む。さらに「すでに首謀で主犯の王添灯および林連宗両名を指名手配した。また、その家族は失踪した宋斐如、林茂生、林桂端、李瑞漢、李瑞峰、施江南、阮朝日らについての調査を各機関に依頼している。調査の結果、みな行方が分からず、家族は釈放を願い出て、各機関部隊を調査したが、拘禁されていなかった」[289]。

一九四七年一二月三一日、党部主任委員丘念台は蒋介石に呈上し、「二二八事件は、官警による乱殺が先にあり、続いて民衆による殴打虐殺、そして、軍憲は法を曲げ威勢を誇示し、過度に惨殺をするという、実に暴を以て暴に易う状態である」としている。当時、著名士紳で罪名なく殺害され死体を隠蔽された者は一三人、殺害され死体を隠蔽され、事後指名手配となった者七人、無罪で殺害され、死体の確認がとれた者二三人であった。その他、原因不明ながら殺害された民衆は、「全台湾で二三千人を下らなかった」[290]。以上のことから、二二八事件期間における粛清の恐ろしさと軍政機関の横暴ぶりがうかがえよう。保密局台湾站の史料には「楊元丁は死亡後一ヶ月余り経っているが、なぜ死亡したのか。おそらく暗殺され、死体を港に遺棄されたのであろう」[291]。「今民衆は不安に襲われているにすぎない。反乱分子粛清期内は、逮捕尾行が比較的多く、時に殺されるので、民衆の心理に一種の恐怖感を覚えさせたにすぎない」[292]。「粛清期間内、報復する意図があったかどうかは明らかではない。また、時に基隆の海面に死体が浮かび上がってくるが、なぜ死亡したのかは不明である。」[293]「王添灯はすでに秘密裏に裁定が下されている。陳復志はすでに銃殺し、その他の多くは逃亡した」[294]などの関連情報もみられる。

上述のとおり、二二八事件期間に発生した一連の工作あるいは処刑について、その実際の執行者が一体どの情報機関だったのか、未だにはっきりとした答えは見つかっていない。既有の口述によると、その多くが林頂立と憲兵特高組だと指摘している。警備総部副参謀長范誦堯は、後に林頂立が特別行動隊を設立し、憲兵にも特高組が設立され、全面的に犯人を逮捕したと述べており、銃殺された犯人については、多く軍統局の林頂立が担当していた[295]としている。李翼中は、国軍の台湾到着後、「警察大隊、別働隊は各地において厳密に二二八事件に参与した暴徒を捜索した。名士、青年学生も罪を免れることはなく、投獄された者、あるいは逃亡した者は数えきれないほどいた」と述べている。[296]帰順した民衆の証言でも、林頂立は千人余りの「行動隊」（別働隊を指す）を率いて、隊員は各地で「活動分子」を尾行し、威嚇、強奪、殴打を繰り返し、町を恐怖に陥れたことに言及し、また、二二八事件における主導者格の暗殺を謀ったとはっきりと指摘している。[297]

さらに、林衡道は、「二二八事件時に殺人を犯した者には二通りいる。人を乱殺した兵士と情報人員である」と述べている。[298]歐陽可亮は、陳儀が三月一二日晩の会議において、即座に処刑することと二二八事件関連の容疑者について決議し、特務が組織した行動隊と憲兵第四団に工作の担当を割り振った。処刑場は二か所に分け、行動隊は圓山右側の大直に、憲兵第四団は馬場町の蛍橋に設置した。宋斐如、林茂生は大直で銃殺されたと述べている。[299]また、「二二八事件中、最も多く人を殺したのは姚虎臣、彭孟緝と林頂立の三人だ」とも証言している。[300]

中統局の情報によると、「警察および警備部軍士は、九、十の両日に来て報復行動を起こし、暴徒を殴打、拘束し、台湾人民は極度に狼狽した」[301]、「警備部第二処は十日の晩より総行動を開始し、市内の反乱分子の粛清を決定した」[302]とある。これらは警備総部第二処あるいは警察系統の関与を指摘したものだが、しかし、警備総部参謀長柯遠芬は「陳長官が決定し捜査逮捕するのは首謀分子であり、憲兵張慕陶団長が主導し、警備総部調査室、軍統局台北站がこれに協力し」、また、「陳儀が私を引見し、もう決心したと述べ」、「逮捕については、主に憲兵が陳儀の裁定したリストを元に執行したが、そのリストは陳儀が直接憲兵団長張慕陶に渡した」、「実は、警備総部は終始人員を派遣し犯人逮捕の行動に参与することはなかった」。「犯人の逮捕は軍統局の林頂立によって組織された特別行動隊と張慕陶の憲兵団によって組織された特高組が協議の後、直ちに執行され」、「私すら知らされていなかった」と述べている。[303]

このように入り混じった証言をどのように解読すべきであろうか。本稿では、二二八事件期間に秘密裏に裁定あるいは処刑を行った者は、軍隊以外に、憲兵特高組と台湾站組が設けた別働隊、台湾站の公開掩護機関である警備総部第二処であったであろうと推測する。そのうち、憲兵第四団は三月一一日より警備総部から治安全権を与えられた。「警察組織は機構が健全化するまでの間、警察が外で不法に職権を行使することを禁じる。治安は一律憲兵が担当する」ことから、[304]さらに傍若無人に振る舞うことになったのであろう。

情報機関が各所で数々の独断的な過激行動をとり、暗殺行為を認めないことから、国軍の台湾到着前後、粛清の空気に覆われた期間、紳士や民衆はいわれもなく情報機関に連れて行かれたまま消息不明となっている。また、指名手配リストがさらに社会に恐怖を引き起こした。陳炘の妻謝綺蘭は、夫の陳炘が三月一一日に令状を手にした台北市警察局刑事股長林致用に「連行された」と訴え出たが、警備総司令部の命令を受け、警備総司令部で尋問され、「未だに消息不明」とされている。[305]また、一九四七年に台湾全省警備司令部は台中市長李薈に電文で「林連宗は、警備総司令部に逮捕されたとあるが、台湾省警備総司令部はこのような案件を扱っていない」と伝えている。[306]林連宗の妻林陳鳳の陳情内容には、林連宗は二月二八日、台中において、北上し地方の民意を伝達するよう推挙され、事が済んだらすぐ戻る予定であったが、交通が中断され、やむなく台北市中山区の友人李瑞漢のもとに滞在することとなった。三月一〇日午後五時半、突如憲四団憲兵一名が私服人員四名を従えて林連宗、および李瑞漢、李瑞峰兄弟計三名を連行した。「三か月余り経ったが、これまで消息不明」、「各所に何度も問い合わせたが、徒労に終わり、その苦痛は言い難いものである。一昨日新聞に夫の名前が指名手配中と掲載されており、婦人は原因がわからないため、その苦痛は倍増している」[307]とある。これに対し、一九四七年七月、台湾全省警備司令部は憲四団団長張慕陶に調査回答を求めたが、[308]憲四団の回答は、「本部は三月十日の午後、憲兵に私服人員を派遣し逮捕させた事実はなく、憲兵が職務を執行する際は、完全武装をし、出頭命令を執行する時は、必ず出頭命令書を交付する。また、逮捕を執行する際も逮捕状を交付しなければならない。出頭命令書、逮捕状を提示されていないのならば偽りあるいは報復行為であろう。且つ林連宗は二二八事件に参与し、その反乱行為の罪は明らかであり、前警備総司令部が国防部に指名手配の許可を得たのち憲兵に逮捕させたのであり、なぜ指名手配に至ったのかは明らかである。つまり、当時は情勢が混乱しており、林連宗が誰に逮捕されたのか、あるいは機に乗じて逃走したのか、本団は詳細に調査したが、その消息はわからない」であった。[309]

三月一一、一二日に憲兵司令張鎮が台北一〇、一一日の情報を基に作成した電文内容を参照すると、張慕陶のいう「詳細に調査したが、その消息はわからない」というのは明らかに虚言であることがわかろう。張鎮は文中にははっきりと、「陳長官は十日、憲兵駐台特高組に命じ、国大代表林連強（林連宗の誤り）、参議員林桂端、李瑞峰（彼等は連署し高等法院を接収した弁護士）、および反政府組織首脳曾壁中らを秘密裏に逮捕させた」と記載しているのである。[310]李瑞峰らが憲兵特高組により秘密裏に逮捕されたことは明らかであろう。しかし逮捕後の消息はわかっていない。

もう一つ同様の事例として、二二八事件期間に処理委員会委員兼宣伝処長を担当した王添灯の妻徐罔が一九四七年九月に陳情した内容によると、王添灯は三月一一日午前六時に自宅で「私服人員が憲兵と名乗り、夫が突

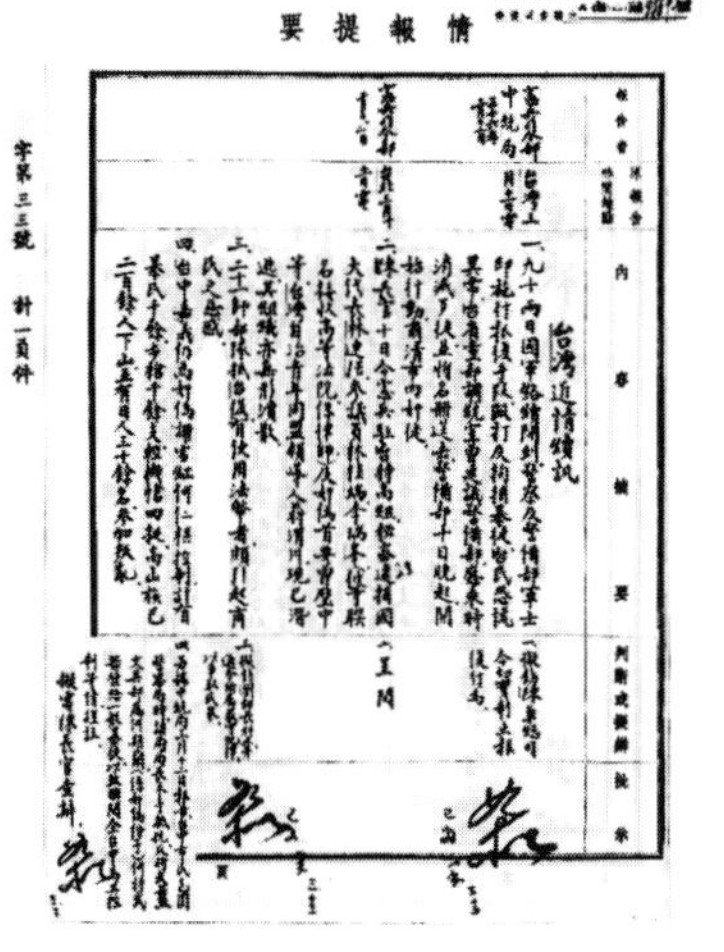
情報提要

図五−五　憲兵司令部から駐台特高組に宛てられた林連宗ら逮捕の秘密報告
出典：「憲兵司令部呈報台灣情報」（1947年3月12日）、侯坤宏編『二二八事件檔案彙編（十七）』所収、二三一頁。

然連行され、そのまま音信不通となっている。一体どの機関に逮捕されたのか、またその生死もわからない」、「六月六日、『新生報』で指名手配が公表されたが、先に逮捕され、その後指名手配されており、これは恨みのある者が軍警を偽ったのか、それとも他の事情があったのかわからないが、すでに失踪したことは確かである」[311]。台湾全省警備司令部は同様に憲四団団長張慕陶に調査報告を依頼したが[312]、この案に対し、張慕陶は重ねて「法に基づき執行している。出頭あるいは逮捕が必要な場合は、証明書類を所持しなければならず、正式な制服を着た兵士によって公開執行される」と表明したほか、「便衣憲兵を派遣し犯人を逮捕したことは一度もなく、ましてや王添灯を逮捕拘束したことはない。陳情では便衣人員が自称憲兵と名乗り逮捕したようであるが、調査するに、当時の情況は極めて混乱しており、一般的に法に背いた輩が軍警の名を借りて報復行為に及ぶことも少なくない。王添灯の失踪は、憲兵の名を借りた私的な拘束であり、濡れ衣を着せようとしたという可能性もあろうとも述べている[313]。蘇新によると、王添灯はその後、憲兵第四団団長張慕陶に拷問にかけられ、ガソリンに火をつけられ死亡したという[314]。

さらに、二二八事件期間に基隆海面に大量に出現した死体の記憶は現地の人々の心から消し去ることができない。林溯涼女士は、「当時、海上に死体が多く浮かび上がっていて恐ろしかった」と述べており[315]、謝錦文は、父親の謝福清が二二八事件期間に行方不明になったので、祖父と探し回ったが、「三月十八日、誰かが浅水埠頭に死体が浮かび上がって来たと言ったので、祖父は私を連れて探しに行った。死体の山の中には私の父親は見つからなかった。ちょうどそこを手押し車を押して通りかかる人を見たが、手押し車には死体が沢山積み重ねられていた。港の死体は引き上げられ、岸壁に置かれていた」[316]、また、当時基隆の税関工作船を担当していた何氏は、「海面には死体がたくさんあった。浅水碼頭、牛稠港、仙洞、哨船頭、三沙湾、浜町、社寮島等の海面には至るところに死体が浮かんで、目も当てられないほどだった。針金で縛られていたり、縄で縛られていたりする死体が海面に浮かんでいた。また、岸辺に放置されている死体もあった」[317]、当時の目撃者による回憶からも心が痛むほど恐ろしい情景を感じ取ることができよう。

この壮絶極まりない悲劇は一体誰の手によって行われたのか、いまだに全ての情報機関がそれを認めることはなく、また、政府による関連調査も見られない。しかし、国史館所蔵の『嚴家淦総統文物』に収録されている一九八〇年六月、史宏熹より嚴家淦宛ての書簡に、その手がかりがみられる。

二二八事件発生期間、史宏熹は基隆要塞司令を務めていた。書簡において史宏熹は事件期間、基隆海面に死体を発見した後、警察局長[318]に尋ねたが、警察局長の報告によると、調査の結果、「台北憲兵がやった」、「憲兵が台北からトラックで運んで来た。トラックのナンバーは憲兵部隊隊号であり、兵士の姓名、到達地点および時間も記録されている」とのことだった。史宏熹は報告を受け、ただちに憲四団団長張慕陶に問い合わせたが、張慕陶は「私は知らない。道理的に考えてこのようなことは無いはずだ。調査してみる」と述べているが、同時に「遺憾の意を表す」とも言っている。[319]本稿では憲四団特高組によってなされたと推測する。

情報機関の二二八事件期間における乱殺、不法行為は、民間にパニックをもたらしただけでなく、世論も不満を示した。一九四七年四月一八日、台湾旅京滬等の団体は蒋介石に、「殺戮任務を執行する最大勢力は別働隊と特務大隊であり、これはごろつきを吸収して作った組織である。即日解散を請う」と請願している。[320]五月二五日、台湾省党部執行委員丘念台は上海において中央組織部部長陳立夫に「二二八事件時の軍警憲特首脳を迅速に呼び戻し台湾人民の安定を図る意見書」を提出し、「今回の二二八事件は、その実は政治腐敗に起因し、産業は破壊され禍根を残した。また軍隊、警察、憲兵、特務は職権を濫用したため、その禍は拡大した」、「現在、軍隊・特務は必要ないにもかかわらず、動員している。まさに自ら動乱に陥っている」。「血で血を洗うほど嘆かわしいことはない」、また「警備部および旧軍統の人員は多く、台省外省籍のいずれも在籍しているそうである」。ゆえに、本年三月までに、台湾省に軍警憲兵特高首脳を派遣し、半月内に移送させ、人員の配置を変更し、「台湾人民を悲しませずに安定を図る」べきであると建議している。[321]

以上の請願と建議について、南京中央は意に介さなかったようである。蒋介石日記をみると、三月一六日の夜「湛候と台湾について話す。公俠は辞職を希望しているようだ」。三月一八日の日記「予定」欄には、「柯遠芬、沈重〔仲〕九は台湾から移動させるべきだ」。三月二一日の日記の「予定」欄には、「彭、史〔彭孟緝、史宏熹〕と駐台憲兵、東北、陝西空軍の表彰」と注記されている。[322]二二八事件の処置については、行政長官陳儀と警備総部参謀長柯遠芬の配置転換にのみ注意が注がれており、鎮圧に力を入れた高雄要塞司令彭孟緝と「駐台憲兵」には褒賞まで与えている。「駐台憲兵」が褒賞を受領したほか、中統局と保密局は更にその台湾組織を肯定している。中統局局長葉秀峰は、「台湾省調統室による今回の二二八事件への対応は適切ではあるが、更なる努力が必要である。所属人員は大義に精通し、犠牲を怖れず、当局による平定に協力するべきだ」と述べ、「平定後には力を尽した人員を調べ褒賞を与え」ようとした。[323]台湾站は、二二八事件期間に「落着いて対応し、よい成績を収め」、「即時に状況に対応したため、たびたび称賛された」。[324]このように、民間社会の情報機関に対する事件期間の反発や不満の声は、執政当局には全く届かず、徒労に終わったといえる。

## 四、おわりに

本文は二二八事件における情報機関、および二二八事件における情報員の役割から、情報システムの事件における役割についての理解を試みた。本稿を通して、二二八事件期間に、南京中央が認める情報治機関には三つあることがわかった。一つは軍統局が改組し設立された保密局、一つは中統局、そしてもう一つは憲兵司令部である。この三大情報機関が台湾において組織、発展した時期は異なるが、そのなかでも保密局の前身である軍統局が最も早く、日中戦争が終わる前には既に関連組織が設立され、台湾派遣人員を訓練していた。警備総部調査室の下に陳達元を長として設立された台湾站は、その後、軍統局が保密局に縮小されると同時に、保密局時期の台湾站が一九四六年七月に設立された。これは情報通信に従事した秘密組織であり、林頂立が站長を務めた。陳達元は依然として警備総部調査室主任を務め、台湾站の台湾における公開掩護機関となったのである。一九四七年一月末までに調査室の正式な編制は終了し、陳達元は行政長官公署参事に転任、本来調査室管轄であった諜報組は第二処に編入され、一部の元調査室人員は警備総部第二処に移り情報工作に従事した。しかし、調査室が完全に解散してはおらず、二二八事件期間とその後も活動を継続している。警備総部第二処は副処長姚虎臣の指揮の下、台湾站のもう一つの公開掩護機関となった。憲兵第四団は一九四五年一〇月頃以降、続々と台湾に到着し、最初の団長は高維民であったが、一九四六年二月に張慕陶に交代した。台湾における憲兵は二営（台北、台南に分駐）計九連隊以外に、情報工作に従事した秘密組織――特高組を所轄していた。二二八事件期間、特高組組長は謝漢儒であったと考えられる。中統局の台湾における組織配置は比較的遅かったとみられるが、一九四六年八月に蘇泰楷が台湾調査統計室主任に就任していることが明らかになった。

情報員は一般に特務と呼ばれ、特殊任務を執行した。その特殊任務は大きく情報工作と行動工作の二つに大別できる。情報工作に関して言えば、保密局は二二八事件期間に情報工作の伝達において時機は逸していたが、台湾での発展は比較的早かったため、情報網が張り巡らされており、情報内容の深さと広さにおいて優れていた。中統局と憲兵司令部が南京中央に報告した情報は、速度の上では皆即時に伝えられたが、両機関の情報網の配置が網羅されていなかったため、台湾南部の情況に対してはいずれも詳細な報告ができなかった。保密局が二二八事件発生後の情報提供に機を逸した原因について、本稿では当站部放送局が事件発生当初に破壊されたためであると推測したが、保密局台湾站档案の受発信および返答からも、当站は二月二八日より三月八日までの間情報通信が中断した状況がみられる。情報通信が途絶えたのと同時に、台湾站メンバーである站長林頂立、直属通訊員許徳輝らは、積極的に反間計を行っただけでなく、行政長官陳儀および警備総部参謀長柯遠芬から権限を授かり、さらに忠義服務隊、義勇総隊、別働隊等の行動組織を編制。情報通信が正常に回復し、粛清期間になると、保密局や台湾站は皆次々と積極的に偵察を指示し、「悪を摘発した」。収集した情報は千人に近い「反逆者」リストに整理され、その綿密な情報網下での情報偵察能力を充分に示している。

また、行動能力からみれば、二二八事件期間、本来は憲兵および憲兵団が管轄していた特高組のみに捜査逮捕任務の権限があったのだが、元々情報通信の任務のみ与えられていた台湾站も、警備総部第二処などの外延機関を通して一部の捜査逮捕活動を行使できるようになった。その外、林頂立と許徳輝ら台湾站人員による積極的な働きかけにより、二二八事件期間に陳儀あるいは柯遠芬の認可獲得に成功している。さらに忠義服務隊、義勇総隊、別働隊等を組織し、捜査逮捕工作を公開執行した。一方で、中統局に所属する台調室は、二二八事件期間は捜査逮捕活動の権限がなかったようである。ゆえに、各所で任務遂行に困難が生じたり、あるいは捜査逮捕の職権がないため、台調室が台中に派遣した工作メンバーは、多く現地の憲兵勢力を取り込んだり、または憲兵と共通の人員を使って工作に協力させるなど、保密局および警察とは対立の状態を形成した。これまで中国の特務組織を語る際は、多く中統と軍統のみが取り上げられていたが、二二八事件期間の台湾では、三大情報機関が並立する局面を形成していたのである。憲兵司令部はこの期間に中国二大特務機関と同列にみなされていた。それは保密局と中統局の台湾における組織が未だ整備されておらず、情報通信機能を有していたのみであったからであり、そのため、保密局台湾站あるいは中統局台調室を問わず、憲兵と良好関係を維持しようとしたのであろう。これに比すると、憲兵は系統的な情報収集と行動能力を兼ね備えており、その特高組はさらに本来与えられた特殊任務の職権執行に加え、三月一一日以降、台湾の治安は憲兵に委託され、憲兵と所属特高組、および台湾站人員により結成された別働隊、あるいは台湾站外延組織である警備総部第二処は、二二八事件期間に私裁、暗殺、私刑を執行する主要な役割を担うことになったのである。

本稿では、二二八事件期間、中統局は勢力が弱くたたかれることもあり、保密局は勢力が強く拡張していた局面も論じてきた。中統局が他勢力からたたかれていたというのは、党部人員がしばしば尋問され、蘇泰楷、蔡志昌らの如くは逮捕までされていることから見て取れ、三青団メンバーが反乱団体等と批判されていたという事例にも表れている。また、保密局の勢力拡大については、二二八事件期間、行動組織を主導し、警備総部第二処と互いに協力し合ったほか、劉戈青が渡台後、情報警務処副処長と刑事室主任を兼任し、台湾の混乱した情勢の中、保密局はもう一つの外延機関を獲得するなど、台湾站が情報を処理する際、捜査逮捕に協力する部門が一つ増えたということがわかる。

情報機関はずっと「指導者の耳目」とみなされていたが、蒋介石にとって、多くの情報勢力が同時に存在することは、ある機関の情報伝達のパイプが機能しなくなり情報が行き詰まることがないのみならず、誇大報告に対しても異なる機関の調査結果を突き合わせることで、誤った政策決定を回避できるということだった。しかし、台湾社会にとっては、これらの情報員が指導者に忠実であり、悪を除くために職務を全うするという意識で、二二八事件期間に各地通訊員、諜報組員、調工、義務運用人、情報提供者らを運用し、緊密に連絡をとっていた。国軍来台初期、情報機関により設置された行動組織は謀殺、暗殺を執行し、清郷綏靖期間には検挙密告を奨励すると同時に、しらみつぶしに捜査を行い、多くの容疑者リストを作成している。二二八事件期間には反間計をも行い、各地処理委員会、抗争地において、表面上は行動に協力しているようであるが、実は秘密裏に状況を監視し、記録報告をしていた。特に許徳輝の如きは、さらに群衆を扇動し、官民対立に刺激を与え、情勢の悪化を助長した。また、忠義服務隊に所属する学生を陥れ鎮圧的攻撃を受けさせている。その他注目すべきは、各情報機関は地方のごろつきをうまく利用し偵察工作を行ったことであろう。忠義服務隊メンバー、台調室、憲兵、警備総部第二処諜報組等は皆ごろつきを利用している事例がみられる。これらのごろつきは情報資料を提供するかたわら、権威を借りて悪事の限りを働いたり、機に乗じて詐欺や恐喝を繰り返し、地方秩序と社会治安に不安を与えたのである。

## 注

1 侯坤宏「情治單位在二二八事件中的角色」『研究二二八』台北市：博揚文化事業有限公司、二〇一一年、一〇一―一五九頁。

2 張炎憲ほか『二二八事件責任歸屬研究報告』台北市：財團法人二二八事件紀念基金會、二〇〇六年、三〇九―三三三頁。

3 陳翠蓮「從新出土檔案看保密局情治人員在二二八事件中的角色」、中央研究院台湾史研究所主催「二二八事件新史料發表座談會」、二〇〇九年二月二六日。

4 陳翠蓮『重構二二八：戰後美中體制、中國統治模式與台灣』新北市：衛城出版、二〇一七年、二五六―二七八頁。

5 吳俊瑩「中統局台灣調統室與二二八」、許雪姬主編、『七十年後的回顧：紀念二二八事件七十週年學術論文集』台北市：中央研究院台灣史研究所、二〇一七年、二三九―二九六頁。

6 國防部情報局『國防部情報局史要彙編（上冊）』台北市：國防部情報局、一九六二年、一―二頁、六頁。

7 黃康永「軍統特務組織的發展和演變」、文聞編『我所知道的軍統』北京市：中國文史出版社、二〇〇四年、四五―四六頁。

8 同右書、一〇二頁。黃康永口述、匡垣整理「國民黨特務組織保密局盛衰錄（一）」『檔案與史學』二〇〇三年第三期、二〇〇三年六月、五九頁。

9 喬家才『鐵血精忠傳：戴笠史事彙編』台北市：中外圖書出版社、一九七八年、三三二―三三三頁。國防部情報局『國防部情報局史要彙編（上冊）』、四二頁。

10 喬同右書、三三二―三三三頁。國防部同右書、四二頁。

11 喬家才「台灣情報戰線兩大明星：黃昭明與翁俊明」、『中外雜誌』第二九巻第三期、六五頁。曾健民、『陳逸松回憶錄（戰後篇）：放膽兩岸波濤路』台北市：聯經出版事業股份有限公司、二〇一五年、五八頁。

12 國防部情報局『國防部情報局史要彙編（上冊）』、四二頁。喬家才「台灣情報戰線兩大明星：黃昭明與翁俊明」、六四頁。

13 劉啟光、本名侯朝宗。日本統治期に農民組合に参加したことで日本の警察に追跡され大陸に逃亡した。その後軍統工作に参加し、軍事委員会政治部主任科員（一九三八・九―一九四〇・九）、中国国民党台湾省党部籌備処委員兼秘書（一九四一・三―一九四二・九）等を務めた。「劉啟光」『軍事委員會委員長侍從室』國史館所蔵、所蔵番号：129000099419A。國防部情報局『國防部情報局史要彙編（上冊）』、四二頁。「台湾人物誌（九）劉啟光官場失意」『新聞天地』第三九五期、一九五五年九月一〇日、二四頁。「第二處第二科卅五年度工作計劃實施進度第一季檢討表」「三五年度本局工作計劃」『國防部軍事情報局檔案』台北市：國史館所蔵、所蔵番号：148-010400-0001-060-061。

14 喬家才「台灣情報戰線兩大明星：黃昭明與翁俊明」、六五頁。曾健民『陳逸松回憶錄（戰後篇）：放膽兩岸波濤路』、五八頁。陳逸松はかつて謝聰敏に事件發生期間、陳達元の自宅で藍敏に会ったことがあると述べている。張炎憲・陳美蓉・尤美琪採訪記録『台灣自救宣言：謝聰敏先生訪談錄』台北市：國史館、二〇〇八年、三三七頁。

15 Geroge H. Keer（葛超智）、詹麗茹・柯翠園訳『重譯校註 被出賣的臺灣（Formosa Betrayed）』台北市：台灣教授協會、二〇一七年、六九―七〇頁。

16 同右書、七一頁。

17 陳翠蓮『派系鬥爭與權謀政治―二二八悲劇的另一面相』台北市：時報文化出版公司、一九九五年、二三〇頁。その後、李友邦が三民主義青年団主任委員を引き継いだが、保密局の浸透計画は失敗した。その後、三民主義青年団メンバーは多く告発されている。陳翠蓮「從新出土檔案看保密局情治人員在二二八事件中的角色」を参照。

18 喬家才「台灣情報戰線兩大明星：黃昭明與翁俊明」、六五頁。

19 劉渾生「軍統閩南站概況」、中國人民政治協商會議福建省委員會文史資料研究委員會編『軍統在福建』福州市：中國人民政治協商會議福建省委員會文史資料研究委員會、一九八七年、一一八頁。「陳達元」『軍事委員會委員長侍從室』台北市：國史館所蔵、所蔵番号：129000098169A。

20 「第二處第二科卅五年度工作計劃實施進度第一季檢討表」「三五年度本局工作計劃」『國防部軍事情報局檔案』台北市：國史館所蔵、所蔵番号：148-010400-0001-060-061を参照。

21 國防部情報局『國防部情報局史要彙編（上冊）』、五八頁。黃康永口述、匡垣整理、「國民黨軍統組織消長始末（六）」『檔案與史學』二〇〇一年第六期、二〇〇一年、五三頁。黃康永、「軍統特務組織的發展和演變」、七三頁。

22 「王調勳」『軍事委員會委員長侍從室』台北市：國史館所蔵、所蔵番号：129000048134A。

23 台灣省行政長官公署人事室編『台灣省各機關職員錄』台北：台灣省行政長官公署人事室、一九四六年、三三一―三三三頁。

24 台灣省保安司令部『台灣省保安司令部沿革史』台北：台灣省保安司令部、一九五七年、二三頁。

25 陳重乙はその後福建省政府専員、台湾省政府建設庁視察兼調査室主任、彰化県政府主任秘書、台湾省政府民政庁専門委員、台湾省政府衛生処主任秘書等の職を歴任。「陳重乙」『軍事委員會委員長侍從室』台北市：國史館所蔵、所蔵番号：129000114413A。

26 鄭琦はその後台湾警務処専員、台湾全省警備司令部情報処参謀、台湾全省警備司令部情報処組長、嘉義警民協会秘書、嘉義県議会議員、台湾省国術会第二屆理事を歴任。「鄭琦」『軍事委員會委員長侍從室』台北市：國史館所蔵、所蔵番号：129000060259 A。

27 莊西はその後台湾全省警備総司令部督察、台湾省警備総司令部督察、国防部保密局股長、副站長、科長、国防部情報局副主任、金門防衛司令部政務委員等の職を歴任。「莊西」『軍事委員會委員長侍從室』台北市：國史館所蔵、所蔵番号：129000084670A。

28 「陳昭然」『軍事委員會委員長侍從室』台北市：國史館所蔵、所蔵番号：129000081540A。

29 後に副処長に昇進し、参議等の職を務め、台湾地区の粛清、日本人捕虜戦犯などの捜査処理を担当した。一九四九年に政府が台湾に移転した後、転じて国防部上校組長を務め、保密局上校副站長とともに貪瀆不法案件を捜査した。一九五六年に司法行政部調査局簡任委員を務めた。「胡寶三先生訃聞、事略」『個人史料』台北市：國史館所蔵、所蔵番号128000486001A。

30 劉渾生「軍統閩南站概況」、『軍統在福建』、一二三―一二四頁。

31 許德輝「台灣二二八事件反間工作報告書」、侯坤宏・許進發編『二二八事件檔案彙編（十六）』台北市：國史館、二〇〇四年、二〇二頁。

32 「陳榮貴」『軍事委員會委員長侍從室』台北市：國史館所蔵、所蔵番号：129000052082A。

33 「陳明光」『軍事委員會委員長侍從室』台北市：國史館所蔵、所蔵番号：129000125865A。

34 福建省福清県政府科員、福建綏靖公署情報処処員、軍事委員会調査統計局閩南站中尉通訊員、軍事委員会暹邏軍事専員公署副官、軍事委員会調査統計局第三〇站通訊員を歴任。その後台北県新荘警察所所長、新荘分局分局長、七星分局分局長、台中市警察局課長、台北県警察局第四課課長を歴任。「林安然」『軍事委員會委員長侍従室』台北市：國史館所藏、所藏番号：1290 0014862A。

35 「台灣警備史」『國軍檔案』台北市：國防部所藏、所藏番号：1865/4010。吳俊瑩「二二八事件在台東」『台灣文獻』第六九巻第四期、二〇一八年一二月、頁八八より引用。

36 同右書。

37 「前台灣省警備總司令部調査室天風同志口述『二二八事件回憶』」、侯坤宏・許進發編『二二八事件檔案彙編（九）』台北市：國史館、二〇〇二年、一四九頁。

38 台灣省保安司令部『台灣省保安司令部沿革史』、二三頁。

39 國防部情報局『國防部情報局史要彙編』、一五七頁。

40 「高登進致柯復興高頭北已組織便衣武装由」、『保密局台灣站二二八史料彙編（五）』台北市：中央研究院台灣史研究所、二〇一七年、一五頁。

41 「送卅八年度上期官佐現職錄」「台灣省警備總部現職錄（三十七年）」『國防部史政編譯局』新北市：檔案管理局所藏、所藏番号：B5018230601/0037/305.7/4010/001/013。

42 歐陽可亮、張志銘訳「二二八大屠殺的證言」『台灣史料研究』第一一期、一九九八年五月、一五六頁、一六一頁。

43 二二八事件の後、一九四七年七月に四組に縮小し、九月に再び六組編制された。新たに設置された第五諜報組（組所在地台北市、さらに台南分組も設置）は郵便・電信の防護を担当、第六諜報組（組所在地嘉義市）は山地情報工作を担当した。「台灣省備司令部卅六年度工作報告書―第三篇情報」「台灣警備總部工作報告（三十六年）」『國防部史政編譯局』新北市：檔案管理局所藏、所藏番号：B5018230601/0036/109.3/4010/002/002。

44 「台灣警備史」『國軍檔案』台北市：國防部所藏、所藏番号：1865/4010。吳俊瑩「二二八事件在台東」八八頁より引用。

45 台灣省保安司令部、一九五七年、一三頁。

46 「公署参事陳達元派代案」「公署参事任免」『行政長官公署檔案』南投市：國史館台灣文獻館所藏、所藏番号：00303230087001。

47 「陳榮貴」『軍事委員會委員長侍従室』國史館所藏、所藏番号：129000052082A。

48 「陳明光」『軍事委員會委員長侍従室』國史館所藏、所藏番号：129000125865A。

49 「呈復謝雪紅之行踪情形」「謝雪紅」『國防部軍事情報局』新北市：檔案管理局所藏、所藏番号：A305050000/0036/0410.9/04601017/2/067。

50 内政部警政署「台灣警備總司令部調査室南部諜報組長蔡蘭枝「二二八事件」回憶資料」、『二二八事件檔案彙編（九）』、二三一頁。

51 元の履歴書には一九四七年二―八月台湾省警備総司令部情報処少佐を務めたとあるが、その時第二処はまだ情報処に改編されていなかったため改めた。「劉國平」『軍事委員會委員長侍従室』台北市：國史館所藏、所藏番号：129000114411Aを参照。

52 「台灣警備史」『國軍檔案』國防部所藏、所藏番号：1865/4010。吳俊瑩「二二八事件在台東」、八八頁より引用。

53 台灣省保安司令部『台灣省保安司令部八年工作概況』台北市：台灣省保安司令部、一九五七年、一四頁、一九頁。

54 「毛人鳳親譯面呈蔣介石函」（一九四六年三月一四日）「軍事委員會調查統計局改組案（一）」『軍情局（抗戰時期數位檔）』台北

市：國史館所蔵、所蔵番号：148-010200-0005。

55 國防部情報局『國防部情報局史要彙編（上冊）』、八六頁。

56 劉渾生「軍統閩南站概況」、http://www.oklink.net/a/0206/0630/tgmwsz/028.html、アクセス日：二〇一九年一〇月一日。徐遠舉・郭旭・文強整理「軍統局、保密局、中美特種技術合作所内幕」、歩柏儔主編『文史資料存稿選編：特工組織（上）』北京市：中國文史出版社、五六六頁。

57 黄康永口述、匡垣整理「國民黨特務組織保密局盛衰録（三）」『檔案與史學』二〇〇三年第五期、二〇〇三年一〇月、六五頁。

58 沈逑「軍統閩北站雜憶」、『軍統在福建』、九六頁。

59 同右書、九八頁。

60 陳愷「『二二八』事件發生前後台北地區之政情與社會民心狀況追憶」、『二二八事件檔案彙編（十六）』、二一〇—二一三頁。

61 林頂立（一九〇八—一九八〇）は後の一九五一年、台湾省臨時議会副議長に就任。一九五一年『全民日報』、『民族日報』、『経済日報』三報連合版管理処主任委員を務め、一九五三年三報連合版が『連合報』に改組されると、発行人を務めた。翌年第二屆臨時省議会副議長を務め、一九五五年には実業界に転向し、民営農林公司董事長兼総経理を務めた。その後、糧食管理治罪條例に違反し、懲役八年六か月の判決を受け服役したが、一九五九年病のため保釈された。一九六一年国泰人寿、塑膠、信託董事を務め、一九七〇年に頂芳公司、頂興企業公司を設立した。「林頂立」『軍事委員會委員長侍從室』台北市：國史館所蔵、典藏番号：129000100583A。崔之清主編『當代臺灣人物辭典』鄭州市：河南人民出版社、一九九四年、一五八頁、陳方、黄夏瑩主編『閩南現代史人物録』北京市：中國華僑出版社、一九九二年、一二〇頁。陳愷「『二二八』事件發生前後臺北地區之政情與社會民心狀況追憶」、『二二八事件檔案彙編（九）』、一五一頁。劉渾生「軍統閩南站概況」、『軍統在福建』、一一三頁を参照。

62 沈匯川「軍統閩南站最大的外圍組織——三青團祕密區隊」、『軍統在福建』、一三七頁。劉渾生「軍統閩南站概況」、『軍統在福建』、一一九、一二一頁。

63 陳愷「『二二八』事件發生前後台北地區之政情與社會民心狀況追憶」、『二二八事件檔案彙編（十六）』、二一〇—二一一頁。

64 陳愷、一九一三年生まれ。国立廈門大学預科、陸軍第九師幹訓班五期軍官隊を終業し、中央陸軍軍官学校一七期歩科を卒業後、中央警官学校四期特警班を卒業した。その後全民日報社記者、全民日報社校対主任を歴任した。一九五二年より、国民党の指名を受け、台北市第二、三、四屆市議会議員に連続当選している。また、台湾省建設協進社三屆常務理事も務めた。「陳愷」『軍事委員雅會委員長侍從室』台北市：國史館所蔵、所蔵番号：129000064098A。

65 陳愷「『二二八』事件發生前後台北地區之政情與社會民心狀況追憶」、『二二八事件檔案彙編（十六）』、二一〇—二一三頁。

66 許徳輝「台灣二二八事件反間工作報告書」、『二二八事件档案彙編（十六）』、二〇〇—二〇一頁。

67 「打倒漢奸傳單」、許雪姫主編『保密局台灣站二二八史料彙編（二）』台北市：中央研究院台灣史研究所、二〇一五年、五七頁。

68 陳愷「『二二八』事件發生前後台北地區之政情與社會民心狀況追憶」、『二二八事件檔案彙編（十六）』、二一〇—二一一頁。

69 「全國祕密單位佈置計畫書」「軍統局改組保密局案第三卷」『國防部軍事情報局檔案』台北市：國史館所蔵、所蔵番号：148010200-0006。

70 「全國祕密單位佈置計畫書」「軍統局改組保密局案第三卷」『國

防部軍事情報局檔案』台北市：國史館所蔵、所蔵番号：148010200-0006。

71　一九四七年一一月にはすでに「台北組副組長黃錦城」と見られる。この時すでに「台北組」の編制が進んでいたといえよう。「台北王守正致雷萬鈞呈報台灣二二八事變參加份子請察核由」、侯坤宏・許進發編『二二八事件檔案彙編（二）』台北市：國史館、二〇〇二年、三六二―三六三頁。

72　黃康永「軍統特務組織的發展和演變」、六一頁。

73　沈逖「軍統閩北站雜憶」、九五頁。

74　侯坤宏・許進發編『二二八事件檔案彙編（二）』、二九―三〇頁、二二七頁、二三六―二三七頁、三六二―三六三頁。「台胞被日本徵服兵役案」『國防部軍事情報局』新北市：檔案管理局所蔵、所蔵番号：A30505 0000C/0035/1611.1/4010。「報台中婦女會內幕」「謝雪紅」『國防部軍事情報局』新北市：檔案管理局所蔵、所蔵番号：A305050000C/0036/0410.9/04601017/1/033。「晉冀魯豫特技組建撤案」参照、『國防部軍事情報局檔案』台北市：國史館所蔵、所蔵番号：148-020200-0003-034。

75　許雪姬主編『保密局臺灣站二二八史料彙編（一）』至『保密局臺灣站二二八史料彙編（五）』。「戴光華致各屬兄為催報日人撥台出征軍人費」「台胞被日本徵服兵役案」『國防部軍事情報局』新北市：檔案管理局所蔵、所蔵番号：A305050000C /0035/1611.1/4010。「高振華致高宗先生呈送台東縣日僑名冊及在鄉軍官通訊錄由」「台胞被日本徵服兵役案」『國防部軍事情報局』新北市：檔案管理局所蔵、所蔵番号：A305050000C/0035/1611.1/4010。

76　「保密局服務証明書登記簿（三六―三九年）」『國防部軍事情報局』新北市：檔案管理局所蔵、所蔵番号：A305050000C/0036 /0371.91/2629。

77　谷正文口述、許俊榮・黃志明・公小穎整理『白色恐怖祕密檔案』台北市：獨家出版社、一九九五年、六〇―六一頁。

78　「黃仲甫」『軍事委員會委員長侍從室』台北市：國史館所蔵、所蔵番号：129000065600A。

79　「保密局服務證明書登記簿（三六―三九年）」『國防部軍事情報局』台北市：檔案管理局所藏、所蔵番号：A305050000C/0036 /0371.91/2629、編号5740、5741。

80　「續報台中共黨活動」「謝雪紅」『國防部軍事情報局』台北市：檔案管理局所藏、所蔵番号：A305050000C/0036/0410.9/04601017/1/042。

81　鍾逸人『辛酸六十年』台北市：前衛出版社、二〇〇九年、六四二頁。

82　「保密局服務証明書登記簿（三六―三九年）」『國防部軍事情報局』新北市：檔案管理局所蔵、所蔵番号：A305050000C/0036/ 0371.91/2629、編号5079。

83　「高雄縣恒春區署區長康玉湖核薪案」「高雄縣恒春區署人員任免」『行政長官公署檔案』南投市：國史館台灣文獻館所蔵、所蔵番号:00303231160004。「康玉湖」『軍事委員會委員長侍從室檔案』台北市：國史館所蔵、所蔵番号：129000104204A。

84　「飭查謝雪紅行踪」「謝雪紅」『國防部軍事情報局』新北市：檔案管理局所蔵、所蔵番号：A305050000C/0036/0410.9/04601017/2/049。

85　「保密局服務證明書登記簿（三六―三九年）」『國防部軍事情報局』新北市：檔案管理局所蔵、所蔵番号：A305050000C/0036/0371.91/2629、編号5052、6565。

86　「林頂立致陳儀、柯遠芬呈報陳總司令及柯參謀長國軍於三月十二日抵達市區維持治安後匪徒動態」、『保密局台灣站二二八史料彙編（一）』、三七六―三八三頁。

87 「台北王守正致雷萬鈞呈報台灣二二八事變參加份子請察核由」、『二二八事件檔案彙編（二）』、三六二―三六三頁。

88 許雪姫主編『保密局台灣站二二八史料彙編（五）』、一五頁。

89 後に国大代表を務めた。「國民大會代表鄭邦卿訃聞、事略各二份」『個人史料』台北市：國史館所蔵、所蔵番号：1280026450001A参照。

90 「黃昭明」『軍事委員會委員長侍從室』國史館所蔵、所蔵番号：129000056820A。喬家才「台灣情報戰線兩大明星：黃昭明與翁俊明」、六三―六五頁。國防部情報局『國防部情報局史要彙編（上冊）』、四二頁。

91 「農林處職員許士凱等三員派代及廖碧珍等三員委任案」「農林處人員任免」『行政長官公署檔案』南投市：國史館台灣文獻館藏、典藏號：00303234004684。

92 谷正文・許俊榮・黃志明・公小穎整理『白色恐怖秘密檔案』、六四―六五頁。

93 「六月一日見客名單及保密局在台內外勤各單位正副負責同志簡歷冊」「中央情報機關（四）」『蔣中正總統文物』台北市：國史館所蔵、所蔵番号：002-080102-00013-003。

94 梁馨蕾「抗戰時期朱家驊系權勢的消長――以國民黨陝西省黨部與調統室糾紛案為中心」『民國檔案』二〇一八年第一期、二〇一八年、一二八頁。

95 趙毓麟「中統我見我聞」、中國人民政治協商會議江蘇省委員會文史資料研究委員會編『中統內幕』江蘇：江蘇古籍出版社、一九八七年、二二九頁。張國棟（文）原作「細説中統局（上）」『傳記文學』第五巻第二期、一九八九年、七九頁。

96 胡性階「中統沿革」『我所知道的中統』北京市：中國文史出版社、二〇〇四年、三六頁。

97 張國棟（文）原作「細說中統局（下）」『傳記文學』第五五巻第四期、一九八九年一〇月、一一九頁。

98 梁馨蕾「抗戰時期朱家驊系權勢的消長―以國民黨陝西省黨部與調統室糾紛案為中心」『民國檔案』第一期、二〇〇八年二月、一二八頁。

99 張文「中統二〇年」、中國人民政治協商會議江蘇省委員會文史資料研究委員會編『中統內幕』南京市：江蘇古籍出版社、一九八七年、五八頁。

100 趙毓麟「中統我見我聞」、二二八―二三〇頁。

101 張炎憲、黃秀政、陳儀深、陳翠蓮、李攸峰、何義麟、陳志龍、黃茂榮『二二八事件責任歸屬研究報告』、二九六―二九七頁。

102 「葉秀峰呈報蘇泰楷平時努力防奸工作並無助長亂萌情事」（一九四七年五月九日）、薛月順編『二二八事件檔案彙編（廿三）』台北市：國史館、二〇一七年、三五五―三五六頁。

103 杜超群「中統在部分省市和交通系統的組織活動」、『我所知道的中統』、一一三頁。

104 後に台湾省党部執行委員、台湾永安堂総経理、香港星系報台湾弁事処主任等を歴任。また一九五五年八月に華僑文教会議へ出席、一九六一年五月に国際獅子会中国分会八屆理事兼会長を務めた。「蘇泰楷」『軍事委員會委員長侍從室』、所蔵番号：129000081775A参照。

105 林衡道口述、卓遵宏、林秋敏訪問、林秋敏記録整理『林衡道先生訪談錄』台北市：國史館、一九九六年、二七二頁。

106 一九四七年六月、泰興県調統室によると、目下の情報工作項目は：一、敵、偽、匪分子の調査（すでに発表されている物お

よび我が方の機関人員の潜伏調査）。二、各地区スパイ活動調査統計（部隊番号、逃亡者数）。三、我が方の社会調査（歌謡曲等）。四、情報收集（我、匪）。五、我が方の軍事情報。六、経済情報。七、地方動態。八、党務調査。何春龍・朱聖富「有關中統局泰興縣調統室運作狀況史料一組」『民國檔案』二〇〇四年第四期、二〇〇四年一一月、二四―三二頁。梁馨蕾「抗戰時期朱家驊系權勢的消長――以國民黨陝西省黨部與調統室糾紛案為中心」。吳俊瑩「中統局臺灣調統室與二二八」、『七十年後的回顧』、二四五頁。

107 趙毓麟「中統我見我聞」、二三〇頁。

108 陳蔚如「我的特務生涯」、『中統內幕』、一四〇頁。

109 趙毓麟「中統我見我聞」、二三四頁。

110 吳俊瑩「中統局臺灣調統室與二二八」、二四五頁。

111 同右書、二四五頁。

112 「蔡志昌」『軍事委員會委員長侍從室』台北市：國史館所藏、所藏番号：129000122320A。

113 鍾逸人『辛酸六十年』、六四二頁。

114 「張秉承上言普誠代電報告台中市蔡志昌屬下搶劫擾亂社會秩序並言及中統、憲兵和警察、軍統等單位對立情況」、侯坤宏・許進發編『二二八事件檔案彙編（一）』台北市：國史館、二〇〇二年、三六九―三七〇頁。

115 同右、三六九頁。

116 鍾逸人「二二八事件在員林」、謝聰敏『黑道治天下及其他』台北市：謝聰敏國會辦公室、一九九三年、一五七頁より引用。

117 鍾逸人『辛酸六十年』、二九二頁。鍾逸人『辛酸六十年：二二八事件二七部隊部隊長鍾逸人回憶錄（下）』台北市：自由時代出版社、一九八八年、一一二頁。

118 吳俊瑩「中統局台灣調統室與二二八」、二六九―二七〇頁。

119 「據呈控告陳君勾結流氓利用職權迫詐民田一案」「三十八年請願保安」『台灣省諮議會』新北市：檔案管理局所藏、所藏番号：A386000000A/0038/7/3-1/4/018。

120 陳中堅『特高憲兵陳中堅回憶錄：附述對海峽兩岸統一福祉期望』台北市：陳中堅、二〇〇四年、二六五頁。「憲兵的角色及其歷史地位」「遠望雜誌」、https://presciencetw.blogspot.com/2016/05/23.html、アクセス日：二〇一八年一〇月一一日。「國府憲兵要史簡沿」「中華民國後備憲兵論壇」、http://mp.rocmp.org/mp/、アクセス日：二〇一八年一〇月二日。

121 「憲兵的角色及其歷史地位」、日付不明、「遠望雜誌」、https://presciencetw.blogspot.com/2016/05/23.html、アクセス日：二〇一八年一〇月一一日。

122 「國府憲兵要史簡沿」、日付不明、「中華民國後備憲兵論壇」、http://mp.rocmp.org/mp/、アクセス日：二〇一八年一〇月一二日。

123 張慕陶「一年來憲兵在台湾之工作」『新生報』一九四六年一〇月二五日。「國府憲兵要史簡沿」、日付不明、「中華民國後備憲兵論壇」、http://mp.rocmp.org/mp/、アクセス日：二〇一八年一〇月一二日。

124 「通報：台灣省行政長官公署秘書處通報：秘一（卅五）字第〇三一三號（中華民國三十五年二月十一日）」『台湾省行政長官公署公報』春字第一号、一九四六年、一〇頁。

125 「行政院長汪兆銘呈國民政府為新擬憲兵團人馬數目表憲兵團及憲兵訓練所附屬補充團團部編制表請鑒核備案」「憲兵組織法令案（一）」『國民政府』台北市：國史館所藏、所藏番号：001-012071-00158-005。

126 「國府憲兵要史簡沿」、日付不明、「中華民國後備憲兵論壇」、http://mp.rocmp.org/mp/、二〇一八年一〇月一二日アクセス。

127 「為呈送卅六年二月份兵力駐地任務一覧表」「台灣警備總部兵力駐地報告」『國防部史政編譯局』新北市：檔案管理局所蔵、所蔵番号：B5018230601/0034/543.4/4010/1/059。

128 「台灣省備司令部卅六年度工作報告書―第二篇整編與教育」「台灣警備總部工作報告（三六年）」『國防部史政編譯局』新北市：檔案管理局所蔵、所蔵番号：B5018230601/0036/109.3/4010/002/001。

129 「國府憲兵要史簡沿」、日付不明、「中華民國後備憲兵論壇」、http://mp.rocmp.org/mp/、アクセス日：二〇一八年一〇月一二日。

130 陳中堅『特高憲兵陳中堅回憶録：附述對海峽兩岸統一福祉期望』、三六七―三六八頁。

131 陳中堅によると、その後謝漢儒は台湾省政府省政委員、民社党中央常務委員兼台湾省党部主任委員等の職を表の顔として表立った活動をしていたと述べている。陳中堅『特高憲兵陳中堅回憶録：附述對海峽兩岸統一福祉期望』、三六七頁、三八五―三八六頁。

132 陳中堅によると、葉國強は民社党籍国大代表を、連××は台湾倉庫公司総経理を、李××は台湾省政府建設庁主任秘書を表の顔と装っていたという。黄（王？）××は台湾糧倉局主任秘書を装った。同右書、三六七、三八五―三八六頁。

133 この情報には四〇人を含む「台湾省政府機関内部奸偽份子調査表」も添付されている。「憲兵司令張鎮呈報調査潛伏台灣各機關内部奸偽分子及活動報告」（一九四七年三月一四日）、『二二八事件檔案彙編（廿三）』、三一八―三二三頁参照。

134 「謝漢儒」『軍事委員會委員長侍從室』國史館所蔵、所蔵番号：129000107497A。

135 この史料から、一九四七年二月二六日、三月一一日、三月二六日、四月五日、四月一七日に、台湾元八，五七一元、三〇，〇〇〇元、二九，四二八元、八，五七一元、九，八六一一元、計一七五，一八一元（元以下の少額は計上せず）を送金したことがわかる。吳俊瑩「中統局台灣調統室與二二八」、二五四頁。

136 「黃漢夫致李懷祖」『保密局台灣站檔案』台北市：中央研究院台灣史研究所蔵、所蔵編号：B_04_0016-0005～0006。

137 陳中堅『特高憲兵陳中堅回憶録：附述對海峽兩岸統一福祉期望』、三八五頁。

138 「軍務局呈報有關台灣各項情報及事變時該局參謀陳廷縝實地調查與綜合檢討報告」（一九四七年五月七日）、『二二八事件檔案彙編（廿三）』、三六二―三七三頁。

139 侯坤宏『研究二二八』、一一二頁、一一八頁。

140 葉明勳『滌去的陰影』台北市：財團法人大同文化基金會、一九九二年、三三頁、四七頁、五九―六〇頁。

141 侯坤宏・許進發編『二二八事件檔案彙編（十六）』、三頁。

142 「台民暴動経過及其原因之分析」、侯坤宏編『二二八事件檔案彙編（十七）』台北市：國史館、二〇〇八年、一三〇―一三五頁。「葉秀峰呈報蘇泰楷平時努力防奸工作並無助長亂萌情事」（一九四七年五月九日）、『二二八事件檔案彙編（廿三）』、三五五―三五六頁。「中統局調查蘇泰楷主辦重建日報刊發號外一事報告」（一九四七年五月七日）、『二二八事件檔案彙編（廿三）』、三五一―三五二頁。「葉秀峰呈報蘇泰楷平時努力防奸工作並無助長亂萌情事」（一九四七年五月九日）、『二二八事件檔案彙編（廿三）』、三五四頁。

143 「軍務局呈報有關台灣各項情報及事變時該局參謀陳廷縝實地調查與綜合檢討報告」（一九四七年五月七日）、『二二八事件檔案彙編（廿三）』、三六二頁。

144 「軍務局統計台灣事件後有關情報及處理概要簡表」、『二二八事件檔案彙編（廿三）』、三七九頁。

145 吳俊瑩「中統局臺灣調統室與二二八」、二五〇頁。

146 「中統局呈報該局台灣調查統計室於事件發生時之應變情形」（一九四七年三月）、「葉秀峰呈報蘇泰楷平時努力防奸工作並無助長亂萌情事」（一九四七年五月九日）、『二二八事件檔案彙編（廿三）』、三二七頁、三五六頁。

147 趙毓麟「中統我見我聞」、一三五頁。

148 吳俊瑩「中統局台灣調統室與二二八」、二五七頁。

149 「張鎮轉呈台灣事件情報」（一九四七年三月二六日）「張鎮呈報台灣事件情報」（一九四七年三月二九日）、『二二八事件檔案彙編（十七）』、三四九頁、三五七頁。

150 趙毓麟「中統我見我聞」、一三五頁。

151 「續報謝雪紅與林獻堂」「謝雪紅」『國防部軍事情報局』新北市：檔案管理局所藏、所藏番号：A305050000C/0036/0410.9 /04601017/1/001。

152 「沈堅強致林先生報告台南、高雄、屏東等地車站狀況」、『保密局台灣站二二八史料彙編（一）』、一七―一八頁。

153 「張秉承致南京言普誠報台南嘉義等地暴動情形由」、許雪姬主編『保密局台灣站二二八史料彙編（二）』台北市：中央研究院台灣史研究所、二〇一六年、一八二頁。

154 「柯復興致黃鋒電希續查叛徒動態由」、『保密局台灣站二二八史料彙編（三）』、二三五頁。

155 許德輝「台檔二二八事件反間工作報告書」、『二二八事件檔案彙編（十六）』所収、二〇三頁。

156 陳愷「「二二八」事件發生前後臺北地區之政情與社會民心狀況追憶」、二一四頁。

157 「鄭介民呈請派員赴台協助平息風潮」（一九四七年三月一〇日）、『二二八事件檔案彙編（十七）』、二一一頁。

158 柯遠芬「台灣二二八事變之真像」、台灣省文獻委員會編『二二八事件文獻續錄』南投市：台灣省文獻委員會、一九九二年、五六四頁。

159 「鄭介民呈請派員赴台協助平息風潮」（一九四七年三月一〇日）、『二二八事件檔案彙編（十七）』、二一一頁。

160 「何孝徳致主任刻由吳振泰自台中帶來情報一封」、許雪姬主編『保密局台灣站二二八史料彙編（四）』台北市：中央研究院台灣史研究所、二〇一七年、一七六頁。

161 「前台灣省警備総司令部調查室吳天鳳同志口述『二二八事件回憶』」、『二二八事件檔案彙編（九）』、一四九頁。

162 「言普誠致電游平洋請查明台變後暴徒最近動態」、『保密局台灣站二二八史料彙編（一）』、一七一頁。

163 「言普誠致電陳達元請查明台灣省府秘殺台胞案」、『保密局台灣站二二八史料彙編（一）』、一八一頁。

164 「陳儀電報蔣中正請國防部參謀總長陳誠迅調素質優良之步兵來臺」（一九四七年三月二日）、『二二八事件檔案彙編（廿三）』、二三一―二三二頁。

165 「張鎮呈蔣主席三月五日報告」、「張鎮呈蔣介石報告台灣暴動事件」（一九四七年三月六日）、『二二八事件檔案彙編（十七）』、六七、一一九頁。

166 「台灣劉戈青呈報台灣台北暴徒成立司令部控制台省全境，並數度圍攻長官公署及警備司令部情勢益趨嚴重」、『二二八事件檔案彙編（一）』、一九一―一九三頁。

167　「葛滋韜呈報台灣共黨操縱暴動及激烈份子遭受排斥因而憤恨懊悔已呈動搖狀態」、『二二八事件檔案彙編（一）』、一八七―一九〇頁。

168　張炎憲、黃秀政、陳儀深、陳翠蓮、李攸峰、何義麟、陳志龍、黃茂榮『二二八事件責任歸屬研究報告』、三二五―三二六頁。

169　「葉秀峰呈報台灣事件日益嚴重建議中央應採對策」（一九四七年三月一〇日）、『二二八事件檔案彙編（十七）』、二〇八―二一〇頁。

170　陳翠蓮『重構二二八：戰後美中體制、中國統治模式與台灣』、四一一頁。

171　「蔣介石日記」、一九四七年三月一―一五日、アメリカスタンフォード大学フーヴァー研究所文書館所蔵。

172　「軍務局參謀陳廷縝電呈局長俞濟時報告台中、嘉義、宜蘭軍情並擬即回南京」（一九四七年三月一三日）、『二二八事件檔案彙編（廿三）』、三〇五頁。

173　「保密局長鄭介民據張秉承之調查呈報謝雪紅等人逃入埔里霧社一帶山中企圖擴大事態」（一九四七年四月一二日）、『二二八事件檔案彙編（廿三）』、三九九―四〇〇頁。

174　「軍務局長俞濟時電請二十一師師長劉雨卿查報謝雪紅等人逃入埔里及當地集有逃入台民約三萬人等情是否屬實」（一九四七年四月一六日）、『二二八事件檔案彙編（廿三）』、四〇二頁。

175　「劉雨卿電復俞濟時有關謝雪紅潛逃與埔里之逃犯人數之情報並不確實」（一九四七年四月二一日）、『二二八事件檔案彙編（廿三）』、四〇五頁。

176　「中統局呈報該局臺灣調查統計室報告臺灣謠傳暴徒策劃第二次暴動」（一九四七年四月三〇日）、『二二八事件檔案彙編（廿三）』、四〇六頁。

177　「中統局呈報該局台灣調查統計室報告台灣謠傳暴徒策劃第二次暴動」（一九四七年四月三〇日）、『二二八事件檔案彙編（廿三）』、四〇六頁；「軍務局電請保密局查明台灣謠傳暴徒將策劃第二次暴動是否屬實」（一九四七年五月二日）、『二二八事件檔案彙編（廿三）』、四〇八頁。

178　「保密局函復軍務局台灣二二八事變經國防部部長白崇禧宣慰處理後地方秩序已告恢復」（一九四七年六月二〇日）、『二二八事件檔案彙編（廿三）』、四一〇―四一二頁。

179　賴澤涵・許雪姬訪問、許雪姬紀録「柯遠芬先生訪問紀録」『二二八研究報告．重要口述歴史（二）』台北市：行政院、一九九二年、七頁；「柯遠芬先生口述回憶」、台灣省文獻委員會編『二二八事件文獻補錄』南投市：台灣省文獻委員會、一九九一年；柯遠芬「台灣二二八事變之真像」、『二二八事件文獻續錄』、五五九―五六四頁。

180　「憲兵司令部、中統局呈報台灣近況」（一九四七年三月一一日）、『二二八事件檔案彙編（十七）』、二三二頁；「中統局呈報該局台灣調查統計室續報國軍已抵台北而台中仍在紊亂中」（一九四七年三月一二日）、『二二八事件檔案彙編（廿三）』、三〇二頁。

181　王雲青によると林秉足はかつて「密婆吉」という名があり、「歸綏市場一帯で非常に有名な元締め」だったという。朱浤源訪問、楊明哲・吳美慧紀録「王雲青先生訪問紀録」、『口述歴史（第四期）』、一七―二四頁を参照。

182　「謝愛吼致林振藩呈報屏東市萬丹區流氓陳先智等埋藏武器鼓動反動言語準備二次暴動由」『保密局台灣站二二八史料彙編（二）』、三七一―三七二頁。

183　「董貫志致柯復興報告簡昆田、李淇參與暴動情形（一九四七年三月一五日)」、『保密局台灣站二二八史料彙編(一)』、二一二―二一三頁。

184 「朱信士致林振藩續報省二二八事件之澎湖動態由」、『保密局台灣站二二八史料彙編(三)』、六〇頁。

185 「台南縣東石區朴子鎮「二二八」處理委員會名單」、『保密局台灣站二二八史料彙編(一)』、二三八頁。

186 「陸軍整編第二十一師司令部密電知台中縣長宋增榘為許諸立為台中課報組運用人員請飭令縣府免予追究」(一九四七年五月一三日)、吳俊瑩編、『二二八事件檔案彙編(二十)』台北:國史館、二〇一七年、二六三頁。

187 「新高區署呈報台中縣政府許諸立在二二八事變經過情形」(一九四七年六月一五日)、『二二八事件檔案彙編(二十)』、二六七―二六八頁。

188 吳俊瑩「中統局台灣調統室與二二八」、二七〇―二七一頁。

189 「張秉承上言普誠代電報告臺中市蔡志昌屬下搶劫擾亂社會秩序並言及中統、憲兵和警察、軍統等單位對立情況」、『二二八事件檔案彙編(一)』、三六九頁。

190 その後、裁判官は被告陳平關の憲兵隊通訊員任期中において功労が無きにしも非ずとし、一九四七年一一月陳平關、王慶一ともに恐喝罪で酌量軽減懲役八ヶ月と判決を下した。「陳君等恐嚇」「三十六年度偵字1201-1300號」『台灣台中地方法院』新北市:檔案管理局所蔵、所蔵番号:A504230000F/0036/9999/1/9/004。

191 「續報謝雪紅動態」「謝雪紅」『國防部軍事情報局』新北市:檔案管理局所蔵、所蔵番号:A305050000C/0036/0410.9/04601017/1/010。

192 「曾永銘奉諭調查員林鎮民吳朝乾自稱特工四處招搖撞騙及保安警察隊員巫忠力不法行為之報告」(一九四七年五月六日)、林正慧編『二二八事件檔案彙編(十九)』台北市:國史館、二〇一七年、四三七頁。

193 「陳立本致柯復興報楊良捐鉅款助叛徒軍費由」、『保密局台灣站二二八史料彙編(三)』、四六三頁。

194 「黃鋒致柯復興暴動參加中堅份子鎮張昌圖」、『保密局台灣站二二八史料彙編(一)』、二〇一―二〇二頁。

195 「黃鋒致柯復興報桃園吳英俊組織自衛隊寔行暴動」、『保密局台灣站二二八史料彙編(三)』、二四二―二四三頁。

196 「黃鋒致嚴正直暴徒江添丁並未自新由」、『保密局台灣站二二八史料彙編(三)』、二六五頁。

197 「黃鋒致嚴正直二二八事件首要份子案由」、『保密局台灣站二二八史料彙編(三)』、二三九―二四〇頁。

198 「李傳家致林先生報基隆產物保險分公司經理徐志剛參加叛亂由」、『保密局台灣站二二八史料彙編(一)』、二一頁。

199 「致各組各屬員電希注意各地包庇叛徒情形由」、『保密局台灣站二二八史料彙編(一)』、六〇―六一頁。

200 「龍有浩致張秉承希即澈查詳報並設法偵查潛伏台省奸偽份子具報」、『保密局台灣站二二八史料彙編(一)』、七〇頁。

201 「台灣二二八事變報告書」、『二二八事件檔案彙編(十六)』、一―一九八頁。

202 張炎憲、黃秀政、陳儀深、陳翠蓮、李攸峰、何義麟、陳志龍、黃茂榮『二二八事件責任歸屬研究報告』、三三三頁。

203 「張書心呈台民暴行實錄」、『二二八事件檔案彙編(二)』、二九〇頁。

204 「鄭〇〇致蔣介石呈台灣事變經過彙編台民暴行實錄一冊」、『二二八事件檔案彙編(二)』、二九一頁。

205 「台北王守正致雷萬鈞呈報台灣二二八事變參加份子請察核由」、

206 『二二八事件檔案彙編（二）』、三六二―三六三頁。

207 台湾站は二二八事件発生前、特に蔣渭川が組織した台湾省政治建設協会の動きを厳重に注視し、その内幕解明のため、直属通訊員の許徳輝（偽名高登進）を会員として送り込み、「該会のでたらめな宣伝文句および不法行為を随時報告」させた。「台灣二二八事變報告書」、『二二八事件檔案彙編（十六）』、三頁を参照。許徳輝「台灣二二八事件反間工作報告書」、二〇一―二〇三頁。

208 同右書、二〇三頁。

209 蔣渭川「二二八事變始末記」、日付不明、「蔣渭川和他的時代」、http://www.228.org.tw/ChiangWeiChuan/part1/a-2-4.html、アクセス日：二〇一三年一〇月二二日。

210 許徳輝「台灣二二八事件反間工作報告書」、二〇三―二〇四頁。

211 同右書、二〇四頁。

212 「二二八處委會改組首次會 決定積極維持治安」『台湾新生報』一九四七年三月四日、第一版。

213 王建生・陳婉真・陳湧泉『一九四七台灣二二八革命』台北市：前衛出版社、一九九〇年、一五一―一五二頁。李翼中「帽簷述事―台事親歴記」、中央研究院近代史研究所編『二二八事件資料選輯（二）』台北市：中央研究院近代史研究所、一九九二年、七頁。

214 許徳輝「台灣二二八事件反間工作報告書」、二〇四頁。

215 林徳龍輯註『二二八官方機密史料』台北市：自立晩報社文化出版部、一九九二年、三―四頁、五―六頁。

216 唐賢龍「台灣事變内幕記（節錄）」、鄧孔昭編『二二八事件資料集』台北市：稻鄉出版社、一九九一年、八七頁。

217 陳炳基によると、以前より学生運動に数回参加した多くの学生たちは皆混乱しており、どちらが本当の学生を指揮する司令塔かわからなかったという。簡榮聰・鄭喜夫・魏永竹・林金田・唐淑芬訪問、李宣鋒記録「陳炳基先生口述記錄」、『二二八事件文獻補錄』、六六―六七頁。

218 吳克泰『吳克泰回憶錄』台北市：人間出版社、二〇〇二年、二二一頁。

219 廖徳雄によると、当時、忠義服務隊総隊部は北署（現大同分局）にあった。当時服務隊に加わった学生は、台北地区では五カ所のデモを行う学校の他に、泰北や建國中学など（台湾大学学生はいない）の学生で、その数一〇〇〇人を超していたという。各校の地縁関係から、防衛任務にあたる分局を置き、それらを拠点として服務隊を各派出所へ派遣し任務に当たらせた。計八分隊。黃富三・許雪姬訪問、蔡說麗・朱明發紀錄「廖徳雄先生訪問紀錄」、『口述歷史（第四期）』、六七―七〇頁。

220 許徳輝「台灣二二八事件反間工作報告書」、二〇五頁。

221 許雪姬・方惠芳訪問、邱慧君記錄「潘家煌先生訪問紀錄」、許雪姬・方惠芳訪問、吳美惠・丘慧君・曾金蘭・林世青・蔡說麗記錄『高雄市二二八相關人物訪問紀錄（下）』台北市：中央研究院近代史研究所、一九九五年、三二七頁。吳克泰『吳克泰回憶錄』、二一一頁。懷民、「出賣台灣人民的「台奸」」、韋名編『台灣的二・二八事件』香港：七十年代雜誌社、一九七五年、五八頁。

222 許雪姬・方惠芳訪問、林秀姿・曾金蘭紀錄、「許舜雄先生訪問紀錄」、『高雄市二二八相關人物訪問紀錄（下）』、一七頁。

223 「台灣二二八事變報告書」、『二二八事件檔案彙編（十六）』、四頁。

224 「二二八事件各地叛變記」、『二二八事件檔案彙編（十六）』、一―九三頁、巻末付録二二事変叛逆名冊、五〇頁。「呈送台中共黨各種傳單」「謝雪紅」『國防部軍事情報局』檔案管理局所藏、所蔵番号：A305050000C/0036/0410.9/04601017/2/055。

225 「黄鋒致柯復興三月九日夜暴徒謀襲駐軍詳情由」、『保密局台灣站二二八史料彙編（三）』、二三〇―二三一頁。

226 「林風致柯復興報告基隆事件後情形及基隆處理委員會組織狀況」、『保密局台灣站二二八史料彙編（一）』、三五頁。

227 「朱信士致林振藩報省二二八事件發生後之澎湖動態由」、『保密局台灣站二二八史料彙編（三）』、一八―二二頁。

228 「張秉承致南京言普誠（即刻到南京）報花蓮市民暴動經過由」、『保密局台灣站二二八史料彙編（三）』、七頁。

229 内政部警政署「台灣警備總司令部調査室南部諜報組長蔡蘭枝「二二八事件」回憶資料」、『二二八事件檔案彙編（九）』、二三二頁。

230 同右、二六三頁。

231 「花東地區有關資料彙整報告」「拂塵專案附件」『國家安全局』新北市：檔案管理局所藏、所蔵番号：A803000000A/0036/340.2/5502.3/5/008。

232 吳俊瑩「二二八在台東」、八八頁。

233 「葉秀峰呈報蘇泰楷平時努力防奸工作並無助長亂萌情事」（一九四七年五月九日）、『二二八事件檔案彙編（廿三）』、三五六―三五七頁。

234 「中統局呈報該局台灣調査統計室於事件發生時之應變情形」（一九四七年三月）、『二二八事件檔案彙編（廿三）』、三三六頁。

235 同右資料、三三七頁。「三月二日發生暴動不幸事情」、「查緝竊盜案卷」『台中市警察局檔案』新北市：檔案管理局所藏、所蔵番号：A376590200C/0036/139.4/6/1/018、吳俊瑩「中統局台灣調統室與二二八」、二七二頁より引用。

236 「饒維岳呈明臺中三二事變暴徒行劫臺中地方法院經過及被誣無辜受押陳情書」、八七頁。

237 吳俊瑩「中統局臺灣調統室與二二八」、二七四頁。

238 林金蓮「台中暴動情形綜合報告／民國三十六年三月廿八日」、中國第二歴史檔案館編『台灣二・二八事件檔案史料』南京市：檔案出版社、一九九一年、四二三―四二六頁。

239 陳翠蓮『重構二二八：戰後美中體制、中國統治模式與台灣』、二九四頁。

240 侯坤宏・許進發編『二二八事件檔案彙編（十六）』、二二三頁。

241 「張秉承致南京言普誠（即刻到南京△密）報台省青年團卵翼奸黨情形由」、『保密局台灣站二二八史料彙編（一）』、八三―八四頁。

242 李翼中「台灣二二八事件日錄」『二二八事件資料選輯（二）』台北市：中央研究院近代史研究所、一九九二年、三八九頁。陳翠蓮『派系鬥爭與權謀政治』、二七三―二七四頁。

243 李翼中「帽簷述事――台事親歴記」、『二二八事件資料選輯（二）』、四〇七頁。

244 「葉秀峰呈報蘇泰楷平時努力防奸工作並無助長亂萌情事」（一九四七年五月九日）、「葉秀峰呈報蘇泰楷平時努力防奸工作並無助長亂萌情事」（一九四七年五月九日）、『二二八事件檔案彙編（廿三）』、三五四頁、三五七頁。

245 「中統局調査蘇泰楷主辦重建日報刊發號外一事報告」（一九四七年五月七日）、「葉秀峰呈報蘇泰楷平時努力防奸工作並無助長亂萌情事」（民国三六年五月九日）、「葉秀峰呈報蘇泰楷平時努力防奸工作並無助長亂萌情事」（一九四七年五月九日）、『二二八事件檔案彙編（廿三）』、三五二頁、三五四頁、三五八―三五九頁。

246 吳俊瑩「中統局台灣調統室與二二八」、二七〇―二七六頁。

247 「張秉承上言普誠代電報告台中市蔡志昌屬下搶劫擾亂社會秩序並言及中統、憲兵和警察、軍統等單位對立情況」、『二二八事件檔案彙編（一）』三七〇頁。

248 「台中地區「三、二」事件重要人犯名冊」『二二八事件資料選輯（六）』台北市：中央研究院近代史研究所、一九九七年、一一八―一二二頁。

249 鍾逸人、『辛酸六十年：二二八事件二七部隊部隊長鍾逸人回憶錄（上）』、六四二頁。

250 「劉振聲呈報吳金鍊企圖變更新生報為民主報日文版及劉振良、白成枝等活動情形」、『保密局台灣站二二八史料彙編（一）』、一一〇―一一一頁。

251 「劉報告間匪份子劉振良潛入新生報活動及謝雪娥潛逃埔里等情形調査報告」、『保密局台灣站二二八史料彙編（一）』、一〇一―一〇二頁。

252 「董貫志致柯復興對新生報劉振良、蔡雲程等調査情形」、『保密局台灣站二二八史料彙編（一）』、九八―九九頁。

253 許德輝「台灣二二八事件反間工作報告書」、二〇七頁。

254 「王雲青先生訪問紀錄」、一七―二四頁。

255 謝聰敏によると、劉明は「別働隊」副隊長の肩書をもち、陳逸松は参謀長の肩書をもっていた。そのため彼らはその後の二二八事件でも難を逃れることができたという。張炎憲・陳美蓉・尤美琪訪問記録『台灣自救宣言：謝聰敏先生訪談錄』、三三九頁、三四三頁。

256 「黄仁里致林先生呈報斗六區暴民陳篡地青年分團主任陳海永指揮發動進攻嘉義虎尾等地國軍由」、『保密局台灣站二二八史料彙編（四）』、三七頁。「呈報陳總司令及柯參謀長國軍於三月十二日抵達市區維持治安後匪徒動態」、『保密局台灣站二二八史料彙編（二）』、三七六―三七九頁。

257 「陳海永報告」、『保密局台灣站二二八史料彙編（二）』、一三二頁。

258 「張秉承致南京言普誠報參議員陳海永勸導參加叛亂青年多人自新由」、『保密局台灣站二二八史料彙編（二）』、二二五―二二六頁。

259 「王孝順致林先生呈報暴徒陳寶堂罪行」、『保密局台灣站二二八史料彙編（四）』、一二二―一二三頁。

260 「林振藩電飭王孝順請詳査陳寶堂等案」、『保密局台灣站二二八史料彙編（四）』、一一〇頁。

261 「續報謝雪紅動態」「謝雪紅」『國防部軍事情報局』檔案管理局蔵、所蔵番号：A305050000C/0036/0410.9/04601017/1/010。

262 柯遠芬「台灣二二八事變之真像」、『二二八事件文獻續錄』、五五九頁。

263 賴澤涵・許雪姬訪問、許雪姬記録「柯遠芬先生訪問紀錄」、『二二八研究報告．重要口述歴史（一）』、七頁。

264 柯遠芬「事變十日記」、翁椿生、周茂林、朱文宇主編『衛越鷲濤的年代』台北市：台湾新生報出版部、一九九〇年、一九六―一九七頁。

265 同右書、一九七頁。

266 許德輝、「台灣二二八事件反間工作報告書」、二〇四―二〇五頁。

267 「林頂立呈陳儀『台灣忠義服務總隊報告』（一九四七年三月六日）」、『二二八事件資料選輯（六）』、六七五―六七六頁。

268 莊嘉農「台灣二二八民變」、王曉波編『台盟與二二八事件』台北市：海峽學術出版、二〇〇四年、一四九頁。林木順「台灣二月革命」、『台盟與二二八事件』、一八四頁、一八七頁。

269 李翼中「台灣二二八事件日錄」、『二二八事件資料選輯（二）』、三八八頁。

270 戴國煇・葉芸芸『愛憎二二八』、台北市：遠流出版公司、一九九二年、二四八―二四九頁。

271 「電報逮捕人犯名冊一份請核備由」、『二二八事件資料選輯（六）』、頁三二六。

272 「趙尚志致臺北周敏生為抄送臺中區奸黨叛徒名單電請緝辦由」、『保密局台灣站二二八史料彙編（四）』、二六三―二六五頁。

273 「報大華酒家與謝雪紅之關係」「謝雪紅」『國防部軍事情報局』新北市：檔案管理局所蔵、所蔵番号：A305050000C/0036/0410.9/04601017/1/021。

274 張炎憲・黎澄貴・胡慧玲訪問、胡慧玲記録、「廖德雄先生訪問紀録」『台北都會二二八』台北市：呉三連台灣史料基金會、一九九六年、九三頁。

275 許德輝「台灣二二八事件反間工作報告書」、二〇六―二〇七頁。

276 「林德麟致林先生為謹請逮捕叛逆由」、『保密局台灣站二二八史料彙編（五）』、六―七頁。

277 「高登進致柯復興為趙阿寶焚焼謝娥家具及天府酒家電請察究由」、『保密局台灣站二二八史料彙編（五）』、九頁。

278 「謝雪紅」『國防部軍事情報局』新北市：檔案管理局所蔵、所蔵番号：A305050000C/0036/0410.9/04601017/2/056。

279 劉戈青（一九一一―一九八五）、本名劉國興。本籍福建省南安県。廈門集美中学、国立暨南大学歴史社会系卒業。戴笠に認められ、一九三四年浙江省警官学校四期に入り訓練を受けた。一九三六年卒業後、ただちに命を受け情報工作を担当した。上海市保安処科員、淞滬警備司令部参謀処少佐科員を歴任した。対日抗戦期間は、命を受け上海に居留し、軍委会第二処上海站少佐通訊員、上海站行動組少佐組長を務め、主に敵の後方破壊調査、および反逆者処理を等の工作を担当した。一九三九年二月、上海站站長王天木の命を受け南京偽維新政府の「外交部長」陳籙を暗殺した。後に香港、ビルマ、シャム、マレーシア等の地に派遣され、情報行動を担当し、香港行動隊中佐隊長、京滬站中佐特派員、檳城直属組中佐組長、第四八站上校站長を歴任した。戦後は国防部第二庁に移転し、上校専員を務めた。「劉戈青」『軍事委員會委員長侍從室』台北市：國史館所蔵、所蔵番号：129000108155A。「警務處副處長劉戈青核薪案」「警務處人員任免」『行政長官公署檔案』、南投市：國史館台灣文獻館所蔵、所蔵番号：00303235011008。伯峰「人物介紹：本省警務處副處長劉戈青」『台灣警察』第三巻第二期、一九四七年、一八頁。余祥琴「上海淪陷期間四年地下工作追記」『傳記文學』第三三巻第二／三―四期、一九七八年八月、四四―四五頁。

280 「鄭介民呈請派員赴台協助平息風潮」（一九四七年三月一〇日）、『二二八事件檔案彙編（十七）』、二一二頁。

281 陳純瑩「台灣光復初期之警政（一九四五―一九五三）」國立台灣師範大学歴史研究所博士論文、一九九四年、五七―五八頁。

282 「警務處副處長揭錦標劉戈青任免案」「警務處人員任免」『行政長官公署檔案』南投市：國史館台灣文獻館所蔵、所蔵番号：00303235010002。「警務處副處長劉戈青核薪案」「警務處人員任免」『行政長官公署檔案』南投市：國史館台灣文獻館蔵、所蔵番号：00303235011008。

283 鍾逸人『辛酸六十年』、六四〇頁。

284 「為修訂警務処刑事室組織規程草案」「人事」『内政部警政署』新北市：檔案管理局蔵、所蔵番号：A301010000C/0036/0047/36/1/007。「為検送警務處刑事室組織規程草案」「人事」『内政部警政署』新北市：檔案管理局蔵、所蔵番号：A301010000C/0036/0047/36/1/006。

285 陳純瑩「台湾光復初期之警政（一九四五―一九五三）」、七一頁、九六―九九頁。

286 台湾省行政長官公署が台湾省政府に改編した後も、台湾省警務処副処長兼刑事室主任（一九四七／五―）を務めた。後に台

湾省巡防局副少将局長（一九四八／一二―一九四九／四）等の職を担当した。「國民政府文官處人事調查表：劉戈青」「文件史料」『軍事委員會委員長侍從室』台北市：國史館所藏、典藏號：129000 108155A。

287 「雷潛夫及李天成等有無罪行併希検証報核」「人名案」『國防部軍事情報局』新北市：檔案管理局蔵、所蔵番号：A305050000C/0037/0410.9/8000/3/062

288 「查地方法院等受賄」「人名案」『國防部軍事情報局』新北市：檔案管理局蔵、所蔵番号：A305050000C/0037/0410.9/ 8000/3/061

289 「本省二二八事變案犯處理經過」、『二二八事件資料選輯（六）』、四九〇―四九一頁。

290 「台灣省黨部主任委員丘念台呈蔣中正請速審結或特赦二二八事件人犯以收民心而遏禍亂」（一九四七年一二月三一日）、何鳳嬌編『二二八事件檔案彙編（廿四）』台北市：國史館、二〇一七年、三一八―三一九頁。

291 「林風致柯復興報基隆叛徒暴亂情形」、許雪姫主編、『保密局台灣站二二八史料彙編（二）』、二五頁。

292 「林風致柯復興報告基隆二二八事件情況及處置情形」、『保密局台灣站二二八史料彙編（二）』、三三頁。

293 同右、三三頁。

294 「張秉承致南京言普誠（即到南京△密）王添灯已被密裁陳復志已槍斃，及彙報叛徒名單」、『保密局台灣站二二八史料彙編（一）』、七四頁。

295 鄭履中「『二二八事件文獻補錄』完成省文獻會編纂著重事件始末查證 包括當年警總副參謀長范誦堯珍貴口述」『中國時報』一九九三年二月二八日、第九版。

296 李翼中「台灣二二八事件日錄」、『二二八事件資料選輯（二）』、三八九頁。

297 懷民「出賣臺灣人民的『台奸』」『台灣的二・二八事件』、五八頁。

298 林衡道口述、張炎憲・高淑媛訪問、「板橋林宗賢」、張炎憲、高淑媛採訪、記録『混亂年代的台北縣參議會（一九四六―一九五〇）』台北：台北縣立文化中心、一九九六年、一二九頁。

299 歐陽可亮、張志銘訳、「二二八大屠殺的證言」、一四五―一四七頁。

300 同右書、一六二頁。

301 「中統局呈報該局台灣調查統計室續報國軍已抵台北而台中仍在紊亂中」（一九四七年三月一二日）、『二二八事件檔案彙編（廿三）』、三〇二頁。

302 同右、三〇二頁。「憲兵司令部、中統局呈報臺灣近況」（一九四七年三月一一日）、『二二八事件檔案彙編（十七）』、二三二頁。

303 柯遠芬「台灣二二八事變之真像」、『二二八事件文獻補錄』、一三三―一三四頁。「柯遠芬先生口述回憶」、『二二八事件文獻續錄』、七二七―七二八頁。

304 「台灣省行政長官公署警務處奉臺灣省警備總司令部電令臺中縣政府以警察機構在未健全前禁止行使非法職權治安一律由憲兵負責」（一九四七年三月一二日）、『二二八事件檔案彙編（十九）』、一頁。

305 「據台北市人民謝綺蘭呈訴為伊夫陳炘被台北市警察局林形事股長致用率部拘去解往警備隊總司令部受訊迄今音訊杳然等情一案亟請查照見覆由」、『二二八事件資料選輯（六）』、五九八―五九九頁。「謝綺蘭呈為聲請准予查明氏夫陳炘由」（一九四七年六月一七日）、『二二八事件資料選輯（六）』、六〇〇―六〇一頁。

306 「據送參加事變首謀主犯名冊請緝辦奉電復遵照」、中央研究院近代史研究所編『二二八事件資料選輯（五）』台北市：中央研究院近代史研究所、一九九七年、五五一—五五二頁。

307 「為氏夫林連宗疏明關係、本省二二八事件之行動暨失蹤確切情形敬請察核並請賜示由」、『二二八事件資料選輯（六）』、六三〇—六三三頁。

308 「飭查林連宗等被拘案具報」（一九四七年七月八日）、『二二八事件資料選輯（六）』、六三四—六三五頁。

309 「電復調査林連宗失蹤情形請核備由」（一九四七年七月一六日）、『二二八事件資料選輯（六）』、六三六—六三七頁。

310 「憲兵司令部呈報台灣情報」（一九四七年三月一二日）、『二二八事件檔案彙編（十七）』、二三一頁。

311 「為氏夫王添灯不幸于二二八事件失蹤懇請查明生死下落以維法紀以安家屬由」（一九四七年九月二日）、『二二八事件資料選輯（六）』、六五三—六五六頁。

312 「據徐罔呈請査明王添灯下落一案電希澈査報復」（一九四七年九月五日）、『二二八事件資料選輯（六）』、六六一頁。

313 「為本團憲兵並未拘捕王添灯其人除飭屬澈査外電復鑒核由」（一九四七年九月一〇日）、『二二八事件資料選輯（六）』、六六二—六六三頁。

314 藍博洲『消逝在二二八迷霧中的王添灯』台北市：印刻文學生活雜誌社、二〇〇八年、二八一—二八二頁。

315 夫である林清泉は事件期間に暴行され死亡し、その遺体は川に捨てられた。「林溯涼訪問紀録」、張炎憲・胡慧玲・高淑媛採訪及び記録『基隆雨港二二八』台北市：自立晩報社文化出版部、一九九四年所収を参照、四七—五三頁。

316 簡定春・張炎憲・胡慧玲採訪、胡慧玲記録「謝錦文訪問紀録」、『基隆雨港二二八』、一〇二頁。

317 この回想は黄永家から引用。「黄永家訪問紀録」、『基隆雨港二二八』、二二二頁。

318 当時の警察局長は郭紹文であろう。郭紹文は浙江東陽人、江蘇警官学校本科第一期を卒業。福建省保安幹部訓練所少佐教官、南平、晉江等県警察局長、国立暨南大学教官、中央警官学校、東南警官訓練班教育組長、中央警官学校薦任教官、戦後來台原任警務処第三科科長を歴任した。一九四五年一一月基隆市警察局局長に就任している。「基隆市政府警察局局長郭紹文派代案」（一九四五年一一月九日）「基隆市警察局人員任免」『臺灣省行政長官公署檔案』南投市：國史館台灣文獻館所蔵、所蔵番号：00303235048001。「基隆市警察局局長郭紹文到職日呈報」（一九四五年一一月一三日）「基隆市警察局人員任免」『臺灣省行政長官公署檔案』南投市：國史館台灣文獻館所蔵、所蔵番号：00303235048004。「基隆市政府警察局長郭紹文改支薪案」（一九四六年一一月九日）「基隆市政府人員任免卷」『臺灣省行政長官公署檔案』南投市：國史館台灣文獻館所蔵、所蔵番号：00303231330009。

319 「將軍史宏熹函請前總統嚴家淦協助處理終身俸結及房屋配給等事宜」『嚴家淦總統文物』、デジタル所蔵番号：006-010906-00009-045。

320 「張邦傑等呈請蔣中正嚴弁屠殺台人禍首並解散別働隊、特務大隊以收民心而保人權」（一九四七年四月一八日）、『二二八事件檔案彙編（廿四）』、一六二頁。

321 「丘念台呈請速調回台變時軍警憲特首腦以安輯台民意見書」（一九四七年五月二五日）、『二二八事件檔案彙編（廿四）』、二八七—二八八頁。

322 「蔣介石日記」、一九四七年三月一六—二一日。

323 「中統局呈報該局台灣調査統計室於事件發生時之應變情形」(一九四七年三月)、『二二八事件檔案彙編(廿三)』、三二七頁。

324 陳愷「『二二八』事件發生前後台北地區之政情與社會民心狀況追憶」『二二八事件檔案彙編(十六)』、二一四頁。

## 附録五―一　保密局台湾站、組、通訊員等編制偽名表

| 站直属 | | |
|---|---|---|
| 站偽名 | 直属通訊員 | 通訊員 |
| 林振藩、柯復興、陳振邦 | 余志光（台南地区）<br>李如石<br>沈堅強<br>林繼成（新竹地区、以前は義務通訊員、通訊員、番号「情字第○○号」）<br>高雲（恆春直属員、高山族関係）<br>高登進（一部の情報は黄朝君、阮玉峰より、編号「互字○○号」）<br>張乙塵（以前は義務通訊員）<br>陳本立（新竹、桃園地区　以前は通訊員、番号「立情字○○号」）<br>董貫志（台北地区、三月番号「寅字第○○号」、四月番号「卯字第○○号」） | 李傳家（ラジオ放送局）<br>林風（基隆地区、番号「基組○○号」）<br>林繼成（新竹地区）<br>洪資敏<br>張振声（元新竹、桃園地区、後に澎湖地区）<br>陳士東<br>陳本立<br>陳玉祥（台北地区）<br>陳向前（台中地区、番号「向字第○○号」）<br>陳克慎<br>黄鋒（新竹、桃園地区、番号「東字第○○号」）<br>劉方平<br>劉振聲<br>林德麟（新竹、台北地区、高雄組通訊員とも称す）<br>劉敬倫（新竹地区） |

<table>
<tr><th colspan="2">站直属</th><th colspan="3">台中組</th><th colspan="2"></th></tr>
<tr><th>義務通訊員</th><th>運用人</th><th>組長偽名</th><th>站偽名</th><th>通訊員</th><th>組長偽名</th><th>站偽名</th></tr>
<tr><td>江天祝（東部地区）<br>林繼成（新竹地区）<br>徐静（義務直属員）<br>高溥<br>張乙塵<br>張望洋（宜蘭地区）<br>劉與奎（ラジオ放送局、番号「播字〇〇号」）</td><td>蔣少華</td><td>王孝順（三―五月）、李済中（六月―?）、李良彬</td><td>林振藩、丁立仁（六月?）</td><td>王居（台中市）<br>江海濤（台中市）<br>林蜀水<br>邱復光<br>洪心如（台中市）<br>楊嘯（台中市）<br>劉汐揚<br>魏登庸（台中市）<br>嚴義（台中市）<br>計九名</td><td>黃仁里（三月―六月初）、蘇江南（六月初―一〇月）</td><td>林振藩（三月―六月初）、丁立仁（六月初―一〇月）</td></tr>
</table>

| 台南組 | 高雄組 | | | 花蓮組 | |
|---|---|---|---|---|---|
| 通訊員 | 組長偽名 | 站偽名 | 通訊員 | 組長偽名 | 站偽名 |
| 吳偉文（台南県市）<br>周元寧（現嘉義県市：本名陳來貴〔偽名か〕、直属通訊員とも称す）<br>張清標（斗六地区）<br>陳忠（台南県市）<br>陳雲發（本名林直平〔偽名か〕）<br>黄愛群（嘉義市：蔡友志か）<br>黎利文（台南県）<br>蘇殊（嘉義地区）<br>計八名 | 謝愛吼（三月—五月末）、林振雄（六月初—？） | 林振藩（三月—五月末）、丁立仁（六月初—？） | 江心波<br>吳沂（屏東地区）<br>宋彩清（運用通訊員、高雄県地区）<br>林介山（高雄市区）<br>林熙（運用通訊員、高雄市区）<br>葉永青（高雄県鳳山、旗山等）<br>劉鴻（義務通訊員、高雄通訊員）<br>蔡權能（義務通訊員、屏東市区）<br>計8名。 | 紀桐霰（三月初—三月中）、林思龍（三月下旬—）、紀桐霰（四月初—）、許靖東（六月初—？） | 林振藩（三月初—三月中）、馬力行（三月下旬—）、林振藩（四月初—）、丁立仁（六月初—？） |

| 花蓮組 | 澎湖組 | | |
|---|---|---|---|
| 通訊員 | 組長偽名 | 站偽名 | 通訊員 |
| 沈清淵（鳳林通訊員）<br>林鎮東（羅東試用同志）<br>胡真（宜蘭試用同志）<br>陳雲峰（台東通訊員）<br>游雲瑞（花蓮市試用同志）<br>王金弼（花蓮市通訊員）<br>鄭謙恭（台東通訊員）<br>鄭江水（台東運用員）<br>このうち台東二名、宜蘭二名、花蓮三名の七名と、試用人員が多いことから草創期であったことがうかがえる。一名は運用人員である。 | 朱信士 | 林振藩 | 林子評<br>侯天祥<br>胡百行<br>三人のみで、他にも運用人陳大欣、許榮三、許琴、蘇清などがいる。編成は簡単なものであったといえる。 |

出典：『中研院台灣史研究所二二八相關檔案』：侯坤宏・許進發編、『二二八事件檔案彙編（一）』台北市：國史館、二〇〇二年、二〇七–二〇八頁、二一一–二一二頁、二九八–二九九頁、三六七–三六八頁：侯坤宏、許進發編、『二二八事件檔案彙編（二）』台北市：國史館、二〇〇二年、八–一二頁、四〇頁、一三〇頁、一六〇–一六一頁、一六七頁。「花東地區有關資料彙整報告」「拂塵專案附件」『國家安全局』新北市：檔案管理局藏、所藏番号：A80300000A/0036/340.2/5502.3/5/008。「飭查謝雪紅行踪」「謝雪紅」『國防部軍事情報局』新北市：檔案管理局藏、所藏番号：A305050000C/0036/0410.9/04601017/1/047：「一九四七年四月朱信士致林振藩復前台灣同胞出征軍人支領慰撫金案由」「台灣同胞被日本徵服兵役案」『國防部軍事情報局』新北市：檔案管理局藏、所藏番号：A305050000C/0035/1611.1 /4010。

## 附録五—二「保密局服務証明書登記簿（三六—三九年）」閩南籍通訊員

| 姓名 | 年齢 | 本籍 | 配属先 | 職務 | 在職期間 | 原番号 |
|---|---|---|---|---|---|---|
| 王人杰 | 三〇 | 福建晋江 | 本局 | 通訊員 | 1946.09.01-1947.07.30；1949.08.01-1950.09.30 | 4259、5732 |
| 王宗世 | 四二 | 福建閩侯 | 本局 | 通訊員 | 1946.09.01-1947.09.30 | 4569 |
| 王盛時 | 四〇 | 福建永春 | 本局 | 通訊員 | 1946.09.01-1947.07.30 | 4582 |
| 王瑞超 | 三四 | 福建永春 | 本局 | 通訊員 | 1946.09.01-1947.04.30 | 3771 |
| 王榮水 | 二九 | 福建惠安 | 本局 | 通訊員 | 1946.09.01-1947.05.30；1949.08.01-1950.09.30 | 4607、5964 |
| 王劍波 | 二九 | 福建永春 | 本局 | 通訊員 | 1946.09.01-1947.05.30；1949.08.01-1950.09.30 | 4604、5737 |
| 石瑞熙 | 二七 | 福建福州 | 本局 | 通訊員 | 1946.09.01-1948.04.04 | 4305 |
| 石韻鼎 | 三〇 | 福建閩侯 | 本局 | 通訊員 | 1946.09.01-1947.04.30 | 4625 |
| 任守銓 | 三〇 | 福建林森 | 本局 | 通訊員 | 1946.09.01-1947.12.31 | 4764 |
| 何占雄 | 四二 | 福建海澄 | 本局 | 通訊員 | 1946.09.01-1946.11.30 | 4524 |
| 余舜華 | 二七 | 福建清流 | 本局 | 通訊員 | 1946.10.01-1947.10.30 | 5865 |
| 呉德賢 | 四〇 | 福建長汀 | 本局 | 通訊員 | 1946.09.01-1947.11.30 | 4856 |
| 呉慶雲 | 二九 | 福建晋江 | 本局 | 通訊員 | 1949.08.01-1950.09.30 | 6681 |
| 呉禮勇 | 三一 | 福建南安 | 本局 | 通訊員 | 1946.10-1947.05；1949.08.01-1950.09.30 | 5025、6543 |
| 呉衢生 | 三三 | 福建浦城 | 本局 | 通訊員 | 1946.09.01-1947.08.30 | 4262 |
| 李良彬 | 三七 | 福建廈門 | 本局 | 通訊員 | 1946.11.01-1947.10.20；1949.08.01-1949.11.30；1950.04.01-1950.09.30 | 5740、5741 |

| | | | | | | |
|---|---|---|---|---|---|---|
| 沈兆榜 | 二八 | 福建詔安 | 本局 | 通訊員 | 1946.09.01-1947.09.30 | 6028 |
| 沈金生 | 三二 | 福建詔安 | 本局 | 通訊員 | 1946.09.01-1947.05.30 ; 1949.08-01-1950.09.30 | 4577、6051 |
| 沈啟重 | 三一 | 福建詔安 | 本局 | 通訊員 | 1946.09.01-1947.08.30 ; 1949.08.01-1950.09.30 | 4615、6531 |
| 沈慶揚 | 三〇 | 福建詔安 | 本局 | 直属通訊員 | 1946.09.01-1947.05.30 ; 1949.08.01-1950.09.30 | 4605、5983 |
| 林元龍 | 三五 | 福建廈門 | 本局 | 通訊員 | 1946.09.01-1947.09.30 | 5120 |
| 林民桂 | 二八 | 福建福清 | 本局 | 通訊員 | 1946.09.01-1948.12.30 | 5220 |
| 林秀珍 | | 福建林森 | 本局 | 通訊員 | 1946.11.01-1948.01.28 | 4893 |
| 林健魂 | 二九 | 福建龍渓 | 本局 | 通訊員 | 1949.11.01-1950.09.30 | 6533 |
| 林培植 | 三四 | 福建閩侯 | | 直属員 | 1946.11.01-1947.10.30 ; 1950.01.01-1950.12.31 | 4979、6953 |
| 林捷聰 | 三〇 | 福建莆田 | 本局 | 通訊員 | 1946.09.01-1947.05.30 | 4606 |
| 林頂立 | 四七 | 福建詔安 | 台湾站、本局 | 站長 | 1948.08.01-1949.03.31 ; 1949.08.01-1950.09.30 | 5048、5946 |
| 林凱 | 三一 | 福建南安 | 本局 | 通訊員 | 1949.07.16-1950.09.30 | 6718 |
| 林琦 | 三〇 | 福建林森 | 本局 | 通訊員 | 1946.09.01-1946.12.31 ; 1947.01.01-1947.02.28 | 4576 |
| 林貴泰 | 三四 | 福建詔安 | 本局 | 通訊員 | 1946.09.01-1947.09.30 ; 1949.08.01-1950.09.30 | 4814、5745 |
| 林漢芳 | 二六 | 福建上杭 | | 通訊員 | 1946.09.01-1948.02.29 ; 1950.05.01-1950.09.30 | 3868、5624 |
| 林精華 | 三五 | 福建龍渓 | 本局 | 通訊員 | 1946.09.01-1947.07.31 ; 1949.08.01-1950.09.30 | 5064、5734 |
| 邱玉屏 | 二九 | 福建閩侯 | 本局 | 通訊員 | 1946.09.01-1947.04.30 | 4624 |
| 金文石 | 二八 | 福建建甌 | 本局 | 通訊員 | 1947.01.01-1948.05.30 ; 1949.09.01-1950.09.30 | 6584 |

| 姓名 | 年齢 | 本籍 | 配属先 | 職務 | 在職期間 | 原番号 |
|---|---|---|---|---|---|---|
| 金敷猷 | 三二 | 福建福清 | 本局 | 通訊員 | 1946.09.01-1947.10.31 | 4941 |
| 胡寶三 | 四八 | 福建龍渓 | 本局 | 通訊員 | 1949.08.01-1950.09.30 | 5968 |
| 康玉湖 | 三二 | 福建龍渓 | 本局 | 通訊員 | 1947.01.01-1948.03.31 | 5079 |
| 康立民 | 二九 | 福建惠安 | 本局 | 通訊員 | 1947.01.01-1949.05.31；1949.08.01-1950.09.30 | 5083、5736 |
| 張生亞 | 三四 | 福建惠安 | 本局 | 通訊員 | 1946.09.01-1947.08.30 | 4614 |
| 張彬 | 四七 | 福建福州 | 本局 | 通訊員 | 1946.09.01-1947.07.30 | 4854 |
| 張毓清 | 二七 | 福建惠安 | 本局 | 通訊員 | 1946.09.01-1947.11.26 | 4547 |
| 張漢旗 | 三〇 | 福建晋江 | 本局 | 通訊員 | 1946.12-1947.07 | 6929 |
| 章和樂 | 三五 | 福建永春 | 本局 | 通訊員 | 1948.11.01-1949.03.30；1949.08.01-1950.09.30 | 5050、5971 |
| 莊德輝 | 二八 | 福建惠安 | 本局 | 通訊員 | 1946.09.01-1947.03.30 | 4804 |
| 許白光 | 三四 | 福建南安 | 本局 | 通訊員 | 1948.08.01-1950.09.30 | 5933 |
| 許德輝 | 四四 | 福建惠安 | 本局 | 通訊員 | 1949.09.15-1950.09.30 | 5972 |
| 郭震東 | 三二 | 福建雲霄 | 本局 | 通訊員 | 1946.09.01-1948.10.30 | 5252 |
| 陳玉祥 | 二七 | 福建漳浦 | 本局 | 通訊員 | 1946.09.01-1947.05.30 | 4260 |
| 陳承宗 | 三五 | 福建詔安 | 本局 | 通訊員 | 1946.09.01-1947.08.31 | 3903、5099 |
| 陳春壽 | 三三 | 福建惠安 | 本局 | 通訊員 | 1946.11.01-1949.01.31 | 5104 |
| 陳容 | 三七 | 福建連江 | 本局 | 通訊員 | 1946.09.01-1947.08.30；1949.08.01-1950.09.30 | 4478、5999 |

| | | | | | | |
|---|---|---|---|---|---|---|
| 陳愷 | 三四 | 福建惠安 | 本局 | 通訊員 | 1946.09.01-1947.05.31 | 5062 |
| 陳壽民 | 三四 | 福建林森 | | 通訊員 | 1947.11.01-1947.11.30；1950.10.01-1950.10.30 | 6096 |
| 傅孫其 | 三九 | 福建福清 | 本局 | 通訊員 | 1946.09.01-1947.05.30；1949.08.01-1950.09.30 | 4714、5966 |
| 曾植 | 二六 | 福建長楽 | 本局 | 通訊員 | 1946.09.01-1947.05.31 | 4994 |
| 童貞八 | 二八 | 福建晋江 | 本局 | 通訊員 | 1949.01.01-1949.03.31；1949.08.01-1950.09.30 | 5065、5738 |
| 華瑞麟 | 二七 | 福建上杭 | 本局 | 通訊員 | 1946.09.01-1947.07.30 | 4855 |
| 黄天基 | 四二 | 福建長汀 | 本局 | 通訊員 | 1946.09.01-1947.03.30 | 4347 |
| 黄尚仁 | 三四 | 福建南平 | | 通訊員 | 1946.09-1947.02.28 | 3003 |
| 黄時琛 | 二六 | 福建福清 | 本局 | 通訊員 | 1946.09.01-1947.11.30 | 3885 |
| 黄廈泉 | 二九 | 福建南安 | 本局 | 通訊員 | 1946.09.01-1947.07.30；1949.08.01-1950.07.15 | 4261、6937 |
| 黄德原 | 三八 | 福建平和 | 本局 | 通訊員 | 1949.06.01-1950.09.30 | 6017 |
| 黄錦城 | 二八 | 福建南安 | 本局 | 通訊員 | 1946.09.01-1947.05.30；1949.08.01-1950.09.30 | 5052、6565 |
| 黄聰興 | 二六 | 福建惠安 | 本局 | 通訊員 | 1948.08.01-1948.10.30；1948.09.12-1948.10.31 | 4925、4830 |
| 葉萬世 | 三二 | 福建廈門 | 本局 | 通訊員 | 1946.09.01-1947.09.30 | 5054 |
| 葉燕文 | 三八 | 福建晋江 | 本局 | 直属通訊員 | 1946.09.01-1947.08.31；1949.08.01-1950.09.30 | 5049、5905 |
| 葉鍾英 | 二六 | 福建建甌 | 本局 | 通訊員 | 1946.09-1947.11；1947.12-1947.12 | 5574 |
| 雷震嵐 | 二八 | 福建林森 | 本局 | 通訊員 | 1946.09.01-1947.04.30 | 4656 |
| 劉伯考 | 二六 | 福建長楽 | 本局 | 通訊員 | 1946.09-1947.11 | 3254 |

| 姓名 | 年齢 | 本籍 | 配属先 | 職務 | 在職期間 | 原番号 |
|---|---|---|---|---|---|---|
| 劉翼雲 | 三五 | 福建永春 | 本局 | 通訊員 | 1946.09.01-1949.03.31 ; 1949.08.01-1950.09.30 | 5057、5998 |
| 蔡友志 | 三一 | 福建晋江 | 本局 | 通訊員 | 1946.09-1948.03 ; 1949.08.01-1949.11.30 | 4996、5223 |
| 蔡蘭枝 | 三〇 | 福建恵安 | 本局 | 通訊員 | 1946.09-1947.01 | 6905 |
| 鄧錡昌 | 三四 | 福建福州 | 本局 | 通訊員 | 1949.08.01-1950.09.30 | 6004 |
| 鄭抗 | 三一 | 福建福州 | 本局 | 通訊員 | 1946.09-1947.12 | 3454 |
| 鄭佶祥 | 三二 | 福建永定 | 本局 | 通訊員 | 1946.09.01-1947.07.30 | 4177 |
| 鄭勝輝 | 三四 | 福建恵安 | 本局 | 通訊員 | 1949.08.01-1950.09.30 | 5997 |
| 鄭葆傑 | 三三 | 福建林森 | 本局 | 通訊員 | 1947.02.01-1948.03.31 | 6761 |
| 鄭懐峰 | 三二 | 福建古田 | 本局 | 通訊員 | 1949.09.01-1950.05.30 | 6029 |
| 頼國民 | 四四 | 福建平和 | 本局 | 通訊員 | 1948.06.01-1949.12.31 ; 1950.05.01-1950.05.31 | 5393 |
| 薛祚玉 | 二八 | 福建林森 | 本局 | 通訊員 | 1946.09.01-1947.11.30 | 4463 |
| 薛章煌 | 二八 | 福建福清 | 本局 | 通訊員 | 1946.09.01-1947.02.28 ; 1948.11.01-1949.02.28 | 4959 |
| 魏聖堪 | 二九 | 福建福清 | 本局 | 通訊員 | 1946.09.01-1947.04.30 | 4641 |
| 蘇敦琳 | 三〇 | 福建晋江 | 本局 | 通訊員 | 1946.09-1947.02 | 3072 |
| 蘇篤 | 三一 | 福建南安 | 本局 | 通訊員 | 1946.09.01-1947.09.31 | 5059 |

出所：「保密局服務証明書登記簿（三六—三九年）」『國防部軍事情報局』新北市：檔案管理局所蔵、所蔵番号：A305050000C/0036/0371.91/2629。

## 附録五―三　情報機関より軍務局への情報報告（二二八事件前）

| 元情報機関 | 日付 | 概要 | 軍務局処理状況 |
|---|---|---|---|
| 保密局 | 一九四五／九／一二 | 陳儀が台湾行政長官に就任すると中央より発表があった後、その措置に不満を持つ台湾閩南人士は反対し、行動委員会を組織。代電をもって閩台人民に呼びかけた。 | 保密局に主要分子および背景の調査報告を命ず |
| 台北葉明勲電 | 一九四六／一／五 | 二ヶ月間台湾省各地の同胞は長官署の措施に対して、すでに熱望から失望に転じている。経済上、公署の統制政策に皆不満を感じており、全台湾工鉱業は頓挫し、交通秩序も劣悪である。 | 陳長官に注意を促す |
| 中統局 | 一九四六／一／二三 | 二ヶ月間、米価が高騰。政府人員は言語の壁により台湾同胞に対する優しさと誠実な態度に欠けるため、台湾同胞の政府に対する失望感は次第に増している。 | 陳長官に注意を促す |
| 憲兵司令部 | 一九四六／二／五 | 政府が台湾に派遣した接収人員の多くは洋館、自動車、物資を奪うのが目的で、法規を無視している。政府は台湾人を差別している。 | 行政院に呈上し、調査・処理報告を請う。 |
| 軍統局 | 一九四六／二／一八 | 中央宣慰使李文範が台湾に到着。台北において民衆大会を開く。台湾同胞が請求を提出。 | 参考までに行政院に呈上する。 |
| 保密局 | 一九四七／二／二六（一九四六／二／一〇台湾張秉承による報告） | 省参議員郭國基が反動言論を無断で発表する。 | 本件は呈上し、電報にて陳長官公俠に徹底調査を願い、団本部に一週間以内に調査報告させるべきである。 |
| 軍統局 | 一九四六／三／二四 | 旅渝閩台各団体が、陳儀の台湾現況に関して反論する。 | |
| 情報司 | 一九四六／四／三 | ワシントンポストにニュートンの台湾の現状についての論文が連載されている。 | 陳長官に徹底調査し厳密な処分報告を請う。 |
| 保密局 | 一九四六／五／九 | 米軍駐台戦時情報班主任モリガン少佐が台湾人の我党政人員に対する感情を調査、民間に入り民意を聴き取り、台湾行政当局と民衆の間との溝は深いとしている。 | 陳長官に確実に紀律を整えるよう命ず。 |

| 保密局 | 一九四六／五／一九 | 台湾は秘密結社が盛んであり村落にも組織が存在している。日本軍から購入した武器までも備えている。 | 陳総長に調査処理を依頼。 |
|---|---|---|---|
| 中統局 | 一九四六／七／二九 | 台湾同胞は省政に極度の不満を持っている。閩台建設協会等の六団体が代表を南京に派遣し請願する。 | 陳長官に検討を促す。請願代表の意見には、事実と一致しない所があるので、反動派宣伝とならぬよう修正を加えること。 |
| 保密局 | 一九四六／八／三 | 三月一二日台湾直属区団が、独断で李友邦を一九四五年秋に台湾へ派遣し準備させている。分団幹事の任用における不注意によって、奸党份子である王添灯らの各地分団人事への侵入を許し、組織訓練も牛耳られる。よって三青団が利用され、反政府活動の掩護、政府への攻撃など、官民の感情を扇動するに至る。 | 陳書記長に迅速に幹員を派遣し徹底的に調査粛清を命ず。 |
| 中統局 | 一九四六／九／一八 | 台湾省の治安はまだ正常に回復せず、日本軍は一部の銃を隠匿し民間に販売している。町は失業者であふれ、犯罪に走る者が日々増加している。 | 陳長官に注意を促す。 |
| 中統局 | 一九四六／一一／一六 | 台湾彰化市八卦山に台湾同胞約三千人が集まる。銃を備えており、至るところで反政府運動を宣伝している。 | 陳長官に送り審査を請う。 |
| 中統局 | 一九四六／一二／一一 | 台東の高砂族秘密組織台社は高山族に新政府の組織を宣伝している。目下の政治措置に反対している。 | 陳長官に注意を促す。 |
| 中統局 | 一九四七／二／五 | 一二月本党責任者夏濤聲は、行政長官公署宣伝委員会主任を務めている。全台湾省宣伝機関を掌握し、職権を駆使し党務を拡大させている。台湾省宣伝委員会を新聞処に改組し、本党同志を派遣し主宰させることを請う。 | 夏濤聲を適当な工作に回し、当会を新聞処に改組する。中宣部より本党同志を選び処長とする許可を得た。 |

出典：「軍務局彙整各情報單位之報告内容與辦理經過」、薛月順編『二二八事件檔案彙編（廿三）：總統府檔案』台北市：國史館所収、二〇一七年、三六七―三七二頁、三七八頁。

**附録五−四　情報機関より軍務局への情報報告（二二八事件期間）**

| 打電日（元打電日／元打電機関） | 報告した情報機関 | 概容 | 本局処理 | 処理経過概要 | 事後検討意見 |
|---|---|---|---|---|---|
| 三月一日 | 中統局 | 専売局が闇タバコ調査の際、老婦と市民を殺害したことから、台北市民が暴動を起こした。 | 一部を呈上 | | |
| 三月一日 | 中統局 | 台北市民暴動の原因は以下の如く。一、台湾市場において一ヶ月米が購買できなかった。二、陳長官による統制法令各項目が不合理である。 | 保留 | | |
| 三月一日 | 憲兵司令部 | 台北二月二十七日夜、専売局が闇タバコの捜査において市民を殺傷し、市全体の暴動を引き起こした。 | 保留 | | |
| 三月三日 | 中統局 | 台北市の暴動がさらに拡大し、状況はますます深刻化している。新竹県長が失踪、国大代表謝娥の自宅が放火された。 | 一部を呈上 | | |
| 三月三日 | 保密局 | 台北専売局が闇タバコの捜査において、闇タバコ販売の婦人林江邁の頭部に打撲を負わせ意識不明となったことから、群衆の怒りを買い市全体に及ぶ暴動を引き起こした。 | 保留 | | 本件は事件発生の経過について詳細に報告されているが、報告が遅かったため、進達せず。 |
| 三月三日 | 憲兵司令部 | 台市省参議員および国大代表は緊急会議を開き、市民を代表して行政長官公署に六つの条件を提出した。 | 保留 | | 当日の参考情報はすでに記載されている。 |

| 打電日（元打電日／元打電機関） | 報告した情報機関 | 概容 | 本局処理 | 処理経過概要 | 事後検討意見 |
|---|---|---|---|---|---|
| 三月三日 | 憲兵司令部 | 台北の暴動は拡大し、特高人員駐在地もまた襲撃された。 | 保留 | | |
| 三月四日 | 中統局 | 台湾人は新竹において政府機関を掌握し、台南の電信は中断した。 | 一部を呈上 | | |
| 三月四日 | 憲兵司令部 | 台北の兵力は手薄である。 | 保留 | | |
| 三月四日 | 憲兵司令部 | 今回の二二八事件において殺害された者は四百人余りに達する。暴徒は軍機械庫を強奪している。 | 保留 | | |
| 三月五日 | 中統局 | 台北の暴動は緊迫している。台中の高山族は決起に応じ、学生が張學良を擁護し省長に推すとのこと。 | 保留 | | 証拠を待つ。 |
| 三月五日 | 中統局 | 台湾人民の暴動は拡大中である。処理委員会は陳長官に四つの条件を提出した。 | 保留 | | 当時の参考情報は記載済み。 |
| 三月五日 | 中統局 | 台湾台北市の死傷者はすでに千人に達した。四日の情況ではやや安定したが、さらに悪化する可能性がある。 | 保留 | | |
| 三月五日 | 中統局 | 台湾暴動には学生および海南島等の地から帰郷した台湾同胞も参加している。 | | | 陳長官の電報にも記載済み。 |

| | | | | | |
|---|---|---|---|---|---|
| 三月五日（三月四日憲兵第四団団長張慕陶電） | 憲兵司令部 | 台湾省の暴動はすでに政権を奪取する段階にまで進展している。暴徒は軍警武器総数四千以上を強奪し、台中憲兵は武装解除された。 | 一部を呈上 | | |
| 三月五日 | 憲兵司令部 | 二二八事件では反乱分子の扇動が認められる。その主導者は詹天馬、宋非我、蔣渭川、王添灯で情勢は緊迫している。 | 一部を呈上 | | |
| 三月五日 | 憲兵司令部 | 台中、嘉義政権は処理委員会に乗っ取られた。 | 一部を呈上 | | |
| 三月六日 | 中統局 | 二二八事件発生後、王萬得、蔣渭川、王添灯、張晴川を主導者とし、台中市長黄克立が失踪したが、警察局洪局長は抵抗していない。 | 一部を台中警察局長に呈上し、陳長官に転送。 | 陳長官より調査済みと回答 | |
| 三月六日（三月五日台北電） | 中統局 | 台湾人民の暴動はなお激しく、参加者は多く日本軍に徴用され海外から帰って来た無職の者である。平素大台湾主義の蔣渭川、王添灯が機に乗じて処理委員会から中央に対し密電し、陳儀を更迭して行政長官公署を改組するよう要求した。三月一〇日回答が得られないと大挙して暴動を起こした。 | 一部を呈上 | | |
| 三月六日 | 憲兵司令部 | 台北処理委員会は五日、当局に八つの条件を提出。 | 原本の一部を呈上 | | |
| 三月七日 | 中統局 | 台湾人民暴動の経過およびその原因分析書を提出する。 | 葉局長により閲覧、付属資料について未指示なし | | |

| 打電日（元打電日／元打電機関） | 報告した情報機関 | 概容 | 本局処理 | 処理経過概要 | 事後検討意見 |
|---|---|---|---|---|---|
| 三月七日 | 中統局 | 嘉義、台中政府等の各機関はすべて占拠された。花蓮港台東は三月にまた暴動が発生し、蔣謂〔渭〕川が台湾籍軍人の参加を呼びかけ、大規模な暴動を計画している。 | 一部を呈上 | | |
| 三月七日 | 憲兵司令部 | 処理委員会は台湾籍軍人を招集し警備軍を組織。 | 保留 | | 陳長官が先に報告を確認済み |
| 三月八日 | 中統局 | 台湾人民の暴動は、政治闘争に進展するだろう。 | 保留 | | 内容無し |
| 三月八日 | 保密局 | 台湾省の暴動事件は、台湾政治建設協会の蔣渭川、陳進興らの煽動によって促がされた。 | 保留 | | 蔣渭川が主要分子であるという情報は、他の報告では未見。 |
| 三月八日 | 憲兵司令部 | 台北の暴徒は七日に再度不合理な要求四条を提出。 | 保留 | | 陳長官からの電報で確認済み |
| 三月九日 | 保密局 | 台北の暴徒による行政長官公署および警備司令部の包囲状況。 | 保留（既に確認済み） | | |
| 三月一〇日（三月八日急電） | 中統局 | 台湾の暴徒はしだいに武装を始め、内部は蔣渭川、王添灯の両系統に分かれている。 | 一部を呈上 | | |
| 三月一〇日 | 保密局 | 台北暴徒は司令部を設立し、全台湾を抑制しようとしている。各地の状況も深刻化している。 | 保留（時期を逸した） | | |

| 三月一〇日 | 保密局 | 台湾兵力は簿弱であり、陳長官は打つ手なし。台北の陥落は目前に迫っている。 | 保留 | | |
|---|---|---|---|---|---|
| 三月一〇日 | 保密局 | 台中の暴動は共産党指導者謝雪紅が指揮し、嘉義では高山族、日本人も参与している。 | 一部を呈上 | | |
| 三月一〇日 | 保密局 | 花蓮港の台湾人組織である地方処理委員会およびその活動状況。 | 一部を呈上 | | |
| 三月一〇日 | 保密局 | 指示を受けた後、劉戈青同志に放送設備を携帯させ台湾に派遣し、命令を伝達。陳達元の協力を得て騒動を鎮静化させる。 | 一部を呈上 | | |
| 三月一〇日 | 憲兵司令部 | 台北にはまだ少し騒動がある。台中は反乱分子の謝雪紅によって人民解放軍が組織され、処理委員会は内部分裂し、蔣渭川はすでに脱退している。 | 一部を呈上 | | |
| 三月一一日 | 中統局 | 処理委員会は台省銀行に人員を派遣し管理・監督することを決議した。 | 保留 | | |
| 三月一一日 | 中統局 | 台湾省事変処理委員会組織概要。 | 保留 | | 三月一一日陳長官はすでに当会解散を命令した。 |
| 三月一一日 | 憲兵司令部 | 陳長官は一〇日憲兵に国大代表林連強、参議員林桂瑞、李瑞峰の秘密逮捕を命じた。又台北の一部公務員には、報復行為がみられる。第二十一師団が台湾に到着後、法幣を使用する者あり。 | 一部を呈上。電報により劉師長に是正、および、民衆に規律の厳守させる旨を命ず。 | 劉師長より処理済みと回答 | |

| 打電日（元打電日／元打電機関） | 報告した情報機関 | 概容 | 本局処理 | 処理経過概要 | 事後検討意見 |
|---|---|---|---|---|---|
| 三月一二日（三月一一日台湾調査統計室） | 中統局 | 国軍は台北到着後すでに粛清行動を開始。警察、警備部兵士は九、一〇の両日報復を実行した。 | 総司令に確実に抑制するよう転送 | 陳長官より処理済みと回答 | |
| 三月一二日 | 中統局 | 台湾省自治青年同盟会が三月五日正式に成立した。 | 保留 | | 三月一二日前陳長官はすでに一切の非法組織の解散を命じている。 |
| 三月一二日 | 保密局 | 台湾暴動の主導者、蔣渭川と王添灯が組織する自治青年同盟と民主連盟は内部分裂を起こし、台北匪徒は影を潜め、情況は安定をみせた。 | 保留 | | |
| 三月一三日 | 保密局 | 台北処理委員会は解散を命じられ、常任委員の李萬居、林獻堂らは情勢の推移を静観し、活動の機会を待つ。 | 保留 | | 具体的事実あるいは手掛かりなし。 |
| 三月一三日 | 保密局 | 台北市は安定を見せているが、警察大隊および警務人員が、縦に商店、住宅を捜索し、報復をしている。 | 陳長官に報復を禁じ、呈上後指示通りに処理。保留。 | | |
| 三月一三日 | 憲兵司令部 | 反乱分子の台湾各機関潜伏調査。 | 代電を削除し陳長官に転送 | | |
| 三月一四日（三月一一日台湾調査統計室） | 中統局 | 反乱分子が台中で盛んに活動しており、内部の人事調査も行っている。 | 陳長官に転送 | 寅篠侍宇代電により告知。 | |

| | | | | | |
|---|---|---|---|---|---|
| 三月一四日 | 保密局 | 花蓮港地方処理委員会は国軍到着後、即時解散した。 | 保留 | | |
| 三月一四日 | 憲兵司令部 | 台北国軍および警察にはまだ報復行為がみられる。 | 保留 | | |
| 三月一五日（三月一二日台湾謝愛吼電） | 保密局 | 高雄市の暴動は彭司令孟緝が隊を派遣し一掃された。暴徒主導者の涂光明、范滄榕、曾豐明を銃殺し、秩序を回復した。 | 局長が一部閲覧。保留 | | 内容は確実である |
| 三月一五日（三月一四日台湾謝愛吼電） | 保密局 | 屏東・台南の暴動はすでに高雄要塞司令の彭司令によって駆逐され武装解除した。各地秩序はすでに回復し、嘉義市は空軍により軍隊を輸送増援し、暴徒を駆逐、秩序は好転した。 | 同右 | | 内容は確実である |
| 三月一七日 | 憲兵司令部 | 台北の秩序は次第に回復したが、報復行為は未だに見られる。 | 保留 | | |
| 三月一九日 | 保密局 | 台湾新竹県の暴徒は三峡水に逃亡するも、有力者の楊梁鎮が投降するよう呼びかけている。 | 保留 | | |
| 三月一九日 | 保密局 | 台北、基隆、台中等の秩序は次第に回復している。 | 保留 | | |
| 三月二一日 | 保密局 | 台湾高等法院審判官の呉鴻祺らが暗殺される。その他各地でも相次いで官員の失踪事件が発生している。 | 保留 | | |
| 三月二三日 | 保密局 | 台東の秩序は未だ回復していない。暴徒黄玉書は台北の情勢の変化に応じ□を実行している。 | 保留 | | 具体的な案なし |

| 打電日（元打電日／元打電機関） | 報告した情報機関 | 概容 | 本局処理 | 処理経過概要 | 事後検討意見 |
|---|---|---|---|---|---|
| 三月二六日（三月二二日台北謝漢儒電） | 憲兵司令部 | 反乱の主犯が山地に逃げ込む | | | |
| 三月二六日 | 中統局 | | | | |
| 三月二七日 | 中統局 | 陳長官による反乱鎮圧は失策 | | | |
| 三月二九日（三月二八日台北謝漢儒電） | 憲兵司令部 | 台湾青年団主任が奸匪の重要人物を匿い、陳長官による反乱鎮圧は失策。 | 陳長官に転送 | | |

出典：「軍務局統計台灣事件後有關情報及處理概要簡表」、薛月順編『二二八事件檔案彙編（廿三）：總統府檔案』台北市：國史館、二〇一七年、三一四―三一五頁、三八〇―三八五頁。侯坤宏編『二二八事件檔案彙編（十七）――大溪檔案』台北市：國史館、二〇〇八年、一一九―一二〇頁、二七四頁、三四九―三五〇頁、三五七頁。

## 附録五―五　二二八事件初期における台湾站情報報告と処理状況

| 情報源 | 情報概容 | 情報発生日 | 台站受信日 | 収文字号 | 意見 | 指示 |
|---|---|---|---|---|---|---|
| 沈堅強より林氏へ | 台南、高雄、屏東等の駅における状況報告 | 三／二 | | | 超（編集して報告、三／二二） | 文遠（意見通り、三／二二） |
| 紀桐霞より台北の林振藩へ | 台湾省当局に大量の食用米を花蓮県に運ぶか、穀物の売出により民心を得られるよう伝えてほしい | 三／四 | 三／一三收 | 收文才下〇三一号 | 超（案件を合併して報告、三／二二） | 文遠（意見通り、三／二二） |
| 朱信士より林振藩へ | 澎湖では暴動が起こっていない | 三／四 | | | | 文遠（局に報告、陳情兄が処理、三／一九） |
| 紀桐霞より台北林振藩へ | 花蓮市民の暴動の経過 | 三／四 | 三／一七收 | 收文才下一二一号 | 超（一、概容を電報後、彙報する二、暴動については、逮捕起訴を命ず。三／一八） | |
| 紀桐霞より台北林振藩へ | 花蓮市民の暴動の経過 | 三／五 | 三／一七收 | 收文才下一二二号 | 超（転送、三／一八） | |
| 高登進より柯復興へ | 高頭北はすでに便衣武装勢力を組織 | 三／六 | 三／一三收 | 收文才下〇四二号 | 超（林氏より、第二処にはこのような組織はないとのこと。高同志の称する高頭北は鄭邦卿兄の運用人員で、現在別動隊で工作中。本件は保留、三／一四） | 超（三／一四） |

| 情報源 | 情報概容 | 情報発生日 | 台站受信日 | 収文字号 | 意見 | 指示 |
|---|---|---|---|---|---|---|
| 王孝順（洪心如代）より林氏へ | 建泰行は反乱組織と結託し、電話でデマを流している | 三／六 | 三／一七収 | 収文才下一一三号 | 超（泰行東姓名の調査、罪行の報告三／二五） | 文遠（意見通り、三／二六） |
| 王孝順より林氏へ | 反政府組織の謝雪紅がデマを流し民衆を惑わせている | 三／七 | 三／一七収 | 収文才下一一二号 | 超（報告内容は呈上済み、本件は他件と合併して保存、三／二五） | 文遠（意見通り、三／二六） |
| 王孝順（洪心如代）より林氏へ | 反政府組織が機に乗じてごろつきを扇動し、政府に反抗している | 三／七 | 三／一七収 | 収文才下一一八号 | 超（案件を合併して参考、三／二五） | 文遠（意見通り、三／二六） |
| 黄仁里より林振藩へ | 台南布袋郷の暴徒更生リスト送付 | 三／八 | 三／一〇収 | 収文才下一一四号 | 超（保存、五／一一） | 頂（可、五／一二） |
| 黄仁里より林氏へ | 台南市県における数日来の暴動状況 | 三／八 | 三／一三収 | 収文才下〇七一号 | | |

出所：許雪姫主編『保密局台灣站二二八史料彙編（一）』台北市：中央研究院台灣史研究所、二〇一五年、一七―一八頁。許雪姫主編、『保密局台灣站二二八史料彙編（二）』台北市：中央研究院台湾史研究所、二〇一六年、一一四、一八三―一八六頁；許雪姫主編『保密局台灣站二二八史料彙編（三）』台北市：中央研究院台湾史研究所、二〇一六年、四頁、六八―六九頁、八五―八六頁。許雪姫主編『保密局台灣站二二八史料彙編（四）』台北市：中央研究院台湾史研究所、二〇一七年、三―四頁、二三二―二三三頁。許雪姫主編『保密局台灣站二二八史料彙編（五）』台北市：中央研究院台灣史研究所、二〇一七年、一五頁。

## 附録五―六　保密局より台湾站へ姚虎臣らと共同逮捕の指示

| 発信及び受信者 | 情報概容 | 日期 | 発文字号 |
|---|---|---|---|
| 龍有浩より張秉承へ | （一）卓康營、詹瑞英〔嬰〕が反乱分子でなければ、寛大な措置をとるべし。姚虎臣同志に警備総部への報告を指示し、公有財産の取り戻し、法に基づく処理を請う。（二）黄發に対し、姚虎臣同志に行政長官公署への密告を請い、捜査逮捕の厳格な懲罰と詳細な報告に一段と力を入れる。 | 四／七 | 有虞辰誠地京（二）八四〇二号 |
| 龍有浩より張秉承へ | 組織の勢力および青落羊の住所とその活動事実を調査し、陳達元に調査を依頼する。 | 四／七 | 有虞巳誠地京八九二八号 |
| 龍有浩より張秉承へ | 謝雪紅はどれだけの人員と武器を有しているのか、霧社に潜入した後の状況の如何について、迅速に究明されたい。姚虎臣同志より長官部に逮捕の許可を請う。 | 四／一三 | 有元巳誠地京（一）八九六六号 |
| 龍有浩より張秉承へ | 荘維藩らが反乱を扇動し、公有物を強奪する。ただちに姚虎臣同志に密報し、長官部に処理の許可を請う。 | 四／一七 | 有篠辰誠地京（一）九〇二一号 |
| 龍有浩より張秉承へ | 李鑽〔讚〕生、林植発が反乱を企んでいる。姚虎臣同志に密報し警備部に報告して処理の許可を請う。 | 四／一七 | 有篠辰誠地京（一）九〇二三号 |
| 龍有浩より張秉承へ | 二二八事件に参加した反乱分子の逮捕者は姚虎臣同志に密報し警備部に報告して処理の許可を請う。 | 四／一七 | 有篠未誠地京（一）九〇三八号 |
| 龍有浩より張秉承へ | 言哥花案についてはただちに警務処劉戈青同志と秘密裏に協議し、調査・処分報告を期す。 | 四／二〇 | 有哿己誠地京（一）麟九〇六九号 |
| 龍有浩より張秉承へ | 青年団内部の反乱分子王添灯らに対しては直ちに具体的な証拠を明示し、姚虎臣同志と秘密裏に協議し行政長官公署に処理の許可を請う。 | 四／二三 | 有梗未誠地京（一）二〇〇〇八号 |

| 発信及び受信者 | 情報概容 | 日期 | 発文字号 |
|---|---|---|---|
| 龍有浩より台湾張秉承へ | 余振基脱獄逃亡案について、速やかに収賄の有無、放免の状況、および余、趙二名の行方を調査し、姚虎臣同志に送り行政長官公署に処理の許可を請う。 | 四／二七 | 有感辰誠地京（一）一四〇三三号 |
| 龍有浩より張秉承へ | 呂水霖は偽自治連軍を組織した。速やかに姚虎臣同志に送り警備部に処理の許可を請う。 | 四／二七 | 有感辰誠地京（一）二〇〇五一号 |
| 龍有浩より台湾張秉承へ | 台中豊原のごろつき張國基の不法行為（姚虎臣同志に送り警備部に処理の許可を請う） | 四／三〇 | 有卅未誠地京（一）一四〇五一号 |
| 龍有浩より台湾張秉承へ | 蘇樹発らの不法行為について証拠を収集し、姚虎臣同志に送り警備部に処理の許可を請う。 | 五／三 | 力江辰誠地京（一）一四二七八号 |
| 龍有浩より台湾張秉承へ | 林虚中らは反乱分子である。調査後姚虎臣同志に送り警備部に追究の許可を請う。 | 五／一〇 | 力灰辰地京（一）一四四〇七 |
| 龍有浩より台湾張秉承へ | 謝雪紅が暗殺団を組織。姚虎臣同志と秘密裏に協議し、警備部に逮捕の許可を請う。 | 五／一六 | 力銑辰誠地京（一）号 |
| 龍有浩より張秉承へ | 暴動参加者の積極的な展開の近況について、姚虎臣兄の許可に送り処理案の呈上を請う。 | 五／二三 | 力養午誠地京二〇一八七号 |
| 龍有浩より張秉承へ | 力銑午情台二二七電報を受けるも、なお事実の究明を求める。迅速に姚虎臣同志に送り処理を請い、その経過報告を期す。 | 五／二四 | 力迴未誠地京二〇三一七号 |
| 龍有浩より張秉承へ | 謝雪紅の確かな行方がどこなのか、引き続き調査したく、姚虎臣同志と協議し、捕獲する。 | 五／三〇 | 力卅辰地（一）一五三〇五号 |

| | | | |
|---|---|---|---|
| 龍有浩より台湾張秉承へ | 劉明、周延壽らが二二八事件に参画する。姚虎臣同志に送り警備部に処理の許可を請う。 | 五／三〇 | 力卅未誠地京（一）一五三三七号 |
| 言普誠より游平洋へ | 力梗午情台三二〇号函によると、二二八事件後、反乱暴徒の最近の動態情報を台湾警備司令部にも報告すべきか否か。必要がなければ当部調査室周甯に送り、転送を願い、状況報告の回答を請うことが肝要である。 | 六／一 | 量真午共情一三九八号 |
| 龍有浩より台湾游平洋へ | 呂水霖が軍を組織し二二八事件に参与。姚虎臣に送り調査・処分の報告を依頼する。 | 六／二五 | 量有未誠地京（一）一六五三二号 |

出典：『保密局台灣站二二八史料彙編（一）』台北市：中央研究院台灣史研究所、二〇一五年、七五頁、一六二―一六三頁、一七一頁、二七八頁、二八九頁。許雪姬主編『保密局台灣站二二八史料彙編（二）』台北市：中央研究院台灣史研究所、二〇一六年、四頁、四四頁、八八頁、二八三頁、三五六頁。許雪姬主編『保密局台灣站二二八史料彙編（四）』台北市：中央研究院台灣史研究所、二〇一七年、八一頁、九一頁。許雪姬主編『保密局台灣站二二八史料彙編（五）』台北市：中央研究院台灣史研究所、二〇一七年、四頁、八五頁、八九頁。「飭查謝雪紅行踪」「謝雪紅」『國防部軍事情報局』新北市：檔案管理局所蔵、所蔵番号：A305050000C/0036/0410.9/04601017/1/046。「飭逮捕謝君」「謝雪紅」『國防部軍事情報局』新北市：檔案管理局所蔵、所蔵番号：A305050000C/0036/0410.9/04601017/2/057。「飭剷辦暗殺團」「謝雪紅」『國防部軍事情報局』、新北市：檔案管理局所蔵、所蔵番号：A305050000C/0036/0410.9/04601017/2/060。「陳逸松案」「人名案」『國防部軍事情報局』檔案管理局所蔵、所蔵番号：A305050000C/0037/0410.9/8000/3／048。

## 附録五―七　台湾站が二処または憲警に処理を依頼した事例

| 発信者および受信者 | 情報概容 | 発信日 | 受信日 | 収文字号 | 処理意見および指示回答 |
|---|---|---|---|---|---|
| 何孝德より主任へ | 呉振泰が台中からもたらした情報を、職員が閲覧したところ、偽名の高民智から送られたものであった。審査を請う。 | 三／二〇 | | | 趙（張華兄に整理を任せ、憲四団に、第二処および警刑室に分送し、調査逮捕させる。進達するほか、叛乱巻と合わせ編集し、その後再び二処および憲警に送り調査逮捕する。三／二〇）↓文遠（同意、三／二一） |
| 高登進より柯復興へ | 陳春金は二二八募金数百万元を受けとった。代電にて理由の報告を請う。 | 三／二〇 | 三／三〇 | 収文才下一八七号 | 趙（二処に転送し捜査処理、三／二一）↓文遠（同意、三／二一） |
| 王孝順より林氏へ | 機密。 | 三／二五 | 三／二八 | 収文才下三八五号 | 興超（別働隊に送り処理。警備部に転送し処理。三／二九）↓文遠（姚副処長に送り回答確認済み。三／三〇） |
| 黄仁里より林振藩へ | 台南県暴動主導者簡溪圳およびその手先林植法［發］らが武器を私有しているという続報 | 三／二七 | 四／二 | 収文有下〇五九号 | 趙（まとめて処理、四／九）↓文遠（同意、劉戈青に報告し調査を命ず、回答確認済み。四／九） |
| 林頂立より陳儀、柯遠芬へ | 国軍が三月一二日、市内に到着し、治安を維持した後の反乱分子の動きを陳総司令および柯参謀長に報告。 | | 四／三 | 収文有下一八一号 | 文遠（一、進達。二、周敏生、劉戈青に送り、当地軍警に殲滅されぬよう注意を促す。三、返信にて慰め励まし、継続して監視報告を期待する。四／二）↓頂（瑞超、錦城が処理、発信、四／二） |
| 黄仁里より林氏へ | 斗六のごろつき指導者黄圳の逃亡先。 | 四／五 | 四／九 | 収文有下二六二号 | 趙（転送、四／九）↓文遠（周敏生、劉戈青に報告し協力を請う、その他は相違、四／九） |
| 謝愛吼より林振藩へ | 屏東市暴徒林炎爐が借用書をもっての借米、借金脅迫未遂の状況。 | 四／一三 | 四／一七 | 収文有下四四九号 | 趙（転送、四／一八）文遠（同意、四／二〇）↓文遠（周敏生、劉戈青に報告し調査・回答を命ずる、四／二〇） |

| | | | | | |
|---|---|---|---|---|---|
| 高登進より柯復興へ | ごろつき李金獅が良民を脅迫する | | 四／三〇 | 收文有下七〇九号 | 趙（転送、五／三）↓頂立（同意、また慕陶に送り調査を請う。五／三） |
| 林繼成より柯復興へ | 反乱分子が起こした三つのストライキ状況について | | 五／三〇 | 收文力下四八三号 | 斗學（転送し調査継続および学運組の制御を命ず。敏生に送り注意を促す。五／三〇）↓頂（同意、五／三一） |
| 黃仁里より林氏へ | 嘉義区長蔣重鼎の二二八事件における犯罪行為 | 五／二八 | 五／三一 | 收文力下五〇八号 | 斗學（転送し敏生に送り調査を請う。、六／二）↓頂（調査免除、六／二） |
| 王孝順より林氏へ | 鄭文相の犯罪行為 | 五／三〇 | 六／三 | 收文量下〇一〇号 | 斗學（他件と合併して保存。敏生兄に送り調査、六／二）↓頂（同意、六／二） |
| 徐靜より台北柯復興へ | 台湾省暴徒が六月二二日に暴動を起こすという情報を得た | 六／七 | 六／一三 | 收文量上一一六号 | 斗學（転送し各組直属員に調査報告を命ず。六／一一）↓頂（戈青、虎臣、慕陶三に速やかに報告する。六／一一） |
| 黃仁里より林振藩へ | 斗六鎮の暴徒陳瑞夏は機関銃一丁を隠し持っている | 六／八 | 六／一三 | 收文量下一六一号 | 斗學（姚虎臣に送り調査を請う。六／一三）↓頂（同意、六／一三） |
| 李濟中より丁氏へ | 羅記入案の続報（五／二〇中政情一七一号代電送信済み） | 六／九 | 六／一六 | 收文量下二〇一号 | 燦（保存、六／二四）↓文遠（前案と合わせ劉戈青同志に送り参考せしむ。六／二四） |

出典：許雪姫主編『保密局台灣站二二八史料彙編（一）』台北市：中央研究院台灣史研究所、二〇一五年、一二三頁、一三四頁、一九〇―一九一頁、二九六―二九七頁、三七六―三八三頁、三九六頁。許雪姫主編『保密局台灣站二二八史料彙編（二）』台北市：中央研究院台灣史研究所、二〇一六年、二三一―二三二頁、三三六―三三七頁。許雪姫主編『保密局台灣站二二八史料彙編（四）』台北市：中央研究院台灣史研究所、二〇一七年、一二一頁、二〇五―二〇六頁、二七六頁。許雪姫主編『保密局台灣站二二八史料彙編（五）』台北市：中央研究院台灣史研究所、二〇一七年、三三一―三四頁、四九―五〇頁。「報大華酒家與謝雪紅之關係」「謝雪紅」『國防部軍事情報局』新北市：檔案管理局所蔵、所蔵番号：A305050000C/0036/0410.9/04601017/1/021。

## 附録五—八　二二八事件期間台湾站より姚虎臣、劉戈青らに転送された逮捕処理状況

| 発信者および受信者 | 訴因 | 意見 | 日期 | 文号 |
|---|---|---|---|---|
| 趙尚志より台北周敏生へ | 台中区反政府組織及び反乱分子リストを送り逮捕査処理を請う。 | 指示通りに捜査処理されたい。 | 三／二四 | 才迴午奸情台五四号 |
| 趙尚志より台北周敏生へ | 陳春金が着服した二二八募金義援金数百万元について逮捕処理の回答。 | 代電し人員を派遣し捜査処理し、経過報告を請う。 | 三／二五 | 才有午奸情台三二号 |
| 趙尚志より周敏生へ | 大華酒家を捜査。 | 指示通りに処理されたい。回答を確認済み。 | | |
| 趙尚志より台北周敏生、劉戈青へ | 台南斗六は反乱分子庇護の地と報告。 | 代電し審査を請う。 | 四／八 | 有齊辰奸情五七号 |
| 趙尚志台北周敏生、劉戈青へ | 斗六のごろつき廖大春、黄圳は台北、員林に逃亡。逮捕処理を請う。 | 代電し捜査処理を請う。 | 四／一七 | 有篠辰奸情台七七号 |
| 趙尚志より台北周敏生、劉戈青へ | 反乱分子が組織する暗殺団の活動状況と暗殺団名簿を提出。 | 調査協力を命ず。 | 四／三〇 | 有卅午社情台一〇〇号 |
| 趙尚志より台北周敏生、劉戈青へ | 屏東市暴徒林炎爐が借用書をもっての借米借金脅迫未遂の状況。 | 代電し弾劾処罰を請う。 | 四／三〇 | 有卅午社情台一〇一号 |
| 趙尚志より台北周敏生へ | 台南県暴動の主犯李鑽〔讚〕生、簡溪圳、林植發らが法の網を逃れている。 | 代電し審査を請う。回答を確認済み。 | 四／三〇 | 有卅午社情台一〇三号 |
| 趙尚志より台北周敏生へ | 台南県政府建設局長莊維藩が反乱に参加するも処理撤回される。 | 代電し審査を請う。 | 四／三〇 | 有卅午奸情台一〇四号 |
| 趙尚志より台北周敏生へ | 高雄卓康營、詹瑞英、黄發らが青年の暴動を扇動する等の状況。 | 代電し審査を請う。 | 五／一三 | 力元辰情台一三四号 |
| 趙尚志より台北周敏生 | 台南の呂水霖らが暗殺団を組織。代電にて調査・処分を請う。 | 代電し審査を請う。 | 五／一九 | 力皓未奸情台二八六号 |

| | | | | |
|---|---|---|---|---|
| 趙尚志より周敏生へ | 台中暴徒蘇樹發らの不法行為を調査・処分を請う。 | 進達し指示を請う。兄に警備部に転送してもらい、審査を請う。状況の回答を請う。 | 五／二二 | 力養午奸情台一五一号 |
| 趙尚志より台北周敏生へ | 台中豊原のごろつき張國基の不法行為および陳宗慶の表彰。 | 代電し審査を請う。 | 五／二六 | 力寝午社情台一六七号 |
| 趙○○より周敏生へ | 反乱分子が発動した三ストライキ状況について続報。 | 代電し審査を請う。 | 五／三一 | 力世午情台一八三号 |
| より周敏生へ | 暴徒鄭文明の調査・処分。 | 調査を命ず。回答を期す。 | 六／四 | 量支未情台一九〇号 |
| 敏生、戈青、慕陶へ | 台湾省の民間で暴徒が六月二二日に第二次二二八事件を発動するという情報が秘密裏に流れている。 | 指示通りの処理を懇願す。なんとか防備し、随時連絡されたい。 | 六／一三 | 量元未情台二〇五号、京元午情二〇六号 |
| 台北周敏生へ | 劉明、周延壽らの二二八事件参画に対する証拠・審査を請う。 | 代電し審査を請う。処理状況の回答は確認済み。 | | 情台　号 |
| 台北周敏生へ | 斗六鎮の暴徒陳瑞夏が機関銃一丁を隠し持っている件についての調査。 | 追跡処理を転送。回答を請う。 | 六／一四 | 量寒申情台二〇八号 |
| 周敏生へ | 二二八事件後における反乱分子及び暴徒の最新の動き。 | 上に代電し、おおよそ二二八事件以降反動分子・暴徒の動態に関する情報を一部呈上す。台警備部に転送し、速やかに状況の報告をされたい。処理状況についても迅速な回答を期す。 | 六／一八 | 量巧辰情台二一六号 |

| 発信者および受信者 | 訴因 | 意見 | 日期 | 文号 |
| --- | --- | --- | --- | --- |
| 台北周敏生へ | 代電し、劉明らの二二八事件への参画に関する証拠を得たため審査を請う。 | 代電し、警備部に審査を請う | | 佳木于情二五号 |
| 陳達元、周敏生へ | 劉明らによる二二八事件への参画に関する一案。 | 陳達元同志の運用人員であることが確かであるため、処理を免除することを特別に回答する。 | | □魚未日情七号 |
| 志より劉戈青、周敏生へ | 林文騰の更生の処理を請う。 | 代電し処理を請う。 | | 志　社情　号 |

出典：許雪姫主編『保密局台灣站二二八史料彙編（一）』台北市：中央研究院台湾史研究所、二〇一五年、一二二頁、一六九頁、一八八頁、二七六頁、二八七頁、三八七頁、三九四頁。許雪姫主編『保密局台灣站二二八史料彙編（二）』台北市：中央研究院台灣史研究所、二〇一六年、二八一頁、三三五頁。許雪姫主編、『保密局台灣站二二八史料彙編（四）』台北市：中央研究院台湾史研究所、二〇一七年、一二三−一二四頁、八〇頁、九〇頁、一二〇頁、二五九頁、二六三−二六五頁。許雪姫主編『保密局台灣站二二八史料彙編（五）』台北市：中央研究院台灣史研究所、二〇一七年、三一頁、四七頁、八七頁。

# 第六章 二二八事件のマスコミ業界への衝撃

何 義麟（竹茂敦 訳）

## 一、はじめに

二二八事件発生後の台湾では、医師、弁護士、教師など専門性が高い職種の人々や、地方社会の指導者など、多数の社会的エリートが殺害された。そうした中で、少なくない数の新聞社幹部や記者が殺されたり逮捕されたりしたことや、多くの新聞社が閉鎖処分を受けたことも、注目されている。言い換えれば、二二八事件が報道メディアの発展に深刻な打撃を与えたということが、人々の関心を引くテーマになっているのである。こうしたことに鑑みて、我々は以下のいくつかの問題点を明らかにする必要がある。第一に、事件発生前において、国民政府と陳儀政府は台湾のマスメディアにどのように対応していたのかということである。第二に、事件発生後、政府側はなぜメディアに対してあのような厳しい処罰を加えたのかということである。第三に、マスメディアが深刻な打撃を受けたことは、その後の台湾における報道の自由に対してどのような影響を生み出したのかということである。この三つの問題は互いに密接に結びついており、包括的に検討する必要があろう。

総じて言えば、二二八事件がマスコミ業界に与えた衝撃に関する研究は、目下のところ、主として言論界の受難者および新聞社の閉鎖処分の状況に集中しており、呂東熹『二二八記者劫』（台北市：財団法人二二八事件紀念基金会、玉山社出版事業股有限公司、二〇一六年）がそれらの先行研究をよく整理している。同書は、受難した記者の生涯や功績を詳しく紹介しているだけでなく、放送局従業員の受難状況などを収録してもいる。また、戦後初期の台湾における新聞事業の発展に関しては、最大新聞社だった『台湾新生報』に焦点を当てた研究が、すでにかなり深い議論を行っている。例えば、許旭輝の修士論文や楊秀菁の論文などは、戦後初期に李萬居社長が『台湾新報』を接収して行政長官公署機関紙としたことに始まり、改組後の謝然之社長主導の時期における同社の変化に至るまで、詳細な分析を行っている。[1]ただし、閉鎖処分を受けた新聞社が後にどのように処理されたのかや、一九四七年以降、新聞ジャーナリズムの勢力図がどのように変化したのか、あるいは放送および電信・電話通信網がどのように管制されたのか、といった問題については詳しい検討がなされていない。事件後、民営新聞事業は明らかに政府からの掣肘を受けるようになり、言論の自由も次第に制限されていった。一九四九年頃には中国大陸の新聞事業やメディア関係者が台湾に移ってきて、民営新聞事業は二度目の再編となった。この他には、省営の『台湾新生報』と党営の『中華日報』は、台湾へ移転してきた『中央日報』との競争に直面した。これらはすべて国共内戦の衝撃が台湾のジャーナリズムに対して及ぼした影響であった。全般的に見れば、一九四五年から四九年にかけて時期における台湾のジャーナリズムの変化については、より詳細な検討が必要であることは明らかであろう。

戒厳令期のマスメディアの状況に関しては、陳百齢および林果顯の論著が全体的な輪郭を描き出している。林の論文は、戒厳令初期における政府の政策が戦時の報道管制政策を取り入れていたことを明らかにしている。また陳の論文は、戒厳体制下の白色テロによって、ジャーナリストは常に逮捕の危険にさらされていたということを詳細に描いている。[2]日本統治末期および戒厳令期に比べると、陳儀が台湾を統治した約一年半の期間は、台湾の報道事業が盛んとなり、新聞・雑誌が当時の政治状況を批評することもかなり自由であったように見える。しかし事実は、これは陳儀政府と国民党党部のメディア主導権争いの隙間がこのような「自由」を出現させただけの短期的な現象であり、けっして「報道の自由」が実現した結果ではなかったのである。例えば、政府や官員を批判した一部の言論については、当局は相変わらず横暴に新聞社に対して改善を要求していた。[3] また、後になってやっと判明することではあるが、この時すでに情報機構はマスコミ業界に浸透しており、密かな監視を開始し罪状を記録していたのだった。このような状況の下で、二二八事件の発生で弾みをつけた当局は、事件発生の責任をメディアの報道のせいにするとともに、当時の政治状況を批判した新聞社やメディア関係者を排除する行動を取ったのであった。実際のところ、この時期の新聞社と記者の言動は、ジャーナリズムの本分にかなり忠実であったと言え、彼らは事件後に自分たちが過酷な掣肘を受けるとは思ってもいなかった。[4] 二二八事件の衝撃に加えて、その後の国民党政府の台湾移転に付き従って多くの中国大陸のメディア関係者が来台したことも、メディア界の劇的な変化を引き起こし、以後、台湾本土の社会的エリートはメディア経営の主導権を完全に失っていったのだった。

先行研究を基に、二二八事件後から戒厳令期までの時期におけるメディアの発展についての研究をさらに深めていくには、基本的に以下の諸点を検討する必要があろう。第一に、二二八事件後に閉鎖された新聞社の設備はどのように乗っ取られていったのか、そして党・政府・軍および情報機構は新聞事業の経営にどのように介入していったのか、という点である。第二に、訓政後期から戒厳令期初期までの時期において、当局はどのような政策や制度によって民営メディアの発展に掣肘を加えたのか、という点である。第三に、事件前後において、当局は電信、電話、放送、映画などの映像・音声メディアをどのように支配していったのか、という点である。近年は、国史館の『二二八事件档案彙編』や、中央研究院台湾史研究所の『保密局台湾站二二八史料彙編』といった専門書がシリーズ化されて出版されており、この他にも、国家档案管理局や国史館台湾文献館のデジタル・アーカイブがインターネット上で利用可能になっている。これらの史料の出現は、二二八事件前後の時期の台湾におけるメディア発展の歴史的な文脈を解明するのに非常に有益である。新史料の検証を通じて、我々は戦後初期の台湾におけるメディアの発展の歴史をより総合的に理解することができよう。大まかに言えば、事件前において、軍・警察・情報機構および党部はすでに新聞、雑誌などの印刷メディアを全面的に監視するとともに、電信、電話などの通信網および放送を完全に掌握していた。事件後、党・政・軍および情報機構の人員がメディアを直接支配するようになり、閉鎖された新聞社の資産は情報機関の人員が収奪した。さらには、戒厳期の一九四九年に公布されたメディア管制法の下では、台湾本土の社会的エリートが発言権を失っただけでなく、中国大陸から台湾に移ってきた多くのメディア関係者でも少なくない人々が白色テロの巻き添えとなり、台湾島内の言論の自由および報道の自由は完全に失われたのであった。

一九七〇年代末期には、「党外」の政治的反対運動勢力が出現し、戒厳令期の報道の自由を抑圧する法令は挑戦を受けるようになったが、これらの法令が緩和されはじめたのは戒厳令解除後であった。一九八〇年代末期には、地下ラジオ局が登場しはじめて、国民党のメディア独占の打破を求める声も高まっていった。その後、法の修正や制定を経て、党・政・軍がメディアを独占する状況は徐々に改善されていった。つまり、二二八事件がメディアの発展に与えた打撃と掣肘は、一九九〇年代前半になってようやく緩和されたのであった。こうしたことを考慮して、本論文の最後では、簡単にではあるが、民主運動期における言論の自由の追求と、一九九〇年代に国民党のメディア独占が打ち破られたことの歴史的意味合いについても言及する。

## 二、情報機構監視下の印刷メディア

一九四七年二月末に二二八事件が発生すると、三月六日に南部の高雄で最初に武力鎮圧が展開され、北部では、陳儀行政長官の援軍要請を受けて蒋介石が派遣した部隊が上陸した後に、正式に武力鎮圧行動が展開された。三月一三日に台湾省警備総司令部（以下、警備総部）の台北綏靖司令部が出した命令に基づいて、『人民導報』、『民報』、『大明報』の三社を含む主要新聞社が閉鎖処分を受けたが、その理由は「反動的な思想と荒唐無稽な言論で、政府を中傷し、暴動を扇動した主要な勢力」というものだった。同時に、『和平日報』、『中外日報』、『重建日報』、『青年自由報』、『経済日報』、『工商日報』、『自強日報』といった新聞社と、「民智印書館」、「延平学院」に対して発行停止や強制閉鎖などの処分が下された。[5] しかしながら、こうした処分は氷山の一角に過ぎず、二二八事件がマスコミ業界に与えた打撃は、新聞社の閉鎖にとどまるものではなかった。

### （一）メディア関係者の受難の群像

いわゆる「綏靖」〔鎮撫平定〕〔※本稿における〔 〕は訳注を示すものとする〕と「清郷」〔捜索、逮捕等を徹底して行うこと〕の期間中において、新聞社が閉鎖された以外に、多数のメディア業界における重要人物が情報機構によって密かに逮捕あるいは殺害されたのであった。このような被害に遭った代表的な人物としては、林茂生、宋斐如、呉金錬、阮朝日、艾璐生などが挙げられる。黄旺成、許乃昌、鄧進益といった新聞社の幹部は逃亡により難を逃れた。また、一部の人物は一時期拘束された後に何とか釈放された。このような当局の攻撃により、多くのメディア関係者は意気阻喪し、その後行方をくらましてしまった者も多く、台湾本土の新聞事業は深刻な打撃を受けたのであった。二二八事件後の新聞各社の状況については、表六―一（呂東熹が作成した一覧表を基にして、筆者が増補・修正を加えたもの）の通りである。

**表六―一　二二八事件後の各新聞社の状況および受難者の一覧表**

| 新聞社名 | 発行状況 | 発行人／受難者 | 発行地／閉鎖解除日（閉鎖理由）／その後の状況 |
|---|---|---|---|
| 台湾新生報 | 発行継続 | 李萬居（発行人）、殉難者：阮朝日、呉金錬、林界、邱金山、蘇憲章、黄漢書など | 台北／四七年九月改組、李萬居は実権を失った後の一〇月に『公論報』を創刊 |
| 人民導報 | 三／一三閉鎖 | 鄭明祿（発行人）、失踪：王添灯、宋斐如（創刊者）、逮捕後逃亡：陳文彬 | 台北／五月八日閉鎖解除／再発行されず、建物は宋斐如の妻の區嚴華に引き渡し |
| 民報 | 三／一三閉鎖 | 呉春霖（発行人）、失踪：林茂生、逃亡：黄旺成、許乃昌 | 台北／五月二八日閉鎖解除／再発行されず、社の資産は林頂立創刊の『全民日報』へ繰り入れ |
| 大明報 | 三／一三閉鎖 | 林子畏（創刊者）、殉難者：艾璐生（発行人）、逮捕または逃亡：馬鋭籌、鄧進益、蕭錦文 | 台北／四月一七日閉鎖解除、『掃蕩報』へ引き渡し、後に林頂立が創刊した『全民日報』へ繰り入れ |
| 中外日報 | 三／一三閉鎖 | 鄭文蔚（発行人）、林宗賢（創刊者）、逃亡：蘇新、呉克泰 | 台北／五月一四日閉鎖解除、審査で登録許可が下りず、社の資産は台湾省体育会へ移転 |

| 新聞社名 | 発行状況 | 発行人／受難者 | 発行地／閉鎖解除日（閉鎖理由）／その後の状況 |
|---|---|---|---|
| 重建日報 | 三／一三閉鎖 | 柯台山（発行人）、逮捕：蘇泰楷（負責者）、游峻勳 | 台北／理由：定期刊行せず、号外を勝手に発行／停刊 |
| 青年自由報 | 三／一五閉鎖 | 陳進興（発行人）、逃亡：潘欽信、呉克泰、蔡慶榮（蔡子民）、張子明 | 台北／理由：言論が荒唐無稽、政府を中傷、民心を扇動。閉鎖前にすでに発行禁止 |
| 経済日報 | 三／一七閉鎖 | 謝漢儒（発行人）、呉竹友（主編） | 台北／警備総部の指示で復刊許可が下りず／別称：『台湾経済日報』 |
| 工商日報 | 三／一七閉鎖 | 林夢林（発行人）、張焚（主編） | 台北／閉鎖後、復刊許可を得られず |
| 自強日報 | 三／一七閉鎖 | 周莊伯（発行人）、逮捕：歐陽可亮 | 基隆／四月一五日閉鎖解除、五月に復刊 |
| 自由日報 | 三／二八閉鎖 | 黃悟塵（発行人）、徐若絲（創刊者）、殉難者：陳南要（総経理） | 台中／閉鎖後、復刊許可を得られず |
| 和平日報 | 三／二八閉鎖後再発行 | 逮捕：李上根（発行人）、張榮宗、羅金成、鍾逸人、劉占顯、蔡鐵城など | 台中／理由：反動的言論および共産党分子の潜入。李上根の辞職後、七月一七日復刊、四九年に名称変更、翌年停刊 |
| 中華日報 | 発行継続 | 盧冠群（発行人）、逮捕：王濟寧、林傳藝、陳瑞春、許嘉裕、林晉卿など | 台南／発行人の盧冠群は情報機構人員から告発され、九月の株式会社化後に辞職 |
| 興台日報 | 閉鎖・停刊 | 逮捕：沈瑞慶（発行人）、彭啟明 | 台南／停刊 |
| 国声報 | 発行継続 | 湯秉衡（首任発行人）、殉難者：李言、鍾天福、逮捕：王天賞（発行人） | 高雄／発行人・主編らが更迭され、数カ月発行を継続した後に停刊 |
| 東台日報 | 発行継続 | 陳篤光（発行人）、呉萬恭（主編）、逮捕：陳金水、陳連德、游進文 | 花蓮／停刊後に復刊、その後転売 |

出典：「台北綏靖區司令部綏靖工作報告書」、中央研究院近代史研究所檔案館編『二二八檔案資料選輯（四）』台北市：中央研究院中央研究院近代史研究所檔案館、一九九三年、一八九頁。薛化元・楊秀菁・李福鐘主編『戰後台灣民主運動史料彙編（七）新聞自由（一九四五―一九六〇）』台北市：國史館、二〇〇二年、一七三―一七四頁。呂東熹『二二八記者劫』台北市：玉山社、二〇一六年、二一―二四頁。台灣省行政長官公署宣傳委員會編『台灣一年來之宣傳』台北市：台灣省行政長官公署宣傳委員會、一九四六年、二五―三三頁。「檢送辦理停刊及封閉之各報社案卷」（一九四七年六月七日）、「二二八事變中封閉各非法報社案」『省級機關檔案』南投市：國史館台灣文獻館所蔵（原件：台灣省政府）、所蔵番号：００４１３７３００３９１３００１。

（注）一覧表の右欄で記している、発行地が台北以外の新聞社の閉鎖処分理由について詳しくは、賴澤涵總主筆『「二二八事件」研究報告』台北市：時報文化、一九九四年を参照。

右の一覧表から見て取れることは、北部での武力鎮圧の後、従来の三大民営新聞・雑誌だった『民報』、『人民導報』、『大明報元』は一掃され、党・政・軍の三大紙だった『中華日報』、『台湾新生報』、『和平日報』は事件の影響を受けて改組されたものの、三紙とも発行を継続することができたということである。また、その他の地方民営新聞社はその大半が閉鎖されたということも見て取れよう。その中で、やや特殊だったのは『大公報』の台北弁事処〔台北事務所〕で、同紙は三月一五日に「社説が荒唐無稽」との理由で他紙同様に閉鎖処分を受け、四月一七日に弁事処の閉鎖は解除されたものの、後日、台湾に関する報道のすべてが「開天窓」〔当局の検閲により紙面が空白になること〕になり、同紙は再び直接取り締まりを受けて、台湾での販売が禁止された。これらの劇的な変化は、台湾の新聞事業が統治者の全面的な管理下に置かれたことの現れであり、「報道の自由」は当然まったく保障されなくなったのであった。

新聞事業従業員の受難状況から見れば、『台湾新生報』は存続できたものの、台湾省籍従業員の多くは苦難を受けた。同紙は行政長官公署に隷属しており、社長には李萬居が就任していた。戦後の紙上では日本語紙面が保持されていたものの、やはり中国語紙面が中心となり、また新規採用者の多くは中国語紙面要員だった。こうしたことから二二八事件前の時点ですでに、社内において本省人と外省人との間で多少の摩擦が生じていた。台湾籍従業員の中で比較的重要な地位に就いていたのは、総経理〔社長〕の阮朝日と、日本語紙面総編輯〔総編集長〕の呉金錬だった。彼らは一九四六年一〇月二五日に日本語紙面が廃止される前に、紙面上に日本語で「感嘆」の文章を発表していた。このため、事件前にすでに本省籍従業員は情報機構人員の注意を引いていた。近年公開された最新の档案に収録されていた情報機構人員の報告書によれば、呉、阮両名の罪名は「新聞社の接収を企図」したことだった。档案の中で情報機関人員は、「呉金錬、阮朝日らが日本語記事で外省同胞を排斥」したことを認定するとともに、その協力者として王白淵、孫萬枝、劉永耀らの社員を告発してもいた。また呉・阮が事件に影響を及ぼし、「新聞社を奪取しようと陰謀を企て」て、同紙を「偽民主新聞」に改組することを計画していたとしていた。この他にも報告書中には、「三月八日午後六時に呉と阮が西門町の新生報第三宿舍にて密かに『新生報改進会』を開催し、同社の経営実権を改進委員会に移そうとしていた」との記載があったり[6]、「日本語紙面を復活させようとしていた」ことが罪名になってさえもいた。これら各種の告発はおそらく彼らの逮捕・受難の原因になったものと思われる。

また一部のジャーナリストについては、当局の档案や検討報告の中で、指名手配されたり、「扇動を企んだ」との罪名が思いのままに加えられていることが見受けられ、例えば台中地区では、頼維烜（新生報社駐員林記者）、詹明正（自由日報社員林駐在記者）、張瑞和（記者）、杜江泉（国是日報社員林分所職員）など、相当な数の具体的な実例を挙げることができる。[7]ただ、被害に関する具体的な資料やその後の消息が不足しているため、ここではその詳細について検討することはできず、上記の一覧表（表六―一）にも加えなかった。とはいえ、これらの資料から、記者に対する告発でもっとも一般的な罪名は「扇動を企てた」であったということが見て取れるのだが、この用語もまたジャーナリストに対する当局の態度の反映だったと言えよう。

## （二）情報機関による告発の罪状

中央研究院台湾史研究所が分析した国防部保密局（以下、保密局）台湾站の档案によると、通報者は保密局の「線民」だった黄朝順であった。[8]別の档案によれば、台湾新生報社内には、李萬居社長の指示で、他の従業員を監視していた社員がいた。印刷工場代表の蔡朝根ら四名であり、これらの人物たちは事件後も全員がその職位を守られていた。[9]これらの史料からは、社外から来た李萬居は新生報社内での地位が安定していなかったことや、李が日本統治期に入社した古参幹部をまったく信用していなかったことが分かる。また情報機構の報告では、当局がメディア関係者に対して強い関心を寄せていたことに加えて、早い段階から監視を開始していたこと、最終的には、二二八事件後の鎮圧行動に乗じてこれらメディア関係者たちに対して手を下したことがはっきりと示されている。多数の中国近代史に関する研究において、異議を唱える者をこのように暗殺するという、独裁的・テロリズム的な統治方法が、国民党政府が政権を握っていた時期の一貫したやり方であったことが明らかにされている。

警備総部の新聞社閉鎖に関連する档案からは、情報機構は新聞・雑誌に対する監視によって、二二八事件前の段階ですでに多くの情報を収集していたことが分かる。これらは重要な情報と見なされ、事件後に実施された閉鎖処分の主要な根拠となった。『青年自由報』を例に挙げると、警備総部の第二処が二月二八日の事件発生前にすでに提出していた報告書は、題を「（事由）反動的宣伝に関する情報を総合して、宣伝委員会に参考にするよう訓令することを計画しているため」とし、その中では「台北市の『台湾青年報』は本（二）月一日に続いて掲載した「台湾はどこに行くのか」と「台湾の命運」、特別欄に載せた「明日の官員の守則」などの文章は、政府の政治綱領や政策の多くを曲解しており、また民心を分裂させ、農民・労働者の暴動を慫慂している疑いがあり、政治的背景も皆無とは言えないようであり、早急に禁止し彼らの誤った見聞を正すべきである」としていた。この報告書には、取り締まり理由の説得力を高めるために、紙面の切り抜きが添付されてもいた。その後、二二八事件が発生すると、これらの情報は同社を取り締まる重要な根拠となり、当然、閉鎖の公式書簡にも重要資料として添付されていた[10]。

情報機関はいわゆる「奸党」言論を厳しく監視した以外に、例えば民営の『国声報』に対して次のような厳しい告発を行っていた。

「高雄の国声報社を調査したところ、同社は前任の連謀市長が任期中に創設し、湯秉衡が社長を務めていたが、その後、連市長が離職したため黄仲圖が市政を引き継ぎ、黄は同社を独占して宣伝機関にしようとし、湯はこの考えを察知して自ら辞職した。黄は市教育科長の王天賞に社務を引き継がせたが、王は引き継ぎ後に公共物の横流しや日本人との結託を行うとともに、報道にかこつけて歪曲した宣伝の限りを尽くした（中略）。王が引き継いで以降、奸党分子の陳香を総編輯（総編集長）に、陳渾を取材主任にし、政府腐敗の攻撃、外省人の排斥、騒動の扇動を普段からの得意とするようになった。また、記者組合および印刷労働組合を組織することにかこつけて、廈門旭瀛書院校友会の組織を発起してこれを連絡通信の隠れ蓑にしようとした。この度の二二八事変では、同社もまた事実を真逆にし、デマを製造して実情を歪曲し、暴動を扇動した（以下、省略）」[11]

この告発は、情報機関が当時の新聞・雑誌メディアの言論をどのように見ていたかをおおむね反映しており、このような認識に基づけば、二二八事件発生後に名指しされたメディア関係者たちは、当然のことながら難を逃れる術はなかった。この後、情報機関人員は増長して、新聞社の資産に対して非望を抱くようにさえなるのである。

事件後、情報機関は民間新聞社の資産を非合法に収奪するとともに、処罰を逃れた記者に対する監視を継続してもいた。批判的な言論を発表した知識人のうち、一部は中国大陸へ逃げた。このような行動を取ったのは蘇新、蔡慶榮（蔡子民）、呉克泰などであり、すべて著名人であった。台湾に残った者もいたが、彼らは白色テロ期に逮捕を免れることができず、処刑された者もいた。例えば、『台湾新生報』の孫萬枝は逮捕され、呉思漢、王耀勳は銃殺に処されたが、いずれも注目に値する人物である。[12] また、戒厳令期の受難者には、中国大陸から台湾に移住してきたジャーナリストも少なくなかった。このような過酷な政策がマスコミ業界に負わせた傷は、「移行期における正義」（以下、移行期正義）を追求する過程において、引き続き議論を深めていく必要がある問題である。

## 三、新聞事業勢力の変化と党営メディアの勢力拡大

当局は、二二八事件発生前の段階で、すでに民営新聞事業に対して圧力を加えるつもりだったのか、という問題に対する明確な答えは得られていない。ただ、すでに述べたように、情報機関が民営新聞の言論に不満を抱いていたことや、監視および証拠の収集を推し進めはじめていたことについては、かなり明確な証拠が存在している。これらばかりでなく、党営および官営の新聞社に対する保密局の監視も、非常に厳しいものだった。このような監視に基づいて提出された秘密報告書は、たとえ断罪されてなかったとしても、事件後における各新聞社の改組に対して、程度の差はあったものの、明らかに影響を与えたのであり、『台湾新生報』、『中華日報』や軍の『和平日報』などを含めて、情報機関の報告書からの影響を免れることはできなかったのである。

## （二）肅清された官営・民営新聞社

近年公開された档案からは、陳儀政権の来台当初、情報機関はすでに新聞事業経営への手出しを企図していたことが分かる。例えば、林正慧の研究によれば、前述の、閉鎖処分を受けた『重建日報』では、責任者の蘇泰楷は国民党中央執行委員会調査統計局（以下、中統局）の局員で、一九四六年に来台して台湾省党部調査統計室（以下、台調室）の主任となり、独立した通信系統を擁していたため、二二八事件の際は自分の無線通信機を使って、省党部を通さずに直接中統局に情報を送っていた。また、『経済日報』の発行人だった謝漢儒（一九一六―二〇〇三）は、憲兵特高組組長で、事件の前後には、憲兵特務活動の主管機関だった憲警処が頻繁に台北に送金して、謝へ資金提供していた。档案からも、この時期に謝が保密局連絡員の黄朝君および憲兵第四団（連隊）団長の張慕陶と頻繁に連絡を取り合っていたことが確認できる[13]。これはじつに驚くべき歴史的事実である。なぜなら、このふたりが責任者を務めていた『重建日報』と『経済日報』はともに警備総部の命令で停刊となり復刊も許してはならないとされたのである。被害者のジャーナリストたちは、このふたりがまさか潜伏していた情報機関人員だったとは思いもよらなかったであろう。謝は回顧録で、「民権通訊社」と「台湾経済日報」の創立経過について詳しく述べるとともに、民社党に入党して省参議員に選出されるまでの経過にも言及しているが、かつて憲兵隊特高組組長を務めていたことには触れていない[14]。このことから、ふたりは新聞事業に浸透することによって台湾社会に入ってきたことが分かる。彼らが新聞社を設立したのは、「民の代弁者」となるためではなく、「政府の耳目」を務めるためであった。このため、こうした新聞・雑誌は社会的な名声をまったく伴わず、これまで大きな注目

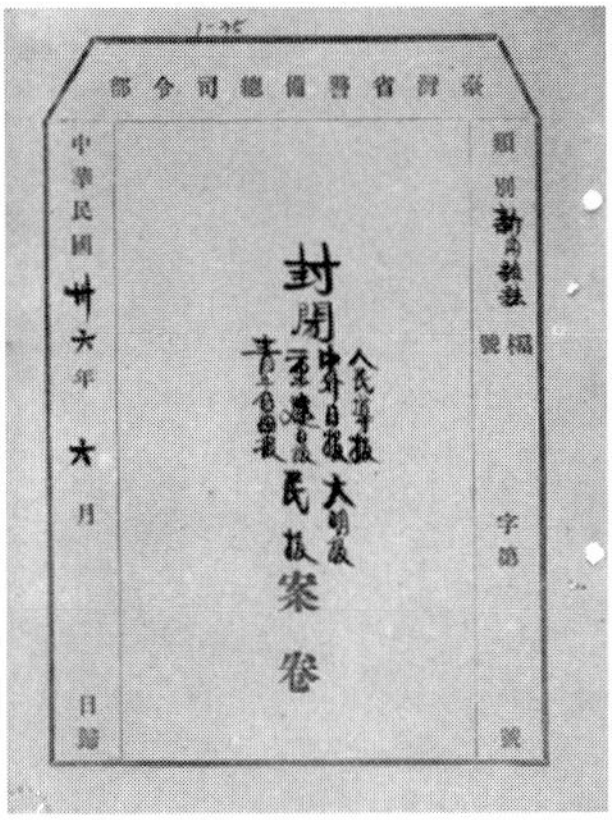

**図六－一　「二二八事變中封閉各非法報社案」の表紙**

出典：「檢送辦理停刊及封閉之各報社案卷」「二二八事變中封閉各非法報社案」『台灣省政府』新北市：國家檔案管理局所蔵、所蔵番号：A375000000A/0037/0137.3/0012/0001/001/0038。

を集めることがなかったのである。

当局は民営新聞事業に浸透しただけでなく、官営・党営のメディアを厳しく監視してもいた。例えば、一九四七年三月に情報機関は青年党関係者が運営していた新生報を告発する報告書を提出しており、その主な内容は次の通りである。

「調査したところ、台湾省行政長官公署宣伝委員会の廃止後、新聞検査室を設立し、主任は秘書処の張延哲が兼任し、副主任は青年党の沈雲龍が全権を担い、また沈が新生報の改組を責任者として処理し、編集は青年党が支配している。毛應章氏はただ経理〔課長〕を務めているだけである。台湾省の宣伝工作の失敗は、青年党が宣伝委員会を掌握して仕事を行わなかったことがすべてであると言うことができる。官民が反感を持つようになったのは、青年党の責任に帰すべきであろう。もし新生報を徹底的に整理しなければ、将来何の役にも立たなくなり、青年党の活動の宣伝機関となってしまう」[15]

このような報告内容は、事件後の新生報の改組に一定の影響を及ぼした可能性がある。

保密局も台南の中華日報社の責任者の罪状を、次のように告発していた。

「堂々たる党運営の中華日報社社長の盧冠群は言論を主宰し、民衆への宣伝を行うとともに、党の重要な幹部でもあるが、三月八日の台南版紙面上で主席に呈するとの一篇の言論を発表しております。この言論では、台湾の暴徒の動機は純粋・精緻であり、省政府の措置は民情と一致していないと述べていますが、暴徒が三十二条要求の中で提示していた、警備総部の撤廃、軍・警察の武装解除、裁判所の全検察官の台湾人登用は、国防の破壊、法律・政治の奪取とも言える行為であり、はたして純粋と言えるのかと問うてみたいものです。この種の報道の誤った言説のはなはだしきこと、暴民にも勝ります。原文を同封して報告とともにお送り致しますので、跨党分子の存在を究明して処分することを謹んで請います」[16]

この年の九月に中華日報社が株式会社へ改組される際に、盧冠群は更迭されてしまうのだが、おそらくはこの告発のせいだったと思われる。二二八事件後、当局は党・政府機関が運営する新聞社を改組して人事および経営方針の立て直しを推し進めるとともに、民営新聞社の経営にも積極的に介入した。近年公開された档案からは、一部の情報機関人員が各新聞社の当時の政治状況に対する批判的言論を通報していたばかりか、閉鎖処分になった新聞社の建物や設備を奪取し、自分たちが経営する新聞社を設立しさえしていたことが明らかになっている。なかでも、林頂立の行動はもっとも注目すべきと言えよう。『民報』や『大明報』など代表的な新聞社の資産が最終的にはすべて、彼が一九四七年七月に設立した『全民日報』の資本へ繰り入れられてしまっていたのである[17]。

当初、閉鎖処分を受けた『大明報』の資産は軍から狙われていた。閉鎖処分関連の档案によれば、閉鎖から間もない四月一日に社長の林子畏は、同社の建物や設備を軍の使用に供するために譲渡に同意するという、計四頁の「報告」を警備総部第二処へ提出するよう迫られた。その主な内容は次の通りだった。

「商工業界にひそかに感服・心酔して、すでに何年にもなりますが、政治に参与したことはこれまでございませんでした。台湾の光復以来、祖国の偉大さと、政府が台湾人民に切に期待していることとを深く感じており、わたくしは非才の身ではありますが、国家・民族の利益を期するという前提の下で、劣った才能の限りを尽くして商工業の発展に思いをめぐらした結果、大明報社の組織を擁することを計画致しました。当時のわたくしの志は、政府への協力、我が国の文化の宣揚、正確な民意の公表、官民情感を融通することにあり、さらには、社務の発展、商工業の発展、台湾の繁栄を追求し、これらによって国民の利益を促進することでありました。（中略）陸軍再編第二十一師政治部が主宰なさっている掃蕩報がございまして、黄存厚中佐がいらして弊社の建物および印刷機具をしばらく借用し、業務に利用したい等のご相談をいただきましたが、ただ弊社は現在すでに貴部により閉鎖されており、わたくしの一存では可否を決めかねますため、文書にてご報告致しました。ご高覧のうえご査定とご指示を賜りたく存じます　謹呈」

このような申出書の提出を経て、軍法処の同意を得た後、警備総部第二処は憲兵第四団へ通知し、閉鎖の解除と借用の手続きを取ったのであった[18]。

## （二）民営新聞社の組織再編と再出発

先に述べたように、民営新聞社の資産は軍によって強奪されようとしていた。しかしながら、後続の档案によれば、林頂立と林子畏は四月二五日に共同で、「旧大明報の社屋資産および機器の台湾民報への譲渡・使用の許可願」を事由とする申出書を提出している。同申出書では、黄存厚中佐はもともと設備を借りた後、『掃蕩報』を『大華日報』と改名して発行する計画だったが、師長の指示により台中に移ることとなり、借用を断念したため、林頂立が『台湾民報』の設立を準備していると説明している。両者は「相談の結果、台湾民報が借りて使用することに変更し、これによって廃用を回避する」[19]ことになったという。このように当時の情報機関人員が容易に新聞社の社屋と設備を占拠して自分のものにしていたという歴史的な事実に対して、「移行期正義」という目標を果たすためには、現在いったいどのような補償措置を講ずるべきなのであろうか。続いて、五月二日に『民報』発行人の呉春霖も、「民報社が所有する機械部品・機具を、新たに設立する台湾民報の株式資本とするため」に「閉鎖の解除」を請願する「陳情書」を提出している。[20]これは、閉鎖を解除してもらうために出さざるをえなかった陳情書なのか、あるいは情報機関人員によって提出を強制させられた請願なのか、また、その資産が最終的に新たに設立された新聞社の株式資本になったのかどうかなど、詳細については不明であり、今後の解明が待たれる。ただし、閉鎖された両新聞社の資産が、最終的にはほぼすべて情報機関人員に不法に占有されたことはおおむね間違いないと言えよう。

以上のような状況の他に、これまで出版されてこなかったこれら档案からは、人民導報社の社屋および設備

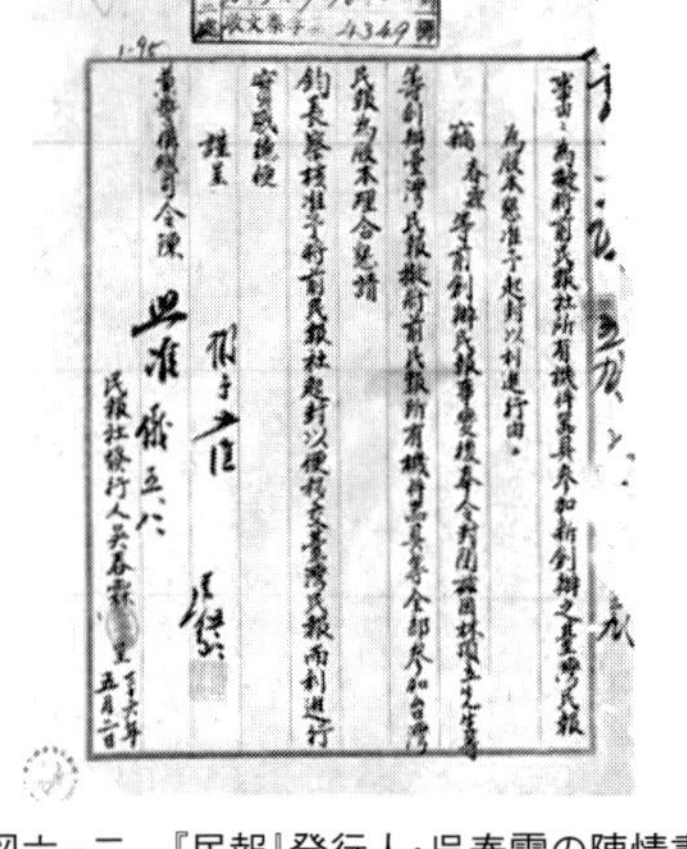

図六−二　『民報』発行人・呉春霖の陳情書
出典：「檢送辦理停刊及封閉之各報社案巻」「二二八事變中封閉各非法報社案」『台灣省政府』新北市：國家檔案管理局所蔵、所蔵番号：A375000000A/0037/0137.3/0012/0001/001/0096。

は、もともとは「台湾経済通訊社」発行人の葛滋韜が借用を求めていたが、最終的には警備総部は宋斐如の妻だった區嚴華の請願に応じて、彼女が経営する文具店に引き渡されたということが分かっている。[21] 區は当時、行政長官公署の職員であり、おそらくはこの人脈を利用して新聞社の資産を保持したのだろう。これとは対照的に、中外日報社は資産を保全することができず、副社長の陳清汾が台湾省体育会理事長の王清章へ引き渡した。

この他に閉鎖処分を受けた新聞社では、『工商日報』と『台湾経済日報』が復刊を要望したものの、どちらも許可を得られなかった。また、一九四六年一二月一日に台中で創刊された『自由日報』（発行人：黃悟塵、社長：徐若絲）は、事件後に命令を受けて停刊になったが、やはり復刊許可は得られなかった。こうした中で、基隆の『自強日報』は五月に復刊が許可されたのだが、これはかなり特殊な事例であろう。[22] 二二八事件後、民営新聞事業は情報機関人員によって不法に占有され、党営・公営の新聞社は株式会社への改組が推し進められたが、その他の新たに出現した民営新聞のほとんどは、党・政府機関や情報機関の後ろ盾や人脈を擁することで、ようやく順調な経営ができたのだった。このような状況の下では、報道事業関係者が報道の自由を守るための言論や行動を行うことは、当然のことながら非常に難しかった。

全般的に見れば、二二八事件の発生前において、台湾の社会的エリートが創刊した新聞・雑誌は、「第四の権力」としての役割をかなり発揮できていた。記者が真面目に取材を行っていただけでなく、報道はかなり実情に近いものだったし、評論の執筆者は当時の政治状況を積極的に批評しながら、同時に社会問題にも関心を示していた。しかし、事件の鎮圧が開始された後は、こうした報道や論述は罪の具体的な証拠と見なされ、記者は自身の生命の安全を守ることができず、新聞社は閉鎖処分を受けただけでなくその資産さえも略奪された。また事件後は、新聞社の勢力範囲に大きな変化が現れた。一九四七年末までに、主要紙の『台湾新生報』および『中華日報』が規模を拡大したことに加え、いくつかの民営新聞が創刊された。その主なものとしては次のよう新聞社が挙げられよう。七月七日に林頂立が創設した『全民日報』が発行を開始した。九月三日には花蓮で、同じく情報機関出身者の謝鷹毅が『更生報』を創刊した。一〇月一〇日には『自立晩報』が創刊され、社長には婁子匡が就任した。一〇月二五日には、李萬居が主宰する『公論報』が創刊された。以後の台湾は、幸運にも災厄を逃れて余生を送るこれらの新聞社たちの中で、ゆっくりと前へ歩み続けていったのだった。

## 四、報道および言論の自由を抑圧する法令

一九四六年一二月二五日、制憲国民大会が南京で招集され、一四章一七五条からなる「中華民国憲法」を採択し、同時に、一年後に訓政[23]期の統治体制を終結させて、憲政を実施することを決めた。中華民国憲法は、第一一条で「人民は言論、研究、著作及び出版の自由を有する」と明確に規定していた。ある学者は、この条文中の「出版の自由」には「報道の自由」が含まれていると指摘している[24]。

憲法のこのような明文規定は、当時の社会各界がそのような認識をすでに共有していたことをまさによく示していよう。言論の自由と報道の自由は民主主義体制を築くための礎石であり、それゆえに民主国家はこれらの自由を保障しなければならないのである。しかしながら、二二八事件発生前後の時期を振り返ってみると、報道の自由の保障はほぼまったく実行されず、軍・警察・情報機関のメディアに対する掣肘は、法の支配という基本的な概念がまったくなかったばかりか、その手段は横暴極まりないものだった。

### （一）メディアによる宣伝と出版物の取締

いわゆるメディア政策とは、メディアを利用して宣伝（プロパガンダ）を展開することや、各種の出版物を取り締まることに他ならず、この二種類の手法は台湾において存分に活用された。先述のように、一九四六年六月一日に創刊された『国声報』は高雄における最有力紙だった。情報機関は同紙の言論に早くから注目していたことから、二二八事件発生後、高雄要塞司令官の彭孟緝はすぐさま逮捕行動を展開するとともに、同社に対して横暴な処分を推し進めた。情報機関は次のような報告を提出していた。

「高雄市の『国声報』を調査したところ、今回の騒乱において号外を発行した他に、その中での言論は荒唐無稽で、故意にデマを製造して大衆を惑わして叛

乱を起こさせようとしたのであり、その下心は陰険で、純粋に奸党の挙動であり、編集者の陳香（奸党）、発行人の王天賞はすでに逮捕しました。徐耀坤同志が送って参りました同報三月五日の号外一枚をご報告致しますので、ご審査下さい」

この他に、別の報告では、要塞司令官が『中華日報』主筆の彭勃に社長を引き継がせたことが言及されていた。[25]当時ジャーナリストだった黄仁は次のように記している。

「事変が発生した時に、台南の中華日報が刊行したいくつかの社論が、言辞がつぼを得ていて、民心を静めるのにとても効果があり、これを高く評価した当時の高雄要塞司令官の彭孟緝は、新聞社に問い合わせたところ、その執筆者が彼の本家の彭勃だと分かった。事件が多少安定すると、要塞司令官は地元の『国声報』を接収・管理することになり、民心を安定させるために、彭勃に社長に就任して迅速に復刊させることを要請したところ、彭勃も『兵士を募り馬匹を買い入れ』て、同僚や部下を引き連れて国声報を引き継いだ」[26]

これらの記述から、二二八事件発生後、軍当局は思いのままに新聞社を処分したこと、それは出版物の取り締まりというレベルを超えていたことが分かる。高雄要塞司令部司令官の彭孟緝は高雄など台湾南部を武力により鎮圧したことで有名であり、事件後、彼は着実に昇進していくのだが、彼のメディアへの対処の仕方は同様に粗暴であった。

陳儀政府の台湾統治政策を振り返ってみると、その特徴の一つは宣伝活動を重視していたことである。当時、台湾人に中央政府の法令を理解させるために、行政長官公署内に「宣伝委員会」を設置し、新聞メディアの管理を担当させるとともに、政令の宣伝・指導工作も担わせた。また陳儀政府の命令により、各県・市政府は「政令宣伝股」を設置するとともに、「政令宣導員」を任命して宣伝・指導工作を担当させた。[27]「宣伝委員会」の設置について、当局は「本〔台湾〕省が敵の手に落ちていた期間は五〇年に渡り、敵が文化的および思想的に残した毒は深刻であり、それゆえに光復後の文化宣伝工作は極めて重要である」[28]と説明している。この説明から、宣伝委員会の主な任務が、たんなる宣伝活動に止まらず、台湾に残っていた日本文化の「毒素」を取り除くことを重要な目的としていたこと、そしてこのことが陳儀政府の文化政策の一環だったことが分かる。

宣伝委員会は大衆メディアを統制する権限を握っていて、その宣伝業務は、印刷メディア、映画、劇場、放送およびレコードの四つのカテゴリに分類されていた。[29]宣伝委員会は一九四六年初頭以降、まずは日本映画を全面禁止にし、続いて「違法図書取締規則」に基づいて出版物を取り締まるようになり、また日本の「有毒」書籍の廃棄を推し進めた。[30]このような出版物の取り締まりは、すべて宣伝委員会と台湾省党部が共同で執行した。なぜ党部が宣伝工作に介入できたのかというと、戦後の国民政府は、依然として訓政体制を採用しており、「以党領政」の原則の下で、国民党中央宣伝部が管轄する各レベルの党部と、それに相応する各レベルの政府機関とが、「会核」(対等関係にある機関主管が文書を審査、署名すること)制度を取って、共同で「出版法」に基づく新聞・雑誌の登録審査を行っていたからである。一九四七年七月になって、「行憲」(憲法施行)の実施準備に伴って、ようやく各政府機関が単独で登録を審査できるようになった。[31]戦後、国民党台湾省党部もかなりメディア宣伝工作を重視していたことから、単独で「台湾通訊社」を設立したり、『台湾日報』『台湾画報』などを創刊したりして、党務の宣伝を推し進めた他、日本資産だった映画館一九館を接収した。[32]このような訓政体制の下では、報道の自由は当然のことながら重視されるはずがなかった。しかしながら、さらに重要なことは、一九四七年一二月一一日に「国家総動員法」が台湾で公布・施行され(これは「行憲」開始前だった)、この法令に基づいて、言論、出版および集会・結社の自由がすべて凍結されたということである。[33]

## (二) 左傾化言論への取締の開始

陳儀政府は民衆に対する宣伝を積極的に行う政策を採用した一方で、報道メディアに対する取り締まりも推し進めた。例えば、一九四六年二月一日創刊の『東台快報』は、発行開始からしばらくして、「食糧問題」という社説が原因となって発行許可が取り消された。この他には、規定に従って登録がなされていない新聞や雑誌も次々と当局から警告や処分を受けた。ただ、こうした取り締まりが行われるようになったことはささいな問題であり、新聞事業全体の発展に対してそれほど大きな衝撃を与えなかった。もっとも深刻だった問題は、台湾省党部が左翼的言論を敵視したことであり、その敵視姿勢が陳儀政府の考え方とは明らかに異なっていたことであろう。陳儀は社会主義的思想を持っていた部下を排除したり、左傾的な言論を積極的に取り締まったりすることはなかったが、省党部は左翼的な観点の文章を厳しく取り締まった。情報機関が『青年自由報』問題を通報した際、親共産主義的な言論の発行禁止を提案したことは、先にも述べた通りである。

二二八事件後、台湾省党部主任委員の李翼中が省政府社会処長に、党宣伝処長の林紫貴が省新聞処長にそれぞれ昇進した。この人事により、反共が省政府の基本政策となり、左傾的な言論に対する取り締まりがそれまでに比べて一層厳しくなった。例えば、一九四八年二月一八日、教育庁は省新聞処からの電文を取り次いで、台中商業学校に対して香港新台湾出版社の『自治と正統』を取り締まるよう指示した。新聞処の説明は「当該書の内容は本省の政治を中傷するものであり、台湾同胞が二二八事件を再び引き起こすことを公然と煽動していることは荒唐無稽この上なく、紛れもない共匪の反動的宣伝物であり、害毒の広まりを防止するべく、厳重な取り締まりを特電にて各学校へ取り次いで伝達されたし」[34]というものだった。近年の研究によれば、「新台湾出版社」は台湾共産党の謝雪紅、楊克煌、蘇新、古瑞雲らが香港に逃れた後に設立した出版社で、一九四七年九月三日より『新台湾叢刊』を不定期に出版し、第一集『新台湾』(同九月二五日)、第二集『勝利が台湾を分割した』(同一一月一日)、第三集『明日の台湾』(同一二月一日)、第四集『自治と正統』(四八年一月一日)、第五集『台湾の二月革命』(同二月二八日)、第六集『台湾人民の進路』(同五月一日)が出版された。これら六集のうち第四集までは「新台湾出版社」から出版され、第五、六集は「新民主出版社」の取次販売だった。[35]先述の『自治と正統』を取り締まる文書からは、台湾の情報機関が香港における政治的な動きにすでに注目していたことが見て取れる。

これら台湾共産党員の宣伝刊行物は、出版後すぐさま新聞処と教育庁の注意を引いて取り締まり対象となったのだが、このことからは、情報機関がすでに警戒を強めていて情報収集を遂行していたこと、そして、各種の学校に対して、共産党の学生運動への働きかけを防止し、「奸党」を厳しく取り締まる指令を出していたことが分かる。また、上記の档案からは、二二八事件の発生後から戒厳令が公布されるまでの時期に、台湾における報道の自由および言論の自由はすでに「冬の時代」に入っていたことが見て取れる。

## 五、放送および電報・電話通信網への管制

二二八事件後、台湾の放送局もまた深刻な打撃を被った。これまで比較的注目されてきたのは、中央広播電台〔中央放送局〕の台湾台〔台湾局〕のトップだった林忠が免職になった事件だったが、インタビューや新たに公開された档案によって、近年では放送局の従業員の被害状況も徐々に明らかになってきている。こうした、高い地位にあったわけでも著名だったわけでもない人々の境遇からは、事件後の当局が、印刷メディアへの掣肘に止まらず、放送および通信設備に対する支配も積極的に強化したことがよく理解できる。当局によるこれらの粛清行動を振り返ってみると、戒厳令期における厳格なメディア支配の事前準備的な作業だったと見なすことができるのではないだろうか。

### （一）放送局に対する支配の強化

ここではまず陳亭卿〔一九一四―二〇〇八〕のインタビュー記録を取り上げる。二二八事件後、彼の他にも、陳家濱〔技師〕、曾麒麟〔後に曾仲影に改名、アナウンサー〕、洪元定〔股長〔係長〕〕など四名の放送局従業員が捕まった。陳は以前は満州で高等官に就いていたが、台湾に戻ってきた後は林忠の招請を受けて一九四六年末から放送局で働きはじめて、高雄台〔高雄局〕の開局準備業務を担った。彼は自分が捕まった理由を、おそらくは共産党との関係を疑われたのではないかとしている。拘留中、軍法処で莊孟侯〔医師〕および陳文彬〔建国中学校長〕と同室になり、彼らは獄中でも台湾の現状や未来を憂いていたという[36]。警備総部が放送局人員を逮捕したのは、おそらくは二二八事件期間中の放送原稿に関する調査のためだったと思われるが、彼ら四名は逮捕・尋問され、全員が禁固一年半、

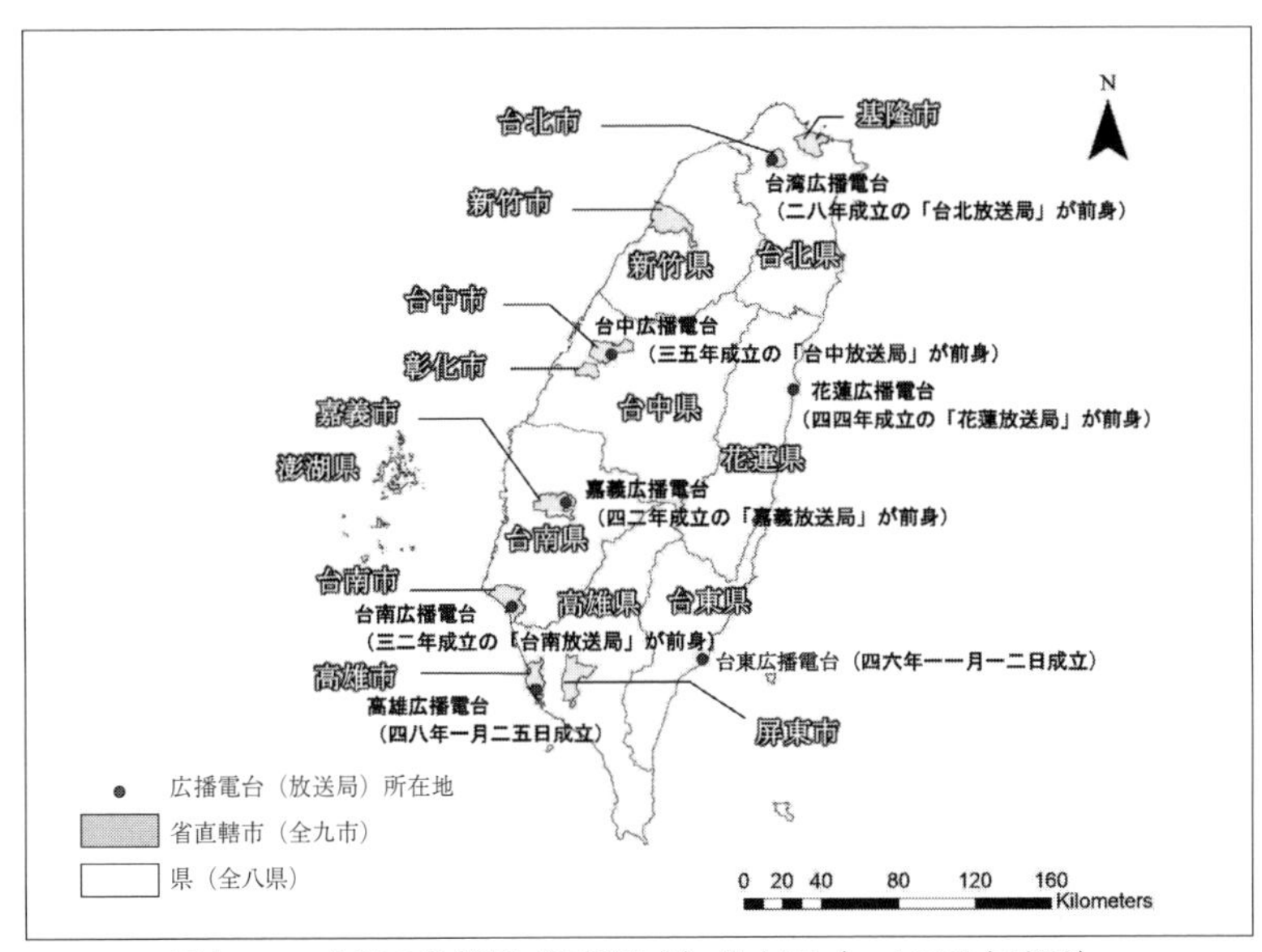


図六−三　台湾の放送局（広播電台）分布図（一九四八年当時）

出典：高傳棋編著『台北放送局暨台灣廣播電台特展專輯』台北市：台北市文化局、二〇〇八年。呉疏潭主編『中廣七十年大世記』台北市：廣播月刊社、一九九八年。　（注）劉玫婷作画。

公権剥奪一年の判決を受けた。最終的には全員執行猶予になり、軍法処で三カ月間拘留されただけだったが、彼らはその後、四名とも放送業界から身を引いた。このことは、台湾人は放送局の運営から完全に退かなければならなかったということ、また、信頼を得ていない台湾人は重要な放送設備に触れてはならなかったということを示している[37]。

呂東熹の研究によれば、もう一名、アナウンサーの宋獻鐘（一九一六―一九九二）が逮捕されており、その境遇はかなり不幸なものだった。彼のペンネームは宋非我で、もともとは俳優であり、戦後、劇作家の簡國賢と知り合って、ふたりは合作して「放送劇」という作品を書いた。その後、風刺的な演出や当時の政治状況を批判したことにより、監視されるようになった。二二八事件後、宋は逮捕され半年間拘禁され、保釈になった後、失望して台湾を離れて中国へ戻り、最後は泉州で病没した[38]。宋の境遇は、統治者が放送局、演劇や各種の映像・音声メディアに対する支配を強めていった過程を非常によく象徴している。台湾本土の創作家や出演者が政治状況を批判する作品を発表したり上演したりできなくなったばかりか、政府の統治政策やイデオロギーに合致しない作品が台湾島内に入ってくるとすべて取り締まられたり廃棄されたりしたのである。

二二八事件後、放送局の支配におけるもっとも明らかな人事交替は、林忠に替わって姚善輝が中央広播電台台湾台の台長〔局長〕を引き継いだことだった。姚は南京の国立中央大学電気工学系を卒業した後、中央広播電台に入台し、英国へ派遣されて放送技術を学び、続いて米国に派遣されて研究を継続し、中国帰国後は台湾に派遣されて技師長に就任した。事件後、姚は台長に任命され、放送局の建て直しを推し進めた。彼はまた一九四九年には中央広播電台が国共内戦敗退の混乱の中で台湾に撤退してきたことも目の当たりにするなど、台湾で長い間メディア業務に携わった[39]。一部の台湾籍従業員が離職してしまったため、事件後も放送局に残留した従業員は、かなり著名な音楽家だった呂泉生を除くと、その大半は、以下で取り上げる周塗墩や曾志仁のような現場レベルの技術者であった。彼らは日本統治期に台湾放送協会に就職し、戦後も引き続き台湾の放送局で働いていたのである。

周塗墩は放送局の往時を語る中で、台湾籍の従業員ということで職場見学のために中国大陸に派遣された時の話を語っている。中央広播電台は台湾籍従業員に中国大陸における放送建設を理解させるために、一九四八年三月に林寛、曾仁志、林塗、周塗墩の四名を、科長の林柏中の引率の下で派遣し、三カ月にわたって中国大陸で見学実習させたのだった。一行はまず上海を見学し、次いで杭州へ行き、風景や名勝を満喫した。続いて南京に赴いて中央広播電台を参観した。四名が南京で実習していると、ちょうど第一回国民大会第一次大会の開催に遭遇し、総統・副総統選挙の様子を目の当たりにした。また、彼らは国民大会代表として大会に出席していた前台長の林忠とも面会した[40]。

以上のような公開されているインタビューの他に、周塗墩は回顧録を自費出版しており、この中で述べられている二二八事件後の話は興味深いものである。周は板橋のスタジオ事務所で働いていた時期、省参議院の林日高と付き合いがあり、彼の推薦を受けて延平学院に出願したところ、成績は望ましいものではなかったものの、林の推薦だったことから入学が認められた。二二八事件後、逃亡した林が周の家に一日身を隠した。その後、周が林と付き合いのあることを知った情報機関が直接放送局に聞き込み調査にきた。来訪者は警備総部の人員であることを示して、周を尋問したが、連行することはしなかった。しかし、周は宿舎にマルクスの『資本論』一冊と、日本の短刀、登山用ナイフなどがあることを思い出して、すぐに宿舎に戻って処理しようとした。踵を返したところで、情報機関人員がもしひそかに監視していたらさらに疑われるかもしれないと考えて、業務を続けることにした。案の定、数分後、情報機関人員が戻ってきたのである。もしすぐさまその場を離れていたら、牢獄行きは免れなかったろう。[41] これらの記述からは、現場レベルの従業員でさえも厳重に監視されており、誰もが常に逮捕の危険にさらされていたということが分かる。その後、中央政府が台湾へ移転してきたことによって、放送局では中国大陸から来た従業員が自然と増えて、台湾籍従業員はますます疎外されるようになったのだった。

## （二）電報・電話通信網の管制

二二八事件後、当局は放送に関わりがあるすべての台湾人を調査しただけでなく、放送や電信・電話などの通信設備に対して厳しい管制を加えた。呉俊瑩の台東地域についての研究によると、徐風攀、郭錫鐘らの放送局従業員とともに、気象観測所の職員も逮捕された。同じ時期に、台東県長の謝真が「悪い消息」を広めたとして逮捕されてもいた。実際のところは、事件後に県内の一般用の電信・電話が不通になったことから、三月二日午後に謝は気象観測所の電話を使って民政処長の周一鶚と連絡を取ったというものだった。この他にも、四日午後、青年たちが隊列を組んで町中をデモしていた時に、放送局が日本軍歌を放送して、群衆が意気を高揚させたということもあったが、これはたんなる偶発的な出来事だったと思われる。放送局や電信・電話が民衆によって支配されたなどということはまったくなかったにもかかわらず、上記のような人々が逮捕されたのは、おそらくは放送や通信設備を主管していたことが理由であろう。[42] こうした人々は、事件が収まった後、放送局という、ある種の敏感さがある職場から去っていった。また、日本統治期に育った台湾本土の知識人も、事件後には放送界から完全に排除された。

訓政期から戒厳令期にかけて、印刷メディアが厳しく統制されただけでなく、電話や電信なども含めたすべてが当局の支配下におかれた。報道機関も情報を収集する機関として運用されていたとさえ言えよう。例えば、近年発見された史料には、中央通訊社は台湾で中央政府の耳目の役割を果たしていたことが示されている。中央通訊社は国民政府が直接管理していた報道機関であり、戦後、台北分社が設立され、葉明勲が責任者を務めていたが、その主な仕事は台湾で取材したニュースを南京の本社に伝送することだった。葉の話によれば、空軍総司令官の周至柔の支援を受けていた彼の通信チャンネルは、台北の松山基地の空軍無線通信局を通じて、電信稿を空軍総司令部へ送り、空軍総司令部が中央通訊社本社へ転送していて、翌日には電信稿を国内外の新聞・雑誌に掲載することができたという。[43]この話は、軍当局が台湾の外部への通信網を常に支配していたのであり、騒乱が発生した時の通信網保持が、必然的に主要任務となっていたであろうことを示している。戦後初期、当局が台湾内外の電話・電信・通信網を完全に支配していたことは明確な事実である。例えば、前述の中統局台調室主任・蘇泰楷は、事件発生後は電報を発信・受信する無線電信局を保護することに努め、その結果、事件の状況は途切れることなく即時に中央政府に打電されたのであった。[44]これとは対照的に、保密局台湾站の電報を送受信する無線電信局は破損してしまい、新しい機器が手に入るまで、情報の伝送が滞ったのだった。[45]一方、二二八事件中に抗議を行っていた民衆や団体は、放送局に押し寄せて自分たちの意見を主張したり、立ち上がろうと呼びかけたりはしたものの、放送局や電話・電信網を掌握しようとは考えなかったようで、そのような反抗行動が成功する可能性はまったくなかったと言えよう。

いずれにせよ、二二八事件の前後では、情報機関人員（身分を偽称したジャーナリストも含めて）が政治的領袖の耳目の役割を果たしていたのであり、彼らが提供した情報は状況を誇張していたばかりか、積極的に派兵を要請さえしていたのであり、このことは中央社も例外ではなかった。ある民間人コレクターがひとまとまりの「中央社秘密電文原稿」を発見し、研究者がこれを分析したところ、その報道内容は完全に陳儀政府や軍の立場に立っていて、外省人が殴打されたとのニュースが途絶えることなく出てくるものの、例えば台湾人が射殺されたニュースといった、社会の実状や一般の人々の印象は無視されていた。中央社は南京政府が台湾の政治情勢を理解するための重要なチャンネルであったことから、同社が伝達したメッセージが蒋介石の部隊派遣決定に対して一定程度の影響を及ぼしたことは必然的である。つまるところ、事件発生後、武力鎮圧策の採用が決定される過程において、「中央社」も重要な役割を果たしていたということである。[46]来台後の陳儀政府が行政、司法および軍事を支配していたばかりか、放送から通信網に至るまでも当局が支配していたのであり、新聞・雑誌の批評は、こうした統治構造をまったく揺り動かすことはできなかった。メディアの批判は、当時の一般の人々の本当の感情を実証しただけだった。その後の当局のマスコミ業界への強い掣肘は、たんに為政者は鎮圧の口実を求めて、マスコミ業界をスケープゴートにするためだった。

## 六、おわりに

戦後初期の新聞・雑誌について研究している台湾の歴史学者の許毓良は、一九四五年から四九年までの期間に中国大陸で発行された雑誌に焦点を当てて分析しているが、その研究書の四八年一月一一日の台湾省雑誌聯誼会成立のニュースについて論じている箇所で、「台湾のジャーナリズムはこの時期にはすでに管制されており、研究で台湾の雑誌を利用してしまうと、雑誌の客観性を判別することができないため、中国大陸で発刊された雑誌の利用が不可欠である」[47]と、非常に考えさせられる意見を提示している。許のこの嘆息は、ある他省記者が聯誼会成立と同じ年に書いた「慙愧に堪えないことながら、台湾の報道検閲は厳しいため、台湾に住んでいる人々が台湾の真相を知るには、時には省外の新聞・雑誌から知識を得る必要がある」との指摘に基づいている。また、別の他省記者も一九四八年六月に「二二八事件後、中国の報道管制がもっとも徹底していた省は台湾だった。当地の新聞には、日刊紙が一一紙、夕刊紙が二紙、三日おきに発刊される新聞が八紙あるが、すべて官営である」と指摘している。[48]新聞の数については議論の余地があるかもしれないが、とはいえ上記の「台湾島外の刊行物に頼らなければ台湾の真相を知ることができない」「台湾の報道管制はもっとも徹底していた」「台湾の新聞はすべて官営」との指摘には目を背けたくなる。そもそも事件後の台湾における報道の自由は他省の記者にとって非常に低かったというのであれば、一九四九年の戒厳令公布後の、さらには一九五〇年以後の動員戡乱期の「大陸反攻」体制確立後の、台湾における報道の自由に対する抑圧は、当然ながら一層厳しいものだったのである。

事件後の台湾では、報道の自由が失われただけではなかった。注目すべきは、一九四七年以降の台湾島内では、新聞、雑誌、放送などの報道メディアの主導権は、中国大陸出身のメディア関係者が支配したということであろう。このような歪なマスコミ業界は、台湾本土のエリートが報道の自由およびメディアの主導権を失ったことを意味しただけでなく、近代市民社会が構築される機会が失われたことも意味していた。時系列をさらに拡大させれば、一九八八年の「報禁」解除によって、台湾社会はようやく初歩的な報道の自由を獲得するのであり、さらに、一九九〇年代になってラジオ・テレビに対する規制が打ち破られた後、放送チャンネルの開放と四番目のテレビ局の登場により、ようやく台湾のメディアは比較的完全な主体性を有するようになり、いわゆる報道の自由が確立されたのであった。つまり、二二八事件の衝撃の下で、本来なら戦後に確立されはずだった報道の自由が、少なくとも四〇年遅滞し、一九八〇年代後半になってようやく初歩的なものが実現したのであった。

また、「台湾島外の刊行物に頼らなければ台湾の真相を知ることができない」との所感について焦点を当てれば、長い間、台湾で起きたことの真相は海外でなければ知ることはできないという状態が続いたことにも、我々は注目すべきであろう。戒厳令体制の下にあった台湾島内では、一九七〇年代末になって「党外雑誌」が出現するまで、メディア界が挑戦を受けることはなかった。ただし、海外には「代替媒体」(alternative media) が存在し、長い間、国民党の厳しいメディア管制政策に挑戦していた。いわゆる代替媒体とは、マス・コミュニケーション学のクリス・アットン (Chris Atton) は「主流に対抗する媒体とは、すなわち代替媒体である」と定義している[49]。ただし、このように定義すると、今度は「主流媒体」とは何かということがさらに大きな問題として出てくる。ここではマス・コミュニケーション学者の定義はひとまず脇に置き、代替媒体を再定義したい。筆者の考えは、反共国策を標榜していた独裁時代においては、反共国策に合致していたメディアは「主流媒体」とし、客観的な報道を堅持し、権力の抑圧を批判していたメディアを「代替媒体」とするというものである。現在、台湾の政治思想史やメディア史に関する研究では、雷震の『自由中国』や李萬居の『公論報』などが、権威主義体制の下で報道の自由を勝ち取るべく努力し、権力者を批判する勇気を持っていたとして高く評価されている点ではおおむね一致している。高や李らが肯定的に評価される主な理由は、知識人としての良知を発揮したことや、ジャーナリストとして代替媒体を実践したことにある。このような基準から考えれば、海外の台湾人メディアも「代替媒体」とみなすことが可能である。メディアリテラシーの教育課程では、リテラシーを向上させる方法について、「代替の視点」を養うことがもっとも強調される。[50]「報禁」期においては、海外で代替の視点を持っていたメディアをいわゆる代替媒体と見なし、肯定的な評価を与えるべきであろう。

在外台湾人は少なくない数の印刷メディアを発行していたが、言語音声の代替媒体もあった。例えば、一九七七年五月に在外台湾人団体がニューヨークで設立した「台湾之音」は、電話録音システムを用いて台湾の情報を広めた。この「台湾之音」はまさに典型的な代替媒体で、美麗島事件の発生以後、同事件裁判の進展、台湾の政治犯の境遇や、台湾島内の政治、社会、経済に関する情報などを集中的に報道した。[51]その報道では国民党に対する強烈な批判を展開したことから、国民政府もまた海外に「宝島之音」を設立して、自らの業績を宣揚することでこの「反逆分子」に対抗した。[52]

こうした台湾島外の音声メディアの反抗や、島内の「党外」雑誌の挑戦を経て、台湾社会はようやく二二八事件の打撃を克服し、報道の自由や研究の自由などの基本的人権を徐々に勝ち取っていったのである。最終局面は、自由化と民主化のプロセスを経て、「中華民国の台湾化」の後、財団法人となった中央広播電台が二〇〇五年に「台湾之音」を自らの呼称と

図六－四　「台湾之音」の組織章
（注）呉三連台灣史料基金会提供。

して用いるようになったことである。[53] 歴史を振り返れば、中央広播電台は長い間、「自由中国之声」を自らの呼称として用いてきていた。その中央広播電台が自らの呼称を変更するとともに、報道は心理戦であるとの考え方を止揚（アウフヘーベン）したことにより、台湾を主体とする放送メディアが出現して、報道の自由がようやく正式に確立したと言えるようになった、と筆者は考えている。

ある学者は次のように述べている。「戦後の台湾のメディア史を振り返ると、動員戡乱、戒厳、物資の欠乏などが、当局が報道の自由を抑圧するための口実となり、報道管制が戦後台湾の特徴の一つとなっている。（中略）党外雑誌の宣伝、中央・地方の民意代表や県・市長の選挙の機会を通して、党外の力は徐々に拡大し、政府の報道管制政策は再び挑戦と批判を受けた。八七年七月に台湾では戒厳令が解除となり、報道管制もこれに伴って緩和または廃止となって、ようやくマスコミ業界の報道の自由のための闘争は一区切りついたのだった」[54]。この記述は台湾島内に話が限定されてしまっており、在外台湾人の運動史を組み込む必要がある。つまり、この時期の歴史を考えるには、時間軸を拡張するだけではなく、在外台湾人メディアにまで空間を拡大させることも必要なのであり、このことによってはじめて報道の自由が確立されていく過程を余すところなく明らかにすることができるのである。戦後の長期的な歴史の展開を参照することによって、二二八事件後のマスコミ業界が受けた打撃の大きさと、その負の影響の深刻さとを明確に理解できるのではないだろうか。今日、台湾の報道の自由は混乱状態に陥ってしまっているが、過去を振り返ってみれば、我々はやはり苦労して手に入れた言論の自由の保障を粗末にしてはならないのであり、このように考えなければ目下の混乱状況を改善することはできないであろう。

**注**

1　許旭輝「戰後初期台灣報業之發展：以《台灣新生報》為例（一九四五—一九四九）」國立台北教育大學社會科教育學系碩士論文、二〇〇七年、および楊秀菁「戰後初期《台灣新生報》的發展與挑戰」、『傳媒與現代性』台北市：五南出版、二〇一七年、三二五—三六三頁。

2　林果顯「戰爭與新聞：台灣的戰時新聞管制政策（一九四九—六〇）」、『傳媒與現代性』、二八九—三二四頁。および陳百齢「活在危險的年代：白色恐怖情境下的新聞工作者群像（一九四九—一九七五）」、『傳媒與現代性』、二四九—二八二頁。

3　例えば、『人民導報』は国共和平交渉についての評論を転載したことが、宋斐如の社長辞任・王添灯の社長引継ぎを惹起した。また『和平日報』の取材責任者だった丁文治は、多くの汚職ニュースを発表していたため、陳儀政府から台湾退去を求められた。さらに、『東台快報』は「食糧問題」を掲載したため、停刊処分となった。詳しくは、王天濱『台灣報業史』台北市：亞太圖書出版社、二〇〇三年、二二五—二二七頁を参照。

4　二二八事件中におけるメディアの役割と責任に関する議論については、何義麟「二二八事件中媒體工作者之角色與責任」、何義麟『跨越國境線：近代台灣去殖民化之歷程』台北市：稻鄉出版社、二〇〇六年、一三九—一五七頁を参照。

5　台北の数社の新聞社が正式に閉鎖処分を受けたのは三月一三日で、閉鎖理由は「反動的な思想と荒唐無稽な言論で、政府を中傷し、暴動を扇動した主要な勢力」であった。詳しくは、「台北綏靖區司令部奉令查封停刊報社情形一覽表」、中央研究院近代史研究所編『二二八事件資料選輯（四）』台北市：中央研究院近代史研究所、一九九三年、一八九頁を参照。この他に、台湾の中南部および東部の新聞社も閉鎖されたが、詳細はこれより先の档案資料を参照。

6　侯坤宏・許進發編『二二八事件檔案彙編（一）』台北市：國史館、二〇〇二年、二九一—二九五頁。

7　この名簿については、台湾省警備総司令部「綏靖實施計畫」、中央研究院近代史研究所編『二二八事件資料選輯（三）』台北市：中央研究院近代史研究所、一九九三年、一〇二—一〇五頁を参照。

8　「件名四：張秉承轉呈高登進關於新生報吳金練圖謀不軌的調查報告」、許雪姬主編『保密局台灣站二二八史料彙編（一）』台北市：中央研究院台灣史研究所、二〇一五年、一〇三—一〇七頁。

9　『二二八事件檔案彙編（一）』、二九二—二九三頁。

10　「檢送辦理停刊及封閉之各報社案卷」（一九四七年六月七日）、「二二八事變中封閉各非法報社案」『省級機關檔案』台北市：國史館台灣文獻館所蔵（原件：台灣省政府）、所蔵番号：0041373003913001。一九四六年一〇月一七日付の『民報』の報道によれば、『自由報』は一〇月一五日に発刊されたが、発刊後も発行許可を取得せず、後に『台北自由報』や『青年自由報』へ改称し、翌年二月末までに合計一五期が発行された。

11　「件名四：張秉承致電言普誠報告高雄國聲報社於事件前活動及事件中歪曲宣傳」、許雪姬主編『保密局台灣站二二八史料彙編（五）』台北市：中央研究院台灣史研究所、二〇一七年、二四一—二四四頁。

12　蘇新など中国大陸へ赴いた人物については、本稿では詳しい紹介は行わない。白色テロ期に銃殺された王耀勳は遺書を残しており、二〇一六年に国家人権博物館籌備処が開催した「遅れてきた愛：白色テロ時期の政治的受難者の遺書特別展」で展示された。また、呉思漢については、陳百齢「活在危險的年代：

白色恐怖情境下的新聞工作者群像（一九四九—一九七五）」、『傳媒與現代性』、二五九頁を参照されたい。

13 このことについては、林正慧「二二八事件中的情治機關及其角色」、二二八事件紀念基金会主催「二二八事件真相與転型正義」研討論壇論文（開催日：二〇一八年一一月四日、場所：二二八国家紀念館）の考察を参照されたい。

14 謝漢儒『關鍵年代的歴史見證：台灣省參議會與我』台北市：唐山出版社、一九九八年、七一—一四頁。

15 「件名七：張秉承轉呈沈堅強關於青年黨人掌控新生報的情形」、『保密局台灣站二二八史料彙編（一）』、一一三—一一五頁。

16 「件名一：沈堅強呈報有關中華日報社長盧冠群電呈蔣總裁報告二二八事件真相案」、『保密局台灣站二二八史料彙編（一）』、二〇四—二〇八頁。

17 林頂立は当初は社名を『台湾民報』とする計画だったが、最終的には『全民日報』とした。詳しくは、「檢送辦理停刊及封閉之各報社案卷」（一九四七年六月七日）、「二二八事變中封閉各非法報社案」『省級機關檔案』南投市：國史館台灣文獻館所蔵（原件：台灣省政府）、所蔵番号：0041373003913001。

18 「檢送辦理停刊及封閉之各報社案卷」（一九四七年六月七日）、「二二八事變中封閉各非法報社案」『省級機關檔案』國史館台灣文獻館所蔵（原件：台灣省政府）、所蔵番号：0041373003913001、掃描号：六九—八一頁。

19 「檢送辦理停刊及封閉之各報社案卷」（一九四七年六月七日）、「二二八事變中封閉各非法報社案」『省級機關檔案』國史館台灣文獻館所蔵（原件：台灣省政府）、所蔵番号：0041373003913001、掃描号：八二—八五頁。

20 「檢送辦理停刊及封閉之各報社案卷」（一九四七年六月七日）、「二二八事變中封閉各非法報社案」『省級機關檔案』國史館台灣文獻館所蔵（原件：台灣省政府）、所蔵番号：0041373003913001、掃描号：八六頁。

21 「檢送辦理停刊及封閉之各報社案卷」（一九四七年六月七日）、「二二八事變中封閉各非法報社案」『省級機關檔案』國史館台灣文獻館所蔵（原件：台灣省政府）、所蔵番号：0041373003913001、掃描號：八七—一〇三頁。

22 「檢送辦理停刊及封閉之各報社案卷」（一九四七年六月七日）、「二二八事變中封閉各非法報社案」『省級機關檔案』國史館台灣文獻館所蔵（原件：台灣省政府）、所蔵番号：0041373003913001、掃描号：一〇四—一二六頁。

23 いわゆる訓政とは、国民党の「以党治国」の党国体制を指し、これは南京国民政府の正統性の源となる原理だった。訓政は一九二八年から四七年一二月まで二〇年近くにわたって続いた。

24 薛化元・蘇瑞鏘・楊秀菁『戰後台灣人權發展史』台北市：財團法人自由思想學術基金會、二〇一五年、一三六頁。

25 「件名五：謝愛吼呈林振藩報告高雄國聲報言動反動已由要塞司令拘捕王天賞、陳香，並派彭勃接任」、「件名六：謝愛吼呈林振藩高雄《國聲報》言論荒謬之號外一張」、以上、『保密局台灣站二二八史料彙編（五）』、二四四—二四七頁。

26 黄仁「從二二八台灣新聞事業的浩劫談事變後台北晚報的滄桑」、『台北文獻』直字第一四一期、二〇〇二年九月、一二一頁。

27 台灣省行政長官公署宣傳委員會編『台灣一年來之宣傳』台北市：宣傳委員會發行、一九四六年、二—三頁。

28 『台灣一年來之宣傳』、一頁。

29 『台灣一年來之宣傳』、二頁。同委員会は業務の概況を説明する際、宣伝業務を「一．政令宣導、二．電影戲劇、三．図書出版、

四．新聞広播」の四分野に分類していた。

30 『台灣一年來之宣傳』、二四—二五頁。

31 天津の『大公報』の一九四七年七月二日の報道。「報刊登記事宜由政府機関単独辦理」、楊秀菁・薛化元・李福鐘編『戰後台灣民主運動史料彙編（七）新聞自由（一九四五—一九六〇）』台北市：國史館、二〇〇二年、一四七—一四九頁。

32 「第四章黨務」、台湾新生報社編『台灣年鑑』台北市：台湾新生報社、一九四七年、C一—五頁、および「為各日産電影院奉令撥歸黨營希準備移交」『台灣省行政長官公署公報』春：二六（一九四七年二月一日）、四一二頁。

33 関連する法令については、『戰後台灣民主運動史料彙編（七）新聞自由（一九四五—一九六〇）』、一八—一九頁を参照。

34 「台灣省政府教育廳電令台中商業職業學校查禁香港新台灣出版社印行之《自治與正統》一書」、歐素瑛・李文玉編『二二八事件檔案彙編（八）』台北市：國史館、二〇〇二年、九九頁。

35 二二八事件後の台湾共産党の香港集結とその後の動向、および『新台湾叢刊』が台湾で全冊復刊した「導論」については、林瓊華「重看二二八事件後流亡香港的台灣左翼者的政治理想：關於《新台灣叢刊》的創刊歴史與返鄉」『台灣史料研究』第四八期、二〇一六年一二月、四四—六九頁を参照されたい。

36 許雪姫訪問・王美雪記録「陳亭卿先生夫人訪問紀錄」、許雪姫訪問、許雪姫・鄭鳳凰・王美雪・蔡説麗紀録『日治時期在「滿洲」的台灣人』台北市：中央研究院近代史研究所、二〇〇二年、二九一—三〇七頁、および中央研究院近代史研究所編『二二八事件資料選輯（六）』台北市：中央研究院近代史研究所、一九九七年、四二八頁。

37 呂東熹『二二八記者劫』台北市：玉山社、二〇一六年、四五二—四七七頁。

38 宋非我の功績については、『二二八記者劫』、四六四—四六五頁を参照。

39 姚善輝「我在中廣之回憶」、郭哲編『中廣六十年』台北市：聯太國際出版、一九八八年、六三—六六頁。

40 周塗墩「廣播老兵談往事」、『中廣六十年』、七七—八八頁。

41 周塗墩『我的回憶』出版地不詳：周塗墩、二〇〇六年、六九—七三頁。。

42 吳俊瑩「二二八事件在台東」『台灣文獻』第六九巻第四期、二〇一八年一二月、六六—一三二頁。

43 葉明勲『滌去的陰影』台北市：財團法人大同文化基金會、一九九二年、六〇頁。

44 「中統局呈報該局台灣調査統計室於事件發生時之應變情形」（民國三六年三月）、「葉秀峰呈報蘇泰楷平時努力防奸工作並無助長亂萌情事」（民國三六年五月九日）、以上、薛月順編『二二八事件檔案彙編（廿三）』台北市：國史館、二〇一七年、三三七頁、三五六頁。

45 林正慧「二二八事件中的情治機關及其角色」、二二八事件紀念基金会主催「二二八事件真相與轉型正義」研討論壇論文、一六〇—一六一頁、および許徳輝「台灣二二八事件反間工作報告書」、侯坤宏・許進發編『二二八事件檔案彙編（十六）』台北市：國史館、二〇〇四年、二〇三頁。

46 陳芳明「他們是這樣寫歴史的：《中央社電文原稿資料》導讀」、林德龍輯註『二二八官方機密史料』台北市：自立晩報社、一九九二年、六—一五頁。

47 許毓良『台灣在民國（一九四五—一九四九）：以大陸期刊、雜誌所做的研究』新北市：輔大書房、二〇一二年、四〇頁。

48　以上の二件の話は上記の許毓良書より引用したが、同書では以下の文章を出典としている。特約記者「紙包著火的台灣」、『大學評論』第二巻第七期、一九四八年一一月一六日、一二頁、および穆異「台灣的新聞事業」『創世半月刊』第一七期、一九四八年六月一日、一七―一八頁。

49　成露茜「另類媒體實踐」、夏曉鵑編『理論與實踐的開拓：成露茜論文集』台北市：台灣社會研究雜誌、二〇一二年、三五七―三七四頁、およびChris Atton, *Alternative Media*, London: Sage Publications, 2002.

50　菅谷明子『メディアのリテラシー：世界の現場から』岩波書店、二〇〇〇年、一五四―一六三頁。

51　「台湾之音」については、温秋芬主編『見證關鍵時刻：高雄事件：「台灣之音」錄音記錄選輯』台北市：吳三連台灣史料基金會、二〇〇六年を参照されたい。

52　川島真「第Ⅱ部第五章　戦後台湾の対外ラジオ放送政策」、貴志俊彦・川島真・孫安石編『戦争・ラジオ・記憶』勉誠出版、二〇〇六年、二一五―二一七頁。

53　何義麟・林果顯・楊秀菁・黃順星『揚聲國際的台灣之音：中央廣播電台九十年史』台北市：五南出版社、二〇一八年、二二一―二二八頁。

54　「編序」、『戰後台灣民主運動史料彙編（七）新聞自由（一九四五―一九六〇）』、一―五頁。

# 第七章 二二八事件をめぐる「正義と和解の追求」——名誉回復運動の歴史的考察（一九八七年—一九九七年）

薛 化元（前田直樹 訳）

## 一、はじめに

一九四七年に発生した二二八事件は、戦後初期台湾の最も重大な人権事件であり、台湾を接収した国民政府が国家公権力の行使を通じて台湾人民に行った大規模な人権侵害の歴史事件でもある。歴史的脈絡から言えば、二二八事件は、戦後台湾内部のエスニックグループ問題に影響し、相当数の台湾知識人層が中国国民党（以下、国民党）当局に反対の態度をとることとなった。その中には左翼的傾向の者もいたが、中国共産党が国民党を武力で撃退することを期待した。一方では、戦後の台湾の政治的主体性を追求する上での転換点でもあった。台湾主体意識の萌芽であれ海外での台湾独立運動の発展であれ、この歴史事件とは密接な関係がある。しかし、先に述べた発展は、長期的に見れば、公開の討論や行動を経たものではなく、台湾社会内部で抑圧されたことによってもたらされた傷痕のようなものである。また、言論を通じて拡大されたものではなく、社会一般において声を上げられないもとでの歴史的な伏流でもあった。

なぜならば、二二八事件発生後の国民政府とその後の中華民国政府の統治行為と関係あるからである。それゆえに二二八事件には、韓国の五一八光州事件が韓国の民主化に影響した重大人権事件と見なされるのに比して、「冬眠」から「啓蟄」（口をつぐむことから声を上げるようになること）への過程がある。

口をつぐむことから声を上げるようになっていった過程は、歴史の軌跡から言えば、台湾の反対運動勢力の勃興と二二八事件への関心とに関係があり、国民党政府への異議申し立て者は、政府がこの歴史的に不幸な事件と向かい合わなければならないと行動力をもって迫った。言い換えれば、二二八事件の名誉回復運動は、民間が主力となって展開されたのであり、さらに台湾社会で進行する自由化・民主化改革と歩調を合わせて「移行期における正義」(以下、「移行期正義」)の外在条件となった。当局は、民間からのプレッシャーを受けて後に公権力をもって二二八事件の歴史問題を、そして民間の要求に密接に取り組み、長期にわたって口を閉じさせられた二二八事件の別個の歴史的段階を処理し始めた。

本稿は、前述の歴史的な脈絡に基づいて二二八運動の名誉回復過程を検討するものであり、行政院二二八事件研究報告の出版、特に一九九五年の『二二八事件処理及補償条例』の立法化をもって歴史的な区切りとする。また、一九九六年の李登輝総統任期中の公的私的部門の行為につても触れる。その後の中央政府による二二八事件の名誉回復や「移行期正義」の推進問題については、他の論文が取り扱う。

「移行期正義」の推進は、基本的には非自由民主体制が自由民主体制へと転じた後に過去の歴史を新たに評価することである。「移行期正義」は、この数十年間、特定の国家と社会が旧政権が過去になした国家的暴力を追究し、社会の民主的政治運営への転換の拠り所である、過去の振り返り構造を強化した。[1]この評価の働きは、自由民主体制の価値を基礎に展開したために、自由民主体制下の正義を履行することはもとより、自由民主体制の価値を確固としたものにする重要な働きでもあった。別の角度から見れば、これは過去の非自由民主体制の人権侵害が繰り返されることを回避するためであり、歴史的教訓をくみ取ることで同じ間違いを避けるためであった。ルティ・G・タイテル(Ruti G. Teitel)は、政治変遷期の処罰の正当性は伝統的な「功利的」(utilitarian)解釈法と同じではないと指摘した。すなわち、処罰の基礎は、抑止効果のように、社会全体の利益の上に作られ、「移行期正義」期における処罰の論点を反対の推論から見れば、つまりもし処罰しないのであれば、いかなる結果を生むことになるのか。この立場に立てば、「移行期正義」が「刑事」的視点から出発すれば、最も望ましい実現は、過去の国家の「悪」を処理し、規範性ある転換を促進し法治システムを確立することである。[2]

台湾の自由化と民主化の歴史的経緯を点検すると、台湾の政治が自由国家へと転換したとはいえ、戒厳令解除前の不当な人権束縛の法律（実際には相当数の行政命令をも含む）が転換過程で検討、修正されることなく、引き続いて適用され、新たに制定された法律も違憲性と人権制限の問題を抱えていたのである。したがって、行政部門や立法部門の政治改革推進は、たとえ「憲法」の修正条項に配慮していても、人が生まれながらにして持つ人権を不当に束縛していることの問題を完全に解決することはなく、新たに制定された法令さえも人権保障を達成することができなかった。法令の面から言えば、台湾は自由化と民主化の改革をおおよそ達成したものの、転換は今なお完成しておらず、今後の改革を待つものである。この歴史的な時空の条件のもとでの過去の人権侵害事件に対する新たな検証、そして「移行期正義」の推進は、自ずと限界があり、継続した努力を必要としている。

アンドリュー・リグビー（Andrew Rigby）が指摘するように、「移行期正義」には、真相の要求（need for truth）、正義の追求（quest for justice）、そして和解への願い（desire for reconciliation）の三側面がある。唯一真相のみに真正な正義があり、唯一正義のみに真正の和解をなせる。[3]台湾の最も基本的な問題は、過去の執政者が国家を代表して犠牲者に謝罪し賠償（補償）したが、真相追究は十分ではなく、加害者なくして正義の追求ができなかったにもかかわらず、基本的な任務が未完成（あるいは進行中）のもとで簡単に和解を口にすることである。白色テロの恐怖とはこのようなものであり、二二八事件もまたそうである。

## 二、公的領域における「冬眠」から「啓蟄」へ（一九四七年―一九八二年）

一九四七年、二二八事件の炸裂後、陳儀が最初に採ったのは一種の安撫措置で、表面上は二二八事件処理委員会の種々の決議を尊重し、実際には密かに随分と前に中央政府へ派兵を求めていた。台湾へ派遣されてきた鎮圧軍の第一弾が基隆に上陸すると、すぐに大規模な掃討を進めた。[4]しかもこれの前には、高雄要塞司令の彭孟緝が三月六日に高雄市へ兵を出して、強力な武装鎮圧を行い、少なくない死傷者を招いた。[5]彼に逮捕されたエリートには、合法性に欠ける軍事裁判で死刑に処せられた者もいた。だが、台湾省警備総司令部（以下、警備総部）が依拠した「危害民国緊急治罪法」は一九四六年には既に廃止されていたのである。[6]

もともと二二八事件の鎮圧過程では、台湾省籍のエリートに対して深刻な被害をもたらしたが、より深刻だったのは、その後の「清郷」（捜索、逮捕等を徹底して行うこと）と「掃紅」（隠れている共産党員を探し出して逮捕すること）がさらに台湾社会エリートを一層の挫折と攻撃にさらしたことである。[7]このような台湾の高圧的な雰囲気の下で、四〇年を超えて続いた動員戡乱体制（戡乱とは反乱平定の意）が登場した。一九四七年七月四日、国民政府第六回国務会議において、「共産党占領地区住民を救い、民族の生存を保障し、国家統一を固め、全国総動員を励行することによって、共産党の叛乱を鎮め、民主政への障害を排除し、予定通りに憲政を実施して、平和建国の方針を徹底する」案が通過した。[8]一九四七年七月一八日、国民政府国務会議は、行政院提出の「動員戡乱完成憲政実施綱要案」を通過させた。これ以降、中華民国は「動員戡乱時期」に入り、国民政府は「総動員法」を主要な根拠として経済物資の統制、物資の徴収方式、交通手段管理に対して統制下に置いたほか、新聞、言論、出版、通信、集会、結社などの自由の権利も制限下に置いた。[9]台湾省主席兼台湾省警備総司令陳誠は、五月二〇日から戒厳の「臨時戒厳令」を開始すると五月一九日に新聞紙上で公告周知した。[10]

先述の通り、二二八事件が一段落した後、国民党政権が構築した非常体制（権威体制）は日増しに強化され、言論と思想の自由に対する弾圧によって、事件の悲惨な状況と、長期の戒厳や白色テロの威嚇の犠牲者あるいは犠牲者の家族は大多数が無実の罪の心の奥深くにしまいこむことになり、二二八事件を公開で議論することはなく、まして二二八事件の名誉回復などなおさらであった。事件中に亡くなって遺族が埋葬した者でも、長く戸籍異動を届けることはなく、長年も経ってから死亡や失踪を届け出た。[11]

全体として言うならば、一九五〇年代から海外では二二八事件の紀念活動が既に行われていたが、台湾内部では二二八事件は台湾エリートに重大な被害を与えただけではなく、台湾社会をも恐怖の高圧的な雰囲気のもとに閉じ込め、これ以後二二八事件は台湾の政治的タブーなり、主要なマスコミはほとんど事件について言及せず、教科書にはいっさい載らなかった。

一九七〇年代末期になると、党外運動の発展にしたがって二二八事件関連のテーマが次第に〔社会の〕表に出てきた。一九八〇年代に入ると、台湾の社会運動が起こり，権力者に勇敢に挑戦するばかりか、負の集団記憶と不合理な体制の打破に力を入れるようになり、運動に参加した反対派エリートは次第に二二八事件が台湾社会の人心にもたらした苦難を意識するようになった。このため、社会運動団体のリードで長期の国民党政権の統治と歴史的なタブーを明らかにし、一九八七年には台湾島内の「二二八和平日促進会」と台湾キリスト教長老教会が名誉回復の扉を開いた。[12]

政府体制内において、率先して二二八事件の議題を提出したのは立法院であった。一九八二年九月二四日、立法委員の洪昭男は二二八問題について行政院に質問を行った。[13]「寛容の精神をもって二二八事件に関わって収監されている全ての受刑者を『仮釈放』で出獄させ、民心を収攬し、国家社会で広く用いられるように政府へ求め」た。また、「刑法」第七七条「徒刑の執行を受け、かつ悔悛の事実あるものは、無期徒刑は一〇年を超えた後、有期徒刑は二分の一を超えた後、刑務所長は司法行政の最高所管庁に対して仮釈放出獄を願い出ることができる」を援用して、「殺人、強盗などの再犯のために無期徒刑に処せられたものは、一般的な経験に照らせば、一〇年後に多くが再び自由を獲得している。しかし、この事件で無期徒刑の判決を受けたものは、今に至るまで、この条文の優遇を受けることができていない」と説明した。[14]その後、一〇月一三日、立法委員の蘇秋鎮は、「現行の懲治叛亂條例〔懲治反乱条例〕を修正して『二二八』犯罪者を仮釈放する」ように求め、[15]立法委員の黄煌雄も質問の中で二二八事件の受刑者の釈放を求めた。[16]

二二八事件が政治的タブーになっていたことから言えば、これはむろん一つの突破口であった。しかし、これらの提出された主張を子細に見ると、二二八事件関連の受刑者は既に刑期を終えて出獄しているため、立法委員の質問は主に一九四九年以降の白色テロ事件の受刑者である。これは、当時の台湾政治のエリートが二二八事件とその後に発生した白色テロ事件との結びつきを認識していたことを現している。[17]

慈林教育基金会所蔵の政論雑誌に基づけば、一九七九年から雑誌は二二八事件に言及し始めた。しかし、一九七九年から一九八一年までのものを閲覧すると、二二八事件を議論した雑誌の多くは国民党の視点からであり、党外雑誌は一九八二年にこの分野で言及し始めた。[18]一九八三年二月には、台湾における初めての党外週刊誌と称する『生根』が創刊された。第一号には、「三十六年前の春の台湾大災難についての公的資料」と題する記事が掲載された。これは、二二八事件に関する、この三〇年で初めての公的資料に基づいたものであり、民間の二二八事件に対する認識を比較的反映した報道であった。[19]先の慈林教育基金会所蔵の政論雑誌によれば、二二八事件に関連する報道内容は、一九八七年の二二八事件四〇周年においてピークに達した。同年度における二二八事件の報道や評論は一三一篇にのぼった。[20]

全体として言えば、二二八事件の発生後、台湾は長期の動員戡乱と戒厳体制に置かれて、白色テロの雰囲気のもとで、二二八事件は、公的領域の範疇において沈黙を強いられ、海外の異議団体による公開の紀念活動を除けば、民間における密かで人をはばかる噂のみであった。

一九七九年に雑誌が二二八事件の報道を開始したものの、公的領域において二二八事件を正式に提出したのは立法院での立法委員の質問であった。この後、政治雑誌の報道や論評は日ごとに増加し、二二八事件はようやく台湾で公開討論可能なテーマとなったのである。

## 三、「名誉回復」要求の提出と研究推進の先駆け（一九八五年―一九八七年）

一九八五年三月一九日、立法委員江鵬堅は、毎年二月二八日を「和平」日とするように要求した。しかし、当時の行政機構は二二八事件を台湾に潜入した中国共産党分子が扇動した暴動事件であると依然として見なしていた。[21]行政院長の俞國華は次のように返答した。

江委員の言う「二二八事件」は、実際には、民国三六年（一九四七年）二月二八日、台湾に潜入した中国共産党分子が政府転覆を陰謀して台湾を奪取しようとした扇動、暴動事件である。公文書に基づけば、事件は当時の中国共産党台湾潜入分子のリーダーである謝雪紅らが、国軍の配置転換、駐留軍の不在、さらに日本降伏後に大陸や南洋から台湾籍日本軍人が台湾へ戻った機会に乗じて、台北での闇タバコの取り締まりを口実に混乱を引き起こし、暴動を扇動し、政府を転覆しようとしたものである。これは中国共産党の一貫したトリックであり、政府の処置は適切であり、同年六月一五日に鎮まった。

人権団体の二二八事件への関わりは、一九八六年に台灣人權促進會が「省籍と人権」を討論した時に浮上した。[22] 当時、参加者は基本的に皆が政治改革要求ないしは国民党当局を批判しており、政治立場は右から左まで、国家アイデンティティーは統一から独立までを含んでおり、立場は同じではなかったが、国民党当局が二二八事件以後の省籍問題を取り扱わなかったことを批判し、史料開放の要求と改めての歴史検討を要求していた。[23]

一九八七年二月四日、国内外の台湾人各界の団体が連合した「二二八和平日促進会」が正式に成立し、二二八公平正義平和運動の推進を目的とした。[24] 二月一三日には、台湾人権促進会と鄭南榕らの発起によって、台湾内外の五六組織によって「二二八和平日促進会」が結成され、陳永興が会長になり、「二二八和平宣言」を発表した。[25]

> 「二二八事件」が発生して四〇年目、われわれは全島の住民にこの日を共に紀念するように呼びかけ、一日も早く和平が台湾島にもたらされるように願います。われわれは、真相を公開し、無罪の名誉回復によって死者の魂に安息をもたらし、生者の心に平安をもたらすように、この島の住民に理解をもって諒解し、諒解をもって和解となるように呼びかけます。なぜなら和解こそが和平への道の第一歩だからです。

「二二八和平日促進会」の結成直前、陳永興は多くの人から二二八事件名誉回復運動への関心を得て、「為什麼推動『二二八和平日』促進工作?」(どうして「二二八和平日」事業を推進するのか?)を執筆した。[26] 文中で以下のように述べた。

「二二八事件」は過去の四〇年間、一貫して敏感な話題であり、公開での討論を望む人は少なく、結果として台湾社会に不健康な心理的底流として潜み続けた。私は、自分がなぜ「二二八和平日」の促進業務を推進するのかを何度も顧みてみた。これは一種の非常に厳粛な仕事であり、台湾社会の発展に一層の関心をもつ人々が共に参加することが必要だと深く感じている。なぜなら、それは台湾社会が民主的開放、自由の解禁へと向かう進歩過程に最も根本的で心理的な健康の基礎をもたらすからである。「二二八事件」への反省と理解、諒解と寛容を通じてのみ、台湾社会で共に生きる一人一人が互いに信じ互いに愛して真正な和平に至ると深く感じている。

この文章の中で陳永興は、二二八事件において「多くの優秀な台湾の先達、無辜の台湾同胞、そして大陸から来た外省人の同胞が故のない犠牲となった」ことに触れた。さらに国民党当局が「史料の公開」を認めず、「史実を歪曲した」歴史解釈が社会問題の重要な原因になっていると批判した。

四〇年間、この今なお不明瞭な痛みをもたらす傷口を正視しようとする人はいなかった。無罪で亡くなった人の魂は暗雲と同じように散ることはなく一つになり、犠牲者の遺族の心の中に閉じ込められ、年月を経て心の奥深くの陰影として沈積したことで、この島で生活する多くの同胞を政治的恐懼、社会的冷淡、省籍対立、相互不信、邪推の不健康な心理状態に置いた。とりわけ政府当局が「二二八事件」を忌避して隠そうとして最高のタブーとし、史料公開によって人々が真相を理解することを認めなかったこと、さらに事件全体の責任を少数の共産党や日本軍閥に唆された陰謀分子に帰せたこと、この種の史実歪曲の説明は、被害者抑圧の不合理への憤慨と不満を高めて、傷ついた魂が慰められ癒やされることをできなくした。

二二八和平日促進会は、成立翌日の二月一四日から三月一七日にかけて、台湾全土の二三か所で公開の大衆行動を実施し、国民党政府に対して二二八事件についての真相の公開と犠牲者の名誉回復、犠牲者遺族への慰謝、〔犠牲者の〕調査登録を進めること、二二八事件の紀念碑と紀念館の建設、二月二八日を和平日と制定すること、二二八事件に関する研究論文と資料の出版を要求した。[27] 同時に、立法委員も相次いで立法院で二二八事件に関する質問書を提出した。立法委員の高語和の説明によると、前後して一〇名の立法委員が質問のなかで二二八事件に言及した。[28]二二八の前夜、マスコミは以下のように報道した。二月二六日、二〇〇人あまりが党外嘉義聯誼会の前で隊を整え、総指揮鄭南榕の「出発」の声で行進を始めたが、二〇〇メートルも行かない距離で一五〇〇人の憲兵隊と警察に取り囲まれた。嘉義市の二二八和平日行進、礼拝の幕開けであった。二月二七日、二二八和平日促進協会副会長李勝雄と二二八事件犠牲者遺族の四〇〇人から五〇〇人の人々も参加し、艋舺長老教會で二二八事件の犠牲者のために荘厳で盛大な追悼式典が開催された。[29]

しかし、各地での二二八和平紀念日の活動中、実際には強力な圧力にさらされた。財団法人二二八事件紀念基金會が二〇一七年二月一九日から開催した「人民力量打破禁忌：二二八平反與轉型正義特展」（人民の力 タブー打破：二二八事件名誉回復と移行期正義特別展）では、当時の活動が機動隊と情報特務によって強力な圧力にさらされている写真や場景を展示した。[30] 陳永興はまた講演の中で、情報特務が二十数か所での「二二八和平日促進会」の講演会場で紀念活動を強力に抑圧し、会場スタッフに暴力を振るったと公開で非難した。[31]

一九八七年三月七日、二二八和平日促進会は第一段階の活動を終え、続いて三月一七日に台湾人権促進会主催の「二二八事件犠牲者登録及び資料整理委員會」の準備会議を開催し、台湾全島各地で登録活動と資料収集を引き続いて実施し、また紀念碑や紀念館を建設するための募金を計画した。[32]

街頭での活動に加えて、二二八事件に対する比較的に包括的な議論は、台湾人権促進会の主催した「我們可以原諒、卻不可以無交代（私たちは許せる、だが説明なしは許せない）――二二八事件学術座談会」で行われた。これは、民間が推進した二二八事件学術研究の重要な進展であり、参加者には、李喬、王曉波、鄭欽仁、林明徳、李筱峰が含まれていた。[33]

ここにいたるまで、民間の提出した要求は、主に史料の公開、事実を明らかにすること、過去に公式見解によって冤罪を被った犠牲者の名誉回復である。政治的行動と社会運動の他、学術研究を通じて二二八事件の方向性も明らかにした。

一九八五年、台湾人権促進会の創設委員長である立法委員江鵬堅は、立法院で初めて二月二八日を「和平日」と制定する要求を提出した。この後、台湾人権促進会は二二八事件に対して引き続き注目する態度をとり、一九八七年には鄭南榕が二二八名誉回復運動を推進した。台湾人権促進会の第二代、第三代会長である陳永興と李勝雄が二二八和平日促進會の会長と副会長にそれぞれ就いた。台湾人権促進会は、街頭での運動に積極的に参加することに加えて、構成員がその後の民間での二二八学術研究の重要な推進者ともなった。

## 四、官民の相互作用（一九八七年―一九九〇年）

一九八八年一月、二二八和平日促進会はその目的を公表し、以下の主張を行った。二二八事件を紀念すること、真相の公表を促進すること、冤罪の名誉回復を行うこと、そして二月二八日を「和平日」として制定することである。同時に、次のように訴えた。

一．政府は二月二八日を「和平紀念日」と宣言し、全国の公私の機関、団体が追悼する休日とすること、二．一般市民は自主的に休暇を取って二二八事件を追悼し、宗教団体は追悼と礼拝の活動を行うこと。募集：一．二二八事件を紀念する文章。犠牲者の遺族や目撃者からの寄稿を優先して収集し発行する。二．二二八事件の紀念歌。録音後にオーディオテープを作成する。三．写真、資料。収集整理し、時期を見て展覧する。四．土地、二二八事件の紀念碑または紀念館。活動：一．二月二七日と二八日に、全島各地で講演会、紀念会、追悼、礼拝式を同時に開催（詳しい場所は本会が行う公告に注意されたい）。二．二月二八日に「二二八事件紀念碑」の起工式を行う。[34]

この公開での呼びかけが発表された時、蔣経国総統は一九八八年一月一三日に既に亡くなっていた。このため後任の総統の李登輝は、体制内で民間からの二二八事件「名誉回復」要求に応えた国家元首となった。二月二二日、李登輝総統は初めての総統記者会見を開き、二二八事件について「前を見て、後ろを見ない」との見解を出した。

> 「二二八」が起きた時、国立台湾大学の四年生だった。当時の状況がどうであったのか、当時起きた多くの状況について、未来の歴史家の研究に任せたほうがよいのではなかろうか。なぜ、この時期にこの問題を持ち出すのか。こぞって「二二八を忘れるな」やら「平和の日」やらと言う。私はこの問題を、率直に言うなら、歴史的には、光復まもない時に起きた悲劇であり、この悲劇は毎年繰り返し持ち出されている。「二二八を忘れるな」、これは愛に反しているのではないか。「目には目を」、「歯には歯を」〔これでは〕この社会は安定することはない。完全に政治的な立場でこれを持ち出して扇動したいのなら、私は反対だ。どうして皆は落ち着かず、理性的ではないのか。……進歩のために、目は前を見て、後ろ見ない。皆がこのような態度であれば、台湾の発展はさらに早くなると思う。

李登輝総統の記者会見での主張は、後に彼が推進した二二八事件の名誉回復に比べて、保守的であった。しかし、これは彼が二二八事件の後続処理を保留して処理しないという態度を意味しなかった。記者会見の翌日、中央研究院三民主義研究所勤務〔当時〕の李安妮〔李登輝の次女〕は李登輝の指示を受けて、同じく社会科学研究所に勤務し、当時、二二八事件の研究を開始していた頼澤涵の意見を尋ねに行った。[36]その後、民意からくる要求は絶えず、当局は、監察院が一部資料の公開を開始した他、中央研究院から台湾省文献委員会までが史料の収集業務を開始した。

一九八八年二月二五日、国民党籍立法委員の林聯輝は、二二八事件四一周年であることから、行政院に書面での質問書を提出して、政府は敏感な問題に向き合う勇気を持ち、ダチョウの心理〔駝鳥症候群の意〕を打ち破って、解決の良いタイミングを失わないようにと要求した。[37]二月二六日、民進党は、二月二八日を「和平紀念日」として制定し、全国的な追悼式典を開催することで憎しみを癒し傷を癒すように政府に呼びかけた。[38]二月二七日、二二八和平日促進会と台湾人権促進会は再び声明を発表し、寛容の心で二二八事件を祈念し、冤罪の名誉回復によって犠牲者の魂とその家族を癒やそうと国民に呼びかけた。[39]二月二八日、「二二八和平日促進会」は、台北市内湖で二二八事件紀念碑と林茂生紀念碑の起工式を行った。紀念碑の設置場所は林茂生の子息の林宗義が寄贈した。[40]

一九八八年三月、監察院は二二八事件の時期に閩台監察使であった楊亮功の執筆した調査報告を公開した。中央研究院も資料の収集と学術研究を開始した。[41]台湾省議会は、台湾省文献委員会には二二八事件に関する史料が不足していると考え、二二八事件の史料を収集して台湾省議会へ報告するように要求した。六月から台湾省文献委員会は、二二八事件の史料を収集するために台湾各地に人を派遣して聞き取り調査を実施し、各地で二二八事件のフィールド調査を行った。[42]一二月二九日、民進党籍国民大会代表の周清玉ら一一名は、国民大会集会で次のように提案した。「李登輝総統に対して、二二八事件につき、国民党の態度を明らかにして台湾史における不幸な事件であることを説明し、当局の過失につき公開で認め、全ての政治犯を釈放して人権を回復し、二月二八日を台湾和平日として宣言するようにと意見表明する」。[43]

一九八九年一月二八日、二二八和平日促進会、台湾人権促進会、台湾キリスト長老教会など、台湾内外の数十の組織が「二二八公平正義和平運動」を共同提唱した。[44]二月二五日、台湾ペン・クラブは「二二八文学会議」を発起し、文学家や団体を招いて二二八事件と台湾文学との関係について議論し、また二二八事件の目撃者や関連する作家招待した。[45]二月二七日、FAPA(台湾人公共事務会)会長彭明敏を含む多数の海外台湾人権団体の指導者が、政府は人道的立場で二二八事件に向き合い、二二八事件の歴史的真相を歴史に返すように一致して呼びかけた。[46]同日、教師連盟が全国の教師に対して地元での追悼活動に積極的に参加して史実を公開するに関係機関へ求めることを呼びかけた。台湾大学学生会は、台湾大学の校門で二二八事件説明会を開催し、「台湾大学学生二二八紀念和平宣言」を発表した。[47]四月三日、「二二八和平紀念碑建立委員会」が正式に成立した。[48]四月七日、長老教会は第三六周年会議で全国一六個の中会の、三六人の代表の連署で提出された臨時動議、すなわち二二八事件の犠牲者家族への謝罪声明、遺族の捜索、データベースの作成、紀念館建設準備などを正式に公表することを全会一致で可決した。[49]四月二二日、立法院は内政、国防、司法の合同会議を開催し、国防部は四〇ページ以上の書面報告書と関連文書一一点を提出した。この報告書は、主に一九四七年四月の閩台監察使楊亮功の調査報告書を引用していた。[50]八月には、初めて完全なる民間主導で建設された二二八事件紀念碑が無党籍の張博雅が市長を務める嘉義市に落成し、[51]各地で続々と類似の紀念碑が建設された。

実のところ、一九八七年の二二八事件名誉回復運動の進展後、地方議会は素早く対応した。最も早く決議したのは台北市議会で、五月に康水木、張徳銘、周伯倫が二二八和平紀念碑と紀念館の建設を市政府に要求し、また行政院に二月二八日を和平日として制定するように提案した。市議会は市政府が手続きを進めるように決議した。[52]その後、嘉義市議会、高雄県議会が同内容の議論を行った(詳細は付録参照)。

一九八九年八月、映画監督の侯孝賢が二二八事件を時代背景とした映画『悲情城市』によって、イタリアのベネチア国際映画祭で金獅子賞を獲得した。[53]これは二二八事件の国際的認知度を高めたのみならず、台湾の映画館で上映されたことで、二二八事件が台湾で公開で議論される可能性を一層増すものであった。[54]

一九九〇年二月一八日、台湾キリスト長老教会総会は、二二八事件の犠牲者とその遺族に公開での謝罪書簡を正式に送付した。それは、当該事件の発生時に教会が援助の手を差しのべず、思いやりの心が確実に足りなかったこと、怖さには勝てず、これを謝罪するものであった。[55]二月二七日、与野党の立法委員が初めて立法院で二二八事件の被害者のために起立黙祷し、[56]これは二二八事件に対する政府機関の新しい態度を示す最も早い事例となった。[57]二月二八日、台湾キリスト長老教会は義光教会で林宅殺人事件の追悼礼拝を行った。礼拝において林義雄は、二二八事件の犠牲者遺族が「苦痛を自分に残し、安楽を台湾の人々にもたらす」との希望を表明した。[58]同日、台湾全土の大学も紀念行事をそれぞれ開催した。[59]一二月八日、曠野雑誌社の蘇南洲が「一九九〇年平安礼拝:人権と二二八」活動を発起し、その多くが外省籍第二世代であるキリスト教信者を招いて懐恩堂で開催した。この平安礼拝は、この四〇年間で、初めて政府閣僚と政府高官が参加した民間の追悼であり、二二八紀念活動であった。[60]

全体的にいうならば、蔣経国総統の逝去と李登輝後任総統の任期中、民間での二二八事件の議論は、二二八事件の明確化と検討を要求する行動として持続して展開された。『悲情城市』の国際的な上映と受賞は、二二八事件を国際的な文化領域で比較的大きな認知を得ることとなった。李登輝総統は、公の場では保守的であるものの、実際には個人的チャネルを通じて関連問題を理解していた。中央政府レベルでは、一九八八年に監察院が楊亮功の調査報告を率先して公開して政府が関連資料を公開する先例となった。国会での民意代表要求を通じて、国防部を含む行政部門は公式資料を引用しての対応を開始した。地方自治体レベルは、相対的に積極的であり、台湾省文献委員会は省議員の要求のもとで史料収集と聞き取り調査を開始した。

## 五、行政部門の行動の展開と民間との相互作用

### （一九九〇年―一九九五年）

一九九〇年五月二〇日、李登輝は第八代総統に就任し、六月二八日に総統府資政の邱創煥へ二二八事件に関する資料収集と「専門案件報告」の執筆を指示した。[61]「二二八事件の初歩的研究分析」の報告書は、政府が「最大の決意を以て長年にわたる苦痛の歴史的傷口を早期に縫合」し、「率直、公正、あらゆる方面の意見を重視しなければならない」と主張し、「真相はもはや隠すことはできず、隠す必要もない」と強調した。報告書は「二二八事件の是非や功罪は、何人が責任を負うべきなのか。何人が負うことができるのか。解決できる程度はどこまでなのか。誰もが〔これらの問いを〕理解し了解するべきである」としていたものの、[62]先の問題は相当に困難で、現在に至るまで学術界は研究を継続中である。彼の提案した方策は以下である。「全力で行方不明者の行き先を調査し公表する」、[63]「専案小組を設置して対応方法を検討する」、「専任者を指定して客観的で信頼できる完全な史実を執筆する」、「専門館または専門室での資料展示」、「団結を呼びかけ、皆が共通する幸福を創造する」などである。[64]邱創煥は「専門館または専門室での資料展示」項目のところで、当時の立場から見て「政府史料はもはや秘密にする必要はなく、保管史料は特別な機密でもなく、完全に公開可能である」と強調した。遺憾なことに、

後に行政院に専案小組が成立した後、たとえ高レベルからの指示があっても、当局提供の史料はなおも限られており、二〇一七年になっても一部は公開されていない。[65]

一九九〇年六月一四日、国立編訳館は、その年九月から使用する高校歴史教科書第三冊に「二二八事件」の史実を加え、関連資料も高校『教師指導書』に入れて教学の参考に供すると表明した。[66]六月二三日、内政部は、「忠烈祠祭祀弁法」の改正を決定し、政府が二二八和平紀念碑を建立することから二二八事件での犠牲者に追悼の意を表すると発表した。[67]八月一四日、高校歴史教科書第三冊第二八章「八年抗日戦争」の一六五ページの本文で、「台湾光復及び領土主権の回復」という節の最後に八個の句読点を含めて五八字で「二二八事件」の説明を書き入れた。「……ただ陳儀が行政長官に就任していた期間、闇タバコの取り締まりが衝突を引き起こし、〔中華民国暦〕三六年〔一九四七年〕の『二二八』事件につながった。政府は迅速に陳儀を罷免し、省政府を改組し、民衆の慰撫をした」。[68]一一月二九日、行政院は「行政院二二八事件専案小組」を成立させた。[69]

一九九〇年一月、民進党中央常務委員会は二二八事件の四三周年紀念活動につき決議し、民進党籍の県市長へ二月二八日を和平日として宣言するように要請した。また、立法院党団に対して適切な場所に「台湾二二八烈士館」を建設するための方案提出を求めた。このほか、省議会党団に対して予算を獲得して適切な場所に二二八紀念碑を建立するように求めた。[70]二月、現代学術基金会、澄社、中華論政学社などを含む立場の異なる団体がそれぞれ二二八事件の座談会を開催した。[71]そのうち現代学術基金会は、一九八九年から二二八事件研究の準備を開始し、その後に台美文教基金会と協力して、一九九一年一月に民間の二二八研究小組を結成した。[72]

公的機関では、一九九一年一月に行政院は二二八事件専案小組の成立と研究小組のメンバーを正式に公表した。専案小組は行政院副院長施啓揚が召集人、研究小組は二二八事件の証人である陳重光と葉明勲が共同召集人に任命され、メンバーには賴澤涵らがいた。[73]賴澤涵が研究小組のメンバーを引き受けた後、彼とマイヤーズ〔Ramon H.Myers〕、魏萼は共同して専門書を完成させ出版し、名誉回復運動後、台湾内外で初めての二二八事件研究の専門書となった。[74]

同年三月四日、二二八事件の犠牲者遺族代表が李登輝総統と面談して、以下の四項目を要求した。

一、政府は二二八事件の事実と真相を公表し、受難者に公に謝罪し、遺族に賠償すること。

二、二二八事件の紀念公園と紀念館を設立して、二二八事件の関連史料を陳列すること。

三、二二八事件基金会を設立して、省籍対立を解消し、民主と人権を促進させること。

四、二月二八日を国定の「公平正義和平紀念日」と定めて、全国民による追悼に供すること。[75]

二二八事件の犠牲者遺族の陳情に関して、李登輝総統は、事件の惨劇を目撃したことを初めて明らかにし、同時に一歩進んで「二二八の傷痕を解消する機は熟成した」と述べた。[76] 一九九一年三月一四日、総統府機要室主任の焦仁和は、「大渓档案」〔蒋介石総統関連史料〕中の二二八事件ファイルの写しを行政院の二二八事件研究小組に提供した。[77] しかし、五月末、頼澤涵は、警備総部や国防部といった機関は関連史料の提供に相当消極的であり、最後には行政院の支援を期待していると語った。[78] 四月三〇日、行政院の二二八事件専案小組は、中央政府が台北市二二八和平紀念碑を建立するようにと決議した。[79]

議会については、国会が全面改選される前は台湾省議会の有権者が台湾で最多であった。一九九一年一月九日、台湾省議会は附帯決議の方法で二月二八日を国定紀念日として二二八事件で亡くなった台湾省籍エリートを追悼するように政府に提案した。[80] これと同時に、中国の『瞭望』誌海外版は、台湾当局の二二八事件処理の動きについて論評し、次のように提案した。第一に、事件の全ての真相を公表すること、第二に台湾当局が正式に誤りを認めて賠償すること、第三に冤罪・誤審の名誉回復を徹底させること、第四に省籍情結〔本省籍・外省籍間の省籍コンプレックス〕の解消を継続することである。[81] 八月三日、「二二八関懐聯合会」〔二二八事件関連ケア連合会〕が長老教会済南教会で設立され、初めての犠牲者遺族の組織となった。理事長は林宗義で、呉伯雄が顧問に就いた。[82] 一二月五日、初めて内政部に合法的に登録された二二八事件関連の民間団体である「中華二二八和平促進会」が、台湾大学同窓会館で成立大会を開いた。促進会準備会の召集人である中央研究院近代史研究所の林明徳研究員は、促進会設立の目的は平和的かつ理性的な方法で関連事項を処理すること、二二八事件の犠牲者遺族が合理的な補償を獲得すること、〔社会的に〕中下層の遺族を広くケアすることにあると述べた。[83] 二月二八日、国内外の学者が台湾大学法学院で「二二八学術シンポジウム」を開催し、文化的観点から二二八事件の背景、原因、経緯を分析し、また陳儀の功罪等の問題を評価した。[84]

一九九二年二月，民間の二二八犠牲者聯誼会召集人の陳永興は、行政院の二二八事件専案小組による調査報告書の内容について、真相の公布はかなり遅れたものの、「しないよりは、した方がまし」と考えた。彼は、初めて公開された公式史料の一部が意図的に選別された史料であると疑い、関連機関がより多くの具体的な史料を提供して、研究者がより忠実な判断を下せるようにと希望した。陳永興の発言は、民間の二二八名誉回復運動者の公式研究報告書に対する態度を相当程度反映していた。[85] 二月二二日、行政院は「二二八事件研究報告」を正式に発表した。[86] この公式の学術報告は、計画期間が短すぎ、政府関連部門は保守的な態度であり、提供された史料も限られていたが、二二八事件の概要をおおよそで示していた。歴史的事実の明確化の点から言えば、頼澤涵、マイヤーズ、魏萼の共著『悲劇の始まり（リード一九四七・二・二八の台湾反乱（*A Tragic Beginning: The Taiwan Uprising of February 28, 1947*）』と比較して、大きなブレークスルーであり、後に続く二二八研究の重要な基盤となった。[87]

二月二四日、二二八紀念コンサートが国家音楽ホールで開催され、李登輝総統は二二八犠牲者遺族に哀悼を表しスピーチを行った。[88] 二月二六日、行政院に「二二八紀念碑建立委員会」が成立し、台北市の新公園（現在の二二八和平公園）への紀念碑設置を選定し、「二二八紀念碑」の建立準備を開始した。[89] 二月二七日に、国民党籍立法委員の洪昭男と民進党籍立法委員の謝長廷は、午前に「二二八事件補償条例」案と「二二八受難者賠償条例」草案をそれぞれ発表した。[90] 内政部は七月一日から「二二八事件」の犠牲者数資料の登録受付と確認作業を一九九三年一月末まで行うと決定した。[91] しかし、九月末の時点で、登録者数はわずか三三四人で、予測された二、三万人とは大きな差があった。[92]

一九九二年二月一三日、「二二八事件」の犠牲者遺族である張冬蕙は、弁護士に依頼して台北地方裁判所に民事賠償訴訟を起こした。被告は柯遠芬、彭孟緝、章孝慈らであった。[93]しかし、一九九三年七月に「時効により消滅」を理由に台北地方裁判所は棄却した。[94]一二月、蔣渭川の遺族は、「行政院二二八事件研究報告」での蔣渭川の記述を不服として、行政院副院長兼二二八事件専門勝訴召集人の施啟揚、研究小組総主筆の賴澤涵、執筆した黃富三を誹謗で告訴したが、台北地方裁判所は棄却した。[95]

一九九三年二月二四日、李登輝総統は東呉大学で開催された「二二八紀念音楽会」に参加し、近日中に政府と民間協同で「二二八事件紀念碑建立委員会」が組織されると述べた。二月二六日、「行政院二二八事件紀念碑建立委員会」は邱創煥を召集人として、後に陳重光を召集人とした。六月二〇日、民進党立法院党団幹事長の陳水扁は、元凶の追求と政府の謝罪という二つを堅持すると述べた。六月二一日、二二八家属関懐会〔二二八遺族ケア会〕は、「二二八の犠牲者は無罪であり、赦免は必要ない」との共同声明を発表した。[96]

一九九四年二月二〇日、時報文化出版公司が行政院二二八事件小組の『「二二八事件」研究報告』を出版し、[97]当時の二二八事件の公式調査成果が国民に知られるようになった。しかし、出版物の内容と行政院が承認した研究報告とでは差異があり、人口学者の陳寛政が執筆した死亡者数の推定は出版時には収められなかった。

一九九五年二月二八日、二二八和平紀念碑が台北新公園に建立された。李登輝総統は政府を代表して二二八事件での統治者の失政と国民に与えた損害を公に謝罪した。[98]

〔李〕登輝は、個人的に二二八事件を経験しており、長年にわたって、これは起きてはならないことが起きたのであり、拡大を防ぐことができたのに拡大をさせてしまった歴史的悲劇であり、非常に悲しく思っています。この不幸な事件は、多くの社会的エリートを殺害し、多くの命の尊厳を蹂躙し、人々と政府との間の親和を妨げ、人々の国政への関心抑圧し、社会の進歩を遅らせた。国家全体の損失は計り知れない。今日、犠牲者の遺族と子孫は、この歴史的正義の顕彰がエスニックグループの融合した二二八紀念碑が宝島〔台湾の意〕の土地の上にそびえたつのを目にし、登輝が国家元首の身分で政府の犯した過誤を認めて深くお詫びするのを耳にして、許しの心を堅持し、憂いを幸福に変えて、全国民の心を暖かにすると信じます。犠牲者の遺族の一部が既に亡くなり、この紀念碑の完成を見ることができなかったことが非常に残念です。[99]

しかし、建立の準備では碑文の内容が議論を引き起こした。特に、責任の帰属の問題は非常に物議を醸した。公式資料は以下のように指摘する。「二二八事件紀念碑建立委員会と行政院二二八事件専案小組は、学者に碑文の初稿作成を依頼し、修正を経て発表をした後に、犠牲者遺族から紀念碑碑文は犠牲者とその遺族に意見を求めるべきであったとの書簡が行政院に対してあり、委員会は行政院の決議を経て碑文を紀念碑建立の業務に入れないことにした。」[100]

## 六、移行期正義の論争―補償か賠償かを中心に

一九九一年一二月二八日、台湾で初めての「二二八学術シンポジウム」が二二八民間研究小組によって開催された。[101] 一九九二年二月一〇日、行政院の「二二八事件報告」が脱稿し、[102] 二月二二日に行政院は「二二八事件調査報告を正式に公表し、事件の死亡者数をおよそ一万八千から二万八千人の間であるとした。[103] 政府の二二八事件の調査は、既に相当程度まで進展していたが、責任を追求する問題は一定の障害に遭っていた。その中でも、台湾の軍政長官の責任については、当事者が異なった意見を前後に発表していたものの、おおよそで意見対立はなかったが、蒋介石主席・総裁をはじめとした中央政府の党軍政要人の責任問題については、当時は処理できなかった。政府の調査報告には責任に関して明らかにした部分があったものの、当事者は異なる意見を表明したために重要な責任者の謝罪はなかった。当局の政策の重点は、犠牲者およびその遺族に対する慰撫へと転じ、特にいわゆる補償と賠償による救済問題であった。

実質救済については一九九二年二月二八日、呉梓・洪昭男・謝長廷の三名の立法委員が、それぞれ「二二八事

件処理条例」（呉版）、「二二八事件補償条例」（洪版）、「二二八受難者賠償条例」（謝版）などの草案を提出して、特別立法によって賠償請求権の消滅時効という問題を解決しようとした。三案の名称は異なり、内容的にも多くが異なっていた。賠償の点から見ると、呉版の賠償金額の計算は、「基数制で、上限一〇〇基数、基数の計算は行政院が政府の財政負担能力に基づいて定める」であった。洪版は「国家賠償法」の規定を参考にして、一基数につき三〇万ニュー台湾ドルで、上限四〇基数、最高で一二〇〇万ニュー台湾ドルであった。謝版は新たに可決された「冤罪賠償法」に照らすことを求めており、最高賠償一〇〇基数、すなわち一〇〇〇万ニュー台湾ドルであった。[104]六月一〇日、行政院は「二二八事件処理条例」草案を提出して、呉版の名称を採用し、政府が二〇億ニュー台湾ドルを寄付して「財団法人二二八事件紀念基金会」を設立し、犠牲者が基金会へ申請できる慰謝料は最高五〇〇万ニュー台湾ドルとした。[105]立法院院会はこれらの四つの草案を内政、司法の二委員会に送付し合同審査した。委員会で最も核心となったのは三点あった。条例の名称、金額の上限、給付の名称である。

一九九五年三月二三日、立法院院会は、呉梓委員ら一八名が提案した「二二八事件補償条例草案」、洪昭男委員ら二〇名の「二二八事件処理条例草案」、謝長廷委員ら一九名の「二二八受難者賠償条例草案」、及び行政院が審議を要請した「二二八事件処理条例草案」の四草案を審議した。[106]最終的に立法院は、「二二八事件処理及び補償条例」を通過させた。これは呉版と洪版の名称を融合させて「賠償」という言葉を避けたものであり、内容的には行政院の提出した草案に近いものであった。補償条例は、行政院は犠牲者の認定と補償の申請を処理するために「財団法人二二八事件紀念基金会」を設置し、犠牲者の補償金額は基数をもって計算し、一基数につき一〇万ニュー台湾ドルで、最高は六〇基数を超えてはならない、すなわち六〇〇万ニュー台湾ドルであった。基金会の経費財源は、政府の予算手続きからの寄付、国内外の企業、団体、個人からの寄付、基金の利息である。基金会は、調査結果に基づいて、死刑もしくは有期徒刑の刑を受けた者、または拘留処分の宣告を受け執行を受けた者、または未宣告で執行を受けた者に対して総統へ大赦もしくは特赦を申請する。犠牲者とその遺族で名誉毀損を受けた者は、名誉回復を申請することができる。財団法人二二八事件紀念基金会の二二八受難事件賠償の統計に基づくと、一九九五年から二〇一九年までで、審査を通過した二二八事件犠牲案の件数は二三二二件で、そのうち「死亡」案件が六八六件、「行方不明」案件が一八一件、「その他」（監禁、負傷、名誉毀損等）案件が一四五五件である。賠償金を受領した人数（犠牲者本人あるいは犠牲者死亡後の遺族を含む）は一〇一五六人である。賠償金は政府の予算編成で支払われ、総額約七二億六三九〇万ニュー台湾ドルであった。[107]

一九九五年三月二三日、立法院は「二二八事件処理及補償条例」を通過させ、四月七日に総統が公布、一〇月七日に施行された。主な内容は以下の通りである。[108]

第一条　二二八事件（以下、本事件という）の補償を処理するために、また国民が事件の真相を理解し歴史の傷みを和らげ、エスニックグループの宥和を促進するために、本条例を制定する。

第二条　本条例において犠牲者とは、本事件において生命、身体、自由、または財産を公務員または公権力によって侵害されたものをいう。

犠牲者は本条例施行の日から二年以内に本条例の規定に従って補償金給付の申請を行う。犠牲者が司法手続または台湾省行政庁官公署の行政命令によって補償、手当、または救済を受けたものは、申請登録をできない。

第三条　行政院は犠牲者の認定および補償申請を処理するために、「財團法人二二八事件紀念基金會」（以下、紀念基金会という）を設置し、学者専門家、社会公正従事者、政府、犠牲者遺族代表で組織する。

犠牲者遺族代表は紀念基金会委員総数の四分の一を下まわってはならない。

第四条　政府は紀念碑建立の紀念日時に落成儀式を挙行し、総統または関係首長の重要談話発表を要請する。

毎年二月二八日を「和平紀念日」とし、国定紀念日とし、休日とはしない。本事件の紀念活動は紀念基金会が準備を行う。

第五条　紀念基金会は、調査結果によって、死刑もしくは有期懲役以上の刑を受けた者、または拘留処分の宣告並びに執行を受けた者、または未宣告で執行を受けた者は、総統に大赦または特赦を要請できる。

第六条　犠牲者および犠牲者の遺族で名誉の毀損を受けたものは、回復の申請を行える。その戸籍喪失は訂正の申請を行える。

第七条　犠牲者の補償金額は、基数を以て計算し、一基数につき新台湾元十万元とする。ただし、最高は六〇基数を超えてはならない。

前項の補償金額は紀念基金会が犠牲者の被害の程度に応じて標準を定める。

補償金の申請、認定手続き、及び支給は、紀念基金会がこれを定める。

第八条　補償の範囲は左記の通りとする。

一、死亡または失踪。

二、負傷し障害を受けたもの。

三、勾留または徒刑執行を受けたもの。

四、財産の損害を受けたもの。

五、健康的な名誉の損害を受けたもの。

六、その他規定にない事項は紀念基金会が定める。

第九条　紀念基金会は独立して偏向なく職権を行使すべきであり、事件の事実と関連資料の調査、事件犠牲者の認定、ならびに犠牲者名簿の公表、補償金請求の受理と給付に対して、いかなる干渉を受けてはならない。

犠牲者遺族は具体的な資料または関係する証人を附して、書面によって紀念基金会へ調査を申請し、認定を以て犠牲者となす。

前項の事情につき紀念基金会は受理語三ヶ月以内に処理を終えなければならない。

第十条　紀念基金会は犠牲者の被害状況調査のために政府機関または民間団体所蔵の文書及び史料を調査閲覧でき、各級の政府機関または民間団体は拒絶することはできない。故意に違反した場合、当該機関の主管及び担当者は刑法第一百六十五条に基づき刑罰が科せられる。

前項の史料とは、二二八に関連する資料を指し、史料上に二二八の文字を有する必要はない。

第十一条　紀念基金会の基金は左記項目の用途である。
一、補償金の給付。
二、二二八事件紀念活動の開催。
三、国民が二二八事件の真相を理解するための文教活動の開催。
四、二二八事件の教材または著作の補助。
五、二二八事件に関連する調査や考証活動の補助。
六、その他犠牲者の名誉回復に資すること、台湾社会の平和促進の用途。

第十二条　基金会の基金財源は左記の通りである。
一、政府の予算手続きからの寄付。
二、国内外の企業、団体、または個人からの寄付。
三、基金の利息及び運用収益の収入。
四、その他の収入。
経費が不足する場合は、政府の予算手続きによって寄付する。
本条例規定による支給は、所得税の納付を免除する。

第十三条　本条例でいう犠牲者の遺族とは、既に死亡または失踪の犠牲者の民法第一千一百三十八条規定に従った法廷継承人を指す。

第十四条　紀念基金会の調査を経て本条例の補償対象に合致すると認定されたものは、認定発行の日から二か月以内に一度の給付を受ける。通知受領の日から五年を超えて受領しなかった場合、その補償金は二二八事件紀念基金会に帰属する。

第十五条　本条例に定める補償金受領の権利は、差し押さえ、譲渡または担保とすることはできない。

第十六条　本条例は公布の日から六か月後に施行する。

しかし、犠牲者の遺族の一部と民進党党団は、国民党党団の動きによって、条例に「補償」が用いられたこと、そして元凶の追求や国定休日規定が削除されたことを不満とした。[109]

一九九五年一〇月二一日、行政院は条例に基づいて「財団法人二二八事件紀念基金会組織章程」を設け、基金会は第一回董監事会議を経て正式に成立した。一二月一八日には基金会は正式に業務を開始し申請を受け付けるようになった。[110]

一九九六年、台北市長の陳水扁は「台北新公園」を「二二八和平公園」へと改名した。[111]一九九七年二月二五日、立法院は「二二八事件処理及補償条例」第四条の修正を三読可決〔本会議で可決の意〕し、二二八和平紀念日の「休日としない」を「休日とすべき」に変更した。二二八を「国定休日」とする明文規定であり、すぐに総統府へ送付され公布、実施された。[112]これ以降、二月二八日の「和平紀念日」は中華民国の国定休日となった。[113]同日、台北市政府が準備していた二二八紀念館が開館し、展示、教育、イベント、研究、史料収集等の複数の機能を備えていた。[114]この日、二二八事件紀念基金会は、中央銀行や郵便局と協力して、二二八事件五〇周年紀念コインと紀念切手のセットを発行した。[115]台湾歴史学会、呉三連台湾史料基金会、台北市政府は、二月二〇日から三日間、国立図家書館共催で「二二八事件五〇周年国際学術会議」を開催した。会議では、「一九四〇の台湾」や「歴史の中の二二八人物」等のテーマが設定されて、国内外の学者を招いて議論した。[116]

## 七、名誉回復の歴史過程—結語に代えて

全体として言えば、二二八事件の名誉回復運動は、民間を主力として開始され、名誉回復運動の初期には政府からの強力な圧力に見まわれた。その中で、台北は比較的平和であったが、彰化以南の県市での名誉回復運動は、しばしば多くの機動隊と情報治安機関からの抑圧を受け、多くの参加者も暴力にさらされた。しかし、戒厳解除、そして台湾の自由化、民主化改革の展開にしたがって、台湾社会全体の雰囲気は新しい段階に入り、政府も李登輝総統の当選後は二二八事件に対する態度も明確に改まった。

言い換えれば、政府は次第に二二八事件の歴史的意義を正視するように変わり、公式の行為を通じて、一定程度の歴史的研究と補償でもって、民間からの要求に応えようとした。しかし、歴史的責任の調査、あるいは責任

の帰属には、この時に至るまで政府の重点が置かれたことはなく、責任を明確にするための「賠償」を採用する気はなく、「補償」という名前の案での通過を堅持していた。

一九九二年の『行政院二二八事件研究報告』の完成に始まり、一九九五年二月二八日の二二八和平紀念碑の建立、李登輝総統による政府を代表した謝罪、立法院による「二二八事件処理及補償条例」の可決、行政院による二二八事件紀念基金会の設立、一九九七年の中央政府による二二八を国定休日とする修正、そのほとんどが李登輝総統時代に中央政府が民間の要求に応えた行政、立法であり、一段落した。台北二二八紀念館の開館や民間の国際シンポジウムの開催は、地方政府と民間との一歩進んだ行動であり、政府の以後の行為に影響を与えた。

全体として、二二八事件は公的領域における沈黙から名誉回復運動へと展開し、「二二八和平日促進會」は二二八事件の議論を公共化するための重要な担い手であった。民間と党外運動（民進党）はこの過程に大きく貢献した。なかでも政治活動者やその家族の他に、教会や台湾人権促進会等の民間組織が重要な担い手となった。名誉回復運動の関連行動では、民進党や無党籍の行政首長は国民党籍の首長よりも積極的であり、紀念碑の建立や紀念館の設立はすべて非国民党籍の首長の地方自治体によって先に着手された。

中央レベルでは、党外（民進党）の立法委員が国会で継続的に要求し、国会による名誉回復運動の主力となった。国民党籍の増額中央民意代表〔定員増加立法委員〕の一部も立法院で積極的に行動した。台湾省政府レベルでは、台湾省議会の行政部門に対する政策要求は、公的部門が初めて史料収集や口述歴史を展開した重要な要因であった。むろん、中央の立法および行政活動全体においては、李登輝が一九九〇年に総統に選出された後、民間や野党の要求に積極的に応えた結果であった。

一九九七年以降、二二八事件は、真相の調査、責任の帰属、ひいては移行期正義の実施に関わらず、続く政府の行動は民間との相互作用によって展開したが、これは本稿の対象範囲ではなく、本書で他の章が議論している。

## 八、付録

一九八七年二月に、国内外の台湾人各界組織から「二二八和平日促進会」の設立を共同で推進し、二二八和平推進運動を正式に立ち上げ、二二八和平日促進会が中心になって、さまざまな説明会、ブリーフィングと紀念イベントを開催した。一九八八年、民進党籍の立法委員は政府に二月二八日を「和平紀念日」に設定し、国規模の追悼式を開催するよう呼びかけた。各界の努力の下に、一九九一年、行政院は二二八事件特別小組会議を開催し、政府によって台北に「二二八和平紀念碑」を建設することが決議された。一九九三年、行政院二二八事件建碑運営委員会が設立され、関連する活動が次々に開始された。各地方の議会においても二二八事件に関する議論が展開し、以下はその例である。

## 付録一　台湾二二八名誉回復運動に関する地方議会意

| 台北市議会 | | | | |
|---|---|---|---|---|
| 時間 | 会期 | 内容 | 決議／回應 | 出所 |
| 一九八七／五／一 | 第五屆第三次定期大會 | 康水木、張德銘、周伯倫が、台北市政府が二二八和平紀念碑及び紀念館を建設すること、また、行政院にその日を和平紀念日として制定するよう求めることを提案した。 | 審査意見：台北市政府に実施を乞う。議決：審査意見通りに実施する。 | 台北市議會秘書室編印『台北市議會第五屆第三次定期大會暨第八、九、十、十一次臨時大會議事錄（四）』、三六〇三頁、引用は台北市議會「台北市議會數位典藏系統」、JN0000015928、http://taipeiinthemaking.tcc.gov.tw/cgi-bin/gs32/gsweb.cgi?o=dalldb&s=id=%22JN0000015928%22.&searchmode=basic（アクセス日：二〇一九年四月三〇日）。 |
| 一九九一／七／一二 | 第六屆第一四次臨時大会 | 張玲、謝有文、陳世昌らが二二八紀念碑の建設について、その妥当性を慎重に考慮すべきだと意見した。理由は、一．二月二八日の事件の事実の調査が完了する前に、紀念碑の設置を決定するのは時期尚早である。二．紀念碑は、平和な未来のために、すべての人の無私で包容力のある精神の下で建てられるべきであり、将来の不満不平の種を避けるために、この時点で急いで建てるべきではない。 | 議決：保留する。 | 台北市議會秘書室編印『台北市議會第六屆第三次大會暨第十、十一、十二、十三、十四次臨時大會議事錄（四）』、四二七五頁、引用は台北市議會「台北市議會數位典藏系統」、JN0000015928、http://taipeiinthemaking.tcc.gov.tw/cgi-bin/gs32/gsweb.cgi?o=dalldb&s=id=%22JN0000019828%22.&searchmode=basic（アクセス日：二〇一九年四月三〇日）。 |

| 台北市議会 | | | | |
|---|---|---|---|---|
| | | 三．長期的な歴史の観点から見れば、家族喧嘩のようなものであり、それを誇張した形で強調する必要はない。さもなくば、家族の中の子孫代々が将来にわたって払拭できない傷跡を抱いた中で生き続けることになる。<br>四．抽象的な紀念碑を建てるのにかかる莫大な費用は、本事件で心身を負傷した本省人外省人同胞やその家族の実質的な補償費用に当てる方が良い。これは実質ある行動であり、抽象的な紀念よりも意義が大きい。<br>五．魯迅の二句の詩で関係者を励ましたい。渡盡劫波兄弟在，相逢一笑泯恩仇。（困難を渡って兄弟の情が残り、出会う一笑で恩讐をなくす） | | |
| 一九九一／一一／二六 | 第六屆第四次定期大會 | 二二八紀念碑の建設場所について、黄金如、林慶隆らの議員が黄大洲市長に質問した。また、一九九二年二月二八日までに建設企画小組及び予算案を必ず完成するように要求した。 | 市長の答弁：少し前に行政院施副院長、すなわち二二八研究小組の召集人に尋ねた結果、二二八紀念碑建設は問題なし、翌年二月二八日までに建設準備委員会を設立する予定との回答であった。メンバーは行政部門、学界、民間有識者からなり、紀念碑の設置場所や形状などを研究する。個人の意見として、場所は当時の事件現場に近ければ、過去の不幸な事件の警告と教訓になる。さらに人々の生活の調和を促進できる。 | 台北市議會秘書室編印『台北市議會第六屆第四次大會暨第十五、十六、十七次臨時大會議事錄（三）』、二四二九頁、二四四五頁、引用は台北市議會「台北市議會數位典藏系統」、JN000020097、http://taipeiinthemaking.tcc.gov.tw/cgi-bin/gs32/gsweb.cgi?o=dallb&s=id=%22JN000020097%22.&searchmode=basic（アクセス日：二〇一九年四月三〇日）。 |

| 議会 | 日付 | 会期 | 内容 | 答弁・結果 | 出典 |
|---|---|---|---|---|---|
|  | 一九九二／四／一〇 | 第六届第五次定期大会 | 周柏雅は黄大州市長に質問し、二二八紀念碑が設置されるべき場所は、歴史的な地理的関係のある場所を優先するべきであると意見した。 | 民政局の答弁：<br>一、二二八事件は台湾地域全体を対象としており、紀念碑の場所と種類の決定については、当初、二二八事件紀念碑建設委員会は新生公園に決定したが、このほど台北公園への変更が決定され、民国八二年八月末までに完成する予定である。<br>二、周柏雅氏の書面による意見は、二二八事件紀念碑建設委員会に伝達する。 | 台北市議會秘書室編印『台北市議會第六届第五次大會暨第十八、十九、二十、二十一次臨時大會議事録（三）』、3420-3421頁、取自台北市議會「台北市議會數位典藏系統」「JN00000020554」http://taipeiinthemaking.tcc.gov.tw/cgi-bin/gs32/gsweb.cgi?o=dalldb&s=id=%22JN00000020554%22.&searchmode=basic（アクセス日：二〇一九年四月三〇日）。 |
| 嘉義市議会 | 一九九二／五／二〜一九九二／五／二二 | 第三届第五次定期大會 | 林山生議員の提案。<br>一、二二八事件は、反乱でも独立のためでもなく、当時の政府役人が素質不一であり、ほとんどの役人の政治倫理が腐敗し、人々の信頼と尊敬を失ったための突発事件であった。<br>二、二二八事件が本市に広がったとき、公共秩序はたちまち乱れた。安定を求めて、さまざまな機関が法律と秩序を維持するための処理委員会を設置し、軍事的対応に取り組んだ。本市参議会副議長潘木枝は市參議員と共に兵士を慰問するために水上飛行場に差し入れの食べ物を持って行って逮捕された。本市では数え切れないほどのエリートが逮捕され、銃殺された。この事件に対する市民の怒りは今でも残っている。 | 原案通過。 | 嘉義市議會秘書室編印『嘉義市議會第三届五第次定期大會議事録』、197頁。地方議會議事録データベースから引用。021z-03-05-050601-0113、http://journal.th.gov.tw/display.php?code=75989soemM#235（アクセス日：二〇一九年五月九日）。 |

|  | 高雄市議会 |
|---|---|
|  | 一九八九／五／二二 |
|  | 第一一屆第七次定期大會 |
| 三、二二八事件の犠牲者を慰霊するために、市政府は、紀念公園と紀念館を建設する必要がある。後世の人が追悼する場所である。 | 一、議員楊雅雲の質問「一三」：二二八事件犠牲者の紀念碑に嘉義市が土地を拠出することに関して、予算を追加するのなら、紀念碑建設の予算案も編成する予定はあるかどうか。<br>二、議員楊雅雲の質問「一四」。「土地がない」という返答はでたらめとしか考えられない。土地がないなら、なぜ県政府は土地をずっと売っているのか。財政局に聞けばすぐわかることだ。土地がないのが本当だったら、次回県政府が土地を競売する時に必ず審議で削除する。県長に念を押したが、予算措置の有無を知りたい。<br>三、議員楊雅雲の質問。「一五」：県政府の近くに公園建設の預定地があるかどうか。<br>四、議員楊雅雲議員からの質問「一六」：関係者全てのために、できる限り質問を絞っているが、主管各位は回答時にしっかりと考えてから答えてほしい。紀念碑問題について、県長の積極的な対応を期待する。 |
|  | 一、余陳月瑛県長の答弁：申請者もないし、土地もなかったため（答弁は楊議員によって中断さた）。<br>二、余陳月瑛県長の答弁：この件は検討する。「二二八事件」は民主主義を追求する多くの先達によって起こされた。「二二八紀念碑」の建設は昨年［一九八八年］早々に計画され、岡山公園の予定地の収用作業が完了した後に実施する。だが、今のところ土地取得が未完成であり、実施できない。<br>三、財政局長林啟智の答弁：駐車場には紀念碑は建てられない。 |
|  | 高雄縣議會秘書室編印『台灣省高雄縣參議會第一一屆第七次大會及第15.16次臨時大會議事錄』、95-96頁。引用は地方議會議事錄データベースから。011c-11-07-060800-0133、http://journal.th.gov.tw/display.php?code=75698W-tC2#116（アクセス日：二〇一九年五月一日）。 |

| 高雄市議会 | | | | |
|---|---|---|---|---|
| 一九九一／三／九 | 第一二届第二次大会 | 戴進吉、戴添貴、黃登勇、王金雄らの提案。<br>提案：台湾魂の精神を確保するため、県政府に二二八和平紀念碑建設のために適当な場所を探すように要請する。<br>説明：二二八事件は台湾人として最も悲惨なことであり、台湾を愛する人々にとっては耐えられないことに間違いない。紀念碑を建設して紀念し、先達の精神を追悼する。 | 辦法：提案通り。<br>審査意見：提案通り。<br>議決：提案通過。 | 高雄縣議會秘書室編印『台灣省高雄縣參議會第一二屆第二次大會及第四次臨時會議事錄』、三六〇頁。地方議會議事錄データベースから引用。011c-12-02-050601-0405、http://journal.th.gov.tw/display.php?code=75705mJJsj#374（アクセス日：二〇一九年五月一日）。 |

＊注

本稿は過去の研究成果を元に改稿して作成したものであり、初稿は日本で発表した。薛化元「二二八事件をめぐる歴史清算問題」『中京法学』、第五一巻二・三号、二〇一七年、一五五—一七五頁。また、以下参照。薛化元、楊秀菁、蘇瑞鏘『戰後台灣人權發展史』台北市：稻鄉、二〇一五年、二九三—二九五頁、三二三—三二七頁、三三三頁。事件の経過とその後の発展については、主に以下から引用した。張炎憲「二二八平反運動」、日付不明、「吳三連台灣史料基金會」、http://www.twcenter.org.tw/d01/d01_01/05.htm、アクセス日：二〇一四年一〇月二一日。薛化元等著『戰後台灣人權史』台北市：國家人權紀念館籌備處、二〇〇三年、三四九頁。なお、本章の日本語版タイトルは中国語版と異なる。

1 石忠山「轉型社會的民主、人權與法治：關於『轉型正義』的若干反思」、施正鋒編『轉型正義』台北市：台灣國際研究學會、二〇一三年、三七頁。

2 璐蒂・泰鐸（Ruti G. Teitel）著、鄭純宜訳『變遷中的正義』台北市：商周出版社、二〇一一年、一一—六六頁、四五—四六頁。

3 施正鋒「以轉型正義的探討：由分配到認同」、施正鋒編、『轉型正義』、二頁。

4 賴澤涵、黃富三、黃秀政、吳文星、許雪姬『「二二八事件」研究報告』台北市：時報文化出版公司、一九九四年、四〇七—四〇八頁。中国大陸からの部隊は当日夜になってから上陸したが、その前に要塞司令部は基隆港で無差別の武力掃討を既に始めていた。「一九四七年三月一〇日英國駐台領事館致南京英國大使館第一九號函」英國國家公共檔案局（国立公文書館）檔案。以下から引用。魏永竹・李宣鋒主編『二二八事件文獻補錄』南投市：台灣省文獻委員會、一九九四年、五三九—五四四頁。

5 賴澤涵、黃富三、黃秀政、吳文星、許雪姬『「二二八事件」研究報告』、一一八—一一九頁。

6 一九四七年適用の「戒厳令」は台湾には戒厳警戒地域としており、軍法機関は市民に対する審判権を有していなかった。しかも、「危害民國緊急治罪法」の廃止後も、台湾省警備司令部はこれを軍法裁判の依拠としており、大いに疑問が残る。『國民政府公報』第一六〇三号、一九三四年一月二九日、一—四頁；『國民政府公報』三五年九八三号、一九四六年二月一三日、一頁。

7 薛化元『『自由中國』與民主憲政』台北市：稻鄉出版社、一九九六年、五二頁；吳濁流著、鍾肇政訳『台灣連翹』台北市：前衛出版社、一九八八年、二三七—二三九頁；鄭牧心（鄭梓）『台灣議會政治四十年』台北市：自立晚報、一九八七年、八九頁。

8 『國民政府公報』第二八六九号、一九四七年七月五日、五—六頁。

9 『國民政府公報』第二八八一号、一九四七年七月一九日、一—二頁。台湾省政府による訓令発布時に本案は「全国総動員を励行して平和建国を貫徹する方針案」となった。『台灣省政府公報』秋字第一八期、一九四七年七月二一日、二七五頁。

10 「台灣省政府 台灣省警備總司令部佈告」、『台灣新生報』一九四九年五月一九日。これは「戒厳法」第三条の宣告を根拠としており、この臨時戒厳はその後三〇年あまりにわたる戒厳令となった。薛化元「戦後台湾における非常時体制の形成過程に関する再考察」『中国21』第三六号、二〇一二年、五一—七〇頁。

11 例えば、財団法人二二八事件紀念基金會執行長の楊振隆一家の例は異なるが、二番目の叔父は事件の犠牲者であり、十数年後になって失踪を届けている。

12 「二二八平反運動紀要」、日付不明、財團法人二二八事件紀念基金會、http://www.228.org.tw/288_redress.html、アクセス日：二〇一六年九月一四日。

13 『立法院公報』七一巻七七期、一九八二年九月二五日、八―九頁、一二頁。

14 『立法院公報』七一巻七七期、一九八二年九月二五日、九頁。

15 蘇秋鎮は一九八二年六月の『名人』誌で「請特赦「二二八」事件受刑人」発表した。時間的には洪昭男の立法院での質問よりも早い。慈林教育基金會、http://chilin.lib.ntu.edu.tw/RetrieveDocs.php、アクセス日：二〇一六年九月二〇日。

16 薛化元主編『台灣歷史年表・終戰篇Ⅲ（一九七九―一九八八）』台北市：業強出版社、一九九三年、一二四頁。

17 実際には二二八事件紀年基金會の成立当時は、一九五〇年代初期の白色テロ事件犠牲者とその遺族の一部も基金会に補償（賠償）を申請している。

18 一九七九年の『青雲』、一九八〇年の『疾風』と『黄河』は党外雑誌ではない。後者の雑誌は国民党寄りの右翼雑誌である。一九八二年三月一六日の『政治家半月刊』二五期は「二二八」紀念活動二篇を掲載しており、党外雑誌の中でおそらく最も早い時期に二二八事件に言及したものである。慈林教育基金會、http://chilin.lib.ntu.edu.tw/RetrieveDocs.php、アクセス日：二〇一六年九月二〇日。

19 「戰後台灣歷史年表」、日付不明、中央研究院、http://twstudy.iis.sinica.edu.tw/twht/Professional/SimpleTwht.asp、アクセス日：二〇一六年九月二〇日。

20 慈林教育基金会所蔵台湾社会運動史データベースでの検索結果。http://chilin.lib.ntu.edu.tw/RetrieveDocs.php?username=*anonymous*。楊秀菁博士の協力に感謝する。

21 『立法院公報』七四巻二三期、一九八五年三月一九日、三六頁。

22 「光復後の四〇年間、省籍問題は一貫して国内和解の一大潜在的問題であったが、『二二八事件』三九周年の前夜、本会は人権団体の立場に基づいて、我が国の政治、社会の本当の和解を促進するために、二月二二日（土）午後二時に台北市議会地下室において『省籍と人権』に関する座談会を開催した。本会副会長の劉福増教授が主宰し、鄭欽仁教授、胡佛教授、費希平立法委員、康寧祥氏がスピーカー、林永豐、王曉波教授がコメンテイターをつとめた。約三〇〇人が参加し、会では江鵬堅、尤清立法委員……が相次いで発言し、座談会は午後五時に非常に熱のこもったままで終了した。」台灣人權促進會「台灣人權促進會第二屆執行委員第四次會議紀錄」、開會日期：一九八六年二月二七日。

23 劉福增主持、費希平、康寧祥、鄭欽仁、胡佛講評、林永豐、王曉波主講、「『省籍與人權』座談會」『台灣人權促進會會訊』第五期（一九八六年六月一五日）、一八―二一頁。

24 陳翠蓮「歷史正義的困境―族群議題與二二八論述」『國史館學術集刊』第一六期（二〇〇八年六月）、一九九頁。二二八和平日促進會編『走出二二八的陰影：二二八和平日促進運動實錄（一九八七―一九九〇）』台北市：二二八和平日促進會、一九九一年、二二二頁。

25 これも台湾人権促進会が最も早く二二八事件に言及した文章である。陳永興「二二八和平日宣言」『台灣人權促進會會訊』第七期、一九八七年、八頁。若林正丈著、洪郁如、陳培豐等訳『戰後台灣政治史：中華民國台灣化的歷程』台北市：國立台灣大學出版中心、二〇一四年、三七六頁。

26 陳永興「為什麼推動『二二八和平日』促進工作?」『台灣人權促進會會訊』第八期（一九八七年五月二〇日）、三—四頁。

27 「本基金会の今後の活動の件。決議：（一）二二八事件の40周年紀念活動：活動の前に『二二八事件受難家屬賠償』声明の草案作成を洪奇昌執行委員に委任する。（二）二二八事件40周年紀念活動に連携して、アメリカのマーティン・ルーサー・キング・ジュニア博士紀念日に、洪奇昌執行委員に対して本基金会を代表してキング夫人に電報を送るよう委任する。（三）三月下旬から四月上旬にかけて、中部で人権活動講習会を開催し、北部で人権園遊会を開催する。計画準備は組織活動委員会が処理し、黃宗文会員および張晉城財務長に支援を依頼する。」台灣人權促進會「台灣人權促進會第三屆執行委員第三次會議紀錄」、開會日期：一九八七年一月一五日。「『二二八』事件四〇周年の紀念活動に関する件。決議：三月に座談会を開催し、声明を発表する。座談会のテーマは『台湾新文化』と暫定的に定め、時間と場所は確定後、別途通知する。発表する声明は社会的救済を強調し、犠牲者遺族の賠償申請のために、また政府が犠牲者遺族のブラックリストを廃止して公平な待遇を与えるように求める。」、台灣人權促進會「台灣人權促進會第三屆執行委員第四次會議紀錄」、開會日期：一九八七年二月一二日。台灣人權雜誌社編著『台灣一九八七—一九九〇年人權報告』台北市：台灣人權促進會、一九九〇年、一五—一六頁。二二八和平日促進會編『走出二二八的陰影：二二八和平日促進運動實錄（一九八七—一九九〇）』、六〇—六一頁。

28 『立法院公報』第七六巻第二八期、一九八七年三月一七日、四六頁。

29 「『二二八』事件和平日説明會『民進黨』人士分別發表演講」『中國時報』一九八七年三月一日。

30 「二二八平反與轉型正義特展開幕 葉菊蘭：沒有公布真相，就沒有轉型正義」、二〇一七年二月一九日、『民報』、http://www.peoplenews.tw/news/2f079946-5586-4fac-a54f-7730eb7bdb3b、アクセス日：二〇一八年一〇月二三日。

31 「三月二七日開催の『二二八と国安法』座談会と同時に人権を保障するために国家安全法の制定に反対する声明を発表すると決議」、台灣人權促進會「台灣人權促進會第三屆執行委員第五次會議紀錄」、開會日期：一九八七年三月一九日：陳永興「人權至上，反對制定國安法—五一九演講稿全文」『台灣人權促進會會訊』第八期（一九八七年五月二〇日）、三七—四四頁。

32 本基金会と他の五五団体が共同発起した「二二八和平日」促進会は、二月一四日から一連の「二二八事件」の説明会と「二二八犠牲者」の追悼礼拝、祭祀、平和デモ等の活動を行い、三月七日第一段階の活動を終えた。直後の三月一七日に本基金会は「二二八犠牲者登録と情報整理委員会」の準備会議を開催し、また台湾全島各地で登録活動と情報収集を続々と展開して、将来的には募金を募って紀念碑あるいは紀念館を建設する長期の業務がある。この他、本基金会は学者を招いて『二二八と国家安全法』座談会を開催する。現在、鄭欽仁教授が進行を担当している。」、台灣人權促進會「台灣人權促進會第三屆執行委員第五次會議紀錄」、開會日期：一九八七年三月一九日：台灣人權促進會「會務日誌」『台灣人權促進會會訊』第八期（一九八七年五月二〇日）、六〇—六二頁。

33 陳永興、鄭欽仁「我們可以原諒、卻不可以無交代—二二八事件學術座談會—引言」『台灣人權促進會會訊』第八期、（一九八七年五月二〇日）、五—六頁。

34 『「二二八平和日」活動につき、本基金会はどのように参加し協力するのか。決議：執行委員陳永興医師に「二二八平和日」活動協力の処理を委任する。」、台灣人權促進會「台灣人權促進會第四屆執行委員第三次會議紀錄」、開會日期：一九八八年一月四日。陳永興、李勝雄、鄭南榕「二二八和平日促進會公告」『台灣人權雜誌』第二期、一九八八年、一五頁。

35 「社會應有平衡對人有愛 請以愛心看二二八事件」『中國時報』一九八八年二月二三日。

36 若林正丈著、洪郁如・陳培豐等訳『戰後台灣政治史：中華民國台灣化的歷程』、三七六―三七七頁。当時、現代学術研究基金会の理事会の席で、陳永興はこの件に言及し、民間の二二八事件名誉回復運動に十分な注意を払っていないと考え、なぜ李登輝は張炎憲の意見を求めに李安妮を行かせなかったのかと疑問を投げかけたことを筆者はまだ記憶している。

37 「立委建議成立委員會　調查二二八事件真相」『聯合報』一九八八年二月二六日。

38 「民進黨明將舉辦　二二八連串活動」『聯合報』一九八八年二月二七日。「二二八事件是歷史悲劇民進黨將舉行紀念性活動　工黨盼公開檔案提供研究」『聯合報』一九八八年二月二八日。

39 台灣人權雜誌社編著『台灣一九八七―一九九〇年人權報告』、四六頁。

40 「昨年〔一九八七年〕の二二八紀念日に、台湾人はひっそりとした四〇年の恐怖の雰囲気を初めて突き破り、台湾の各地で十数カ所の紀念活動を開催した。今年二月二八日には台湾各地で各種の紀念活動をそれぞれ開催し、冤罪で亡くなった英雄の魂を弔った。本会は台湾キリスト教長老教会と合同で祈祷会を開催し、関懐センターは北部、中部、南部、高雄の四地区で『二二八公正正義と平和祈祷大会』開催し、執行委員の陳永興医師は台北艋舺教会の祈祷会で専門講演を行った。本会は民進党と共に台南市民生緑園で二二八和平日紀念大会を共催し、会長は追悼活動の中で専門講演を行った。大会後には灯籠流しを行い、哀悼の厳粛な雰囲気となった。また、本会高雄分会は岡山二二八事件の犠牲者である余仁徳氏を紀念するために『余仁德烈士葬礼追悼紀念会』を二月二八日当日に開催した。」台灣人權促進會「台灣人權促進會第四屆執行委員第四次會議紀錄」、開會日期：一九八八年三月二〇日。二二八和平日促進會編『走出二二八的陰影：二二八和平日促進運動實錄（一九八七―一九九〇）』、六一―六二頁。

41 「二二八事件受刑人已全部釋放　中研院正在蒐集資料進行研究」『中國時報』一九八八年三月二日。「二二八事件當年調查報告公布」『中國時報』一九八八年三月一〇日。

42 「人民心理未『解嚴』？省文獻會蒐集『二二八』口述史料，受訪者心存顧忌，大多閃爍其詞。」『聯合報』一九八八年一〇月二九日。

43 「國代提案建議總統就二二八事件表示態度朝野激辯經表決後否決該案」『中國時報』一九八八年一二月三〇日。

44 「本会は、今年の二二八和平日活動の準備に参加しており活動費用の分担について、討議を提案する。決議：今年の二二八和平日活動を『二二八公正正義平和運動』と名付ける。今回の活動では、長老派教会が四〇万、二二八和平促進会が二〇万を負担する。本会は今回の活動の参加団体となり、本会の各分会は発起団体となる。これにより以下のように暫定決議する。各分会を含む本会は、原則として五万元を負担し、総会が二万元、台中、台南、高雄各分会がそれぞれ真何軒を負担する。」參閱台灣人權促進會、〈台灣人權促進會第五屆執行委員第二次會議紀錄〉、開會日期：一九八九年一月一四日。「二二八事件を紀念するために、本会は二二八和平日促進会や台湾キリスト教長老教会等四〇以上の民間団体と共に「二二八公正正義平和運動」を発起して、二月二六日と二八日に台湾各地で紀念夜会や追悼礼拝等の活動を開催した。本会主任幹事の陳菊は二八日午前に宜蘭へ行って林家墓園で開催された追悼礼拝に参加した。二八日夜には士林の廃止された河川道で紀念夜会が開催され、夜会後には二二八事件が当時発生した南京西路まで提灯行列をした。本会会長の李勝雄弁護士が提灯行列の総指揮を執った。」台灣人權促進會「台灣人權促進會第五屆執行委員第四次會議紀錄」、開會日期：一九八九年三月二五日。二二八和平日促進會編『走出二二八的陰影：二二八和平日促進運動實錄（一九八七―一九九〇）』、七二頁。

45　二二八和平日促進會編『走出二二八的陰影：二二八和平日促進運動實錄（一九八七―一九九〇）』、七二―七四頁。

46　「二二八平反運動紀要」、日付不明、財團法人二二八事件紀念基金會、https://foundation228.herokuapp.com/288_redress.html、アクセス日：二〇一六年九月一四日。

47　筆者も招きを受けて説明会で講演を行った。二二八和平日促進會編『走出二二八的陰影：二二八和平日促進運動實錄（一九八七―一九九〇）』、七六―七七頁。

48　「二二八平反運動紀要」、日付不明、財團法人二二八事件紀念基金會、https://foundation228.herokuapp.com/288_redress.html、アクセス日：二〇一六年九月一四日。当時、筆者もこの説明会に出席し、講演を行った。

49　二二八和平日促進會編『走出二二八的陰影：二二八和平日促進運動實錄（一九八七―一九九〇）』、八八―八九頁。

50　「本会は、二二八和平日促進会と共同して『二二八調査報告』を作成した。決議では、秘書處が監察院の楊良功の調査報告と民間の二つの調査報告を比較し、その異同対照表を作成した。また、執行委員の陳永興、会長の李勝雄、副会長の鄭欽仁、秘書長の洪貴に共同研究を依頼した。」台灣人權促進會「台灣人權促進會第四屆執行委員第四次會議紀錄」、開會日期：一九八八年三月二〇日。二二八和平日促進會編『走出二二八的陰影：二二八和平日促進運動實錄（一九八七―一九九〇）』、九〇―九二頁。

51　「『二二八』紀念碑今天落成」『聯合報』一九八九年八月一九日。ここで注意すべきは、嘉義の二二八紀念碑が建立される前に台湾人権促進会などの人権団体は台北市の内湖で二二八紀念碑を建立するため既に起工していたが、政府からの抑圧によって中止になっていたことである。

52　台北市議會秘書室編『台北市議會第五屆第三次定期大會暨第八、九、十、十一次臨時大會議事錄（四）』、三六〇三頁、「台北市議會數位典藏系統」、典藏序號：JN0000015928、台北市議會、網址：http://taipeiinthemaking.tcc.gov.tw/cgi-bin/gs32/gsweb.cgi?o=dalldb&s=id=%22JN0000015928%22.&searchmode=basic、アクセス日：二〇一九年四月三〇日。

53　「威尼斯影展最高榮譽　中國電影史開花結果悲員狂喜：這個結果毫不意外！」『聯合晚報』一九八九年九月一五日、第三版。「悲情城市　威尼斯影展奪魁以磊落態度檢討二二八事件，獲最高榮譽金獅獎」『中國時報』一九八九年九月一六日、第一版。

54　若林正丈著、洪郁如、陳培豐等訳『戰後台灣政治史：中華民國台灣化的歷程』、三七七頁。

55　「二二八平反運動紀要」、日付不明、財團法人二二八事件紀念基金會

基金會、https://foundation228.herokuapp.com/288_redress.html、アクセス日：二〇一六年九月一四日。

56 「朝野立委同為『二二八』死難同胞默哀」『中國時報』一九九〇年二月二八日。

57 若林正丈著、洪郁如、陳培豊等訳、『戰後台灣政治史：中華民國台灣化的歷程』、三七七頁。

58 二二八和平日促進會編『走出二二八的陰影：二二八和平日促進運動實錄（一九八七—一九九〇）』、一〇一—一〇二頁。

59 輔仁大学では、屋内で紀念活動が開催された。台湾大学では、默祷儀式、祈念夜会、幻灯フィルムの放映の他、張忠棟、李勇熾、黄武雄、呉密察教授や作家の林雙不を講演に招いた。宜蘭校友会は映画「悲情城市」を放映した。台北医学院は二二八講演会を開催し、東海大学は宗教活動を主とした。二二八和平日促進會編『走出二二八的陰影：二二八和平日促進運動實錄（一九八七—一九九〇）』、一〇三—一〇四頁。

60 二二八和平日促進會編『走出二二八的陰影：二二八和平日促進運動實錄（一九八七—一九九〇）』、一〇六—一〇七頁。

61 邱創煥は指示を受けた後、各方面から意見を集める作業を進めた。筆者は当時、張榮發基金会国策中心政策研究員であり、上司から邱創煥が意見を求めていると伝えられ、国策中心にコメントを提供した。邱創煥「二二八事件初步研析」（未刊稿）、一頁。

62 邱創煥「二二八事件初步研析」（未刊稿）、三四頁。

63 この中で林茂生らが名前を挙げて示された。

64 邱創煥「二二八事件初步研析」（未刊稿）、三四—三五頁。

65 当時、資政事務室で邱創煥にしたがって調査報告に携わった廖讚豊氏によると、四か月以内に報告を完成させるようにとの指示をその時に受け、実際に報告に携わったのは彼と邱創煥のみだったという。国軍退除役官兵輔導委員會を通じて事件に関与した軍人を訪問した。一部の軍人は彼ら自身も被害者であると考えていた。しかし、多くの犠牲者遺族は比較的保守的で、面接を受けたがらなかった。彼は、二二八公園、二二八紀念碑、二二八紀念館、二二八基金会等の提案をまだ記憶していた。邱創煥は郝柏村が初代の董事長になるよう提案し、郝柏村を説得したが、成功しなかった。薛化元インタビュー、邱子佳記録、「二〇一九年二月一一日廖讚豊訪談紀錄」（未刊稿）、インタビュー日期：二〇一九年二月一一日。

66 「二二八事件 編入高中歴史課本」『中央日報』、一九九〇年六月一四日、第一二版。

67 「二二八平反運動紀要」、日付不明、財團法人二二八事件紀念基金會、https://foundation228.herokuapp.com/288_redress.html、アクセス日：二〇一六年九月二〇日。

68 「『因取締私菸引發衝突……政府迅即撤換陳儀，改組省政……』五八個字 二二八事件 高中歷史彌補空白 草擬初稿的蔣永敬表示：平實寫出已代表一切、五八個字不算少。」『聯合報』一九九〇年八月一五日、第六版。

69 「二二八平反運動紀要」、日付不明、財團法人二二八事件紀念基金會、http://www.228.org.tw/pages.aspx?v=E8A16697235ABE57、アクセス日：二〇一六年九月一四日。

70 二二八和平日促進會編『走出二二八的陰影：二二八和平日促進運動實錄（一九八七—一九九〇）』、九六頁。

71 同右書、九七頁。

72 著者は当時、現代学術基金会でボランティアをしており、董事会に参加したため、鄭欽仁教授が担当していた基金会事務をある程度理解している。当時の董事会の歴史家董事には、李永熾、林明德、張炎憲、李筱峰らがいた。張炎憲と李筱峰が実際の研究に従事するように決議し、また他にも学者、専門家を招いて基礎的な結論を得た。

73　「二二八事件 專案小組 研究小組 名單公佈明年元月十五日前完成約十萬字研究報告 郝揆態度：『絕不規避』民進黨：非常歡迎」『聯合報』一九九一年一月一九日、第七版。

74　Lai Tse-han, Ramon H. Myers, Wei Wou, *A Tragic Beginning: The Taiwan Uprising of February 28, 1947*, Stanford, California: Stanford University Press, 1991。本書は当時、国民党当局に偏った立場であると考えられたが、日本時代に養成された相当数の現代化エリートに対して肯定的な態度を示し、国民政府接収後にこれら台湾籍エリートを排斥したことを批判した。賴澤涵、馬若孟、魏萼著、羅珞珈訳『悲劇性的開端：台灣二二八事變』台北市：時報文化出版公司、一九九三年。

75　「二二八受難者家屬今會見李總統將提出四項要求：一．公布真相道歉賠償；二．設紀念館陳列史料；三．設基金會化解省籍對立；四．訂紀念日供追思」『聯合報』一九九一年三月四日、第二版。

76　「李總統：解決二二八傷痕的時機成熟了首度透露曾親身目睹事件慘劇，向受難者家屬代表承諾政府一定會有所處理」『中國時報』一九九一年三月五日、第二版。

77　「大溪檔案二二八專冊　影本交政院研究小組」『聯合報』一九九一年三月一五日、第四版。

78　「政院工作小組召集人賴澤涵萌生辭意」『聯合報』一九九一年五月二八日、第四版。

79　「二二八紀念碑　政府主導籌建」『聯合報』一九九一年五月一日、第五版。

80　「軍人通訊投票　省選委會　中央選委會：有困難　不宜實施」『聯合報』一九九一年一月一〇日、第四版。

81　「『瞭望』雜誌海外片　紀念二二八事件　中共發表署名文章建議公布真相徹底平反　並允許避難離台者返鄉探親定居」『聯合報』一九九一年二月二八日、第二版。

82　「二二八關懷聯合會成立 將邀專家研究賠償問題」『聯合報』一九九一年八月四日、第六版。「出任『二二八關懷聯合會』顧問吳伯雄支持為二二八立碑」『聯合報』一九九一年八月六日、第四版。

83　「『中華二二八和平促進會』成立」『聯合報』一九九一年一二月六日、第六版。

84　「從文化觀點理解二二八事件發生原因」『中國時報』一九九一年一二月二九日、第六版。

85　「『公布時機雖嫌晚 有做總比不做好』官方史料出土民間研究突破」『聯合報』一九九二年二月一一日、第三版。

86　「二二八事件研究報告正式公布　行政院專案小組肯定研究小組成果　李總統也表欣慰與尊重」『聯合晚報』一九九二年二月二二日、第一版。

87　二二八事件の真相と移行期正義の報告研究に関しては、基本的に行政院の『「二二八事件」研究報告』および二二八事件紀念基金会の『二二八事件責任歸屬研究報告』の上で展開した。二二八事件紀念基金会の公式意見は、二〇一八年一一月四日、財團法人二二八事件紀念基金會、http://www.228.org.tw/228museum_event-view.php?ID=92、アクセス日：二〇一九年三月五日。

88　「親臨參加二二八紀念音樂會　和與會人士共同為歷史悲劇默哀李總統慰問受難者母親」『中國時報』一九九二年二月二五日、第一版。

89 「施啟揚：二二八賠償撫卹問題陸續研究」『中國時報』一九九二年二月二五日、第三版。「二二八建碑地點改在新公園」『中國時報』一九九二年四月一八日、第一版。

90 「賠償條例草案兩版本出爐」『聯合晚報』一九九二年二月二七日、第三版。

91 「二二八事件受難者人數資料內政部今起登記受理及清查」『中國時報』一九九二年七月一日、第四版。

92 「二二八受難親友登記 情況不佳 內政部研判家屬仍心存疑慮」『聯合報』一九九二年一〇月二二日、第六版。

93 「二二八事件受難者遺屬張冬蕙提起賠償訴訟」『中國時報』一九九二年二月一四日、第六版。

94 「往事甭提 第一樁二二八求償被駁回」『自立晚報』一九九三年七月一〇日、版次不明。

95 「『行政院二二八事件研究報告』公布未滿一年 當事人蔣渭川家屬 不服文中對其描述 控告施啟揚等涉及誹謗」『中國時報』一九九二年一二月二八日、第三版。

96 「二二八平反運動紀要」、日付不明、財團法人二二八事件紀念基金會、https://foundation228.herokuapp.com/288_redress.html、アクセス日：二〇一六年九月一四日。

97 賴澤涵、黃富三、黃秀政、吳文星、許雪姬著『「二二八事件」研究報告』台北市：時報文化出版公司、一九九四年。

98 「李總統代表政府向二二八受難者家屬道歉」『聯合報』一九九五年三月一日、第一版。

99 「李總統二二八談話全文」『聯合晚報』一九九五年二月二八日、第二版。「二二八紀念碑像座歷史的醒鐘 提醒我們走出悲劇」『中國時報』一九九五年三月一日、第二版。

100 「二二八紀念碑案」國家檔案局所藏、所藏番号：A300000000A/0083/內8-1-11/493（三）、https://aa.archives.gov.tw/archivesdata.aspx?SystemID=0000009864、アクセス日：二〇一六年九月二一日。

101 薛化元主編『台灣歷史年表V（一九八九—一九九四）』台北市：業強出版社、一九九八年、二一九頁。

102 同右書、二三三頁。

103 同右書、二三五頁。

104 「立法院議案關係文書」『立法院公報』第八一卷第一八期、一九九二年二月二八日印發、八六—八八頁、立法院、http://lis.ly.gov.tw/lgcgi/lglaw?@87:1804289383:f:NO%3DB01224*%20AND%20NO%3DA 2%24%246$$$PD、アクセス日：二〇一五年一〇月二二日。

105 「院總字第一五八二號 政府提案第四六二六號」『立法院議案關係文書』、一九九三年六月一二日印發、立法院、http://lis.ly.gov.tw/lgcgi /lgmee xtimage?cfcdc fcecdc6cfcec5ceccdd2cecbcd、アクセス日：二〇一五年一〇月二二日。

106 黃秀政、蕭明治「二二八事件的善後與賠償——以『延平學院復校』為例」『興大歷史學報』第二〇期（二〇〇八年八月）、一四五頁。

107 「賠償金申請案審理統計表」、日付不明、財團法人二二八事件紀念基金會、網址：https://www.228.org.tw/pages.php?sn=1、アクセス日：二〇二〇年一月一三日。

108 「二二八事件處理及補償條例完成立法 三黨立委看法」『中國時報』一九九五年三月二四日、第四版。「二二八事件處理及補償條例」『總統府公報』第六〇〇四号（一九九五年四月七日）、一一二頁。

109 「二二八條例完成立法　補償上限六百萬」『中國時報』一九九五年三月二四日、第一版。

110 「二二八補償金　受理申請」『中國時報』一九九五年一二月二九日、第一六版。

111 「熱涙・掌聲二二八和平公園掲牌」『聯合報』一九九六年二月二八日、第二版。

112 「二二八明定為國定假日」『中國時報』一九九七年二月二六日、第一版。

113 「台北二二八紀念館開館　走出傷痛」『聯合晩報』一九九七年二月二八日、第一八版。「立法院快速通過總統府隨後公告二二八訂為國定假日」『聯合報』一九九七年二月二六日、第一版。

114 「紀念二二八系列活動登場　目前已確定紀念館開幕式當天　李總統不會參加」『中國時報』一九九七年二月二五日、第一四版。

115 「二二八紀念幣公開亮相　中籤率一成一明公開抽籤　紀念郵票同步發行」『中央日報』一九九七年二月月一二日、第八版。

116 「二二八傷口跨越半世紀：國際學術研討會全方位解毒」『中國時報』一九九七年一月二九日、第二五版。「二二八五十周年國際學術研討會登場：主持人李鴻禧拚命提醒『講國語』」『中國時報』一九九七年二月二一日、第二五版。

第八章

# 歴代総統の二二八事件に対する移行期正義としての貢献（1998-2019）

呉 俊瑩（嶋田 聡 訳）

## 一、はじめに

本論文は、戒厳令解除後の歴代総統である李登輝、陳水扁、馬英九、蔡英文の、二二八事件に関する「移行期における正義」（以下、移行期正義）として行ってきた施策およびその実行過程について説明することを目的とする。移行期正義は国際的脈絡において、おもに次の三つの主要任務を内に含んでいる。一つ目は加害者の処罰、二つ目は被害者への賠償、さらに三つ目は歴史的記憶の保存である。[1] しかし台湾では、二二八事件は公共の論述においては四〇年間ほとんどタブー視されてきており、政府が自らそれに向き合おうとした時は、すでに四〇年以上経ってしまっており、加えて台湾の政治状況が権威独裁政体の民主化を遂げて以降も、さらに一二年間国民党が政権を執り続けていたので、二二八事件に関して政府が表立って加害者を起訴、処罰し、刑事的な正義を実践するというのは、主観的にも客観的にもほとんど不可能なことであり、受難者の家族は自力で救済する以外になく、すべては徒労に終わったのである。[2] たとえ事件に関与した責任者が謝罪し、罪を認め、当時の過程の真相を説明するように世論に向けて卑屈に訴えかけるのみにまで後退しても、[3] 実際のところ、当時の人間は一人として謝罪しなかったのである。[4]

台湾の歴史的情況の下では、移行期正義が二二八事件上展開できる方向性はすでに限られてしまっており、可能なのは以下の四つの方面である。一：真相の究明、二：責任の帰属をはっきりさせること（責任追及）、三：被害者に対する謝罪と賠償、四：歴史的記憶の再構築と保存。[5]三つ目の被害者やその家族に対する賠償をのぞくと、真相、責任、歴史的記憶の保存は、おもに歴史的正義に関する方面のことであり、いわゆる責任の帰属をはっきりさせること、つまり責任追及は、現下の台湾ではその多くが、誰々が何々をしたとまことしやかに暴露し、[6]責任の究明と譴責を行い、人々に過去を見きわめ、現在を認識し、未来について考える根拠を提供するくらいがせいぜいのところである。

本論では順番に李登輝、陳水扁、馬英九、蔡英文総統による前述の四つの方面における施策およびその推進経過について見ていく。本論の構成が、最初が重くて後ろが軽くなっており、李登輝総統在任中の叙述が他と比較してより詳細になっている理由は、一つには政府側の二二八事件における名誉回復が李登輝によって始められ、そこで政府の二二八事件と向き合う態度や枠組みが大体定まったからであり、もう一つは関係する档案資料が国家発展委員会档案管理局（以下、档案管理局）に移されて国家档案となり、利用しやすくなったので、比較的詳細な論述が可能となったからである。

## 二、李登輝総統（一九八八―二〇〇〇）

### （一）「前を見る」から処理に臨むまで

一九八七年二月、戒厳令が解除される直前に、陳永興、鄭南榕、李勝雄等の民間人士が二二八公義和平運動を起こし、受難家族とともに街頭に出ていき、局面が打開して、社会に大きな反響を呼び起こした。この民間からの圧力により、国民党政府は反対党および民間人士の二二八事件名誉回復に関するさまざまな要求に向き合わずにはいられなくなったのである。一九八八年一月一三日、李登輝は総統を引き継いだのだが、彼の二二八事件に対する態度は、一九九〇年三月に第八代総統に当選する前後に、明らかな転換があった。

まずは、一九八八年二月二二日、李登輝が就任後初めての国際記者会において、記者との質疑応答の際に答えた、政府は二二八事件に向き合うべきという民間からの呼びかけに対しての見解である。

現在その多くが四十歳以下の人々が「二二八」を語るというのは、私はおかしなことであると思う。「二二八」が発生した時、私は台湾大学の四年生であり、その時の状況がどうだったか、その時に発生した多くの状況に対して、我々は今後の歴史家の研究にゆだねておけばいいのではないだろうか。なぜ今この時にこの問題をもち出したのか。こうして世論を扇動し、「二二八事件を忘れるな」とか、「和平紀念日」などといっているが、私はこの問題は実際のところ、歴史上、光復後すぐの頃に発生した一つの悲劇であると考えており、この悲劇を毎年繰り返しもち出して「二二八事件を忘れるな」というのは、愛心に反することではないだろうか。「目には目を」、「歯には歯を」、これではこの社会がいつまで経っても安定するはずはないし、完全に政治的立場からこれをもち出して世論を扇動するというのは、私は反対である。なぜ皆は落ち着かず、もっと理性的になれないのだろうか。今日私は前口上の際にはっきりといいました。人々の政治理念はすでに成熟の段階に達しており、なぜこの古い、過去の、悲劇的なことをもち出して再度騒ぎ立てるのか、その必要はあるのだろうか。私は政治的野心がある人をのぞいて、このような態度でことに当たるべきではないと思うし、進歩のために、目は前を見て、後ろを見ず、皆がこのような態度をもっていれば、私は台湾の発展がより早くなると思う。これは私が今日の記者会見の最後にいっておきたいことです。[7]（下線引用者、以下同）

李登輝の二二八事件に対する前を見て、後ろを見ずという発言は、二二八事件の名誉回復運動に従事する民間人士からの糾弾と非難を引き起こした。この時の李の、過去の過失や怨恨を振り返らずに前を見るという和やかな論調は、おおよそ彼が第七代総統に在任中の、政府が民間からの要求に答える際の態度となり、これはまた学者の張炎憲による執政当局は保守的できちんと向き合う勇気がなく、責任を歴史学者に押しつけて言い逃れをしているとの批判をまねいた。[8]早くから二二八事件の研究に心血を注いできた学者の李筱峰は感性的な筆致で李登輝の見解に答え、彼は史学に従事する身として「凄絶な資料と向き合い、濡れ衣を着せられ辱めを受けた歴史の魂を背負いながら、私の目は涙でぼんやりとかすみ、どうやっても目の前の景色がはっきりと見えないのだ……」といった。[9]張炎憲の観察の通り、このようにできるだけ遅延し、時間によって記憶を薄めようとするやり方は、かえって民衆の失望と批判をまねいてしまったのである。[10]

一九八九年四月二一日、立法院の院会決議において、行政部門は初めて二二八事件について国会で列席専案報告をしたのであるが、[11]しかし事件に対する理解に関しては依然として中国共産党がそそのかし、侵入し、暴動を利用したのだという基調から外れるものではなかった。事件の責任問題に対しては、内政部長の許水徳は言及を避け、国防部長の鄭為元は任に当たって事の発端を起こした傅學通等および謝雪紅一味の共産分子を非難し、軍警が綏靖（鎮撫平定）清郷（捜索、逮捕等を徹底して行うこと）せんとばかりにむやみに逮捕して殺戮したことに至っては、彼は「暴徒」の不法侵害への抵抗であり、社会秩序の維持および人民の生命財産の保障「のために行った必要できわめて妥当な行為[12]」であるとした。

総じて、責任は政府になく、軍警がとった措置は必要かつ正当なものだったとしている。許永徳は、歴史の傷口はすでにふさがっており、再び古傷を開く必要はなく、前を見て、未来の団結と和諧のために努力すべきだと重ねて強調した。このような認知の下、立法委員の黄煌雄、余政憲、張俊雄、尤清、許榮淑、呉勇雄等が政府に档案の開放、真相の調査、二二八事件に対する正式な謝罪、受難家族への慰問等を要求したのに対し、行政部門は原資料は破棄してしまい何も残っていないなどと言い逃れをしているのではなく、すぐには楊亮功よりも詳細な報告などできず、調査委員会を組織する必要はないと考えているのだという。在野の立法委員が政府に謝罪、家族への慰問を要求したのに対しては、役人は政府の謝罪問題など存在せず、政府は国民に対し一視同仁であり、受難家族に対して特別に慰問をする必要はないものと考えていると答えた。

李登輝執政初期の行政部門は依然として政府予算による事件の真相調査を拒否しており、政府の責任を検討するなど論外であった。全体的な政府方の論法は相変わらず共産党の二二八事件における役割を拡大解釈することにより、政府による公権力の不法執行という誤りを隠し、鎮圧は道理にかなっているとするものであった。真相と責任の帰属をはっきりさせることに至っては、政府方から見ればただ二二八問題を挑発するだけの、未来の国民同士一致団結しての進歩と和睦に何ら役に立たないことであるに過ぎなかった。李登輝の執政初期の二二八事件に対する発言は、身をかわすような感じのものだったが、政治的実力の角度から見ると、李の権力基盤は薄弱であり、さらには国民党内の次々とやってくる権力闘争にも直面せざるを得なかったので、李登輝がなぜ二二八事件に対して比較的消極的な態度をとり、時間による解決にゆだねたのかについては理解に難くないのである。[13]

## （二）真相究明の成果とその限界

一九九〇年三月、李登輝は第八代総統に当選し、権力の再組織の過程が安定した後、加えて一九八七年の二二八公義和平運動以来の社会与論による声援と政府への圧迫の下、[14]李の二二八事件処理における態度は積極的な方向へと転換した。一九九〇年六月二八日、李登輝は総統府資政の邱創煥と面談し、二二八事件の研究を行うことについて自らの意見を述べ、九月一九日、総統府資政邱創煥は総統府に「二二八事件初歩研析」報告を提出、総統府資料室档案および関係する既刊資料を一つにまとめ、政府はもはや「現実と向き合い、勇敢に問題を発掘し、問題を解決すべき」時にきており、二二八事件がもたらした心理的葛藤はいまだ消失しておらず、皆は時間の経過とともに記憶を薄めて前を見ることなどできないのだと強調し、当局はいつまでも逃げ回っていないで、現実と向き合わなければならないと忠告し、さらにはその解決方法を提示した。邱が提示した七点の提案は次の通り：

一、歴史の傷口は早期にふさがるように促されるべし。
二、政府は率直に、公正に、各方面の意見を重視するべし。
三、失踪人員の行方に関する調査方法を考える。
四、専門組織を立ち上げ、処理方法について立案する。
五、専門家を指定して客観的で、信頼性のある、完全なる史実を記述する。
六、専用の資料館あるいは資料室に資料を陳列する。
七、団結を呼びかけ、皆の共通な幸福を創造する。[15]

一九九〇年一〇月一五日、副総統の李元簇は秘書長蔣彦士、邱創煥、秘書長宋楚瑜、中国国民党党史会秦孝儀、行政院副院長施啓揚および総統府副秘書長邱進益を招集し、邱創煥が出した報告について意見交換し、以下のような結論を得、李登輝に報告された：

一、「二二八事件」においていかにして傷を癒すかに関しては、行政院に専門組織を立ち上げることを要請し、ならびに郝院長（郝柏村行政院長）自らがこれを主宰することを提案する。

二、邱資政の報告中に言及されている史実の記述担当人士張玉法、陳三井、賴澤涵、遲景德、李雲漢等五人全員を一時的に選び、それらを政院に提案する参考人名表となすが、ただしこれはあくまで「専業処理小組」（小組はタスク・グループ）により決定されるものとする。

三、将来もし二二八事件の犠牲者に対して哀悼の意を表するあるいは慰問することが決定したならば、その措辞はすべての犠牲者に及ぶものにすべきであり、省籍を分けず、身分を分けず、常に傷を癒すことを期し、二度と省籍による心理的葛藤を挑発するようなことがあってはならない。[16]

邱創煥の報告および政府高官の態度は、一九八九年四月二二日に内政部、国防部、法務部が立法院に提出した二二八事件経過専案報告と比べて、事件に対する認識および処理態度に明らかな変化がある。邱創煥は報告の中で呉濁流の『台湾連翹』、『無花果』から大量に語句を引用して台湾人の心理および感情の変化を説明し、「参考に値する」とし、さらには受難家族の林宗義、郭勝華が述べた悲痛な回想記述と要求をも引用しており、また、「民間は体系的な組織をもって事変に参与したのか」という問題の方面に関しては、事件の原因への理解および事件に対する善後処理問題に影響を与えるものであり、邱は陳儀が蔣介石に送った報告と電文を引用してはいるが、明らかに陳儀の二二八事件は計画的組織的反乱行為で、直接的に政権を奪取しようとするものだという見方には反対し、「なお全体性、体系性を欠く民間組織が、謀り、計画して発動した二二八事件」と見なしているが、共産党が事件の中でかなり重要な役割を演じたことは依然として認めており、ただその組織、成員は定まっておらず、有力な抗争を発動することはできなかったとしている。[17] 邱創煥の報告は国民党の二二八事件に対する観点をはっきり示しており、そこにはすでに変化が見られるのである。

### 一．行政院二二八事件専案小組

一九九〇年一一月二九日、行政院副院長の施啓揚は総統府副秘書長邱進益、行政院政務委員高銘輝、内政部部長許水徳、行政院秘書長王昭明および中華語文研習所所長何景賢等を招き集めて「二二八事件」の処理について話し合う専案小組の初めての会議を開き、以下の三点の結論を得るに至った：

一、当面の「二二八事件」に関する処理は、教訓を汲み取り、有効に省籍の心理的葛藤を取り除くことを本とすることを前提とする。ここに信頼感をはっきりと表すため、「二二八事件」の事実と経過情勢に関しては、客観的、公正な学者や専門家を招いて国内外の関係資料にもとづき、詳細で確実な真相報告を執筆し、もって政府の誠意を示すべきである。

二、張所長玉法、陳副所長三井、頼研究員澤涵、遅纂修景徳、李副主任委員雲漢、葉董事長明勲、陳董事長重光、何所長景賢等八人を招いて「行政院研究二二八事件小組」を組織し、研究報告の執筆の責を負うものとする。

三、二二八事件に関して碑を建設すべきか否かの問題について：「二二八事件」の処理においてすでに確定したところに鑑み、また事件から四十余年が経過していることから、受難者からの謝罪、名誉回復、賠償、救済等の要求に対する事項については、政府は考慮すべきではないものとする。碑の建設に関しては、専案小組会議の結論としては次のように提案する：政府の立場および社会与論からの反応の双方を顧慮し、「政府が主動で行うことはなく、民間による碑の建設は阻止しない」という原則を本として処理していくべきである。[18]

会議記録から分かるように、施啓揚が取り仕切る専案小組は、事実の経過報告を執筆するという提案に対して

008

㈠當前有關「二二八事件」之處理，應本汲取教訓、有效消弭省籍情節為前提。茲為昭公信，關於「二二八事件」之事實經過情形，宜邀請客觀、公正之學者專家根據國內外有關資料，撰寫一詳實之真相報告，以示政府之誠意。

㈡邀請張所長玉法、陳副所長三井、賴研究員澤涵、遲纂修景德、李副主任委員雲漢、葉董事長明勳、陳董事長重光及何所長景賢等八人組成「行政院研究二二八事件小組」，負責撰寫研究報告。

㈢關於二二八事件宜否立碑問題：鑒於「二二八事件」之處理早經確定，且事隔四十餘年，對於受難者家屬要求道歉、平反、賠償、撫卹等事項，政府不宜考慮。有關立碑事宜，專案小組會議結論建議：為兼

行政院 二

009

顧政府立場及社會輿論反應，似宜本「政府不主動、民間立碑不阻止」之原則處理。惟對此項原則，社會各界迭有反應，認為政府應以更積極之態度促成立碑事宜。專案小組預定於四月下旬再舉行會議，進一步研究立碑問題。

二、職遵於七十九年十二月十四日邀請上開葉董事長明勳等八人舉行第一次研究小組會議並推舉葉董事長明勳及陳董事長重光擔任研究小組召集人，以每月召開一次會議為原則。目前已召開會議四次，謹將其工作進行情形提報如左：

㈠訂定「二二八事件研究計畫」（附后），研究報告並預定於八十年九月底前完成初稿，八十一年元月十五日前定稿。

行政院 三

**図八−一　国民党政府が最初にとった「政府が主動で行うことはなく、民間による碑の建設は阻止しない」という原則**

出典：「本院研究『二二八事件』專業小組及其研究小組成立後工作進行概況」「二二八事件專案小組第一次～第八次會議紀錄案」『行政院』新北市：檔案管理局所蔵、所蔵番号：A300000000A/0080/内8-1-11/493/1/001 。

はまったく異議がなく、会議の決議を通った「行政院研究二二八事件小組」には、邱創煥が最初に提案した張玉法、陳三井、賴澤涵、遲景德、李雲漢等五人全員が入選し、行政院が招聘し（期間：一九九〇／一二／一—一九九二／二／二九）組織して研究小組に任命された。報告以外では、専案小組の二二八事件の処理に対する態度は保守的であり、謝罪、名誉回復、賠償、救済については一度も考慮に入れず、碑の建設に関しても態度を保留している。政府の最初の「誠意」とは、ただ一篇の研究報告に表されただけであった。

専案小組の構成員については、役人の代表は職務の異動および討論事項の重点により、時に変動し、一九九二年二月の研究報告公布時の構成員は、以下のようになっている。（表八—一）

## 二．研究報告の執筆経過

一九九〇年一二月一四日、施啓揚は葉明勳等八人を招いて第一回研究小組会議を行い、陳重光、葉明勳を研究小組の召集人として推挙した。陳と葉はそれぞれ本省人と外省人であり、研究小組の構成員は賴澤涵を除くと、ほとんどが中国近現代史を専門とする学者であり、中研院近史所および国民党党史会の人員を主体としていた。

**表八—一　専案小組のメンバー**

| 専案小組における職称 | 氏名 | 勤務機関および職称 |
|---|---|---|
| 召集人 | 施啓揚 | 行政院副院長 |
| 委員 | 王昭明 | 行政院秘書長 |
| | 何景賢 | 中華語文研習所所長 |
| | 林宗義 | 二二八関懐聯合会理事長、受難者家族代表 |
| | 呉伯雄 | 内政部部長 |
| | 邱進益 | 総統府副秘書長 |
| | 高銘輝 | 行政院政務委員 |
| | 陳重光 | 台湾電視公司董事長 |
| | 葉明勳 | 私立世界新聞伝播学院董事長 |

出典：頼澤涵、黄富三、黄秀政、呉文星、許雪姫『「二二八事件」研究報告』台北：時報文化出版公司、一九九四年、四七〇—四七一頁。

研究小組は諮問、協調ならびに報告の執筆に対する審査意見の提供の任を負い、[19] 頼澤涵を除いては研究報告の執筆には携わらず、また一九九一年一月、研究小組により呉文星、許雪姫、黄富三、黄秀政が招聘されて研究員を担当し、さらには人口学者の陳寛政と合わせて報告を執筆する工作小組を結成し、また葉明勳により当時すでに二二八事件に関する研究のあった頼澤涵が総主筆担当に推挙され、計画と予算編成も担当することとなった。報告執筆の日程としては、施啓揚と頼澤涵との協議の下、一年で完成させることが決まった。[20]

名義上、工作小組の人選は研究小組が自ら人を見つけて招聘するということになっており、[21] 聞くところでは工作小組の構成員名簿は研究小組と行政院の認可を通す必要があり、敷居の高さは教授クラスだが、最終的に参与した五名の学者は、誰一人それ以前には二二八事件の研究をしたことがなく、たとえば世界新聞伝播学院副教授の李筱峰のようにすでに二二八事件の研究をしていた研究者は、その内に含まれていなかった。[22] 頼澤涵は研究小組の第一回会議の際、

**表八—二　行政院研究二二八事件小組委員および工作小組（研究員）**

| | 小組内の職称 | 氏名 | 勤務機関および職称 |
|---|---|---|---|
| 研究小組 | 委員兼召集人 | 陳重光 | 台湾電視公司董事長 |
| | | 葉明勳 | 私立世界新聞伝播学院董事長 |
| | 委員 | 李雲漢 | 中国国民党中央委員会党史委員会代主任委員 |
| | | 何景賢 | 中華語文研習所所長 |
| | | 張玉法 | 中央研究院近代史研究所研究員 |
| | | 陳三井 | 中央研究院近代史研究所研究員兼所長 |
| | | 遅景徳 | 国史館纂修兼徴校処処長 |
| | | 賴澤涵（兼総主筆） | 中央研究院中山人文社会科学研究所研究員 |
| 工作小組 | 研究員 | 呉文星 | 国立台湾師範大学歴史学系教授 |
| | | 陳寛政 | 中央研究院中山人文社会科学研究所研究員、国立中正大学社会福利研究所所長 |
| | | 黄富三 | 国立台湾大学歴史学系教授 |
| | | 黄秀政 | 国立中興大学歴史研究所教授兼系所主任 |
| | | 許雪姫 | 中央研究院近代史研究所研究員 |
| | 兼任研究員 | 方惠芳 | 私立高雄医学院中国近代史講師 |
| | | 陳美妃 | 国立台北工専共同科講師 |
| | | 簡榮聰 | 台湾省文献委員会主任委員 |

出典：賴澤涵、黄富三、黄秀政、呉文星、許雪姫『二二八事件」研究報告』、四六七—四六九頁。

民間学者を招いて工作小組に加えることを提案し、何人かの名前を提出したのだが、認可されなかった[23]。

研究小組が提出した「二二八事件研究計画」[24]を見ると、第一項には基本原則が宣言されていて、報告は学術研究の精神を掌握し、客観性を求め、述べるところには根拠があり、なおかつ論文の執筆における基本要求に沿うものにするということが強調されている[25]。資料収集の方面では、とくにオーラルヒストリーを資料収集の第一項に掲げており、当時の党、行政、軍、警察、民意代表および受難家族等に取材すべきとしており、単に文字資料を参考にするだけでなく、同時に口述資料にも注意を向け、档案の見解との均衡をとったり対比を行ったりもし、台湾の歴史学界においては開かれた気風のさきがけであった[26]。文献材料の方面では、国内档案以外に、頼澤涵、黄富三、呉文星が中国、アメリカ、イギリスに収集に赴き、そこで交渉して資料を複写した。中でもイギリスの資料が比較的利用しやすく、南京の第二歴史档案館の二二八事件に関する資料は、該館と台湾の陳映真の人間出版社が合同出版したので、資料の取得は一度妨害に遭い、何も得られずに引き返したこともあった[27]。頼澤涵を通して該館と交渉後、許雪姫が一九九一年一二月末に南京にいき、大部分の資料を複写してもち帰り、一九九二年一月、頼澤涵が残りのおよそ十分の一の複写資料をもち帰ってきたので、研究報告の修正に大いに役に立った[28]。

研究計画の構成（研究計画は「工作項目」と呼ばれている）は以下のようになっている[29]：

一、事件発生の背景。
二、各地区での衝突：北部地区、新竹地区、中部地区、南部地区、東部地区。
三、政府および国軍の台湾到着後の処理経過。
四、各党、各団体のはたした役割および死傷者数（あるいは名簿）。
五、国内（政府、中共、民間）および国際与論。
六、結論。

ここから分かるように、この報告の重点はおもに事件経過の整理、政府および国軍の対応と鎮圧、台湾全土を視野に入れた事件中の状況を陳述することにあった。

研究報告は一九九二年一月一五日以前の完成を予定し、研究経費は二つの年度に分けて編成され、一九九一年度と一九九二年度は、それぞれ四〇〇万二千元、五九八万二千五百元であり、この内には国内外への出張および資料収集のための費用も含まれており、総経費予算は九九八万四千五百元であった[30]。

工作小組のメンバーは、章や節および研究責任区域に分かれるという方式で報告を執筆した[31]：

一．頼澤涵総主筆、事件の原因背景、国内外与論、総纂担当、個人および工作小組メンバーの研究成果を事件報告としてまとめる任を負う。同時に、研究小組メンバーの身分で、行政院専案小組の会議に出席し、執筆状況を報告する。

二．黄富三、北部地区（台北、桃園、新竹）。
三．黄秀政、中部地区（苗栗、台中、彰化、南投、雲林）。
四．呉文星、東部地区（基隆、宜蘭、花蓮、台東）。
五．許雪姫、南部地区（嘉義、台南、高雄、屏東、澎湖）。

資料収集の方面では、国内資料の他に、工作小組はアメリカのスタンフォード大学フーヴァー研究所、イギリスの国家档案館、中国の第二歴史档案館、廈門大学図書館等の国内外の大学あるいは史料収蔵機関にそれぞれ赴いて資料を収集し、さらには史料不足を補い政府档案の観点を均衡化させるため、研究員はそれぞれに分かれてたった数か月間で三〇〇人以上の人に訪問取材を行ったのであり[32]、被訪問者は受難者本人、目撃証人、ないし重要関係者を含み、それらを整理して約一二〇万字のオーラルヒストリーを作成した[33]。訪問取材と同時に個人から提供された戸籍、判決書、回想文等の資料も合わせて集めた。収集した資料は全部で五八九冊に上り、中研院近史所档案館に置かれて閲覧に供されている[34]。

## 三．報告執筆の困難と紆余曲折

工作小組メンバーが遭遇した最大の困難は、原稿を書き上げるまでに要する時間と経費の問題にあり、両者が相まって工作小組は一九九一年三月にようやく正式に動き出したのであるが、ただ一〇月末までに個人の研究報告を提出し、一一月に初稿を完成しなければならず、研究期間は一年足らずで、その間には機関に史料を出してもらうように掛け合ったり[35]、それぞれ各地に出向いてオーラルヒストリーの作成に従事したりしなければならなかったのである。多くの機関が資料提供においていい加減にあしらうようなところがあり[36]、とくに台湾省警備総司令部（以下、警備総部）の綏靖清郷に関する資料は延々と先延ばしされ、いくら催促しても届かなかった。総主筆の頼澤涵が記者会を開いて辞職する準備をしていた時[37]、警備総部は与論からの圧力を感じて、ついに六月下旬になってそれを提供し、政府方面の档案徴収の仕事が一歩進展した[38]。

全体的にいえば、档案材料は工作小組が赴いて選び取った警政署以外は、ただ受動的に機関が選んで送ってくれるのを待つより他はなく、また各機関も必ずしも工作小組がどんな材料を必要としているのか知っているわけではなく、ただ公文書名に「二二八」と入っているものを探して移送用の目印にするだけだったので、資料は整わなかった。たとえば警備総部档案についていえば、工作小組はそれが新たに改編されたものであり、しかも完全に提供されたわけではないことを発見したのであるが、档案の台帳と目録がない状況で、各機関がまだ他に提供すべき未提供の材料があるのか否かを照合して調べるのは困難であり[39]、しかたなくそれを受け入れるしかなかった。頼澤涵および研究員たちは皆政府各機関がいい加減にあしらう態度で工作小組の要求に応じている、あるいは部分的な資料をもち出して報告しているに過ぎないと感じていた[40]。その他、台湾省文献委員会（以下、台湾省文献会）は機関の自己本位主義にもとづいて、工作小組の資料収集における悩みを増やし、さらにはいわゆる「資料の争奪」という無意味なごたごたにも対処しなければならなかった[41]。

口述取材のほうも最初は順調にはいかず、受難者と受難家族は政府の委託を受けた工作小組に対して信用しておらず、政府方の来訪と聞くと、すぐに距離を置き、政府は「引蛇出洞」（蛇を穴から誘い出すこと）を行っているのではないかと心配しており、実際の行動で誠意を見せることを通して、また一部の受難家族による仲介等の別の社会関係を通して、はじめて最低限の信任を得ることができたのである。信任問題以外でも、一九八八年にすでに二二八事件の口述取材を行い始めていた台湾省文献会（現在は国史館台湾文献館）は、被取材者名簿と取材成果の提供に積極的に協力したがらず、取材は現有の成果に新たに上書きをする計画ができなくなってしまった。台湾省文献会は報告の初稿が完成する直前に至ってようやく「二二八事件文献輯録」という口述取材記録を送ってよこして参照に供したのである。繰り返し取材を受けた当事者からの、政府機関が何度も「擾民」（市民生活に影響をおよぼす）の挙に出たことに対する遠回しな批判も、無いわけではなかった[42]。警政署は比較的資料提供に協力的な機関であり、その提供する資料はもとの省警務処の資料が主体であったのだが、文献会の人員は省議員を通しての質疑の際に省警務処に向けて圧力をかけ、これは省方の材料であるので、台湾省文献会に引き渡して利用すべきだとした[43]。たとえ行政院レベルの工作小組が報告を執筆するのだとしても、やはり政府方の資料を「争奪」する、あるいは材料はまず先に自分で「使用して」

から後のことを考えるという状況に直面せざるを得なかった[44]。

取材を受けた人の族群比率についていえば、外省籍はきわめて少なく、また「外省籍人士は心に懸念を抱いており、大半は自ら立ち上がって証言をしたがらないし、取材稿に対してもことのほか慎重で、いつも最初の草稿を全部修正し、甚だしきに至っては多くの重要な部分を全部削除してしまうのである」[45]。その他に残念なのは、当時の中央通訊社駐台主任の葉明勲が一貫して工作小組による正式取材を受けたがらなかったことであり、葉は二二八事件の重要な関係者であって、当時の役人、新聞社、雑誌社および人間関係やネットワークについても熟知しているのであるが、系統立った口述取材に対してはその多くが遠回しに拒絶された[46]。

研究報告の執筆過程においては、まだいくつかエピソードがある。おもなものとしては二二八民間研究小組および社会人士批評研究小組が档案を独占、封鎖したということがあったが[47]、しかし研究小組の考えとしては研究が外からの干渉を受けるのを避けるということだった[48]。林宗義はまた行政院副院長の施啓揚に向けて書簡で研究小組の「独占的作風」を指摘したことがあった[49]。施啓揚がすぐに工作小組による報告初稿の完成後、档案資料は報告公布後対外公開して閲覧使用に供すると決定したにも関わらず、行政院の二二八専案小組のメンバーが報告を査読する際は、まず先に中研院近史所档案館へいって閲覧しなければならなかった[50]。行政院は懸念を一掃しようと試みたが、官民が互いに十分に信頼し合っていないような状況の下、工作小組は報告執筆の後にも、なお家族、社会、ひいては学界からの報告の公平性と完全性を問う圧力、さらには同時に史料を開放しなかったという批判[51]、すなわち民間と政府方からの、学術と政治の圧力を受けなければならなかったのである[52]。

## 四．研究報告初稿の審査

一九九一年一一月、工作小組が完成させた報告の草稿を研究小組に送って査読した際、問題点は事件の関係者等の責任問題、そして行政院専案小組が研究報告を定稿にする過程での態度の上に集中した。

一九九二年一月九日、研究小組は第二回審査会議を開き、分章審査、すなわち研究小組委員が章節を分担して校正審査することを採択した。総主筆と二名の召集人が見ない以外は、李雲漢が「前言」、第一章「事件の背景」および第六章「結論」：陳三井が第二章「事件の勃発と衝突の拡大」：何景賢が第三章「政府の対応と事件の収束」：張玉法が第四章「死傷者と被害状況」：遲景徳が第五章「当時の救済」の審査をそれぞれ担当した。工作小組は研究小組の意見にもとづき、つごう六、七回原稿を修正した。[53]

内部審査の他に、本文が完成した後、賴澤涵はそれぞれ中央研究院院士およびアメリカ・ピッツバーグ大学の許倬雲、台湾大学政治学系の胡佛、政治大学歴史学系客座教授の戴國煇、中央研究院経済所研究員の劉翠溶、アメリカ・デューク大学アジア太平洋研究センター主任の林南、アメリカ・スタンフォード大学フーヴァー研究所研究員の張富美、および世界新聞伝播学院の李筱峰等七名の専門家に分配して意見を表し、言葉、内容、資料と観点に対して査読を行った。張富美、李筱峰の外部からの審査意見は、研究小組の審査意見の均衡をとり、工作小組が報告を修正する際の柔軟性と空間を広げるのに役立った。[54]

研究小組の「上級機関」として、一九九二年一月三日、行政院専案小組は第四回会議において、研究報告の執筆と審査について、以下のような原則的な提案を得た[55]：

一．研究報告は公正、客観的で超然たる立場を本とし、史実にもとづいて二二八事件の事実真相を記述すべきであり、直接判断や意見を加える、あるいは提案をするというようなことをしてはならない。

二．研究報告は八十一年二月一日に本専案小組に送られ、次のような方式で処理するものとする：

（一）専案小組は速やかに会議を開き研究報告の内容を検討する。

（二）専案小組は原則上研究小組が完成させた報告を尊重し、その中に引用されている人物、時間、場所、物、事柄が明らかに史実と食い違っていて、訂正が必要な場合を除き、専案小組は報告の内容を尊重し、いかなる修正も行わない。

（三）専案小組がもし報告内容に対して別に具体的な補足意見を有するならば、研究報告本文の後に説明をつける。

三　研究報告が八十一年二月二十八日までに正式に対外に公布後、その档案資料の公開方式、公開陳列地点および管理等のことは、事前に計画を立てるべきであり、研究小組はこれを詳しく検討されたい。

結論の第一点はおそらく専案小組召集人の施啓揚からの要求であり、研究報告はただ事件の経過を記述し、そこに判断や意見を差し挟んではならないとするものである。メディアの報道によると、施啓揚は、事件の責任あるいは是非の判断に関しては、「裁判所あるいは読者によってなされるべき」[56]であると指摘し、これは中立的な学術報告であると見なしている。[57]一九九二年一月三一日、頼澤涵は行政院専案小組第五回会議に出席した際、報告の第五稿は委員にもち帰って詳読してもらうことを提案し、もし補充や修正の意見がある場合は、直接研究小組に送ってもらい「斟酌する」と表明した。[58]二月二一日、研究小組召集人の陳重光、葉明勲は研究報告本文上下二冊と附録十冊を院に送付した。二月二二日、行政院専案小組会議の審査に通り、本文の修正なしに、正式に対外に公布され、合わせて研究報告が正式に出版される以前に、もし各界に意見があり、確実に証言者がいるのであれば、中研院近史所に送り、頼澤涵教授に斟酌して修正してもらうことが可能であるとした。[59]

一九九二年二月二二日午後、行政院は研究報告公布の記者説明会を行い、研究報告は国民党政府による従来の暴動反乱と共産党がそそのかしたという観点からの二二八事件解釈を覆し、またはじめて二二八事件の受難エリートが殺された「罪名」を、社会の大衆に公布して知らしめたのであり、さらには何人かの軍人や政治家の行動等も検討し、もはや過去の政府方の二二八事件に関する論調を覆し、与論からの是認を勝ち得たのである。[60]

研究報告では二度と受難者を暴徒と形容することはなく、二二八関懐聯合会の受難家族からの是認を得たのであるが、ただ事件の中で失踪した祖先がなぜ捕まり、なぜ殺されたのか、遺体はどこに捨てられたのかに対しては、報告の中で説明しておらず、これは家族の落胆しまた受け入れがたい部分となっており、[61]そして事件後の清郷、長期戒厳令下での白色テロの、台湾の人心、政治、経済、文化および省籍の心理的葛藤に対する影響についても、報告の中では論及されていなかったのである。[62]

名士や著名人以外の、個別の当事者ないし政府の「綏靖」（鎮圧行動）による死傷者あるいはその他のかたちで被害に遭った被害者数は、資料が限られており法の外での鎮圧だったという制限があることによって、研究報告では十分に処理することができず、ただ例をあげる方式での説明しかできなかった。全体の死亡者数に対しては陳寛政により有限の統計数字を用いて人口学推計が行われ、一万八〇〇〇～二万八〇〇〇人という数字を得たのであるが、これについて頼澤涵は公布報告記者会において「すでに現在用いることができるあらゆる方法を尽くして得ることができたもっとも正確な数字である」[63]といい、そして報告の中には明確に、この推計された人数は戦後の復員および戸籍制度の移行によるものであり、これらの数字が二二八事件の死亡者数であると確定することはできないと書かれていた。[64]総じて研究報告は死亡者数について何も具体的に明かしていないのである。研究報告では戸籍資料から着手するということが死亡者数を確定する一つの方法であることが提示されているのだが、ただ仕事は膨大であり、短期間に実現するのはけっして容易ではない。[65]実際、戸籍資料は死因の記載がはっきりしておらず、もし失踪人数の届け出、あるいは死亡時間が参考にできないとなれば、主動的な調査が正確な数字を得られるとはかぎらないのである。

行政院の専案小組は研究報告では提案を出してはならないとしたが、ただ報告の結論ではやはり家族が数十年来経験してきた悪夢と内心の悲痛が強調されており、政府には「当時の鎮圧行動における過失の責を逃れることなく、無辜の受難者に対しては手厚く哀悼と救済の手を差し伸べる」ことを期待し、さらに報告書の註釈には、二四二名の被取材者の政府が二二八事件を処理するに当たっての提案が付録として付けられていて、政府が問題を解決する際の参考とされており、最初の五項目はそれぞれ：碑の建設あるいは紀念館、賠償、名誉回復ならびに審理の打ち切り、政府の謝罪、事実と真相の公布となっている。[66]後の白色テロと比べると、二二八事件においては少なくとも研究報告が先行し、方策を決定する参考を提供して、政府が二二八事件を解決する発端となり、総統の李登輝が政府を代表して謝罪、碑の建設、賠償、救済、名誉回復に応じるか否かと一々注目されたのである。家族が結成した二二八関懐聯合会、二二八和平日促進会はこの報告を力点とし、政府に対してより強力なアピールを行ったのであり、また政府に賠償を要求する立論の基礎の一つにもなった[67]。

### 五．事件の当事者に対する「検討」

外部の人々が関心をもつ責任問題については、研究報告執筆時に、たとえば林宗義等の受難者家族が報告が出る際には、家族の受難の理由および誰が責任を負うべきかについての説明がなされることを希望すると表明していた[68]。

一九九一年一二月九日の研究小組第一回審査報告初稿では、蔣介石、陳儀、柯遠芬、彭孟緝の四人は「免れることができない行政責任」があると見なし、さらに柯遠芬は「刑事責任は重大であり、罪を免れ得ない」と指摘していた。しかし、研究小組メンバーの李雲漢は我々は裁判官ではないのに、どうやって刑事責任を判定するのかとすぐに疑問を呈した。だが、工作小組は研究小組メンバーの反応に対しては、すでに予測、推断済みだったのであり、そこで報告初稿の結論においては、事件の責任問題に関する部分に感性的な表現を多用しており、実はこれは責任問題に関する論述のぎりぎりのラインがどこにあるのかを探ろうとしたものだったのである[69]。

専案小組は研究報告初稿およびどのようにして档案を公開するかの問題に対しては、研究小組の意見をかなり尊重し、仕事の進行には干渉せず、改稿もしなかったといえるが、ただ副院長の施啓揚の発言、ないしは上述の行政院専案小組第四回会議の結論は、どちらにも濃厚な暗示的意味が含まれており、すなわち報告の中では責任問題を論じてはならないということである。

研究小組の厳しい審査を通過するために、工作小組は蔣介石、陳儀、柯遠芬、彭孟緝、張慕陶の処置方法と対処時の態度について検討する際、档案資料の原文を差し挟む筆法を採用し、観点を伝達して、審査人の潤色あるいは改正する余地を減らすようにした。たとえば報告結論の第何回目かの初稿では彭孟緝についてもともとは民間に知られる高雄の虐殺者から始まり、彭孟緝は「事変の中で一部の台湾人を虐殺した責任を負うべきで、疑問の余地はない」と述べたのだが、定稿として修正された際には彭の自己回想録を引用して「在外の君命を一部顧みずに」、断固たる鎮圧の手段をとったとし、さらに政

表八―三　二二八事件研究報告初稿、定稿、出版された本文の、結論における彭孟緝についての叙述

| 初稿（第何回目かは不明） | 定稿（一九九二） | 出版（一九九四） |
| --- | --- | --- |
| 高雄地区においては、要塞司令彭孟緝が強硬迅速な行動によって、派兵し鎮圧した。この挙は混乱した不安定な局面を収束させるのには有効であったが、彭氏は警備総司令陳儀の下した和平解決の命令を顧みず、高雄市政府、駅、高雄第一中学等民衆が集まる場所を断固として攻撃し、誰彼かまわず無分別に掃射し、多くの無辜の民衆を殺傷し、それによって長く癒えることのない傷跡を残した。 | 事変発生当時の高雄要塞司令彭孟緝は、「在外の君命を一部顧みずに」、断固たる鎮圧の手段をとり、南部の争乱の拡大を防いだ。政府の立場についていえば、彭氏の功績は甚だ大きい；しかしながら高雄市民から見ると、良莠の区別なく、善悪の区別なく、みだりに掃射し、大量殺傷を為すに至ったのは、確かに批判されるべきところがある。当時陳儀は彭氏に政治方式にしたがって解決するように命じており、さらに「電報を受けたら速やかに兵を引き、治安を回復し、規律を遵守すること。……さもなくば該員は本事件を引き起こした張本人としての責を負うべきである」と厳しく命令した。しかし彭氏は当時民間の代表が要塞司令部にやってきて武装解除を要求したのを、軍人にとってこの上もない恥辱と見なし、また今回の事変がただ「一部の台湾同胞による一時の衝動」だということを理解していなかった。事件後、政府は彼を台湾警備司令に抜擢したことで、民間のさらなる不満と怨恨を引き起こした。 | 事変発生当時の高雄要塞司令彭孟緝は、三月六日午後二時に断固たる鎮圧の手段をとり、南部の争乱の拡大を防いだ。政府の立場についていえば、彭氏の功績は甚だ大きい；しかしながら高雄市民から見ると、彭氏の命令による鎮圧は、軍人が無差別に掃射し、民衆の大量殺傷をもたらしたものであり、確かに粗忽で批判されるべきところがある。事件後、政府は彼を台湾警備司令に抜擢したことで、さらに民間の深刻な恐怖と不安を引き起こした。 |

出典：「二二八文献及研究」『國史館』新北市：檔案管理局所蔵、所蔵番号：A202000000A/0079/221202.69/1。頼澤涵、黄富三、黄秀政、呉文星、許雪姫『「二二八事件」研究報告』、四一〇―四一一頁。

府方の彭に対する「称賛」によって釣り合いをとり、彭孟緝を「確かに批判されるところがある」と評して、審査を通過したのである（次の表を参照）。

一九九二年一二月、施啓揚が研究報告を彭孟緝に送って意見を求めた際、彭孟緝は李登輝に手紙を書いて「高雄の部分に関しては、内容の多くが事実と異なり、少しも根拠がなく、ただ言い伝えにもとづいているのみであり、とくに職務に対する評価については、完全に作り話であり、公平さに欠けるように思う」[70]と述べた。彭孟緝は研究報告が下した評価に不満であり、自身に間違いがあったとは認めず、報告内容を訂正するように要求した[71]。行政院は彭の意見を工作小組に伝えたが、工作小組は林則彬が高雄市市長黄仲圖「高雄市二二八事変報告書」を送って寄こしたので彭孟緝を受け入れず、ようやく「思い」ついたのが黄市長の要求に応じて派兵し下山して鎮圧したという言い方であった。工作小組の反応は次のようなものである：彭孟緝の役割と責任に関しては、「文章をいくぶん修正したが、歴史事実の部分に関しては変わらず事実に照らし合わせて述べてあり」[72]、彭の要求に応じて核心的論点を訂正するなどということはしていない。

柯遠芬の部分は、初稿ではもともと「刑事責任は重大であり、罪を免れ得ない」としており、修正時には白崇禧のいう柯氏の「みだりに九十九人を殺すより、むしろ確実な相手を一人殺せばそれでいい」という心理状態を引用している：そして白崇禧が档案の中で柯を批判した際の「事を処理するに性急で、職権を濫用し、今回の事変に対する措置には多くの不適切な点があり、その上生まれつき頑固で、悔い改めることを知らない」という表現によって、白崇禧の口を借りて柯の責任を指摘しており、それにより報告の柯に対する「下心がきわめて不当である」という評価も審査を通過することができたのである[73]。

行政院の二二八事件研究報告は、ただ「事実の真相を説明することのみを目的とし、責任の所在を判別する意図はなかったのであるが、数名の鍵となる人物の所作については、検討せざるを得なかった」[74]。「責任帰属」を判断する意図はなく、「誰が元凶か」を論証して導き出すこともできなかったのであるが[75]、ただ工作小組は別の方式を用いてそれを表したのであり、賴澤涵は「しっかりと報告を読み込んでくれれば、執筆者の苦心が理解できるでしょう」[76]と述べている。報告は順番に陳儀、柯遠芬、彭孟緝、張慕陶および蔣介石を検討しているのであるが、その意義という面から見れば、これは政府方がはじめて学術研究の規格により、政府役人の責任を検討したものであり、蔣介石も含め、二重否定の筆法で、蔣は「監督不行き届きの咎があるといわざるを得ない」、「確かに考えが行き届いていないところがあった」――軍務に忙殺され、調査確認する暇もなく、過度に陳儀を信任し、陳儀からの出兵要求を受け入れた：蔣は状況を理解した後、保安維持の掃討による報復という規律違反事件に対して、重ねて規律を述べたが、結局は不法行為の発生を防ぐことができず、台湾籍官僚からの職務怠慢者に対する処罰という提案も、蔣は聞き入れることができなかったとした。[77]

一九九三年五月一七日、行政院副院長の徐立徳により開かれた行政院研究二二八事件専案小組第九回会議は、当日の会議で二二八事件処理条例草案が討論された以外は、すなわち賴澤涵による二二八事件研究報告公布後各界からの意見の処理に関する状況報告に対する処理であり、会議の中では、賴澤涵は学術研究の精神を掌握し、あらゆる意見を公正に斟酌し、証言者を確保して、証拠を得て報告を修正した以外に、参考にできる人の名を適宜報告の付録にリストアップしたと決議された。その他外部の報告に対する需要が非常に高かったので、新聞局はできるだけ速やかに出版に関する事柄を処理し、さらに民間の出版社から出版するように命じた。報告の公布後、前研究小組のメンバーがもし訴訟に巻き込まれるようなことが発生したならば、訴訟費用を援助すべしとした（筆者注：当時蔣渭川の娘蔣梨雲が施啓揚、賴澤涵、黄富三を提訴するということが起こっていた）。

行政院が工作小組にわたした計四六通あまりの各界の意見に関しては、工作小組はまず許雪姫を指名して回答の初稿を執筆させ、それから研究、専案小組にもち込んで討論した。工作小組は報告が中共の陰謀を強調していないとする手紙で送られてきた指摘に対して、工作小組は中共は当時まだ「介入する力がなく」、台共の謝雪紅の活動は台中一帯に限られており、「影響力は限定的で、これは二二八事件発生の重要な要因ではない」と見なしている。報告が外省人の受難情況についてとりあげていないという指摘に対しては、工作小組の回答は外省人の被害に遭った資料は少なく、政府が提供する資料ですらそのような状況なのであるが、本省人の受難経過に関するものに至っては比較的たくさんあり、過去において政府方および档案はみな一律に彼らのことを「暴徒」と呼び、すべては「絶対的に正しい政府」から二二八事件を見たものであるが、工作小組は受難者およびその家族はすでに四十余年「恥を忍んで冤罪を負う」状況にあったと見なしており、その上証拠となる資料を提出されたので、書かない理由はなかったとした。また当時の行政長官公署は、外省人主体の公教人員に対しては見舞金の額は少ないものの速やかかつ適切な救済措置をすでに施しているのである。総じていえば、工作小組は報告公布後のこの一年は、おもに新たに見つかったあるいは新たに出された各種史料（新聞、雑誌、学術論文を含む）、採取できたオーラルヒストリーおよび採集資料に対象をしぼり、内容の増補、修正をし、文中の間違いを最小限に減らし、もちろんそこには誤字の修正、およびいくぶん味わい深い「文辞修飾」も含まれていた。[78]

注意すべきこととしては、今回の会議記録に差し挟まれている研究報告「結論」の本文は、数名の鍵となる人物の行為について検討したものであるが、蒋介石の責任に関する論述はすでに体裁を為しておらず、大部分の内容が引き抜かれており、さらには蒋介石の役割については在台情報治安組織メンバーによる事件の誇張、大げさな宣伝のひどさに対して批判する叙述の文脈中に置かれ、その「結果、蒋主席は事態が深刻であると見なし、そこで陸軍再編第二十一師団を編制して台湾に派遣し反乱を平定したのである：また蒋主席は再三台湾人民に対して報復を加えてはならないと厳命していたが、配下の者たちは結局命に従うことができなかった」。[79] それで一九九四年二月二〇日に行政院が時報文化から『二二八事件研究報告』を正式に出版した際、蒋介石の責任の部分は初版一刷では一段まるごと消失しており、そして一九九二年の行政院報告結論になかった一段が捕捉され、それによって事件発生原因の主観的客観的要因論を説明しており、二二八事件の悲劇は「主政者の完全に制御し得るものではなかった」とした。[80] しかし、同年三月二五日の初版第二刷ではそれが元に戻されているのが見うけられる[81]——報告のもっとも重要な結論にさえこのような調整がなされていてそれで「初版」といえるのだろうか？このように、一九九二年に公布された行政院報告と一九九四年に政府が民間に権限を授けて発行された版本との間には差異があり、当時蒋介石の責任を論じることがいかに難しかったかということが分かる。

図八−二　行政院二二八事件研究報告の原本と出版發行本

出典：行政院研究「二二八事件」小組『「二二八事件」研究報告（下）』および賴澤涵、黃富三、黃秀政、吳文星、許雪姬『「二二八事件」研究報告』の近影、筆者提供。

## （三）謝罪紀念と立法賠償

### 一．碑の建設および碑文争議

前述の通り、一九九〇年一一月二九日の行政院専案小組の最初の会議では、委員は政府役人や親国民党人士ではなかったのであり、政府にも配慮するという立場の下、専案小組は報告の執筆以外の処理事項に対しては、大抵消極的な態度をもっていた。会議記録が示しているように、ほとんどの委員は幅広く討論する際、碑の建設に関する建議を棚上げにし、碑の建設をしても家族の要求を満足させることはできないと見なしており、「下心のある人士は必然的に毎年二月二十八日をもって『紀念』とし、それによって抗争および省籍コンプレックスを挑発し、ひいては随時口実をもうけては集会を開き、歴史の傷口をさらに塞ぎ難くし、社会秩序をさらに不安定にするのである」。会議出席者の多数の意見は政府は家族の要求する謝罪、名誉回復、賠償、救済等の事柄を考慮すべきではないとするものだった：碑の建設に関しては「政府が主動で行うことはなく、民間による碑の建設は阻止しない」という消極原則が採択された[82]。この点についての会議記録が公にされると、民間は政府は過度に守勢に回っていると見なし、施啓揚ですら郝柏村に送った報告においてこれをとり上げて次のように述べたのである：「この原則に対してだけは、社会の各界からしばしば反応があり、政府はもっと積極的な態度で碑の建設の仕事を促進すべきだというのだ」[83]。

一九九一年三月四日、李登輝は総統の身分として、林宗義等七名の二二八事件受難者家族代表と接見したのであるが、これは二二八事件受難者家族にとって心の壁を打ち破り、社会に向かって二二八事件での苦難の経験を述べることができるということで、一つの目標的な意義をもつことであった——総統府で総統と二二八事件について語ることができるのであれば、他にどこでそれが不可能だというのであろうか[84]。李登輝もその場で二二八事件受難者および家族が代表を出して行政院の二二八専案小組に加えるということを承諾し、二二八受難者及家属聯合会等備会の二五名のメンバーが林宗義を代表に推挙し、三月二五日に李登輝が林宗義を専案小組に入れることを書面で指示して、総統府秘書長蔣彦士により行政院副院長施啓揚へとそれが伝達されて適切に処理されたのである[85]。李登輝のこの度の行動は、行政部門に対し、政府が二二八事件処理の措置を行う際にはもはや家族の意見を考慮せざるを得ないという示唆を与えるものであった。

四月三〇日に行政院は第二回専案小組会議を開いたのであるが[86]、そこでの専案小組の碑の建設に対する態度は、最初の会議での保守的な態度から一新され、政府主動で民間人士を招いて共同で碑を建てることが提案されたのだが、ただ碑の建設の目的は国民の団結を促進し、「省籍コンプレックスを取り除き」、共同で未来を切り開くためであり、「受難者家族に向けての謝罪の意味ではない」とした[87]。要するに、碑の建設は政府の謝罪とイコールではなく、政府が民間人士を招いて共同で参与するものであり、政府による一方向からの仕事ではないのである。

一九九一年一一月七日の行政院第三回専案小組会議において結論が出され、政府が二二八事件を処理する際の誠意と責任ある態度を示すために、決議では行政院に行政手続きによって院長に決済の承認を得た後にそれを総統に報告することを要請し、碑の建設の経費は政府と民間による共同の援助により、民間の寄付以外に、政府によって予算に算入されるべきであるとした。[88]

政府が二二八事件の受難者に対して賠償をすべきかどうかに関しては、専案小組は最初定説がなかったのであるが、[89]碑の建設に対しては、行政院の二二八事件専案小組は林宗義の加入後、小組の決議がすぐに転向し、研究報告がまだ出される以前の、一九九一年一一月七日にはすでに原則として二二八事件の紀念碑を建立することが決定しており、[90]一一月六日に李登輝総統に報告し承認されている。計画組織は二二八建碑委員会を立ち上げ、紀念碑のデザインの選定および施工建設に関する計画を担当することとなった。

一九九二年二月二六日、二二八紀念碑の計画と建設の仕事はとても順調に進み、陳重光（一九九二年四月に元の召集人邱創煥が辞職を申し出たため、五月から陳重光が後任になった）と林宗義がそれぞれ正副召集人に就任し、葉明勲、呉伯雄、黄大洲、翁修恭、周聯華、廖徳政、漢寶徳、陳豫が、政府と民間共同による二二八建碑委員会を組織し、台北新公園に建設するものとして、二八二点の作品から、王俊雄、鄭自財設計：陳振豊、張安清協同設計の作品が選ばれ、一九九三年五月七日に設計デザインが査定、公表され、一九九四年二月二八日に起工、一九九五年二月

図八−三　一九九五年二月二八日、二二八紀念碑落成、李登輝総統が政府を代表して受難者家族および国民に向けて謝罪する。
出典：「李登輝底片資料輯集—民國八十四年二月」『李登輝總統文物』台北市：國史館所蔵、所蔵番号：007-030207-00058-037。

二八日に完成ならびに落成式を行う見込みとなった。紀念碑本体はすでに決定した日程に従い推し進められたのだが、ただ紀念碑が落成した際には、「有碑無文（碑があっても文がない）」状態であった。

一九九四年九月一七日、二二八建碑委員会は行政院研究二二八事件専案小組に書面で要請して碑文を提供したのであるが、行政院はなお建碑委員会に自ら学者や専門家を見つけて初稿を起草してもらい、それから専案小組会議に提出し討論するということを要求した。[91] しかし葉明勲等四名の専門家や学者の書いた碑文初稿はすでに行政院長に送られて査定されているにも関わらず、その内容が多くの受難家族の強い反対を引き起こしたのである。一九九五年一月九日、建碑委員会副召集人の林宗義は召集人の陳重光に書簡を送った際、碑文を指して「重きを避け軽きに就いたようであり」、他の県市の碑文内容とはかなりの食い違いがあり、[92]「実際弟およびその他の家族代表のために受け入れられるようなものではない」と述べた。一月二三日、林宗義は行政院長の連戦に書簡を送り、碑文の原稿はすでに多くの家族の反対を引き起こしており、もしこのままこれを碑に刻むならば、「必然的に家族を抗争行動に向かわせざるを得ない」と述べた。[93] 碑文の初稿を見ると、ただ事件背景の原因について述べた際においてのみ陳儀をとりあげており、陳儀の施政は官民の意思疎通を欠いており、それによってわだかまりができたと非難しているが、その他の段落においては関係責任者の名前が見当たらず、事件に対する認識は行政院研究報告の成果をほとんど反映しておらず、二二八事件に対する認識は後退しており、家族からの強い抗議を引き起こすのももっともである：

民国三十六年二月二十七日、台北市延平北路において闇タバコ販売の取り締まり中に誤って人にけがをさせるという事件が発生し、それが即座に抗争の導火線となった。翌日、群衆がデモ行進をし、甚だしきは至る所で人を見つけては暴力をふるったり暴言を吐くなどし、秩序が大きく乱れ、台北から全省へと広がり、ほとんど収拾不可能となるに至った。三月八日、国軍が台湾に到着して綏靖した、その間あるいは誤報が原因となり、執法が度を越えてしまい、捕らえられて刑に処せられたもしくは殺害された者は、多くの場所で存在し、その中でもっとも人に精神的に耐えがたいと思わせるのは、同類相助け異分子を攻撃し、恣意的に巻き添えになり、罪のない人に災いが及び、冤罪を晴らすことができなかったことである。代々語られてきたこうした出来事には、永遠の遺恨をもたらさないものはないのである。戒厳令の解除後、政府は受難家族に配慮し、歴史の傷跡を取り除くため、行政院は七十九年十一月二十九日に二二八事件専案小組を立ち上げ……二二八建碑委員会を組織し、碑の建立を計画し、その意図は哀悼の貫徹、慰藉、和諧、寛容、公義、光明、団結への願いにあり……碑の建設地点は……鍬入れの式典は……。うやうやしくこれらの民を追想し……互いに殺し合ったことをどうして許せるだろうか……後からくる者には、歴史の教訓を恐れ、前の失敗を薬とし、睦まじく互いに励まし合って、後代の子孫の役に立つことを所望するものである。[94]

この碑文を見ると、まず各地の士紳による問題の平和的解決への努力が無視されており、「先に暴動、後に鎮圧」という印象を人に与え、しかも当局の武力鎮圧を厳しく責めることなく、工夫を凝らして抗争と無辜の者を区別し、無辜の一面を強調しているが、重要なのは碑文に一人の名前も見当たらないことである。末尾にはジャンプカット方式で、大半の部分を用いて国民党政府が一九九〇年代はじめにすでに民間の二二八事件再審理に対する声が抑えきれなくなったところで行った各種「臨機応変」の仕事について述べ[95]、国民党政府の「貢献」を強調している。これも、たとえ国家級の研究報告が出されようと、新たに歴史認識を修正できるとはかぎらず、またそれが共通の歴史記憶の基礎になれるともかぎらず、少しでも注意を欠くと後退してしまったり、ひどい場合は反転してしまったりするのだということを物語っている。

受難者からの強い不満の下、一九九五年二月一四日、紀念碑が落成竣工し使用を開始する前夜に、建碑委員会は次のような決議を出した：碑文に関しては建碑工程任務には含めず、碑文の処理は前に二二八事件研究報告を執筆した行政院二二八事件研究小組に要請することとする。[96] それゆえ紀念碑落成式典当日、李登輝総統は国家元首の身分で、「政府が犯した過ちを引き受け」、心からの謝罪の意を述べた時も、「有碑無文（碑があっても文がない）」状況となっており、碑文が設置されるべき位置にはただ「二二八紀念碑」の文字が刻まれ、ただ碑の識別を表しているだけの状態であった。[97]

紀念碑管理の責務を引き継いだ台北市政府は、碑文が空席になっている状況に対して、行政院は碑文が懸案となっていて未解決のままである問題を処理するようにと積極的に要求した。一九九六年、財団法人二二八事件紀念基金会（以下、二二八基金会）と北市府が二二八事件の紀念式典を挙行した際、市長の陳水扁はあいさつの中で「紀念碑が有碑無文（碑があっても文がない）のは、とある機関がそれをしないのであり、来年は『二二八事件』五十周年なので、台北市政府は必ず碑文の仕事を完遂しなければならない」と述べた。台北政市府の台北二二八紀念館の開館を間近にひかえ、台北市政府工務局公園路灯管理処は二二八基金会になるべく早く碑文の研究と準備を整えるように要求した。民間および台北政市府の要求に応じるため、一九九六年四月九日、ついに二二八基金会により行政院に処理方式を示すように報告と申請が行われた。[98] 行政院二二八研究小組は報告公布後組織としての任務を終えており、加えて「二二八事件処理及補償条例」がすでに公布、施行（一九九五年四月七日だと思われる）されていることから、行政院は碑文は二二八基金会の法定業務職権に属する事柄であると見なし、基金会は二二八事件処理及補償条例規定の意図にもとづき、職権にもとづいて直接処理し、[99] 基金会が碑文の新たな執筆を担当するようにと指示したのである。

一九九六年六月二四日、二二八基金会第九回董監事会議の決議により、紀念碑碑文の編集と執筆は七名の董事（翁修恭、頼澤涵、張秋梧、林宗義、林豊正、葉明勲、楊朝祥）からなる碑文小組を設立し、翁修恭が小組の召集人を担当して、碑文の最初の審査に当たり、学者や専門家を招いて執筆小組を設立するということになった。この中で頼澤涵、林宗義、張秋梧は執筆小組当然委員であり、最後に選出されて抽選および繰り上げ補充を経て選ばれた張忠棟、黄富三、呉文星、鄭欽仁等四名は、碑文の執筆と準備を担当することになった。四名の教授は二二八基金会が収集した意見および各地の碑文を参考に、各自一篇ずつ執筆し、張忠棟が整理してさらにそこから良いものを取り出し、黄富三が新たに修正した碑文を版本として、一篇にまとめ、それを碑文小組と執筆小組が共同で討論し、文字を推敲し、文を斟酌するというかたちで行った。

何度も討論をしてきた中で中心となった問題点は「国民政府主席蒋介石は仔細に調査する暇もなく、即座に台湾に派兵して鎮圧した」という叙述の中で、「主席蒋介石」を碑文に入れるか否かということであり、一九九六年一〇月三日の碑文小組、執筆小組第二回聯席会議上での採決を経て[100]、それを残すこと、削除しないことが決定したのであるが、考慮した点は過失責任の帰属は、史実に忠実であるべきであり、もし最高の意思決定者が碑文から削除されてしまったら、文内に列挙されている陳儀、劉雨卿、張慕陶等の人物が、無意味になってしまうというところにあった[101]。

しかし碑文原稿を行政院に送った後、行政院第一組の署名稿では国家社会不安をもたらし、族群の和諧を妨げるという理由から、二二八基金会の碑文初稿から蒋介石に関する段落を削除することを提案し、「一部の下心ある人士がこの時とばかりに工夫を凝らして政治的挑発事件を引き起こすようになる」ことを心配し、また碑文中に事件の関係者を列挙したことについても、おそらく恨みを扇動し、受難者家族が「後から元凶を懲罰する」ことを要求するようになるのを懸念して[102]、態度としてはつまり名指しすることを望まず、「鎮圧」等の刺激的な字句を用いるべきではないというものであった。一二月二三日、二二八基金会は再び碑文、執筆小組聯席会議を開き、基金会董事長、同時に行政院政務委員である蔡政文は、執行長鄭興弟を通して碑文内のすべての名前は列挙しないことを望むと表明したのであるが、最終決議では碑文の人名部分に関しては原案をそのまま維持することとなった[103]。行政部門の目指すところはきわめて明白であり、すなわち人名を削除することを望むというものであったが、基金会の多くのメンバーはそれを受け入れず、加えて碑文初稿はすでに外に流れており、家族および与論の強力な監督の下、情勢をひっくり返すことはできなかった。一九九七年一月二七日、二二八基金会は碑文の最終版を承認可決し、内政部政務次長楊寶發と執筆小組頼澤涵が「仔細に調査する暇もなく」という部分はおそらく主観的判断に過ぎるだろうと見なしたので、削除に同意したのだが、名前を出すべきという点では一致し、また蒋介石を蒋中正という名に改めるということでも一致したのである。[104]

執筆小組メンバーの台湾大学歴史系鄭欽仁教授が、事後に外部に向けて話したところによると、小組は碑文を起草する際、「手も足も縛られている」感じがしたそうであり、歴史家の観点から、彼は現在の碑文内容については「だいたい意にかなっている」ような気がするという。[105] ただ全体としていえば、二二八紀念碑文は六四二字をもって、事件発生の原因、政府の不適当な処理の経過、過失責任の帰属、受難のおおよその状況、歴史教訓、政府の傷の痛みを和らげる施策および族群和諧の促進および未来の光明への期待について、すべて触れているのだが、これはまた史実、家族、政府方、三方がせめぎ合う状況下での妥協の産物でもあるのだ。一九九七年二月二八日、紀念碑は行政院長連戦がようやく幕をとってから四時間も経たない午後、黄富等の破壊に遭い、公園内の蓮池に投げ込まれたのであり、破壊の理由は一部の家族と抗議活動人士が碑文の内容に不満を抱いたことにあった。[106] 一九九九年五月前後に、行政院二二八基金会はもとの碑文をこっそりと掲げ直すことを決定したのであるが、事前に家族代表と協議しておらず、政府版の碑文に抗議した不満の感情は消えないままだった。[107] このことから分かるように、我々の社会はどのように二二八事件を記憶すべきなのか、たとえ学術規格の政府方研究報告がすでに出されていようとも、二二八事件に対する歴史記憶は依然として凝集が待たれるものなのである。

## 二.「二二八事件処理及補償条例」

行政部門が二二八事件と向き合って以降、とくに研究報告が出版された後は、二二八事件の処理は社会議論から政策化の重要な鍵へと昇格していた。[108]

一九九二年、国民党の呉梓、洪昭男および民主進歩党の謝長廷を含む立法院内の別々の党派の立法委員が、各自連署の筆頭となって法案の版本を提出した。しかし李登輝は国家による補償の前に、まず被害者と総人数を確定しなければならないし、賠償あるいは慰問には明確な資料が必要だとして、[109] わざと法案の審査を棚上げにし、被害者の補償問題を討論しなかった。[110] しかし国民党集思会のメンバーは、党政協調の決議を覆し、民進党を支持し、二二八賠償条例の三つの草案を委員会にわたして審査するようにしたのだが[111]、この挙は党籍の立法委員周書府からの「少数の同志が他の党と提携している」という非難を引き起こし[112]、国民党の上層は不満に思っていたのだが、おそらく民意の動静が党籍の立法委員に対して党紀を振りかざすことはないというのを考慮してのことであろうと思われる[113]。一九九三年六月、行政院はようやく対案を提出した。

「二二八事件処理及補償条例」は、一九九二年二月から立法院に送られ、一九九五年三月二三日に法律が制定されたので、三年五回の会期を経てようやく審査が通過したのである。法案の攻防は一九九五年春に始まる二読会にて行われ、国民党は国会での多数を頼みに、法案の名称、賠償範囲、処理機関、申請時効、謝罪と処罰、賠償金額等の重要事項について、それぞれ修正動議を提出した。まず法律名称および各条項文中の「賠償」をすべて「補償」に修正し、責任とつながる「賠償」という言葉を避け、慰問と救済の補償金とした：処理機関は設置二二八事件賠償委員会から設置二二八基金会処理へと修正された。立法院が一読しただけで通過させた法案の名称（二二八事件賠償条例）、行政院二二八事件賠償委員会の設置、元凶の追跡調査、紀念日を休日とすること、賠償金額最高一〇〇〇万元等、全部ひっくり返された[114]。鍵となる補償最高金額は、内政委員会を通過した版本では一〇〇〇万であり、受難者家族も立法院の公聴会において一〇〇〇万を下回ることはできないとしたのであるが[115]、行政院の版本では五〇〇万元とされ、最後は国民党立法委員の廖福本が折衷案を提出して、最高補償金額六〇〇万元で院会を通過し[116]、国民党が少し譲歩したかたちになったといえる[117]。

一九九五年一〇月二一日に二二八基金会が成立し、最初は賠償の処理、紀念を主要な任務としていた。一九九六年一月、基金会は補償条例にのっとり、正式に受難者の補償金申請を受理すると公表した[118]。二〇一九年三月二八日までの、賠償金の支払い状況は以下のようになっており、賠償案件成立件数二三一五件、その中で死亡六八六人、失踪一八一人、拘留、懲役、身体障害あるいは健康名誉等その他の事由一四四八人で、認定された補償金額は七二億五七四〇万元である[119]。

## 表八–四　賠償金申請案審理統計表

<table>
<tr><td rowspan="6">受理</td><td rowspan="6">2,855</td><td>審査済み</td><td colspan="3">2,818</td></tr>
<tr><td rowspan="3">成立</td><td rowspan="3">2,315</td><td>死亡案</td><td>686</td></tr>
<tr><td>失踪案</td><td>181</td></tr>
<tr><td>拘留、懲役等</td><td>1,448</td></tr>
<tr><td rowspan="2">不成立</td><td rowspan="2">503</td><td>法定要件に合致せず</td><td>301</td></tr>
<tr><td>証拠不十分</td><td>202</td></tr>
<tr><td colspan="2">認定補（賠）償金額</td><td colspan="4">72 億 5,740 万元</td></tr>
<tr><td colspan="2">認定補（賠）償人数</td><td colspan="4">10,103 人</td></tr>
<tr><td colspan="2">申請期日</td><td colspan="4">2022 年 1 月 18 日</td></tr>
</table>

出典：財團法人二二八事件紀念基金會、http://228.org.tw/pages.php?sn=1、アクセス日：二〇一九年五月七日。
説明：1.撤回あるいは取り消し案件は28件。2.資料日付：二〇一九年三月二八日。

## 表八–五　各県市二二八事件受難者統計表

| 県市別 | 死亡 | 失踪 | その他 | 小計 | 県市別 | 死亡 | 失踪 | その他 | 小計 |
|---|---|---|---|---|---|---|---|---|---|
| 台北市 | 92 | 29 | 91 | 212 | 嘉義市 | 63 | 17 | 41 | 121 |
| 台北県 | 75 | 16 | 39 | 130 | 嘉義県 | 45 | 9 | 89 | 143 |
| 基隆市 | 79 | 39 | 25 | 143 | 台南市 | 8 | 1 | 56 | 65 |
| 桃園県 | 17 | 2 | 41 | 60 | 台南県 | 22 | 11 | 90 | 123 |
| 新竹市 | 12 | 0 | 77 | 89 | 高雄市 | 88 | 15 | 139 | 242 |
| 新竹県 | 6 | 0 | 33 | 39 | 高雄県 | 12 | 5 | 32 | 49 |
| 苗栗県 | 4 | 2 | 26 | 32 | 屏東県 | 18 | 3 | 83 | 104 |
| 台中市 | 17 | 4 | 60 | 81 | 宜蘭県 | 17 | 8 | 21 | 46 |
| 台中県 | 23 | 4 | 49 | 76 | 花蓮県 | 7 | 2 | 179 | 188 |
| 南投県 | 19 | 0 | 34 | 53 | 台東県 | 0 | 0 | 65 | 65 |
| 彰化県 | 13 | 1 | 135 | 149 | 澎湖県 | 6 | 2 | 2 | 10 |
| 雲林県 | 43 | 10 | 38 | 91 | その他の地区 | 0 | 1 | 3 | 4 |
|  |  |  |  |  | 合計 | 686 | 181 | 1,448 | 2,315 |

出典：財團法人二二八事件紀念基金會、http://228.org.tw/pages.php?sn=1、アクセス日：二〇一九年五月七日。
説明：1.申請事由の「その他」とは拘留、懲役、健康名誉の損失等を含む。2.本表の「県市別」というのは受取人の戸籍地にもとづき、「その他の地区」とは中国江蘇省、福建省、浙江省、広東省、および日本国である。3.資料日付：二〇一九年三月二八日。

## 三、陳水扁総統（二〇〇〇―二〇〇八）

陳水扁は総統に就任する以前、台北市長四年の任期中（一九九四／一二／二五―一九九八／一二／二五）に、二二八事件については、市長の行政権により台北市における「二二八紀念日」の設立、新公園を二二八和平公園と改名することを約束し、さらには台北二二八紀念館を設置した。二〇〇〇年五月に陳水扁は総統に就任したのだが、これは台湾で最初に実現した中央行政部門での政党交代でもあり、二二八事件再審理の仕事においても、さらなる継続性と開拓性をもっていた。

### （一）档案の精査と情報公開

一九九二年二月、行政院の二二八事件研究報告が正式に公布される以前、当時立法委員であった陳水扁と陳哲男は、立法院での質問の際にただ大渓档案だけがいまだに真相をはっきりさせていないとして、陳水扁は書面での質問の中で特別に軍はできるだけ早く档案を公表することを要求し、さもなくば専案小組の報告は定稿にすべきでないと述べ、また行政院の報告は、蒋介石と陳儀の電文の往来について完全に公表していないと指摘した。[120]国民党当局の档案開放における重きを避けて軽きに就くというやり方に対して、陳水扁は研究報告公布のその年に質疑を提出したのであり、二二八事件档案の再調査、とくに軍と情報治安組織に関する档案に対する調査が、ようやく最初の中央行政部門の政党交代後に、壁を打ち破って実現することになったのである。

二〇〇〇年五月二〇日に陳水扁が総統に就任した後、行政院研究発展考核委員会は陳水扁の指示の下、「国家安全業務と重大政治案件等に係る関連档案」[121]を、優先国家档案の優先的に集める標的とし、それはまた国家档案局籌備処成立初期の档案の移転、編集整理、活用普及における核心業務でもあった。

今回の档案調査は档案法が公布されただけでまだそれが施行される前に展開されたのであるが（二〇〇二年一月一日施行）、すでに一定の法的基礎をもっており、さらには専門の職責をもつ中央主管単位である国家档案局籌備処の統一計画の下で行われ、行政院が裁定した「二二八档案蒐集整理工作計画」にもとづき、外部から引き入れられた学者や専門家の協力の下、[122]二〇〇〇年六月に計画が始動し、学者と籌備処のメンバーが総統府等の五四の機関に実地調査に赴き、一九四五―一九四九年の档案について審査選定を行い、調査の結果計四八の機関が二二八事件に関する档案を保有しており、二〇〇一年一二月に段階的な作業目標を完遂し、計約五万七千件の档案の移転作業を終えたのである。[123]これは二二八事件におけるはじめての大規模な政府档案の全面的な収集であった。[124]

洪温臨の研究によると、今回国家档案局籌備処が収集した二二八事件の資料は、行政院研究二二八事件小組と比べてみると、籌備処はただ政府機関の档案を収集しているだけなのであるが、研究小組は「史料」の概念から出発し、その資料は広範で多元的であり、政府機関の档案に限られない。研究小組が収集したものの大部分は複写本であり、しかも警備総部档案のように機関が自ら提供したのであって、事前に濾過されて遺漏があるようなものであるが、籌備処が実地調査して集めたのは、ほとんどが全巻の移転である。研究小組が収集した材料は二二八事件と高度に関連性をもっているが、籌備処は作業計画が収集档案の年代を一九四五年から一九四九年までのものに限定し、事件の背景とその影響の角度から、档案の収集範囲を拡大しており、それによって該専案の収集档案は名前こそ二二八であるが、幅広い規準からみても、相当数のものが事件と無関係のものとなっており、[125]これらはむしろ戦後初期の行政事務あるいは後の白色テロの政治案件主題と比較的関係があるものである。

档案の移転と受け取り確認がひと段落ついた後、档案管理局成立当初はまだ十分かつ収蔵規格に合った倉庫がなかったため、該档案原本はまず中研院近史所档案館に場所を借りて置かれることになり、当時の档案館主任許雪姫はすでに倉庫のスペースを空けておいたのであるが、しかし該所所長の気が変わったため、結局国史館に場所を借りて収蔵することになった。[126]これらの档案の公開と流通を加速させ、研究利用の便をよくするために、当時の国史館館長張炎憲は機会をとらえて、行政院二二八基金会の賛助の下、該館の編纂同仁で選別編集した『二二八事件档案彙編』を出版し、二〇〇二年三月から二〇〇四年一一月までの間に、迅速に一六冊の重要档案選集を出版した。

これら档案の範囲はきわめて広く、中央機関、教育機関と学校、司法機関、公営事業、地方および民意機関を含み、二二八事件が「全島蜂起」だという事件の本質を物語っており、それゆえ膨大な数の档案を残したのである。これらの档案は二二八事件および白色テロでの不当な判決に対する賠償案件の審理の助けになった以外に、[127]研究上においても青年学生の動向、事件の地方史、司法処置状況等の研究課題をもたらし、さらには国家安全局の「払塵専案」档案の発掘により、千名近くの「二・二八事変叛逆者名冊」が、見る者を驚かし、国防部保密局台湾站が局本部へ上申した内容が、許徳輝が離間行動に従事していたことの直接証拠になったり、みなこれまで見られなかった新しい材料であった。一九九一年と二〇〇〇年の李登輝、陳水扁両総統の年を経て、二二八事件の政府方档案はほとんどが公開されたのである。

ここでとくに注目されるのは、二〇〇八年二月、国史館は再度侯坤宏編集の『二二八事件档案彙編』第一七冊、一八冊を出版し、外部ではそれを二〇〇〇年に収集した档案を継続して編集選定した成果だと見ていたのだが、[128]厳密にいえば、第一八冊の一九五〇—五一年に陳儀に軍法審判で銃殺刑の判決が下された档案文書以外は、おもに国史館所蔵の蔣中正総統の文物（大渓档案）および国民政府档案であり、デジタル化の益を得て細部まで整理編集が行われた後、その中から整理されて出てきた事件発生前後の関連档案であった。以前から大渓档案の中には二二八事件に関するものがあると思われており、すでに中研院近史所出版の『二二八事件資料選輯（二）』所収の大渓档案「革命文献」第二八冊に「台湾二二八事件」が見られるのであるが、該資料が明るみに出ると、研究者は即座に档案は完全なものではなく、とくに蔣介石、陳儀の間の打電に関する部分が不完全であり、[129]陳儀、劉雨卿、白崇禧等軍政上層部の電文の往来に関してもまた然りではないかと疑問を呈した。電文が不完全であった原因は、当局が懸念をもち、完全なかたちで提供したくなかったという以外にも、おそらく総統府が都合よく処置し、ただ大渓档案の一冊ずつに編成された革命文献から、名前に「二二八事件」と入っているものを探し出して任務を果たし、関連档案はすべて蔣介石の補佐役人によってすでにその中に編成されていると考えたのであろうが、しかし軍政上層部の電報の往来は実際のところ大渓档案中の特交档案、特交文電、事略稿本等の類に散在しており、侯坤宏はそれらを整理出版し、大渓档案中の二二八事件についての核心史料を完全なかたちで明るみに出したのであり、それらは蒋介石が派兵来台して鎮圧したこと、劉雨卿部隊による綏靖の動向、白崇禧が来台して「宣慰」（政治的行為として行われた慰問のこと）した時間と細部の点を再現するのに、きわめて助けになるのである。

ただ、国民党の党史材料、とくに省党部の材料は、収集範囲に含まれておらず、政府はすでに社団法人となっていた国民党に対し、当時二二八事件関連档案を提出するように命ずるだけの権力はなかった。省党部の材料に関して、行政院長蘇貞昌は二二八事件六〇周年直前に、「必ず徹底的な真相調査が行われなければならない」と公開で呼びかけたが、学者のすでに公開済みの材料からの推断によると、当時の省党部は陳儀との闘争のために、かなり積極的に事件に介入していたようである。蘇はそれを推し量って国民党にいさぎよくすべての二二八事件史料を公開し、真相をすっかり明るみに出すようにと呼びかけたのである。[130]

## （二）責任の帰属に関する研究

二〇〇三年九月の二二八基金会第八七回董監事会議では、行政院二二八事件研究報告からもうすぐ十年になることにかんがみ、新たな史料および档案が次々と発掘されたため、行政院版の二二八事件研究報告を修正あるいは補足する必要があるとして、「二二八事件真相研究小組」の設立が決議され、[131]メンバーには張炎憲、陳儀深、黄秀政、薛化元等学者の董事、および受難者鍾逸人、受難者家族李榮昌董事および李旺台執行長が含まれ、国史館館長（また該館董事）に推された張炎憲が真相小組召集人を担当し、李筱峰、陳翠蓮、何義麟、陳志龍、黄茂榮が招聘されて加入した。行政院の報告内容と重なることを避けるため、二二八事件の責任帰属に絞り込んでそれを中心課題とした。[132]

二〇〇六年二月、二二八基金会は張炎憲、黄秀政、陳儀深、陳翠蓮、李筱峰、何義麟、陳志龍、黄茂榮執筆の『二二八事件責任帰属研究報告』を出版し、召集人であり報告結論の執筆者でもある張炎憲は結論において、南京戦略方面の角度から「蒋介石が事件の元凶であり、最大の責任を負うべきである」と指摘した：台湾軍政方面では、陳儀、柯遠芬、彭孟緝等軍政人員は副次的な責任を負うべきであるとした[133]。その他の軍政人員（張慕陶、史宏熹、劉雨卿および情報治安組織の人員を含む）、および事件と関係のある人員（「半山」分子（台湾省籍の人のうち、戦前に大陸に渡り、その後、戦後に台湾に戻ってきた人）、社会団体メンバー、新聞メディア従事者、ネットワークユーザー、密告者、濡れ衣を着せた者）の事実陳述と責任の帰属についても、すべてある程度論述されており、「誰」に責任を負わせるべきかという問題は、さらにはっきりと理解できるように願うとしている[134]。

責任帰属研究報告は一九九二年に行政院報告が出された後の関連研究、档案彙編（たとえば台北二二八紀念館の葛超智関連文書）、回想録および関連資料を参考にしている。政府档案利用の方面に関しては、陳翠蓮執筆の台湾軍政方面の責任についての部分において、多くの二〇〇〇年以降の調査で出てきた政府档案が使用された。今回の報告書の重点は加害者と共犯集団の責任をはっきりさせることに置かれていたので、多くの執筆者はすでにある材料に対して新たな認識観点を提示し、二二八事件研究における認識と理解のレベルを押し上げたのである。

**図八−四　二〇〇六年二月一九日、陳水扁総統が『二二八事件責任帰属研究報告』新書発表および座談会に出席する。**
出典：「陳水扁總統數位照片（2006年）」『陳水扁總統文物』台北市：國史館所蔵、所蔵番号：010-030204-00003-057。

責任帰属報告は性質上および執行過程においては、たとえば一九九二年の行政院二二八事件研究報告のように、政府方主導で世に出された報告ではないが、陳水扁総統は二〇〇六年二月一九日に責任帰属研究報告新書発表および座談会に出席してあいさつをした際、二二八事件の責任帰属問題は「過去の政府がとりあげる勇気もなく、話題にする勇気もなかったもの」で、彼は個人的に本書は一九九二年の行政院報告以降、責任の帰属を検討する「もっとも代表的な研究成果である」と肯定した。陳総統は同時に、責任帰属の探求がこんなにも遅くなってようやく始められたことの原因の一つは、台湾社会が寛容と和諧というわべの仮相の下で、責任帰属問題についての話題を避けてきたことにあると指摘した。陳総統はいう：二二八事件名誉回復、タブー解除の過程の中で、最初は社会からの比較的広い支持を獲得し、「二二八公義和平運動」という名義をもって姿を現し、後に政府は段階的に史料を公開し、謝罪し、紀念碑を建て、紀念館を設立し、史料を公開し、二二八を国家の祭日にすることを取り決めたが、しかし台湾社会の歴史に対する反省は深刻さを欠いており、甚だしきは一部の人々は大目に見るあまり理解しようともせず、是非を問うこともしないというような曖昧な状況にもなっており、社会の一般大衆にも受難者はすでに金銭の補償を受け取っていると考えている人もいて、逆に責任帰属問題の探究に役立つことを見落としているのであり、責任の帰属をはっきりさせ、統治者の角度から出発するもっともらしい論調から脱却することは、実際現今の民主憲政体制における人権保障の核心的価値を確固たるものにする助けとなるのである。[135]

二〇〇六年二月二六日、陳総統は二二八基金会が開催した二二八事件六〇周年国際学術研討会において開幕の挨拶をする際、関連史料および政府档案にもとづき、蔣介石が二二八事件の元凶であるとはっきりと認め、「ほとんど疑問の余地なし」と述べた。[136] 二〇〇七年に『二二八事件責任帰属研究報告』が内政部から行政院に送られて調査にそなえて保存され、蘇貞昌も二〇〇七年二月二六日の行政院院会において、二二八基金会は行政院により設置された政府方の性質をそなえ、かつ公権力を執行する財団法人であることを提示し、彼は張炎憲教授等の学者に「正式な政府方版本の責任帰属報告」を完成してくれたことに対し感謝の意を表した。[137] しかし厳密にいうと、責任帰属報告の政府方属性は一九九二年の行政院主導の研究報告ほど濃くはなかったのであるが、ただ当時の国民党一党のみが強大であったことと史料不足による制限のために十分に陳述や討論ができなかった問題を継続して処理するというのは、移行期正義から加害者／加害体制を追求するという面からいえば、実際大きな進展であり、後に総統にも謝罪させ、もはやただ空洞の「政府」が過失をし、誰が間違いを犯したのかも分からないなどということではなく、「人」と「体制」をその負うべき責任に巻き込んだのである。

二二八基金会の責任帰属報告の基礎の上に立ち、蒋介石を二二八事件の「元凶」と称することは、最大の責任を負うべきという研究の結論であり、それはまた陳水扁総統を続いて中正紀念堂の改名問題を処理する思考へと向かわせた。[138] 二〇〇七年、行政院長蘇貞昌の十分な協力の下、また民進党が立法院でいまだに少数派である状況の下で、行政上可能な手を尽くして中正紀念堂の改名活動を展開し、自由民主の概念から出発して、五月一九日に「中正紀念堂」を「台湾民主紀念堂」と改名し、「大中至正」門を「自由広場」と改名した。[139]

二〇〇六年の責任帰属報告は、蒋介石を最大の責任者と指摘しており、通俗的ないい方をすればすなわち「元凶」である。しかし外部ではこの「元凶」二字に焦点をめぐって、様々なとらえ方があった。頼澤涵は元凶というのは、計画的に台湾人民を虐殺した場合にいうのであって、目下のところその直接的な証拠は見つかっておらず、「元凶」という言葉を用いるのは、あまりにも感情的すぎると考えている。[140] 蔣家後代の蔣孝厳は張炎憲、陳錦煌、陳儀深を告訴し、「元凶」という表現により責任帰属報告およびテレビ番組上で蒋介石の名誉を傷つけたとして、法院に提訴したのであるが、台北地方法院検察官蔡立文は責任帰属報告の研究方法は一般的な社会科学研究のそれとおおよそのところ一致しており、学術研究の従来の規則に違反しておらず、文内の責任帰属についての陳述も特定人士にかぎったことではなく、自ずと特定の人間に狙いを定めた悪意ある暴露攻撃とは認めがたいのであり、しかも蒋介石が最大の責任を負うべきと認定する理由には、はっきりと文献档案が並べて引用されており、これは相応の論拠にもとづいて出されたものであると推論されるのであり、また憲法の言論および学術研究の自由に対する保障にもとづき、歴史研究の沈黙を引き起こすことを避けるという考えから、被告等のなすところは誹謗罪の構成要件に合致せず、これを不起訴処分にするとした。[141]

責任ともっとも関係のある象徴とは、すなわち「二二八事件処理及補償条例」の法律名称問題である。民進党執政後、しばしば法律名称の補償を「賠償」へと修正しようとしたのであるが、これはそれによって二二八事件が本質的に国家公権力が人民権益の損害を引き起こしたものであることを確立し、また民間団体および受難者家族代表による長年の「名実一致」要求に応えようとするものであり、政治的意義をそなえていた。二〇〇五年一〇月一七日に行政院は書面で立法院に審議を要請し、二〇〇七年三月八日に三読で通過した。[142] 戒厳令期の白色テロ政治案件と比べると、二〇一五年九月八日に戒厳時期不当叛乱暨匪諜審判案件補償基金会が活動を終了するまで、[143] 国家は白色テロ案件に対して終始国家侵害を否認しかつ国家責任を取り除く「補償」という言葉を使用し続けたのである。

### （三）名誉回復と半旗掲揚紀念

一部の二二八事件の遺族にとっては、人間の栄辱は金銭よりも重たいものであり、それゆえ積極的に名誉回復を勝ち取ろうと努力するのである。一九九七年、二二八事件満五十周年の直前に、一七名の二二八事件遺族が李登輝総統に「哀願」の書簡を送り、[144] 名誉回復証書の発行を嘆願したのだが、彼らは「名誉回復」というのは、法制の手段によって達成されるものらしいということは知っていたが、彼らはそこから一歩下がって副次的な要求をし、「形式は問わない、一枚の名誉回復証書さえあれば、我々は十分満足なのである」と述べており、彼らはこの名誉回復証書こそがきわめて重要な境界線だと考え、「この世の生と死、栄と辱と深い関わりをもてば、代々哀と楽である」、つまりもしこの証書を手に入れることができたら、家族は生涯心から感謝し続けるということである。[145]

当時の「二二八事件処理及補償条例」（二二八事件処理及び補償条例）第六条の規定によると：「受難者および受難者家族の名誉損害者は、申請してそれを回復することができる：その戸籍が事実と合わない者は、申請してそれを訂正することができる」。しかし二二八基金会は成立して間もない頃、明らかに名誉回復の法制作業問題を積極的に処理することができず、名誉回復の方法については、董事会はただ名誉回復の意図を新聞、政府公報に掲載し、受難者あるいは家族の家に人を派遣して伝える、あるいは申請人の請求にもとづき董事会の決議を経て通過した者には、文面はないが名誉回復証書文面の交付を選択肢に入れるなどということを提議しただけであり、それゆえ家族の二二八事件五十周年に名誉回復証書を受け取ることができるように希望するという請求に対しては、行政院から転送されてきた公文が遅すぎたので、短期間では希望を達成することはできないとただ消極的に述べる以外になかったのである。[146]

家族は哀願の口調で、政府に対し名誉回復証書の交付を請求したのであるが、このように名誉回復証書は一部の家族にとっては高度に象徴的意義をもつものであり、とくに司法にによる名誉回復手段が展開されない状況下、これは行政手段によって即座にできる事柄であるが、前を見ても後ろを見ても、やはりその効果ははっきりとせず、二〇〇二年七月になって二二八基金会董監事会議はようやく「財団法人二二八事件紀念基金会辦理二二八事件受難者及其家属申請回復名譽作業要点」（財団法人二二八事件基金会における二二八事件受難者及び其の家族の名誉回復申請作業要点）を通過させ、さらに行政院に報告して査定を受けた後、二〇〇三年四月一日に公布、実施された。この任務の最初に、基金会受難者家属董事の李榮昌および牧師の翁修恭董事は、董監事会において、名誉回復証書は基金会ではなく政府により署名されるべきだと指摘した。

名誉回復証書は総統および行政院長による共同署名で交付され、同証書は家族を慰める作用をもってはいたが、その法律上の効力は明らかでなく、しかも二二八事件においてたとえば一般法院あるいは軍事法廷で有罪判決を受けた人などは、その有罪の刑事判決は行政手段により交付された名誉回復証書では取り消すことができないのである。[147] 当時の法外処置の下、ほとんどすべての受難者が法院での裁判を受けておらず、二二八事件の受難者およびその家族にとっては、総統あるいは行政院長が公開で名誉回復証書を交付するというのは実質的意義のあることであり、当事者にとって、精神的にも平静を取り戻す作用があるのである。二〇〇三年八月二日、陳水扁総統ははじめて総統府内で自ら名誉回復証書を受難者家族に交付したのであり、これはただ一枚の総統および行政院長が署名した証書にすぎないのだが、身内の潔白を信じる家族にとっては、暴徒、叛乱等の汚名を晴らして訂正し、慰める作用があり、これもまた名誉回復の仕事の一環なのである。二〇〇三年から二〇〇七年までの間に、政府方は合計八三六件を交付している[148]。

象徴紀念の措置に関する方面では、二〇〇六年に蘇貞昌は行政院長を引き継ぐとすぐに、当年の「二二八和平紀念日」当日、全国の各機関や学校に一日半旗を掲げることを決定し、内政部において「国旗下半旗実施辦法」を取り決め、国家を代表してより積極的、謙虚な態度で、受難者に対して真摯に哀悼の意を表し、歴史の傷の痛みをなだめたのである[149]。

### (四) 記憶の保存：二二八事件紀念基金会任務の転換と二二八国家紀念館の開業

二〇〇〇年に政権党が交代した後、賠償処置はしだいに一段落し(下の表を参照)、賠償業務の処理がもはや二二八基金会のおもな仕事ではなくなると、外部では基金会の存在必要性に対して疑問をもつようになった[150]。基金会自身および受難家族はけっして基金会の廃止を望ん

**表八–六　年度別二二八事件賠償金審査発給処理件数（一九九五—二〇〇六）**

| 会計年度 | 審査発給件数 | 発給金額（新台湾ドル） |
|---|---|---|
| 1995.12-1996.6 | 263 | 1,406,500,000 |
| 1996.7-1997.6 | 700 | 3,024,100,000 |
| 1997.7-1998.6 | 377 | 1,055,800,000 |
| 1998.7-1999.6 | 196 | 5,556,000,000 |
| 1999.7-2000.12（18 か月） | 219 | 369,500,000 |
| 2001 | 77 | 171,400,000 |
| 2002 | 118 | 195,400,000 |
| 2003 | 134 | 213,600,000 |
| 2004 | 80 | 112,300,000 |

出典：「有關内政部於院會提報二二八事件基金會工作成果報告請核示」「『財團法人二二八事件紀念基金會捐助暨組織章程』案」『行政院』新北市：檔案管理局所蔵、所蔵番号：AA00000000A/0084/3-8-1-3/71/0002/009。

でおらず、むしろいかにして賠償金の査定、支払いの処理から、新たに体質を調整して、教育あるいは文化の性質をもった基金会へと転換し、永続経営の方向に向かって発展していくかということを考えていたのである。[151]中でも国家級の二二八紀念館の計画建築、経営は、基金会の転換と永続経営の基盤となった。

二〇〇三年に行政院は書面で公示し、基金会は今後賠償の処理を中心業務とはせず、業務の量を減らした後、人員および執務場所をどのように統廃合するか、より一般的な紀念基金会へと転換すべきか否か等の議題について、基金会により具体的な検討と計画を要求するとした。二〇〇五年五月、行政院長謝長廷は基金会董事長陳錦煌および一部の董事に接見した際に次のような決断を示した：原則的に国家級の二二八紀念館を支持し、基金会の転換問題に関しては、規約、存立目的の修正あるいは基金会の任務を増やす等の方式を通して、基金会の位置づけおよび存続問題の束縛を取り去るべきである。二〇〇六年三月、二二八条例の「その他の法定目的」に達するために、行政院はただちに基金会を解散させるべきではないという政策方針を確立し、転換する方向での計画へと向かったのである。[152]

二二八基金会董監事会は積極的に行政、立法部門へ遊説にいき、国家級の二二八紀念館設立の請願をし、二〇〇五年六月三〇日、基金会は二二八国家紀念館基地分析見積もり報告を完成させた。二〇〇六年から、二二八事件六十周年が近づくにつれ、行政院の関連部会は紀念館の設立準備に、ますます積極的になっていった。二〇〇六年七月一五日に行政院は研商籌設国家級二二八紀念館相関事宜会議を開き、次のような決議を作成した：

（一）南海路のもと台湾教育会館（前アメリカ在台協会新聞処）を同館の設置場所とする。

（二）教育部を設立準備の主管機関とし、予算の編成、さらには二二八事件紀念基金会の経営管理を委託する。

（三）二〇〇七年二月二八日の正式開業を目標とする。[153]

行政院の明確な指示により、二二八国家紀念館および基金会の転換作業は、計画日程が確定したのである。

行政院長蘇貞昌の支持の下、元来当時の規定に従い二〇一〇年に終了するはずであった基金会は、[154]受難者および受難者家族の期待に応え、紀念館は将来的に基金会に経営管理を委託し、基金会は転換して永続経営にするということで、二〇〇七年二月二六日の行政院第三〇二九回会議において、蘇院長は内政部、教育部および紀念基金会になるべく早く主管機関の移転および基金会の永久存続の行政手続きを完成するように要請し、永続的な経営を可能にするために、さらに主計処、教育部、法務部に「二二八和平基金」設置の検討と準備を要請し、一年で三億、五年で一五億新台湾ドルを予算編成の目標とするように希望するとした。[155]

二〇〇七年二月二八日、陳水扁総統、呂秀蓮副総統、教育部杜正勝部長および二二八基金会陳錦煌董事長は「二二八国家紀念館」を正式に開業させ、合わせて「断裂と再生」というテーマの特別展を開催し、期間は四月一日までであり、三三日間におよぶ特別展を終えると、閉館して補修に入った。[156]二二八国家紀念館はいまだ正式に対外に向けて開館営業していなかったが、しかし陳水扁政府時代には、すでに紀念館の空間と設営計画の方向性は確定していた。二二八基金会は教育部の委託を受けて国家二二八紀念館の経営へと向かった後、業務の重点はしだいに受難者と家族に対する賠償と慰撫にとどまらず、その教育と伝承の機能を強化すべきというところを目標とするようになり、[157]それにより基金会は真相発掘、史料収集、人権教育の基地および国際交流のプラットホームになっていったのである。

## 四、馬英九総統（二〇〇八―二〇一六）

馬英九は李登輝総統時代に、行政院二二八専案小組会議に参与したことがあり、後にも法務部長の身分で、「二二八事件処理及補償条例」の制定を主導し、[158]行政部門を代表して立法院に向けて説明をしており、受難家族および政府の二二八事件処理のどちらについても理解があった。二〇〇五年八月に馬英九が国民党主席に就任すると、二二八事件に対して過去の国民党とは異なる理解と認識が出現し、党部の外には国民党籍の受難者である廖進平、宋斐如の巨大な遺影が掛けられ、[159]意図的に国民党の二二八事件ないし台湾史に対する歴史認識を新たに解きほぐして整理しようとしたのである。

二〇〇六年の二二八直前、国民党上層の二二八事件に対する理解と論述に変化があり、当時の中時報系主筆の楊渡は馬英九のために二二八事件論述を調達した重要な幕僚の一人であった。[160] 国民党主席としての馬英九は、「官逼民反（官が圧迫し民が反抗した）」という説をもって二二八事件理解の基本原則としていた。二〇〇六年二月二二日の国民党中常会において、馬英九は楊渡の報告を聞き終わると、楊の二二八事件に対する理解に同意を示し、衝突の根源は「貪官汚吏」、「官逼民反（官が圧迫し民が反抗した）」ことにあり、族群衝突あるいは族群対立ではなかったとした。楊渡は報告の際に次のように指摘している：二二八事件の中では外省人も被害を受けており、二二八事件の歴史は、「台湾人の神話」、「外省人の原罪」とすべきではない。[161] ここで注意すべきは、族群論述を強化し、さらには外省族群全体と国民党をひとくくりにして、すべて国民党政府が責任を負わなければならないとする「外省人原罪論」の悪習を最初に作り出したのは、まさに一九八〇年代末に国民党および党国メディアが民間の二二八事件名誉回復運動に対抗するために世に出した論述なのであり、国民党に対する追究を、外省族群に対する敵視と同等のものにし、双方の族群感情をけしかけたのである。[162]

馬英九による今回の二二八事件解釈の調整に関しては、支持者および党内に雑音がないわけではなかった。支持者はこれは「緑色学者」に呼応して作られた二二八事件真相だと批判し、[163] 党籍立法委員の蔣孝厳は政府に処置上の欠陥があったことは認めるものの、「官逼民反（官が圧迫し民が反抗した）」と同じではなく、ましてや「蔣が圧迫し民が反抗した」とも違うと述べた。しかし馬英九は国民党は当時の執政党なのであり、完全に事件の埒外に身を置くというのでは、外部は受け入れがたく、寛大で包容力のある態度こそが、党にとって助けとなるとした。[164] 馬英九の官逼民反（官が圧迫し民が反抗した）とする説は、過去の二二八事件の性質をならず者たちの叛乱、暴動であるとする論調と比べると、明らかに異なるものであり、また国民党の二二八事件に対する責任は「ないといえる方法がない」ことにも触れている。[165] 二〇〇六年二月二五日、馬英九は嘉義市二二八紀念碑に献花をしにきた際にその場で、二二八事件は国民党が総括して請け負うべきであり、国民党を代表してここに謝罪し、過ちを認める意を表し、また保証会は全力で和解を推し進めると述べた。[166]馬英九は新たな観点、低姿勢により受難者との間にある心のしこりを取り除こうと試み、これは外部から見ると、省籍の垣根を取り払い、二〇〇八年の総統選を戦う一環とするねらいがあったということになるが、[167]一部の受難者家族は確かに国民党の二二八事件に対する認知にはそれなりに変化があったと感じたのである。しかし学者はこれでは誰が責任を負うべきかが曖昧になり、責任はすべて陳儀の施政が不適切だったことに帰属し、彼一人にあらゆる罪責を担がせることになってしまうと指摘した。[168]

## （二）二二八事件の性質の定位

二〇〇九年二月二八日、馬英九ははじめて総統の身分として中枢紀念二二八事件儀式に参加したのであるが、場所は二二八事件において全島で最初に鎮圧を受けた高雄市であった。挨拶の中ではさらに多くの謝罪と賠償の意を表した他、それぞれみなかけがえのない受難した肉親の命を前に、彼はただ黙って家族の苦痛を傾聴し、理解し、体得したのであり、二二八事件の発生原因については、馬英九は次のように述べた：

二二八事件が発生した当時、台湾はちょうど第二次世界大戦を経たばかりであったので、台湾の経済は破綻しており、人民は苦難に満ちた日々を過ごしていた。大陸で発生した国共内戦が、我々台湾の経済に大きな影響をもたらした。加えて当時の政府は汚職で腐敗しており、人民の不満を引き起こし、それでこのような大きな事件が発生してしまったのである。[169]

この説明は典型的な「官逼民反（官が圧迫し民が反抗した）」というものであり、観点は過去の国民党に比べれば進歩しているが、事件は人民が不公不義の執政者に反抗して自然発生した運動であり、族群衝突ではなく、台湾独立運動でもないと見なしていた。[170]しかしこのような族群の方面を薄れさせる理解は、簡略化した認知であり、外部でもさまざまな異を唱える声があった。一部の受難者家族は態度を保留し、これは一方に偏った見方であり、多くの先人たちは「反抗し」ていないのに、それでも制裁に遭ったと述べた。嘉義市二二八紀念文教基金会董事長の陳重光は次のように指摘する：「馬英九は官逼民反（官が圧迫し民が反抗した）というが、真相は絶対にそうではなく、士官と兵士は以前から台湾人エリートを虐殺する意思をもっていたのである」[171]。それに、「民の反抗」に含まれる意味範囲とレベルとはいったい何なのか、もしそれが明確に定まっていないのなら、局部のことを全部と見なしてしまう可能性があり、民衆感情の発散、武装自衛の必要性、政治改革の主張等、各種の異なる内容を含む事件の経緯を無視することにもなってしまうのである。[172]

実際のところ、二二八事件には族群衝突の一面が存在し、事件初期にそれはとくに顕著であり、台湾各地に「外省人をぶちのめせ」、「福州人をぶちのめせ」という叫び声が出現し、中山服を身にまとい、台湾語も日本語もできない外省人が殴られてけが人が出たというのも、歴史的事実である：事件の中での彭孟緝による下山鎮圧、国軍上陸後の報復的な殺戮行為、密裁（秘密裏に殺害すること）等の行為もまた、官逼民反（官が圧迫し民が反抗した）という説で包括することができない一面である。[173]二〇〇六年以降馬英九は、総統に就任後も含めて、各種の二二八事件に関する公開の場所で挨拶をする際、繰り返し族群化を取り除いた二二八事件解釈の観点を強調しており[174]、馬英九および楊渡は二二八事件は省籍衝突ではなく、外来政権に反抗するものではなく、中国人が台湾人を殺したのではないと強調し、「族群互助」の一面を強調したのであるが[175]、弁解の対象となっていたのは実のところ国民党自身のずっと以前の論述だったのである。[176]

## （二）真相の追跡調査と責任の明確化を表明する

二二八事件の事実と真相についての調査の方面では、二〇〇九年二月二八日午後、馬英九は台北二二八和平公園にて「二〇〇九祈和解・悼傷痕」の紀念活動に参加し、馬英九は挨拶の中で次のように述べた：追悼紀念以外で、二二八事件を紀念するもっともいい方式は、すなわち「二二八事件の真相を追跡調査し、受難者がいったいどのようにして不幸な目に遭ったのかはっきりと調べ、加害者の責任を明確にすること、このようにしてはじめて受難者および家族に対するいい釈明となるのである」[177]。馬は同時に「あらゆる力を尽くして」二二八事件のいまだよく分かっていないところを調査してはっきりさせ、そこには加害者責任問題を明確にすることも含まれると述べた。しかし馬英九総統の任期内に、新たな政府方あるいは準政府方の性質の研究報告が出版されることはなく、陳水扁の時期に二二八基金会が作成した『二二八事件責任帰属研究報告』については、馬は責任帰属報告の説明（とくに蒋介石の責任問題）に同意しなかったのであるが、それでも馬英九の時期に二二八基金会が報告の論点を覆した様子は見られず[178]、二〇一三年に基金会はなお同報告を再版発行している。[179]

しかし二〇一〇年から二〇一六年まで、馬英九は二期に跨る総統任期が満了するまでの間の毎年の二二八中枢紀念儀式における談話では、加害者責任をはっきりさせることは挨拶の主軸ではなくなり、張七郎父子密裁案に対するものを除くと、加害者責任を検討する談話はいっさい見られず、「誰が」責任を負うべきかについてとりあげることなど論外であった。[180]「歴史と向き合うには、事実をもって論じ：家族と向き合うには、心で心に寄り添う」に反して、歴史と家族とを切り離すこと、それが馬英九の二二八事件処理の基本原則となっていたのである。

二二八事件の真相調査、責任帰属の明確化については、その重点は新史料の発掘にあったのだが、馬総統の任期内においては、檔案管理局の国家檔案収集の方向性が調整され、二二八事件ないし政治類檔案の伸び率は限定的であり、ただ二〇〇九年、二〇一三年に檔案局からの書簡での調査という方式により、各機関が自ら精査した二二八事件と戒厳令期政治偵防および審判の関連檔案を公文として用いて、二〇〇九年に四一五五巻を正式に出版し、二〇一三年においてはたった六五三件のみであった。[181]外部からの国民党内にはまだ他に二二八事件の資料があるのではないかという疑いに関しては、二〇一五年二月に国民党と二二八基金会は党史館内の資料を捜索したが、見つかったのは台湾省党部史料三篇だけであった。[182]

馬総統任期内において、世間に注目された新たな材料として、また二二八事件研究の新たな方向性を開き、直接的に事件の中の層を探る保密局台湾站の檔案が、二〇一五年以降次々と出版されたのであるが、同材料は中央研究院台湾史研究所が二〇〇八年四月に購入したものであり、経費は一部を台史所が捻出した以外は、不足分を院方が支援しており、さらには許雪姫教授が自らチームを組んで解読に当たっていた。馬英九は二〇〇九年二月二六日に対外に公表した「二二八事件新史料発表座談会」に出席して関心を示した以外にも、同書の出版直前に二二八基金会との協議を経て、出版経費の支援を承諾し、本書の出版経費を援助したのである。[183]

研究を推し進める方面では、二〇一二年秋、二二八基金会は二二八事件歴史研究小組を立ち上げ、陳芳明を召集人とし、二二八事件の中壮世代の研究者を集めてどのようにして一九九二年の行政院二二八事件研究報告を増補するのか、時間順序および北、中、南、東等の区域にもとづき、過去の研究報告の区域ごとに分けた執筆方式に従い、新史料を用いて内容を増補し、さらには「後二二八」を入れる等多くの議題について討論した。[184]しかし本計画は企画段階で終わってしまったため、いまだ研究成果が出ていない。それでも基金会は研究成果の整理においてはそれなりの進展を成し遂げ、二〇一二年九月に基金会が招聘した蔡秀美の『二二八事件文献目録解題』は、収集範囲が最も広いといえるものであり、基本文献資料、オーラルヒストリー、学術研究専著、一般評論文を集めた参考書であり[185]、二二八学を知る窓口になるものである。

全体的にいえば、馬英九執政期は、引き続き真相を追求すると公表したが、真相の基礎を構成する档案調査の仕事は、前の政府ほど積極的ではなく[186]、档案管理局の国家档案収集の方向性も陳水扁の時期に二二八事件および重大政治案件に重きを置いたのとは異なるところがあった。[187]

## （三）基金の提起および国家紀念館の開館運営

馬英九総統の任期内には、引き続き国家紀念館建設準備に関する業務が推し進められた以外に、二〇〇九年七月一日に「二二八事件処理及賠償条例」が修正公布され、中央政府の二二八国家紀念館設立および二二八事件紀念基金運用の法源と管理の根拠が増訂されて、基金会も法律が付与する真相調査、史料蒐集および研究、ないし人権教育の国際交流と普及等の法定任務を処理することとなった。同時に、馬英九政府は基金会の財務問題を解決し、二〇一〇年度から毎年三億元を計上し、五年に分けて計一五億元の基金を拠出して利息を生み、引き続き真相調査と歴史教育の仕事を推し進めたのである。[188]二〇一一年二月二八日、国家級の二二八国家紀念館が開館して正式に運営が始まり、台湾人権史から見れば、二二八国家紀念館はこの国で最初の人権紀念館でもあった。

図八–五　二〇一一年二月二八日、馬英九総統が二二八国家紀念館開館式に出席する。
出典:「馬英九總統數位照片（2011年2月）」『馬英九總統文物』台北市：國史館所蔵、所蔵番号：080-030400-00002-098。

一九九六年から二〇一八年までの二二八基金会の決算整理は次頁の表のようになっている。政府からの委託費用は通算計八四億九七七一万四千元に達し、民間からの寄付は七二万八千元あまりである。二二八基金会は初期の頃はおもに賠償業務を処理しており、一九九七年決算で四一億元あまりの収入に達している。二〇〇一年から基金会の財務は赤字が拡大し、二二八和平基金発足後の収益により、基金会財務の困窮状況がやや解消している。最近五年来、決算総計は約四五〇〇万から六〇〇〇万の間である。収支が相殺するようになった後、二〇一四年から連続数年間均衡がとれず、二〇一八年にようやく四二九万元あまりの剰余となっている。

## （四）黄彰健を称揚する

二〇〇五年元旦、中華民国科際整合研究会が発起して「二二八研究小組」を立ち上げ、メンバーは中央研究院院士黄彰健、近代史研究所研究員朱浤源、台湾大学法学院前院長許介鱗、アマチュア史学家武之璋等を含み、編年体を主とし、紀事本末体を補助とする方法により、二二八事件の歴史を復元することが宣言された。[189] 二〇〇六年九月一七日、黄彰健が主催する中央研究院二二八研究増補小組は研究の初稿を発表し、黄は行政院の二二八事件研究報告にはいくつか史実から逸脱した描写があると指摘し、彭孟緝による高雄鎮圧は、いっさいが理にかなっていて合法であり、王添灯は実は親米の台湾独立派であったとした。[190] 行政院報告総主筆の頼澤涵はこれに応じて、当時は確かに資料がそろっておらず、もし新た

**表八—七　二二八基金会連年決算（一九九六—二〇一八）** 単位：1千新台湾ドル

| 年度 | 1996 | 1997 | 1998 | 1999 | 2000 | 2001 |
|---|---|---|---|---|---|---|
| 一、収入総計 | 2,027,164 | 4,112,420 | 649,472 | 621,667 | 182,534 | 49,359 |
| （一）民間寄付 | 3 | 0 | 0 | 0 | 0 | 224 |
| （二）官方委託等 | 2,018,293 | 3,833,977 | 529,310 | 714,444 | 83,566 | 69,128 |
| 二、支出総額 | 2,018,296 | 3,833,977 | 529,310 | 714,444 | 83,566 | 69,352 |
| 決算収支 | 8,868 | 278,443 | 120,162 | -92,777 | 98,968 | -19,993 |
| 年度 | 2008 | 2009 | 2010 | 2011 | 2012 | 2013 |
| 一、収入総計 | 16,101 | 6,575 | 111,198 | 79,865 | 53,834 | 47,912 |
| （一）民間寄付 | 22 | 16 | 3 | 32 | 4 | 16 |
| （二）官方委託等 | 38,491 | 44,004 | 110,557 | 74,913 | 46,496 | 42,251 |
| 二、支出総額 | 38,513 | 44,020 | 110,560 | 74,945 | 46,500 | 42,267 |
| 決算収支 | -22,412 | -37,445 | 638 | 4,920 | 7,334 | 5,645 |
| 年度 | 2002 | 2003 | 2004 | 2005 | 2006 | 2007 |
| 一、収入総計 | 221,544 | 11,561 | 8,044 | 6,713 | 5,249 | 24,849 |
| （一）民間寄付 | 10 | 0 | 106 | 3 | 5 | 22 |
| （二）官方委託等 | 232,446 | 67,977 | 112,173 | 89,447 | 37,683 | 43,533 |
| 二、支出総額 | 232,456 | 67,977 | 112,279 | 89,450 | 37,688 | 43,555 |
| 決算収支 | -10,912 | -56,416 | -104,235 | -82,737 | -32,439 | -18,706 |
| 年度 | 2014 | 2015 | 2016 | 2017 | 2018 | 2019 |
| 一、収入総計 | 45,275 | 50,968 | 55,134 | 48,684 | 61,592 | 60,316 |
| （一）民間寄付 | 110 | 73 | 3 | 58 | 18 | |
| （二）官方委託等 | 63,375 | 51,356 | 66,425 | 59,176 | 57,275 | |
| 二、支出総額 | 63,485 | 51,429 | 66,428 | 59,234 | 57,293 | |
| 決算収支 | -18,210 | -461 | -11,294 | -10,550 | 4,299 | |

出典：「財團法人二二八事件紀念基金會歷年經費收支實際執行概況表」「財團法人二二八基金會歷年決算書」財團法人二二八事件紀念基金會、http://www.228.org.tw/userfiles/files/specification_fs/fs_20130726.pdf、アクセス日：二〇一九年五月一六日。

説明：1.官方委託等：政府の委託経費、基金の収益、印税、委託研究案等を含む。その中で委託経費がもっとも主要な収入源で、その次が基金の収益である。2.二〇一九年度の数値は予算である。

な証拠が出てきて研究報告が覆されるならば、彼は受け入れるとしたが、ただ「統治者は野心あるいは過失を文字にはしない」ともいい、彼は歴史研究は百パーセント文字史料に依拠することはできず、黄彰健の増補考証にもし新発見があったとしてもそれが必ずしも正しいとはかぎらないと見解を述べた。[191]

二〇〇七年二月の二二八事件六十周年の際、中央研究院院士黄彰健はその二二八事件に対する研究を、『二二八事件真相考証稿』という書名で出版したのであるが、黄彰健は被害家族が本書によって事件の真相をはっきりと理解し、「中華民国政府に対する恨みを減らし、未来の海峡両岸和平統一への努力を減らし、おそらくそれが私の中華民族に対する貢献になるといえるだろう」と自らの希望を述べた。[192]

黄彰健は同書の中で彭孟緝および王添灯の翻案研究が、多くの議論を引き起こしていることについて、以下のように少し説明している。黄彰健は警備総部档案中の陳儀と彭孟緝のやりとりの「真」電報にもとづき、一九四七年三月六日の「彭の出兵と乱の平定は正当なものであり」[193]、「完全に迫られてやむなくしたことである」[194]と理解でき、彭孟緝の高雄二二八事件処理においては「過失がなかった」[195]のに、行政院の当年の報告では工夫をこらして歴史を歪曲し、悪意をもって彭孟緝を批判したのだと主張する。[196]彭のための「名誉回復」以外に、二二八事件処理委員会（以下、処理委員会）宣伝組長の王添灯についても、今度はその「嘘つき」[197]、「台湾人民を欺く醜いやり口」を摘発している。黄彰健は王添灯は「台湾人民を愚弄して欺き、しかも平和的に解決するかもしれなかった二二八事件を、最後に上手くやろうとしてかえってしくじり、大禍をもたらし、血なまぐさい暴力の悲劇で終わらせ」[198]、王添灯の四十二条の要求は、ここには国軍の武装解除、政令は必ず先に処理委員会を通すこと等が含まれるが、「陳儀の心中にあった政治的に解決するという最後の希望を徹底的に打ち砕き」、それが直接軍隊による鎮圧という結果をもたらしたので、王は台湾人が軍の鎮圧に遭ったことに対して、「責任逃れは許されない」と厳しく非難した。[199]黄は王添灯の要求と主張が、陳儀の容認できる最低ラインに抵触したのであり、これは王添灯自身の情勢の見誤りなのであって、平和的解決の門を閉ざしてしまったと指摘するのである。

陳儀が本来平和的に解決しようとしていたとする説を支持するため、黄彰健はその他の史料の価値を貶め（そこには行政院報告が参照した柯遠芬「事変十日記」中の陳儀が出兵を要請した記録も含まれており、黄はそれについては「信じることができない」としている）、大渓档案の校勘法に惚れ込み、自ら見なすところのきわめて慎み深い考証により、陳儀は三月一日から五日に至る情勢がますます激烈になり、全台の大部分の地域が暴民により占拠された時、いまだ蒋介石に派兵要請をしていなかったと推断したのである。[200]

しかし二〇〇八年二月に侯坤宏はすでにデジタル化され、細部にわたる整理編集を経た大渓档案の特交档案、特交文電、事略稿本系列の中から、過去に公表されたことのない史料を見つけ出した。その中の一九四七年三月四日に陳儀が蒋介石に派兵要請した電文では次のようにいわれている：「今回の事件は近日中の解決が望めるものの、悪党の禍根を取り除き、将来に災いをおよぼさないようにするためには、適当な兵力を所持し、そこに投入して応用できるようにすることが必要であります。前の電報でご一考いただくよう要請しておりました比較的素質のよい歩兵一旅あるいは一団を調達して台湾に派遣していただくということは、やはりその通りに処理していただけますようここにお願い申し上げます」。[201]この電文が世に出されると、すぐに黄彰健は「私はあの自ら認めていた慎み深い推断を、徹底的に改めなければならない」と自ら請け負ったのだが、当初なぜ他の材料を否定したのかについては、いまだ何の釈明も見られない。[202]三月四日の電文でいうところの前の電報とは、すなわち三月二日の寅冬亥親電（寅冬亥親電報）のことで、二〇一七年に発見されており、[203]再度陳儀が早くも三月二日の事件初期に、武力で「悪党を粛正する」つもりであったことが証明されたのである。上記の電文が出現する以前、一九九二年の行政院研究報告はみな陳儀に対する相反する二つの策略がとられており、当時の不完全な大渓档案資料に惚れ込むことなく、早くから他の史料を利用して合理的に推断しており、[204]今になってその推論が正しかったことが証明されたのである。

黄彰健等の二〇〇四年以来の二二八事件に対する「創見」[205]というのは、学者が疑うところであり、家族の認知とも大きく異なるのであるが、[206]しかし二〇一〇年二月四日、馬英九は明文化して中央研究院院士黄彰健を称揚し、称揚文に曰く黄は「晩年になお二二八事件研究に専心し、等しく問い広く集め、新たな見解に富んでいる」[207]というように、黄彰健の史学における成就、および二二八事件の真相発掘の努力を肯定している。[208]馬英九は一方で黄彰健を称揚しておきながら、二〇一一年二月二五日に馬総統は台北二二八紀念館が出展した「台湾民主先声与二二八——王添灯一一〇週年紀念特展」に出席し、王添灯は理想主義をもつ文化人であったと強力に推しあがめ、王の提出した処理大綱は、当時の政治的現実には受け入れられなかったが、それでも彼は道義上後へは引けないと立ち上がったのだとして、王添灯の民主と自由を追求する方面に対して、きわめて高い評価を与えたのである。[209]

馬英九は一方で黄彰健の「新たな見解に富んでいる」二二八事件研究を肯定しながら、同時に黄彰健に二二八事件の「罪人」であると名指しされた王添灯に対して強く推しあがめているのであり、その立場と観点は、実際理解に苦しむのである。

## 五、蔡英文総統（二〇一六—二〇一九）

移行期正義は蔡英文が総統選挙時に掲げた重要な政見の一つだったのだが、二二八事件もまた移行期正義の一大課題であった。二〇一七年一二月二七日に移行期正義促進条例（促進轉型正義條例。以下、促転条例）が公布施行され、移行期正義工程の一里塚となり、移行期正義の任務は、みなさらに明確な条文を拠りどころとすることができるようになった。しかし二二八事件についていえば、過去にすでに多くの処理が行われてきたので、それに関する経験をすでにもっていた。注目すべきこととしては、档案管理局が保管する二二八事件関連档案は、二〇一七年にすべて復号化が終わっているのである。[210]促転条例が通過したことに関しては、二二八事件にとっては、内政部、文化部、国家人権博物館および促転会等部会館所の力の整合を実現できるようになったというところが主要な点であった。

蔡政府は名誉回復と賠償の仕事を引き続き行う以外に、なおも既存の法律の発動にもとづく政治档案の調査と収集の仕事、可能受難者の調査、さらには二二八基金会が推進する二二八事件移行期正義報告稿の執筆を行った。

蔡英文の二二八事件責任帰属の明確化に関する公示は、二〇一七年二月二八日の中枢紀念儀式での挨拶冒頭からと見られ、そこでは張炎憲が二二八事件のオーラルヒストリーに専心し、また二二八事件をひっくり返した「ただ被害者のみがいて、加害者はいない」に関して行った努力に対して特別に感謝し、深く思いをはせ、彼女は張炎憲がやり遂げられなかった事業を引き継ぎ、再び前に向かって進んでいくことを承諾したのである。[211] 促転条例が促進転型正義委員会に完全な調査報告を提出しなければならないという法定任務を課し、加えて蔡総統が二二八七一週年中枢紀念儀式において在台湾版の移行期正義による真相調査が行われることを希望すると述べたため、専門書あるいは専門報告の形式で、二二八事件の真相と責任帰属を処理することとなった。[212] 二二八基金会主導の真相調査と研究は、まもなく一篇の報告稿を提出し、[213] 促転会が国家級の移行期正義報告を完成するための参考を提供することになる。

図八－六　二〇一七年二月二八日、蔡英文総統が二二八事件七〇週年中枢紀念儀式に出席し、受難者家族潘信行の手から『二二八事件責任帰属研究報告』を受け取る。
出典：中華民國總統府、https://www.president.gov.tw/NEWS/21122/中樞、アクセス日：二〇一九年一二月三一日。

### （二）政治档案の再調査

二〇〇六年六月から、档案管理局は第五度再専案徴集を発度し、全国各級機関に保管している档案の中で二二八事件あるいは内乱罪、外患罪、懲治叛乱条例あるいは戡乱時期検粛匪諜条例に触れて捜査、起訴、指名手配あるいは執行に遭った者に関する档案は、すべて永久保存の国家档案に編入すると書簡で通知した。档管局は書簡による調査の方式を用いて、法務部調査局、国防部後備指揮部等計八三機関七二六二案を移転し、長さにして計約一五二メートル分の档案となった。[214]

二〇一八年の第六度専案徴集が、以前の徴収と異なるところは、歴史研究キーワードおよび大量の情報を捜索する技術と結合して档案保管機関が可能な移転目標を確認するのを助けることができるようになったことである。二〇一七年に档管局は薛化元に委託して政治事件およびその他のキーワードの分析委託服務案を処理し、二二八事件等を含む八〇の重大政治案件を整理し、三一一八の人、事、地、物に関するキーワードを集約し、さらに大量の資料を捜索する技術により機関档案目録調査網を主動的に調査し、より多くの政治档案あるいは法定業務に関わる策略、政治偵防、保防工作を擁する機関を委員実際訪査機関として選出したのだが、[215]キーワードの収集整理の結果はまた各機関の档案管理人員に初歩的な識別あるいは政治档案を選び出すという効用を提供したのである。

二〇一八年一月に再び二〇名の政治档案を熟知した学者や専門家を招き集めて委員会を結成し、さらには委員の得意とするところにもとづき档管局人員を組み合わせて「府院決策」、「偵査と訊問」、「検察調査と司法」、「外交と国防」、「保安と地方政府」等五つの訪査小組を構成し、総統府、行政院を含む三三の重点機関、九〇回の档案徴収実地訪問調査を行い、同年六月二九日に訪問調査は完了した。第六度処档案の調査では、一挙に約一三万案あまりの戒厳令期の情報治安組織あるいは警政機関に関する社会の監視制御といった類型の档案を見つけ出し、第五度の徴集と合わせると、档案調査の成果は馬英九政府の時期をはるかに超えるものとなった。これらの档案は白色テロに関するものが主であったが、二二八事件のものも含まれており、たとえば屏東県政府の「『三四』事変処理」、「自新」案巻などである。[216]この他は情報治安機関、国民党部が二二八事件の殉難者家族、刑期満了出獄者の子女および親族等に対して行った情報収集および社会監視制御等である。[217]この種の後二二八に属する保防、偵防档案は過去の専案徴集ではあまり見られなかった類型の档案である。[218]その他、二〇一九年五月一日、促転会は促転条例にもとづき、第一段階に中国国民党が通達した档案を審査し、計三三案を政治档案として審定し、八月二一日に二二八事件のものを含む原物史料といっしょに国民党党部へと移送したのであるが、これは党史資料が国家档案となった初のことであった。[219]

### （二）可能受難者の主動的公表

二〇一八年一月一七日に立法院は「二二八事件処理及賠償条例」を修正し、賠償金の申請期限はさらに四年延長されて、二〇二二年一月一八日までとなった。行政院が提出した修法理由は二二八基金会が一九九二年から一九九四年の「二二八事件受難者親友申請登記及資料清査申請書」（二二八事件受難者家族申請登記及び資料清査申請書）および二〇〇八年に入手した国防部保密局史料内の名簿にもとづいて判断すると、受難者の中にいまだに賠償の申請におよんでいない人がいるかもしれないと公表したことによるものである。[220] 以前は、二二八基金会はおおかた受動的に申請を待っており、受難者家族も自分の年長者の二二八事件における受難状況について十分に理解する手だてがなく、どのようにしてより多く、より簡単に触れることのできる「既知」の機会を増やしてあげるのかということは、政府の当然やるべき仕事であった。二〇一八年一〇月一九日、二二八基金会董監事会は「二二八事件可能受難者清査作業要点」（二二八事件に関する可能な受難者清査作業要点）を通過させ、主動的に史料、档案内のおそらく公務員あるいは公権力の侵害に遭った可能性のあるもの、そしていまだ基金会に賠償を申請していない可能受難者を徹底調査し、社会の期待に応えたのである。該作業要点により構成された二二八事件可能受難者清査小組は、まず一九九二年の行政院報告で使用したことのある警備総部档案内案犯処理名冊等により、比較照合調査を行った。二〇一八年一二月二五日、二〇一九年三月二五日に二回にわたって二二八事件可能受難者名簿を公表し、計八一五人であった。これは政府がはじめて政府档案の中から、持続的な比較照合で見つけ出した可能受難者であり、またはじめて受動から主動へと転じ、主動的に社会に向けて名簿を公表したのである。[221]

## 六、おわりに

二二八事件の移行期正義の仕事：真相の究明、責任帰属の明確化、被害者に対する謝罪と賠償、歴史記憶の保存に関して、李登輝、陳水扁、馬英九、蔡英文四人の総統は、時間および政治条件により、重きを置くところが異なっていた。移行期正義工程の深化という観点から見ると、李、扁の二十年は比較的強い連続性を呈しており、蔡英文は完全なる執政の下、制度面から移行期正義の仕事を実定法化することができたのである。

　真相究明においては、李登輝任内に政府方の『二二八事件研究報告』が完成し、行政院専案小組がおおかた尊重する研究／工作小組の下、これは一冊の学術から出発した詳細で確実な報告であり、とくに事件の本質について政府方の過去の説明を修正し、学界および民間から一定の承認を獲得したのであり、報告公布後、行政院長の郝柏村に政府は「その咎から逃げることはできない」といわしめ、[222] 関連業務は報告公布後逐一展開されていった。陳水扁任内では政府が弱く民間が強かったのであるが、彼は行政権力を十分に運用し、軌道に乗り始めたばかりの档案管理法制に歩調を合わせて、はじめて全面的に二二八事件档案調査を展開したのであり、多くの新史料を発掘し、国史館と力を合わせて重要档案を選定編集し、一般の人々が接触して利用するのに便利になっただけでなく、社会に政府の真相追究における努力をも感じさせたのである。馬英九任内では、依然として真相追究に対する決意を示していたが、しかし先導的な研究はなく、档案調査の積極度においては明らかに不足していた。それに比べると、蔡英文が舞台に上がった後に展開された政治档案調査は、情報科学技術の導入および明確な政策方針の下、二二八事件に関するものも含めた一三万案あまりにも達する、政治偵防、保防工作を中心とする档案を発掘したのである。真相調査の方面では、二二八基金会が一丸となって研究業務を推し進め、研究成果は国家移行期正義報告書に参考となるものを提供したのである。

　責任帰属の明確化においては、李登輝時代の政府方研究報告は、審査機制、政治的雰囲気からの制限を受け、さらには行政院専案小組からの意見を述べてはならないという明白な指示の下、研究報告執筆者は苦心して隠喩を用い、「档案はこのようにいっている」という叙述方式を用いて、蒋介石、陳儀、柯遠芬、彭孟緝、張慕陶等の軍政人物に対する責任究明を代わる代わる検討していった。陳水扁時代には二二八基金会により召集された学者が責任帰属研究報告を完成したのであるが、行政院報告が各地における事件経過の叙述に偏重していたのに比べると、この準政府方の報告は加害者と共犯集団の責任の整理に力を入れ、二二八事件の研究ひいては理解のレベルを押し上げたのであり、その中で張炎憲は結論において民間が常用する「元凶」[223]という言葉によって、陳儀深の指摘する蒋介石が最大の責任を負うべきという説を総括して、陳水扁もそれに同意し、さらに任期後半にはこれにかこつけて中正紀念堂の改修の仕事を推し進めたのである。馬英九は慣例に従い政府を代表して謝罪したのであるが、責任帰属報告の結論には同意せず、また二〇一〇年以降の二二八中枢紀念儀式では、責任追及について話すのを避けていた。

被害者に対する謝罪と賠償においては、一九九五年二月二八日に李登輝は党内および社会にいまだ反対の声がある中で、二二八紀念碑落成の当日に、国家元首の身分で正式に謝罪し、陳水扁はさらに一歩進めて名誉回復証書の授与、半旗を掲げての紀念等の象徴的な方法によって、国家としての謝罪の意を表したのである。立法賠償の仕事も同年に完成したのだが、ただ国民党は依然として「賠償」を「補償」に置き換え、党国体制下の本来拭い去ることのできない責任問題を極力薄れさせようとしていたのであり、二〇〇七年になってようやく法案名称を修正することに同意したのである。納税によって対処するという金銭の補償は、移行期正義においてもっとも「廉価」な仕事であるが、かえって藍緑両陣営の最大の共通認識をもつ項目になっており、賠償申請の期限は何度も延長されたのである。賠償申請期限が何度も延長されたのは、いまだ相当数の可能受難者が申請を提出していないと見なしていたからであり、蔡英文任内の二二八基金会は、社会の期待に応え、档案資料を照合して主動的に可能受難者を公表したのである。

歴史記憶の保存においては、陳水扁政府時代にすでにどのようにして二二八基金会を永続経営にするかということに取り掛かっており、基金会の転換、国家紀念館の建設地の選定にもすでに計画があったのだが、馬英九総統任内にそれらが継続され実現を見るに至ったのであり、基金の拠出、象徴的意義をもつ紀念碑以外に、常設的な国家紀念館が開館運営され、継続して二二八事件の記憶の保存を推し進めたのである。

二二八事件に対する観察と処理は台湾民主の転型と同時に歩き出したのであって、民主体制の転型が完成する前後におおよその解決を得るのである。[224]研究報告、記憶を保存する施設や媒体も手に入れた今、未来へと向かうに当たり、さらに一層深い問題は我々の社会は何を記憶すべきかということになるであろう。どのように解釈し理解すべきかの問題である。首都の二二八紀念碑はかつて「碑があっても文がな」く、これは単なる歴史解釈のシーソーゲームの前哨戦であり、国家元首さえも内に含んで、「歴史の政治使用」の下、二二八事件の歴史記憶の分岐と対立はとくに顕著であり、おそらく共通の歴史記憶というのはあり得ないのだろう。[225] 我々はいかにして二度と起きない（never again）ように防ぐかという角度から、議論の場を見つけて、互いの二二八事件に関する歴史記憶を近づけ、日増しに険しくなっていく未来へとともに歩んでいくというのは、可能なことなのではないだろうか。

**注**

1 呉乃徳「清理威權遺緒」、台灣民間真相與和解促進會『記憶與遺忘的鬥爭：台灣轉型正義階段報告（巻二）』新北市：衛城出版、二〇一五年、一九—二〇頁、六四—六六頁。

2 一九九二年、高雄市の二二八事件受難者、林界の娘である林黎彩が彭孟緝に対して名誉妨害および文書偽造の罪で起こした刑事告訴においては、台湾地方法院検察官はこれを不起訴処分とし、台湾高等法院検察署は当事者の再審請求を棄却した。同年、嘉義の受難者張榮宗の娘、張冬蕙が彭孟緝に対して起こした民事損害賠償の訴えも、法院は実質的に審議せず、請求権はすでに時効にかかっているとしてこれを棄却した。二〇一〇年二月二六日、王不纏等一〇八名の家族が国民党（法定代理人：馬英九）を台北地方法院に告訴し、民法上の権利侵害行為を提訴した際には、国内外の主要な新聞への謝罪声明の掲載、二〇億新台湾ドルを財団法人二二八事件紀念基金会および中国国民党党史館の二二八与戒厳時期中常会書記に寄贈すること、総裁の批准と署名、海工会档案の写しをすべて档案管理局から引き渡すことを要求した。原告の主張では、被告は時に乗じて中華民国公務員等に被告が属する党の党員を任じたのであり、こうした原告に対する権利侵害行為は雇用人としての責任に背くものであるとした。これに対して台北地院は「それら公務員の措置はその公務員の二重身分にもとづいて政府の指揮によりこれが行われたので、すなわち政府の行為ということになり、被告とは無関係である」とした。高等法院もこれと同じ見解で、「また、渠等が蔣介石を受け継ぐ被告の法定代理人の身分をもって指揮を執り、ならびにその公務員の身分をもってこれを行ったと認められるに十分な証拠がなく、たとえ蔣介石を受け継ぐ被告の法定代理人の身分をもって指揮を執り、ならびにその公務員の身分をもって権利侵害行為をなしたとしても、被告と何らかの関連があるとは認めがたい」とし、法院は党が指揮する国の訓政体制について無視あるいはほとんど理解できておらず、その理解するところの当代憲政体制と法治原則とは大いに異なるものとなっており、最終的に家族側の敗訴が確定した。「二二八文獻及研究」『國史館』新北市：檔案管理局所蔵、所蔵番号：A202000000A/0079/2212002.69/1（引用者注：「二二八文獻及研究」はもともと総統府から移転した档案だと思われる）。「台北地方法院九九年度訴字第五九三号民事判決」、「台灣高等法院九九年度上字第九七六号民事判決」。

3 中國國民黨中央政策會『「二二八事件」處理（善後）問題公聽會紀實』台北市：政策工作會、一九九四年、七頁。

4 張炎憲「二二八事件的責任歸屬」、戴寶村主編『治史起造台灣國：張炎憲全集（六）』台北市：吳三連台灣史料基金會、二〇一七年、四〇八頁。

5 周婉窈『島嶼的愛和向望』台北市：玉山社、二〇一七年、五四頁。呉乃徳『清理威權遺緒』、台灣民間真相與和解促進會『記憶與遺忘的鬥爭：台灣轉型正義階段報告（巻一）』、一九—二〇頁、二二九—二三三頁。

6 周婉窈『轉型正義之路：島嶼的過去與未來』台北市：國家人權博物館、二〇一九年、一六七頁、一九〇頁。

7 「社會應有平衡對人有愛 請以愛心看待二二八事件」『中國時報』一九八八年二月二三日、第二版。

8 張炎憲「心中的期待：『二二八事件回憶集』序」、『治史起造台灣國：張炎憲全集（六）』、二四七頁。

9 李筱峰『二二八消逝的台灣菁英』台北市：自立晚報社文化出

版部、一九九〇年、三頁。

10 張炎憲「『二二八事件』今後走向的省思」、『治史起造台灣國：張炎憲全集（六）』、二八三頁。（引用者注：この文章は手稿であるため、掲載紙誌は不詳。一九八九年八月一九日。）

11 聯席会議の記録を参照。「委員會紀録・立法院内政、國防、司法三委員會第一次聯席會議紀録（第八十三會期）」『立法院公報』第七八巻第六二期、二一—三二頁。

12 同前、六頁。

13 陳翠蓮「歴史正義的困境—族群議題與二二八論述」『國史館學術集刊』第一六期、二〇〇八年六月、二〇七—二〇八頁。

14 張炎憲「二二八平反運動與其歴史意義」、楊振隆総編輯『二二八事件六〇週年國際學術研討會：人權與轉型正義學術論文集』台北市：財團法人二二八事件紀念基金會、二〇〇七年、四六三頁。

15 「二二八文獻及研究」『國史館』檔案管理局所蔵、所蔵番号：A202000000A/0079/2212002.69/1。

16 「二二八文獻及研究」『國史館』檔案管理局所蔵、所蔵番号：A202000000A/0079/2212002.69/1。

17 同前。

18 一九九一年三月二五日、行政院副院長の施啓揚は二二八事件専案小組および研究小組成立後の仕事の概況を記し、院長郝柏村の検閲に供した。「本院研究『二二八事件』專業小組及其研究小組成立後工作進行概況」「二二八事件專案小組第一次～第八次會議紀録案」『行政院』新北市：檔案管理局所蔵、所蔵番号：A300000000A/0080/内8-1-11/493/1/001。

19 頼澤涵ほか『「二二八事件」研究報告』台北市：時報文化出版企業有限公司、一九九四年、序二、七頁。

20 施啓揚は当初、一九九一年二月二八日以前に報告を完成させたいと考えたのであるが、頼澤涵はその場で、一、二か月で完成させることなど不可能であり、できれば二、三年の時間がほしいと主張した。しかし施は、政府に時間はなく、これ以上待つことはできない、二二八事件がもし迅速に解決しなければ、国民党政権にとって重大な痛手を被ることになると主張し、最終的に一年で完成させるということに落ち着いたのである。頼澤涵「『二二八事件』研究的回顧與展望——兼談過去研究的秘辛」、許雪姫主編『二二八事件六〇週年紀念論文集』台北市：台北市政府文化局・台北二二八紀念館、二〇〇八年、一〇頁。

21 「本院研究『二二八事件』專業小組及其研究小組成立後工作進行概況」「二二八事件專案小組第一次～第八次會議紀録案」『行政院』新北市：檔案管理局所蔵、所蔵番号：A300000000A/0080/内8-1-11/493/1/001。

22 林蘭芳・鄭麗榕取材、林蘭芳・鄭麗榕・劉世温記録「許雪姫女士訪問紀録」、黄克武等インタビュー、沈懷玉等記録『近史所一甲子：同仁憶往録（下冊）』台北市：中央研究院近代史研究所、二〇一五年、三一〇頁。

23 頼澤涵「我參與二二八相關研究之經過」『近代中國史研究通訊』第13期、一九九二年三月、一〇九頁。

24 この計画は行政院档案に挟まれてあり、頼澤涵の立案によるものと思われる。

25 ここでいわれる論文の執筆における要求とは、著者、書名あるいは論文名、出版時期や場所、出版社および頁数など、論文内での註釈をできるだけ完全なものにするということである。

26 王昭文『記憶歴史傷痕』、台灣民間真相與和解促進會『記憶與遺忘的鬥爭：台灣轉型正義階段報告（巻二）』新北市：衛城出版、二〇一五年、六八頁。

27 賴澤涵「『二二八事件』研究的回顧與展望——兼談過去研究的秘辛」、一二頁。

28 許雪姬「中央研究院近代史研究所檔案『二二八檔案資料』簡介」『近代中國史研究通訊』第一三期、一九九二年三月、一三一—一三二頁。

29 「本院研究『二二八事件』專業小組及其研究小組成立後工作進行概況」「二二八事件專案小組第一次~第八次會議紀錄案」『行政院』新北市：檔案管理局所蔵、所蔵番号：A300000000A/0080/内8-1-11/493/1/001。

30 同前。

31 賴澤涵ほか『「二二八事件」研究報告』、前言、一〇頁。

32 同前書、四一三頁。許雪姬が担当した南部地区においては、三か月の間に合わせて一五〇人以上の関係人士への訪問取材を行い、一五〇篇以上、六〇万字以上の取材記録を整理し、さらには嘉義と高雄で二二八座談会を開催した。「序言」、中央研究院近代史研究所編『口述歴史（第三期）』台北：中央研究院近代史研究所、一九九二年、六頁。

33 許雪姬『中央研究院近代史研究所檔案館「二二八檔案資料」簡介』、一三三頁。

34 許雪姬「二二八事件資料選輯（一）簡介」『近代中國史研究通訊』第一三期、一九九二年三月、一三九頁。

35 賴澤涵によると、もっとも協力的だったのは総統府資料室であり、資料室主任の焦仁和はすぐに大部の大渓档案二冊の複写資料を提供してくれたそうである。按ずるに、焦が提供したのは大渓档案中の一九五五年九月に幕僚によって冊子に編まれた「戡乱時期重要文件分案輯編」の、「政治——台湾二二八事件」と題するものだと思われる。編輯されたものであるので、必然的に多少の欠落があり、たとえば南京、台湾各軍政の各人員の往来電報は完全なかたちでは収録されておらず、したがって研究者により当局は大渓档案を提供する際に要になる電報を抜き去ったのではないかと疑いがもたれている。明らかに当時の総統資料室はいまだ大渓档案を徹底的に調査しておらず、ただ「あり合わせのもの」を工作小組に提供したのである。賴澤涵「『二二八事件』研究的回顧與展望——兼談過去研究的秘辛」、一一頁。陳翠蓮『重構二二八：戰後美中體制、中國統治模式與台灣』新北市：衛城出版、二〇一七年、三三四頁。

36 「二二八檔案應該解密 研究學者指部分機構敷衍 光看内容就知心態尚未解嚴」『中國時報』一九九一年五月二八日、第四版。

37 邱斐顯主編『二二八平反與轉型正義：二二八事件七〇週年紀念專輯』台北市：財團法人二二八事件紀念基金會、二〇一七年、九〇頁。

38 許雪姬「中央研究院近代史研究所檔案館『二二八檔案資料』簡介」、一三〇頁。

39 同前論文、一三八頁。

40 賴澤涵「『二二八事件』研究的回顧與展望——兼談過去研究的秘辛」、一一頁。

41 賴澤涵「我參與二二八相關研究之經過」、一〇八頁；賴澤涵「『二二八事件』研究的回顧與展望——兼談過去研究的秘辛」、一二頁。

42 許雪姬「行政院二二八工作小組的分工與資料蒐集」『近代中國史研究通訊』第一二期、一九九一年九月、八四—八五頁。

43 賴澤涵「『二二八事件』研究的回顧與展望——兼談過去研究的秘辛」、一一—一二頁。

44 たとえば一九九一年八月、工作小組は文書で台南成功大学に前台南工学院師生档案を提供するように申し入れたことがあり、成功大学側は校史の編纂を理由に、「整理が終わった後に提供する」と回答したが、成功大学の校史が一九九一年一一月に出版されてからも、依然として関係資料は提供されなかった。許雪姫「中央研究院近代史研究所檔案館『二二八檔案資料』簡介」、一三七頁。

45 同前論文、一三八頁。

46 賴澤涵「『二二八事件』研究的回顧與展望——兼談過去研究的秘辛」、一三—一四頁。

47 陳永興「〔附錄二〕二二八學術研討會開幕詞」、陳琰玉・胡慧玲編『二二八學術研討會論文集』台北市：二二八民間研究小組・台美文化交流基金會・現代學術研究基金會、一九九二年、三六七頁。鄭欽仁「〔序二〕歷史是大眾生命的延續」、陳琰玉・胡慧玲編『二二八學術研討會論文集』、七頁。

48 「二二八事件真相明年二月公布」『中國時報』一九九一年七月三〇日。

49 「召開『行政院研究二二八事件專案小組』第二次會議」『行政院』新北市：檔案管理局所蔵、所蔵番号：A300000000A/0080/内8-1-11/493/1/002。

50 「林先生於『行政院研究二二八事件小組』會議所提卓見，已請該研究小組儘速完成研究報告」『行政院』新北市：檔案管理局所蔵、所蔵番号：A300000000A/0080/内8-1-11/493/1/003。

51 張炎憲「序——史料與歷史真實」、林德龍輯註『二二八官方機密史料』台北市：自立晩報社、一九九二年、二頁。

52 張炎憲「抉擇與理念的堅持：對二二八學術研討會有感」、『治史起造台灣國：張炎憲全集（六）』、三二〇頁。

53 賴澤涵「我參與二二八相關研究之經過」、一一〇—一一一頁。

54 李文新「六十多天門智審查，所有責任一字不剩——行政院二二八事件研究小組對調查報告的審查過程」『新新聞』二五八期、一九九二年二月一六日、三二—三三頁。

55 「召開「行政院研究二二八事件專案小組」第四次會議」『行政院』、新北市：檔案管理局所蔵、所蔵番号：A300000000A/0080/内8-1-11/493/1/007。

56 李文新「六十多天門智審査，所有責任一字不剩——行政院二二八事件研究小組對調查報告的審查過程」、三〇頁、三二頁。

57 「『二二八』責任歸屬　研究報以『隱喩』處理」『中國時報』一九九二年二月一一日、第三版。

58 「行政院研究二二八事件專案小組＝第五次會議紀録」「二二八事件專案小組＝第一次～第八次會議紀録」『行政院』新北市：檔案管理局所蔵、所蔵番号：AA00000000A/0080/3-8-1-11/493。AA00000000A = 0080 = 3-8-1-11 = 493 = virtual001 = 0116。

59 「謹將本院研究二二八事件專案小組第六次會議討論『二二八事件研究報告』所獲致各項結論、簽請核示」『行政院』檔案管理局所蔵、所蔵番号：AA00000000A/0080/3-8-1-11/493。AA00000000A = 0080 = 3-8-1-11 = 493 = virtual001 = 0165。

60 「學者認為政院報告　美中仍有不足」『聯合報』一九九二年二月二三日、第三版。

61 「林宗義肯定二二八研究小組辛勞　要求交代進一步真相」『中央日報』一九九二年二月二三日、第二版。

62 「報告仍有三疑點　家屬要求查明」『中國時報』一九九二年二月二二日、第三版。

63 「二二八事件死傷人數仍舊是個難解的謎」『中國時報』一九九一年二月二三日、第四版。

64 行政院「研究二二八事件小組」『「二二八事件」研究報告（下）』台北市：行政院、一九九二年、二三六頁。

65 同前書、二三六頁。

66 同前書、三六七頁、三六九—三七〇頁。

67 「受難者家屬所組團體要求政府賠償」『中國時報』一九九二年二月二二日、第三版。

68 「二二八事件真相　明年二月公布」『中國時報』一九九一年七月三〇日、第三版。

69 李文新「六十多天閂智審查，所有責任一字不剩——行政院二二八事件研究小組對調查報告的審查過程」、三〇—三一頁。

70 「二二八文獻及研究」『國史館』檔案管理局所蔵、所蔵番号：A202000000A/0079/2212002.69/1。

71 張炎憲ほか『二二八事件責任歸屬研究報告』台北市：財團法人二二八事件紀念基金會、二〇〇六年、二六三頁（引用者注：この部分は陳翠蓮による執筆）。

72 「行政院研究二二八事件小組（工作小組）的作法」「二二八事件專案小組第九～第十次會議紀錄」『行政院』新北市：檔案管理局所蔵、所蔵番号：AA00000000A/0080/3-8-1-11/493/0002/001。

73 李文新「六十多天閂智審查，所有責任一字不剩——行政院二二八事件研究小組對調查報告的審查過程」、三一頁。

74 行政院研究「二二八事件小組」『「二二八事件研究報告」（下）』、三六四頁。

75 「二二八調査　並非要〝導出元凶〟」『聯合晩報』一九九一年一二月九日、第三版。

76 童清峰「這份報告完全沒有違背我的良知——訪賴澤涵談『二二八事件研究報告』出爐之艱辛」『新新聞』二五八期、一九九二年二月一六日、三五頁。

77 行政院研究「二二八事件小組」『「二二八事件研究報告」（下）』、三六六頁。

78 「行政院研究二二八事件小組（工作小組）的作法」「二二八事件專案小組第九～第十次會議紀錄」『行政院』檔案管理局所蔵、所蔵番号：AA00000000A/0080/3-8-1-11/493/0002/001。

79 「梅山古坑二二八事件受難者安葬計畫等案」『行政院』新北市：檔案管理局所蔵、所蔵番号：AA00000000A/0080/3-8-1-11/493。

80 時報版増補内容は以下の通り：「『二二八事件』は確かに近代台湾史上における重大な悲劇であり、この悲劇が引き起こされたのは、幾多の要素が互いにぶつかり合った結果のことである。台湾人民は五〇年間植民地統治下にあり、日本人が以前からの企みによってとった隔離政策により、台湾人民の祖国に対する隔たりができ、さらに加えて日本人の意図的な教育の下で、台湾人民の認知と価値観は、すでに大陸の民衆と明らかな格差ができてしまっていた。それに対して、大陸民衆および政府役人も台湾の事情について、非常に不案内であった；加えて当時大陸での戦乱情勢は日に日に悪化し、政府は自ずと台湾に対してより多くの配慮をする余裕がなく、主政者も民情を慮ることができず、逆に政治的に台湾籍人士を攻撃し抑圧したのである。その上役人は無能であり、汚職状況は深刻であり、人民の政府に対する不満がさらに深まった。台湾は第二次世界大戦時に深刻な破壊を被ったのであるが、中国大陸もまた政局が動揺し、戦乱が後を絶たなかったので、台湾を支援する力がなく、復旧作業は自ずと短期間で達成することができず、こうした客観的事実は終始台湾人民に知られるところにまで普及しなかったのである。ゆえに悲劇の発生には実際当時の主観的および客観的要素がともに存在しており、また主政者の完全に制御し得るものではなかったのである。」賴澤涵ほか『「二二八事件」研究報告』、四一一—四一二頁。

81　同前書、四一一―四一二頁。

82　「本院研究『二二八事件』專業小組及其研究小組成立後工作進行概況」「二二八事件專案小組第一次~第八次會議紀錄案」『行政院』新北市：檔案管理局所蔵、所蔵番号：A300000000A/0080/内8-1-11/493/1/001。

83　同前註。

84　張炎憲「二二八平反運動與其歴史意義」、『二二八事件六〇週年國際學術研討會』、四六六頁。

85　「二二八當事人及受難家屬函陳（一）」『國史館』新北市：檔案管理局所蔵、所蔵番号：A202000000A/0079/221202.65/1。

86　主席は施啓揚、その他出席メンバーは王昭明、何景賢、邱進益、林宗義、邵玉銘、馬英九、高銘輝、陳重光、賴澤涵。

87　「召開「行政院研究二二八事件專案小組」第二次會議」『行政院』新北市：檔案管理局所蔵、所蔵番号：A300000000A/0080/内8-1-11/493/1/002。

88　「召開「行政院研究二二八事件專案小組」第三次會議」『行政院』新北市：檔案管理局所蔵、所蔵番号：A300000000A/0080/内8-1-11/493/1/004。

89　「受難者家屬理賠事宜　專案小組尚未討論」『中國時報』一九九一年一一月八日、第二版。

90　「政院專案小組決請政府核定　明年二二八前成立委員會籌備立碑」『中國時報』一九九一年一一月八日、第二版。

91　「有關二二八紀念碑碑文請貴小組主政、並於（八三）年年底前頒發，俾能於落成典禮前列入紀念碑」「二二八紀念碑案」『行政院』新北市：檔案管理局所蔵、所蔵番号：A300000000A/0083/内8-1-11/493（三）/1/001。

92　一九九五年以前に県市政府あるいは民間はすでにまず中央で名誉回復運動を展開し、それから次々と所在の県市に二二八事件の紀念碑を建設していた。たとえば、一九八九年八月一九日に全台で最初の民間による建設となる、画家の詹三原設計の紀念碑が嘉義市弥陀路に竣工された：一九九二年二月二八日、屏東県県長の蘇貞昌は公務予算で屏東市中山公園に二二八事件の紀念碑を建設し、碑文は台湾大学歴史系の鄭欽仁教授が起草した：一九九三年二月二八日、高雄市鼓山にも当市の二二八事件和平紀念碑が建てられた：一九九四年七月一六日、基隆八堵駅に二二八事件の紀念碑が落成したが、この碑は殺害された駅長李丹修の子李文卿が省議員劉文雄を通して台鉄から勝ち取ったものであり、台鉄、省府、基隆市政府が経費を負担した。高雄市は高雄市誌の続編を編纂する際、特別に許雪姫に『續修高雄市志（巻八）社會志二二八事件篇』の完成を委託したのだが、鼓山の高雄市二二八紀念碑の部分には、ただ彭孟緝の名前があげられているのみであり、彭と高雄市三月六日の下山鎮圧との関連については、行政院の研究報告にも地方誌の編纂の中にもとりいれておらず、これは明らかに重きを避け軽きに就いたということである。八堵駅の碑文はおもに受難経過と姓名を記録したものであり、慰問の意味合いが比較的大きいものとなっている。それに対し、嘉義および屏東の碑文は事件についての陳述が全面にわたっており、ただ「前を見る」ことを強調するだけのものではなかった。邱斐顯主編『二二八平反與轉型正義：二二八事件七〇週年紀念專輯』、七二―七四頁。薛化元・潘光哲・劉季倫インタビュー、梁雅慧・王文隆・楊秀菁記録整理『鄭欽仁先生訪談錄』台北市：國史館、二〇〇四年、一一二―一一三頁。「紀念一七位罹難員工 台鐵八堵車站二二八紀念碑落成」『中國時報』一九九四年七月一七日、第六版。

93 「抄送本院研究二二八事件專案小組對二二八事件處理經過、二二八事件研究報告及二二八紀念碑文各一份」「二二八紀念碑案」『行政院』新北市：檔案管理局所蔵、所蔵番号：A300000000A/0083/内8-1-11/493（三）/1/003。

94 同前註。

95 張炎憲「二二八的再思考」、『治史起造台灣國：張炎憲全集（六）』、三一六—三一七頁。

96 「函轉貴會林副召集人宗義致院長函為有關二二八紀念碑碑文未於發稿前先徵詢渠等受難者家屬之意見，請協助處理一案」「二二八紀念碑案」『行政院』新北市：檔案管理局所蔵、所蔵番号：A300000000A/0083/内8-1-11/493（三）/1/004。

97 同前註。

98 「確定二二八紀念碑碑文之後續處理方式」『行政院』新北市：檔案管理局所蔵、所蔵番号：A300000000A/0083/内8-1-11/493（三）/1/007。

99 「關於二二八紀念碑碑文之後續處理方式一案，以本院研究二二八事件小組業已結束任務編組，依『二二八事件處理及補償條例』第四條第三項及第十一條規定意旨，仍請本於職權，逕行核處」『行政院』新北市：檔案管理局所蔵、所蔵番号：A300000000A/0083/内8-1-11/493（三）/1/008。

100 残すに賛成：張忠棟、鄭欽仁、吳文星、黃富三、林宗義、張秋梧：削除するに賛成：葉明勳、楊朝祥（林昭賢代）、林豊正（温源興代）。「二二八紀念碑文撰擬及處理過程」『行政院』新北市：檔案管理局所蔵、所蔵番号：AA00000000A 0080/3-8-1-11/493。AA00000000A = 0080 = 3-8-1-11 = 493 = virtual0017 = virtual001 = 0028。

101 「二二八紀念碑文撰擬及處理過程」『行政院』新北市：檔案管理局所蔵、所蔵番号：AA00000000A 0080/3-8-1-11/493。AA00000000A = 0080 = 3-8-1-11 = 493 = virtual0017 = virtual001 = 0028開始 0059。

102 「就財團法人二二八事件紀念基金會所送『二二八紀念碑文』尚待斟酌之處研提意見」（一九九一年一一月二六日）「二二八紀念碑文撰擬及處理過程」『行政院』新北市：檔案管理局所蔵、所蔵番号：AA00000000A 0080/3-8-1-11/493。

103 「二二八紀念碑碑文小組暨執筆小組第五次聯席會議紀錄」（一九九六年一二月二三日）、「二二八紀念碑文撰擬及處理過程」『行政院』新北市：檔案管理局所蔵、所蔵番号：AA00000000A 0080/3-8-1-11/493。

104 「二二八紀念碑文定案：明列當事人姓名 刪除刺激字眼 下月底銘刻 李總統將獻花致意」『中國時報』一九九七年一月二八日、第二版。

105 「蔡政文、鄭欽仁異口同聲：差強人意」『中國時報』一九九七年一月二八日、第二版。

106 「揭碑不到四小時 碑文遭破壞丟棄」『聯合報』一九九七年三月一日、第二版。

107 「二二八官版碑文重現 受難家屬抗議」『中國時報』一九九九年五月二四日：「二二八紀念碑文復原 台教會抗議」『中國時報』一九九九年六月七日、第一八版。

108 若林正丈、洪郁如・陳培豊等訳『戰後台灣政治史：中華民國台灣化的歷程』台北市：國立台灣大學出版中心、二〇一四年、三七九頁。

109 「郝揆：二二八善後 政府未考慮道歉 賠償或撫慰須有明確資料 政院已要求警政署進行清查」『聯合報』一九九二年三月一四日、第四版。

110 吳乃德「國家對受害者的賠償／補償」、『記憶與遺忘的鬥爭：台灣轉型正義階段報告（卷二）』、三五頁。

111 「執政黨中央嚴重關切部分黨籍立委不遵守黨政協調決議 宋楚瑜：並非反對二二八賠償條例強調係重視黨內部程序「民主規範」問題才決定交付考紀會處理」『中國時報』一九九二年三月四日。

112 「二二八賠償條例交付審查風波 立院重提 周書府：主席有圖利他人之嫌 劉松藩：處理程序無任何瑕疵」『聯合報』一九九二年三月四日、第四版。

113 吳乃德「國家對受害者的賠償／補償」、『記憶與遺忘的鬥爭：台灣轉型正義階段報告（卷二）』、三五頁。

114 林欣怡「台灣社會『轉型正義』問題的探討：以二二八事件為例」國立台北教育大學社會與區域發展學系碩士論文、二〇一〇年、七九—八二頁。

115 中國國民黨中央政策會『「二二八事件」處理（善後）問題公聽會紀實』、七頁。

116 吳乃德「國家對受害者的賠償／補償」、『記憶與遺忘的鬥爭：台灣轉型正義階段報告（卷二）』、三五頁。

117 本節ではおもに翁金珠の研究を参考にしている。翁金珠「『二二八事件處理及補償條例』立法爭議與影響的研究」、『二二八事件六〇週年國際學術研討會』、三八三—四二六頁。

118 「財團法人二二八事件紀念基金會公告」「有關二二八受難者戶籍資料之清查原則」『行政院』、新北市：檔案管理局所藏、所蔵番号：AA00000000A 0080/3-8-1-11/493/0010/10/21。AA00000000A = 0080 = 3-8-1-11 = virtual0010 = virtual001 =0040。

119 財團法人二二八事件紀念基金會、http://228.org.tw/pages.php?sn=1、アクセス日：二〇一九年五月三日。

120 「立委陳水扁陳哲男促軍警調單位公開完整資料」『中國時報』一九九二年二月一二日、第三版。

121 林嘉誠「檔案管理局成立行政院研究發展考核委員會主任委員致詞」『檔案季刊』創刊號、二〇〇一年、ページ番号なし。

122 国家档案局筹備処はもと行政院研究二二八事件小組メンバーの賴澤涵、黃富三、黃秀政、許雪姬、吳文星以外にも、陳翠蓮、李筱峰、戴國煇、吳密察、戴寶村、陳純瑩、陳儀深、洪敏麟、溫振華、陳芳明、鄭梓、謝国興、林玉茹、劉士永等計一九名を招請した。ただし李筱峰と、さらには本人死去のため戴國煇は档案の審査選定には参加できなかった。洪温臨「檔案挖掘與真相探索—近年台灣二二八事件檔案的徵集與分析（一九九一—二〇〇一）」『國史館館刊』復三〇期、二〇〇一年六月、八一頁。

123 檔案管理局編訂『二二八事件國家檔案典藏與應用導引』新北市：檔案管理局所藏、二〇〇九年、二—三頁。

124 張炎憲「緒論」、收於侯坤宏・許進發編輯『二二八事件檔案彙編（一）』台北市：國史館、二〇〇二年、三頁。

125 洪温臨「檔案挖掘與真相探索——近年台灣二二八事件檔案的徵集與分析（一九九一—二〇〇一）」、八五—八六頁。

126 許雪姬「『保密局台灣站二二八史料』的解讀與研究」『台灣史研究』第二一巻第四期、二〇一四年一二月、一九五頁。

127 二二八事件および不当裁判補償金審查案件档案の档案局における調査状況については、檔案管理局編訂『二二八事件國家檔案典藏與應用導引』、二六頁を参照のこと。

128 林邑軒「官方檔案的徵集與公布」、『記憶與遺忘的鬥爭：台灣轉型正義階段報告（卷二）』、五〇頁。

129 許雪姬「行政院二二八工作小組的分工與資料蒐集」、八四頁。

130 蘇貞昌「真相是通往寬恕的密碼——『二二八事件六〇週年』的省思」、二〇〇七年二月二六日、『自由時報』、http://talk.ltn.

com.tw/article/paper/117463、アクセス日：二〇一九年五月七日。

131 「第87次董監事會會議紀録」、二〇〇三年九月三〇日、二二八事件紀念基金會、http://www.228.org.tw/files/specification_minu te/87.pdf、アクセス日：二〇一八年一〇月二日。

132 「第88次董監事會會議紀録」(2003/10/28)、二二八事件紀念基金會、http://www.228.org.tw/files/specification_minute/88.pdf、アクセス日：二〇一八年一〇月二日。

133 張炎憲ほか『二二八事件責任歸屬研究報告』、四七五—四八〇頁。（引用者注：この部分は張炎憲の執筆。）

134 張炎憲「時代進歩的刻印：二二八責任歸屬報告的出現」、『治史起造台灣國：張炎憲全集（六）』、三八三頁。

135 「總統參加『二二八事件責任歸屬研究報告』新書發表暨座談會」、二〇〇六年二月一九日、中華民國總統府、https://www.president.gov.tw/NEWS/10186、アクセス日：二〇一八年一〇月三日。

136 陳水扁「開幕致詞」、『二二八事件六〇週年國際學術研討會』、一二頁。

137 「行政院第三〇二九次會議院長提示暨院會決定決議事項」『行政院公報』第一三巻第四三期、二〇〇七年三月、附録。

138 陳儀深インタビュー、彭孟濤整理『堅持：陳水扁口述歴史回憶録』台北市：台北市立文獻館、二〇一九年、三一〇—三一一頁。

139 同前書、三一一—三一三頁、三一五頁。

140 「賴澤涵：推論太大膽 陳儀深：回文本討論」『中國時報』二〇〇六年二月二一日；「『蔣介石是二二八元兇』無直接證據」『聯合報』二〇〇六年二月二七日。

141 「台北地方法院不起訴處分書（九五年度偵字第八〇九七號）」、陳儀深『天猶未光：二二八事件的真相、紀念與究責』台北市：前衛出版社、二〇一七年、二一四—二一七頁。

142 「二二八條例補償改賠償 三讀通過」、二〇〇七年三月九日、『自由時報電子報』、https://news.ltn.com.tw/news/politics/paper/119376、アクセス日：二〇一九年一一月九日。

143 「真相仍未明不當審判補償基金會明熄燈」、二〇一四年九月七日、『自由時報電子報』、https://news.ltn.com.tw/news/politics/paper/811188、アクセス日：二〇一九年五月三日。

144 書簡の差出人はそれぞれ、受難者王添灯の妻潘罔、李仁貴の長男李博智、徐春卿の長男徐世通、陳炘の長男陳盤谷、阮朝日の長女阮美姝、呉金錬の子媳陳翠娥、廖進平の三男廖徳雄、施江南の三女施郁芬、李瑞漢の長男李栄昌、林連宗の長女林信貞、王育霖の妻王陳仙槎。

145 「廖德雄先生等元月十八日聯名致總統函為請求於二二八事件五十週年紀念日當天發給受難者平反證書暨請求提供二二八事件史料事檢件移請研處並復知本府」「廖德雄先生等聯名請求於二二八事件五十週年紀念日當天發給受難者平反證書案」『行政院』新北市：檔案管理局所蔵、所蔵番号：A300000000A/0086/内8-1-11/493（十五）/1/001。

146 「覆廖德雄先生等聯名致總統書函」「廖德雄先生等聯名請求於二二八事件五十週年紀念日當天發給受難者平反證書案」『行政院』新北市：檔案管理局所蔵、所蔵番号：A300000000A/0086/内8-1-11/493（十五）/1/004。

147 二〇一七年一二月二七日公布施行の「移行期正義促進条例（促進轉型正義條例）」第六条第三項の規定では、二二八事件処理及賠償条例にもとづき賠償、補償あるいは権利損害の回復を得たことのある者は、その受けた有罪判決ならびにその刑、保安処分あるいは没収の宣告は、すべて促転条例施行の日をもって取り消しと見なす（促転条例は二〇一七年一二月二七日に総統により公布施行され、中央法規標準法第一三条にもとづき、二〇一七年一二月二九日に発効)。これがゆえに、該有罪判決はすでに立法者により取り消されている。二〇一八年一〇月四日の促進転型正義委員会公告の第一批名簿は、白色テロ案件が主となっているのだが、二二八事件受難者の鍾逸人、呉金燦も含まれている。二〇一九年二月二七日公告の取り消し名簿は、二二八事件に関わった人々であり、有黄頂、蔡鐵城、蔡耀景、黄槐庭、陳國仁等もともと台湾高等法院の下した有罪判決である。二〇一九年五月七日までに、促転会はすでに三批の取り消し名簿を公告しており、すべて合わせると三八三一人である。「促進轉型正義委員會公告(發文日期:二〇一八年一〇月四日、發文字號:促轉三字第1075300110B號。發文日期二〇一八年一二月七日、發文字號:促轉三字第1075300145A號。發文日期:二〇一九年二月二七日、發文字號:促轉三字第1085300038A號)」、促進轉型正義委員會、https://www.tjc.gov.tw、アクセス日:二〇一九年五月七日。

148 鄭文勇・林辰峰・柳照遠主編『二二八 六〇年台灣新紀元:二二八基金會一二年紀念專輯』台北市:財團法人二二八事件紀念基金會、二〇〇七年、九九頁。

149 蘇貞昌「真相是通往寛恕的密碼――「二二八事件六〇週年」的省思」、二〇〇七年二月二六日、『自由時報』、http://talk.ltn.com.tw/article/paper/117463、アクセス日:二〇一九年五月七日。

150 「沒新案 立院促裁撤二二八基金會」『中國時報』二〇〇七年一〇月一三日。

151 「第九九次董監事會會議紀録(2004/11/3)」、二二八事件紀念基金會、http://www.228.org.tw/files/specification_minute/99.pdf、アクセス日:二〇一八年一〇月三日。

152 「檢陳二二八事件基金會工作報告及轉型規劃書」「財團法人二二八事件紀念基金會捐助暨組織章程案」『行政院』新北市:檔案管理局所蔵、所蔵番号:AA0000000A/084/3-8-1-3/71/0002/007。

153 鄭文勇・林辰峰・柳照遠『二二八 六〇年台灣新紀元』、一五五頁。

154 二〇〇三年八月、二二八基金会は行政院から該会への寄付および組織規約の修正に関する許可を承り、基金会の存立期間は一四年六か月へと訂正され、二〇一〇年七月まで延長されることとなった。「第一〇五次董監事會會議紀録(2005/5/25)」、日付不明、二二八事件紀念基金会、http://www.228.org.tw/files/specification_minute/105.pdf、アクセス日:二〇一八年一〇月三日。

155 「行政院第三〇二九次會議院長提示暨院會決定決議事項」『行政院公報』第一三巻第四三期、二〇〇七年三月、附録。

156 鄭文勇・林辰峰・柳照遠主編『二二八 六〇年台灣新紀元』、二五頁。

157 同右書、四―五頁。

158 「總統探視二二八事件受難者張七郎家屬及出席『二二八事件67週年中樞紀念儀式』」、二〇一四年二月二八日、中華民國總統府、https://www.president.gov.tw/NEWS/18433/、アクセス日:二〇一八年一〇月一五日。

159 「紀念二二八 馬英九可望向受難者及家属道歉」、二〇〇六年二月二三日、「中央通訊社中英文新聞資料庫」、http://search.cna.com.tw/Client/LoginNtulib.aspx、アクセス日:二〇一九年一〇月一五日。

160 「在台灣,政治人物怎麼談論「二二八」?(下)――從馬英九到蔡英文」、二〇一七年三月一日、「端傳媒」、https://theinitium.com/article/20170301-taiwan-228/、アクセス日:二〇一八年一〇月一五日。

161 「馬英九：官逼民反才是二二八事件的根源」、二〇〇六年二月二二日、「中央通訊社中英文新聞資料庫」、http://search.cna.com.tw/Client/LoginNtulib.aspx、アクセス日：二〇一九年一〇月一五日。

162 陳翠蓮「歴史正義的困境――族群議題與二二八論述」、一九四―二〇六頁。

163 「朱浤源：二二八事件元凶是日本政府」、二〇〇六年二月二五日、「中央通訊社中英文新聞資料庫」、http://search.cna.com.tw/Client/LoginNtulib.aspx、アクセス日：二〇一九年一〇月一五日。

164 「國民黨不需扛二二八責任？馬英九：應寬容大度」、二〇〇六年二月二二日、「中央通訊社中英文新聞資料庫」、http://search.cna. com.tw/Client/LoginNtulib.aspx、アクセス日：二〇一九年一〇月一五日。

165 「二二八事件　馬英九：國民黨責任不能說沒有」、二〇〇六年二月二五日、「中央通訊社中英文新聞資料庫」、http://search.cna.com.tw/Client/LoginNtulib.aspx、アクセス日：二〇一九年一〇月一五日。

166 「馬英九：二二八事件　國民黨應概括承受」、二〇〇六年二月二五日、「中央通訊社中英文新聞資料庫」、http://search.cna.com.tw/Client/LoginNtulib.aspx、アクセス日：二〇一九年一〇月一五日。

167 「馬英九指國民黨228有責任　化解省籍罣門」、二〇〇七年二月二七日、「中央通訊社中英文新聞資料庫」、http://search.cna.com.tw/Client/LoginNtulib.aspx、アクセス日：二〇一九年一〇月一五日。

168 陳翠蓮「歴史正義的困境――族群議題與二二八論述」、二一六―二一七頁。

169 「總統在高雄市參加二二八62週年中樞紀念儀式」、二〇〇九年二月二八日、中華民國總統府、https://www.president.gov.tw/NEWS/13100、アクセス日：二〇一八年八月二二日。

170 「總統出席『台灣民主先聲與二二八――王添灯一一〇週年紀念特展』」、二〇一一年二月二五日、中華民國總統府、https://www.president.gov.tw/NEWS/15137、アクセス日：二〇一八年一〇月一日。「20110228-馬英九總統出席228紀念館民主先聲王添灯特展致詞」、二〇一一年二月二八日、YouTube、https://youtu.be/P-U9-L6iM 2Y、アクセス日：二〇一八年一〇月一日。

171 鄭文勇・林辰峰・柳照遠主編『二二八　六〇年台灣新紀元：二二八基金會一二年紀念專輯』、一四〇頁。

172 陳儀深『拼圖二二八』台北市：財團法人二二八事件紀念基金會、二〇一九年、二三六―二四二頁。

173 同前書、二四二―二五三頁。

174 「成大事件首度公展　馬英九：二二八官逼民反」、二〇〇六年二月二四日、『中央通訊社』、http://search.cna.com. tw/Client/LoginNtulib.aspx、アクセス日：二〇一九年一〇月一五日。

175 楊渡総企画『還原二二八』台北：巴札赫出版社、二〇〇五年、五頁。

176 陳翠蓮「歴史正義的困境――族群議題與二二八論述」、二一七頁。

177 「總統參加『二〇〇九祈和解．悼傷痕』二二八事件六二週年追思紀念會」、二〇〇九年二月二八日、中華民國總統府、https://www.president.gov.tw/NEWS/13101、アクセス日：二〇一八年八月二二日。

178 「在台灣，政治人物怎麼談論『二二八』？（下）――從馬英九到蔡英文」、二〇一七年三月一日、「端傳媒」、https://theinitium.com/article/20170301-taiwan-228/、アクセス日：二〇一八年一〇月一五日。

179 「基金會大事記」、二〇一三年三月九日、財團法人二二八事件紀念基金會、http://www.228.org.tw/about228foundation_c.html、アクセス日：二〇一八年一〇月一五日。

180 「總統出席二二八事件六三週年中樞紀念儀式」「總統出席『二二八國家紀念館』開館儀式及『二二八事件六四週年中樞紀念儀式』」「總統出席『二二八事件六五週年中樞紀念儀式』」「總統出席二二八事件六六週年中樞紀念儀式及台北市二二八事件六六週年追悼會」「總統探視二二八事件受難者張七郎家屬及出席『二二八事件六七週年中樞紀念儀式』」「總統出席『二二八事件六八週年中樞紀念儀式』暨福德宮參拜」「總統出席『二二八事件六九週年中樞紀念儀式』」中華民國總統府、https://www.president.gov.tw/NEWS/14098、https://www.president.gov.tw/NEWS/15142、https://www.president.gov.tw/NEWS/16375、https://www.president.gov.tw/NEWS/17463、https://www.president.gov.tw/NEWS/18433、https://www.president.gov.tw/NEWS/19270、https://www.president.gov.tw/NEWS/20202、アクセス日：二〇一八年一〇月一三日。

181 「歴年政治檔案徵集及移轉情形」（二〇一九年五月二一日）「檔案管理局函」、文号：檔徵字第1080009111号、日付：二〇一九年五月二三日。

182 「公開二二八史料？國民黨：顧立雄不懂裝懂製造社會對抗」、二〇一七年二月二七日、ETtoday新聞雲、https://www.ettoday.net/news/20170227/874779.htm、アクセス日：二〇一八年一〇月一六日。「總統接見『財團法人二二八紀念基金會』第九、一〇屆董事」、二〇一五年一二月一一日、中華民國總統府、https://www.president.gov.tw/NEWS/20042/、アクセス日：二〇一八年一〇月一五日。

183 許雪姬「國防部『保密局台灣站二二八相關檔案』之解讀與出版」、許雪姬主編『保密局台灣站二二八史料彙編（一）』台北市：中央研究院台灣史研究所、二〇一五年、ｖｉｉ－ｘｉｖ頁。

184 「財團法人二二八事件紀念基金會開會通知」發文字号：(101)228貳字第08101463号，日期：二〇一二年九月一七日。「財團法人二二八事件紀念基金會開會通知」發文字号：(101)二二八貳字第08101570号、日期：二〇一二年一一月二二日。

185 蔡秀美編『二二八事件文獻目錄解題』台北市：財團法人二二八事件紀念基金會、二〇一五年。

186 二〇一六年五月から民進党政府が新たに執政し、二〇一七年三月、再び政治档案の調査を始動し、キーワードの語彙データベース等の適切な事前準備を通して、さらに少なくとも一四〇〇件以上の二二八事件に関する档案を見つけ出した。許雪姬「導論」、許雪姬主編『七十年後的回顧：紀念二二八事件七十週年學術論文集』台北市：中央研究院台灣史研究所・財團法人二二八事件紀念基金會、二〇一七年、一三頁。

187 陳水扁政府時期の国家档案収集の方向性に関しては、吳俊瑩「政府資訊公開法制的誕生與台灣史研究脈動（二〇〇〇―二〇〇八）」『史原』復刊号第二期、二〇一一年九月、一二一―一三四頁を参照。

188 「總統出席『二二八國家紀念館』開館儀式及『二二八事件六四週年中樞紀念儀式』」、二〇一一年二月二八日、中華民國總統府、https://www.president.gov.tw/NEWS/15142、アクセス日：二〇一八年八月二二日。

189 「二二八研究小組成立 學術角度研究還原真相」、二〇〇五年一月一日、「中央通訊社中英文新聞資料庫」、http://search.cna.com.tw/Client/LoginNtulib.aspx、アクセス日：二〇一九年一〇月一五日。

190 「黄彰健：行政院228研究報告有些描述偏離史實」、二〇〇六年九月一七日、「中央通訊社中英文新聞資料庫」、http://search.cna.com.tw/Client/LoginNtulib.aspx、アクセス日：二〇一九年一〇月一五日。

191 「賴澤涵：若有新証拠推翻政院二二八報告 可接受」、二〇〇六年九月一七日、「中央通訊社中英文新聞資料庫」、http://search.cna.com.tw/Client/LoginNtulib.aspx、アクセス日：二〇一九年一〇月一五日。

192 黄彰健『二二八事件真相考証稿』台北：中央研究院・聯経出版事業股份有限公司、二〇〇七年。

193 同前書、i頁。

194 同前書、iii頁。

195 同前書、iii頁。

196 「黄彰健：彭孟緝處理高雄事件未犯錯」、二〇〇七年二月二五日、「中央通訊社中英文新聞資料庫」、http://search.cna.com.tw/Client/LoginNtulib.aspxm、アクセス日：二〇一九年一〇月一五日。

197 黄彰健口述、武之璋・朱浤源・朱麗蓉整理「為何考證？如何解讀？從校讎之學敬答陳儀深君」、朱浤源主編『二二八研究的校勘學視角：黄彰健院士追思論文集』台北市：文史哲出版社、二〇一〇年、二一頁。

198 黄彰健『二二八事件真相考証稿』、四二五頁。

199 同前書、三四頁。

200 同前書、二〇九―二一六頁：黄彰健口述、武之璋・朱浤源・朱麗蓉整理「為何考証？如何解讀？從校讎之學敬答陳儀深君」、三八頁。

201 侯坤宏編『二二八事件檔案彙編（十七）』台北市：國史館、二〇〇八年、一一四頁。

202 黄彰健「讀侯坤宏先生新編《大溪檔案》」『檔案季刊』第七巻第三期、二〇〇八年九月、五頁。

203 寅冬亥親電は二〇一七年にもと国史館収蔵の総統府档案の中から見つかり、同電文は国民政府参軍処軍務局の档案巻内に付けられていた。ここからも分かるように、大渓档案は二二八事件の核心的資料ではあるが必ずしも揃っているとはかぎらないのである。薛月順編『二二八事件檔案彙編（廿三）』台北市：國史館、二〇一七年、二三一―二三三頁。

204 陳翠蓮『重構二二八：戦後美中體制、中國統治模式與台灣』、三三五―三三六頁。

205 陳翠蓮「駁為彭孟緝『平反』的新證據――先聽聽彭孟緝自己的證詞」、二〇〇五年三月五日、『台灣日報』、http://taiwantt.org.tw/books/cryingtaiwan9/200503/20050305.htm、アクセス日：二〇一八年一〇月一日。陳君愷『解碼二二八：解開二二八事件處理大綱的歴史謎團』台北市：玉山社、二〇一三年、一―二頁。

206 「馬褒揚黄彰健二二八研究學者有意見」、二〇一〇年二月五日、『自由時報』、http://news.ltn.com.tw/news/politics/paper/371791、アクセス日：二〇一八年一〇月一日。

207 「明令褒揚」、二〇一〇年二月一〇日、中華民國總統府、https://goo.gl/y58AG8、アクセス日：二〇一八年八月七日。

208 「總統褒揚黄彰健 肯定史學成就」、二〇一〇年二月四日、「中央通訊社中英文新聞資料庫」、http://search.cna.com.tw/Client/LoginNtulib.aspx、アクセス日：二〇一九年一〇月一五日。

209 「總統出席『台灣民主先聲與二二八――王添灯110週年紀念特展』」、二〇一一年二月二五日、中華民國總統府、https://www.president.gov.tw/NEWS/15137、アクセス日：二〇一八年一〇月一日。

210 「總統出席二二八事件70週年中樞紀念儀式」、二〇一七年二月二八日、中華民國總統府、https://www.president.gov.tw/NEWS/21122、アクセス日：二〇一九年五月一七日。

211 同前註。

212 「二二八　七一週年　總統期許透過轉型正義走向和解團結」、中華民國總統府、https://www.president.gov.tw/NEWS/23165、アクセス日：二〇一九年五月一六日。

213 報告稿の中間成果は、二〇一八年一一月四日に二二八基金会が主宰する「二二八事件真相與轉型正義研究論壇」にて発表されている。邱子佳「二二八事件真相与転型正義」研究論壇、財團法人二二八事件紀念基金會、http://www.228.org.tw/publications_quarterly-view.php?ID=67#class03、アクセス日：二〇一九年五月一六日。

214 「歷年政治檔案徵集及移轉情形」（二〇一九年五月二一日）「檔案管理局函」、文号：檔徵字第1080009111号、日付：二〇一九年五月二三日。

215 「歷年政治檔案徵集及移轉情形」（二〇一九年五月二一日）「檔案管理局函」、文号：檔徵字第1080009111号、日期：二〇一九年五月二三日；「徵集政治檔案 落實轉型正義」、二〇一七年一一月二九日、檔案管理局、https://www.archives.gov.tw/Publish.aspx?cnid =1708&p=3371、アクセス日：二〇一九年五月一六日。

216 「『三四』事變處理」『屏東縣政府』新北市：檔案管理局所蔵、所蔵檔號：A376530000A/0036/191.1/1；「自新」『屏東縣政府』新北市：檔案管理局所蔵、所蔵檔號：A376530000A/0036/193.8/1。

217 「20190508政治檔案小故事新聞稿」、二〇一九年五月八日、促進轉型正義委員會、https://www.tjc.gov.tw/news/118、アクセス日：二〇一九年五月一六日。

218 「掌握二萬餘政治檔案新事證 促進轉型正義推動」、二〇一八年一一月九日、檔案管理局、https://www.archives.gov.tw/Publish.aspx?cnid=1708&p=3690、アクセス日：二〇一九年五月一六日。

219 「歷史上首次！促轉會：移歸28筆國民黨黨史資料為國家檔案」、二〇一九年八月二一日、『新頭殼』、https://newtalk.tw/news/view/2019-08-21/288727、アクセス日：二〇一九年一二月三〇日。

220 『立法院公報』第一〇六卷第八八期、二〇一七年一一月一六日、一〇頁。

221 「二二八事件可能受難者名單（第一批）」、「二二八事件可能受難者名單（第二批）」、二〇一八年一二月二五日、財團法人二二八事件紀念基金會、http://www.228.org.tw/list_announce-view.php? ID=10、http://www.228.org.tw/list_announce-view.php?ID=22、アクセス日：二〇一九年五月一六日。

222 「郝揆：二二八不幸事件 政府難辭其咎 強調有決心和誠意撫平傷害並且不再犯錯 政府是否正式道歉迄未經決策程序」『聯合報』、一九九二年二月二六日。

223 邱斐顯主編『二二八平反與轉型正義：二二八事件七〇週年紀念專輯』、一六九頁。

224 若林正丈、洪郁如・陳培豐等訳『戰後台灣政治史：中華民國台灣化的歷程』、三八三—三八四頁。

225 吳乃德「書寫『民族』創傷：二二八事件的歷史記憶」『思想』第八期、二〇〇八年三月、五一—五三頁、六八—七〇頁。

# 参考文献

## 一、史料

### （一）史料集


中央研究院近代史研究所編（一九九二年）『二二八事件資料選輯（一）』台北市：中央研究院近代史研究所。

中央研究院近代史研究所編（一九九二年）『二二八事件資料選輯（二）』台北市：中央研究院近代史研究所。

中央研究院近代史研究所編（一九九三年）『二二八事件資料選輯（三）』台北市：中央研究院近代史研究所。

中央研究院近代史研究所編（一九九三年）『二二八事件資料選輯（四）』台北市：中央研究院近代史研究所。

中央研究院近代史研究所編（一九九七年）『二二八事件資料選輯（五）』台北市：中央研究院近代史研究所。

中央研究院近代史研究所編（一九九七年）『二二八事件資料選輯（六）』台北市：中央研究院近代史研究所。

中國第二歴史檔案館編（一九九一年）『台灣二・二八事件檔案史料』南京市：檔案出版社。

中國陸軍總司令部編（一九四五年）『中國戰區中國陸軍總司令部處理日本投降文件彙編（上卷）』南京市：中國陸軍總司令部。

中華民國外交問題研究會編（一九九五年）『中華民國對日和約』台北市：中國國民黨黨史委員會。

王正華編註（二〇一三年）『蔣中正總統檔案：事略稿本（六九）』台北市：國史館。

台灣省行政長官公署人事室編（一九四六年）『台灣省各機關職員錄』台北：台灣省行政長官公署人事室。

台灣省行政長官公署民政處編（一九四六年）『台灣戸政』台北市：台灣省行政長官公署民政處。

台灣省行政長官公署民政處編（一九四六年）『台灣民政（第一輯）』台北市：台灣省行政長官公署民政處。

台灣省行政長官公署初編（一九四七年）『台灣省二二八暴動事件紀要』台北市：台灣省行政長官公署。

台灣省行政長官公署法制委員會編（一九四六年）『台灣省單行法令彙編（第一輯）』台北市：台灣省行政長官公署法制委員會。

台灣省行政長官公署宣傳委員會編（一九四六年）『台灣一年來之宣傳』台北市：宣傳委員會發行。

台灣省保安司令部（一九五七年）『台灣省保安司令部八年工作概況』台北市：台灣省保安司令部。

台灣省警備總司令部接收委員會編（一九四六年）『台灣警備總司令部軍事接收總報告』台北市：台灣省警備總司令部接收委員會。

台灣新生報社編（一九四七年）『台灣年鑑』台北市：台灣新生報社。

台灣省文獻委員會編（一九九二年）『二二八事件文獻續錄』南投市：台灣省文獻委員會。

台灣省文獻委員會編（一九九四年）『二二八事件文獻補錄』南投市：台灣省文獻委員會。

台灣慣習研究會原著、台灣省文獻委員會編集、翻訳（一九八四年）『台灣慣習記事　第一卷（上）』台中市：台灣省文獻委員會。
何鳳嬌編（二〇一七年）『二二八事件檔案彙編（廿四）』台北市：國史館。
何鳳嬌編（二〇一七年）『二二八事件檔案彙編（廿四）總統府檔案』台北市：國史館。
呂芳上主編（二〇一五年）『蔣中正先生年譜長篇（第九冊）』台北市：國史館・國立中正紀念堂管理處・財團法人中正文教基金會。
呂芳上主編（二〇一五年）『蔣中正先生年譜長編（第八冊）』台北市：國史館・國立中正紀念堂管理處・財團法人中正文教基金會。
呉俊瑩編（二〇一七年）『二二八事件檔案彙編（廿）』台北市：國史館。
步柏濤主編（二〇〇二年）『文史資料存稿選編：特工組織（上）』北京市：中國文史出版社。
林正慧編（二〇一七年）『二二八事件檔案彙編（十九）』台北市：國史館。
林德龍輯註（一九九二年）『二二八官方機密史料』台北市：自立晚報社文化出版部。
林獻堂著、許雪姬主編（二〇一一年）『灌園先生日記（十九）』台北市：中央研究院台灣史研究所・近代史研究所。
侯坤宏・許進發編（二〇〇二年）『二二八事件檔案彙編（一）』台北市：國史館。
侯坤宏・許進發編（二〇〇二年）『二二八事件檔案彙編（二）』台北市：國史館。
侯坤宏・許進發編（二〇〇二年）『二二八事件檔案彙編（九）』台北市：國史館。
侯坤宏・許進發編（二〇〇四年）『二二八事件檔案彙編（十六）』台北市：國史館。
侯坤宏編（二〇〇八年）『二二八事件檔案彙編（十七）』台北市：國史館。
秦孝儀主編（一九七八年）『總統蔣公大事長編初稿（卷七下冊）』台北市：中國國民黨黨史委員會。
國防部情報局（一九六二年）『國防部情報局史要彙編（上冊）』台北市：國防部情報局。
張炎憲主編（二〇〇八年）『二二八事件辭典』台北市：國史館・財團法人二二八事件紀念基金會。
許雪姬主編（二〇一五年）『保密局台灣站二二八史料彙編（一）』台北市：中央研究院台灣史研究所。
許雪姬主編（二〇一六年）『保密局台灣站二二八史料彙編（二）』台北市：中央研究院台灣史研究所。
許雪姬主編（二〇一六年）『保密局台灣站二二八史料彙編（三）』台北市：中央研究院台灣史研究所。
許雪姬主編（二〇一七年）『保密局台灣站二二八史料彙編（五）』台北市：中央研究院台灣史研究所。
許雪姬主編（二〇一七年）『保密局台灣站二二八史料彙編（四）』台北市：中央研究院台灣史研究所。
許雪姬主編（二〇一六年）『二二八事件期間上海、南京、台灣報紙資料選集』台北市：中央研究院台灣史研究所。
郭廷以編（一九八五年）『中華民國史事日誌（第四冊）』台北市：中央研究院近代史研究所。
陳興唐主編（一九九二年）『台灣「二・二八」事件檔案史料（上卷）』台北市：人間出版社。
陳興唐主編（一九九二年）『台灣「二・二八」事件檔案史料（下卷）』台北市：人間出版社。
陳興唐主編（一九九二年）『南京第二歴史檔案館藏：台灣「二・二八」事件檔案史料（下卷）』台北市：人間出版社。
黃翔瑜編（二〇一七年）『二二八事件檔案彙編（廿一）』台北市：國史館。
楊秀菁・薛化元・李福鐘編（二〇〇二年）『戰後台灣民主運動史料彙編（七）新聞自由（一九四五―一九六〇）』台北市：國史館。
歐素瑛・李文玉編（二〇〇二年）『二二八事件檔案彙編（八）』台北市：國史館。
歐素瑛編（二〇一六年）『二二八事件檔案彙編（廿二）』台北市：國史館。
蔣永敬等合著（一九九〇年）『楊亮功先生年譜』台北市：聯經出版公司。
鄧孔昭編（一九九一年）『二二八事件資料集』台北市：稻鄉出版社。
薛月順・曾品滄・許瑞浩主編（二〇〇〇年）『戰後台灣民主運動史料彙編（一）』台北市：國史館。
薛月順編（二〇一七年）『二二八事件檔案彙編（廿三）』台北市：國史館。
簡笙簧主編、歐素瑛・李文玉編（二〇〇二年）『二二八事件檔案彙編（十一）』台北市：國史館。
蘇瑤崇主編（二〇〇六年）『聯合國善後救濟總署在台活動資料集（Collected Documents of the United Nations Relief and Rehabilitation Administration in Taiwan）』台北市：台北二二八紀念館。
United States Department of State(1969), Foreign Relations of the United States, 1945, Volume VII,Washington, D.C. :United States Government Printing Office.
United States Department of State(1971), Foreign Relations of the United States,1946, Volume VIII,Washington, D.C. :U.S. Government Printing Office.
United States Department of State(1972), Foreign Relations of the United States,1947, Volume VII,Washington, D.C. :U.S. Government Printing Office.
Stueck, W. W. (1984), The Wedemeyer mission:American politics and foreign policy during the cold war ,Athens, Georgia: University of Georgia Press.
Jarman, Robert L. ed.(1997), Taiwan: Political and Economic Reports,1861-1960, Slough: Archive Editions Limited, Vol. 8.
Department of State(1967), United States Relations with China---with special reference to the period 1944-1949, The China White Paper, August 1949. Department of State Publication 3573, Far Eastern Series 30. reprinted by Standford University

Press, California.

（二）台灣人權促進會

台灣人權促進會「台灣人權促進會第二屆執行委員第四次會議紀錄」、開會日期：一九八六年二月二七日。

台灣人權促進會「台灣人權促進會第三屆執行委員第三次會議紀錄」、開會日期：一九八七年一月一五日。

台灣人權促進會「台灣人權促進會第三屆執行委員第四次會議紀錄」、開會日期：一九八七年二月一二日。

台灣人權促進會「台灣人權促進會第三屆執行委員第五次會議紀錄」、開會日期：一九八七年三月一九日。

台灣人權促進會「台灣人權促進會第四屆執行委員第三次會議紀錄」、開會日期：一九八八年一月四日。

台灣人權促進會「台灣人權促進會第四屆執行委員第四次會議紀錄」、開會日期：一九八八年三月二〇日。

台灣人權促進會「台灣人權促進會第五屆執行委員第四次會議紀錄」、開會日期：一九八九年三月二五日。

（三）政府官報

『台灣省行政長官公署公報』第一卷第一期、一九四五年一二月一日。

『台灣省行政長官公署公報』第一卷第四期、一九四五年一二月一二日。

『台灣省行政長官公署公報』春、一九四七年二月一日。

『台灣省政府公報』秋字第五期、一九四七年七月五日。

『台灣省政府公報』秋字第一八期、一九四七年七月二一日。

『台灣省政府公報』夏字第四二期、一九四七年五月一九日。

『台灣省行政長官公署公報』第二卷第四期、一九四六年一月二七日。

『國民政府公報』第一六〇三号、一九三四年一一月二九日。

『國民政府公報』三五年九八三号、一九四六年二月一三日。

『國民政府公報』第二八六九号、一九四七年七月五日。

『國民政府公報』第二八八一号、一九四七年七月一九日。

『總統府公報』第六〇〇四号、一九九五年四月七日。

『立法院公報』七一卷七七期、一九八二年九月二五日。

『立法院公報』七四卷二三期、一九八五年三月一九日。

『立法院公報』第七六卷第二八期、一九八七年三月一七日。

『立法院公報』第七八卷第六二期、一九八九年。

『行政院公報』第一三卷第四三期、二〇〇七年三月。

『立法院公報』第一〇六卷第八八期、二〇一七年一一月一六日。

（四）館藏檔案

一．國史館

「中央情報機關（四）」『蔣中正總統文物』台北市：國史館所藏。

「人事登記卷」『軍事委員會委員長侍從室』台北市：國史館所藏。

「將軍史宏熹函請前總統嚴家淦協助處理終身俸結及房屋配給等事宜」『嚴家淦總統文物』台北市：國史館所藏。

「蘇紹文」『人事登記卷』『軍事委員會委員長侍從室』台北市：國史館所藏。

「傅緯武」『人事登記巻』『軍事委員會委員長侍從室』台北市：國史館所藏
「林安然」『軍事委員會委員長侍從室』台北市：國史館所藏。
「林頂立」『軍事委員會委員長侍從室』台北市：國史館所藏。
「陳愷」『軍事委員會委員長侍從室』台北市：國史館所藏。
「陳達元」『軍事委員會委員長侍從室』台北市：國史館所藏。
「陳重乙」『軍事委員會委員長侍從室』台北市：國史館所藏。
「陳榮貴」『軍事委員會委員長侍從室』台北市：國史館所藏。
「陳明光」『軍事委員會委員長侍從室』台北市：國史館所藏。
「陳昭然」『軍事委員會委員長侍從室』台北市：國史館所藏。
「王調勳」『軍事委員會委員長侍從室』台北市：國史館所藏。
「黃仲甫」『軍事委員會委員長侍從室』台北市：國史館所藏。
「黃昭明」『軍事委員會委員長侍從室』台北市：國史館所藏。
「莊西」『軍事委員會委員長侍從室』台北市：國史館所藏。
「劉啟光」『軍事委員會委員長侍從室』台北市：國史館所藏。
「劉國平」『軍事委員會委員長侍從室』台北市：國史館所藏。
「劉戈青」『軍事委員會委員長侍從室』台北市：國史館所藏。
「鄭琦」『軍事委員會委員長侍從室』台北市：國史館所藏。
「康玉湖」『軍事委員會委員長侍從室檔案』台北市：國史館所藏。
「謝漢儒」『軍事委員會委員長侍從室』台北市：國史館所藏。
「蘇泰楷」『軍事委員會委員長侍從室』台北市：國史館所藏。
「文件史料」『軍事委員會委員長侍從室』台北市：國史館所藏。
「軍統局改組保密局案第三巻」『國防部軍事情報局檔案』台北市：國史館所藏。
「三五年度本局工作計劃」『國防部軍事情報局檔案』台北市：國史館所藏。
「晉冀魯豫特技組建撤案」『國防部軍事情報局檔案』台北市：國史館所藏。
「胡寶三先生訃聞、事略」『個人史料』台北市：國史館所藏。
「國民大會代表鄭邦卿訃聞、事略各二份」『個人史料』台北市：國史館所藏。
「軍事委員會調查統計局改組案（一）」『軍情局（抗戰時期數位檔）』台北市：國史館所藏。
「憲兵組織法令案（二）」『國民政府』台北市：國史館所藏

**二　國史館台灣文獻館**

「二二八事變中封閉各非法報社案」『省級機關檔案』南投市：國史館台灣文獻館所藏。
「省府成立日期」『省級機關檔案』南投市：國史館台灣文獻館所藏。
「各縣市長任免」『省級機關檔案』、南投市：國史館台灣文獻館所藏。
「縣市長任免」『省級機關檔案』南投市：國史館台灣文獻館所藏。
「林管局人事任免」『省級機關檔案』南投市：國史館台灣文獻館所藏。
「基隆市參議會人事」『省級機關檔案』南投市：國史館台灣文獻館所藏。
「縣市長考績案」『省級機關檔案』南投市：國史館台灣文獻館

所藏。

「縣市長人員任免」『省級機關檔案』南投市：國史館台灣文獻館所藏。

「縣市長移交」『省級機關檔案』南投市：國史館台灣文獻館所藏。

「府處人員任用審查」『省級機關檔案』南投市：國史館台灣文獻館所藏。

「各學校校長任免」『省級機關檔案』南投市：國史館台灣文獻館所藏。

「各縣市府組織規程」『行政長官公署檔案』南投市：國史館台灣文獻館所藏。

「州廳接管委員會人員任免」『行政長官公署檔案』南投市：國史館台灣文獻館所藏。

「台中縣區人事任免」『行政長官公署檔案』南投市：國史館台灣文獻館所藏

「各州廳接管會報告結束情形」『行政長官公署檔案』南投市：國史館台灣文獻館所藏。

「縣市長任免（七七〇）」『行政長官公署檔案』南投市：國史館台灣文獻館所藏。

「縣市長任免（七七二）」『行政長官公署檔案』南投市：國史館台灣文獻館所藏。

「縣市長任免（七七三）」『行政長官公署檔案』南投市：國史館台灣文獻館所藏。

「縣市長任免（三〇七二）」『行政長官公署檔案』南投市：國史館台灣文獻館所藏。

「警察機關審理辦法」『行政長官公署檔案』南投市：國史館台灣文獻館所藏。

「基隆市政府人員任免卷（八九〇）」『行政長官公署檔案』南投市：國史館台灣文獻館所藏。

「公署參事任免」『行政長官公署檔案』南投市：國史館台灣文獻館所藏。

「高雄縣恒春區署人員任免」『行政長官公署檔案』南投市：國史館台灣文獻館所藏。

「農林處人員任免」『行政長官公署檔案』、國史館台灣文獻館藏。

「警務處人員任免」『行政長官公署檔案』、南投市：國史館台灣文獻館所藏。

「基隆市警察局人員任免」『臺灣省行政長官公署檔案』南投市：國史館台灣文獻館所藏。

「委員會議」『省府委員會議檔案』南投市：國史館台灣文獻館所藏。

### 三　檔案管理局

「澀谷事件」『國史館』新北市：檔案管理局所藏。

「二二八文獻及研究」『國史館』新北市：檔案管理局所藏。

「在外台僑國籍問題」『國史館』新北市：檔案管理局所藏。

「日本華僑司法管轄案」『外交部』新北市：檔案管理局所藏。

「台灣人民恢復國籍」『外交部』新北市：檔案管理局所藏。

「有關台灣問題各項情報及參考資料」『外交部』新北市：檔案管理局所藏。

「台灣警備總部中美參謀會報紀錄」『國防部史政編譯局』新北

市：檔案管理局所藏。

「台灣警備總部工作報告（三十六年）」『國防部史政編譯局』新北市：檔案管理局所藏。

「台灣省警備總部現職錄（三十七年）」『國防部史政編譯局』新北市：檔案管理局所藏。

「台灣警備總部兵力駐地報告」『國防部史政編譯局』新北市：檔案管理局所藏。

「要塞編制案」『國防部史政編譯局』新北市：檔案管理局所藏。

「台灣省軍事設施會議經過紀要」「台灣省軍事設施會議案」『國防部史政編譯局』新北市：檔案管理局所藏。

「二二八事件原因及初期狀況」『軍管區司令部』、新北市：檔案管理局所藏。

「二二八事件政府處理態度」『軍管區司令部』新北市：檔案管理局所藏。

「二二八事件其他」『軍管區司令部』新北市：檔案管理局所藏。

「二二八事件綏靖執行及處理報告之一」『軍管區司令部』新北市：檔案管理局所藏。

「拂塵專案附件」『國家安全局』新北市：檔案管理局所藏。

「謝雪紅」『國防部軍事情報局』新北市：檔案管理局所藏。

「台胞被日本徵服兵役案」『國防部軍事情報局』新北市：檔案管理局所藏。

「保密局服務証明書登記簿（三六―三九年）」『國防部軍事情報局』新北市：檔案管理局所藏。

「三十八年請願保安」『台灣省諮議會』新北市：檔案管理局所藏。

「三十六年度偵字一二〇一―一三〇〇號」『台灣台中地方法院』新北市：檔案管理局所藏。

「拂塵專案附件」『國家安全局』新北市：檔案管理局所藏。

「查緝竊盜案卷」『台中市警察局檔案』新北市：檔案管理局所藏。

「人事」『內政部警政署』新北市：檔案管理局藏。

「人名案」『國防部軍事情報局』新北市：檔案管理局藏。

「二二八紀念碑案」『行政院』、新北市：檔案管理局所藏。

「確定二二八紀念碑碑文之後續處理方式」『行政院』新北市：檔案管理局所藏。

「二二八事件專案小組第一次～第八次會議紀錄案」『行政院』新北市：檔案管理局所藏。

「二二八事件專案小組第九～第十次會議紀錄」『行政院』新北市：檔案管理局所藏。

「召開『行政院研究二二八事件專案小組』第二次會議」『行政院』新北市：檔案管理局所藏。

「召開『行政院研究二二八事件專案小組』第三次會議」『行政院』新北市：檔案管理局所藏。

「召開『行政院研究二二八事件專案小組』第二次會議」『行政院』新北市：檔案管理局所藏。

「召開『行政院研究二二八事件專案小組』第四次會議」『行政院』新北市：檔案管理局所藏。

「謹将本院研究二二八事件專案小組第六次會議討論『二二八事件研究報告』所獲致各項結論、簽請核示」『行政院』新北市：檔案管理局所藏。

「林先生於『行政院研究二二八事件小組』會議所提卓見，已請該研究小組儘速完成研究報告」『行政院』新北市：檔案管理局所藏。

「梅山古坑二二八事件受難者安葬計畫等案」『行政院』新北市：檔案管理局所藏。

「二二八當事人及受難家屬函陳（一）」『國史館』新北市：檔案管理局所藏。

「有關二二八紀念碑碑文請貴小組主政，並於（八三）年年底前頒發，俾能於落成典禮前列入紀念碑」「二二八紀念碑案」『行政院』新北市：檔案管理局所藏。

「關於二二八紀念碑碑文之後續處理方式一案，以本院研究二二八事件小組業已結束任務編組、依『二二八事件處理及補償條例』第四條第三項及第十一條規定意旨、仍請本於職權，逕行核處」『行政院』新北市：檔案管理局所藏。

「二二八紀念碑文撰擬及處理過程」『行政院』新北市：檔案管理局所藏。

「廖德雄先生等聯名請求於二二八事件五十週年紀念日當天發給受難者平反證書案」『行政院』新北市：檔案管理局所藏。

「財團法人二二八事件紀念基金會捐助暨組織章程案」『行政院』新北市：檔案管理局所藏。

「『三四』事變處理」『屏東縣政府』新北市：檔案管理局所藏。

「自新」『屏東縣政府』新北市：檔案管理局所藏。

**四、中央研究院台灣史研究所**

「黃漢夫致李懷祖」『保密局台灣站檔案』台北市：中央研究院台灣史研究所藏。

**五、中央研究院台灣史研究所檔案館**

「張秉承致電言普誠報告台民散發傳單打倒參政員林宗賢情形」『保密局台灣站二二八相關檔案』台北市：中央研究院台灣史研究所檔案館所藏。

「續報台南嘉義暴動情形」『保密局台灣站二二八相關檔案』台北市：中央研究院台灣史研究所檔案館所藏。

「呈報新大隊暴動首要份子莊維藩等不法罪証由」『保密局台灣站二二八相關檔案』台北市：中央研究院台灣史研究所檔案館所藏。

「續報台南縣暴首簡溪圳及其爪牙林植法等現有私藏武器由」『保密局台灣站二二八相關檔案』台北市：中央研究院台灣史研究所檔案館所藏。

「台南縣「二一・二八」事件處理委員會發起人名冊壹份」『保密局台灣站二二八相關檔案』台北市：中央研究院台灣史研究所檔案館所藏。

「南縣開各代表大會，縣議員暨地方士紳熱烈討論建議有三十二條」『保密局台灣站二二八相關檔案』台北市：中央研究院台灣史研究所檔案館所藏。

「北門區匪徒王土地之口供」『保密局台灣站二二八相關檔案』台北市：中央研究院台灣史研究所檔案館所藏。

「沈堅強上林頂立代電報告台灣二二八事件發生後各地情形」『保密局台灣站二二八相關檔案』台北市：中央研究院台灣史研究所檔案館所藏。

「續報嘉義市叛亂情形」『保密局台灣站二二八相關檔案』台北市：中央研究院台灣史研究所檔案館所藏。
「續報台南嘉義暴動情形」『保密局台灣站二二八相關檔案』台北市：中央研究院台灣史研究所檔案館所藏。
「報台南、嘉義等地暴動情形由」『保密局台灣站二二八相關檔案』台北市：中央研究院台灣史研究所檔案館所藏。
「呈報陳總司令及柯参謀長國軍於三月十二日抵達市區維持治安後匪徒動態」『保密局台灣站二二八相關檔案』台北市：中央研究院台灣史研究所檔案館所藏。
「鄭元宵審訊筆錄」『保密局台灣站二二八相關檔案』台北市：中央研究院台灣史研究所檔案館所藏。
「林風上柯復興代電報告基隆事件後情況及基隆處理委員會組織狀況」『保密局台灣站二二八相關檔案』台北市：中央研究院台灣史研究所檔案館所藏。
「張秉承致電南京言普誠報告基隆市處置情形」『保密局台灣站二二八相關檔案』台北市：中央研究院台灣史研究所檔案館所藏。
「林風上柯復興代電報告基隆二二八事件情況及處置情形」『保密局台灣站二二八相關檔案』台北市：中央研究院台灣史研究所檔案館所藏。
「續報台南市叛亂經過情形」『保密局台灣站二二八相關檔案』台北市：中央研究院台灣史研究所檔案館所藏。
「台南市韓石泉事變中動態」『保密局台灣站二二八相關檔案』台北市：中央研究院台灣史研究所檔案館所藏。
「報台南・嘉義等地暴動情形由」『保密局台灣站二二八相關檔案』台北市：中央研究院台灣史研究所檔案館所藏。
「報告」『保密局台灣站二二八相關檔案』台北市：中央研究院台灣史研究所檔案館所藏。
「台南市韓石泉事變中動態」『保密局台灣站二二八相關檔案』台北市：中央研究院台灣史研究所檔案館所藏。
「續報台南市叛亂經過情形」『保密局台灣站二二八相關檔案』台北市：中央研究院台灣史研究所檔案館所藏。
「續報嘉義市叛亂情形」『保密局台灣站二二八相關檔案』台北市：中央研究院台灣史研究所檔案館所藏。
「沈堅強上林頂立代電報告台灣二二八事件發生後各地情形」『保密局台灣站二二八相關檔案』台北市：中央研究院台灣史研究所檔案館所藏。

### 六、中研院近史所檔案館檔案

『國防最高委員會第二二六次常務會議紀錄』台北市：中研院近史所檔案館所藏。

#### (五) 中國國民黨中央政策會

中國國民黨中央政策會（一九九四年）『「二二八事件」處理（善後）問題公聽會紀實』台北市：政策工作會。

#### (六) 國防部

「台灣警備史」『國軍檔案』台北市：國防部所藏。

（七）アメリカスタンフォード大学フーヴァー研究所アーカイブ

「蔣介石日記」カリフォルニア州：アメリカスタンフォード大学フーヴァー研究所アーカイブ所蔵。

（八）日本図書センター

日本外務省政務局特別資料課（一九五〇年）『日本占領重要文書第一巻』東京：日本図書センター。

（九）Foreign Office (FO) 371/63425.

"Foreign Office SWI to Mr. Cheng Tien-His." 31st Dec. 1946, F17758/2027/23.

二、オーラル・ヒストリー（口述歴史）、回顧録

中央研究院近代史研究所編（一九九一年）『口述歴史第二期』台北市：中央研究院近代史研究所。

中央研究院近代史研究所編（一九九二年）『口述歴史第三期』台北市：中央研究院近代史研究所。

中央研究院近代史研究所編（一九九三年）『口述歴史第四期』台北市：中央研究院近代史研究所。

呉克泰（二〇〇二年）『呉克泰回憶録』台北市：人間出版社。

谷正文口述、許俊榮・黃志明・公小穎整理（一九九五年）『白色恐怖祕密檔案』台北市：獨家出版社。

林忠勝・呉君瑩（二〇〇七年）『高玉樹回憶録』台北市：前衛出版社。

卓遵宏・林秋敏がインタビュー、林秋敏が記録整理（一九九六年）『林衡道先生訪談録』台北市：國史館。

張炎憲・胡慧玲・高淑媛インタビュー及び記録（一九九四年）『基隆雨港二二八』台北市：自立晩報社文化出版部。

張炎憲・陳忠騰・高淑媛インタビュー、張炎憲・高淑媛記録（一九九六年）『混亂年代的台北縣參議會（一九四六―一九五〇）』台北市：台北縣立文化中心。

張炎憲・陳美蓉・尤美琪採訪記録（二〇〇八年）『台灣自救宣言：謝聰敏先生訪談録』台北市：國史館。

張炎憲・黎澄貴・胡慧玲インタビュー及び記録（一九九六年）『台北都會二二八』台北市：呉三連台灣史料基金會。

許雪姬・方惠芳インタビュー、呉美惠・丘慧君・曾金蘭・林世青・蔡説麗記録（一九九五年）『高雄市二二八相關人物訪問紀録（下）』台北市：中央研究院近代史研究所。

許雪姬・方惠芳インタビュー、呉美慧・丘慧君・曾金蘭・林世青・蔡説麗記録（一九九五年）『高雄市二二八相關人物訪問紀録（上）』台北市：中央研究院近代史研究所。

許雪姬訪問、許雪姬・鄭鳳凰・王美雪・蔡説麗紀錄（二〇〇二年）『日治時期在「滿洲」的台灣人』台北市：中央研究院近代史研究所。

陳儀深インタビュー、彭孟濤整理（二〇一九年）『堅持：陳水扁口述歴史回憶録』台北市：台北市立文獻館。

黃克武等インタビュー、沈懷玉等記録（二〇一五年）『近史所一甲子：同仁憶往録（下冊）』台北市：中央研究院近

代史研究所。

賴澤涵・許雪姫インタビュー、許雪姫紀録（一九九二年）「柯遠芬先生訪問紀錄」『二二八研究報告．重要口述歷史（一）』台北市：行政院。

薛化元インタビュー、邱子佳記録（二〇一九年）「二〇一九年二月一一日廖讚豐訪談紀錄」（未刊稿）、インタビュー日期：二〇一九年二月一一日。

## 三、専門書

二二八和平日促進會編（一九九一年）『走出二二八的陰影：二二八和平日促進運動實錄（一九八七―一九九〇）』台北市：二二八和平日促進會。

中國人民政治協商會議福建省委員會文史資料研究委員會編（一九八七年）『軍統在福建』福州市：中國人民政治協商會議福建省委員會文史資料研究委員會。

文聞編（二〇〇四年）『我所知道的軍統』北京市：中國文史出版社。

王天濱（二〇〇三年）『台灣報業史』台北市：亞太圖書出版社。

王建生・陳婉真・陳湧泉（一九九〇年）『一九四七台灣二二八革命』台北市：前衛出版社。

王曉波編（二〇〇四年）『台盟與二二八事件』台北市：海峽學術出版。

古瑞雲（周明）（一九九〇年）『台中的風雷』台北市：人間出版社。

台灣省保安司令部（一九五七年）『台灣省保安司令部沿革史』台北市：台灣省保安司令部。

台灣省旅平同鄉會・天津市台灣同鄉會・台灣省旅平同學會編印、許毓良校正・注釈（二〇一六年）『台灣二・二八大慘案』台北市：前衛出版社。

朱文伯（一九七三年）『七十回憶』台北市：民主潮社。

朱文伯（一九八五年）『朱文伯回憶録』台北市：民主潮社。

江慕雲（一九四八年）『為台灣說話』上海市：三五記者聯誼會。

行政院研究二二八事件小組（一九九二年）『「二二八事件」研究報告（下）』台北市：行政院。

何義麟・林果顯・楊秀菁・黃順星（二〇一八年）『揚聲國際的台灣之音：中央廣播電台九十年史』台北市：五南出版社。

呂東熹（二〇一六年）『二二八記者劫』台北市：玉山社。

吳新榮（一九八九年）『吳新榮回憶錄』台北市：前衛出版社。

吳濁流（一九七五年）「無花果（有關二二八部分）」、韋名編『台灣的二二八事件』香港：七〇年代雜誌社。

吳濁流著、鍾肇政訳（一九八八年）『台灣連翹』台北市：前衛出版社。

李筱峰（一九九〇年）『二二八消逝的台灣菁英』台北市：自立晚報社文化出版部。

周一鶚（一九八七年）『陳儀生平及被害內幕』北京市：中國文史出版社。

周婉窈（二〇一七年）『島嶼的愛和向望』台北市：玉山社、五四頁。

周婉窈（二〇一九年）『轉型正義之路：島嶼的過去與未來』台北市：國家人權博物館、一六七頁、一九〇頁。

林忠勝・呉君瑩（二〇〇七年）『高玉樹回憶錄』台北市：前衛出版社。

邱斐顕主編（二〇一七年）『二二八平反與轉型正義：二二八事件七〇週年紀念專輯』台北市：財團法人二二八事件紀念基金會。

侯坤宏（二〇一一年）『研究二二八』台北市：博揚文化事業有限公司。

若林正丈、洪郁如・陳培豊等訳（二〇一四年）『戰後台灣政治史：中華民國台灣化的歷程』台北市：國立台灣大學出版中心。

韋名編（一九七五年）『台灣的二・二八事件』香港：七十年代雜誌社。

秦孝儀主編（一九九〇年）『光復台灣之籌劃與受降接收』台北市：中國國民黨中央委員會黨史委員會。

翁椿生、周茂林、朱文宇主編（一九九〇年）『衝越驚濤的年代』台北市：台灣新生報出版部。

崔之清主編（一九九四年）『當代臺灣人物辭典』鄭州市：河南人民出版社。

張炎憲ほか（二〇〇六年）『二二八事件責任歸屬研究報告』台北市：財團法人二二八事件紀念基金會
曽健民（二〇一五年）『陳逸松回憶錄（戰後篇）：放膽兩岸波濤路』台北市：聯經出版事業股份有限公司。

許雪姫主編（二〇〇八年）『二二八事件六〇週年紀念論文集』台北市：台北市政府文化局・台北二二八紀念館。

許毓良（二〇一二年）『台灣在民國（一九四五―一九四九）：以大陸期刊、雜誌所做的研究』新北市：輔大書房。

郭哲編（一九八八年）『中廣六十年』台北市：聯太國際出版。

陳中堅（二〇〇四年）『特高憲兵陳中堅回憶錄：附述對海峽兩岸統一福祉期望』台北市：陳中堅。

陳方、黃夏瑩主編（一九九二年）『閩南現代史人物錄』北京市：中國華僑出版社。

陳君愷（二〇一三年）『解碼二二八：解開二二八事件處理大綱的歷史謎團』台北市：玉山社。

陳翠蓮（一九九五年）『派系鬥争與權謀政治――二二八悲劇的另一面相』台北市：時報文化出版公司。

陳翠蓮（二〇一七年）『重構二二八：戰後美中體制、中國統治模式與台灣』新北市：衛城出版。

陳儀深（二〇一七年）『天猶未光：二二八事件的真相、紀念與究責』台北市：前衛出版社。

陳儀深（二〇一九年）『拼圖二二八』台北市：財團法人二二八事件紀念基金會。

黃彰健（二〇〇七年）『二二八事件真相考証稿』台北市：中央研究院・聯経出版事業股份有限公司。

喬家才（一九七八年）『鐵血精忠傳：戴笠史事彙編』台北市：中外圖書出版社。

彭明敏（一九五九年）『平時戰時國際公法』台北市：清水商行印刷、著者発行。

温秋芬主編（二〇〇六年）『見證關鍵時刻：高雄事件：「台

灣之音」錄音記録選輯』台北市：吳三連台灣史料基金會。

黃彰健（二〇〇七年）『二二八事件真相考證稿』台北市：中央研究院・聯經出版事業股份有限公司。

楊渡総企画（二〇〇五年）『還原二二八』台北市：巴札赫出版社。

楊護源（二〇一六年）『光復與佔領：國民政府對台灣的軍事接收』台北市：獨立作家出版社。

葉明勲（一九九二年）『滌去的陰影』台北市：財團法人大同文化基金會。

蔡秀美編（二〇一五年）『二二八事件文獻目錄解題』台北市：財團法人二二八事件紀念基金會。

蔣經國先生全集編輯委員會編（一九九一年）『蔣經國先生全集 第一冊』台北市：行政院新聞局。

鄭文勇・林辰峰・柳照遠主編（二〇〇七年）『二二八六〇年台灣新紀元：二二八基金會一二年紀念專輯』台北市：財團法人二二八事件紀念基金會。

賴澤涵、馬若孟、魏萼著，羅珞珈訳（一九九三年）『悲劇性的開端：台灣二二八事變』台北市：時報文化出版公司。

賴澤涵・黃富三・黃秀政・吳文星・許雪姬（一九九四年）『「二二八事件」研究報告』台北市：時報文化。

賴澤涵ほか（一九九四年）『「二二八事件」研究報告』台北市：時報文化出版企業有限公司。

龍應台（二〇一一年）『大江大海一九四九』台北市：天下雜誌公司。

戴國煇・葉芸芸（一九九二年）『愛憎二二八』台北市：遠流出版公司。

戴寶村主編（二〇一七年）『治史起造台灣國：張炎憲全集（六）』台北市：吳三連台灣史料基金會。

檔案管理局編訂（二〇〇九年）『二二八事件國家檔案典藏與應用導引』新北市：檔案管理局。

薛化元・蘇瑞鏘・楊秀菁（二〇一五年）『戰後台灣人權發展史』台北市：財團法人自由思想學術基金會。

薛化元主編（一九九三年）『台灣歷史年表・終戰篇Ⅲ（一九七九―一九八八）』台北市：業強出版社。

薛化元（一九九六年）『『自由中國』與民主憲政』台北市：稻鄉出版社。

薛化元主編（一九九八年）『台灣歷史年表Ⅴ（一九八九―一九九四）』台北市：業強出版社。

薛月順編（二〇〇五年）『陳誠先生回憶錄：建設台灣（下）』台北市：國史館。

謝漢儒（一九九八年）『關鍵年代的歷史見證：台灣省參議會與我』台北市：唐山出版社。

謝聰敏（一九九三年）『黑道治天下及其他』台北市：謝聰敏國會辦公室。

鍾逸人（一九八八年）『辛酸六十年：二二八事件二七部隊隊長鍾逸人回憶錄』台北市：自由時代出版社。

鍾逸人（二〇〇九年）『辛酸六十年』台北市：前衛出版社。

藍博洲（二〇〇八年）『消逝在二二八迷霧中的王添灯』台北市：印刻文學生活雜誌社。

蘇聖雄（二〇一三年）『奸黨煽惑―蔣中正對二二八事件的態

度及處置』台北市：花木蘭文化出版社。
璐蒂・泰鐸（Ruti G. Teitel）著、鄭純宜訳（二〇一一年）『變遷中的正義』台北市：商周出版社。
林歳徳（一九九四年）『私の抗日天命―ある台湾人の記録』東京：社会評論社。
デニー・ロイ（Denny Roy）、何振盛・杜嘉芬訳（二〇〇四年）『台灣政治史』台北市：台灣商務印書館。
Geroge H. Keer（葛超智）、詹麗茹・柯翠園訳（二〇一七年）『重譯校註 被出賣的臺灣（Formosa Betrayed)』台北市：台灣教授協會。
吉田茂（一九五七年）『回想十年（第三巻）』東京：新潮社。
林歳徳（一九九四年）『私の抗日天命―ある台湾人の記録』東京：社会評論社。
菅谷明子（二〇〇〇年）『メディアのリテラシー：世界の現場から』東京：岩波書店。
Atton, Chris(2002), Alternative Media., London: Sage Publications.
John B. Powell(1945), My twenty-five years in China, New York : Macmillan.
Kerr, George H.(1966), Formosa Betrayed,London:Eyre & Spottiswoode.
Lai, Tse-han, Myers, Ramon H.,and Wei, Wou(1991), A Tragic Beginning: The Taiwan Uprising of February 28, 1947 ,Stanford, California: Stanford University Press.
Mendel, Douglas(1970), the Politics of Formosan Nationalism ,Berkeley and Los Angeles: University of California Press.
Pearlman, Michael D.(2008), Truman & MacArthur : policy, politics, and the hunger for honor and renown ,Bloomington : Indiana University Press.
Shen, Fuyuan(1993), John William Powell and "The China Weekly Review": An analysis of his reporting and his McCarthy era ordeal, Graduate Student Theses, dissertations, & Professional Papers Graduate School, The University of Montana.

## 四、論文

### （一）專門書論文

丘念台（二〇〇二年）『嶺海微飆』台北市：海峽學術出版社。

石中山（二〇一三年）「轉型社會的民主、人權與法治―關於『轉型正義』的若干反思」、施正鋒編『轉型正義』台北市：台灣國際研究學會。

台灣人權雜誌社編著（一九九〇年）『台灣一九八七―一九九〇年人權報告』台北市：台灣人權促進會。

成露茜（二〇一二年）「另類媒體實踐」、夏曉鵑編『理論與實踐的開拓：成露茜論文集』台北市：台灣社會研究雜誌。

何義麟（二〇〇六年）「二二八事件中媒體工作者之角色與責任」『跨越國境線：近代台灣去殖民化之歷程』台北市：稻鄉出版社。

吳乃德（二〇一五年）「國家對受害者的賠償／補償」、台灣民間真相與和解促進會、『記憶與遺忘的鬥爭：台灣轉型正義階段報告（卷一）』新北市：衛城出版。

吳乃德（二〇一五年）「清理威權遺緒」、台灣民間真相與和解促進會『記憶與遺忘的鬥爭：台灣轉型正義階段報告（卷二）』新北市：衛城出版、一九—一二〇頁。

吳克泰（一九八七年）「紀念台灣人民「二二八」起義四〇週年」、台灣民主自治同盟編『歷史的見證』北京市：台灣民主自治同盟。

吳俊瑩（二〇一七年）「中統局台灣調統室與二二八」、許雪姬主編『七十年後的回顧：紀念二二八事件七十週年學術論文集』台北市：中央研究院台灣史研究所。

周塗墩（二〇〇六年）『我的回憶』出版地不詳：周塗墩。

林正慧（二〇一七年）「二二八事件中的中共「台灣省工作委員會」」、許雪姬主編『七十年後的回顧：紀念二二八事件七十週年學術論文集』台北市：中央研究院台湾史研究所。

林邑軒（二〇一五年）「官方檔案的徵集與公布」、台灣民間真相與和解促進會、『記憶與遺忘的鬥爭：台灣轉型正義階段報告（卷一）』新北市：衛城出版。

林果顯（二〇一七年）「戰爭與新聞：台灣的戰時新聞管制政策（一九四九—一九六〇）」、蕭旭智・蔡博方・黃順星編『傳媒與現代性』台北市：五南。

施正鋒（二〇一三年）「以轉型正義的探討—由分配到認同」『轉型正義』、施正鋒編『轉型正義』台北市：台灣國際研究學會。

順星主編『傳媒與現代性』台北市：五南。

胡性階（二〇〇四年）「中統沿革」『我所知道的中統』北京市：中國文史出版社。

張文（一九八七年）「中統二〇年」、中國人民政治協商會議江蘇省委員會文史資料研究委員會編『中統內幕』南京市：江蘇古籍出版社。

許雪姬（二〇〇七年）「高雄二二八事件真相再探」、高雄市文獻委員會編『紀念二二八事件六〇週年學術研討會論文集』高雄市：高雄市文獻委員會。

陳水扁「開幕致詞」、楊振隆総編集（二〇〇七年）『二二八事件六〇週年國際學術研討會：人權與轉型正義學術論文集』台北市：財團法人二二八事件紀念基金會。

陳永興（一九八七年）「二二八和平日宣言」『台灣人權促進會會訊』第七期、台北市：台灣人權促進會。

陳永興（一九八七年）「為什麼推動『二二八和平日』促進工作？」『台灣人權促進會會訊』第八期、台北市：台灣人權促進會。

陳永興（一九九二年）「〔附錄二〕二二八學術研討會開幕詞」、陳琰玉・胡慧玲編『二二八學術研討會論文集』台北市：二二八民間研究小組・台美文化交流基金會・現代學術研究基金會。

陳芳明（一九九二年）「他們是這樣寫歷史的：《中央社電文原稿資料》導讀」、林德龍輯註『二二八官方機密史料』台北市：自立晚報社。

許雪姬（二〇一七年）「戰後京滬、平津、東北等地台灣人團體的成立及在二二八事件中的對台聲援」、許雪姬主編『七十年後的回顧：紀念二二八事件七十週年學術論文集』台北市：中央研究院台灣史研究所。

黃彰健口述、武之璋・朱浤源・朱麗蓉整理（二〇一〇年）「為何考證？如何解讀？從校讎之學敬答陳儀深君」、朱浤源主編『二二八研究的校勘學視角：黃彰健院士追思論文集』台北市：文史哲出版社。

楊秀菁（二〇一七年）「戰後初期『台灣新生報』的發展與挑戰」、蕭旭智・蔡博方・黃順星主編『傳媒與現代性』台北市：五南。

蒲人（一九八五年）「一場歷史噩夢的回想―台灣『二二八』事件身歷記」、閩台通訊社編『二二八事件真相』台北市。

趙毓麟（一九八七年）「中統我見我聞」、中國人民政治協商會議江蘇省委員會文史資料研究委員會編『中統內幕』江蘇：江蘇古籍出版社。

劉勝驥（一九八七年）「共黨分子在二二八事件前後的活動」、馬起華編『二二八研究』台北市：中華民國公共秩序研究會。

鄭欽仁（一九九二年）「〔序二〕歷史是大眾生命的延續」、陳琰玉・胡慧玲編『二二八學術研討會論文集』台北市：二二八民間研究小組、台美文化交流基金會、現代學術研究基金會。

賴澤涵（二〇〇八年）「『二二八事件』研究的回顧與展望――兼談過去研究的秘辛」、許雪姬主編『二二八事件六〇週年紀念論文集』台北市：台北市政府文化局・台北二二八紀念館。

魏道明（一九四七年）「在安定中求繁栄」台灣省政府新聞處編『魏主席言論集之一：在安定中求繁榮』台北市：台灣省政府新聞處。

Ramon H. Myers、夏榮和・陳俐甫訳（一九九〇年）「二二八事件―怨懟、社會緊張與社會暴力」、陳俐甫編著『禁忌、原罪、悲劇―新生代看二二八事件』新北市：稻鄉出版社。

川島真（二〇〇六年）「第Ⅱ部第五章　戦後台湾の対外ラジオ放送政策」、貴志俊彦・川島真・孫安石編『戦争・ラジオ・記憶』東京：勉誠出版。

### （二）ジャーナル論文

丁果著、陳俐甫・夏榮和訳（一九九一年）「台灣『二二八』事件之一考察―以陳儀與台灣行政長官公署為中心」『台灣風物』四一卷一期。

台灣人權促進會（一九八七年）「會務日誌」『台灣人權促進會會訊』第八期。

伯峰（一九四七年）「人物介紹：本省警務處副處長劉戈青」『台灣警察』第三卷第二期。

余祥琴（一九七八年）「上海淪陷期間四年地下工作追記」『傳記文學』第三三卷第二／三―四期。

吳乃德（二〇〇八年）「書寫『民族』創傷：二二八事件的歷史記憶」『思想』第八期。

吳世昌（一九四七年）「論台灣的動亂」『觀察』二卷四期。

吳俊瑩（二〇一一年）「政府資訊公開法制的誕生與台灣史研究脈動（二〇〇〇―二〇〇八）」『史原』復刊号第二期。

吳俊瑩（二〇一八年）「二二八事件在台東」『台灣文獻』第六九卷四期。

宋中堂（一九四七年）「三中全會中的幾門大砲」『新聞天地』

二三巻。

李文新（一九九二年）「六十多天鬥智審查、所有責任一字不剰——行政院二二八事件研究小組對調査報告的審查過程」『新新聞』二五八期。

沈覲鼎（一九七五年）「對日往事追憶（二七）」『傳記文學』第二七巻第六期。

林嘉誠（二〇〇一年）「檔案管理局成立行政院研究發展考核委員會主任委員致詞」『檔案季刊』創刊號。

林瓊華（二〇一六年）「重看二二八事件後流亡香港的台灣左翼者的政治理想：關於《新台灣叢刊》的創刊歷史與返鄉」『台灣史料研究』、第四八期。

侯坤宏（二〇一四年）「重探「二二八事件處理委員會」的角色」『臺灣史研究』二一期四巻。

洪温臨（二〇〇一年）「檔案挖掘與真相探索——近年台灣二二八事件檔案的徵集與分析（一九九一—二〇〇一）」『國史館館刊』復三〇期。

張炎憲（二〇〇七年）「二二八平反運動與其歷史意義」、楊振隆総編輯『二二八事件六〇週年國際學術研討會：人權與轉型正義學術論文集』台北市：財團法人二二八事件紀念基金會、四六三頁。

張國棟（一九八九年）「細説中統局（上）」『傳記文學』第五巻第二期。

張國棟（文）原作（一九八九年）「細說中統局（下）」『傳記文學』第五五巻第四期。

梁馨蕾（二〇一八年）「抗戰時期朱家驊系權勢的消長——以國民黨陝西省黨部與調統室糾紛案為中心」『民國檔案』二〇一八年第一期。

許雪姫（一九九一年）「行政院二二八工作小組的分工與資料蒐集」『近代中國史研究通訊』第一二期。

許雪姫（一九九二年）「二二八事件資料選輯（一）簡介」『近代中國史研究通訊』第一三期。

許雪姫（一九九二年）「中央研究院近代史研究所檔案館「二二八檔案資料」簡介」『近代中國史研究通訊』第一三期。

許雪姫（二〇一四年）「『保密局台灣站二二八史料』的解讀與研究」『台灣史研究』第二一巻第四期。

陳永興（一九八七年）「人權至上，反對制定國安法—五一九演講稿全文」『台灣人權促進會會訊』第八期。

陳永興・鄭欽仁（一九八七年）「我們可以原諒，卻不可以無交代—二二八事件學術座談會—引言」『台灣人權促進會會訊』第八期。

陳永興・李勝雄、鄭南榕（一九八八年）「二二八和平日促進會公告」『台灣人權雜誌』第二期。

陳映真（一九八七年）「為了民族的和平與團結—寫在「二二八事件：台中風雷」特集巻首」『人間』一八巻。

陳翠蓮（二〇〇八年）「歷史正義的困境—族群議題與二二八論述」『國史館學術集刊』第一六期。

黄仁（二〇〇二年）「從二二八台灣新聞事業的浩劫談事變後台北晩報的滄桑」『台北文獻』直字第一四一期。

黄秀政・蕭明治（二〇〇八年）「二二八事件的善後與賠償—以『延平學院復校』為例」『興大歷史學報』第二〇期。

黄康永口述、匡垣整理（二〇〇一年）「國民黨軍統組織消長始末（六）」『檔案與史學』二〇〇一年第六期。

黄康永口述、匡垣整理（二〇〇三年）「國民黨特務組織保密局盛衰錄（一）」『檔案與史學』二〇〇三年第三期。

黄康永口述、匡垣整理（二〇〇三年）「國民黨特務組織保密局盛衰錄（三）」『檔案與史學』二〇〇三年第五期。

黄彰健（二〇〇八年）「讀侯坤宏先生新編《大溪檔案》」『檔案季刊』第七卷第三期。

楊護源（二〇一六年）「戰後高雄要塞的建置與改制（一九四六—一九五〇）」『檔案半年刊』第一五卷第一期。

喬家才（一九八一年）「台灣情報戰線兩大明星：黄昭明與翁俊明」『中外雜誌』第二九卷第三期。

童清峰（一九九二年）「這份報告完全没有違背我的良知——訪賴澤涵談「二二八事件研究報告」出爐之艱辛」『新新聞』二五八期。

楊家宜編（一九九一年）「『二二八』的官方說法」『中國論壇』第三一卷第五期。

劉福增主持、費希平・康寧祥・鄭欽仁・胡佛講評、林永豐・王曉波主講（一九八六年）「『省籍與人權』座談會」『台灣人權促進會會訊』第五期。

歐陽可亮著、張志銘訳（一九九八年）「二二八大屠殺的證言」『台灣史料研究』第一一期。

穆異（一九四八年）「台灣的新聞事業」『創世半月刊』第一七期。

賴澤涵（一九九二年）「我參與二二八相關研究之經過」『近代中國史研究通訊』第一三期。

蘇瑤崇（二〇一六年）「論戰後（一九四五—一九四七）中美共同軍事佔領台灣的事實與問題」『台灣史研究』第二三卷第三期。

蘇瑤崇（二〇一四年）「謊言建構下二二八事件鎮壓之正當性：從『大溪中學女教員案』論起」『台灣史研究』第二一卷第三期。

薛化元（二〇一二年）「戰後台湾における非常時体制の形成過程に関する再考察」『中国二一』第三六期。

（三）会議論文

林正慧（二〇一八年）「二二八事件中的情治機關及其角色」、二二八事件紀念基金主催「二二八事件真相與轉型正義」研討論壇論文、開催日：二〇一八年一一月四日。

陳翠蓮（二〇〇九年）「從新出土檔案看保密局情治人員在二二八事件中的角色」、中央研究院台灣史研究所主催「二二八事件新史料發表座談會」、開催日：二〇〇九年二月二六日。

（四）学位論文

陳純瑩（一九九四年）「台灣光復初期之警政（一九四五—一九五三）」國立台灣師範大學歷史研究所博士論文。

許旭輝（二〇〇七年）「戰後初期台灣報業之發展：以『台灣新生報』為例（一九四五—一九四九）」國立台北教育大學社會科教育學系修士論文。

林欣怡（二〇一〇年）「台灣社會『轉型正義』問題的探討：以二二八事件為例」國立台北教育大學社會與區域發展學系碩士論文。

## （五）ほか

一九九五年「台灣人物誌（九）劉啟光官場失意」『新聞天地』第三九五期。

## 五、新聞

1946.03.29, "Formosan Scandal," *The Washington Post.*

張慕陶（一九四六年）「一年來憲兵在台灣之工作」『新生報』一九四六年一〇月二五日、第六版。

一九四七年「二二八處委會改組首次會 決定積極維持治安」『台灣新生報』一九四七年三月四日、第一版。

一九四七年『評論日報』一九四七年三月二二日。

一九四七年『華商報』一九四七年三月一七日、一九四七年三月二五日。

一九四七年「據傳高雄軍民衝突謝東閔奉派前往解決」『台灣新生報』一九四七年三月九日、第一版。

一九四七年『台灣新生報』一九四七年五月六日、一九四七年五月一一日、一九四七年一〇月二六日。

1947.03.05. "Formosa Riots Are Reported More Acute," *The Washington Post.*

1947.03.08. "NANKING WORRIED BY WIDE DISORDER," *New York Times.*

1947.03.11. "FORMOSAN REBELS SET UP ASSEMBLY," *New York Times.*

1947.03.13. "FORMOSA REPORTED CALM," *New York Times.*

1947.03.29. "FORMOSA KILLINGS ARE PUT AT 10,000," *New York Times.*

1947.03.31. "Youth Emasculation, Cutting of Ears and Nose," *The Washington Post.*

1947.04.04, "Formosan Scandal," *The Washington Post.*

1947.04.05. "STORY OF REPRESSION IN FORMOSA DETAILED," *New York Times.*

1947.04.05. "Good Government Common Sense Needed In Administering Taiwan," *The China Weekly Review.*

1947.08.13. "Wedemeyer Confers in Formosa," *New York Times.*

一九八七年「『二二八』事件和平日說明會『民進黨』人士分別發表演講」『中國時報』一九八七年三月一日、第二版。

一九八八年「社會應有平衡對人有愛 請以愛心看二二八事件」『中國時報』一九八八年二月二三日、第四版。

一九八八年「立委建議成立委員會 調查二二八事件真相」『聯合報』一九八八年二月二六日、第二版。

一九八八年「民進黨明將舉辦 二二八連串活動」『聯合報』一九八八年二月二七日、第二版。

一九八八年「二二八事件是歷史悲劇民進黨將舉行紀念性活動 工黨盼公開檔案提供研究」『聯合報』一九八八年二月二八日、第八版。

一九八八年「二二八事件受刑人已全部釋放　中研院正在蒐集資料進行研究」『中國時報』一九八八年二月二日、第八版。

一九八八年「二二八事件當年調查報告公布」『中國時報』一九八八年三月一〇日、第四版。

一九八八年「人民心理未『解嚴』?省文獻會蒐集『二二八』口述史料，受訪者心存顧忌，大多閃爍其詞。」『聯合報』一九八八年一〇月二九日、第二版。

一九八八年「國代提案建議總統就二二八事件表示態度朝野激辯經表決後否決該案」『中國時報』一九八八年一二月三〇日、第五版。

一九八九年「『二二八』紀念碑今天落成」『聯合報』一九八九年八月一九日、第一五版。

一九八九年「威尼斯影展最高榮譽　中國電影史開花結果悲員狂喜：這個結果毫不意外！」『聯合晚報』一九八九年九月一五日、第三版。

一九八九年「悲情城市　威尼斯影展奪魁以磊落態度檢討二二八事件、獲最高榮譽金獅獎」『中國時報』一九八九年九月一六日、第一版。

一九九〇年「朝野立委同為『二二八』死難同胞默哀」『中國時報』一九九〇年二月二八日、第三版。

一九九〇年「二二八事件　編入高中歷史課本」『中央日報』、一九九〇年六月一四日、第三版。

一九九〇年「『因取締私菸引發衝突……政府迅即撤換陳儀，改組省政……』五八個字　二二八事件　高一九九〇年中歷史彌補空白　草擬初稿的蔣永敬表示：平實寫出已代表一切，五八個字不算少。」『聯合報』一九九〇年八月一五日、第六版。

一九九一年「二二八事件　專案小組　研究小組　名單公佈明年元月十五日前　完成約十萬字研究報告　郝揆態度：『絕不規避』民進黨：非常歡迎」『聯合報』一九九一年一月一九日、第七版。

一九九一年「李總統：解決二二八傷痕的時機成熟了首度透露曾親身目睹事件慘劇，向受難者家屬代表承諾政府一定會有所處理」『中國時報』一九九一年三月五日、第二版。

一九九一年「『瞭望』雜誌海外片　紀念二二八事件　中共發表署名文章　建議公布真相徹底平反　並允許避難離台者返鄉探親定居」『聯合報』一九九一年二月二八日、第二版。

一九九二年「『行政院二二八事件研究報告』公布未滿一年　當事人蔣渭川家屬　不服文中對其描述　控告施啟揚等涉及誹謗」『中國時報』一九九二年一二月二八日、第三版。

一九九二年「郝揆：二二八不幸事件　政府難辭其咎　強調有決心和誠意撫平傷害並且不再犯錯　政府是否正式道歉迄未經決策程序」『聯合報』一九九二年二月二六日、第一版。

一九九二年「執政黨中央嚴重關切部分黨籍立委不遵守黨政協調決議　宋楚瑜：並非反對二二八賠償條例強調係重視黨內部程序『民主規範』問題才決定交付考紀會處理」『中國時報』一九九二年三月四日、第二版。

鄭履中（一九九三年）「『二二八事件文獻補錄』完成省文獻會編纂著重事件始末查證　包括當年警總副參謀長范誦堯珍貴口述」『中國時報』一九九三年二月二八日、第九版。

一九九一年「二二八事件死傷人數仍舊是個難解的謎」『中國時報』一九九一年二月二三日、第四版。
一九九一年「二二八檔案應該解密 研究學者指部分機構敷衍光看內容就知心態尚未解嚴」『中國時報』一九九一年五月二八日、第四版。
一九九一年「二二八事件真相明年二月公布」『中國時報』一九九一年七月三〇日、第三版。
一九九一年「二二八調査 並非要〝導出元凶〟」『聯合晩報』一九九一年一二月九日、第三版。
一九九一年「受難者家屬理賠事宜 專案小組尚未討論」『中國時報』一九九一年一一月八日、第二版。
一九九一年「政院專案小組決請政府核定 明年二二八前成立委員會籌備立碑」『中國時報』一九九一年一一月八日、第二版。
一九九一年「二二八受難者家屬今會見李總統將提出四項要求：一．公布真相道歉賠償：二．設紀念館陳列：三．設基金會化解省籍對立：四．訂紀念日供追思」『聯合報』一九九一年三月四日、第二版。
一九九一年「大溪檔案二二八專冊 影本交政院研究小組」『聯合報』一九九一年三月一五日、第四版。
一九九一年「政院工作小組召集人賴澤涵萌生辭意」『聯合報』一九九一年五月二八日、第四版。
一九九一年「二二八紀念碑 政府主導籌建」『聯合報』一九九一年五月一日、第五版。
一九九一年「軍人通訊投票 省選委會 中央選委會：有困難不宜實施」『聯合報』一九九一年一月一〇日、第四版。
一九九一年「『中華二二八和平促進會』成立」『聯合報』一九九一年一二月六日、第六版。
一九九一年「從文化觀點理解二二八事件發生原因」『中國時報』一九九一年一二月二九日、第六版。
一九九一年「二二八關懷聯合會成立 將邀專家研究賠償問題」『聯合報』一九九一年八月四日。「出任『二一九九一年二八關懷聯合會』顧問 吳伯雄支持為二二八立碑」『聯合報』一九九一年八月六日、第四版。
一九九二年「『公布時機雖嫌晚 有做總比不做好』官方史料出土民間研究突破」『聯合報』一九九二年二月一一日、第三版。
一九九二年「二二八事件研究報告正式公布 行政院專案小組肯定研究小組成果 李總統也表欣慰與尊重」『聯合晩報』一九九二年二月二二日、第一版。
一九九二年「親臨參加二二八紀念音樂會 和與會人士共同為歷史悲劇默哀李總統慰問受難者母親」『中國時報』一九九二年二月二五日、第一版。
一九九二年「施啟揚：二二八賠償撫卹問題陸續研究」『中國時報』一九九二年二月二五日、第三版。
一九九二年「二二八建碑地點改在新公園」『中國時報』一九九二年四月一八日、第一版。
一九九二年「賠償條例草案兩版本出爐」『聯合晩報』一九九二年二月二七日、第三版。
一九九二年「二二八事件受難者人數資料內政部今起登記受理

及清査」『中國時報』一九九二年七月一日、第四版。

一九九二年「二二八受難親友登記　情況不佳　內政部研判家屬仍心存疑慮」『聯合報』一九九二年一〇月二二日、第六版。

一九九二年「二二八事件受難者遺屬張冬蕙提起賠償訴訟」『中國時報』一九九二年二月一四日、第六版。

一九九二年「『二二八』責任歸屬　研究報以『隱喩』處理」『中國時報』一九九二年二月一一日、第三版。

一九九二年「報告仍有三疑點　家屬要求查明」『中國時報』一九九二年二月一二日、第三版。

一九九二年「受難者家屬所組團體要求政府賠償」『中國時報』一九九二年二月一二日、第三版。

一九九二年「學者認為政院報告　美中仍有不足」『聯合報』一九九二年二月二三日、第三版。

一九九二年「林宗義肯定二二八研究小組辛勞　要求交代進一步真相」『中央日報』一九九二年二月二三日、第二版。

一九九二年「郝揆：二二八善後　政府未考慮道歉　賠償或撫慰須有明確資料　政院已要求警政署進行清査」『聯合報』一九九二年三月一四日、第四版。

一九九二年「立委陳水扁陳哲男促軍警調單位公開完整資料」『中國時報』一九九二年二月一二日、第三版。

一九九二年「二二八賠償條例交付審査風波　立院重提　周書府：主席有圖利他人之嫌　劉松藩：處理程序無任何瑕疵」『聯合報』一九九二年三月四日、第四版。

一九九三年「往事甭提　第一樁二二八求償被駁回」『自立晚報』一九九三年七月一〇日、版次不明。

一九九四年「紀念一七位罹難員工　台鐵八堵車站二二八紀念碑落成」『中國時報』一九九四年七月一七日、第六版。

一九九五年「李總統代表政府向二二八受難者家屬道歉」『聯合報』一九九五年三月一日、第一版。

一九九五年「李總統二二八談話全文」『聯合晚報』一九九五年二月二八日、第二版。

一九九五年「二二八紀念碑像座歷史的醒鐘　提醒我們走出悲劇」『中國時報』一九九五年三月一日、第二版。

一九九五年「二二八事件處理及補償條例完成立法　三黨立委看法」『中國時報』一九九五年三月二四日、第四版。

一九九五年「二二八條例完成立法　補償上限六百萬」『中國時報』一九九五年三月二四日、第一版。

一九九五年「二二八補償金　受理申請」『中國時報』一九九五年一二月二九日、第一六版。

一九九六年「熱淚・掌聲二二八和平公園揭牌」『聯合報』一九九六年二月二八日、第二版。

一九九七年「二二八明定為國定假日」『中國時報』一九九七年二月二六日、第一版。

一九九七年「台北二二八紀念館開館　走出傷痛」『聯合晚報』一九九七年二月二八日、第一八版。

一九九七年「立法院快速通過總統府隨後公告二二八訂為國定假日」『聯合報』一九九七年二月二六日、第一版。

一九九七年「紀念二二八系列活動登場　目前已確定紀念館開幕式當天　李總統不會參加」『中國時報』一九九七年二

月二五日、第一四版。

一九九七年「二二八紀念幣公開亮相　中籤率一成一明公開抽籤　紀念郵票同步發行」『中央日報』一九九七年二月一二日、第八版。

一九九七年「二二八傷口跨越半世紀：國際學術研討會全方位解毒」『中國時報』一九九七年一月二九日、第二五版。

一九九七年「二二八紀念碑文定案：明列當事人姓名　刪除刺激字眼　下月底銘刻　李總統將獻花致意」『中國時報』一九九七年一月二八日、第二版。

一九九七年「蔡政文、鄭欽仁異口同聲：差強人意」『中國時報』一九九七年一月二八日、第二版。

一九九七年「揭碑不到四小時　碑文遭破壞丟棄」『聯合報』一九九七年三月一日、第二版。

一九九七年「二二八五十周年國際學術研討會登場：主持人李鴻禧拚命提醒『講國語』」『中國時報』一九九七年二月二一日、第二五版。

一九九七年「紀念二二八系列活動登場　目前已確定紀念館開幕式當天　李總統不會參加」『中國時報』一九九七年二月二五日、第一四版。

一九九八年「社會應有平衡對人有愛　請以愛心看待二二八事件」『中國時報』一九八八年二月二三日、第二版。

一九九九年「二二八官版碑文重現　受難家屬抗議」『中國時報』一九九九年五月二四日、第一八版。

一九九九年「二二八紀念碑文復原　台教會抗議」『中國時報』一九九九年六月七日、第四版。

二〇〇六年「賴澤涵：推論太大膽　陳儀深：回文本討論」『中國時報』二〇〇六年二月二一日、第A2版。

二〇〇六年「『蔣介石是二二八元兇』無直接證據」『聯合報』二〇〇六年二月二七日、第A10版。

二〇〇七年「沒新案　立院促裁撤二二八基金會」『中國時報』二〇〇七年一〇月一三日、第A6版。

譚慎格（John J. Tracik, Jr.）（二〇〇七年）「台灣的地位未定」『自由時報』二〇〇七年一一月二〇日。

## 六、インターネット資料

慈林教育基金會、http://chilin.lib.ntu.edu.tw/RetrieveDocs.php、アクセス日：二〇一六年九月二〇日。

台北二二八紀念館、https://228memorialmuseum.gov.taipei/cp.aspx?n=5FD11DBAFF988BC0B、アクセス日：二〇一八年六月二〇日。

国立台中教育大学、http://ip194097.ntcu.edu.tw/course/TOStou/19470305-koksiannpo.asp、アクセス日：二〇一九年四月一二日。

「烏牛欄戰役：四〇人對七〇〇人，以寡擊眾的藝術」、二〇一七年二月二五日、「關鍵評論」、https://www.thenewslens.com/feature/27cohort/62374、アクセス日：二〇一八年一二月一七日。

劉渾生、日付不明、「軍統閩南站概況」、http://www.oklink.net/a/0206/0630/tgmwsz/028.html、アクセス日：二〇

一九年一〇月一日。

「憲兵的角色及其歴史地位」、日付不明、「遠望雑誌」、https://presciencetw.blogspot.com/2016/05/23.html、アクセス日：二〇一八年一〇月一二日。

「國府憲兵要史簡沿」、日付不明、「中華民國後備憲兵論壇」、http://mp.rocmp.org/mp/、アクセス日：二〇一八年一〇月一二日。

蔣渭川「二二八事變始末記」、日付不明、「蔣渭川和他的時代」：http://www.二二八.org.tw/ChiangWeiChuan/part1/a-2-4.html、アクセス日：二〇一三年一〇月一二日。

蘇貞昌「真相是通往寛恕的密碼——『二二八事件六〇週年』的省思」、二〇〇七年二月二六日、『自由時報』、http://talk.ltn.com.tw/article/paper/117463、アクセス日：二〇一九年五月七日。

「第九九次董監事會會議紀録（2004/11/3)」、二〇〇四年、二二八事件紀念基金會、http://www.228.org.tw/files/specificati on_minute/99.pdf、アクセス日：二〇一八年一〇月三日。

「第八七次董監事會會議紀録」、二〇〇三年九月三〇日、二二八事件紀念基金會、http://www.二二八.org.tw/files/specificati on_minute/八七.pdf、アクセス日：二〇一八年一〇月二日。

「第八八次董監事會會議紀録」、二〇〇三年一〇月二八日、二二八事件紀念基金會、http://www.228.org.tw/files/specificati on_minute/88.pdf、アクセス日：二〇一八年一〇月二日。

「總統參加『二二八事件責任歸屬研究報告』新書發表暨座談會」、二〇〇六年二月一九日、中華民國總統府、https://www.president.gov.tw/NEWS/10186、アクセス日：二〇一八年一〇月三日。

「二二八條例補償改賠償 三讀通過」、二〇〇七年三月九日、『自由時報』、https://news.ltn.com.tw/news/politics/paper/119376、アクセス日：二〇一九年一一月九日。

「真相仍未明不當審判補償基金會明熄燈」、二〇一四年九月七日、『自由時報電子報』、https://news.ltn.com.tw/news/politics/paper/811188、アクセス日：二〇一九年五月三日。

促進轉型正義委員會、https://www.tjc.gov.tw、アクセス日：二〇一九年五月七日。

「第一〇五次董監事會會議紀録（二〇〇五/五/二五）」、二〇〇五年五月二五日、二二八事件紀念基金会、http://www.228.org.tw/files/specification_minute/105.pdf、アクセス日：二〇一八年一〇月三日。

「總統探視二二八事件受難者張七郎家屬及出席『二二八事件六七週年中樞紀念儀式』」、中華民国総統府、https://www.president.gov.tw/NEWS/18433/、アクセス日：二〇一八年一〇月一五日。

「紀念二二八 馬英九可望向受難者及家属道歉」、二〇〇六年二月二三日、「中央通訊社中英文新聞資料庫」、http://search.cna.com.tw/Client/LoginNtulib.aspx、アクセス日：二〇一九年一〇月一五日。

「在台灣，政治人物怎麼談論『二二八』？（下）——從馬英九到蔡英文」、二〇一七年三月一日、「端傳媒」、https://theinitium.com/article/20170301-taiwan-228/、アクセス日：二〇一八年一〇月一五日。

「馬英九：官逼民反才是二二八事件的根源」、二〇〇六年二月二二日、「中央通訊社中英文新聞資料庫」、http://search.cna.com.tw/Client/LoginNtulib.aspx、アクセス日：二〇一九年一〇月一五日。

「朱浤源：二二八事件元凶是日本政府」「中央通訊社中英文新聞資料庫」、二〇〇六年二月二五日、http://search.cna.com.tw/Client/LoginNtulib.aspx、アクセス日：二〇一九年一〇月一五日。

「國民黨不需扛二二八責任?-馬英九：應寬容大度」、二〇〇六年二月二二日、「中央通訊社中英文新聞資料庫」、http://search.cna. com.tw/Client/LoginNtulib.aspx、アクセス日：二〇一九年一〇月一五日。

「二二八事件 馬英九：國民黨責任不能說沒有」、二〇〇六年二月二五日、「中央通訊社中英文新聞資料庫」、http://search.cna.com.tw/Client/LoginNtulib.aspx、アクセス日：二〇一九年一〇月一五日。

「馬英九：二二八事件 國民黨應概括承受」、二〇〇六年二月二五日、「中央通訊社中英文新聞資料庫」、http://search.cna.com.tw/Client/LoginNtulib.aspx、アクセス日：二〇一九年一〇月一五日。

「馬英九指國民黨二二八有責任 化解省籍罩門」、二〇〇七年二月二七日、「中央通訊社中英文新聞資料庫」、http://search.cna.com.tw/Client/LoginNtulib.aspx、アクセス日：二〇一九年一〇月一五日。

「總統在高雄市參加二二八六二週年中樞紀念儀式」、二〇〇九年二月二八日、中華民國總統府、https://www.president.gov.tw/NEWS/13100、アクセス日：二〇一八年八月二二日。

「總統出席『台灣民主先聲與二二八——王添灯一一〇週年紀念特展』」、二〇一一年二月二五日、中華民國總統府、https://www.president.gov.tw/NEWS/15137、アクセス日：二〇一八年一〇月一日。

「20110228-馬英九總統出席二二八紀念館民主先聲王添灯特展致詞」、二〇一一年二月二八日、YouTube、https://youtu.be/P-U9-L6iM2Y、アクセス日：二〇一八年一〇月一日。

「成大事件首度公展 馬英九：二二八官逼民反」、二〇〇六年二月二四日、『中央通訊社』、http://search.cna.com. tw/Client/LoginNtulib.aspx、アクセス日：二〇一九年一〇月一五日。

「總統參加『二〇〇九祈和解．悼傷痕』二二八事件六二週年追思紀念會」、二〇〇九年二月二八日、中華民國總統府、https://www.president.gov.tw/NEWS/13101、アクセス日：二〇一八年八月二二日。

「在台灣，政治人物怎麼談論『二二八』？（下）——從馬英九到蔡英文」、二〇一七年三月一日、「端傳媒」、https://

theinitium.com/article/20170301-taiwan-228/、アクセス日：二〇一八年一〇月一五日。

「基金會大事記」、二〇一三年三月九日、財團法人二二八事件紀念基金會、http://www.228.org.tw/about228foundation_c.html、アクセス日：二〇一八年一〇月一五日。

「總統出席二二八事件六三週年中樞紀念儀式」「總統出席『二二八國家紀念館』開館儀式及『二二八事件六四週年中樞紀念儀式』」「總統出席『二二八事件六五週年中樞紀念儀式』」「總統出席二二八事件六六週年中樞紀念儀式及台北市二二八事件六六週年追悼會」「總統探視二二八事件受難者張七郎家屬及出席『二二八事件六七週年中樞紀念儀式』」「總統出席『二二八事件六八週年中樞紀念儀式』暨福德宮參拜」「總統出席『二二八事件六九週年中樞紀念儀式』」、日付不明、中華民國總統府、https://www.president.gov.tw/NEWS/14098、https://www.president.gov.tw/NEWS/15142、https://www.president.gov.tw/NEWS/16375、https://www.president.gov.tw/NEWS/17463、https://www.president.gov.tw/NEWS/18433、https://www.president.gov.tw/NEWS/19270、https://www.president.gov.tw/NEWS/20202、アクセス日：二〇一八年一〇月二三日。

「公開二二八史料?!國民黨：顧立雄不懂裝懂製造社會對抗」、二〇一七年二月二七日、ETtoday新聞雲、https://www.ettoday.net/news/20170227/874779.htm、アクセス日：二〇一八年一〇月一六日。

「總統接見『財團法人二二八紀念基金會』第九、一〇屆董事」、二〇一五年一二月一一日、中華民國總統府、https://www.president.gov.tw/NEWS/20042/、アクセス日：二〇一八年一〇月一五日。

「總統出席『二二八國家紀念館』開館儀式及『二二八事件六四週年中樞紀念儀式』」、二〇一一年二月二八日、中華民國總統府、https://www.president.gov.tw/NEWS/15142、アクセス日：二〇一八年八月二三日。

「總統出席二二八事件七〇週年中樞紀念儀式」中華民國總統府、二〇一七年二月二八日、https://www.pre sident.gov.tw/NEWS/21122、アクセス日：二〇一九年五月一七日。

「二二八七一週年　總統期許透過轉型正義走向和解團結」、二〇一八年二月二八日、中華民國總統府、https://www.presi dent.gov.tw/NEWS/23165、アクセス日：二〇一九年五月一六日。

邱子佳「二二八事件真相與轉型正義研究論壇」、二〇一八年一二月、財團法人二二八事件紀念基金會、http://www.228.org.tw/publications_quarterly-view.php?ID=67#class03、アクセス日：二〇一九年五月一六日。

「徵集政治檔案　落實轉型正義」、二〇一七年一一月二九日、檔案管理局、https://www.archives.gov.tw/Publish.aspx?cnid=1708&p=3371、アクセス日：二〇一九年五月一六日。

「二〇一九〇五〇八政治檔案小故事新聞稿」、二〇一九年五月八日、促進轉型正義委員會、https://www.tjc.gov.tw/

news/118、アクセス日：二〇一九年五月一六日。

「掌握二二萬餘政治檔案新事證 促進轉型正義推動」、二〇一八年一一月九日、檔案管理局、https://www.archives.gov.tw/Publish.aspx?cnid=一七〇八&p=3690、アクセス日：二〇一九年五月一六日。

「歴史上首次！促轉會：移歸二八筆國民黨黨史資料為國家檔案」、二〇一九年八月二一日、『新頭殼』、https://newtalk.tw/news/view/2019-08-21/288727、アクセス日：二〇一九年一二月三〇日。

「二二八事件可能受難者名單（第一批）」「二二八事件可能受難者名單（第二批）」、二〇一八年一二月二五日、財團法人二二八事件紀念基金會、http://www.228.org.tw/list_announce-view.php?ID=10、http://www.228.org.tw/list_announce-view.php?ID=22、アクセス日：二〇一九年五月一六日。

「二二八研究小組成立 學術角度研究還原真相」、二〇〇五年一月一日、「中央通訊社中英文新聞資料庫」、http://search.cna.com.tw/Client/LoginNtulib.aspx、アクセス日：二〇一九年一〇月一五日。

「黄彰健：行政院二二八研究報告有些描述偏離史實」、二〇〇六年九月一七日、「中央通訊社中英文新聞資料庫」、http://search.cna.com.tw/Client/LoginNtulib.aspx、アクセス日：二〇一九年一〇月一五日。

「賴澤涵：若有新証拠推翻政院二二八報告 可接受」、二〇〇六年九月一七日、「中央通訊社中英文新聞資料庫」、http://search.cna.com.tw/Client/LoginNtulib.aspx、アクセス日：二〇一九年一〇月一五日。

「黄彰健：彭孟緝處理高雄事件未犯錯」、二〇〇七年二月二五日、「中央通訊社中英文新聞資料庫」、http://search.cna.com.tw/Client/LoginNtulib.aspx、アクセス日：二〇一九年一〇月一五日。

陳翠蓮「駁為彭孟緝「平反」的新證據——先聽聽彭孟緝自己的證詞」、二〇〇五年三月五日、『台灣日報』、http://taiwantt.org.tw/books/cryingtaiwan9/200503/20050305.htm、アクセス日：二〇一八年一〇月一日。

「馬褒揚黄彰健二二八研究學者有意見」、二〇一〇年二月五日、『自由時報』、http://news.ltn.com.tw/news/politics/paper/371791、アクセス日：二〇一八年一〇月一日。

「明令褒揚」、二〇一〇年二月一〇日、中華民國總統府、https://goo.gl/y58AG8、アクセス日：二〇一八年八月一七日。

「總統褒揚黄彰健 肯定史學成就」、二〇一〇年二月四日、「中央通訊社中英文新聞資料庫」、http://search.cna.com.tw/Client/LoginNtulib.aspx、アクセス日：二〇一九年一〇月一五日。

「總統出席『台灣民主先聲與二二八——王添灯一一〇週年紀念特展』」、二〇一一年二月二五日、中華民國總統府、https://www.president.gov.tw/NEWS/15137、アクセス日：二〇一八年一〇月一日。

「二二八平反運動紀要」、日付不明、財團法人二二八事件紀念基金會、http://www.228.org.tw/288_redress.html、アクセス日：二〇一六年九月一四日。

「戰後台灣歷史年表」、日付不明、中央研究院、http://twstudy.iis.sinica.edu.tw/twht/Professional/SimpleTwht.asp、アクセス日：二〇一六年九月二〇日。

「二二八平反與轉型正義特展開幕　葉菊蘭：沒有公布真相，就沒有轉型正義」、二〇一七年二月一九日、『民報』、http://www.peoplenews.tw/news/2f079946-5586-4fac-a54f-7730eb7bdb3b、アクセス日：二〇一八年一〇月二三日。

台北市議會秘書室編『台北市議會第五屆第三次定期大會暨第八、九、十、十一次臨時大會議事錄（四）』、三六〇三頁、「台北市議會數位典藏系統」、典藏序號：JN0000015928、台北市議會、http://taipeiinthemaking.tcc.gov.tw/cgi-bin/gs32/gsweb.cgi?o=dalldb&s=id=%22JN0000015928%22.&searchmode=basic、アクセス日：二〇一九年四月三〇日。

「二二八紀念碑案」國家檔案局所藏、所藏番号：A300000000A/0083/內8-1-11/493（三）、https://aa.archives.gov.tw/archivesdata.aspx?SystemID=0000009864、アクセス日：二〇一六年九月二一日。

「立法院議案關係文書」『立法院公報』第八一巻第一八期、一九九二年二月二八日印發、八六―八八頁、http://lis.ly.gov.tw/lgcgi/lglaw?@87:1804289383:f:NO%3DB01224*%20AND%20NO%3DA2%24%246$$$PD、アクセス日：二〇一五年一〇月二二日。

「院總字第一五八二號　政府提案第四六二六號」『立法院議案關係文書』、一九九三年六月一二印發、http://lis.ly.gov.tw/lgcgi/lgmeetimage?cfcdc fcecdc6cfcec5cecccdd2cecbcd、アクセス日：二〇一五年一〇月二二日。

「賠償金申請案審理統計表」、日付不明、財團法人二二八事件紀念基金會、https://www.228.org.tw/pages.php? sn=1、アクセス日：二〇二〇年一月一三日。

The CSN Blog（中國民主後援國際）、http://chinasupport.blogspot.com/2007/03/offiCIAl-us-state-department-memorandum.html、アクセス日：二〇一九年一一月九日。

Annex to the Convention Regulations Respecting the Laws and Customs of War on Land.、日付不明、http://avalon.law.yale.edu/20th_century/hague04.asp#art55、アクセス日：二〇一九年一一月九日。

U.S. DECLASSIFIED DOCUMENTS ONLINE、http://galenet.galegroup.com/servlet/DDRS?vrsn=1.0&tx2=MacArthur&locID=twnsc183&sl3=KE&srchtp=adv&bl1=AND&c=21&ste=23&sl2=KE&tx1=Formosa&n=10&sortType=RevChron&sl1=KE&docNum=CK2349371770&bl2=AND、アクセス日：二〇一九年一一月九日。

# 人名索引

## 二画

丁立仁 163, 244, 319, 320

## 四画

孔德興 190
尤清 411, 422
方惠芳 156, 157, 158, 161, 311, 428
毛人鳳 241, 242, 264, 302
毛應章 358
毛澤東 79, 82
毛振寰 217, 230
毛簡 242, 273, 274, 287
王一麐 167, 170, 200, 209, 214, 215, 221, 229
王天賞 352, 355, 363, 376
王世鼐 238
王以文 175, 228
王民寧 288
王白淵 353
王守正 243, 304, 305, 311
王孝順 247, 276, 313, 319, 338, 342, 343
王育霖 206, 487
王厚才 180
王明進 198
王金雄 409
王昭明 425, 427, 484
王財清 199
王俊雄 443
王國安 215
王添灯 15, 28, 41, 68, 74, 259, 264, 275, 290, 293, 294, 315, 316, 328, 331, 332, 334, 339, 351, 375, 468, 470, 472, 487, 489, 491
王清佐 132
王清章 361
王連芳 179
王萬得 28, 259, 331
王維梁 193, 195
王輝 197, 254
王曉波 313, 387, 411
王濟寧 352
王耀勳 356

## 五画

丘念台 27, 35, 36, 37, 49, 50, 290, 295, 315, 316
包可永 174
古瑞雲 48, 365
古鑑 210
史文桂 141, 142, 147, 199, 200, 201
史宏熹 11, 14, 45, 103, 106, 107, 133, 134, 135, 136, 137, 138, 145, 149, 154, 155, 161, 191, 286, 295, 296, 316, 455
白崇禧 24, 28, 29, 30, 31, 32, 33, 35, 36, 42, 44, 49, 66, 75, 76, 92, 103, 141, 154, 162, 183, 184, 200, 201, 225, 268, 309, 438, 453, 454
石延漢 133, 134, 135, 161, 167, 170, 190, 191, 192, 201, 208, 221, 222, 228

## 六画

任顯群 174
朱文伯 168, 192, 193, 201, 205, 206, 221, 223, 226, 227
朱世明 60, 79, 80, 93
朱盛淇 193
江東碧 211
江秋樹 213
江海濤 283, 319
江特清 211
江鵬堅 384, 388, 411
池滮 176
艾璐生 351
何世禮 82
何孝德 264, 265, 308
何軍章 99, 101, 102, 114, 143, 145, 190
何乾欽 185
何景賢 10, 425, 427, 428, 433, 484
何漢文 33, 34, 35, 42, 50, 51
何應欽 54, 55, 57
何舉帆 216, 229

何鑾旗　204
余仁德　413
余志光　215, 318
余政憲　422
余陳月瑛　408
呉百城　236
呉國禎　63
呉雪堂　238
呉萬恭　352
呉鴻麒　15, 290
呉三連　209, 229, 314, 373, 378, 402, 410, 479
呉仁地　179
呉天風　238, 265, 308
呉文星　10, 91, 152, 154, 156, 157, 162, 223, 224, 225, 226, 227, 410, 417, 427, 428, 429, 430, 437, 441, 446, 485, 486
呉永遠　179
呉玉盞　213
呉石　30
呉竹友　352
呉伯雄　394, 416, 427, 443
呉克泰　12, 28, 49, 311, 351, 352, 356
呉勇雄　422
呉思漢　356, 375
呉春霖　351, 360
呉振武　177
呉梓　397, 398, 448
呉朝乾　213, 271, 310
呉森潭　193
呉新栄　47
呉濁流　49, 410, 424
呉蘅秋　180
呂之亮　178, 179
呂世明　180, 181
呂秀蓮　462
呂泉生　368
宋子文　47, 80
宋非我　331, 367, 377
宋斐如　36, 74, 290, 291, 351, 361, 375, 462
宋楚瑜　424, 486
宋増榘　168, 169, 178, 209, 210, 214, 221
宋獻鐘　367
巫忠力　213, 310
李上根　352
李士榮　187
李元簇　424
李友邦　262, 281, 300, 328
李双瑞　179
李永熾　416
李安妮　389, 413
李佛續　121, 122, 123, 182
李君曜　181
李良彬　246, 247, 276, 282, 319, 322
李言　352
李旺台　10, 454
李炎　198
李耿光　236
李崑棟　244
李勝雄　387, 388, 413, 414, 420
李喬　28, 387
李喬松　28
李登輝　10, 16, 17, 48, 380, 388, 389, 390, 392, 394, 395, 396, 402, 403, 413, 419, 420, 421, 422, 423, 424, 435, 438, 442, 443, 445, 448, 453, 458, 462, 475, 476, 477
李進徳　128, 159
李雲漢　10, 424, 426, 428, 433, 436
李瑞峰　290, 292, 293, 333
李瑞漢　15, 290, 292, 487
李筱峰　3, 10, 163, 387, 416, 421, 427, 433, 454, 479, 486
李萬居　334, 348, 351, 353, 354, 362, 373
李詩方　211
李榮昌　10, 454, 459
李蔚臣　197
李翼中　12, 23, 24, 25, 26, 48, 49, 66, 250, 259, 261, 281, 286, 291, 311, 312, 313, 315, 365
李薈　203, 227, 292
李錬輝　208
李蘊石　194
杜正勝　462
杜宇飛　187
杜江泉　354
汪榮振　192
沈崇　259
沈雲龍　358

沈瑞慶　179, 352
阮朝日　15, 290, 351, 353, 487

**八画**

卓高煊　168, 170, 193, 194, 195, 209, 215, 217, 221, 229
周一鶚　51, 174, 369
周石頭　244
周百鍊　174
周至柔　258, 370
周伯倫　391, 405
周柏雅　407
周書府　449, 486
周莊伯　352
周國驥　186
周敏生　244, 314, 342, 344, 345, 346
周淵過　290
周清玉　390
周塗墩　368, 377
周達鵬　286
周慶章　179
周聯華　443
周鎮台　243
宓汝卓　218, 230
岳星明　145
林子畏　351, 359, 360
林山生　407
林文樹　186, 187
林日高　262, 368
林水火　193
林水田　174
林石柱　179
林安然　237, 264, 302
林江邁　172, 264, 329
林克繩　177
林兌　28, 177, 212
林宗義　390, 394, 424, 427, 432, 436, 442, 443, 444, 446, 482, 484, 485
林秀欒　238
林宗賢　175, 224, 315, 351
林定平　60
林忠　87, 366, 368
林抱　186
林明德　387, 395
林秉足　237, 243, 263, 270, 274, 283, 309
林金藻　252, 280, 312
林則彬　438
林南　433
林建論　119, 121, 181
林柏中　368
林界　123, 182, 351, 479
林茂生　36, 74, 290, 291, 351, 390, 415
林振藩　244, 309, 310, 312, 313, 318, 319, 320, 321, 337, 338, 342, 343, 376
林晉卿　189, 352
林桂端　290, 293
林耿璿　210
林啟智　408
林連宗　176, 177, 290, 292, 293, 316, 487
林頂立　15, 25, 28, 175, 206, 225, 230, 242, 246, 247, 263, 264, 269, 274, 276, 283, 284, 285, 286, 287, 288, 289, 291, 292, 296, 297, 298, 303, 304, 313, 323, 342, 351, 359, 360, 361, 376
林朝宗　189
林朝業　178
林紫貴　281, 365
林華昌　179
林傳藝　352
林塗　368
林寬　368
林義雄　391
林夢林　352
林銀湘　213
林慶隆　406
林糊　177, 214
林衡道　48, 250, 291, 305, 315
林聯輝　389
林豊正　446, 485
林獻堂　177, 178, 224, 308, 334
邱金山　351
邱發南　214
邱家康　189
邱創煥　48, 392, 396, 415, 423, 424, 425, 426, 443
邱進益　424, 425, 427, 484
邱德雄　179
邱鴛鴦　187

## 九画

侯全成 195, 221
侯孝賢 391
俞國華 19, 384
凃光明 121, 122, 123, 156, 182, 215, 277
南志信 183, 184, 225
姚虎臣 239, 241, 244, 264, 272, 287, 288, 289, 291, 297, 339, 340, 341, 343, 344
姚善輝 368, 377
施江南 290, 487
施金涂 280
施啓揚 393, 396, 417, 424, 425, 426, 427, 432, 434, 436, 438, 439, 442, 480, 484
施雲譲 252
柯台山 352
柯復興 226, 244, 248, 263, 277, 302, 308, 309, 310, 312, 313, 314, 315, 318, 337, 342, 343
柯遠芬 10, 14, 24, 30, 45, 56, 97, 98, 152, 175, 192, 222, 250, 260, 264, 269, 284, 285, 286, 291, 295, 296, 297, 298, 304, 308, 309, 313, 315, 342, 396, 436, 438, 439, 455, 471, 476
柯麟 187, 201
洪仁静 211
洪元定 366
洪元煌 177
洪字民 204, 205, 281, 282
洪字民 204, 205, 281, 282
洪明山 238, 264
洪明輝 244
洪昭男 383, 395, 397, 398, 411, 448
紀秋水 192
紀淑 199
胡丙申 179, 180, 221
胡佛 411, 433
胡品三 236
胡福相 174, 260, 288
胡適 80
胡寶三 236, 237, 246, 301, 324
范滄榕 121, 122, 123, 182, 335

## 十画

唐縦 241
孫立人 78
孫志俊 14, 108, 168, 170, 186, 201, 206, 207, 221, 223, 228, 230
孫萬枝 353, 356
徐升平 218, 228, 230
徐世賢 289
徐立德 439
徐成 252, 280
徐灶生 204
徐牧生 211
徐若絲 352, 361
徐風攀 369
徐恩曾 248, 249
徐箕 188
徐耀坤 363
秦孝儀 86, 92, 93, 424
翁俊明 234, 248, 300, 301, 305
翁修恭 443, 446, 459
翁連旺 244, 246
袁國欽 14, 167, 169, 179, 209, 216, 217, 221, 230
郝柏村 415, 424, 442, 476, 480
馬力行 244, 320
馬有岳 197, 198, 221
馬若孟 9, 52, 416
馬英九 17, 419, 420, 462, 463, 464, 465, 466, 467, 468, 472, 474, 475, 476, 477, 479, 484, 488, 489
馬智禮 183, 184
馬鋭籌 351
馬鶴天 197
高方 244
高玉樹 60, 87, 88
高金江 179
高欽北 286
高登進 243, 248, 259, 273, 287, 302, 311, 314, 318, 337, 342, 343, 375
高語和 387
高銘輝 425, 427, 484
高錦德 179

## 十一画

區嚴華 351, 361
婁子匡 362

康水木　391, 405
康玉湖　247, 304, 324
張七郎　146, 163, 198, 221, 466, 488, 490
張士德　235
張子明　352
張元國　211
張文成　166, 167, 169, 183, 197, 198, 209, 217, 221, 230
張水蒼　178
張冬蕙　396, 417, 479
張玉法　10, 424, 426, 428, 433
張兆煥　250, 281
張吉甫　189, 190
張安清　443
張克敏　286
張邦傑　28, 32, 33, 38, 316
張佳和　244
張庚申　211
張延哲　358
張忠棟　415, 446, 485
張炎憲　10, 163, 228, 230, 300, 305, 309, 310, 313, 314, 315, 316, 410, 413, 416, 421, 422, 452, 454, 456, 457, 473, 476, 479, 480, 482, 483, 484, 485, 486, 487
張俊雄　422
張玲　405
張振雄　215
張清杉　245, 246
張清柳　178, 179
張清泉　179
張博雅　391
張瑞和　354
張裕華　238
張榮宗　352, 479
張熒　352
張德銘　391, 405
張慕陶　11, 14, 46, 71, 103, 104, 105, 133, 149, 254, 257, 260, 262, 264, 266, 269, 281, 282, 284, 288, 291, 292, 293, 294, 295, 297, 306, 331, 357, 436, 439, 447, 455, 476
張輝慶　210
張燦堂　245
曹匯川　217, 230
曾仁志　368
曾仲影　366
曾度昇　252
曾慶典　60, 87, 88
曾豐明　121, 122, 123, 182, 335
曾麒麟　366
梁劼誠　209, 228, 229
梁耀鐘　179
梅達夫　207, 228, 230
章孝慈　396
莊天進　179
莊孟侯　194, 366
莊迎　189, 190
莊西　236, 237, 301
莊垂勝　177, 221
莊傳生　263, 274
莊維藩　179, 180, 221, 224, 339, 344
許乃昌　351
許水德　19, 422, 425
許秋田　179
許倬雲　433
許清水　214
許雪姬　3, 10, 17, 50, 91, 156, 157, 158, 161, 162, 163, 300, 303, 304, 305, 308, 309, 311, 313, 315, 338, 341, 343, 346, 375, 377, 410, 417, 427, 428, 429, 430, 439, 452, 466, 480, 481, 482, 484, 486, 490
許普　199
許嘉裕　352
許榮淑　422
許德輝　174, 377, 453
許諸立　270, 271, 310
許整景　141, 156, 162, 199, 200, 221
許錫謙　198
許聰敏　198
連震東　166, 167, 222
連謀　166, 168, 222, 223, 355
郭水木　179
郭治平　243, 289
郭格春　179
郭章垣　175
郭紹宗　14, 166, 167, 170, 185, 186, 201, 206, 221
郭勝華　424
郭登基　179
郭華榮　238

郭穆堂　197
郭錫鐘　369
陳三井　10, 424, 426, 428, 433
陳中堅　255, 256, 257, 306, 307
陳公銓　274
陳友欽　195, 196, 234
陳文石　188, 189, 190
陳文彬　351, 366
陳文溪　172
陳水扁　10, 17, 396, 402, 419, 420, 446, 451, 453, 455, 457, 459, 462, 466, 467, 475, 476, 477, 486, 487, 490
陳火土　245
陳可選　214
陳戊己　283
陳永良　237, 243
陳永福　236
陳永興　48, 385, 386, 387, 388, 395, 411, 412, 413, 414, 420, 482
陳先進　179
陳再根　237, 243
陳成家　245
陳志為　245
陳志龍　10, 163, 305, 309, 310, 454
陳忠　228, 252, 271, 320
陳明光　237, 240, 301, 302
陳東生　167, 168, 222, 223
陳松堅　166, 167, 174
陳炘　36, 292, 315, 487
陳芳明　377, 467, 486
陳金水　194, 352
陳亟哉　176
陳亭卿　366, 377
陳南要　252, 352
陳屋　174
陳映真　51, 429
陳春金　174, 342, 344
陳春萍　189
陳昭然　236, 237, 301
陳茂堤　177
陳貞彬　186, 206, 221, 228
陳重乙　236, 301
陳重光　10, 393, 396, 426, 427, 428, 434, 443, 444, 464, 484
陳飛高　189
陳香　355, 363, 376
陳哲男　451, 486
陳家濱　366
陳振邦　244, 318
陳振宗　183, 278, 279
陳振豊　443
陳挾崧　245
陳海永　283, 313
陳海沙　174
陳珠華　211
陳國儒　126
陳崑崙　28, 189
陳清池　245
陳清汾　361
陳連徳　352
陳復志　186, 187, 188, 201, 290, 315
陳渾　355
陳華宗　179, 180
陳進興　332, 352
陳逸松　235, 283, 286, 300, 313, 341
陳愷　242, 243, 246, 263, 303, 308, 317, 325
陳瑞春　252, 352
陳運祥　245
陳達元　234, 235, 236, 240, 248, 252, 264, 265, 269, 275, 276, 283, 284, 285, 287, 288, 296, 300, 301, 302, 308, 333, 339, 346
陳榮貴　237, 240, 301, 302
陳漢平　187
陳端明　180
陳翠蓮　10, 163, 232, 300, 301, 305, 309, 310, 312, 411, 454, 455, 480, 481, 483, 486, 489, 491
陳儀　3, 6, 10, 12, 14, 21, 22, 23, 28, 29, 30, 32, 33, 35, 36, 39, 40, 41, 42, 43, 44, 45, 46, 47, 49, 50, 51, 52, 57, 58, 63, 66, 67, 68, 71, 73, 74, 75, 81, 86, 96, 97, 98, 99, 102, 103, 104, 105, 106, 107, 108, 109, 110, 111, 112, 113, 114, 115, 116, 117, 123, 125, 128, 129, 130, 131, 132, 133, 135, 136, 137, 138, 140, 141, 142, 145, 146, 147, 148, 152, 153, 154, 155, 156, 158, 159, 160, 161, 162, 163, 164, 165, 166, 172, 174, 178, 186, 187, 190, 191, 193,

195, 198, 200, 202, 203, 204, 205, 206, 209, 219, 220, 222, 226, 256, 258, 259, 260, 265, 267, 269, 274, 275, 276, 281, 284, 285, 286, 287, 288, 291, 296, 297, 298, 304, 305, 308, 309, 310, 313, 327, 331, 342, 347, 348, 350, 357, 363, 364, 365, 370, 371, 375, 381, 393, 395, 415, 424, 436, 437, 439, 444, 447, 451, 453, 454, 455, 457, 464, 470, 471, 476, 477, 486, 487, 489, 491, 502, 503, 504, 507, 508, 512, 515, 530

陳儀深　3, 6, 10, 12, 163, 305, 309, 310, 454, 457, 477, 486, 487, 489, 491, 502, 504, 507, 515, 530

陳寬政　396

陳澄波　187, 201

陳懷讓　193

陳纂地　268, 283, 313

陳篤光　352

陳豫　443

陳錦煌　10, 457, 461, 462

陳錫卿　215, 229

陳耀星　278

黄火定　174

黄生財　198

黄仲甫　246, 304

黄仲圖　119, 120, 121, 122, 123, 168, 171, 181, 197, 200, 201, 215, 216, 221, 223, 229, 230, 355, 438

黄光軍　234

黄存厚　359, 360

黄式鴻　218

黄有福　212

黄百祿　193, 194, 195

黄伯虎　213

黄克立　167, 170, 176, 201, 202, 203, 204, 205, 221, 222, 227, 281, 282, 331

黄秀政　10, 91, 152, 154, 156, 157, 162, 163, 223, 224, 225, 226, 227, 410, 417, 427, 428, 430, 437, 441, 454, 486, 505, 509

黄旺成　351

黄金得　208

黄昭明　234, 235, 246, 248, 300, 301, 305, 497, 510

黄炳芝　245

黄茂榮　10, 163, 454

黄悟塵　352, 361

黄啟旺　245

黄國書　114, 142, 279

黄強　216, 229

黄敏　213

黄堯山　238

黄富三　10, 91, 152, 154, 156, 157, 162, 223, 224, 225, 226, 227, 311, 396, 410, 417, 427, 428, 429, 430, 437, 439, 441, 446, 485, 486, 505

黄朝生　174

黄朝君　245, 246, 248, 257, 318, 357

黄朝清　177, 178, 204

黄朝琴　166, 167, 168

黄媽典　270

黄煌雄　383, 422

黄瑞文　178

黄運金　193

黄達平　128, 168, 169, 188, 195, 196, 200, 217, 221, 223, 230

黄彰健　17, 126, 158, 468, 470, 471, 472, 491, 505, 508, 519

黄漢書　351

黄嘯雲　245, 246

黄樹水　191, 192

黄錦城　247, 273, 304, 325

黄錫鏞　270

黄聯登　189, 190

黄大洲　406, 443

黄彰健　17, 126, 158, 468, 470, 471, 472, 491, 505, 508, 519

**十二画**


傅維熊　245

傅緯武　167, 169, 199, 201, 206, 218, 221, 228, 230, 497

傅學通　172, 422

彭孟緝　10, 14, 17, 45, 46, 97, 98, 103, 108, 109, 110, 111, 112, 113, 117, 118, 119, 121, 122, 123, 124, 125, 126, 127, 128, 129, 130, 131, 132, 133, 141, 142, 146, 148, 149, 150, 152, 154, 155, 156, 157, 158, 159, 160, 161, 162, 180, 182, 183, 190,

195, 197, 225, 241, 277, 286, 291, 296, 362, 363, 381, 396, 436, 437, 438, 439, 455, 465, 468, 470, 476, 479, 484, 491, 519
彭學沛　70
彭明敏　86, 390, 504
彭勃　363, 376
彭啟明　352
彭清靠　121, 123, 181, 182
彭德　281
揭錦標　288, 314
游平洋　243, 308, 341
游石虎　175
游峻勲　352
游進文　352
游彌堅　33, 168, 170, 171, 174, 209, 221, 223, 229
湯秉衡　352, 355
湯德章　195, 201, 221
焦仁和　394, 481
童葆昭　117
項克恭　194
須少白　256

## 十三画

楊元丁　191, 201, 290
楊克煌　28, 212, 365
楊亮功　34, 35, 42, 50, 91, 281, 390, 391, 392, 422, 495
楊俊　195
楊紹徳　214
楊渡　463, 465, 489, 505
楊逵　28, 51
楊瑞雲　180
楊肇嘉　32, 38
葉公超　83, 84
葉秀峰　241, 249, 250, 259, 266, 268, 296, 305, 307, 308, 309, 312, 377
葉明勲　10, 258, 327, 370, 377, 393, 426, 427, 428, 432, 434, 443, 444, 446, 485, 505
葉松濤　192
葉秋木　188, 189, 190, 201, 221
葉都　179
葉慈福　191, 226
葉耀炫　179
葛滋韜　264, 266, 309, 361
詹國　178
詹明正　354
詹明政　214
詹秋金　210
鄒清之　206, 228
雷震　373

## 十四画

廖文奎　259
廖進平　462, 487
廖徳雄　487
廖駿業　194, 253, 254
趙文邦　199
趙尚志　244, 314, 344, 345
趙連芳　174
趙誠　176

## 十五画

劉天沂　211
劉戈青　240, 244, 263, 266, 272, 287, 288, 289, 298, 308, 314, 315, 333, 339, 342, 343, 344, 346, 497, 508
劉占顯　352
劉永耀　353
劉存忠　166, 167, 168, 176, 222, 223
劉和嘯　190
劉明　174, 283, 286, 313, 341, 345, 346
劉秉彝　253, 254
劉金章　210
劉長寧　177
劉雨卿　21, 66, 114, 145, 204, 268, 309, 447, 453, 454, 455
劉啟光　33, 167, 168, 223, 234, 300, 497, 511
劉敏先　190
劉傳能　187
劉翠溶　433
歐陽可亮　239, 291, 302, 315, 352, 510
潘木枝　187, 201, 407
潘欽信　28, 352
蔡子民　352, 356
蔡功名　179
蔡石埤　179
蔡光輝　214

蔡志昌　251, 252, 271, 279, 280, 281, 282, 284, 298, 306, 310, 312
蔡明知　179
蔡金虎　211
蔡政文　447, 485, 515
蔡英文　9, 11, 419, 420, 472, 473, 475, 476, 477, 488, 489, 516, 517
蔡盛接　210
蔡朝根　354
蔡繼琨　257
蔡萬吉　208
蔡慶榮　352, 356
蔡蘭枝　156, 240, 246, 277, 302, 312, 326
蔡鐵城　211, 212, 352
蔣中正　49, 50, 89, 90, 92, 94, 305, 308, 315, 316, 493, 494, 496, 505
蔣孝厳　457, 463
蒋廷黻　82
蔣梨雲　439
蔣渭川　28, 174, 259, 262, 264, 274, 281, 311, 331, 332, 333, 334, 396, 417, 439, 512, 516
蔣碩英　238
蒋介石　10, 12, 14, 22, 23, 25, 26, 27, 28, 29, 30, 31, 32, 33, 37, 38, 42, 43, 45, 46, 47, 52, 53, 54, 55, 57, 59, 61, 66, 67, 68, 69, 74, 75, 77, 78, 79, 80, 82, 83, 93, 141, 149, 150, 161, 183, 200, 202, 233, 234, 241, 248, 249, 258, 261, 262, 265, 266, 267, 268, 273, 290, 295, 299, 350, 371, 394, 397, 424, 436, 439, 440, 441, 447, 448, 451, 453, 454, 456, 457, 466, 471, 476, 477, 479
蔣介石　49, 302, 308, 309, 310, 317, 487, 502, 515
蒋経国　77, 93, 388, 392
鄧建謨　245
鄧進益　351
鄭介民　241, 263, 264, 266, 273, 308, 309, 314
鄭天錫　72, 91
鄭文蔚　351
鄭水源　245
鄭自財　443
鄭克堂　179
鄭邦卿　248, 305, 337, 497
鄭明祿　351
鄭東辛　198
鄭南榕　385, 387, 388, 413, 420, 509
鄭為元　19, 422
鄭根井　198
鄭財旺　198
鄭喜生　245
鄭欽仁　387, 411, 412, 414, 415, 446, 448, 482, 484, 485, 508, 509, 510, 515
鄭琦　236, 240, 301, 497
鄭興弟　447
鄭燈蒞　189

**十六画**

盧冠群　352, 358, 376
盧添智　245, 246
盧錼欽　187
蕭錦文　351
賴耿松　198, 221
賴通堯　177, 181
賴維烜　214, 354
賴澤涵　9, 10, 91, 152, 154, 156, 157, 162, 223, 224, 225, 226, 227, 309, 313, 352, 389, 393, 394, 395, 396, 410, 416, 417, 424, 426, 427, 428, 429, 430, 431, 433, 434, 435, 437, 439, 441, 446, 447, 457, 468, 480, 481, 482, 483, 484, 486, 487, 491, 503, 505, 513, 515, 519
賴眼前　252
遲景德　10, 424, 426, 428, 433
駱好清　121, 122
鮑國器　213

**十七画**

戴光華　244, 304
戴國煇　224, 286, 313, 433, 486, 505
戴添貴　409
戴笠　233, 234, 237, 241, 242, 248, 249, 300, 314, 504
戴進吉　409
薛人仰　217, 230
薛化元　5, 6, 7, 10, 16, 230, 352, 376, 377, 410, 411, 415, 417, 454, 474, 484, 495, 503, 505, 510, 530

薛禮同　120
謝有文　405
謝其成　279
謝東閔　130, 131, 160, 166, 167, 168, 223, 511
謝長廷　395, 397, 398, 448, 461
謝娥　287, 314, 329
謝真　166, 167, 169, 183, 201, 217, 218, 221, 230, 278, 369
謝清海　245, 246
謝雪紅　19, 28, 43, 176, 177, 204, 210, 212, 213, 214, 240, 247, 259, 268, 276, 280, 286, 287, 302, 304, 308, 309, 310, 311, 313, 314, 321, 333, 338, 339, 340, 341, 343, 365, 385, 422, 439, 499
謝然之　348
謝愛吼　248, 262, 309, 320, 335, 342, 376
謝繼藩　238
謝漢儒　256, 257, 262, 297, 307, 336, 352, 357, 376, 497, 505
鍾天福　352
鍾家成　186
鍾強　238
鍾逸人　10, 43, 48, 51, 212, 246, 251, 252, 282, 288, 304, 306, 313, 314, 352, 454, 488, 505
韓石泉　194, 195, 226, 227, 501
韓聯和　166, 167, 168, 222

**十八画**

簡國賢　367
簡清榆　189
簡溪圳　179, 180, 221, 224, 342, 344, 500
簡榮聰　311, 428
簡慶明　212
藍敏　234, 235, 300
魏傳旺　245, 246
魏萼　393, 395, 416, 505
魏道明　21, 34, 68, 69, 78, 146, 202, 208, 219, 231, 508
魏賢坤　252, 280
魏耀沌　190

**十九画**

羅金成　352
羅迪光　99, 187
嚴家淦　177, 295, 316, 496

**二十画**

蘇南洲　391
蘇秋鎮　383, 411
蘇貞昌　454, 456, 457, 460, 461, 484, 486, 488, 516
蘇泰楷　250, 251, 252, 257, 259, 261, 279, 281, 284, 297, 298, 305, 307, 308, 312, 352, 357, 370, 377, 497
蘇紹文　113, 114, 139, 140, 142, 147, 186, 193, 226, 496
蘇新　294, 351, 356, 365, 375
蘇憲章　351
饒維岳　280, 282, 312

**二十二画**

龔履端　167, 171, 188, 201, 209, 214, 216, 221, 222, 225, 230

**あ行**

アチソン、ディーン（Acheson, Dean）67, 78, 82
安藤利吉　57, 58
アンドリュー、リグビー（Andrew, Rigby）381
諫山春樹　58
今井武夫　57
ウィロビー、チャールズ（Willoughby, Charles）82
ヴィンセント（Vincent, John C.）68
ウェデマイヤー、アルバート・C（Wedemeyer, Albert Coady）59, 69, 81
小笠原清　57
岡村寧次　55, 57

**か行**

カー、G・H（Kerr, George H.・葛超智）68, 69
河田烈　83
グリッドリー、セシル・J（Gridley, Cecil J.）55
クレンツ（Krentz, Kenneth C.）78
小林浅三郎　57
コリンズ、J・ロートン

(Collins, Joseph Lawton) 82

**さ行**

シャックルトン (Shackleton, A. J.・薛禮同) 120, 121, 122, 127, 157
ジョンソン、ルイス・A (Johnson, Louis A.) 79, 82
スチュアート、ジョン・L (Stuart, John Leighton) 59, 65, 66
スティーブンソン、ラルフ・S (Skrine-Stevenson Ralph) 72, 74, 75

**た行**

タイテル、ルティ・G (Teitel,Ruti G.) 380
ドー (Daw) 74
トルーマン、ハリー・S (Truman, Harry S.) 54, 67, 69, 80, 83, 85

**は行**

パウエル、ジョン・W (Powell, John William) 71, 90
バジャー、オスカー・C (Badger, Oscar Ch.) 80
バターワース、ウィリアム・W (Butterworth, William Walton) 65
ハット、レジナルド・L (Hatt, Reginald L.) 56, 85
ピルチャー、ジェームズ (Pilcher, James) 70
福田良三 57
フレイザー (Flezer, Fayette J.) 78
ブレーク、ラルフ・J (Blake, Ralph Joseph) 59, 65, 66, 395
ベヴィン、アーネスト (Bevin, Ernest) 74
ボルトン 73, 74

**ま行**

マーシャル、ジョージ・C (Marshall, Jr., George Catlett) 65, 67, 68, 69
マイヤーズ、R・H (Myers, Ramon H.) 20, 393, 395
マッカーサー、ダグラス (MacArthur, Douglas) 54, 59, 70, 78, 79, 80, 82, 83, 85, 93
マックロウ 55
三沢昌雄 57

**や行**

吉田茂 84, 95, 506

**ら行**

ラヴェット, ロバート・A (Lovett, Robert A.) 78
リーバーマン、ヘンリー (Lieberman, Henry) 70
リングウォルト 69

# 事項索引

## あ行


アメリカ軍連絡部（U.S. Liaison Group） 55
曠野雑誌社 391
移行期正義（移行期における正義） 3, 4, 5, 6, 7, 9, 10, 11, 12, 16, 17, 18, 96, 98, 150, 151, 356, 360, 380, 381, 387, 397, 403, 416, 419, 420, 457, 472, 473, 475, 476, 477, 487
移行期正義促進条例（促進轉型正義條例，促転条例） 3, 11, 12, 18, 472, 473, 474, 487
員林事件 12
ヴェルサイユ条約 63, 64
援華法案 67
延平學院 417


## か行


戒厳 9, 11, 16, 18, 19, 21, 22, 27, 46, 70, 97, 102, 104, 105, 106, 107, 113, 124, 137, 138, 146, 152, 174, 191, 192, 193, 195, 211, 213, 214, 219, 269, 270, 274, 286, 348, 349, 350, 356, 366, 370, 372, 374, 381, 382, 384, 402, 410, 419, 420, 434, 445, 458, 466, 474, 479
戒厳令 16, 18, 19, 21, 27, 70, 97, 104, 105, 106, 113, 124, 137, 138, 146, 152, 174, 191, 192, 193, 195, 213, 214, 219, 269, 348, 349, 350, 356, 366, 370, 372, 374, 381, 382, 410, 419, 420, 434, 445, 458, 466, 474
戒厳時期における不当な叛乱及び共産党スパイ判決補償条例 9, 18
海平 73
カイロ宣言 54, 59, 62, 70
嘉義市議会 391, 407
監察院 33, 34, 389, 390, 392, 414
官逼民反 463, 464, 465, 489
戡乱時期検粛匪諜条例 473
危害民国緊急治罪法 382
義勇総隊 284, 286, 297, 298
教師連盟 390
行政院研究二二八事件小組（二二八事件小組） 10, 396, 425, 426, 428, 452, 482, 483, 485, 486
行政院二二八基金会 448, 452
行政院二二八事件研究報告 380, 396, 403, 417, 441, 454, 455, 467
行政長官 12, 14, 22, 25, 36, 38, 39, 45, 46, 49, 51, 57, 58, 64, 66, 72, 81, 86, 89, 99, 104, 106, 146, 164, 165, 166, 167, 169, 170, 171, 172, 173, 174, 178, 181, 187, 188, 189, 190, 191, 193, 195, 198, 200, 201, 202, 203, 204, 205, 206, 209, 212, 213, 219, 220, 222, 223, 224, 226, 227, 228, 236, 238, 240, 247, 248, 251, 254, 256, 258, 259, 265, 266, 273, 274, 281, 283, 289, 296, 297, 301, 302, 304, 305, 306, 314, 315, 316, 327, 328, 329, 331, 332, 339, 340, 348, 350, 352, 353, 358, 361, 363, 376, 377, 393, 440
行政長官公署（長官公署） 25, 35, 36, 38, 39, 40, 49, 51, 58, 64, 72, 89, 91, 99, 104, 106, 133, 146, 164, 165, 166, 167, 169, 170, 171, 173, 174, 181, 187, 188, 189, 191, 193, 195, 201, 202, 205, 206, 209, 212, 213, 219, 222, 223, 224, 226, 227, 228, 236, 238, 240, 247, 248, 251, 254, 256, 258, 265, 266, 273, 274, 281, 283, 289, 296, 301, 302, 304, 305, 306, 314, 315, 316, 328, 329, 331, 332, 339, 340, 348, 352, 353, 358, 361, 363, 376, 377, 440
基隆港 34, 68, 71, 107, 157, 410
基隆要塞 11, 45, 100, 101, 102, 104, 106, 107, 114, 133, 134, 135, 136, 152, 155, 161, 191, 192, 201, 286, 295
金獅団 277, 278
軍事委員会調査統計局（軍統局） 15, 156, 175, 233, 234, 235, 236, 237, 238, 241, 242, 243, 248, 249, 255, 256, 258, 269, 277, 288, 289, 291, 292, 296, 301, 303, 327

『経済日報』 257, 303, 350, 357
警備総部第二処 15, 238, 239, 240, 241, 244, 248, 270, 271, 272, 277, 287, 288, 289, 291, 292, 296, 297, 298, 299, 359
警備総部調査室 24, 233, 235, 236, 237, 238, 240, 241, 264, 265, 269, 284, 291, 296
警務処 189, 211, 212, 213, 214, 253, 255, 260, 272, 288, 289, 298, 301, 314, 315, 316, 339, 431
警務処刑事室 272, 288, 289, 314
権威主義体制 373
権威体制 382
現代学術基金会 393, 415
県長及び地方行政長官軍法兼務暫定施行規則 167
憲兵隊事件 118, 121, 126
憲兵第四団（第四団，憲兵第四連隊，憲四団） 10, 11, 46, 91, 100, 102, 104, 105, 113, 133, 253, 254, 255, 256, 257, 262, 264, 265, 266, 269, 271, 282, 284, 288, 291, 292, 294, 295, 297, 331, 342, 357, 359
五一八光州事件 379
『工商日報』 350, 361
『更生報』 361
紅毛埤 187
『公論報』 351, 362, 373
国際連合憲章 82
国史館 3, 10, 12, 14, 16, 23, 247, 248, 254, 256, 295, 349, 428, 431, 452, 453, 454, 476, 491
『国声報』 118, 120, 121, 122, 127, 157, 355, 362, 363
国防部 15, 19, 24, 28, 30, 36, 66, 125, 153, 183, 184, 200, 201, 226, 233, 235, 238, 240, 241, 244, 246, 253, 258, 281, 288, 293, 301, 314, 354, 391, 392, 394, 422, 424, 453, 473, 475
国防部保密局台湾站 453
国民新報 252, 280
国民政府 12, 15, 21, 23, 27, 29, 35, 43, 44, 45, 46, 58, 61, 64, 72, 81, 84, 99, 164, 168, 169, 175, 222, 228, 233, 249, 253, 254, 266, 347, 364, 370, 373, 376, 379, 382, 416, 447, 453, 491
国民政府参軍処 29, 491
国民党（中国国民党） 9, 11, 12, 13, 15, 16, 17, 18, 28, 29, 32, 37, 38, 40, 42, 43, 44, 47, 48, 76, 77, 80, 82, 98, 102, 131, 132, 134, 138, 139, 141, 144, 146, 147, 150, 164, 169, 170, 171, 172, 202, 226, 247, 248, 249, 250, 252, 256, 281, 282, 300, 303, 348, 349, 350, 354, 357, 364, 372, 373, 376, 379, 380, 382, 383, 384, 385, 386, 389, 390, 395, 401, 403, 411, 416, 419, 420, 423, 424, 425, 426, 428, 434, 441, 445, 448, 449, 451, 454, 456, 462, 463, 464, 465, 466, 474, 477, 479, 480
国民党台湾省党部調査室（台調室） 233, 248, 250, 251, 252 257, 261, 262, 266, 268, 269, 271, 279, 281, 298, 299, 357, 370
国民党中央執行委員会調査統計局（中統局） 15, 232, 233, 241, 248, 249, 250, 251, 252, 255, 256, 257, 258, 259, 260, 261, 262. 268 269, 271, 279, 281 283, 291, 296, 297, 298, 300, 305, 306, 307, 308, 309, 310, 312, 315, 327, 328, 329, 330, 331, 332, 333 334 336, 357, 370, 377
国務会議 382
国立編訳館 393
国家安全局 277, 453
国家軍政省 77, 78

## さ行

在外台僑国籍処理辦法 61
再審理 445, 451
再編第二十一師団（第二十一師団，陸軍再編第二十一師団） 11, 21, 97, 99, 100, 101, 114, 116, 133, 142, 143, 145, 159, 187, 190, 193, 204, 209, 210, 211, 213, 268, 284, 286, 333, 440
三十二条処理大綱 14, 165, 174, 186
三十二条要求 73, 74, 358

三二事件　108, 188, 206, 207, 210, 225, 228, 280
サンフランシスコ講和条約　13, 83, 84
三民主義青年団（三青団）　186, 189, 193, 197, 232, 235, 242, 262, 298, 300, 301, 328
三四事變　225
私裁　15, 298
自首　145, 181, 209, 214
自新　145, 208, 209, 214, 310, 313, 474, 492
渋谷事件　59, 61, 62, 259
ジャーディン・マセソン商会　73
『重建日報』　250, 281, 350, 357
十四大哥　251, 252, 271, 281
『自由中国』　373
粛清行動　29, 334, 366
署部字第一号命令　58
『自立晩報』　361
慈林教育基金会　384, 411
新公園　395, 396, 402, 417, 443, 451
『新生報』　282, 293, 306
新台湾出版社　365
『人民導報』　350
『新民晚報』　70, 105
水上飛行場　99, 187, 407
綏靖　14, 98, 107, 114, 116, 117, 133, 137, 139, 140, 142, 143, 144, 145, 152, 154, 155, 156, 157, 158, 159, 160, 161, 162, 163, 174, 192, 202, 209, 211, 212, 213, 214, 272, 283, 299, 301, 350, 351, 352, 375, 422, 430, 435, 444, 454
澄社　393
清郷　14, 61, 98, 114, 116, 117, 142, 145, 146, 148, 157, 174, 193, 209, 210, 214, 219, 270, 351, 382, 422, 430, 434
『生根』　384
政治史料　11
政治的史料　4
政治档案　18, 472, 473, 474, 476, 490
『青年自由報』　350, 355, 365, 375
責任帰属　3, 4, 10, 11, 17, 232, 438, 454, 455, 456, 457, 466, 473, 475, 476, 477
『全民日報』　303, 351, 359, 361, 376
総動員法　364, 382
総統府資料室　423, 481
『掃蕩報』　351, 360

## た行

『大華日報』　360
大渓档案　394, 451, 453, 454, 471, 481, 491
『大公報』　353, 377
大西洋憲章　70
台中県情報網組織実施方案　212
台中県密告箱設置実施簡則　212
対日講和　53, 78
対日条約　63, 70, 72, 75, 78, 80, 83
第二歴史档案館　429, 430
台北市警察局　237, 243, 274, 275, 292, 315
台北綏靖司令部　350
『大明報』　16, 350, 359
『台湾画報』　364
台湾省各県市辦理戸籍登記実施程序　64
台湾省各県市戸口清査実施細則　64
台湾省議会　390, 394, 403
台湾省警備総司令部（台湾警備総部，警備総部，警備総司令部，警備本部）　13, 15, 16, 24, 33, 46, 58, 91, 100, 101, 102, 104, 106, 108, 109, 113, 114, 115, 116, 118, 130, 131, 133, 137, 144, 145, 146, 152, 153, 156, 168, 174, 175, 192, 193, 202, 220, 222, 226, 233, 235, 237, 238, 239, 240, 241, 244, 248, 250, 252, 257, 259, 262, 264, 265, 270, 271, 272, 275, 277, 281, 282, 284, 285, 286, 287, 288, 289, 292, 293, 296, 297, 298, 299, 301, 302, 308, 339, 350, 352, 355, 357, 358, 359, 361, 366, 367, 375, 382, 394, 430, 431, 452, 470, 475
台湾省参議会　252
台湾省省轄市組織暫行規程　167
台湾省政治建設協会　32, 38, 174, 259, 273, 311
台湾省党部　12, 23, 26, 37, 39, 248, 250, 252, 257, 259, 261, 279, 281, 286,

295, 300, 305, 307, 357, 364, 365, 466
台湾省党部調査統計室　357
台湾省文献委員会　16, 389, 390, 392, 428, 431
台湾省旅平同郷会　40
台湾人権促進会　385, 387, 388, 389, 390, 403, 411, 414
台湾人公共事務会（FAPA）　390
『台湾新生報』 86, 311, 348, 353, 356, 361
台湾人による自治(台湾人による台湾統治，台湾人の自治)　12, 23, 25
台湾全省警備司令部　207, 214, 241, 292, 294, 301
台湾大学学生会　390
台湾大学学生二二八紀念和平宣言　390
台湾大学法学院　395, 468
台湾調査委員会　63
台湾直属組　234
台湾通訊社　364
台湾二二八烈士館　393
台湾之音　373, 378
台湾民主紀念堂　457
『台湾民報』 360, 376
台湾ラジオ放送局　173, 265
台湾旅京滬七団体　45
高雄県議会　391
高雄要塞　13, 45, 100, 101, 102, 108, 110, 119, 152, 153, 154, 158, 180, 182, 188, 190, 194, 195, 197, 201, 286, 296, 335, 362, 363, 381, 437
橘丸　61
地下組織　18, 252, 278
中央研究院　3, 13, 15, 48, 49, 50, 52, 92, 146, 151, 152, 154, 155, 156, 157, 158, 159, 160, 161, 162, 163, 170, 224, 225, 226, 227, 228, 230, 285, 300, 302, 303, 307, 308, 311, 312, 313, 316, 338, 341, 343, 346, 349, 352, 354, 375, 377, 389, 390, 395, 411, 428, 433, 466, 468, 470, 472, 480, 481, 482, 490, 491
中央社　52, 258, 370, 371, 377
中央通訊社　258, 370, 432, 488, 489, 490, 491
『中央日報』 85, 348, 415, 418, 482
『中外日報』 350
『中華日報』 189, 348, 353, 356, 361, 363
中華二二八和平促進会　394
中華論政学社　393
忠義服務隊　174, 274, 275, 276, 280, 283, 284, 285, 286, 287, 297, 298, 299, 311
中研院近史所档案館　430, 432, 452
中国共産党　13, 18, 19, 22, 28, 31, 43, 77, 78, 79, 82, 379, 384, 385, 422
中山堂　175, 196, 250, 275
中正紀念堂　17, 89, 457, 477
中ソ友好同盟条約　82
中米合作　233, 234, 235, 237
中米合作所　233, 234, 235, 237
忠烈祠祭祀弁法　393
懲治反乱条例　383
懲治叛乱条例　473
長老教会済南教会　394
鎮撫平定　14, 98, 174, 272, 351, 422
通訊員　234, 236, 237, 241, 243, 244, 245, 246, 247, 259, 270, 271, 272, 273, 276, 277, 282, 286, 287, 288, 289, 297, 299, 301, 310, 311, 314, 318, 319, 320, 321, 322, 323, 324, 325, 326
通報者　354
档案法　451
動員戡乱体制　11, 382
動員戡乱完成憲政実施綱要　382
党外　350, 372, 373, 374, 383, 384, 403, 411
党外嘉義聯誼会　387
統合参謀本部（JCS）　77
『東台快報』 364, 375
特高組　15, 233, 253, 254, 255, 256, 257, 262, 283, 291, 292, 293, 295, 297, 298, 357
寅冬亥電文（「寅冬亥親電」）　12, 23, 28, 51, 97, 98, 99, 115, 471, 491

## な行

内政部　11, 19, 228, 241, 393, 394, 395, 422, 424, 425, 427, 447, 456, 460, 462, 472

内乱罪　282, 473
南港橋　290
南進する同志　141
二七部隊　20, 43, 48, 51, 144, 306, 313
二二八学術シンポジウム　395, 397
396
二二八家属関懐会（二二八遺族ケア会）　396
二二八関懐聯合会　394, 427, 434, 435
二二八紀念館　156, 157, 402, 403, 415, 418, 446, 451, 455, 461, 462, 472, 480
二二八紀念音楽会　396
二二八紀念碑　16, 393, 395, 397, 405, 406, 407, 408, 414, 415, 416, 417, 443, 446, 448, 463, 477, 478, 484, 485
二二八建碑委員会　443, 444, 445
二二八公義和平運動　420, 423, 456
二二八公平正義和平運動　390
二二八国家紀念館　376, 460, 461, 462, 467, 468
二二八事件可能受難者清査作業要点　475
二二八事件紀念基金会（二二八基金会）　3, 4, 5, 9, 10, 11, 16, 347, 376, 377, 398, 399, 401, 402, 403, 415, 416, 446, 447, 448, 449, 452, 454, 456, 457, 458, 459, 460, 461, 462, 466, 467, 468, 469, 472, 473, 475, 476, 477, 488, 492
二二八事件犠牲者登録及び資料整理委員會　387
二二八事件研究タスク・グループ　10
二二八事件研究報告　380, 395, 396, 403, 416, 417, 437, 438, 439, 440, 441, 445, 451, 454, 455, 467, 468, 476, 482, 483, 485
二二八事件初歩研析　423
二二八事件処理委員会（処委会 , 処理委員会）　12, 13, 14, 20, 21, 35, 38, 41, 42, 70, 71, 73, 74, 96, 103, 104, 105, 134, 140, 161, 165, 173, 174, 175, 177, 178, 179, 180, 181, 183, 184, 185, 186, 187, 188, 189, 190, 191, 192, 193, 194, 195, 197, 198, 199, 200, 201, 206, 209, 214, 216, 218, 219, 220, 221, 232, 273, 274, 275, 277, 283, 284, 285, 286, 293, 299, 330, 331, 332, 333, 334, 335, 381, 407, 470
二二八事件処理及賠償条例　3, 467, 475, 487
二二八事件処理及補償条例　9, 380, 399, 402, 403, 446, 448, 449, 458, 462
二二八事件処理条例　397, 398, 439
二二八事件責任帰属研究報告　4, 10, 11, 17, 232, 454, 455, 456, 466, 473
二二八事件専案小組（行政院二二八事件専案小組 , 二二八専案小組）　393, 394, 395, 397, 425, 426, 432, 439, 442, 443, 444, 445, 462, 480, 482, 484
二二八事件の初歩的研究分析　392
二二八事件補償条例　395, 398
二二八受難者賠償条例　395, 398
二二八档案蒐集整理工作計画　451
二二八文学会議　390
二二八民間研究小組　48, 397, 432, 482
二二八和平公園　395, 402, 418, 451, 465
二二八和平日促進会　16, 48, 383, 385, 386, 387, 388, 389, 390, 404, 414, 435
日華平和条約　83

## は行

ハーグ陸戦協定　76
馬関条約　63
馬公要塞　100, 101, 141, 199, 200, 201
半山　11, 35, 171, 172, 196, 252, 455
非常体制　382
悲情城市　391, 392, 414, 415
碑の建設　405, 406, 425, 426, 435, 441, 442, 443, 445
秘密工作員　13
払塵専案　277, 453
フランクフルト講和条約　64
米中央情報局（CIA）　82
別働隊　15, 248, 286, 287, 288, 291, 292, 295, 297, 298, 313, 316, 342
別動総隊　46
補償条例　9, 18, 380, 395, 398, 399, 402, 403, 446, 448, 449, 458, 462

ポツダム宣言　54, 56, 70, 85
保密局　15, 25, 28, 125, 146, 162, 163, 224, 225, 226, 227, 228, 230, 232, 233, 235, 236, 237, 238, 239, 240, 241, 242, 243, 244, 245, 246, 247, 248, 252, 257, 258, 260, 261, 262, 263, 264, 265, 268, 269, 270, 271, 272, 273, 275, 276, 277, 281, 282, 283, 286, 287, 288, 289, 290, 296, 297, 298, 300, 301, 302, 303, 304, 305, 307, 308, 309, 310, 312, 313, 314, 315, 318, 322, 326, 327, 328, 329, 332, 333, 334, 335, 338, 339, 341, 343, 346, 349, 354, 356, 357, 358, 370, 375, 376, 453, 466, 475, 486, 490
保密局台湾站　25, 28, 146, 236, 238, 239, 241, 242, 243, 244, 246, 247, 248, 252, 257, 258, 262, 263, 264, 269, 271, 272, 273, 275, 276, 281, 282, 283, 286, 287, 290, 297, 298, 318, 349, 370, 453, 466

## ま行

ミズーリ号　56
密裁　136, 146, 148, 149, 163, 315, 465, 466
民進党　11, 16, 389, 390, 393, 395, 396, 401, 403, 404, 413, 448, 457, 458, 490
『民声日報』　251
『民声報』　252, 280
民智印書館　350
『民報』　16, 350, 353, 359, 360, 375, 412
名誉回復　7, 16, 18, 47, 379, 380, 382, 383, 384, 385, 387, 388, 389, 391, 393, 394, 395, 399, 401, 402, 403, 405, 413, 420, 421, 425, 426, 435, 441, 456, 458, 459, 460, 463, 470, 472, 477, 484
艋舺長老教會　387

## や行

ヤルタ会談　70
有碑無文　444, 446
義光教会　391

## ら行

臨時戒厳令　382
林宅殺人事件　391
歴史記憶（歴史的記憶）　17, 419, 420, 445, 448, 475, 477, 478
連合国救済復興機関（UNRRA）　68, 119, 120
連座　116, 176, 192, 209

## わ行

和平紀念　387, 388, 389, 390, 391, 393, 394, 396, 399, 402, 403, 404, 405, 409, 421, 460, 484
和平日（平和の日）　16, 48, 350, 352, 353, 356, 375, 383, 385, 386, 387, 388, 389, 390, 391, 393, 403, 404, 411, 412, 413, 414, 415, 435
『和平日報』　350, 353, 356, 375